神仙術秘蔵記
神仙術霊要籙

柄澤照覚

不老長生

神仙術秘蔵記

柄澤照覚

千古の奇観集仙の尊像

千古の奇観集仙の尊像

序文

現代尤も進歩せる生物學、生理學、醫學等の確證する所に依れば、總ての生物は其發達期の四倍以上の壽命を保續し得る、從つて人間の定命は最低限度が百歳であると。然るに現在人類の平均壽命は四十歳餘で、定命の半ばにも達せぬのは何故か。

元來人間の身體諸機能は、根本的には病患なく、百歳以上の壽命を保ち得べく、完全に構成されて居るにも拘らず、疾病が多く惹ひて早死を招くといふのは、此の體軀構成に相應せる自然生活を棄て、文化生活卽ち人工生活を好み、而かも其人工生活もまだ不完全で所謂中途半端の過渡生活に彷徨うて居るからである。

そこで無病長生天壽を全ふしようと云ふには、本來の自然生活に還るか、或は又百尺竿頭一歩を進めて理想的文化生活に入るかの他はない。

又一方生あれば死あり、死は人生の免れざるものであるを見て、死後の永生不朽卽ち天國淨土や高天原行を奬勵する宗敎もある。死後の永世は極めて肝要であるが、それも一面より見れば生に善處せん爲とも云へる。何れにしても人間は成べく無病で、成べく若々しく、そして一日でも永く現世の生活を續けたいと云ふ點は、何人も掛値のない眞實の希望である。

そこに目を付たのが我が神仙道である。神仙道はいふまでもなく無病健康不老長生が主眼で、先づ病に冒されぬ基礎的工夫を凝し、又既に病ある者は根本的治癒の方術を講じ、定命若くばそれ以上の生存を體得するに在るが、それは調氣、導引、煉丹、養精、立功の實修に依て可能である。

調氣導引は自然生活の根源を摑んだもの、煉丹養精は文化生活の極致に達せるもの、立功は宗教の眞諦を收めたものである。其何れか一つを得ても天壽を全ふすることが出來る、若しそれ此の三を兼修完成したならば、長壽と倶に圓滿なる人格を淘冶し、福德壽の三樂を完成した眞人神仙といふべきである。

吾人は二十餘年に亙り、古今東西數百部の史籍を涉獵して、不老長壽の祕奥を究め、更に其要訣を體驗に徵し、殆んど百中の確信を得たので、今や天下の同志と倶に其喜を頒たんが爲め、敢て本書を公にす。

昭和八癸酉晩秋

著　者　識

不老長生神仙術祕藏記

目次

目次終

不老
長生

神仙術秘藏記

大教正　柄澤照覺　著

緒言

神仙《しんせん》といふに廣義《くわうぎ》と狹義《けふぎ》の二種《しゆ》がある。廣義《くわうぎ》の神仙《しんせん》といふのは、普通《ふつう》の人間《にんげん》に超越《てうゑつ》したる、知識《ちしき》や、技術《ぎじゆつ》や、生命《せいめい》や、生活法《せいくわつはふ》を有《いう》するもの全體《ぜんたい》を指《さ》すのである。即《すなは》ち大哲學者《だいてつがくしや》、大宗教家《だいしうけうか》、大發明家《だいはつめいか》、百歳以上《さいいじやう》の長《ちやう》命者《めいしや》、普通人《ふつうじん》の如《ごと》く五穀《こく》や絲毛《いとけ》等《とう》の織物《をりもの》を用《もち》ひず、又人造《またじんぞう》の家屋《かをく》に住《ぢう》せずして、完全《くわんぜん》に生命《せいめい》を保《たも》ち生活《せいくわつ》を爲《な》し得《う》るもの、或《あるひ》は神藝入妙《しんげいにふめう》の達人《たつじん》、劍聖《けんせい》、或《あるひ》は身體輕妙《しんたいけいめう》にして空中《くうちう》や水面《すゐめん》を歩《ある》き、地上《ちじやう》を歩行《ほかう》するも常人《じやうじん》の四倍《ばい》五倍《ばい》の速力《そくりよく》を有《いう》し、而《し》かも常人《じやうじん》の如《ごと》く疲勞《ひらう》せざる者等《ものとう》、之等《これら》は悉《ことごと》く一種《しゆ》の神仙《しんせん》である。

此《こ》の廣義《くわうぎ》の意味《いみ》に於《お》ける神仙《しんせん》は、歴史上《れきしじやう》にていふ英雄偉人《えいゆういじん》に相當《さうたう》するので、釋迦《しやか》も老子《らうし》も孔子《こうし》も、弘法《こうぼふ》も日蓮《にちれん》も親鸞《しんらん》も、ナポレオンも孔明《こうめい》も義經《よしつね》も、キリストもマホメツトも役尊《えんのみこと》も皆《みな》一種《しゆ》の仙人《せんにん》である、其他《そのた》各宗《かくしう》の祖師《そし》や各教《かくけう》の開祖《かいそ》大德哲人《だいとくてつじん》はいづれも一部《ぶ》の仙術《せんじゆつ》を實修實踐《じつしうじつせん》したものである。

次《つぎ》に狹義《けふぎ》の神仙《しんせん》といふのは、主《しゆ》として支那《しな》に現《あら》はれた老子《らうし》を教主《けうしゆ》とする道教《だうけう》一派《ぱ》の修行《しゆぎやう》方術者《はうじゆつしや》を指《さ》すのであつて、之等《これら》は一定《てい》の規則方式《きそくはうしき》に遵《したが》うて、充分《じうぶん》の修行《しゆぎやう》を爲《な》し、第《だい》一に普通《ふつう》の衣食住《いしよくぢう》を用《もち》ひずして生活《せいくわつ》を全《まつた》ふし、百歳《さい》二百歳《さい》の長命《ちやうめい》を保《たも》ち、或《あるひ》は白日昇天《はくじつしようてん》し、其他《そのた》諸々《もろ〳〵》の奇蹟《きせき》を現《あら》はして人世《じんせい》を裨益《ひえき》する等《とう》、人間社會《にんげんしやくわい》と別立《べつりつ》し之《これ》に超越《てうゑつ》せる特殊《とくしゆ》の存在《そんざい》である。泰西《たいせい》にも印度《いんど》にも之《これ》に類《るゐ》するものが澤山《たくさん》ある。日本《にほん》にては役尊《えんそん》や法道粂仙等《ほふだうくめせんら》が其部屬《そのぶぞく》である。而《しか》して此《こ》の仙人《せんにん》の唯《ゆゐ》一主要《しゆえう》の目的《もくてき》は長生久視《ちやうせいきうし》、即《すなは》ち健康《けんかう》にして老衰《らうすゐ》せず、天壽《てんじゆ》若《も》しくば天壽以上《てんじゆいじやう》の壽命《じゆみやう》を保《たも》ちたいといふのである。

然《しか》らば仙人《せんにん》の大目的《だいもくてき》たる不老長生《ふらうちやうせい》は可能《かのう》なるやといふに、現代人《げんだいじん》の科學的知識《くわがくてきちしき》からいへば、頗《すこぶ》る荒唐《くわうたう》のことであるやうに思《おも》はれるが、それは大《だい》なる誤見《ごけん》であり、皮相《ひさう》の考《かんが》へである。佛教《ぶつけう》では人間《にんげん》が修業《しゆげふ》の極《きよく》、佛《ほとけ》と爲《な》り神通自在《じんつうじざい》を得《う》ると說《と》き、基督教《きりすとけう》では信仰篤《しんかうあつ》ければ、必《かなら》ず神《かみ》に救《すく》はれ天國《てんごく》に入《い》り、神《かみ》と相伍《あひご》することが出《で》來《き》ると說《と》き、哲學《てつがく》では吾人《ごじん》は修養《しうやう》の結果《けつくわ》、天人合《てんにんがふ》一の域《ゐき》に至《いた》ると云《い》ひ、神道《しんだう》では神人不《しんじんふ》二感應自在《かんおうじざい》と示《しめ》し、其《そ》の用語《ようご》は異《こと》なり說明《せつめい》の形式《けいしき》には相違《さうゐ》あるも、其主旨《そのしゆし》精神《せいしん》は全《まつ》たく同《どう》一である、道教《だうけう》に於《おい》て養生《やうじやう》の極神仙《きよくしんせん》と化《くわ》し、不老長生《ふらうちやうせい》を得《う》るといふのも、決《けつ》して怪《あやし》むべきことでもなく、又空論妄說《またくうろんまうせつ》と謂《い》ふ譯《わけ》にもゆかぬ。

今日尤《こんにちもつと》も進步《しんぽ》せる科學《くわがく》を基調《きてう》として、生理的《せいりてき》、心理的《しんりてき》、醫術的《いじゆつてき》に考察《かうさつ》して見《み》ても、人間《にんげん》の一定《てい》の壽命《じゆみやう》、所《いは》謂天壽《ゆるてんじゆ》といふものは百歳以上《さいいじやう》百三十歳位《さいぐらゐ》と確定《かくてい》されて居《ゐ》る。それは人間《にんげん》は固《もと》より人間以外《にんげんいぐわい》の各種動物《かくしゆどうぶつ》より更《さら》に植物《しよくぶつ》にまでついて、科學的《くわがくてき》に實驗《じつけん》して結果《けつくわ》に由《よ》れば、人間《にんげん》も其他《そのた》一切《さい》の生物《せいぶつ》も、發育期間《はついくきかん》の四倍《ばい》に相當《さうたう》する年月《としつき》が、本來《ほんらい》の壽命《じゆみやう》即《すなは》ち生存《せいそん》し得《う》る時間《じかん》であるといふことが斷定《だんてい》されて居《ゐ》る。人間《にんげん》の發育《はついく》は二十五歳以《さいい》上《じやう》三十歳《さい》まで、諺《ことわざ》に三十三の曉《あかつき》まで生長《せいちやう》するといふのは大體至當《だいたいしたう》である。二十五歳《さい》の四倍《ばい》は百歳《さい》、三十歳《さい》の四倍《ばい》は百二十歳《さい》である。即《すなは》ち二十五歳迄《さいまで》を生長期《せいちやうき》、それより二十五年間《ねんかん》の五十歳《さい》までが固成期《こせいき》、七十五歳《さい》までが保守期《ほしゆき》、七十五歳以上《さいいじやう》百歳《さい》までが退衰期《たいすゐき》として、天壽《てんじゆ》は確《たし》かに百歳《さい》といひ得《う》るのである。

併《しか》し天壽《てんじゆ》百歳《さい》とか百三十歳《さい》とかいふのは、普通《ふつう》の平準率《へいじゆんりつ》を指《さ》すのであつて、器械《きかい》の保險期間《ほけんきかん》と同《どう》一である、此《こ》の時計《とけい》は十ケ年《ねん》の保險付《ほけんつき》といつても、持方《もちかた》に由《よ》つては十五ケ年《ねん》も二十ケ年《ねん》もくるはずに立派《りつぱ》に役《やく》に立《た》ち、持方《もちかた》が惡《わる》ければ一年《ねん》でもこわれ、五年内《ねんない》に修繕《しうぜん》せねばならぬやうになる。そこで天壽《てんじゆ》は百歳《さい》としても、養生《やうじやう》の如何《いかん》に由《よ》つては百五十歳《さい》までも延命《えんめい》し、不注意《ふちうい》であれば十歳《さい》、二十歳《さい》でも死《し》ぬる。又《また》時計《とけい》でも持方《もちかた》がよければいつも新《あた》らしいのと同《おな》じであるやうに、人間《にんげん》も注意《ちうい》すればいつも若々《わか〳〵》しい不老《ふらう》である。

前《まへ》の發育期《はついくき》四倍《ばい》を天壽《てんじゆ》として、龜《かめ》や鶴《つる》や虎《とら》や馬《うま》や犬《いぬ》や魚類《ぎよるゐ》や、松《まつ》や竹等《たけなど》の壽命《じゆみやう》即《すなは》ち生存期《せいそんき》が算出《さんしゆつ》されて、龜《かめ》は二百歳《さい》とか馬《うま》は四十年《ねん》とかいふことに定《さだ》められて居《ゐ》るが、之等《これら》の動植物《どうしよくぶつ》は人間《にんげん》よりは、正確《せいかく》に天壽《てんじゆ》を保《たも》ち得《う》るもの多《おほ》い。それはどういふ譯《わけ》かといふに、一定《てい》の食物《しよくもつ》を取《と》り、生活《せいくわつ》が單純《たんじゆん》で、欲望《よくぼう》が少《すく》ない、煩悶苦《はんもんく》惱《なう》といふ老衰《らうすゐ》の種《たね》となるべきも滅多《めつた》にないから、大抵《たいてい》不老《ふらう》で若々《わか〳〵》しく元氣《げんき》よく天壽《てんじゆ》を全《まつた》ふするのであるといふことが證明《しようめい》されて居《ゐ》る。

無智鈍根《むちどんこん》の動植物《どうしよくぶつ》すら斯《か》く不老《ふらう》にして、一定《てい》の天壽《てんじゆ》を保《たも》ち得《う》るのに、萬物《ばんぶつ》の靈長《れいちやう》と自慢《じまん》する人間《にんげん》が、五十や六十で早《はや》く老耄《らうもう》し、七十は古來稀《こらいまれ》なり等《など》といつて、百歳《さい》まで生存《せいそん》するものは萬人《まんにん》に一人《ひとり》も六かしいといふのは、如何《いか》にも慨《なげ》かはしきの至《いた》りである。

そこで吾人《ごじん》は神仙《しんせん》の久視《くし》長生《ちやうせい》、即《すなは》ち不老《ふらう》にして五十六十になつても若々《わか〳〵》しく無病强健《むびやうきやうけん》で、百歳以上《さいいじやう》の天壽《てんじゆ》を完全《くわんぜん》に保《たも》ち得《う》るの方術《はうじゆつ》を穿鑿《せんさく》し、世界《せかい》、國家《こくか》、社會《しやくわい》の基礎《きそ》たる人間《にんげん》の健康壽命《けんかうじゆみやう》を根本的《こんぽんてき》に更正《かうせい》し、一切《さい》の施設《しせつ》に一歩《ぽ》を進《すゝ》めて人身《じんしん》の建直《たてなほ》しに奉仕《ほうし》せんが爲《な》め、神仙術《しんせんじゆつ》の空論《くうろん》にも迷信《めいしん》にもあらざることを闡明《せんめい》すると、同時《どうじ》に現時《げんじ》神巧《しんこう》を奪《うば》ふまでに進歩《しんぽ》せる醫藥《いやく》も、尙《な》ほ其《そ》の足許《あしもと》にも及《およ》びつかぬ、不老長命《ふらうちやうめい》の神秘妙術《しんぴめうじゆつ》を公開《こうかい》し、以《もつ》て人類改造《じんるゐかいざう》の神異的奉仕《しんいてきほうし》に邁進《まいしん》せんとするのである。

因《ちなみ》に曰《いは》く、本書《ほんしよ》は固《もと》より神仙《しんせん》の本場《ほんば》たる支那《しな》の神仙術道法《しんせんじゆつだうはふ》を本據《ほんきよ》としてはあるが、決《け》つしてそれにのみ偏《へん》依《い》しては居《を》らぬ。印度《いんど》の波羅門《ばらもん》仙道《せんだう》や、佛教《ぶつけう》の羅漢《らかん》修法《しうはふ》を調味《てうみ》し、泰西《たいせい》の哲聖修道法《てつせいしうだうはふ》をも加《くは》へ、更《さら》に日本《にほん》固有《こいう》の神法《しんはふ》を合《あは》せ、禪定《ぜんぢやう》や秘密呪術《ひみつじゆじゆつ》をも摘萃《てきすゐ》し、殊《こと》に現代科學《げんだいくわがく》の實驗的公理原則《じつけんてきこうりげんそく》に照應《せうおう》して、一點毫末《てんがうまつ》も無理《むり》のない條理《でうり》整然《せいぜん》たる、最新《さいしん》の仙術《せんじゆつ》として大成《たいせい》したものであつて、迷信《めいしん》とか、空論《くうろん》とか、怪談《くわいだん》といふ隔《かく》世《せい》の遺物《ゐぶつ》は、聊《いさゝ》かも混入《こんにふ》して居《を》らぬのであつて、何人《なんぴと》でも法《はふ》の如《ごと》く修行《しゆぎやう》し、實踐《じつせん》すれば、既《すで》に中年以上《ちうねんいじやう》のものでも、或《あるひ》は生來病弱《せいらいびやうじやく》のもので、更生《かうせい》一新《しん》、優《いう》に百歳《さい》の定命《ぢやうみやう》を保《たも》ち、而《し》かも無病健康《むびやうけんかう》の安定生活《あんていせいくわつ》を現證《げんしよう》し得《う》るのである。

濁塗諒爲歎。　世樂豈足預。　振褐拂塵遐。
飄々獨遠擧。　寥々巖嶽際。　蕭々縱萬慮。
靈眞與我遊。　落景乘鴻御。　朝乘雲輪來。
夕駕扶搖去。　暾嚕天地中。　囂聲安所附。

（馬明生）

第一章　概　論

第一節　仙術とに何ぞ

仙術《せんじゆつ》といへば誰《たれ》しも鶴《つる》の如《ごと》き瘦軀《さうく》、童顔白髪《どうがんはくはつ》の異人《いじん》が、羽衣《はごろも》の如《ごと》きものを着《き》て、藜《あかざ》の杖《つゑ》をつくか、羽團扇《はねうちは》でも持《もつ》て、巖壁《がんぺき》の上《うへ》に腰掛《こしか》けて居《ゐ》るとか、或《あるひ》は鶴《つる》に乘《のつ》て虛空《こくう》を翔《か》けつて居《ゐ》るとか、一瞬間《しゆんかん》に百里《り》も二百里《り》も走《はし》つたり、或《あるひ》は一筋《ひとすぢ》の繩《なは》を大蛇《だいじや》に化《くわ》したり、竹杖《たけつゑ》を人間《にんげん》の如《ごと》く見《み》せたり、瓢簞《へうたん》の中《なか》に出入《でいり》したり、悠々《いう〳〵》と水面《すゐめん》を歩行《ほかう》したり、一身《しん》を數人《すうにん》に分身《ぶんしん》したり、五穀等《ごくなど》は少《すこ》しも食《く》はず、霞《かすみ》を食《く》ひ霧《きり》を飲《の》み、それで五百年《ねん》も千年《ねん》も長生《ちやうせい》し、或《あるひ》は吾人《ごじん》と同樣《どうやう》の服裝態度《ふくさうたいど》そのまゝで、白晝衆人環視《はくちうしゆうじんくわんし》の中《なか》で昇天《しようてん》する等《とう》、種々《しゆ〴〵》の奇蹟《きせき》を現《あら》はすものと考《かんが》へて居《ゐ》るが、それは大體《だいたい》に於《おい》て事實《じじつ》である。支那印度《しないんど》の神仙傳《しんせんでん》にはさういふ事蹟《じせき》が澤山載《たくさんの》つて居《ゐ》る、それが悉《こと〴〵》く事實《じじつ》でないまでも、其《そ》の幾部分《いくぶぶん》、又《また》それに類《るゐ》したる奇蹟《きせき》を實現《じつげん》したことは疑《うたが》ふ餘地《よち》はないのである。

併《しか》しそれ等《ら》は非常《ひじやう》な苦心努力《くしんどりよく》を以《もつ》て、長年月間修行《ちやうねんげつかんしゆぎやう》を積《つ》んだ專門的《せんもんてき》の神仙《しんせん》である。仙術《せんじゆつ》である。だからそんな事《こと》は普通一般《ふつうばん》の人《ひと》には望《のぞ》まれない。元來仙術《ぐわんらいせんじゆつ》の主眼大目的《しゆがんだいもくてき》とする所《ところ》は、無病强健《むびやうきやうけん》の結果不老卽《けつくわふらうすなは》ち老後若々《らうごわか〳〵》しく元氣《げんき》を保《たも》ち、人生《じんせい》の定命天壽《ちやうみやうてんじゆ》を全《まつた》ふするに在《あ》るので、それ以上以外《いじやういぐわい》の奇蹟《きせき》は、不老長壽《ふらうちやうじゆ》の業行《げふぎやう》に附屬從生《ふぞくじうせい》した餘技《よぎ》に過《す》ぎないのである。而《しか》して不老長命《ふらうちやうめい》の第一義《だいいちぎ》は死生《しせい》に超越《てうゑつ》し、死生一如《しせいじよ》の仙道第一義《せいだうだいいちぎ》を了得《れうとく》するに在《あ》る。

一、死生一如の仙道

羽化登仙《うくわとうせん》の術《じゆつ》、其《そ》は必《かなら》ずしも深山《しんざん》に棲《す》みて果實《くわじつ》を食《く》ひ、幽谷《いうこく》に遁《のが》れて荷葉《かえふ》を衣《き》ねばならぬのではない。不《ふ》老不死《らうふし》の藥《くすり》、其《そ》の敢《あへ》て之《これ》を蓬萊方瀛州《はうらいはうえんしう》の山神《さんしん》に求《もと》むるにも及《およ》ばないのである。世人《せじん》は思《おも》ふであらう、仙術《せんじゆつ》てふ意義《いぎ》の甚《はなは》だ神祕《しんぴ》と謂《い》はゞ神祕《しんぴ》ともなるであらう。奇怪《きくわい》と謂《い》はゞ奇怪《きくわい》でもあらう。奇怪《きくわい》か神祕《しんぴ》か、然《しか》れども思《おも》へ、今《いま》の文明《ぶんめい》の程度《ていど》に於《お》てすら、倫動《ろんどん》の酒未《さけいま》だ醒《さ》めざるに早《はや》く巴里《パリー》の花《はな》を詠《なが》め得《う》るの飛行《ひぎやう》を能《よ》くし、東京《とうきやう》に座《ざ》して華盛頓《ワシントン》の吟調《ぎんてう》を聽《き》き得可《うべ》きに非《あら》ずや、圭刀《けいたう》の術能《じゆつよ》く面鼻《めんぴ》の高低《かうてい》を意《い》の如《ごと》く巧《たく》み、營養《えいやう》の法能《はふよ》く胎兒《たいじ》を男女自由《だんぢよじいう》に成化《せいくわ》し得《う》ると云《い》ふに非《あら》ずや。催眠《さいみん》の術能《じゆつよ》く奇態《きたい》を演《えん》じ、リズムの法能《はふよ》く古今《こゝん》を卜《ぼく》すと云《い》ふに非《あら》ずや、天文《てんもん》の學能《がくよ》く宇宙《うちう》の現象《げんしやう》を究《きは》め、地文《ちぶん》の說能《せつよ》く星宿《せいしゆく》の內容《ないよう》を解《と》くではないか、本著《ほんちよ》の謂《いは》ゆる仙術《せんじゆつ》も亦《また》然《しか》りである。

仙術其《せんじゆつそ》の物《もの》は極《きは》めて平凡《へいはん》に、且《か》つ極《きは》めて實踐的《じつせんてき》にして、科學領域《くわがくりやうゐき》の範圍外《はんゐぐわい》に於《お》て、而《しか》も科學的活動《くわがくてきくわつどう》を身心《しんしん》の上《うへ》に實現《じつげん》するの妙術《めうじゆつ》であると知《し》ればよい。今其《いまそ》の結果《けつくわ》の概要《がいえう》を一瞥《べつ》せんか、紅塵堆裡《こうぢんたいり》の人克《ひとよ》く其《そ》の精神《せいしん》を淸淨《せいじやう》にして恰《あたか》も無人《むじん》の境《さかひ》に逍遙《せうえう》するが如《ごと》く、時《とき》に閃光石火《せんくわうせきくわ》の危急《ききふ》に處《しよ》して克《よ》く其《そ》の平靜《へいせい》を從容《じうよう》として一絲《し》亂《みだ》れず肅然《しゆくぜん》として佳懷《かくわい》を吟誦《ぎんしよう》するの餘裕《よゆう》を存《そん》し、心優《こゝろゆた》かに體豐《たいゆた》かに、天然《てんねん》の攝養《せつやう》、自《みづか》ら生《せい》を忘《わす》れ自《みづか》ら死《し》を忘《わす》れ、身《しん》心俱《しんとも》に雲外《うんぐわい》に超脫《てうだつ》し而《しか》も能《よ》く世《よ》の實務《じつむ》に從達《じうたつ》して活潑無碍《くわつぱつむげ》大自在《だいじざい》なるを得《う》るの方術《はうじゆつ》は是《こ》れ仙《せん》の本領《ほんりやう》である。

千古の奇觀

集仙の尊像

延命長壽《えんめいちやうじゆ》の俗望《ぞくばう》豈《あ》に敢《あへ》て殊更《ことさら》に言《い》ふを要《えう》せんや。秦《しん》の始皇《しくわう》曾《かつ》て不死《ふじ》の靈藥《れいやく》を仙島《せんたう》に索《もと》めて使者《ししや》未《いま》だ歸來《きらい》せざるに其《そ》の身《み》早《はや》く黄泉《くわうせん》の客《きやく》となり、漢《かん》の武帝《ぶてい》も亦之《またこれ》を得《え》んとして今《いま》は既《すで》に二千年前《ねんぜん》の故人《こじん》ではないか。彼《か》れ尚未《なほいま》だ仙《せん》の本領《ほんりやう》を解《かい》せざりき、仙豈《せんあ》に斯《か》ゝる俗士《ぞくし》の知《し》る所《ところ》ならんや。彼等《かれら》は仄《ほの》かに不死《ふし》なる可《べ》きを聞《き》き得《え》たりと雖《いへど》も其《そ》の未《いま》だ仙《せん》の不生《ふせい》なる事《こと》を思《おも》はざりき、死生豈《しせいあ》に二途《と》ならんや。而《しか》して仙《せん》の本領《ほんりやう》に死生無《しせいな》し、生《せい》を欣《よろこ》ぶものは汝《なんぢ》である、死《し》を厭《いと》ふものも亦汝《またなんぢ》である。汝自身《なんぢじしん》の欣厭《きんえん》は是《こ》れ實《じつ》に死生其物《しせいそのもの》ではないか、仙《せん》の本領《ほんりやう》に欣厭《きんえん》無《な》し、順逆無《じゆんぎやくな》し、又何《またなん》の死生《しせい》あらんや。死生《しせい》の外《ほか》に死生《しせい》するは實《じつ》に仙《せん》の妙用《めうよう》である。此《こ》の妙用《めうよう》は人々分上《ひと〳〵ぶんじやう》底豐《ていゆた》かに具《そな》はれり。放《はな》てば手《て》に滿《み》ち語《かた》れば口《くち》に溢《あふ》る、仙豈《せんあ》に蓬洲《はうしう》の隈《くま》ならんや、學《まな》びて掬《きく》す可《べ》し修《をさ》めて味《あぢは》ふ可《べ》し、冷暖《れいだん》は自身《じしん》の自知《じち》するに任《まか》す。

灯前話シ今昔ヲ　夜雨對ス青樽ニ　至理離レ思想ヲ　玄機超ユ語言ヲ　心ハ遊ブ閑日月　身ハ占ム別乾坤　感慨停メ杯ヲ歎ス　誰カ知ル吾道ノ尊

二、仙術と生理

精神《せいしん》と肉體《にくたい》とは密着《みつちやく》の關係《くわんけい》ありと謂《い》ふことは人皆之《ひとみなこれ》を知《し》る。身體《しんたい》の脆弱《ぜいじやく》なる其精神《そのせいしん》も亦自《またおのづか》ら銷沈《せうちん》せると同《どう》様《やう》、怒《いか》る、泣《な》く、笑《わら》ふ、苟《いやしく》も心機力《しんきりよく》の發動《はつどう》あれば、隨《したが》つて必《かなら》ず專《もつぱ》ら之《これ》を心機力《しんきりよく》に求《もと》め其《そ》の發動《はつどう》をして優健《いうけん》ならしむると同時《どうじ》に、身體生理《しんたいせいり》の活動《くわつどう》をして自然《しぜん》の運用《うんよう》を遂《と》げしめ、以《もつ》て身心相順應《しんしんあひじゆんおう》し内外相保養《ないぐわいあひほやう》するに在《あ》る。世《よ》に佛教《ぶつけう》なるものあり、其《そ》の説頗《せつすこぶ》る浩澣《こうかん》、取《と》る可《べ》きものあり取《と》る可《べ》からざるものもある、中《なか》に就《つい》て頗《すこぶ》る面白《おもしろ》

きものあり、其《そ》の説《せつ》に曰《いは》く、

世界創成《せかいさうせい》の時《とき》に在《あ》りて人々《ひと〴〵》皆《みな》身に神通力《じんつうりき》を具《そな》へ空中《くうちう》に飛行往來《ひぎやうわうらい》すること自由《じいう》なり、此《こ》の時《とき》未《いま》だ五穀等《ごこくとう》の食《しよく》物《もの》なし、唯《た》だ喜樂《きらく》を以《もつ》て食《しよく》とし而《しか》も人壽無量歳《じんじゆむりやうさい》なり、極苦至樂《ごくくしらく》は食《しよく》となりて能《よ》く壽命《じゆみやう》を持《も》つに足《た》る。例《たと》へば病苦《びやうく》の爲《た》めに三年食《ねんしよく》を絶《た》つも其《そ》の壽命《じゆみやう》を持《も》つものあり。是《こ》れ病苦《びやうく》が食《しよく》となればなり。

今《いま》の世《よ》の科學的《くわがくてき》知識《しき》の進歩《しんぽ》せる時代《じだい》に在《あ》りて如斯《かくのごとき》の説《せつ》を聞《き》かば、恐《おそ》くは誰《た》れも之《これ》を肯定《かいてい》せぬであらう。されど事實《じじつ》は或場合《あるばあひ》に於《おい》て强《あなが》ち之《これ》を否定《ひてい》することができぬ。戰場《せんぢやう》の士卒《しそつ》が數日食《すうじつしよく》を廢《はい》して身心《しんしん》衰《おとろ》へず、痴漢《ちかん》の色《いろ》に沈《しづ》み、惰者《だしや》の遊技《いうぎ》に溺《おぼ》れて食事《しよくじ》を忘《わす》る。之《これ》を平時《へいじ》の人《ひと》に見《み》れば殆《ほと》んど解《かい》し難《がた》きものなからんや。且《か》つ夫《そ》れ菜食《さいしよく》の人《ひと》、肉《にく》を用《もち》ひて未《いま》だ必《かなら》ずしも健康《けんかう》なり難《がた》く、肉食《にくしよく》の人《ひと》、肉《にく》を廢《はい》して却《かへつ》て疾病《しつぺい》を除《のぞ》き且《か》つ健全《けんぜん》を保《たも》つの例《れい》は、今《いま》の世《よ》に驗《ため》し少《すく》なからず、饑《う》ゑて病《や》むものは稀《まれ》に、食過《しよくす》ぎて死《し》するもの多《おほ》し。從來《じうらい》の化學《くわがく》に於《おい》ては宇宙間《うちうかん》の原素《げんそ》を七十乃至《ないし》八十に區別《くべつ》したるも、是《こ》れ一個《こ》の誤謬《ごびう》として最近《さいきん》の化學《くわがく》は斯《か》ゝる事實《じじつ》を認《みと》めず、物體《ぶつたい》の原素《げんそ》は其《そ》の本皆《もとみな》一にして唯《た》だ電力作用《でんりよくさよう》に由《よ》りて其《そ》の性質《せいしつ》を變化殊分《へんくわしゆぶん》するに過《す》ぎずと謂《い》ふ。食物《しよくもつ》の生理《せいり》に於《お》けるも亦未《またいま》だ必《かなら》ずしも一定《てい》の規《のり》を以《もつ》て律《りつ》し難《がた》きは人皆之《ひとみなこれ》を知《し》る。その心機力《しんきりよく》の肉體《にくたい》に於《お》けるは恰《あたか》も電氣作用《でんきさよう》の物質《ぶつしつ》に於《お》けると一般《ぱん》である。唯《た》だ物質《ぶつしつ》の外《ほか》に精神無《せいしんな》しと謂《い》へるが如《ごと》き僻説《へきせつ》は今《いま》の所論《しよろん》でない。看《み》よ學者《がくしや》としては觀理度《くわんりど》に過《す》ぎ、或《あるひ》は俗士《ぞくし》の世事《せじ》に執着《しふちやく》して深《ふか》く思慮《しりよ》に沈《しづ》むとき、身心惱亂《しんしんなうらん》し勞屈疲倦《らうくつひけん》して心氣《しんき》大《おほ》いに逆上《ぎやくじやう》し、或《あるひ》は發狂《はつきやう》する者《もの》あり、或《あるひ》は肺患《はいくわん》を發《はつ》する者《もの》あり、頭痛目暈齒痛眼疾等《づつうめまいしつうがんしつとう》を發《はつ》するあり、鍼灸藥《しんきうやく》も治《ち》することを能《あた》はず、華駄扁倉《くわだへんさう》も亦匙《またさじ》を投《とう》じて空《むな》しく手《て》を拱《こう》ずるに至《いた》つては只《た》だ内觀《ないくわん》一法《ぱふ》の外《ほか》、之《これ》を醫治《いぢ》するに由《よし》なからん。心機《しんき》の妙用《めうよう》、仙術《せんじゆつ》の祕訣《ひけつ》、茲《こゝ》に至《いた》つて大《おほ》ひに價値《かち》ある事《こと》を認《みと》めねばならぬ。今《いま》を距《さ》る十餘年前《よねんぜん》緇門《しもん》より出《い》でて東京帝國大學《とうきやうていこくだいがく》の哲學科講師《てつがくくわかうし》となり、尋《つい》て帝國學士會院《ていこくがくしくわいゐん》の員《ゐん》となり、世《よ》に學仙《がくせん》の稱《しよう》ある故原坦山《こはらたんざん》なる人《ひと》あり。其著心性實驗錄《そのちよじんせいじつけんろく》、惑病同原論《わくびやうどうげんろん》の二書《しよ》に於《おい》て、這般《しやはん》の消息《せうそく》を究《きは》むる事詳《ことつまびら》かである。其《そ》の論大要《ろんたいえう》に曰《いは》く、

大凡《おほよ》そ西洋人體《せいやうじんたい》の說《せつ》、二千年來解剖究理《ねんらいかいはうきうり》の實驗《じつけん》を以《もつ》て立《りつ》する所《ところ》、予《よ》唯《た》だ內觀《ないくわん》一法《ぱふ》の說《せつ》に依《より》て之《これ》を破《は》せんと欲《ほつ》せば、恐《おそら》くは人信《ひとしん》じ難《がた》からん、然《しか》れども今《いま》の醫《い》の謂《いは》ゆる病源《びやうげん》と唱《とな》ふる所《ところ》のものは、唯其《たゞそ》の病緣《びやうえん》にして未《いま》だ病原《びやうげん》に達《たつ》せず、凡《およ》そ病原《びやうげん》の由《よつ》て來《きた》る所《ところ》は外觸《ぐわいしよく》にあらずして實《じつ》は內觸《ないしよく》にあり。

斯說《このせつ》の要義《えうぎ》は內觸卽《ないしよくすなは》ち心《こゝろ》の惑《まどひ》は是《こ》れ實《じつ》に病《やまひ》の由來《ゆらい》する原因《げんいん》にして、他《た》は是《こ》れ病《やまひ》の發生《はつせい》を促《うなが》す可《べ》き助緣《じよえん》なりと謂《い》ふに在《あ》りて、實驗心理學上《じつけんしんりがくじやう》より之《これ》を論《ろん》じ、而《しか》も其惑心起《そのわくしんき》滅《めつ》の本體《ほんたい》を究《きは》め之《これ》を身體中《しんたいちう》の或質液《あるしつえき》に索《もと》め、心機力卽《しんきりよくすなは》ち內觀力《ないくわんりよく》に據《より》て之《これ》を拔除《ばつぢよ》するの工夫《くふう》を講《かう》じ、實踐的妄惑退治《じつせんてきまうわくたいぢ》の方術《はうじゆつ》を說《と》き以《もつ》て自身《じしん》に之《これ》を實行《じつかう》して、無病健全《むびやうけんぜん》の域《ゐき》に達《たつ》し、其《そ》の死《し》に際《さい》し自身《じしん》に之《これ》を實行《じつかう》して其《そ》の說《せつ》の虛妄《きよまう》に非《あら》ざることを證《しよう》し、大《おほ》ひに世《よ》の衆目《しゆうもく》を惹《ひ》きたるの事實《じじつ》は當時《たうじ》の人《ひと》の皆知《みなし》る所《ところ》である。本著《ほんちよ》の仙術敢《せんじゆつあへ》て此《こ》の說《せつ》を基礎《きそ》と爲《な》すに非《あら》ずと雖《いへど》も、唯《た》だ其《そ》の病理的方面《びやうりてきはうめん》の意味《いみ》に於《おい》て聊《いさゝ》か契當《けいたう》する所《ところ》あるを信《しん》ずるのである。さあれ仙術《せんじゆつ》と生理《せいり》、事實《じじつ》に於《おい》て如何《いか》に照契《せうけい》せるか何人《なんぴと》も自覺《じかく》す可《べ》き所《ところ》なり。

宇宙間《うちうかん》は有形《いうけい》と無形《むけい》との二種《しゆ》に外《ほか》ならず。無形《むけい》は卽《すなは》ち精神《せいしん》なり。此二物《このぶつ》は倶《とも》に獨立《どくりつ》して存《そん》ず可《べ》きにあらず。肉體《にくたい》に修練《しゆれん》を加《くは》へて惹《ひ》ひて以《もつ》て精神《せいしん》の堅確安定《けんかくあんてい》を講《かう》ずる道《みち》あり、又先《またま》づ精神《せいしん》の修養安定《しうやうあんてい》を努《つと》めて、之《これ》を肉體《にくたい》

の活動《くわつどう》に及《およ》ぼすあり。二者互《しやたがひ》に前後《ぜんご》ありと雖《いへど》も、其《そ》の結果《けつくわ》は遂《つひ》に一に歸《き》す、而《しか》して常途《じやうと》の見解《けんかい》を以《もつ》てすれば、先《ま》づ身體《しんたい》を修練《しゆれん》するは仙道《せんだう》の入門《にふもん》にして、先《ま》づ精神《せいしん》の安定《あんてい》を圖《はか》るは、宗教特《しうけうとく》に禪家等《ぜんけら》の尤《もつと》も關心《くわんしん》する所《ところ》である。斯《か》く仙術《せんじゆつ》と宗教《しうけう》、生理《せいり》と心理《しんり》、二にして二ならず。若《も》しそれが二別《べつ》なれば支離滅裂何事《しりめつれつなにごと》も成就《じやうじゆ》せず、二而《し》不二《ふじ》、いづれを先《さ》きにしいづれより入《い》るも、結局不二一體《けつきよくふじたい》とならねばならぬ。既《すで》に二者《しや》一如《じよ》となればそこに神變不思議《しんぺんふしぎ》の大活用《だいくわつよう》が自發《じはつ》する、それが仙術《せんじゆつ》であり神通力《じんつうりき》である、猶又始《なほまたはじ》めより精神的安定卽《せいしんてきあんていすなは》ち信仰《しんかう》と、肉《にく》體的修練卽《たいてきしゆれんすなは》ち仙術《せんじゆつ》とを並進並修《へいしんへいしう》すれば、速疾《そくしつ》に成就《じやうじゆ》すると倶《とも》に、倍加《ばいか》の偉力《ゐりよく》を發揮《はつき》し得《う》ることは、至當自然《しとうしぜん》の結末《けつまつ》である。

之《これ》を要《えう》するに吾人《ごじん》の所謂仙術《いはゆるせんじゆつ》、本書《ほんしよ》の主眼《しゆがん》とする所《ところ》は、何人《なんびと》も修《をさ》め得《う》る所《ところ》の仙術《せんじゆつ》にして、人間《にんげん》の定命《ぢやうみやう》として科學上《くわがくじやう》にも歷史上《れきしじやう》にも一致《ち》せる百歲《さい》の天壽《てんじゆ》を全《まつた》ふし得《う》る一定《てい》の方術《はうじゆつ》を指《さ》すのである。其《そ》の他《た》の事《こと》は自《おのづ》から特殊《とくしゆ》の仙法《せんぱふ》に屬《ぞく》することを知《し》らねばならぬ。尤《もつと》も無病强健《むびやうきやうけん》にして百歲以上《さいいじやう》の壽命《じゆみやう》を保《たも》ち得《う》るものは、自然《しぜん》と普通人《ふつうじん》の及《およ》ばぬ何等《なんら》かの神通的威力《じんつうてきゐりよく》を具有《ぐいう》し得《う》るものなることは、是《こ》れ亦言《またい》ふまでもない所《ところ》である。換言《くわんげん》すれば大仙《たいせん》、天仙《てんせん》、神仙《しんせん》といふが如《ごと》き高等優越《かうとういうゑつ》の域《ゐき》に達《たつ》せぬまでも、地仙《ちせん》、人仙《じんせん》といふ人間《にんげん》として最上《さいじやう》の福《ふく》壽《じゆ》を全《まつた》ふすれば、それで吾人人生《ごじんじんせい》の目的《もくてき》も、經國濟人《けいこくさいじん》の希望《きばう》をも達《たつ》し得《う》る次第《しだい》である。

第二節　科學より見たる仙術

日本《にほん》に於《お》ける生物學殊《せいぶつがくこと》に動物學《どうぶつがく》の第《だい》一人者《にんしや》と稱《しよう》せらるゝ石川千代松博士《いしかはちよまつはかせ》、生理學《せいりがく》の權威《けんゐ》永井博士《ながゐはかせ》、白井博《しらゐはか》

士《せ》、其《そ》の他《た》獨《ど》逸英國《いつえいこく》の現存《げんそん》せる斯道《しだう》の大家《たいか》三十七名《めい》の所説中《しよせつちう》一致《ち》せる點《てん》を摘出《てきしゆつ》し、其《そ》の確言明證《かくげんめいしよう》する所《ところ》に依《よ》れば、

鼠《ねずみ》の壽命《じゆみやう》は六年《ねん》、兎《うさぎ》は十年《ねん》、鷄《にはとり》は二十年《ねん》、蛙《かへる》は四十年《ねん》、鳩《はと》は五十年《ねん》、鯉《こひ》は二百年《ねん》、龜《かめ》は三百年《ねん》

而《しか》して總《すべ》ての生物《せいぶつ》は、その發育期《はついくき》の四倍乃至《ばいないし》五倍生存《ばいせいそん》し得《う》るは、動《うご》かすべからざる事實《じじつ》である。それで人《にん》間《げん》の壽命《じゆみやう》は百歳以上《さいいじやう》百五十歳《さい》まで保《たも》ち得《う》べき原則《げんそく》になつて居《ゐ》る。之《これ》は今日《こんにち》では最早《もはやうご》動かすべからざる、科學《くわがく》的經驗的《てきけいけんてき》の定説《ていせつ》である。殊《こと》に人壽《じんじゆ》百歳《さい》といふことは、古人《こじん》の説《せつ》にも、書物《しよもつ》にも多《おほ》く見《み》えて居《ゐ》る云々《うんぬん》と。

之等《これら》大家《たいか》の所説《しよせつ》、科學上《くわがくじやう》の證明《しようめい》に依《よ》れば、人間《にんげん》の壽命《じゆみやう》は最《もつと》も短《みじ》かいので百歳《さい》は大丈夫《だいぢやうぶ》といふことになる。此《こ》の定命《ちやうみやう》を全《まつた》ふして死《し》するのが自然死《しぜんし》である。此《こ》の定命《ちやうみやう》に達《たつ》せぬ内《うち》に早《はや》く死《し》ぬるのが不自然死《ふしぜんし》である。人間《にんげん》は誰《た》れでも少《すく》くも百歳《さい》までは生存《せいそん》し得《う》る權能《けんのう》をもつて居《ゐ》る。而《しか》して此《こ》の定命《じやうみやう》を全《まつた》ふすることが、人間《にんげん》としての責務《せきむ》であるに關《かゝ》はらず、短命者《たんめいしや》が多《おほ》い。不自然《ふしぜん》に死《し》ぬものが多《おほ》い、哲人《てつじん》セネカは人《ひと》の死《し》は畢竟自殺《ひつきやうじさつ》に異《こと》ならぬと喝破《かつぱ》して居《ゐ》る。

そこで科學者《くわがくしや》でも不老長壽《ふらうちやうじゆ》の必要《ひつえう》を説《と》き、其《そ》の方法《はうはふ》を盛《さか》んに研究《けんきう》して居《ゐ》る。尤《もつと》も科學者《くわがくしや》の所謂長壽《いはゆるちやうじゆ》といふのは、二百歳《さい》も五百歳《さい》もといふのではない。四十や五十や、七十や八十で死《し》ぬるのを、定命《ちやうみやう》の最小限度《さいせうげんど》たる百歳《さい》まで延《の》ばすやうにといふのである。換言《くわんげん》すれば今日《こんにち》の人々《ひと〴〵》が各自《かくじ》勝手《かつて》に自殺即《じさつすなは》ち自然《しぜん》の生命《せいめい》を短縮《たんしゆく》しやうとして居《ゐ》るのを引《ひ》き止《と》め、百歳《さい》の自然死《しぜんし》まで持《も》ち越《こ》させやうといふことになるのである。

然《しか》らばその長壽法《ちやうじゆはふ》、定命保全法《ちやうみやうほぜんはふ》はどうすればよいかといふに、それには未《いま》だ格別珍《かくべつめづ》らしい方法《はうはふ》も、完全《くわんぜん》な

手段《しゆだん》もない。唯《た》だ一つ研究《けんきう》の結果決定的《けつくわけつていてき》に明白《めいはく》になつてゐるのは、人々《ひと〴〵》の早死《はやじに》は病《やまひ》といふ利刄《りじん》が命根《めいこん》を斷《た》つのである。それで其《そ》の利刄《りじん》をもぎ取《と》つて人《ひと》を無病《むびやう》にするのが肝要《かんえう》である。無病《むびやう》でさへあれば、元氣《げんき》がある。老衰《らうすゐ》せぬ。いつも若々《わか〴〵》しい。必《かなら》ず天壽《てんじゆ》を全《まつた》ふするに疑《うたが》ひないといふのである。

然《しか》るに病氣《びやうき》のない人《ひと》が若《わか》い盛《さか》りに早世《さうせい》したり、七十八十まで無病健全《むびやうけんぜん》なものが突然急死《とつぜんきふし》することがあるのは、どういふ譯《わけ》かとの疑問《ぎもん》が起《おこ》る。併《しか》し病氣《びやうき》には顯《あら》はれたる病《やまひ》、即《すなは》ち熱《ねつ》があるとか、苦痛《くつう》があるとか、腫《は》れるとか、痺《しび》れるとかいふやうなのと、隱《かく》れたる病《やまひ》、自然《しぜん》に動脈硬化《どうみやくかうくわ》する等本人《とうほんにん》も周圍《しうゐ》の者《もの》も一向知《かうし》らぬ間《ま》に、重病《ぢうびやう》に犯《をか》されて居《ゐ》ることがある。

由來人間《ゆらいにんげん》の身體《しんたい》の組織機構《そしききこう》といふものは、徹頭徹尾《てつとうてつび》一毛一筋《まうひとすぢ》に至《いた》るまで自然的《しぜんてき》に出來《でき》て居《ゐ》るものである。それで此《こ》の自然組織《しぜんそしき》を傷害《しやうがい》せず、壓抑《あつよく》せず、自然的《しぜんてき》の生活《せいくわつ》をして居《を》れば、その保有期間《ほいうきかん》は病氣《びやうき》は固《もと》より老衰《らうすゐ》することもなく、一定《てい》の壽命《じゆみやう》を保《たも》ち得《う》るものである。彼《か》の鳥獸等《てうじうとう》は極《きは》めて理想的《りさうてき》の自然生活《しぜんせいくわつ》をして居《ゐ》るから、時折飢饉《ときをりきき》に迫《せま》ること等《など》はあるが、それは自然機構《しぜんきこう》を傷害《しやうがい》する程《ほど》のものでないから、他《た》から殺《ころ》されるとか、特《とく》別《べつ》の災厄《さいやく》に遇《あ》はない限《かぎ》り、定命《びやうみやう》を保《たも》ち自然死《しぜんし》に終《をは》るのが常《つね》である。然《しか》るに人間《にんげん》は文化《ぶんくわ》の進《すゝ》むに從《したが》ひ、自然《しぜん》的生活《てきせいくわつ》から段々《だん〴〵》と人工的生活《じんこうてきせいくわつ》に變《かは》つてゆくから、自《おの》づと自然《しぜん》の組織《そしき》を破壞《はくわい》し傷害《しやうがい》し、そこに病氣《びやうき》が起《おこ》り、老《らう》衰《する》が現《あら》はれ、遂《つひ》に定命以下《びやうみやういか》の不自然死《ふしぜんし》を來《き》たすのである。

生《なま》で食《た》べたがよいものを態々《わざ〴〵》煮《に》たり、砂糖《さたう》を入《い》れてはいけぬのを單《たん》に口當《くちあた》りよく甘《うま》くするため、砂糖《さたう》を入《い》れるとか、空腹《くうふく》でもないのに無理《むり》に食《く》ふとか、無暗《むやみ》に大食《たいしよく》するとか、厚着《あつぎ》をするとか、不潔《ふけつ》の空氣《くうき》を吸《す》ふとか、不規律《ふきりつ》な起臥《きぐわ》をするとか、つまらぬ心配《しんぱい》をするとかいふのは、皆不自然《みなふしぜん》な人工生活《じんこうせいくわつ》である。

そこで人間《にんげん》は無理《むり》な生活《せいくわつ》さへせねば、無病《むびやう》で天壽《てんじゆ》を全《まつた》ふし得《う》ることは、少《すこ》しも疑《うたが》ひない。此《こ》の意味《いみ》に於《お》ける不老長生《ふらうちやうせい》の仙術《せんじゆつ》なれば、科學《くわがく》は進《すゝ》んで之《これ》を保證《ほしよう》し、仙術《せんじゆつ》と科學《くわがく》の說《と》く所《ところ》と、一步《ぶ》一厘《りん》も矛盾《むじゆん》する所《ところ》はないといふ結論《けつろん》に到達《たうたつ》するのである。

因《ちなみ》に原始的生活者《げんしてきせいくわつしや》には、齲齒《むしば》は一本《ぽん》もないが、文化的人工生活者《ぶんくわてきじんこうせいくわつしや》には百人《にん》に付《つき》九十五人《にん》まで齲齒《むしば》の所有《しよいう》者《しや》である。從《したが》つて胃腸病者《ゐちやうびやうしや》も比例《ひれい》され、更《さら》に他《た》の病氣《びやうき》も推照《すゐせう》せらる。

道教《だうけう》の研究《けんきう》を以《もつ》て知《し》られたる大哲《だいてつ》ベルツ博士《はかせ》曰《いは》く、

樹木《じゆもく》が葉《は》にて呼吸《こきふ》し、根《ね》より水《みづ》と土鑛《どくわう》を吸收《きふしう》して生長《せいちやう》し、百年《ねん》千年《ねん》の長壽《ちやうじゆ》を保《たも》つを以《もつ》て見《み》れば、人間《にんげん》も呼吸調氣《こきふてうき》に注意《ちうい》し、穀物《こくもつ》や肉類《にくるゐ》に代《か》ふるに、礦物木實《くわうぶつもくじつ》より成《な》れる錬丹仙丹《れんたんせんたん》を服用《ふくよう》すれば、無病長生《むびやうちやうせい》なるを得《う》ること眞理《しんり》に背《そむ》かず云々《うんぬん》、

又曰《またいは》く、

穀食肉食《こくしよくにくしよく》に代《か》ふるに木實等《もくじつとう》を以《もつ》てし、且《か》つ其《その》量少分《りやうせうぶん》なる點《てん》よりすれば、身體《しんたい》は自然《しぜん》に輕《かろ》くなり、飄々《へう〳〵》として飛行《ひぎやう》に類《るゐ》する速步《そくほ》も可能《かのう》なる上《うへ》に、疲勞《ひらう》すること少《すく》なきも自明《じめい》の理《り》なり、仙術《せんじゆつ》は合理《がふり》にて大體《だいたい》に於《おい》て可能《かのう》なり、たゞ修練實行《しゆれんじつかう》の如何《いかん》に存《そん》すと。

論《ろん》じ得《え》て妙《めう》なり、說破《せつぱ》至《いた》れり、名言《めいげん》といふべし。

第三節　醫術より見たる仙術

今日尤《こんにちもつと》も進歩《しんぽ》せる醫術上《いじゆつじやう》の定說《ていせつ》に曰《いは》く、生物學《せいぶつがく》や生理學《せいりがく》の實證《じつしよう》する、人間最低限度《にんげんさいていげんど》の壽命《じゆみやう》が百歲以上《さいいじやう》であることは、最早《もはや》一點疑《てんうたが》ふ餘地《よち》はない。然《しか》るに一般的壽命《ぱんてきじゆみやう》の統計《とうけい》は約《やく》四十歲《さい》、戰死《せんし》や、死產兒《しさんじ》や、生《うま》れて一ヶ年以內《ねんいない》に死《し》する者《もの》を加算《かさん》すれば、世界人類《せかいじんるゐ》の平均壽命《へいきんじゆみやう》は二十七歲《さい》、又《また》百歲以上《さいいじやう》のものは七千人《にん》に一人《ひとり》の割合《わりあひ》といふ、定命無視《ぢやうみやうむし》の甚《はなは》だしき狀態《じやうたい》に在《あ》る。かく人間《にんげん》が天禀享受《てんりんけうじゆ》の定命《ぢやうみやう》を保《たも》ち得《え》ないのは何故《なぜ》であるかといふに、それには遺傳的《ゐでんてき》に虛弱《きよじやく》なもの、病質《びやうしつ》を有《いう》するもの、或《あるひ》は不時《ふじ》の災厄《さいやく》に罹《かゝ》るものもあるが、それよりも尤《もつと》も多《おほ》いのは不注意《ふちうい》不攝生《ふせつせい》に依《よ》る病氣《びやうき》である。病《やまひ》は生理的《せいりてき》機能《きのう》を破損《はそん》し、健康《けんかう》を傷害《しやうがい》して自然《しぜん》と定命《ぢやうみやう》を短《たん》縮《しゆく》するものである。遺傳的《ゐでんてき》の虛弱者《きよじやくしや》や病質《びやうしつ》を有《いう》するものでも、養生《やうじやう》の如何《いかん》と修練《しゆれん》の努力《どりよう》に依《よ》りては、それを更生改造《かうせいかいざう》して、定命《ぢやうみやう》又《また》は一定《てい》の長生《ちやうせい》を保《たも》ち得《う》るものである。又災厄《またさいやく》の如《ごと》きは大抵自己《たいていじこ》の不注意《ふちうい》に依《よ》るものであるから、周到《しうたう》の用意《ようい》さへあれば十中《ちう》の八九まで豫防《よばう》し得《う》、又《また》は免《まぬ》かれ得《う》るものである。況《ま》して後天的普《こうてんてきふ》通《つう》の病氣《びやうき》は悉《ことごと》く自分《じぶん》が製造《せいざう》せるものであるから、自分《じぶん》の心掛《こゝろが》け一つでも豫防《よばう》も出來《でき》れば、全治《ぜんぢ》することも出來《でき》る。

元來醫藥《ぐわんらいいやく》といふものは、如何《いか》に神巧《しんかう》を奪《うば》ふまでに進歩《しんぽ》しても、病氣《びやうき》に附《つい》て行《ゆ》くもので、新《あた》らしい病氣《びやうき》や難《なん》病《びやう》が起《おこ》るから、それに依《よ》つて研究《けんきう》し進歩《しんぽ》するだけで、醫藥《いやく》よりは病氣《びやうき》の方《はう》がいつでも一足先《ひとあしさき》を歩《ある》いて居《ゐ》るのである。病氣《びやうき》がなければ醫藥《いやく》の研究《けんきう》も工夫《くふう》も必要《ひつえう》はない。但《たゞ》し之《これ》は對症療法《たいしやうれうはふ》即《すなは》ち既《すで》に起《おこ》つた病氣《びやうき》に對《たい》しての、醫藥《いやく》の任務《にんな》をいつたものであるが、醫藥《いやく》は此《こ》の以外又《いぐわいまた》はこれ以上《いじやう》に一般的《はんてき》の衞生《ゑいせい》とか養生《やうじやう》とかいふ、廣《くわう》汎《はん》なる役目《やくめ》をもつて居《ゐ》る。即《すなは》ち第《だい》一に病氣《びやうき》に罹《かゝ》らぬ用意《ようい》をする、第《だい》二に健康《けんかう》を保全增進《ほぜんぞうしん》する、第《だい》三に病後《びやうご》の回復《くわいふく》に努力《どりよく》する等種々《とうしゆ〴〵》の重大《ぢうだい》な事柄《ことがら》がある。從《したが》つて藥《くすり》にも病氣《びやうき》そのものに對《たい》するもの、之《これ》は健康體《けんかうたい》には一種《しゆ》の毒《どく》であるが、萬病《まんびやう》一毒以毒制毒《どくいどくせいどく》のである。次《つぎ》に保健增健《ほけんぞうけん》の藥《くすり》、所謂强壯劑《いはゆるきやうさうざい》ともいふべきもので、之《これ》は藥《くすり》といふよりは寧《むし》ろ營養食《えいやうしよく》である。次《つぎ》は豫防藥《よばうやく》で、之《これ》は多少毒的《たせうどくてき》のもあれば、營養劑的《えいやうざいてき》のものもある。仙術《せんじゆつ》の方《はう》で食物《しよくもつ》に代《か》はつて保健《ほけん》且《か》つ壽命《じゆみやう》を延引《えんいん》せしむる仙丹等《せんたんなど》といふのは、此《こ》の强壯劑《きやうさうざい》とその意味《いみ》を同《おなじ》ふするものである。

次《つぎ》に病氣《びやうき》に罹《かゝ》らぬ用心《ようじん》といふのは、その重《おも》なる點《てん》を示《しめ》せば、第《だい》一が消化器《せうくわき》の衞生《ゑいせい》である。大食《たいしよく》がいけぬ。適應食《てきおうしよく》といつて其《そ》の人《ひと》の體性《たいせい》に相當《さうたう》するものがよい。日本人《にほんじん》には淡泊《たんぱく》な魚肉以外《ぎよにくいぐわい》の肉食《にくしよく》はよくない。菜食《さいしよく》や、果實木實《くわじつもくじつ》は保健長壽《ほけんちやうじゆ》に尤《もつと》も有效《いうかう》である。之《これ》は仙家《せんけ》の服食法《ふくしよくはふ》や外丹說《ぐわいたんせつ》とぴつたり符合《ふがふ》する。第《だい》二は呼吸器《こきふき》の衞《ゑい》生《せい》で、之《これ》は仙家《せんけ》の吐納胎息法《となふたいそくはふ》そのまゝが尤《もつと》も理想的《りさうてき》である。第《だい》三は循環器《じゆんくわんき》の衞生《ゑいせい》で、之《これ》も仙家《せんけ》の導引法《だういんはふ》が結構《けつこう》である。血液《けつえき》の循環《じゆんくわん》を圓滿《ゑんまん》にし、動脈硬化《どうみやくかうくわ》を防《ふせ》ぐ等非常《とうひじやう》に好《よ》い工夫《くふう》である。第《だい》四は生殖器《せいしよくき》の衞生《ゑいせい》で、性慾《せいよく》は全然禁抑《ぜんぜんきんよく》すれば、それが爲《た》め却《かへ》つて種々《しゆ〴〵》の弊害《へいがい》や疾病《しつぺい》を起《おこ》す、色《いろ》と食《しよく》と性《せい》なりといつて、禁慾《きんよく》は行《おこな》はれ難《がた》いが、左《さ》りとて之《これ》を恣《ほしいまゝ》にすれば病源《びやうげん》と爲《な》り、短命《たんめい》の直因《ちよくいん》となる。去勢《きよせい》したものは種々《しゆ〴〵》の病《やまひ》に罹《かゝ》り不活《ふくわつ》潑《ぱつ》で早《はや》く死《し》ぬのが、一旦《たん》去勢《きよせい》したものに他人《たにん》の生殖器《せいしよくき》を移植《いしよく》したならば、三ケ月目《げつめ》には性交《せいかう》を行《おこな》ふことが出《で》來《き》、非常《ひじやう》に壯健活潑《きやうけんくわつぱつ》になつたといふ、神異的《しんいてき》の實驗《じつけん》さへ行《おこな》はれて居《ゐ》る。之《こ》れが仙家《せんけ》の房中術《ばうちうじゆつ》に相當《さうたう》するものである。既《すで》に修行《しゆぎやう》がつみ、仙人《せんにん》になつたものは性慾問題《せいよくもんだい》もあるまいが、一般《ぱん》の人間生活《にんげんせいくわつ》としては適度《てきど》の性交《せいかう》を要《えう》するものである。第《だい》五は神經系《しんけいけい》の衞生《ゑいせい》で、之《これ》は一切《さい》の煩悶慾望《はんもんよくぼう》を斥《しりぞ》け、心氣《しんき》を安靜《あんせい》にするのが肝要《かんえう》で、仙家《せんけ》の道德功過律《だうとくこうくわりつ》や戒律等《かいりつとう》の中《なか》に、之《こ》れに適合《てきがふ》するものが少《すく》なくない。殊《こと》に仙家《せんけ》そのもの自體《じたい》が本來脱俗《ほんらいだつぞく》して醜慾《しうよく》を斷《た》つて居《ゐ》るから、之《こ》れこそ眞《しん》に理想的《りさうてき》の神經衞生《しんけいゑいせい》である。

之《これ》に由《よ》つて見《み》れば、病氣《びやうき》の起《おこ》らぬ。又病氣《またびやうき》に罹《かゝ》らぬ豫防《よぼう》としての衞生《ゑいせい》、健康《けんかう》を保全增進《ほぜんぞうしん》し、定命《ぢやうみやう》を全《まつた》ふし、更《さら》に定命以上《ぢやうみやういじやう》の延命《えんめい》を得《う》るの具體的實行法《ぐたいてきじつかうはふ》として、仙術《せんじゆつ》と醫學《いがく》は何等矛盾衝突《なんらむじゆんしようとつ》する所《ところ》もなく、又現代《またげんだい》にて一二の超科學的《てうくわがくてき》な點《てん》もないではないが、大體《だいたい》に於《おい》て非科學的反科學的《ひくわがくてきはんくわがくてき》でもなく、眞《しん》に理想的完全《りさうてきくわんぜん》なる衞《ゑい》生法長壽法《せいはふちやうじゆはふ》といふべきである。

又《また》四十五十にして、既《すで》に病態《びやうたい》に在《あ》る者《もの》、所謂中年者《いはゆるちうねんしや》でも爾後《じご》の仙法實行《せんぱふじつかう》に依《より》て、保健長壽《ほけんちやうじゆ》を得《う》るやといふに、それは二十ケ年保險付《ねんほけんつき》の時計《とけい》が、七ケ年又《ねんまた》は十ケ年《ねん》にて損《そん》じたのを修繕《しうぜん》すれば、矢張《やは》りあと十年《ねん》なり使《し》用《よう》が出來《でき》て、保險期間《ほけんきかん》を全《まつたふ》し得《う》ると同《どう》一であり、又場合《またばあひ》に由《よ》つては保險期間以上《ほけんきかんいじやう》の使用《しよう》も不可能《ふかのう》ではない。尤《もつと》も破損《はそん》の程度《ていど》の如何《いかん》、修繕《しうぜん》の巧拙《かうせつ》をも能《よ》く考《かんが》へ合《あは》せねばならぬから、一概《がい》に斷《だん》ずる譯《わけ》にはゆかぬが、一時《じ》病身《びやうしん》であつたからそれを囘復《くわいふく》して、健康長壽《けんかうちやうじゆ》を得《う》ることは、心掛《こゝろが》け一つで十中《ちう》の九まで可能《かのう》であり、保證《ほしよう》が出來《でき》るのである。

以上《いじやう》は額田《ぬかだ》、二木《き》、永井《ながゐ》其他《そのた》七博士《はかせ》、六大家《たいけ》の一致《ち》せる確說《かくせつ》であつて、仙術上《せんじゆつじやう》の健康長壽法《けんかうちやうじゆはふ》は、醫學《いがく》の極致祕奧《きよくちひあう》と一致《ち》せる殊妙《しゆめう》の名案《めいあん》たることを保證《ほしよう》せられたのである。

第四節　宗教より見たる仙術

宗教《しうけう》は生命《せいめい》の長短如何《ちやうたんいかん》は論《ろん》ずる所《ところ》でない。生死《せいし》に超越《てうえつ》して絶對《ぜつたい》の安心立命《あんしんりつめい》を求《もと》むるのが第一義《ぎ》である。卽《すなは》ち心主肉從《しんしゆにくじう》を其《そ》の立脚地《りつきやくち》とす。仙術《せんじゆつ》は久視長生《きうしちやうせい》を目的《もくてき》とし、寧《むし》ろ身主靈從《しんしゆれいじう》の傾向《けいかう》を有《いう》するものである。併《しか》し凡《およ》そ生《い》きとし生《い》けるものは、生《せい》を希《ねが》ひ死《し》を嫌《きら》はぬものはない、人生尤《じんせいもつと》も忌《い》むべく恐《おそ》るべきものは病《やまひ》と死《し》である。病弱不健康《びやうじやくふけんかう》は人生《じんせい》の最大苦痛《さいだいくつう》であり、早世短命《さうせいたんめい》は永久取《えいきうと》り返《かへ》しのつかぬ最大不幸《さいだいふかう》である。一日《にち》でも半《はん》日《にち》でも永《なが》く生《い》き延《の》びたいといふのは人情《にんじやう》の自然《しぜん》、死何《しなん》ぞ恐《おそ》るゝに足《た》らんと豪語《がうご》するも、いざとなれば死《しに》たくない、死《し》んでも命《いのち》のあるやうにとは諧謔《かいぎやく》ながらも人情《にんじやう》の機微《きび》を穿《うが》ちたる至言《しげん》である。左《さ》れば心主肉從《しんしゆにくじう》は肝要《かんえう》なるも、事實《じじつ》は容易《ようい》に行《おこな》はれがたい。否《いな》、死《し》を嫌《きら》ひ生《せい》を喜《よろこ》ぶの人情《にんじやう》が餘《あま》りに强烈《きやうれつ》なるが故《ゆゑ》に、始終《しじう》その極端《きよくたん》に走《はし》り却《かへつ》て種々《しゆ〴〵》の苦惱《くなう》を惹起《じやくき》する爲《た》め、その偏頗《へんぱ》を矯正《けうせい》せんとして心主肉從主義《しんしゆにくじうしゆぎ》の宗教《しうけう》が起《おこ》つたのである。

宗教《しうけう》と雖《いへど》も長生久視《ちやうせいきうし》を無視《むし》するものでないのみか、畢竟《ひつきやう》は眞《しん》に長生久視《ちやうせいきうし》の目的企望《もくてききばう》を確達《かくたつ》せんとするには、先《ま》づ精神的安定《せいしんてきあんてい》が必要《ひつえう》なりといふに歸着《きちやく》するのであつて、仙術《せんじゆつ》と宗教《しうけう》とは其《そ》の入口《いりくち》が表裏《おもてうら》になつて居《ゐ》るだけであつて、落《お》ちつく所《ところ》は結局同《けつきよくおな》じ殿堂《でんだう》である。從《したが》つて仙術《せんじゆつ》には精神的修練《せいしんてきしゆれん》を要《えう》するは云《い》ふまでもなく、宗教《しうけう》も亦保健攝養《またほけんせつやう》の道《みち》を尊《たつと》び、延命長壽《えんめいちやうじゆ》の祕法《ひはふ》を學《まな》ぶを恒《つね》とす。

佛教其《ぶつけうそ》の他各宗教《たかくしうけう》の戒律《かいりつ》や、禁慾主義《きんよくしゆぎ》又《また》は嚴肅主義《げんしゆくしゆぎ》は、仙術上《せんじゆつじやう》の修行法《しゆぎやうはふ》、功過律《こうくわりつ》と何等《なんら》の撰《えら》ぶ所《ところ》なく、全然同《ぜんぜんどう》一なりといふべく、殊《こと》に禪家《ぜんけ》の坐《ざ》禪法數息觀《ぜんはふすうそくくわん》や、神道《しんだう》の伊吹法《いぶきはふ》は仙道《せんだう》の調氣《てうき》胎息法《たいそくはふ》と寸毫《すんがう》も異《こと》なる所《ところ》なく、導引法《だういんはふ》や行道法《ぎやうだうはふ》や身滌法《みそぎはふ》は、淨身保健《じやうしんほけん》の意義《いぎ》に於《おい》て互《たがひ》に相《あひ》一致《ち》し、内丹法《ないたんはふ》は完全《くわくぜん》なる精神的修練《せいしんてきしゆれん》たるは少《すこ》しも疑《うたが》ふの餘地《よち》なし。

之《これ》を要《えう》するに仙術《せんじゆつ》は宗教《しうけう》の一部《ぶ》であり、又《また》その實行方面《じつかうはうめん》であると見《み》ることも出來《でき》れば、或《あるひ》は宗教《しうけう》の眞面目《しんめんもく》を赤裸々《せきら、》に暴露《ばくろ》したものが仙術《せんじゆつ》であるとも云《い》へる。いづれにしても兩者《りやうしや》は親子《おやこ》か兄弟《きやうだい》かといふ間柄《あひだがら》であつて、決《け》つして相背反《あひはいはん》するものでもなければ、又衝突《またしようとつ》すべきものでもない、若《も》しそれ宗教的熱烈《しうけうてきねつれつ》の信念《しんねん》を以《もつ》て、仙術《せんじゆつ》の實地《じつち》修練《しうれん》を勵《はげ》んだならば、それこそ鬼《おに》に金棒《かなばう》、大々的成功《だい／＼てきせいこう》を遂《と》げ、眞《しん》の神仙《しんせん》として神通自在《じんつうじざい》、不老長生《ふらうちやうせい》はいふまでもなく、飛行出没隱現《ひぎやうしゆつぼついんげん》の奇蹟《きせき》、救治濟化《きうぢさいげ》の神變《しんぺん》を直現《ちよくげん》し、白日昇天《はくじつしようてん》をも體證《たいしよう》し得《う》るに至《いた》るであらう。

隱居三十歳。築室南山巓。静夜翫明月。
閑朝飲碧泉。樵人歌隴上。谷鳥戲巖前。
樂矣不知老。都忘甲子年。（許宣平）

第二章　仙術の傳統

第一節　印度の仙術

印度人《いんどじん》は人間《にんげん》の一生《しやう》を四期《き》に分《わか》ち、其《そ》の一々の期間《きかん》に於《おい》て其《そ》の爲《な》すべき事《こと》を爲《な》し遂《と》げる者《もの》を、理想生活者《りさうせいくわつしや》とするのである。四期《き》とは淨行《じやうぎやう》、家居《かきよ》、林居《りんきよ》、棄世《きせい》である。

第《だい》一の淨行《じやうぎやう》とは、一家《か》の主人《しゆじん》となるまで學《がく》を習《なら》ひ、修行《しゆぎやう》を爲《な》し、童貞《どうてい》を全《まつた》ふする淨行《じやうぎやう》を持《も》つもので、是《これ》は大抵《たいてい》十歳《さい》より二十四五歳《さい》までゝある。

第《だい》二の家居生活《かきよせいくわつ》は、妻《つま》を迎《つか》へ子弟《してい》を敎育《けういく》し、家《いへ》や國《くに》の義務《ぎむ》を盡《つく》すので、その期間《きかん》は三十年位《ねんぐらゐ》である。

第《だい》三の林居生活《りんきよせいくわつ》は、相續人《さうぞくにん》に家《いへ》を讓《ゆづ》り、自分《じぶん》の妻竝《つまならび》に子供《こども》を連《つ》れて林中《りんちう》に隱居《いんきよ》し、世間《せけん》に對《たい》する名利《みやうり》の觀《くわん》念《ねん》もなければ、又壯年時《またさうねんじ》代《だい》の如《ごと》く肉慾《にくよく》を貪《むさぼ》る熱望《ねつばう》もなく、偏《ひと》へに不老長壽《ふらうちやうじゆ》の道《みち》を講《かう》じ、神仙《しんせん》の飮料或《いんれうあるひ》は食物《しよくもつ》、即《すなは》ち不死《ふし》の滋味《じみ》を求《もと》むるのが常《つね》である。その不死《ふし》の滋味《じみ》とはアムリタといつて、神《かみ》の飮物《のみもの》なる不滅《ふめつ》の甘露《かんろ》といふ義《ぎ》でもあり、長生《ちやうせい》の藥《くすり》、黃金丹《わうごんたん》といふ意《い》もある、神呪祕法《しんじゆひはふ》に由《よつ》て種々《しゆ〴〵》のもの調劑《てうざい》したものである。但《たゞ》しそれを用《もち》ふる人《ひと》の心得如何《こゝろえいかん》によりて藥《くすり》ともなり毒《どく》ともなるとせられて居《ゐ》る。

右《みぎ》の如《ごと》き次第《しだい》で印度《いんど》には上古《じやうこ》より不老長壽《ふらうちやうじゆ》の仙人《せんにん》が澤山《たくさん》あつた。二十一人《にん》の廣博仙人《くわうはくせんにん》が順次《じゆんじ》に現《あら》はれて、地理《ちり》、歷史《れきし》、道德《だうとく》、宗敎《しうけう》、科學《くわがく》、哲學等《てつがくとう》を大成《たいせい》したといふ傳說《でんせつ》もある。又釋尊《またしやくそん》が一時師事《じしじ》したるアララカララ仙人《せんにん》やウッダラマ仙人《せんにん》の如《ごと》きも、山居《さんきよ》の哲學的仙人《てつがくてきせんにん》である。

又印度《またいんど》では人間界以上《にんげんかいいじやう》の天人界《てんじんかい》、即《すなは》ち三十三天《てん》の所住者《しよぢうしや》を悉《ことごと》く仙人《せんにん》と云《い》ひ、其《そ》の王《わう》を仙人中《せんにんちう》の王仙《わうせん》と稱《しよう》して居《ゐ》る。而《しか》して眞《しん》の神仙《しんせん》となるには、有形《いうけい》の甘露食即《かんろしよくすなは》ち不老藥《ふらうやく》を用《もち》ふるのみにては成功《せいこう》しない、德《とく》を修《をさ》むるのが主要《しゆえう》なる原因《げんいん》とせられて居《ゐ》る。之《これ》は一方《ぱう》から見《み》れば支那《しな》の仙法《せんぱふ》でいふ内丹即《ないたんすなは》ち精神《せいしん》の統一《とういつ》と調氣法《てうきはふ》とに相當《さうたう》し、又他面《またためん》より觀察《くわんさつ》すれば、信仰《しんかう》の必要《ひつえう》を喝破《かつぱ》したものである。信仰《しんかう》を土臺《どだい》として甘露食《かんろしよく》を服《ふく》するのが、不老長生《ふらうちやうせい》の祕要《ひえう》であり、その結果《けつくわ》は神變不思議《しんぺんふしぎ》の奇蹟《きせき》を現《あら》はし得《う》るに至《いた》り、又昇天《またしようてん》して天人界《てんじんかい》に入《い》ることも出來《でき》るといふのである。

又名高《またなだか》い七仙人《せんにん》を北斗《ほくと》七星《せい》の化身《けしん》であるといひ、或《あるひ》は各種《かくしゆ》の發明者《はつめいしや》、聖典《せいてん》の創作者《さうさくしや》をも推稱《すゐしよう》して、普通人《ふつうにん》間《げん》よりは卓絶《たくぜつ》して居《ゐ》るが、神《かみ》とも異《こと》なるといふ所《ところ》より一種《しゆ》の仙人《せんにん》として、六十八大仙人《だいせんにん》などいふのがある。

一、釋尊の仙道

釋尊《しやくそん》は天上天下唯我獨尊《てんじやうてんかゆゐがどくそん》と自稱《じしよう》するだけあつて、眞《しん》に曠古《くわうこ》の大聖《たいせい》である。絶世《ぜつせい》の眞仙《しんせん》である。釋尊以前《しやくそんいぜん》にも仙人《せんにん》はあつたが、之等《これら》を釋尊《しやくそん》に比《ひ》すれば太陽《たいやう》と小星《せうせい》の如《ごと》きものである。又釋尊以後《またしやくそんいご》にも各羅漢《かくらかん》始《はじ》め幾多《いくた》の神仙《しんせん》が輩出《はいしゆつ》して居《ゐ》るが、いづれも釋尊《しやくそん》の足許《あしもと》にも追付《おつつ》かぬ、實《じつ》に釋尊《しやくそん》は天成《てんせい》の神仙《しんせん》であると倶《とも》に、其《そ》の出發《しゆつぱつ》の動機《どうき》が他《た》に掛《か》け離《はな》れて居《ゐ》る。之《これ》が釋尊《しやくそん》の大《だい》をなす所以《ゆゑん》である。

今《いま》より約《やく》三千年《ねん》の昔《むかし》に中印度《ちういんど》加比羅《かびら》衞城主淨飯王《ゑじやうしゆじやうはんわう》の太子《たいし》とした降誕《かうたん》した釋尊《しやくそん》は、始《はじ》め次代《じだい》の王者《わうじや》として必《ひつ》要《えう》なる文武兩道《ぶんぶりやうだう》の奥義《あうぎ》を窮《きは》め、叡智《えいち》勇武《ゆうぶ》五天竺第一《てんぢくだい》と稱《しよう》せられ、妃《きさき》を迎《むか》へ、愛兒《あいじ》を儲《まう》け、金殿玉樓《きんでんぎよくろう》、父王《ふわう》の愛護《あいご》、國民《こくみん》の渇望《かつばう》、侍部《じぶ》の敬慕《けいば》、人生《じんせい》の幸榮至《かうえいいた》れり盡《つく》せるものあり。然《しか》れども釋尊《しやくそん》の胸中《きようちう》は大《だい》なる疑惑《ぎわく》と煩《はん》悶《もん》とに閉《とぢ》られて、甚《はなは》だしく苦《くる》しまれた、それは人間《にんげん》には生《せい》、老《らう》、病《びやう》、死《し》の四苦《く》がある。老《らう》と病《びやう》と死《し》の前《まへ》には王位《わうゐ》も財寶《ざいはう》も何《なん》の價《あたひ》もない。如何《いか》にすれば此《こ》の老病死《らうびやうし》を免《まぬ》かれ得《う》るか、釋尊《しやくそん》は斯《かか》る懷疑《くわいぎ》を動機《どうき》として、如何《いか》にしても不老《ふらう》不死《ふし》の道《みち》を求《もと》めねばならぬと決心《けつしん》して、遂《つひ》に王位《わうゐ》妻子《さいし》を棄《す》て、父王《ふわう》の慈悲《じし》に背《そむ》き、深夜《しんや》密《ひそ》かに宮城《きうじやう》を脱出《だつしゆつ》して、隱遁生活《いんとんせいくわつ》即《すなは》ち仙道《せんだう》の修行《しゆぎやう》に入《い》つた。

阿羅々仙人釋尊苦行中擊懲する圖

　斯《か》くて釋尊《しやくそん》は先《ま》づ當時《たうじ》有名《いうめい》の學者《がくしや》や仙《せん》人等《にんら》を歴訪《れきはう》して、宇宙《うちう》の眞相《しんさう》、人生《じんせい》の歸《き》趣《すう》、不老長生《ふらうちやうせい》の道《みち》を質問《しつもん》したが、一つも滿足《まんぞく》な答《こたへ》が得《え》られなかつた。そこで釋尊《しやくそん》は無師《むし》獨悟《どくご》の決心《けつしん》を固《かた》め、苦行林《くぎやうりん》に入《い》つて、無言《むごん》、籠居《らうきよ》、結跏《けつか》、斷《だん》食《じき》、あらゆる難行苦修《なんぎやうくしう》を積《つ》むこと六年《ねん》、而《し》かも何等《なんら》得《う》る所《ところ》はなかつた。そこで釋尊《しやくそん》は徒《いたづ》らに身體《しんたい》を苦《くる》しめ難《なん》行《ぎやう》するのが、眞《しん》の修道《しうだう》ではないといふことを悟《さと》り、水《みづ》に浴《よく》して身《み》を淨《きよ》め、牛乳《ぎうにう》を飲《の》んで氣力《きりよく》をつけ、それより伽耶《かや》の菩提樹《はだいじゆ》の下《もと》なる金剛座《こんがうざ》に上《のぼ》り、禪定《ぜんぢやう》に入《い》つて冥想《めいさう》した。此《こ》の時《とき》六天《てん》の魔王《まわう》は、釋尊《しやくそん》の修行成道《しゆぎやうじやうだう》を妨《さまた》げんとして、或《あるひ》は美女《びぢよ》を以《もつ》て誘惑《いうわく》し、或《あるひ》は間者《かんじや》を以《もつ》て誑詐《きやうさ》し、或《あるひ》は猛獸《まうじう》、魔神《まじん》、雷霆《らいてい》を以《もつ》て脅迫《けふはく》し、遂《つひ》には親《みづか》ら魔軍《まじん》を率《ひき》ひて包圍《はうゐ》肉薄《にくはく》せしも、釋尊《しやくそん》は寂然不動《じやくねんふどう》、自然《しぜん》に體得《たいとく》せる仙術《せんじゆつ》を以《もつ》て默々裡《もく〳〵り》に悉《こと〴〵》く之《これ》を降伏《かうふく》し、明星天《みやうじやうてん》に冲《ちう》し、東天紅《とうてんくれなゐ》を告《つ》ぐるの時《とき》、豁然《くわつぜん》として大悟《たいご》し、宇宙《うちう》の眞相《しんさう》、不老永生《ふらうえいせい》の極意《ごくい》を窮《きは》め、大《だい》覺世尊《かくせそん》の妙位《めうゐ》に體達《たいたつ》せり。

爾來《じらい》三十餘國《よこく》の王侯《わうこう》を教化《けうくわ》し、三萬《まん》の徒弟《とてい》を羅漢應眞《らかんおうしん》の境地《きやうち》に入《い》らしめ、三億萬《おくまん》の大衆《たいしう》を化導《けだう》し、空《くう》に乘《じよう》じ光明《くわうみやう》を放《はな》ちて囚牢《しうらう》の王妃《わうひ》を救《すく》ひ、一喝毒魔《かつどくま》を斥《しりぞ》け、一顧《こ》難病《なんびやう》を治《ぢ》し。出沒隱現《しゆつぼついんげん》、神通自在《じんつうじざい》、無數《むすう》の奇蹟《きせき》を遺《のこ》し、其《そ》の入滅《にふめつ》するや骸骨《がいこつ》は光輝燦爛《くわうきさんらん》たる寶玉《はうぎよく》と化《くわ》し、法身《ほつしん》は今猶《いまな》ほ靈鷲山《れいしうざん》に常住《じやうぢう》し、靈驗感化《れいけんかんくわ》普《あまね》く人天《じんてん》に及《およ》び、異教《いけう》も亦眞《またしん》の神仙《しんせん》と推稱《すゐしよう》して居《ゐ》る。

二、楞嚴の十仙

佛教《ぶつけう》は固《もと》より仙人以上《せんにんいじやう》の解脱《げだつ》を求《もと》め、絕對《ぜつたい》に業報輪廻《ごふはふりんね》の轉生《てんせい》を遏斷《あつだん》し、眞《しん》の不生不死《ふしやうふし》を目的《もくてき》とするものであるが、それには小乘的《せうじようてき》の禁慾苦行主義《きんよくくぎやうしゆぎ》の羅漢道《らかんだう》と、大乘的菩薩道《だいじようてきぼさつだう》があるが、羅漢道《らかんだう》の五停心觀《ていしんくわん》は殆《ほと》んど支《し》那《な》の仙術修行法《せんじゆつしゆぎやうはふ》と異《こと》なるなく、又菩薩道《またぼさつだう》の六度《ど》萬行《まんぎやう》も半以上仙道《なかばいじやうせんだう》に一致《ち》するものがある。今《いま》楞嚴經《きやう》にある十種《しゆ》の仙人《せんにん》を左《さ》に記《しる》す。

一、彼《か》の諸々《もろ〳〵》の衆生《しゆじやう》の中《うち》、衣服《いふく》を擇《えら》び、食餌《しよくじ》を愼《つゝし》んで息《や》まざれば、藥道《やくだう》を成就《じやうじゆ》して仙人《せんにん》となる。是《こ》れを地《ち》行仙《ぎやうせん》と名《な》づく。

二、草木《さうもく》を食《く》うて、身《み》を堅固《けんご》にすることを勤《つと》めて休《やす》まざれば、藥道《やくだう》を成就《じやうじゆ》して、飛行仙《ひぎやうせん》となる。

三、金石《きんせき》即《すなは》ち錬金術《れんきんじゆつ》等《とう》に依《より》て製《せい》したる物《もの》を食《く》うて、其《そ》の身《み》を堅固《けんご》にすることを勤《つと》めて息《や》まざれば、化尊《けそん》を成就《じやうじゆ》して遊行仙《ゆぎやうせん》となる。

四、動止《どうし》を愼《つゝし》み、氣《き》を守《まもり》て形《かたち》を固《かた》ふして息《や》まざれば、氣精《きせい》が圓成《ゑんじやう》するから、空行仙《くうぎやうせん》となる。

五、津液《しんえき》即《すなは》ち甘露《かんろ》を食《く》うて、身體《しんたい》を堅固《けんご》にして休《やす》まなければ、潤德《じゆんとく》が圓成《ゑんじやう》して天行仙《てんぎやうせん》となる。

六、雲霞《うんか》の精色《せいしよく》を吸《す》ひ、日月《じつげつ》の光華《くわうくわ》を喰《く》うて、形《かたち》を堅固《けんご》にする時《とき》は、吸粹圓成《きふすゐゑんじやう》して、塵澤《ぢんし》日々《ひゞ》に去《さ》り、淸《せい》虚《きよ》日々《ひゞ》に來《き》たりて通行仙《つうぎやうせん》となる。

七、呪禁《じゆきん》の力《ちから》に依《より》て、修《つと》めて休《やす》まざれば、術法圓成《じゆつはふゑんじやう》する故《ゆゑ》、道行法《だうぎやうはふ》と名《な》づく。

八、想《おもひ》を頂門《ちやうもん》に存《そん》し、心《こゝろ》を氣海《きかい》に繫《か》けて、形《かたち》を堅固《けんご》にして息《や》まざれば、思憶圓成《しおくゑんじやう》するを以《もつ》て、照行仙《せうぎやうせん》と名《な》づく。

九、元精《げんせい》を求《もと》めて交遘《かうこう》し、以《もつ》て形《かたち》を堅固《けんご》にして息《や》まざれば、感應《かんおう》が圓成《ゑんじやう》して精行仙《せいぎやうせん》となる。

十、世《よ》の變化《へんくわ》を觀《くわん》じて、形《かたち》を堅固《けんご》にする事《こと》を專《もつぱ》らにして休《やす》まざれば、覺悟《かくご》が圓成《ゑんじやう》するから之《こ》れを絶行仙《ぜつぎやうせん》といふ。

是等《これら》は皆人間《みなにんげん》の中《なか》に在《あ》つて、心《こゝろ》を練《ね》ることを主《しゆ》として正覺《しやうかく》をば修《をさ》めないが、別《べつ》に生《せい》の理《り》を得《え》て、深山《しんざん》或《あるひ》は大海孤島《たいかいこたう》の絶人境《ぜつじんきやう》に居住《きよぢう》して居《ゐ》る。其《そ》の壽《じゆ》は千萬歲《まんさい》に達《たつ》するものがある云々《うんぬん》と、此《こ》の經文《きやうもん》の一章《しやう》は人道《じんだう》より進趨《しんしゆ》して仙道《せんだう》に入《い》ることを說《と》いたものである。說文《せつぶん》に仙《せん》は遷《せん》なり、老《おい》て死《し》なず遷《うつ》つて山《やま》に入《い》るとあり。

猶佛敎《なほぶつけう》では人間《にんげん》の定命《ぢやうみやう》は百歲《さい》であると說《と》き、而《しか》して多《おほ》くの人《ひと》が五十歲《さい》まで生《い》き存《なが》らへずして、早《はや》く死《し》する原因《げんいん》に就《つい》て、大體《たいたい》左《さ》の如《ごと》く示《しめ》されてある。

一、前生《ぜんせい》の惡業《あくごふ》に依《よ》る短命《たんめい》。二、殺生狩獵等《せつしやうしゆれふとう》。三、食物《しよくもつ》の取捨《しゆしや》を知《し》らざること。四、食量《しよくしやう》の適度《てきど》を誤《あやま》ること。五、食時《しよくじ》を妄《みだ》りにすること。六、飮酒喫煙《いんしゆきつえん》。七、多《た》婬邪婬《いんじやいん》。八、怠惰《たいだ》と過勞《くわらう》。九、不調息《ふてうそく》と妄動《まうどう》。十、貪求《どんきう》。十一、瞋恚《しんい》。十二、惡心惡行《あくしんあくぎやう》。十三、無智《むち》。十四、不注意《ふちうい》。

而《しか》して又人間《またにんげん》が能《よ》く定命《じやうみやう》を保《たも》ち、或《あるひ》は定命以上《ぢやうみやういじやう》に長生《ちやうせい》することを得《う》るのは、第《だい》一が人《ひと》を救《すく》ひ能《よ》く施《ほどこ》すこと。第《だい》二に不殺不盜不邪婬不飮酒不妄語等《ふさつふたうふじやいんふいんしゆふまうごとう》の戒《いましめ》を守《まも》ること。第《だい》三に忍耐自重《にんたいじちよう》すること。第《だい》四に種々《しゆじゆ》の善《ぜん》行《かう》を心掛《こゝろが》け、善心《ぜんしん》を持續《ぢぞく》すること。第《だい》五に靜慮調息《せいりよてうそく》に努《つと》むること。第《だい》六に眞理《しんり》を自覺《じかく》し天則《てんそく》に從《したが》ひ悠々自得《いうゆうじとく》すること。其《そ》の他《た》飮食物《いんしよくぶつ》の適應《てきおう》、睡眠《すゐみん》の適度《てきど》、閑居靜心《かんきよせいしん》、衣服威儀《いふくゐぎ》の整齊等《せいさいとう》に注意《ちうい》すべきを示《しめ》されてある。

第二節　支那の仙道

支那《しな》は仙人《せんにん》の本場《ほんば》である。太古《たいこ》容成公《ようせいこう》や黃帝《くわうてい》の如《ごと》きも、一種《しゆ》の仙術《せんじゆつ》を修《をさ》め、非常《ひじやう》の長壽《ちやうじゆ》を保《たも》ち、遂《つひ》には白《はく》日昇天《じつしようてん》せりといひ。列仙傳《れつせんでん》や神仙傳《しんせんでん》に載《の》せられたる著名《ちよめい》の大仙《たいせん》、卽《すなは》ち特異《とくい》神變奇《しんぺんき》蹟《せき》を現《あら》はせしもののみにても五百人《にん》の多《おほ》きに及《およ》び。其《そ》の他《た》普通《ふつう》の道士《だうし》仙家《せんけ》と稱《しよう》するものは幾《いく》十萬《まん》に達《たつ》し、いづれも虛無《きよむ》恬淡《てんたん》、無病《むびやう》不老《ふらう》、相當《さうたう》に長生《ちやうせい》して多《た》少《せう》なれ奇《き》蹟神術《せきしんじゆつ》を遺《のこ》して居《ゐ》る。

由來如何《ゆらいいか》にせば、現在《げんざい》の生活《せいくわつ》を愉快《ゆくわい》にすることを得《う》べきかは、支那人《しなじん》の夙《つと》に考《かんが》へた問題《もんだい》であつて、彼等《かれら》は正德《しやうとく》と與《とも》に厚生利用《かうせいりよう》を尙《たつと》び、利《り》を以《もつ》て義《ぎ》の和《わ》なりとなし。長壽《ちやうじゆ》、財富《ざいふ》、無病息災《むびやうそくさい》、最後《さいご》を善《よ》くすることを五福《ふく》の四に敎《をし》へ、短命《たんめい》、疾病《しつぺい》、憂患《いうくわん》、貧窮《ひんきう》を六不幸《ふかう》の四に充《あ》て、福祿壽《ふくろくじゆ》の三字《じ》は、支那人《しなじん》の理想《りさう》であつて、其《そ》の結果《けつくわ》は遂《つひ》に長生不老《ちやうせいふらう》を標榜《へうばう》する神仙家《しんせんか》を生《しやう》じ。更《さら》に傳統的宗敎《でんとうてきしうけう》と民間信仰《みんかんしんかう》と相合《あひがつ》して、玆《こゝ》に道敎《だうけう》を生《しやう》ずるに至《いた》つた。

道敎《だうけう》の究竟《きうきやう》の目的《もくてき》は、神仙不老《しんせんふらう》、卽《すなは》ち長生久視《ちやうせいくし》となることである。道敎《だうけう》の信者《しんじや》は、吾人人類《ごじんじんるゐ》は適當《てきたう》の方法《はうはふ》を用《もち》ひたならば、神仙《しんせん》となつて長生久視《ちやうせいきうし》の域《ゐき》に入《い》ることが出來《でき》ると考《かんが》へ、その適當《てきたう》の方法《はうはふ》として靜座法卽《せいざはふすなは》ち胎息調氣術《たいそくてうきじゆつ》、導引法《だういんはふ》、內丹外丹《ないたんげたん》の服食法《ふくしよくはふ》より惹《ひ》ひて鍊丹術《れんたんじゆつ》、房中術《ばうちうじゆつ》を工夫《くふう》し、更《さら》に積善立功《せきぜんりつこう》、功過格等《こうくわかくとう》を制定《せいてい》するに至《いた》つた。

一、老子と仙道

老子《らうし》は周《しう》の世《よ》に、楚《そ》の苦縣《くけん》に生《う》まる。母《はゝ》の胎內《たいない》に在《あ》ること數十年《すうねん》、生《う》まれて白髮《はくはつ》、故《ゆゑ》に老聃と稱《しよう》す。孔子《こうし》曾《かつ》て禮《れい》を老子《らうし》に問《と》ひ、其《そ》の大人格《だいじんかく》に感激《かんげき》して龍《りう》の如《ごと》しと推稱《すゐしよう》した。守藏《しゆざう》の吏《り》となつたが間《ま》もなく官《くわん》を辭《じ》し西《にし》に去《さ》つて、關《くわん》の令尹喜《れいいんき》の要請《えうせい》に依《よ》り、道德《だうとく》五千餘言《よげん》を著《あら》はして與《あた》へた。それから行《ゆ》く所《ところ》を知《し》らずといひ、或《あるひ》は印度《いんど》に入《い》つて羅漢《らかん》の群《むれ》に投《とう》じたともいひ、或《あるひ》は神仙《しんせん》となつて數百歲《すうさい》に間時折《あひだときを》り出沒《しゆつぼつ》したともいふ。此の道《だう》德《とく》五千餘言《よげん》が所謂有名《いはゆるいうめい》なる老子《らうし》といふ書物《しよもつ》で、偉大《ゐだい》なる哲理《てつり》と俱《とも》に長生久視《ちやうせいきうし》の原理《げんり》が說《と》かれてある。

列子《れつし》莊子《さうし》は其《そ》の理想人物《りさうじんぶつ》を左《さ》の如《ごと》く說《と》き、而《しか》して老子《らうし》を以《もつ》て之《これ》に該當《がいたう》するものとしてある。老子《らうし》が神仙《しんせん》とせられ、又道教《まただうけう》の元祖教主《ぐわんそけうしゆ》と推《お》されたのは、老子《らうし》の書《しよ》と列莊《れつさう》二子《し》の理想的人物說《りさうてきじんぶつせつ》に由《よ》るのである。

列子《れつし》廣帝篇《くわうていへん》に曰《いは》く、列姑射《れこや》の山《やま》は海河《かいが》の洲中《すちう》に在《あ》り、山上《さんじやう》に神人《しんじん》あり。風《かぜ》を吸《す》ひ露《つゆ》を飲《の》み、五穀《こく》を食《く》はず。

老子像

心《こゝろ》は淵泉《ゑんせん》の如《ごと》く、形《かたち》は處女《しよぢよ》の如《ごと》し。猥《わい》せず愛《あい》せず、仙聖之《せんせいこれ》が臣《しん》たり。畏《をど》さず怒《いか》らず、愿愨之《げんこくこれ》が使《し》たり。施《ほどこ》さず恵《めぐ》まずして物自《ものみづか》ら足《た》る。聚《もと》めず斂《をさ》めずして己《おの》れ愆《あやま》ちなし。陰陽常《いんやうつね》に調《とゝの》ひ、日月常《にちげつつね》に明《あき》らかに、四時《じ》常《つね》に若《した》がひ、風雨《ふうう》常《つね》に均《ひと》しく、字育《じいく》常《つね》に時《とき》あり。年穀常《ねんこくつね》に豐《ゆた》かなり、土《つち》に札《さつ》傷《しやう》なく、人《ひと》に夭惡《えうあく》なく、物《もの》に疵癘《しれい》なく、鬼《をに》に靈響《れいきやう》なし。

莊子《さうし》逍遙遊篇《せうえういうへん》に曰《いは》く、藐姑射《はこや》の山《やま》に神人《しんじん》ありて居《を》る。肌膚《きふ》は氷雪《ひようせつ》の如《ごと》く、綽約《しやくやく》として處子《しよし》の如《ごと》し。五穀《こく》を食《く》はず、風《かぜ》を吸《す》ひ露《つゆ》を飲《の》み、雲氣《うんき》に乘《じよう》じ飛龍《ひりう》を御《ぎよ》して、四海《かい》の外《そと》に遊《あそ》ぶ。其《そ》の神凝《しんこ》りて物《もの》をして疵癘《しれい》せず、年穀《ねんこく》をして熟《じゆく》せしむ。

又老子《またらうし》第《だい》三十三章《しやう》には、死《し》して亡《ほろ》びざるものは壽《じゆ》と云《い》ひ。第《だい》五十章《しやう》には、蓋《けだ》し聞《き》く善《よ》く攝生《せつせい》する者《もの》は、陸《ろく》行《ぎやう》には兕虎《じこ》に遭《あ》はず、軍《ぐん》に入《い》つては甲兵《かふへい》を被《かぶ》らず、兕《じ》も其《そ》の角《つの》を投《とう》ずる所無《ところな》く、虎《とら》も其《そ》の爪《つめ》を措《お》く所無《ところな》く、兵《へい》も其《そ》の刄《は》を容《いる》る所《ところ》なし。夫《そ》れ何《なん》の故《ゆゑ》ぞ、其《そ》の死地《しち》無《な》きを以《もつ》てなりと云《い》ひ。第《だい》五十五章《しやう》には、含德《がんとく》の厚《あつ》き者《もの》之《これ》を赤子《あかご》に比《ひ》す、毒蟲《どくむし》も螫《さ》さず、猛獸《まうじう》も據《よ》らず、攫鳥《くわくてう》も搏《うた》ずと云《い》ひ。又第《またたい》六章《しやう》の谷神不死《こくじんふし》、是謂㆓玄牝㆒《これげんひんといふ》といふの二句《く》を以《もつ》て、呼吸法《こきふはふ》を說《と》けるものと爲《な》し、谷《たに》は養《やう》なり、人能《ひとよ》く神《しん》を養《やしな》へば則《すなは》ち死《し》せず、玄《げん》は天《てん》なり、人《ひと》に于《おい》ては鼻《び》と爲《な》す、牝《ひん》は地《ち》なり、人《ひと》に于《おい》ては口《くち》と爲《な》す、天《てん》は人《ひと》を養《やしな》ふに五氣《き》を以《もつ》てす、鼻《はな》より入《い》りて心《しん》に藏《ざう》す、地《ち》は人《ひと》を養《やしな》ふに五味《み》を以《もつ》てす、口《くち》より入《い》りて胃《ゐ》に藏《ざう》す。と解《かい》して、谷神《こくじん》を以《もつ》て虛無《きよむ》の本體《ほんたい》の稱《しよう》とし、本體《ほんたい》の永久不滅《えいきうふめつ》なるより不死《ふし》といひ。更《さら》に莊子《さうし》は養生主篇《やうじやうしゆへん》に於《おい》て、養生《やうじやう》の方法《はうはふ》は自然《しぜん》に從《したが》ひ、無理《むり》をせぬのが本旨《ほんし》であるとして詳細《しやうさい》に說示《せつじ》し。大宗師篇《たいそうしへん》には、枝體《したい》を墮《こぼ》ち、聰明《さうめい》を黜《しりぞ》け、形《かたち》を離《はな》れ、知《ち》を去《さ》り、大通《だいつう》に同《おな》じ、此《こ》れを坐忘《ざばう》といふと稱《しよう》して、佛敎《ぶつけう》の禪定《ぜんぢやう》と同《おな》じ意味《いみ》を說《と》き、又古《またいにしへ》の眞人《しんじん》は、其《そ》の寢《い》ぬるや夢《ゆめ》みず、其《そ》の覺《さ》むるや憂《うれひ》なし、其《そ》の食甘《しよくうま》しとせず、其《そ》の息深々《そくしん〳〵》たり。眞人《しんじん》の息《そく》は踵《きびす》を以《もつ》てし、衆人《しゆうじん》の息《そく》は喉《こう》を以《もつ》てす。屈服《くつぷく》する者《もの》は其《そ》の嗌言《えきげん》吐《は》くが若《ごと》し、其《そ》の嗜欲《しよく》深《ふか》き者《もの》は其《そ》の天機《てんき》淺《あさ》しといつてある。之《こ》れ皆《みな》道敎《だうけう》の敎權《けうけん》と爲《な》り、神仙術《しんせんじゆつ》の原理《げんり》とせらるる所《ところ》である。

二、仙道の結成

神仙術道敎《しんせんじゆつだうけう》の始祖《しそ》としては、黃老又《くわうらうまた》は老莊《らうさう》を推戴《すゐたい》するも、その方術《はうじゆつ》を結成《けつせい》して宗敎的《しうけうてき》に組織《そしき》せるものは張《ちやう》道陵《だうりよう》である。道陵《だうりよう》は漢《かん》の三傑《けつ》の一たる張良《ちやうりやう》八世《せい》の孫《まご》にて、後漢光武帝《ごかんくわうぶてい》の建武年間天目山《けんぶねんかんてんもくざん》に生《う》まる。長生《ちやうせい》の術《じゆつ》を學《まな》び、洛北《らくほく》の北邙山中《ほくばうさんちう》に隠《かく》れ、章和帝《しやうわていめ》召せども應《おう》せず、遍《あまね》く天下《てんか》の名山《めいざん》を廻《まは》り江西省興安《こうさいしやうこうあん》の雲錦渓《うんきんけい》に至《いた》り、其《そ》の靈域《れいゐき》たるを察《さつ》し、雲錦洞《うんきんどう》に入《い》る、洞中《どうちう》に仙巖《せんがん》あり、丹《たん》を其《そ》の上《うへ》に錬《ね》ること三年《ねん》、青龍白虎《せいりうびやくこ》其《そ》の上《うへ》を

張　道　陵

繞《めぐ》る、丹成《たんな》りて之《これ》を服《ふく》すれば六十歳《さい》の陵《りよう》は忽《たちま》ち少年《せうねん》に化《くわ》す、蜀《しよく》に入《い》り鶴鳴山《かくめいざん》に居《を》り、道法《だうほふ》を修《しう》することいよ〳〵切《せつ》、一日《にち》老君《らうくん》に遇《あ》ひて祕書《ひしよ》を授《さづ》かり、是《これ》より能《よ》く神《かみ》に通《つう》ず、妖鬼《えうき》を驅除《くぢよ》し病《やまひ》を治《ぢ》すること神《かみ》の如《ごと》し。四民翕然《みんきふぜん》として從《したが》ひ奉《ほう》じて師《し》と爲《な》す。其《そ》の道《みち》を受《う》くる者《もの》は皆《みな》五斗米《とまい》を出《いだ》す、故《ゆゑ》に五斗米道《とまいだう》といふ。祭酒《さいしゆ》を立《た》てて其《そ》の弟子等《でしたち》を分《わか》ち領《りやう》せしめ、條例《でうれい》を定《さだ》め、或《あるひ》は道路橋梁《だうろけうりやう》を架《か》し、廉恥《れんち》の風《ふう》を養《やしな》ひ、又疾病《またしつぺい》ある者《もの》は出生以來犯《しゆつしやういらいをか》す所《ところ》の罪《つみ》を記《しる》せしめ、神明《しんめい》と盟《ちか》ひて、復《ま》た犯《をか》すことなからしむ。犯《をか》す者《もの》は罰《ばつ》あり、後《の》ち丹成《たんな》りしも忽《たちま》ち昇天《しようてん》するを願《ねが》はず、唯《た》だ半劑《はんざい》を服《ふく》して能《よ》く分身術《ぶんしんじゆつ》を爲《な》す。後《の》ち門人趙昇《もんじんてうしよう》、王長《わうちやう》と共《とも》に白日昇天《はくじつしようてん》す、老君《らうくん》より授《さづ》かりし書《しよ》は、正《しやう》一明威祕錄《めいゐひろく》、三清衆經符籙《せいしゆうけいふろく》、丹竈祕訣《たんそうひけつ》の三部《ぶ》と、雌雄《しゆう》二劍《けん》、都《と》

功玉印《こうぎよくいん》等《とう》にて之《これ》を子孫《しそん》に傳《つた》ふ。

陵《りよう》の子《こ》は衡《かう》、孫《まご》は魯《ろ》、三世《せい》共《とも》に仙術《せんじゆつ》を修《をさ》め、陵《りよう》を天師《てんし》といひ、衡《かう》を嗣師《しし》といひ、魯《ろ》を孫師《そんし》といひ。魯《ろ》の子《こ》張盛《ちやうせい》に至《いた》り、江西《こうさい》の龍虎山《りうこざん》に移《うつ》り今日《こんにち》に至《いた》るまで連綿《れんめん》として道統《だうとう》を繼續《けいぞく》す。

三、參同契と抱朴子

張道陵《ちやうだうりよう》の五斗米道《ごとまいだう》は、道教仙術《だうけうせんじゆつ》の始《はじ》めなるも、それが宗教的《しうけうてき》に將又道術《はたまただうじゆつ》として成立《せいりつ》するには、學理《がくり》の根柢《こんてい》が必要《ひつえう》である。組織的完全《そしきてきくわんぜん》の經書《きやうしよ》がなくてはならぬ。前述《ぜんじゆつ》の如《ごと》く仙道《せんだう》の目的《もくてき》は、長壽幸福《ちやうじゆかうふく》である。この目的《もくてき》を達成《たつせい》するには、如何《いか》なる方法《はうはふ》を用《もち》ふべきか、勿論從前《もちろんじうぜん》より丹砂《たんさ》を化《くわ》して黃金《わうごん》とするの術《じゆつ》、茯苓《ぶくりやう》を服《ふく》し、或《あるひ》は補導《ほだう》による等《とう》、いろ〳〵の方術《はうじゆつ》あるも、未《いま》だ之《これ》を秩序的《ちつじよてき》に叙述《じよじゆつ》したものがない。又神仙《またしんせん》は果《はた》して存在《そんざい》するか、或《あるひ》は凡人《はんじん》は神仙《しんせん》となり得《う》べきかといふ疑問《ぎもん》もある。そこで神仙《しんせん》の奇藥《きやく》を製《せい》し、之《これ》を服《ふく》すれば、何人《なんぴと》も仙人《せんにん》となることを得《う》る次第《しだい》を明《あき》らかにし、世人《せじん》の迷妄《めいまう》を開《ひら》かねばならぬ。魏伯陽《ぎはくやう》と葛洪《かつこう》とは此《こ》の任務《にんむ》を果《はた》した人《ひと》で、この兩人《りやうにん》は神仙術《しんせんじゆつ》に、方法《はうはふ》と根柢《こんてい》を與《あた》へ、その可能《かのう》なることを斷定《だんてい》し、仙道《せんだう》の學理的基礎《がくりてききそ》を築《きづ》いたものである。

魏伯陽《ぎはくやう》は西晉時代《さいしんじだい》の人《ひと》、或《あるひ》は神仙《しんせん》とし、或《あるひ》は五行家《ぎやうか》とす。其《そ》の著《ちよ》たる周易參同契《しうえきさんどうけい》は、內丹外丹《ないたんげたん》の理《り》を說《と》き、周易《しうえき》の原理《げんり》を利用《りよう》して、種々《しゆ〴〵》の名論卓說《めいろんたくせつ》を以《もつ》て、不老長生《ふらうちやうせい》の方術《はうじゆつ》を詳述《しやうじゆつ》してある。佛教禪家《ぶつけうぜんけ》でも此《こ》の參同《さんどう》契《けい》を珍重《ちんちよう》して居《ゐ》る位《くらゐ》である。

葛洪《かつこう》は稚川《ちせん》、丹陽《たんやう》の人《ひと》、從祖《じゆそ》は葛仙公《かつせんこう》と稱《しよう》せられたる仙術《せんじゆつ》の大家《たいか》である。葛洪《かつこう》は少年《せうねん》より博覽多識《はくらんたしき》、聞達《ぶんたつ》を求《もと》めず、尤《もつと》も神仙導養《しんせいだうやう》の法《はふ》を好《この》み、其《そ》の著書《ちよしよ》に抱朴子《はうはくし》内篇《ないへん》二十篇《ぺん》、外篇《ぐわいへん》五十二篇《へん》がある、外篇《ぐわいへん》は政治《せいぢ》の得《とく》失《しつ》、道德《だうとく》の隆汚《りうを》に關《くわん》するものであるが、内篇《ないへん》は專《もつぱ》ら神仙術《しんせんじゆつ》を説《と》いたもので、奇代《きだい》の珍書《ちんしよ》であり、仙道上極《せんだうじやうきは》めて重要《ぢうえう》のものである。神仙《しんせん》の實在《じつざい》を論證《ろんしよう》し、修道《しうだう》の術《じゆつ》を明示《めいじ》したもので、後世道教《こうせいだうけう》の經典《きやうてん》と稱《しよう》するものは、之《こ》れに基《もと》づいて假作《かさく》したものが多《おほ》い。此《ご》の他《た》神仙傳《しんせんでん》十卷《くわん》、肘後備急《ちうごびきふ》八卷等肝要《くわんとうかんえう》の著作《ちよさく》がある。

葛洪以後《かつこういご》仙道《せんだう》は數派《すうは》に分《わ》かれ、幾多《いくた》の經論《きやうろん》も述作《じゆつさく》せられ、現在北京白雲觀所有《げんざいペキンはくうんくわんしよいう》の道藏《だうざう》は、五百十二部《ぶ》、五千四百八十五卷《くわん》、日本宮内省《にほんくないしやう》の所藏《しよざう》は四千百十五帖《でふ》、四千八百八卷《くわん》、その他《た》道藏輯要《だうぎうしふえう》二百冊《さつ》、及《およ》び近時上海《きんじシヤンハイ》にて道藏續篇《だうぎうぞくへん》五十種《しゆ》の刊行《かんかう》があつた。

第三節　日本の仙道

一、神術と仙術

日本《にほん》には古來《こらい》より仙人《せんにん》とか、仙術《せんじゆつ》といふ言葉《ことば》は餘《あま》り流行《はや》らぬ。その代《かは》りに神術《しんじゆつ》とか神人《しんじん》とかいふ語《ご》がある。此《こ》の神術《しんぢゆつ》と仙術《せんじゆつ》とは其《そ》の實質《じつしつ》が大體《だいたい》一致《ち》して居《ゐ》るが、支那流《しなりう》の仙術《せんじゆつ》は多《おほ》くは獨善主義《どくぜんしゆぎ》で、自己《じこ》一身《しん》の爲《た》めにすることが多《おほ》いのに反《はん》し、日本《にほん》の神術《しんじゆつ》は大抵人助《たいていひとだす》けのため、即《すなは》ち濟世救民《さいせいきうみん》の義俠的道術《ぎけふてきだうじゆつ》となつて居《ゐ》る。神代《かみよ》の昔《むかし》に多《おほ》くの神々《かみがみ》が天翔《あまかけ》り國翔《くにかけ》りて、人民《じんみん》の苦難《くなん》を救《すく》ひ給《たま》ふたことが多《おほ》いが、此《こ》の天翔《あまかけ》りは飛行仙《ひぎやうせん》と同《どう》一であり、國翔《くにかけ》りは地行仙《ちぎやうせん》のやり方《かた》と似寄《によ》つたものである。

又大國主命《またおほくにぬしのみこと》が自分《じぶん》の奇魂《くしみたま》と問答《もんだふ》せられたといふのは、一種《しゆ》の分身術《ぶんしんじゆつ》を實行《じつかう》せられたのであり、少彦名命《すくなひこなのみこと》が波《なみ》の穂《ほ》を蹈《ふ》んで海外《かいぐわい》と往來《わうらい》したのは、水上飛行《すゐじやうひぎやう》である。射水《いみづ》の神《かみ》が岩《いは》を衝《つい》て清水《しみづ》を涌出《ゆうしゆつ》せしめた奇蹟《きせき》や、饒速日命《にぎはやひのみこと》が十種《とくさ》の神寶《しんぱう》を以《もつ》て、如何《いか》なる難病《なんびやう》をも卽座《そくざ》に平治《へいぢ》せしめ。又死人《またしにん》をも甦《よみがへ》らせた如《ごと》きは、明《あき》らかに救濟的《きうさいてき》の神仙術《しんせんじゆつ》である。

役の行者大島に配流不二山飛行の圖

木華開耶姫命《このはなさくやひめのみこと》が產室《さんしつ》に閉《と》ぢ籠《こも》つて、火《ひ》を放《はな》ち室《へや》は全燒《ぜんせう》したが、御身《おんみ》と御產兒《ごさんじ》は一點《てん》の怪我《けが》もなく御無事《ごぶじ》であつた奇蹟《きせき》は言《い》ふまでもなく至誠《しせい》と信念《しんねん》に由《よ》つて自然《しぜん》に感得《かんとく》せる神術《しんじゆつ》である。或《あるひ》は天《あま》の浮橋《うきはし》に依《より》て天地《てんち》に上下《じやうげ》すといひ、山幸彥命《やまさちひこのみこと》が目無籠《めなしかご》にて海中《かいちう》に入《い》りたる事蹟《じせき》や、豐玉姫命《とよたまひめのみこと》が龍宮《りうぐう》に往來《わうらい》せし奇蹟《きせき》の如《ごと》き、いづれも神仙《しんせん》の道術《だうじゆつ》でないものはない。降《くだつ》て人皇《じんくわう》の時代《じだい》になつても、上古《じやうこ》は大抵長壽强健《たいていちやうじゆきやうけん》であつて、病氣等《びやうきなど》いふことは滅多《めつた》にない。歷朝《れきてう》の皇上《くわうじやう》でも百七十歲《さい》百三十歲等《さいとう》百歲以上《さいいじやう》が非常《ひじやう》に多《おほ》い。斯《か》くの如《ごと》く無病健康《むびやうけんかう》で不老長生《ふらうちやうせい》したのは、何故《なぜ》であるかといふに、昔《むかし》の人《ひと》は第《だい》一に衣食住《いしよくぢう》の生活《せいくわつ》が極《きは》めて簡易質素《かんいしつそ》であつて、自然《しぜん》に仙道《せんだう》の攝生法《せつせいはふ》に契合《けいがふ》し、第《だい》二に信《しん》念《ねん》が强《つよ》くして煩悶《はんもん》といふものがなく、仙人《せんにん》の調心術《てうしんじゆつ》が一般《ぱん》に實行《じつかう》され、殊《こと》に清新《せいしん》の外氣《ぐわいき》に觸《ふ》れて胎息《たいそく》の法《はふ》に適應《てきおう》した動作《どうさ》が、日夕繰返《につせきくりかへ》されて居《を》つたからである。所謂無行《いはゆるむぎやう》の修行《しゆぎやう》、無修《むしう》の實行《じつかう》、天賚《てんらい》の仙法《せんぽふ》を體得《たいとく》し、法爾躬行《ほふじきうかう》の實《じつ》を擧《あ》げて居《を》つたのである。

二、修驗道と仙術

修驗山伏《しゆげんやまぶし》の開祖《かいそ》役《えん》の小角《せうかく》即《すなは》ち役尊《えんそん》は、奈良朝時代《ならてうじだい》の出《で》、或《あるひ》は皇胤《くわういん》に出《い》づともいふ。資性穎悟《しせいえいご》、少《せう》にして能《よ》く佛經《ぶつきやう》を暗《そらん》ず。世相《せさう》の險惡《けんあく》、人心《じんしん》の惡化《あくくわ》、風教《ふうけう》の頽廢《たいはい》に慨《がい》し、葛城山《かつらぎさん》に籠居《らうきよ》して道術仙法《だうじゆつせんぽふ》を練《ね》り、悟《ご》心覺道《しんかくだう》に努《つと》むること多年《たねん》。遂《つひ》に妙覺神仙《めうかくしんせん》の祕奥《ひあう》を體證《たいしよう》し、大和《やまと》大峰山《おほみねやま》を開《ひら》き、修驗道《しゆげんだう》の根本靈場《こんぽんれいぢやう》を定《さだ》め、山伏《やまぶし》の練《れん》行《ぎやう》を高調《かうてう》し、鬼神《きじん》を役《えき》して山野道路《さんやだうろ》を開《ひら》き、交通《かうつう》の便《べん》を圖《はか》り、民人《みんじん》の病難疾苦《びやうなんしつく》を救《すく》ふこと數知《かずし》れず。山《やま》を開《ひら》き道場《だうぢやう》を立《た》つること二百餘刹《よさつ》、其《そ》の威德靈能天下《ゐとくれいのうてんか》を風靡《ふうび》す。小人讒《せうにんざん》して妖術《えうじゆつ》を行《おこな》ふと訴《うつた》ふ、官兵來《くわんぺいきた》り捕《とら》へんとす。役尊《えんそん》雲《くも》に乘《じよう》じて隱《かく》れ去《さ》る。吏《り》即《すなは》ち其《そ》の母《はゝ》を捕《とら》ふ、役尊驚《えんそんおどろ》き自《みづか》ら訴《うつた》へ出《い》づ、伊豆《いづ》の大島《おほしま》に流《なが》さる。役尊《えんそん》は日《ひ》は島《しま》に閉居《へいきよ》し、夜《よる》は富士山《ふじさん》に飛行《ひぎやう》す、後《の》ち許《ゆる》され、母《はゝ》を鐵鉢《てつばち》に載《の》せ、海《うみ》を歩《ほ》して行《ゆ》く所《ところ》を知《し》らずといふ、後世神變菩薩《こうせいしんぺんぼさつ》と諡《おくりな》す。

修驗道《しゆげんだう》は佛教《ぶつけう》の仙術的方面《せんじゆつてきはうめん》を土臺《どだい》として、支那仙道《しなせんだう》の實踐修行《じつせんしゆぎやう》を爲《な》すものである。即《すなは》ち山《やま》に伏《ふ》して木食斷食等《もくじきだんじきとう》を實習《じつしふ》し、樹下石上《じゆかせきじやう》に起臥《きぐわ》して心膽《しんたん》を練《ね》り、飢渇凍寒《きかつとうかん》に屈《くつ》せず、猛獸毒蛇山癘澤瘴《まうじうどくじやさんれいたくしやう》と相抗《あひかう》して之《これ》を調伏《てうふく》し、强健《きやうけん》の金剛身《こんがうしん》を鍛鑄《たんちう》し、神通自在《じんつうじざい》の實證《じつしよう》を期《き》するのであつて、不老長生《ふらうちやうせい》は自然《しぜん》の結果《けつくわ》である。彼《か》の徒《いたづ》らに經論理義《けいろんりぎ》の末《すゑ》に走《はし》り、廣堂《くわうだう》に住《す》み錦衣《きんい》を纏《まと》ふの俗僧《ぞくそう》と全然《ぜんぜん》其《そ》の趣《おもむき》を異《こと》にし、眞《しん》の阿羅漢《あらかん》、濟世《さいせい》の仙人《せんにん》、救《きう》民《みん》の神術家《しんじゆつか》と稱《しよう》すべきである。

久米《くめ》仙人《せんにん》の話《はなし》は誰《た》れ人《ひと》も知《し》る所《ところ》、淨藏貴所《じやうざうきしよ》の鐵鉢《てつぱち》を飛《と》ばして齋《とき》を求《もと》めた奇蹟《きせき》や、越《えつ》の泰澄《たいちよう》が海上《かいじやう》を走《はし》る船《せん》中《ちう》の米《こめ》を立山《たてやま》に飛移《ひい》せし如《ごと》き、法道仙人《ほふだうせんにん》の飛行術《ひかうじゆつ》、分身術《ぶんしんじゆつ》、數《すう》百歳《さい》の長命等《ちやうめいとう》、いづれも神道佛道仙道《しんだうぶつだうせんだう》の三法《ほふ》を合攝體證《がふせつたいしよう》せるものである。

三、武術と仙術

日本《にほん》の劍術《けんじゆつ》、柔術《じうじゆつ》、忍術《にんじゆつ》の武道《ぶだう》は、其《そ》の修行《しゆぎやう》の内容實質《ないようじつしつ》と其《そ》の效果《かうくわ》に於《お》いて、全《まつ》たく仙術《せんじゆつ》と等《ひと》しきものがある。殊《こと》に忍術《にんじゆつ》の如《ごと》きは世《せ》人《じん》多《おほ》くは妖法魔術視《えうほふまじゆつし》するものあるも、其《そ》の實《じつ》は仙術《せんじゆつ》と同《どう》一の方法《はうはふ》に依《よ》り、幾多《いくた》の難《なん》行苦修《ぎやうくしう》を積《つ》み、始《はじ》めて達體《たつたい》すべき實力上《じつりよくじやう》の法術《ほふじゆつ》であつて、少《すこ》しも條理《でうり》に違反《ゐはん》することのない合理的妙技《がふりてきめうぎ》といふべきである。甲賀流《かふがりう》伊賀流《いがりう》の忍術《にんじゆつ》より稗史《ひし》に謠《うた》はるる猿飛佐助《さるとびさすけ》や霧隱才藏《きりがくれさいざう》等の奇蹟《きせき》は、一つとして疑《うたが》ふの餘地《よち》なき仙術《せんじゆつ》の祕妙《ひめう》である。

義經《よしつね》の八艘《さう》飛《と》ひ、塚原卜傳《つかはらぼくでん》の天狗《てんぐ》飛《と》び切《き》りの術《じゆつ》、其《そ》の他氣合《たきあ》ひ、喝殺《かつさつ》より、劍聖劍豪《けんせいけんがう》の神技妙術《しんぎめうじゆつ》は、悉《ことごと》く信念《しんねん》と至誠《しせい》と鍛錬《たんれん》の合作《がつさく》たる神仙法《しんせんはふ》に妙契《めうけい》せぬものはないのである。左《さ》れば武道《ぶだう》の奥義《あうぎ》を極《きは》めたものは、いづれも無病强健《むびやうきやうけん》であつて、七十になつても八十でも壯者《さうしや》を凌《しの》ぐ意氣《いき》と精力《せいりよく》とがある。大《たい》した長生《ちやうせい》ではなくても不老《ふらう》であり、老後《らうご》も若々《わかわか》しい童顔《どうがん》のものが多《おほ》いのである。

因《ちなみ》に西洋《せいやう》にも仙術《せんじゆつ》はあるが、その大部分《だいぶぶん》は所謂魔法《いはゆるまはふ》であつて、小兒《せうに》を犧牲《ぎせい》にして其《そ》の血《ち》を吸《す》ひ。其《そ》の他《た》いろ〳〵の罪惡的殘酷《ざいあくてきざんこく》の手段《しゆだん》に依《より》て、人間《にんげん》の若《わか》さや美貌《びばう》を保《たも》ち、或《あるひ》は長生《ちやうせい》せんとし、或《あるひ》は他《た》を害《がい》して己《おの》れを利《り》せんとするのであるから、其《そ》の形《かたち》は似《に》て居《を》つても、眞《しん》の仙術《せんじゆつ》とは非常《ひじやう》な徑庭《けいてい》があるから、仙道傳《せんだうでん》統上《とうじやう》には之《これ》を省《はぶ》くことにした。

青山雲水窟。　此地是我家。　子夜飡瓊液。　寅晨咀絳霞。
琴彈碧玉調。　爐煉白珠砂。　寶鼎存金虎。　芝田養白鴉。
一瓢藏造化。　三尺斬妖邪。　解造逡巡酒。　能開頃刻花。
有人能學我。　同共看仙葩。

（韓　湘）

雲爲肌體玉爲腮。　多謝君王送得來。
處士不與巫峽夢。　空煩雲雨下陽臺。

（陳　摶）

第三章　禪と仙術

禪宗《ぜんしう》といへば佛教《ぶつけう》の一派《ぱ》であるが、單《たん》に禪《ぜん》といへば禪宗《ぜんしう》に限《かぎ》つたものではない。佛教各宗《ぶつけうかくしう》に共通《きようつう》したものである。否《いな》、佛教《ぶつけう》に限《かぎ》らず、總《すべ》ての宗教《しうけう》は固《もと》より、武術《ぶじゆつ》にも其《そ》の他《た》藝術《けいじゆつ》にも皆禪《みなぜん》がある。禪《ぜん》は靜思《せいし》である、定心《ちやうしん》である、精神統《せいしんとう》一である。煩悶雜念《はんもんざつねん》を去《さ》り、心氣《しんき》を靜寂《せいじやく》にして無我無想《むがむさう》の境地《きやうち》に住《ぢう》し、眞心《しんしん》の統《とう》一發動《はつどう》を目的《もくてき》とするのである。

而《し》かも禪宗《ぜんしう》の禪《ぜん》は尤《もつと》も能《よ》く此《こ》の目的《もくてき》に適合《てきがふ》するものであると同時《どうじ》に、其《そ》の修行《しゆぎやう》の形式《けいしき》に於《おい》ても、其《そ》の意義《いぎ》に於《おい》ても、將又其《はたまたそ》の效果《かうくわ》に於《おい》ても、仙術《せんじゆつ》と酷似《こくじ》するばかりでなく、殆《ほと》んと同《どう》一物《ぶつ》たるの觀《くわん》がある。そこで特《とく》に本章《ほんしやう》を設《まう》けて禪《ぜん》と仙《せん》との關連《くわんれん》を明《あき》らかにするのである。

羽化《うけ》して天《てん》に冲《のぼ》り去《さ》る、是《こ》れ果《はた》して仙術《せんじゆつ》の本領《ほんりやう》なるか。不死《ふし》の法《はふ》、不老《ふらう》の術《じゆつ》、是《こ》れ果《はた》して禪學《ぜんがく》の所得《しよとく》なるか。世人或《せじんあるひ》は云《い》ふ禪《ぜん》は是《こ》れ練膽《れんたん》、養腦《やうなう》、仙《せん》は是《こ》れ延命長壽《えんめいちやうじゆ》と嗚呼《ああ》何《なん》ぞ所見《しよけん》の奇異《きい》なるや、仙《せん》と云《い》ひ禪《ぜん》と云《い》ふ唯是《たゞこ》れ身心安樂《しんしんあんらく》の方術《はうじゆつ》のみである。然《しか》り、練膽養腦延命長壽《れんたんやうなうえんめいちやうじゆ》。蓋《けだ》し是《こ》れ安樂《あんらく》の身心《しんしん》より得來《えきた》れる自然《しぜん》の結果《けつくわ》のみである、然《しか》して其《そ》の禪《ぜん》が原因《げんいん》なれば其《そ》の仙《せん》は結果《けつくわ》と謂《い》はんか、世人動《せじんやゝ》もすれば仙《せん》の意義《いぎ》に於《おい》て誤解《ごかい》を生《しやう》じ、枯木死灰墻壁瓦礫《こぼくしくわいしやうへきぐわれき》の其《そ》れの如《ごと》く、無我無意《むがむい》、無念無想《むねんむさう》、無智《むち》、無識《むしき》の境《きやう》に在《あ》りて而《しか》も纔《わづ》かに海綿《かいめん》に似《に》たる壽命《じゆみやう》を持續《ぢぞく》するに過《す》ぎざるもの蓋《けだ》し是《こ》れ仙《せん》の本領《ほんりやう》にてあらんと。其《そ》の禪《ぜん》に對《たい》する謬解《びうかい》も亦然《またしか》りである。觀《くわん》理《り》深想以《しんさうもつ》て宇宙《うちう》の由來《ゆらい》を討尋《たうじん》して其《そ》の眞相《しんさう》を悟覺《こかく》し遂《つひ》に脫然遁世《だつぜんとんせい》して雲外《うんぐわい》人外《じんぐわい》の閑客《かんかく》となる。蓋《けだ》し是《こ》れ禪《ぜん》の所得《しよとく》にてあらんと、皆是《みなこ》れ俗士《ぞくし》一般《ぱん》の邪見《じやけん》である。禪者豈《ぜんしやあ》に敢《あへ》て人外《じんぐわい》の閑客《かんかく》ならんや、仙客豈《せんかくあに》に敢《あへ》て枯灰《こくわい》の死物《しぶつ》ならんや。

山《やま》は乃《すなは》ち春色秋色《しゆんしよくしうしよく》、俗士之《ぞくしこれ》を觀《み》れば喜怒哀樂《きどあいらく》悉《ことごと》く是《こ》れ煩悶《はんもん》の種《たね》となる。仙客之《せんかくこれ》を以《もつ》て天眞《てんしん》の清淨身《しやうじやうしん》と觀《み》るのである。谿《けい》は乃《すなは》ち晝聲夜聲《ちうせいやせい》、凡庸之《はんようこれ》を聽《き》けば憎惜憂歡《ぞうせきいうくわん》悉《ことごと》く是《こ》れ妄想《まうさう》の緣《えん》となる。禪者之《ぜんしやこれ》を以《もつ》て牟尼《むに》の廣長舌《くわうちやうぜつ》と聽《き》くのである。其觀《そのみ》る所《ところ》、其聽《そのき》く所《ところ》、悉《ことごと》く是《こ》れ普通人《ふつうじん》と異《こと》ならぬ。均《ひとし》く是《こ》れ山《やま》、齊《ひとし》く是《こ》れ谿《たに》である。而《しか》して煩悶《はんもん》と爲《な》り復《ま》た喜樂《きらく》と爲《な》る。感《かん》ずる所《ところ》の趣味《しゆみ》に於《おい》て其《そ》の境界《きやうがい》を異《こと》にするまでのことである。凡《およ》そ妄想心《まうさうしん》を以《もつ》て色《いろ》を見《み》れば五色皆苦《しよくみなく》と爲《な》り、染着心《せんぢやくしん》を以《もつ》て聲《こゑ》を聽《き》けば五聲皆悶《せいみなもん》と成《な》る。鼻《はな》の香《か》に於《お》ける、舌《した》の味《み》に於《お》ける、身《み》の觸《しよく》に於《お》ける悉《ことごと》く是《こ》れ煩悶《はんもん》の緣《えん》ならざるはないのである。若《も》し此《こ》の妄想心《まうさうしん》を離《はな》れて仙《せん》の妙境《めうきやう》に達《たつ》し、其《そ》の染着心《せんぢやくしん》を脱《だつ》して禪《ぜん》の領域《りやうゐき》に入《い》り來《きた》らば青黃赤白皆《せいきせきはくみな》眼《め》を養《やしな》ふに足《た》り、絲竹管絃耳《しちくくわんげんみゝ》を嬉《よろこ》ばしむるに足《た》り、一切《さい》の善惡邪正《ぜんあくじやせい》、一切《さい》の是非得失《ぜひとくしつ》、悉《ことごと》く是《こ》れ

役小角

我《わ》が心《こゝろ》を遊《あそ》ばしむるに足《た》るのである。又何《またなん》の順逆《じゆんぎやく》かあらん、又何《またなん》の死生《しせい》をか思慮《しりよ》せん。茲《こゝ》に至《いた》りて練膽養腦《れんたんやうなう》命壽《めいじゆ》、復《ま》た期《き》せずして待《ま》つ可《べ》きのみである。禪者《ぜんしや》の謂《いは》ゆる大死一番《たいしばん》するは、軈《やが》て大活現成《だいくわつげんせい》の前提《ぜんてい》なりと了知《れうち》すればよい。仙客《せんかく》の深窓《しんりよ》を擇《えら》ぶは軈《やが》て冲天《ちうてん》の氣《き》を鼓《こ》するの順路《じゆんろ》たることを知《し》らねばならぬ。されど其《そ》の禪《ぜん》と云《い》ひ其《そ》の仙《せん》と云《い》ふ譬《たと》へば前後《ぜんご》の運歩《うんぽ》の如《ごと》くである。前歩後歩畢竟別立《ぜんぽごほひつきやうべつりつ》の名《な》ではない。一寸《すん》の禪《ぜん》は卽《すなは》ち一寸《すん》の仙《せん》である。言《ことば》を換《か》へて之《これ》を云《い》へば禪定《ぜんぢやう》に在《あ》るの人之《ひとこれ》を名《な》づけて仙《せん》と稱《しやう》するまでのことである。畢竟別人《ひつきやうべつじん》ではないのである。是《こゝ》に於《おい》てか、以下《いか》少《すこ》しく禪《ぜん》の消息《せうそく》を説明《せつめい》する必要《ひつえう》を生《しやう》ずるのである。

よしあしと渉《わた》る人《ひと》こそはかなけれ
一つ難波《なには》のあしと知《し》らずや

第一節　實踐的禪

一、專門の禪

本著《ほんちよ》の目的《もくてき》は素《もと》より禪《ぜん》の專門《せんもん》でない、禪《ぜん》と仙《せん》の連鎖《れんさ》と其《そ》の實踐《じつせん》にある。されど少《すこ》しく專門的禪《せんもんてきぜん》の消息《せうそく》を通《つう》じ置《お》かれざれば、彌々進《いよ〳〵すゝ》んで斯道《しだう》の蘊奥《うんあう》を叩《たゝ》かんとするの士《し》をして其《そ》の小成《せうせい》に安《やすん》ぜしめ、又世《またよ》の俗士《ぞくし》をして禪《ぜん》の誤謬《ごびう》に陷《おちい》らしむるの弊《へい》なきを保《ほ》せぬ。これ乃《すなは》ち此《こ》の一節《せつ》ある所以《ゆゑん》である。大道坦然《だいだうたんぜん》、空濶《そらひろ》うして天《てん》に透《とほ》る。鳥飛《とりと》んで鳥《とり》の如《ごと》し、水清《みづきよ》うして地《ち》に徹《てつ》す、魚行《うをおこな》つて魚《うを》に似《に》たり。圓通太虛《ゑんつうたいきよ》、無缺無餘《むけつむよ》、元《もと》より修行《しゆぎやう》の假《か》る可《べ》きなし。斯道《しだう》は人々《ひと〴〵》の分上底豐《ぶんじやうていゆた》かに具《そな》はりて、放《はな》てば手《て》に滿《み》てり一多《た》の隈《くま》ならんや。語《かた》れば口《くち》に溢《あふ》る縱《じう》横極《わうきは》まりなし。宗乘自在《そうじようじざい》又何《またなん》ぞ工夫《くふう》を費《つひや》さん。況《いは》んや全體《ぜんたい》遙《はる》かに塵埃《ぢんあい》を出《い》つ、誰《た》れか拂拭《ふつしよく》の手段《しゆだん》を用《もち》ひん。然《しか》れども毫釐《がうり》も差《さ》あれば地天《てんち》懸隔《けんかく》、違順《ゐじゆん》纔《わづ》かせ起《おこ》れば紛然《ふんぜん》として心《こゝろ》を失《うしな》ふ。是《こゝ》に於《おい》てか參禪學道《さんぜんがくだう》の要《えう》なきを得《え》ぬ。印度《いんど》由來禪《ゆらいぜん》を修《しう》するもの多《おほ》し。大凡《おほよ》そ三十派《ぱ》の哲學《てつがく》、九十六種《しゆ》の仙士《せんし》、皆禪《みなぜん》を以《もつ》て修道《しうだう》の根基《こんき》と爲《な》す。而《しか》も其《そ》の禪《ぜん》は皆謂《みないは》ゆる修禪《しうぜん》にして或《あるひ》は功果《こうくわ》を期《き》し、或《あるひ》は靈驗《れいげん》を待《ま》つ、未《いま》だ其《そ》の正鵠《せいこう》を得《え》ざるもの比々《ひゝ》皆之《みなこ》れである。獨《ひと》り釋氏《しやくし》ありて眞禪《しんぜん》の故實《こじつ》を傳《つた》ふ、謂《いは》ゆる眞禪《しんぜん》は修禪《しうぜん》には非《あら》ずして唯是《たゞこ》れ大安樂《だいあんらく》の法門《ほふもん》である。其《その》要訣《えうけつ》に曰《いは》く、

諸縁《しよえん》を放捨《はうしや》し萬事《ばんじ》を休息《きうそく》し、善惡《ぜんあく》を思《おも》はず是非《ぜひ》を管《くわん》すること莫《なか》れ、心意識《しんいしき》の運轉《うんてん》を停《とゞ》め念想觀《ねんさうくわん》の測量《そくりやう》を止《や》めて、作佛《さくぶつ》を圖《はか》ること莫《なか》れ、豈《あ》に座臥《ざぐわ》に拘《かゝ》らんや、乃至《ないし》、只箇《たゞこ》の不思量底《ふしりやうてい》を思量《しりやう》せよ、不思量底《ふしりやうてい》を如何《いか》に思量《しりやう》せんか、非思量《ひしりやう》、此《こ》れ乃《すなは》ち禪《ぜん》の要術《えうじゆつ》なり。

先《ま》づ斯様《かやう》である。而《しか》して言《げん》を尋《たづ》ね語《ご》を逐《お》ふの解行《かいかう》はいらぬ。念佛修懺看經等《ねんぶつしうざんかんきやうとう》の閑事業《かんじげふ》を作《な》すにも及《およ》ばぬ。安然《あんぜん》として不思量《ふしりやう》を思量《しりやう》する、只《た》だ是《こ》れ此《こ》れのみである。不思量《ふしりやう》なれば何《なん》の考慮《かうりよ》もいらぬ何《なん》の分別《ぶんべつ》もいらぬ。されど枯灰《こくわい》の如《ごと》く瓦礫《ぐわれき》の如《ごと》くではない。矢張《やは》り箇《こ》の不思量《ふしりやう》を思量《しりやう》して居《ゐ》る、應《まさ》に住《ぢう》する所無《ところな》くして而《しか》して其《そ》の心《こゝろ》を生《しやう》ずべしとは是《こ》れ釋氏《しやくし》の大憲《たいけん》にして卽《すなは》ち非思量《ひしりやう》の處《ところ》である。龍車《りうしや》の峻坂《しゆんはん》を攀《よ》づるが如《ごと》し、若《も》し寸歩《すんぽ》を誤《あやま》れば紛然《ふんぜん》として心《こゝろ》を失《うしな》ふ。百尺斷崖《しやくだんがい》に手《て》を撒《さん》して絶後《ぜつご》に蘇《よみが》へるは非思量《ひじりやう》の活動《くわつどう》である。心《こゝろ》の住《ぢう》する所《ところ》なく而《しか》も其《そ》の心《こゝろ》を生《しやう》ずと云《い》ふ事《こと》に執《しふ》するは素《もと》より迷《まよ》ひなれど、理《り》に契《かな》ふも亦悟《またさと》りでない。茲《こゝ》に至《いた》つては佛《ぶつ》の一字《じ》も心田《しんでん》の汚《けが》れである。禪《ぜん》の名字《めいじ》も滿面《まんめん》の慚惶《ざんくわう》である。禪者纔《ぜんしやわづ》かに瞥地《べつち》の智通《ちつう》を獲《う》れば忽《たちま》ち衝天《しようてん》の志氣《しき》を擧《あ》げ

て佛《ぶつ》を呵《か》し祖《そ》を罵《のゝし》り、盡天盡地《じんてんじんち》に第《だい》二人《にん》なきの思《おも》ひを爲《な》す者滔々《ものたふ〳〵》たる天下《てんか》、茫々《ばう〳〵》たる古今《ここん》、概《おほむ》ね此類《このたぐひ》の人《ひと》たらざるはない。思《おも》へ味噌《みそ》の味噌《みそ》臭《くさ》きは上味噌《じやうみそ》に非《あら》ず、學者《がくしや》の學者《がくしや》めきたるは上乘《じやうじよう》に非《あら》ず。故《ゆゑ》に悟《ご》の悟相《ごさう》あるは決《けつ》して眞道《しんだう》を得《え》ては居《を》らぬ。是《こ》れ只《た》だ悟門《ごもん》の邊隅《へんぐう》に逍遥《せうえう》するに過《す》ぎずして尙未《なほいま》だ禪屋裏《ぜんをくり》の消息《せうそく》を窺《うかゞ》はず、況《いは》んや出身《しゆつしん》の活路《くわつろ》を知《し》らんや。若《も》し眞禪《しんぜん》を得《え》んと欲《ほつ》せば須《すべか》らく眞禪《しんぜん》を學《がく》す可《べ》しである。設《も》し能《よ》く其《そ》の眞《しん》に達《たつ》せば龍《りう》の水《みづ》を得《う》るが如《ごと》く些《さ》の罣碍《けいがい》なし、虎《とら》の山《やま》に靠《よ》るに似《に》て些《さ》の羅籠《ららう》なし。身心自《しんしんし》然《ぜん》に脫盡《だつじん》して昏散《こんさん》先《ま》づ撲落《ぼくらく》し、本來《ほんらい》の面目現前《めんもくげんぜん》して坦然《たんぜん》の大道茲《だいだうこゝ》に成就《じやうじゆ》し、人々《ひと〴〵》の分上底豐《ぶんじやうていゆた》かに具《そな》はれる。摩尼珠《まにじゆ》の寶藏《はうざう》は自《おのづか》ら開《ひら》けて受用如覓《じゆようによい》なる可《べ》し、唯《た》だ要《えう》する所《ところ》は實參實究《じつさんじつきう》に在《あ》る、眞禪豈《しんぜんあ》に口耳《こうじ》の學《がく》ならんや。

十八丁奥《ちやうおく》に里《さと》あり梅《うめ》の花《はな》
坐禪《ざぜん》せば四條《でう》五條《でう》の橋《はし》の上《うへ》
往《ゆ》き來《き》の人《ひと》を深山木《みやまぎ》に見《み》て

二、禪の功果

功果《こうくわ》を期《き》するものは眞禪《しんぜん》に非《あら》ず、靈驗《れいげん》を待《ま》つものは修禪《しうぜん》に過《す》ぎず。あはれ今何《いまなん》ぞ其功果《そのこうくわ》を說《と》かんとするぞ。況《いは》んや自《みづか》ら飮《の》んで其《そ》の冷暖《れいだん》を自知《じち》す可《べ》きをや。自《みづか》ら食《く》うて其滋味《そのじみ》を自覺《じかく》す可《べ》きをや、問《と》はれても言《い》はれぬ梅《うめ》の香《かほ》りかなで、悟《さと》りの講釋《かうしやく》は元《もと》より出來《でき》ぬ筈《はず》なり。さあれ琴中《きんちう》の趣《おもむ》きを識《し》らんと要《えう》せば須《すべか》らく先《ま》づ之《これ》を指頭《しとう》に案《あん》ずべしである。身心脫落《しんしんだつらく》の禪客《ぜんかく》をして試《こゝろ》みに色《いろ》を見《み》せしめよ。柳《やなぎ》は綠《みどり》にして花《はな》は矢張《やは》り紅《くれなゐ》に鷺《さぎ》は白《しろ》く烏《からす》

郝大通

は黒《くろ》きを知《し》るに相違《さうゐ》ない。更《さら》に頭《かうべ》を回《めぐ》らして聲《こゑ》を聴《き》かしめよ、絲竹《しちく》の律《りつ》、管絃《くわんげん》の呂《ろ》、其《そ》の曲《きよく》を誤《あやま》ることなく、鼠《ねずみ》はチウ〳〵狗《いぬ》はワン〳〵と聴《き》くに相違《さうゐ》ない。更《さら》に脳《なう》を轉《てん》じて宇宙《うちう》の現象《げんしやう》に觸《ふ》れしめよ、皎々《くわう〳〵》たる月《つき》赫々《くわく〳〵》たる日《ひ》、山《やま》は突兀《とつこつ》と高《たか》く聳《そび》え川《かは》は漂々《べう〳〵》と低《ひく》く連《つらな》る。火《ひ》は昇《のぼ》りて熱《あつ》く水《みづ》は降《くだ》りて冷《ひやゝ》かなり。軟《やはらか》き物《もの》、硬《かた》き物《もの》、圓《まろ》き物《もの》、長《なが》き物《もの》、短《みじか》き物《もの》、大小寡多輕重《だいせうくわたけいちよう》寛急廣狹半滿《くわんきふくわうけふはんまん》。凡《およ》そ形《かたち》あるもの、規《き》あるもの皆其儘《みなそのまゝ》の正鵠《せいこう》を失《うしな》はぬ。或《あるひ》は言《い》はん見聞覺知《けんもんかくち》の用《よう》、人々《ひと〳〵》皆然《みなしか》らざるはなし何《なん》ぞ敢《あへ》て禪者《ぜんしや》を俟《ま》たんと。夫《そ》れ然《しか》り、而《しか》して其然《そのしか》らざるものあるを奈何《いかん》せんや。花《はな》は艶濃《えんのう》にして草《くさ》の荒淡《くわうたん》なるは世人皆既《せじんみなすで》に之《これ》を知《し》る。尚《なほ》まだ草《くさ》は忌嫌《きけん》に依《よ》つて早《はや》く生《しやう》ずることを識《し》らぬ花《はな》は愛惜《あいじやく》に依《よ》つて疾《と》く散《ち》ることを覺《さと》らぬ、禪者一人自《ぜんしやひとりみづか》ら之《こ》れが嫌惜《けんせき》を愼《つゝし》むのである。一切《さい》の善惡邪正《ぜんあくじやせい》、一切《さい》の是非得失《ぜひとくしつ》、一切《さい》の時《とき》、禪者獨《ぜんしやひと》り自《みづか》ら愼《つゝし》みて之《こ》れが順逆《じゆんぎやく》の見《けん》を起《おこ》さぬのである。是《こゝ》に於《おい》てか其《そ》の順《じゆん》に居《を》るや縱横活達《じうわうくわつたつ》、其逆《そのぎやく》に處《しよ》するや無礙自在《むげじざい》、である。例《たと》へば碁《ご》を圍《かこ》むが如《ごと》し、晴《は》れの勝負《しようぶ》を爭《あらそ》ふ者彼《ものか》れの分別焦心却《ふんべつせうしんかへつ》て自《みづか》ら置石《ちせき》を過《あやま》つもの比々《ひゝ》皆是《みなこれ》である。敗北推《はいほくお》して知《し》る可《べ》きのみである。禪者獨《ぜんしやひと》り眼中《がんちう》に勝敗《しようはい》なし、分《ぶん》に隨《したが》つて其《そ》の妙技《めうぎ》を振《ふる》ふ。石々皆其《せき〳〵みなそ》の正《せい》鵠《こう》を得《う》る、勝利期《しようりき》せずして待《ま》つ可《べ》しである。例《たと》へば文字《もんじ》を書《しよ》するが如《ごと》し、晴《は》れの場所《ばしよ》、晴《は》れの場合《ばあひ》に於《おい》て彼《か》れの名慮功心却《めいりよこうしんかへつ》て自《みづか》ら運筆《うんぴつ》を礙《た》ゆ、醜態知《しうたいし》る可《べ》きのみである。禪者獨《ぜんしやひと》り此《こ》の妄想《まうさう》なし、一たび筆《ふで》を下《おろ》せば毫《がう》端《たんおのづか》自ら雲起《くもおこ》り龍躍《りうをど》る、神妙搦《しんめうきく》す可《べ》しである、一切《さい》の事《こと》、一切《さい》の業《わざ》、彼《か》れの如《ごと》く此《こ》れの如《ごと》し、豈《あ》に啻《た》だに然《しか》るのみならんや。膽《たん》は北斗《ほくと》の如《ごと》く設令《たと》ひ頭《かうべ》を以《もつ》て白刃《はくじん》に臨《のぞ》むも猶《な》ほ春風《しゆんぷう》を斬《き》るに似《に》る可《べ》く、電光影裡又佳懷《でんくわうえいりまたかくわい》を吟誦《ぎんしよう》するの慨《がい》ある可《べ》し。腦《なう》は皎月《くわうげつ》の如《ごと》く赫湯爐災《くわくたうろさい》も亦淸凉《またせいりやう》に、壽《じゆ》は南山《なんざん》の其《そ》れにも比《ひ》するを得《う》可《べ》し、豈《あ》に啻《た》だに然《しか》るのみならんや。我《わ》が面《めん》の向《むか》ふ所《ところ》、佛手《ぶつしゆ》の用《もち》ゆる所《ところ》、驢脚《ろきやく》の運《はこ》ぶ所《ところ》、隨意無碍從處自在《ずゐいむげじうしよじざい》である。諸《もろ〳〵》の所有空《しよいうくう》すれば實《じつ》に諸《もろ〳〵》の所無莫《しよむな》しとは古哲《こてつ》の格言《かくげん》なり、之《こ》れは我物《わがもの》なりとの貪着心《どんちやくしん》を離《はな》るれば我物《わがもの》にあらずとの差別心《さべつしん》の起《おこ》らざるが故《ゆゑ》に、宇宙間《うちうかん》の萬象《ばんしやう》一として我物《わがもの》に入《い》らざるはなく、我《わ》れに違《ゐ》する物《もの》はない。玆《こゝ》に至《いた》つて禪《ぜん》の功果《こうくわ》も亦偉《またゐ》大《だい》ならずとせんや。若《も》し夫《そ》れ隱氣《いんき》に沈《しづ》みて珠數《じゆず》を爪繰《つまぐ》り、抹香臭《まつかうくさ》き遁世閑居《とんせいかんきよ》の如《ごと》きは固《もと》りよ禪者《ぜんしや》の關知《くわんち》する所《ところ》にはあらず。

天女來テ相試ミ　將テレ花ヲ欲スレ染ントレ衣ヲ　禪心竟ユ不レ起ヲ　還捧《タケア》二舊乘ヲ一歸ル　乾坤無レ卓クス二孤筇ヲ一　喜得ス人空法又空　珍重ス大元三
尺，劔　電光影裏斬ル二春風ヲ一

三、禪の捷路

世人皆云《せじんみない》ふ禪《ぜん》は極《きは》めて高尚《かうしやう》なりと、然《しか》り禪《ぜん》は高尚《かうしやう》にして且《か》つ極《きは》めて峻嚴《しゆんげん》なるに相違《さうゐ》ない。而《しか》も尚未《なほいま》だ其《そ》の禪《ぜん》の極《きは》めて卑近《ひきん》なることを知《し》る者少《ものすくな》し、古人《こじん》は二十年若《ねんも》しくは三十年《ねん》を工夫《くふう》して始《はじ》めて其實《そのじつ》を得《え》たりと傳《つた》ふも、そは禪《ぜん》の高尙難解《かうしやうなんかい》なるが故《ゆゑ》に然《しか》るにはあらず、禪《ぜん》は乃《すなは》ち平常《へいじやう》の行持《ぎやうぢ》なるが故《ゆゑ》に終身之《しうしんこれ》を勤《つと》めて止《や》まぬのである。世《よ》の未《いま》だ斯道《しだう》を信《しん》ぜざるもの或《あるひ》は云《い》はん、思《おも》うて益《えき》なし又寧《またむし》ろ學《まな》ばざるに若《し》かずと、今之等《いまこれら》の人《ひと》の爲《た》めに其《そ》の捷徑《せふけい》を說《と》かんとするは、即《すなは》ち本項《ほんかう》の由來《ゆらい》する所《ところ》である。

禪《ぜん》は武士的文學的《ぶしてきぶんがくてき》であると同時《どうじ》に、又平民的實利的《またへいみんてきじつりてき》である。上智下愚《じやうちかぐ》を論《ろん》ぜず利人鈍者《りじんどんしや》を簡《えら》ぶこと莫《なか》れ、専《せん》一に工夫《くふう》せば正《まさ》に是《こ》れ辨道《べんだう》なりとは眞禪《しんぜん》の規範《きはん》なり、男女元《だんぢよもと》より問《と》はぬ、職業元《しよくげふもと》より拘《かゝ》はらぬ。又焉《またいづくん》ぞ尊卑賢不肖《そんぴけんふせう》を分《わか》たんや。唯《た》だ人々《ひと〴〵》の分《ぶん》に隨《したがひ》て各々其《おの〳〵そ》の趣《おもむ》きを同《おな》じうせず各々《おの〳〵》の業《わざ》に依《よ》て人々其《ひと〴〵そ》の活用《くわつよう》の妙處《めうしよ》を異《こと》にするは禪《ぜん》の禪《ぜん》たる所以《ゆゑん》、其價値《そのかち》も又實《またじつ》に此處《ここ》に在《あ》る、且《か》つ夫《そ》れ禪《ぜん》は或《あ》る信仰箇條《しんかうかでう》の下《もと》に敢《あへ》て人《ひと》を律《りつ》することも無《な》く、又必《またかなら》ずしも或《ある》一定《てい》の會堂《くわいだう》に集《あつま》るの面倒《めんだう》はいらぬ。唯《た》だ其《そ》の必要《ひつえう》の式法《しきはふ》に據《よ》て各自《かくじ》に之《これ》を實踐《じつせん》すればよいのである。これとても別《べつ》に六ケ敷《しき》ことも無《な》ければ又敢《またあへ》て骨《ほね》の折《を》れる業《わざ》でもない。論《ろん》より證據《しようこ》なり兎《と》も角《かく》も一度《ど》試《こゝろ》みに人々自身《ひと〴〵じしん》に之《これ》を實行《じつかう》して其《そ》の趣味《しゆみ》を自覺《じかく》するが第《だい》一なり。古來禪《こらいぜん》の流弊《りうへい》も亦《ま》た一にして足《た》らぬ。不立文字敎外別傳《ふりつもんじけうぐわいべつでん》の下《もと》に或《あるひ》は看話禪《かんわぜん》或《あるひ》は默照禪《もくせうぜん》などと唱《とな》へ立《た》て、各々我見《おの〳〵がけん》の一派《ぱ》を成《な》して得《え》たり顏《がほ》なる野狐禪《やこぜん》あり。前者《ぜんしや》は古人《こじん》の語錄話頭《ごろくわとう》を尋《たづ》ねて其《そ》の悟跡《ごせき》に倣《なら》ひ之《これ》を自身《じしん》に實現《じつげん》せんと焦《あ》せり。後者《こうしや》は眼《め》を蔽《おほ》うて殊更《ことさら》に文字《もんじ》を排《はい》し强《し》ひて沈氣《ちんき》を守《まも》りて古哲《こてつ》と默契《もんけい》せんと努《つと》む。或《あるひ》は濫《みだ》りに捧打拂拳《ほうだふつけん》、或《あるひ》は猥《みだ》りに咄喝《とつかつ》或《あるひ》は瞬目揚眉《しゆんもくやうび》の假行《かぎやう》を之《こ》れ事《こと》とす。是《こ》れ皆待悟邪僻《みなたいごじやへき》の戲論《ぎろん》たるを免《まぬ》かれぬ。

今《いま》は如上《じよじやう》の閑手段《かんしゆだん》を要《えう》せず、人々業務《ひと〴〵げふむ》の餘暇《よか》、勉學《べんがく》の傍時《ばうじ》、機宜《きぎ》に任《まか》せ隨處《ずゐしよ》に於《おい》て實踐躬行《じつせんきうかう》し、其《そ》の實功《じつこう》を事實《じじつ》に領《もと》むるの捷路《せうろ》を進《すゝ》む可《べ》しである。そが實踐《じつせん》の法《はふ》は極《きは》めて平易《へいい》にして躬行《きうかう》の術《じゆつ》は極《きは》めて簡單《かんたん》である。乃《すなは》ち正身端座《せいしんたんざ》して心氣《しんき》を調《とゝの》ふ唯《た》だ是《こ》れのみである。而《しか》も深《ふか》き思慮《しりよ》を要《えう》せず重《おも》き力《ちから》も不要《ふえう》なり、其式法《そのしきはふ》は章《しやう》を改《あらた》めて之《これ》を叙《じよ》すべし。修習愈々進《しうしふいよ／＼すゝ》みて其《そ》の佳境《かきやう》に達《たつ》するに逮《およ》んでは行《かう》も禪《ぜん》と爲《な》り坐《ざ》も亦禪《またぜん》と爲《な》り、語默動靜《ごもくどうせい》、造次顚沛《ざうじてんぱい》、悉《こと／＼》く是《こ》れ禪《ぜん》三昧《まい》の活動《くわつどう》を實現《じつげん》するに至《いた》る。然《しか》り而《しか》して尚《な》ほ餘裕《よいう》の存《そん》する事《こと》あらば、偶《たま》ま古哲《こてつ》の商量《しやうりやう》に關《くわん》する語錄公案《ごろくこうあん》をも瞥見《べつけん》して自究《じきう》の參照《さんせう》に資《し》するも亦敢《またあへ》て妨《さまた》げなし。これとても難解《なんかい》の語句《ごく》を强《し》ひて理會《りくわい》せんことを努《つと》むるに及《およ》ばぬ。尚且《なほか》つ先進《せんしん》の師友《しいう》に會《あ》はゞ問《と》うて學《まな》ぶも亦妨《またさまた》げぬ。唯《た》だ禪《ぜん》は口耳《こうじ》の學《がく》にはあらざるが故《ゆゑ》に、實踐躬行《じつせんきうかう》を先《さき》として理會《りくわい》を後廻《あとま》はしにすること肝要《かんえう》なり。

明月《めいげつ》を取《と》つて呉《く》れろと泣《な》く子《こ》かな
明月《めいげつ》や座頭《ざとう》の妻《つま》の泣《な》く夜《よ》かな

第二節　禪定式仙術

一、實行の準備

上來既《じやうらいすで》に仙術《せんじゆつ》の何《なん》たるを說《と》き、又禪學《またぜんがく》の消息《せうそく》をも略示《りやくじ》せり。而《しか》して其《そ》の禪《ぜん》と仙《せん》との關係《くわんけい》も亦其《またそ》の概要《がいえう》を述《の》べたので、これより彌々以《いよ／＼もつ》て之《こ》れが實踐《じつせん》の術式《じゆつしき》を說叙《せつじよ》するの場合《ばあひ》となれり。既《すで》に題《だい》して仙術《せんじゆつ》と云《い》ふ其《そ》の式法《しきはふ》も亦仙《またせん》の名《な》を冠《くわん》すと雖《いへど》も、其實體《そのじつたい》は卽《すなは》ち禪《ぜん》の威儀《ゐぎ》にして釋氏正傳《しやくしせいでん》の規式《きしき》なることを諒《りやう》とせよ。且《か》つ夫《そ》れ前來《ぜんらい》は唯《た》だ斯門《しもん》に入《い》るの準備《じゆんび》にして本條《ほんでう》は實《じつ》に仙屋裏《せんをくり》の舞臺《ぶたい》に登《のぼ》る可《べ》き準備《じゆんび》なることを諒《りやう》とせよ。乃《すなは》ち正身端坐《せいしんたんざ》は是《こ》れ其《そ》の術式《じゆつしき》である。將《まさ》に之《これ》を實行《じつかう》せんとするに當《あた》り豫《あらかじ》め心得《こゝろえ》可《べ》き要件《えうけん》は概《おほむ》ね左《さ》の如《ごと》し。

一、式《しき》は元《もと》より時候《じこう》に拘《かゝは》らずと雖《いへど》も、曉天夜坐《けうてんやざ》の二時《じ》に於《おい》て行《おこな》ふを便宜《べんぎ》なりとす。且《か》つ此時期《このじき》を以《もつ》て最《もつと》も成功《せいこう》に力《ちから》ありとす。

二、曉天《けうてん》の式《しき》は起床後《きしやうご》直《たゞ》ちに冷水又《れいすゐまた》は微《び》温湯《をんたう》に浸《ひた》せる濕布《しつぷ》を以《もつ》て全身《ぜんしん》の摩擦《まさつ》を行《おこな》ふ、要《えう》は全身《ぜんしん》の排泄液《はいせつえき》を淨除《じやうぢよ》するにある。又《また》一歩《ぽ》を進《すゝ》めて冷水浴《れいすゐよく》を實行《じつかう》するは上乘《じやうじよう》なり、又若《またも》し止《や》むなくんば洗面《せんめん》の後《のち》に唯《た》だ後腦部《こうなうぶ》、頸部《けいぶ》、胸腹部《きようふくぶ》、腋下《えきか》、睪丸《かうぐわん》、脚頭等《きやくとうとう》の各要部《かくえうぶ》を冷水又《れいすゐまた》は微《び》温湯《をんとう》に浸《ひた》せる濕布《しつぷ》を以《も》つて清淨《しやうじやう》に拭《ぬぐ》ひ去《さ》るべし。中《なか》に就《つい》て睪丸及《かうぐわんおよ》び脚頭《きやくとう》の清拭《せいしき》は最《もつと》も肝要《かんえう》なり。而《しか》して後《のち》に欠氣長息《けつきちやうそく》すること七八回《くわい》せよ、要《えう》は大氣《たいき》を充分《じうぶん》に呼吸《こきふ》して內臟《ないざう》を淨除《じやうぢよ》するにある、尤《もつと》も冬季《とうき》には室內《しつない》に於《おい》て之《これ》を行《おこな》ふを宜《よし》とす。

三、夜坐《やざ》は食後少《しよくごすくな》くも一時間經過《じかんけいくわ》して後《のち》たるべし。要《えう》は凡《すべ》て滿腹《まんぷく》の時《とき》を忌《い》む。さりとて又餘《またあま》り空腹《くうふく》の時《とき》も宜《よろ》しからず、沐浴《もくよく》の後又運動《のちまたうんどう》の後《のち》を宜《よ》しとす、尤《もつと》も運動度《うんどうど》に過《す》ぎ疲勞《ひらう》せる時《とき》は宜《よろ》しからず。

四、室《しつ》は靜處《せいしよ》を擇《えら》ぶべし、光線《くわうせん》の强射《きやうしや》する處《ところ》は宜《よろ》しからず、されど暗《くら》きに過《す》ぐる處《ところ》は適《てき》せず、尤《もつと》も學生《がくせい》の下宿《げしゆく》に於《お》ける、又貧家《またひんか》の狹隘《けふあい》にして止《や》むなきは適宜《てきぎ》の工夫《くふう》を爲《な》すべし、夜間《やかん》は燈火《とうくわ》を朦朧《まうろう》にす可《べ》し。

五、豫《あらかじ》め座蒲團《ざぶとん》を用意《ようい》す可《べ》し、座蒲團《ざぶとん》は最《もつと》も柔《やは》らかに且《か》つ厚《あつ》きを要《えう》す、而《しか》して徑《けい》一尺《しやく》二寸《すん》圍《ゐ》三尺《じやく》六寸《すん》の圓《ゑん》形《けい》なるを式法《しきはふ》とす。若《も》し別《べつ》に造《つく》るの面倒《めんだう》なれば、假《か》りに普通《ふつう》の蒲團《ふとん》を折重《をりかさ》ねて之《これ》を用《もち》ゆるも法《はふ》に於《おい》て妨《さまた》げなし。餘《あま》り廣《ひろ》さは不便《ふべん》なり只《た》だ臀部《でんぶ》に充《あ》つるを以《もつ》て足《た》れりとす。又衣《またい》服《ふく》は寒《さむ》からず暖《あつ》からざるを要《えう》す。唯《た》だ寒暑《かんしよ》に拘《かゝ》はらず足衣《そくい》を着《つ》けざるを法《はふ》とす、次《つぎ》に焚《た》く香《かう》を用意《ようい》すべし、線香若《せんかうも》しくば練香其《ねりかうそ》の宜《よろ》しきに從《したが》ふ、要《えう》は室内《しつない》の氣《き》を淨潔《じやうけつ》するにあり。

天《てん》は人《ひと》に對《たい》して如何《いか》に貴《たつと》きものも惜《をし》むことなく給與《きふよ》し、生存發達《せいそんはつたつ》に必要《ひつえう》なるものを豫《あらかじ》め準備《じゆんび》せり、社會《しやくわい》は人《ひと》の幼稚園《えうちゑん》なり、我等《われら》は前進《ぜんしん》して其《そ》の訓誨《くんくわい》を受《う》けざる可《べ》からず。（マーデン）

二、端座法

實行《じつかう》の準備既《じゆんびすで》に調《とゝの》ふるを得《え》たり、徐《おもむ》ろに靜室《せいしつ》に入《い》り先《ま》づ用意《ようい》の拈香《ねんかう》を焚《た》く。線香《せんかう》なれば香爐《かうろ》の中央《ちうあう》に眞直《まつすぐ》に唯《たゞ》一本《ぽん》を植《う》ゆ、毫《がう》も傾《かたむ》くを許《ゆる》さず、練香《ねりかう》なれば三個《こ》を點《てん》ず。而《しか》して後《のち》、靜《しつ》かに體《たい》を座蒲團《ざぶとん》の中央《ちうわう》に下《お》ろす。座《ざ》に二法《はふ》あり一は結跏趺座《けつかふざ》と云《い》ひ、二は半跏趺座《はんかふざ》と云《い》ふ。尙《な》ほ吉祥座《きつしやうざ》、降魔座《かうまざ》等《とう》の稱《しよう》ありて或《あるひ》は其《そ》の跏趺《かふ》の法《はふ》を異《こと》にするあり。然《しか》れども今《いま》は區々《くゝ》たる名目《めいもく》を問《と》ふの要《えう》はない。

謂《いは》ゆる結跏趺座《けつかふざ》は先《ま》づ右《みぎ》の足《あし》を以《もつ》て左《ひだり》の胿《もゝ》の上《うへ》に載《の》せ、更《さら》に左《ひだり》の足《あし》を以《もつ》て右《みぎ》の胿《もゝ》の上《うへ》に置《お》きて兩足《りやうあし》を相交《あひかう》叉《き》するのである。其《そ》の傳《でん》に曰《いは》く、

驀然《ばくぜん》として盡界《じんかい》を超越《てうゑつ》し大仙《たいせん》の屋裡《をくり》に大尊貴生《たいそんきせい》なるは結跏趺座《けつかふざ》の法《はふ》なり、外道魔黨《げだうまたう》の頂𩕳《てうねい》を踏飜《たふはん》して大仙《たいせん》の堂奥《だうあう》に箇中《こちう》の人《ひと》となるは結跏趺座《けつかふざ》の法《はふ》なり。

謂《いは》ゆる半跏趺座《はんかふざ》は單《たん》に左《ひだり》の足《あし》を以《もつ》て右《みぎ》の胿《もゝ》の上《うへ》に置《お》くのみである。

以上《いじやう》二法《はふ》の中《うち》、各自《かくじ》の隨意《ずゐい》なれども、常人《じやうにん》には簡單《かんたん》にして而《しか》も容易《ようい》なる半跏趺座《はんかふざ》が最《もつと》も適《てき》するのである、されど卑俗《ひぞく》に行《おこな》はるゝ所《ところ》の例《れい》の胡坐《あぐら》の類《るゐ》は決《けつ》して座相《ざさう》を調《とゝの》ふること能《あた》はずして身體自《しんたいみづか》ら亂《みだ》れ、正身端座《せいしんたんざ》の法《はふ》

に違《たが》ふのみならず、調心《てうしん》の妨《さまた》げとなるを以《もつ》て愼《つゝし》みて之《これ》を避《さ》く可《べ》し、今《いま》は半跏趺座《はんかふざ》調身《てうしん》の法《はふ》に就《つい》て詳叙《しやうじよ》すべし。

さて半跏趺座《はんかふざ》は即《すなは》ち左《ひだり》の足《あし》を以《もつ》て右《みぎ》の腿《もゝ》の上《うへ》に置《お》き而《しか》して寛《ゆ》るやかに衣被《いひ》を掩《おほ》うて齊整《さいせい》ならしめ、脚頭《きやくとう》の露出《ろしゆつ》せざる様《やう》になすべし。次《つぎ》に右《みぎ》の掌《たなごころ》を仰《あふむ》けて臍《へそ》の前《まへ》、座《ざ》の上《うへ》に置《お》き、更《さら》に左《ひだり》の掌《たなごころ》を仰《あふむ》けて其《そ》の上《うへ》に重《かさ》ね置《お》き、拇指《はし》と拇指《はし》との指頭《しとう》を相對符《あひたいふ》す、之《これ》を定印《ぢやういん》と名《な》づくるなり。次《つぎ》に耳《みゝ》と肩《かた》と對《たい》して首《くび》を前後《ぜんご》左右《さいう》に傾斜《けいしや》せしめず、鼻《はな》と臍《へそ》とを上下《じやうげ》直線《ちよくせん》に對《たい》して身體《しんたい》を俯仰《ふぎやう》することなからしむ。如斯《かくのごとく》すれば脊梁骨《せきりやうこつ》自《おのづか》ら整然《せいぜん》として直立《ちよくりつ》し、乃《すなは》ち正身端座《せいしんたんざ》の相《さう》となる。尚《なほそ》其の脊梁骨《せきりやうこつ》の弓《ゆみ》の如《ごと》くゆがみ、恰《あたか》も猫《ねこ》の背《せ》の如《ごと》くまるみたるは未《いま》だ其《そ》の法《はふ》を得《え》たるのでない。學者《まなぶもの》深《ふか》く注意《ちうい》せねばならぬ。次《つぎ》に舌《した》を上《うへ》の顎《あぎと》に掛《か》け唇齒《しんし》相着《あひつ》くるなり、即《すなは》ち是《こ》れは唯《た》だ口《くち》を閉《と》づれば宜《よ》いのである。自然《しぜん》に出來《でき》るのである。眼《め》は須《すべから》く常《つね》に開《ひら》くべし、即《すなは》ち敢《あへ》て張《は》らず又《また》敢《あへ》て堅《かた》く閉《と》ぢざるを法《はふ》とす、乃《すなは》ち微風《びふう》眼《め》に入《い》つて昏睡《こんすゐ》せざらしむるのである。鼻息《びそく》は微《かす》かに通《つう》すべし、即《すなは》ち寛《くわん》ならず出入《でいり》の息《いき》を自然《しぜん》ならしむるのである。如上《じよじやう》既《すで》に座相《ざさう》の圓滿《ゑんまん》なるに及《およ》んで、身體《しんたい》を靜《しづ》かに左右《さいう》に搖振《えうしん》し而《しか》して欠氣《けつき》一息《そく》するなり、其《そ》の身體《しんたい》を左右《さいう》に搖振《えうしん》するは即《すなは》ち身相《しんさう》を調《とゝの》ふるの術《じゆつ》である。そは體《からだ》を靜《しづ》かに搖《えう》振《しん》すること七八回《くわい》して身《み》を大地《だいち》に据付《すゑつ》けるが如《ごと》くするのである。如斯《かくのごとく》して端座《たんざ》圓滿《ゑんまん》すれば實《じつ》に八風吹《ふうふ》けども動《どう》ぜず泰山《たいざん》の巍然《ぎぜん》として雲間《うんかん》に聳《そび》えるが如《ごと》くである、其《そ》の欠氣《けつき》一息《そく》するは氣息《きそく》を調《とゝの》ふるの術《じゆつ》である。乃《すなは》ち口《くち》を開《ひら》きて靜《しづ》かに長息《ちやうそく》する事《こと》三四回《くわい》し而《しか》して漸々《ぜん〴〵》に之《これ》を止《とゞ》めば氣息《きそく》微《かす》かに通《つう》じて自然《しぜん》の調和《てうわ》を遂《と》げ得《う》るに至《いた》り、大氣《たいき》の體内《たいない》に疏通《そつう》して天地《てんち》同根《どうこん》一體《たい》となり、内外《ないぐわい》玲瓏《れいろう》恰《あたか》も長空《ちやうくう》に懸《か》かる皎月《くわうげつ》の如《ごと》くである。此《こ》の時《とき》に當《あた》りて調心《てうしん》の術《じゆつ》あり、條《でう》を更《あらた》め之《これ》を叙《じよ》すべし。

三、調心法

靜座調身調息《せいざてうしんてうそく》の法《はふ》は既《すで》に之《これ》を得《え》て、正身端座《せいしんたんざ》なるの時《とき》、玆《こゝ》に調心《てうしん》の法《はふ》に入《い》る。其《そ》の要術曰《えうじゆついは》く、神氣《しんき》をして下《しも》に充《み》たしめ元氣《げんき》を氣海丹田《きかいたんでん》に收《をさ》め心《こゝろ》をして脚頭《きやくとう》に在《あ》らしむ云々《うんぬん》。先《ま》づ斯樣《かやう》であるが、只《た》だ是《こ》れのみにては未《いま》だ分《わか》り兼《か》ねるものがあらん、且《しばら》く初心《しよしん》の爲《た》めに婆說《ばせつ》すべし。謂《いは》ゆる氣海丹田《きかいたんでん》とは梵語《はんご》に優陀那《うだな》と云《い》ひ、之《これ》を支那《しな》に譯《やく》して丹田《たんでん》と云《い》へり。乃《すなは》ち臍《へそ》の下《した》一寸《すん》の處《ところ》を指《さ》す、云《い》ひ換《か》へれば下腹《したはら》である。此《こ》の下腹《したはら》に氣息《きそく》を充《み》たらしめ出入《でいり》の氣息《きそく》は凡《すべ》て此處《ここ》より往來《わうらい》するが如《ごと》くならしむ、故《ゆゑ》に又氣海《またきかい》の稱《しよう》あるのである。其《そ》の神氣《しんき》をして下《しも》に充《み》たしむるの術《じゆつ》は、心持《こゝろもち》にて腰部《えうぶ》より兩股《りやうもゝ》に掛《か》けて神氣力《しんきりよく》を込《こ》めるのである。最初《さいしよ》の內《うち》は思《おも》ふまゝならねど漸次《ぜんじ》慣《な》るゝに從《したが》ひて自然《しぜん》に具合《ぐあひ》を取付《とりつ》け得《え》らるゝ樣《やう》になる。神氣《しんき》既《すで》に下《しも》に充《み》つ更《さら》に進《すゝ》んで元氣《げんき》を丹《たん》田《でん》に收《をさ》むるなり、元氣《げんき》は卽《すなは》ち氣力《きりよく》である。云《い》ひ換《か》へれば下腹《したはら》に充分力《じうぶんちから》を入《い》れるのである。最初《さいしよ》は座《ざ》して脊梁《せきりやう》骨《こつ》を直立《ちよくりつ》すれば下腹《したはら》は却《かへつ》て釣《つ》り上《あが》りて力弱《ちからよわ》くなりて容易《ようい》に力《ちから》の入《い》らぬものなり、されど是《こ》れ又漸次《またぜんじ》工夫《くふう》すれば自然《しぜん》に作《な》し得《え》らるゝ樣《やう》になる。併《しか》し最初《さいしよ》より力餘《ちからあま》り度《ど》に過《す》ぎれば腸《ちやう》を傷《きずつ》け或《あるひ》は脈道《みやくだう》を絕《た》ち病《やまひ》を醸《かも》すことあり、工夫《くふう》を誤《あやま》らざる樣深《やうふか》く注意《ちうい》すべし。寬急其《くわんきふそ》の宜《よろし》きを得《う》るは各自《かくじ》の自得《じとく》である。又心《またこゝろ》をして脚頭《きやくとう》に在《あ》らしむと云《い》ふ、心《こゝろ》は腦《なう》に在《あ》りとは常人《じやうにん》の皆云《みない》ふ所《ところ》なれども、今《いま》は之《こ》れと正反對《せいはんたい》にして此心《このこゝろ》を脚頭《きやくとう》に置《お》くのである。是《こ》れ又頗《またすこぶ》る面倒《めんだう》の樣《やう》に思《おも》はるれども敢《あへ》て六ケ敷《しく》はない。前《まへ》の神氣《しんき》をして下《しも》に充《み》たしむると同樣《どうやう》に工夫《くふう》を以《もつ》てせば自然《しぜん》に作《な》し得《え》らるゝのである。前示《ぜんじ》の如《ごと》く正身端座《せいしんたんざ》兀々《こつ〳〵》として座定《ざてい》し、而《しか》して後《のち》、心氣《しんき》を調《とゝの》ふること斯《か》くの如《ごと》く久《ひさし》ふすれば出入《でいり》の呼吸息《こきふそく》は微《かす》かになりて自《おのづ》から止《や》むが如《ごと》くなる時《とき》、此《こ》の氣息《きそく》は身體《しんたい》八萬《まん》四千の毛孔《けあな》より來往《らいわう》して渾身《こんしん》に霧蒸《むじよう》すが如《ごと》くなることを覺《おぼ》えん、而《しか》して手《て》の指頭《しとう》、足《あし》の脚頭《きやくとう》は漸次《ぜんじ》に溫氣《をんき》を增《ま》し、腦中《なうちう》は却《かへつ》て淸凉《せいりやう》を感《かん》じ、四大調適《だいてうてき》五臟《ざうくわう》皎潔《けつ》身心《しんしん》自然《しぜん》に脫落《だつらく》して大歡喜《だいくわんき》を生《しやう》ずるに至《いた》る。是《こゝ》に於《おい》て無始《むし》劫來《こふらい》の煩惱《ぼんなう》自《おのづか》ら淨除《じやうぢよ》し、生來《せいらい》の諸病《しよびやう》皆《みな》亦《また》自《みづか》ら除滅《ぢよめつ》して餘《あま》りなきことを悟得《ごとく》せん。凡《およ》そ常《つね》に手頭足頭《しゆとうそくとう》の溫《あたゝ》かにして眼《がん》光淸《くわうきよ》く澄《す》み、睪丸《かうぐわん》寬《ゆ》るく垂《た》れて下腹《か》充分《ふくじうぶん》に力《ちから》あるは乃《すなは》ち斯術《しじゆつ》の成功《せいこう》なりと知《し》るべし。開悟《かいご》の問題《もんだい》は敢《あへ》て說明《せつめい》の限《かぎ》りに非《あら》ず。

知者《ちしや》は財寶《ざいはう》を頭《あたま》に貯《たくは》へて之《これ》を懷《ふところ》に貯《たくは》へず
俗人《ぞくじん》の心《こゝろ》は頭《あたま》に在《あ》り仙者《せんじや》の心《こゝろ》は足《あし》にあり

四、內觀法

正身端座《せいしんたんざ》調息調心《てうそくてうしん》の術式《じゆつしき》は前來既《ぜんらいすで》に之《これ》を盡《つ》くせり。今又內觀法《いまたないくわんはふ》を說《と》くは却《かへつ》て頭上《づじやう》に頭《かうべ》を安《やすん》じ、更《さら》に蛇足《だそく》を畫《ゑが》きて學者《まなぶもの》をして却《かへつ》て惑《まど》はしむるの觀《くわん》なきにあらず。されど是《こ》れ又古哲《またこてつ》が仙術《せんじゆつ》の一法《はふ》として說《と》かれ、實踐《じつせん》能《よ》く其《そ》の效《かう》を奏《そう》するもの多《おほ》し、且《しばら》く記《しる》して參究《さんきう》に資《し》すべし。唯《た》だ是《こ》れ別法《べつぱふ》として前條《ぜんでう》の調心法《てうしんはふ》と混視《こんし》すること勿《なか》れ、白河《しらかは》の白幽仙人《はくいうせんにん》の軟蘇《なんそ》の法《はふ》に曰《いは》く、
凡《およ》そ人《ひと》の妄想分別《まうさうふんべつ》の已《や》まざる時《とき》、或《あるひ》は學者《がくしや》としては觀理度《くわんりど》に過《す》ぐる時《とき》、或《あるひ》は俗士《ぞくし》の世事《せじ》に執着《しふちやく》して深《ふか》く思《し》慮《りよ》に沈《しづ》む時《とき》、身心惱亂《しんしんなうらん》し勞屈《らうくつ》疲倦《ひくわん》して心氣《しんき》大《おほ》ひに逆上《ぎやくじやう》し、或《あるひ》は發狂《はつきやう》する者《もの》あり、或《あるひ》は肺患《はいくわん》を發《はつ》する者《もの》あり、

或《ある》は頭痛《ずつう》目眩《めまひ》齒痛《しつう》眼疾《がんしつ》等《とう》を發《はつ》する者《もの》あり。鍼灸藥《しんきうやく》の治《ち》すること能《あた》はず、華駄《くわだ》扁倉《へんさう》も亦《また》空《むなし》く手《て》を拱《こう》するに至《いた》つては内觀《ないくわん》一法《ぱふ》の外《ほか》、復《ま》た醫治《いぢ》する由《よし》なからん、此《こ》の時《とき》に當《あた》りて正身端座《せいしんたんざ》默然《もくねん》として方《まさ》に此《こ》の觀《くわん》を作《な》すべし、譬《たと》へば色香《いろか》清淨《しやうじやう》の軟蘇《なんそ》、鴨卵《かふらん》の大《おほき》さの如《ごと》くなる物《もの》を、頭《かうべ》の頂上《いたゞき》に置《お》くが如《ごと》くの觀《くわん》を作《な》さんに、其氣味《そのきみ》微妙《びめう》にして遍《あまね》く頭《かうべ》の中《なか》を濕《うる》ほし浸々《しん〳〵》として潤下《じゆんか》し、兩肩《りやうけん》及雙臂《およびさうへき》、兩乳《りやうにう》胸腹《きようふく》の間《あひだ》に潤《うるほ》ひ、肺肝腸胃《はいかんちやうゐ》春梁《しゆんりやう》臀骨《でんこつ》、次第《しだい》に沾注《てんちう》し去《さ》る。此《こ》の時《とき》に於《おい》て胸腹《きようふく》の五積《せき》六聚《しう》、疝癖《せんへき》塊疼《くわいとう》、悉《ことごと》く意《い》に隨《したが》て降下《かうか》すること恰《あたか》も水《みづ》の下《した》に就《つ》くが如《ごと》く歴々《れき〳〵》として聲《こゑ》あり、遍身《へんしん》を週流《しうりう》し雙脚《さうきやく》を潤《うる》ほし足心《そくしん》に至《いた》りて止《や》む。再《さい》三此《こ》の觀《くわん》を作《な》す時《とき》は鼻根《びこん》自《おのづか》ら稀有《けう》の香氣《かうき》を聞《き》き、身根《しんこん》自《おのづか》ら悅和《えつわ》して妙極《めうきよく》の軟觸《なんしよく》を覺《おぼ》ひ、心根《しんこん》自然《しぜん》に脫盡《だつじん》して羽化登仙《うけとうせん》の思《おもひ》あらん。

五、起座法

大凡《おほよ》そ端座《たんざ》の時間《じかん》は一時間《じかん》を限度《げんど》となし、經行《けいぎやう》の後更《のちさら》に座《ざ》するを法《はふ》とするのである。されど初學《しよがく》のものは座定《ざぢやう》久《ひさ》しければ忽《たちま》ち苦勞《くらう》を感《かん》ずるを以《も》つて必《かなら》ずしも時間《じかん》を墨守《ぼくしゆ》するに及《およ》ばぬ。凡《およ》そ三十分《ぶん》以上《いじやう》にして苦勞《くらう》を感《かん》ずる場合《ばあひ》は先《ま》づ起座《きざ》するを宜《よ》しとす。乃《すなは》ち座《ざ》より起《た》たんと欲《ほつ》せば先《ま》づ兩膝《りやうひざ》の上《うへ》に安《やす》んじ徐々《じよ〳〵》として身《み》を搖《ゆる》かすこと七八度《ど》せよ。而《しか》して口《くち》を開《ひら》き氣息《きそく》を吐《は》き、兩手《りやうて》を伸《の》べて座地《ざち》を押《おさ》へ安祥《あんしやう》として起《た》つべし。決《けつ》して卒暴《そつばう》なるべからず。既《すで》に座《ざ》より起《た》たば室内《しつない》を徐歩《じよほ》すること兩《りやう》三匝《さう》すべし。而《しか》して回轉《くわいてん》するには右《みぎ》へ右《みぎ》へと順行《じゆんかう》す、其《そ》の運歩《うんぽ》は一足《そく》半歩《はんぽ》と云《い》ひ前歩《ぜんぽ》後歩《ごほ》相踵《あひつ》きて遠《とほ》く跨《また》がざるを法《はふ》とす。此《こ》の時《とき》も亦神氣《またしんき》を脚頭下《きやくとうか》に充《み》たしめ、元氣《げんき》を氣海丹田《きかいたんでん》に收《をさ》めて苟《いやしく》も放下《はうか》してはならぬ。再《ふた》び座《ざ》せんと欲《ほつ》せば復《ま》た正身端座《せいしんたんざ》皆式《みなしき》に依《よ》て法《はふ》の如《ごと》くするのである。座《ざ》は曉天夜坐《げうてんやざ》の二時《じ》を以《もつ》て最《もつと》も便利《べんり》とし且《か》つ奏效多《そうかうおほ》しとすれども又必《またかなら》ずしも此二時《このじ》に限《かぎ》らぬ。業務《げふむ》の餘暇《よか》、勉學《べんがく》の傍時《ばうじ》、隨處閑《ずゐしよひま》に任《まか》せて少時《せうじ》づつ之《これ》を行《おこな》ふも亦可《またか》なり。修習若《しうしふも》し其《そ》の奥《おく》に達《たつ》せば、必《かなら》ずしも座定《ざぢやう》するに限《かぎ》らず、行道《ぎやうだう》の際臥床《さいぐわしやう》の時《とき》も、亦能《またよ》く調心《てうしん》の術《じゆつ》を施得《しとく》するに至《いた》らん。傳《でん》に曰《いは》く行《ぎやう》も亦禪《またぜん》、座《ざ》も亦禪《またぜん》、語默《ごもく》、動靜《どうせい》、體安然《たいあんぜん》なりと是《こ》れなる哉《かな》、仙《せん》の妙術茲《めうじゆつこゝ》に臻《いた》つて七縱《じう》八横受用不《わうじゆようふ》盡《じん》と謂《い》ふ可《べ》しである。

第三節　常時修仙の方式

一、坐臥法

靜室《せいしつ》に在《あ》りての正身端座法《せいしんたんざはふ》は既《すで》に之《これ》を叙述《じよじゆつ》したり、今《いま》は乃《すなは》ち座處《ざしよ》に拘《かゝは》らず平常《へいじやう》の坐臥其《ざぐわそ》の起居《ききよ》に就《つい》て又自《またみづか》ら仙術《せんじゆつ》の方式《はうしき》あることを知《し》らねばならぬ。尋常《じんじやう》の座方《ざはう》も一二して足《た》らぬ、踞座《きよざ》、椅座《きざ》、胡座《こざ》、立膝《たてひざ》、跪座《きざ》、凡《およ》そ日本《にほん》の座方《ざはう》としては先《ま》づ此類《このるゐ》に過《す》ぎぬ。而《しか》して之等《これら》の方式《はうしき》は何《いづ》れも不規律《ふきりつ》にして身相《しんさう》の嚴格《げんかく》を調《とゝの》ふること難《かた》きのみならず、談論《だんろん》の際《さい》、悅話《えつわ》の時《とき》の如《ごと》き自《おのづか》ら潰亂《くわいらん》して長《なが》く一定《てい》の規《き》を保《たも》ち得《え》ないのである。仙《せん》は總《そう》じて身相《しんさう》を亂《みだ》るものを避《さ》けねばならぬ。而《しか》して前記座方《ぜんきざはう》は皆或《みなあるひ》は傾斜《けいしや》し或《あるひ》は俯仰《ふぎやう》す。中《なか》に就《つい》て踞座《きよざ》は日本從來《にほんじうらい》の習慣《しふくわん》にして先《ま》づ兩膝《りやうひざ》を屈曲《くわきよく》し兩足《りやうそく》の脚頭《きやくとう》を組《く》み重《かさ》ねて臀部《でんぶ》に着《つ》け、雙手《さうしゆ》を俯《ふ》して股《もゝ》の上《うへ》に置《お》く蓋《けだ》し是《こ》れ常《じやう》法《はふ》である。此法《このはふ》は其《そ》の正《たゞ》しきを得《え》ば敢《あへ》て身相《しんさう》を亂《みだ》さずと雖《いへど》も、多《おほ》くは皆其《みなそ》の脊柱骨《せきちうこつ》の整直《せいちよく》を保《たも》ち得《え》ず。或《あるひ》は弓《ゆみ》の如《ごと》くゆがみ、或《あるひ》は猫《ねこ》の背《せ》に似《に》て丸《まる》むのである。是等《これら》は皆其《みなそ》の身相《しんさう》の正《たゞ》しからざるのみならず、其《そ》の心機《しんき》を亂《みだ》すの原因《げんいん》である。凡《およ》そ仙《せん》を學《まな》ぶ者《もの》は起《き》居進退共《きよしんたいとも》に平常《へいじやう》の心要最《しんえうもつと》も大切《たいせつ》である。今其《いまそ》の踞座《きよざ》の方式《はうしき》に就《つい》て仙《せん》の術式《じゆつしき》を叙《じよ》せん。さて座方《ざはう》は常《つね》の如《ごと》くにて宜《よ》い、唯《た》だ兩足《りやうそく》の脚頭《きやくとう》を組《く》み重《かさ》ねて臀部《でんぶ》に着《つ》けるは宜《よ》くない、其《そ》の脚頭《きやくとう》を左右《さいう》の兩側《りやうがは》に開《ひら》きて臀《しり》を下《お》ろし確《しか》と肛門《こうもん》を座着《ざちやく》し睾丸《かうぐわん》を寛《ゆ》るく座《ざ》に垂《た》るゝ樣《やう》にするのである。而《しか》して脊柱骨《せきちうこつ》を正直《せいちよく》に立《た》て元氣《げんき》を氣海丹田《きかいたんでん》に收《をさ》む、能《よ》く如斯《かくのごとく》する時《とき》は身相自《しんさうみづか》ら嚴格《げんかく》に心機《しんき》亦《ま》た不動《ふどう》にして縱《た》令《と》ひ百雷《らい》の頭上《づじやう》に轟《とゞろ》くも泰然《たいぜん》として談笑《だんせう》し、時《とき》に對論《たいろん》の腦底《なうてい》を激《げき》することあるも、秩然《ちつぜん》として情緒《じやうちよ》を亂《みだ》さぬ。若《も》し夫《そ》れ洋風《やうふう》にして椅子《いす》在《あ》るも亦然《またしか》りである。深《ふか》く腰《こし》を掛《か》け優《ゆる》やかに雙脚《さうきやく》を垂《た》る而《しか》して元氣《げんき》を氣海丹田《きかいたんでん》に收《をさ》む嚴然《げんぜん》たる姿勢從容《しせいじうよう》たる態度《たいど》、心機《しんき》亦《ま》た自《おのづか》ら悠々《いう〱》たりである。次《つぎ》に臥法《ぐわはふ》も亦《ま》た一二にし足《た》らず、釋氏《しやくし》の謂《いは》ゆる北頭西面《ほくとうさいめん》の右脇臥《みぎわきぐわ》は、深《ふか》き由來《ゆらい》の存《そん》ずるのみならず、又能《またよ》く生理《せいり》にも契《ちぎ》れりと云《い》ふ。されど常人《じやうじん》の臥方《ぐわはう》としての仰臥《あふぐわ》は最《もつと》も安全《あんぜん》である、今之《いまこ》れに依《よ》りて其《そ》の必要《ひつえう》を説示《せつじ》せん。

さて臥《ぐわ》に就《つ》かんと欲《ほつ》せば先《ま》づ室内《しつない》を徐歩《じよほ》すること兩三匝《りやうさう》せよ、而《しか》して後《のち》に衣《い》を更《あらた》め緩《ゆ》るく衣帶《いたい》を繋《つ》けて臥《ぐわ》褥《じよく》の上《うへ》に寛《ゆるや》かに仰《あふ》いで身《み》を横《よこた》ふ、又兩足《またりやうそく》は列《れつ》を正《たゞ》して伸《の》ぶ、而《しか》して兩手《りやうて》を以《もつ》て兩胸部《りやうきようぶ》及雙腕《およびさうわん》を靜《しづ》かに撫下《ぶか》すこと三四回《くわい》せよ。然《しか》る後《の》ち左手《さしゆ》は體《たい》に添《そ》うて寛《ゆるやか》に垂《た》れ、右手《みぎて》は其《そ》の掌《たなごころ》を以《もつ》て輕《かろ》く胃腑《ゐふ》を掩《おほ》ふのである。既《すで》にして先《ま》づ臥相《ぐわさう》を整《とゝの》ひ了《をは》らば、口《くち》を開《ひら》きて長息《ちやうそく》し氣《き》を吐《は》くこと四五回《くわい》せよ、而《しか》して後《のち》に口《くち》を閉《と》ぢよ。玆《こゝ》に元氣《げんき》を氣海丹田《きかいたんでん》に收《をさ》めて自然《しぜん》に安眠《あんみん》に入《い》るのである。其《そ》の起床《きしやう》の時《とき》復《ま》た氣《き》を吐《は》き體《たい》を撫《ぶ》すること前顯《ぜんけん》の如《ごと》くするのである。仙者常《せんしやつね》に座臥《ざぐわ》の法《はふ》は既《すで》に豈《あ》に啻《た》だに座臥《ざぐわ》の法《はふ》のみならんや、喫茶喫飯《きつさきつぱん》、屙糞《あふん》、放尿《はうねう》も亦《ま》た皆《みな》其《そ》の法《はふ》ありて存《そん》すれども今《いま》は省《はぶ》きて述《の》べぬのである。

二、行道法

人《ひと》の道《みち》を行《ゆ》きて蹉跌《さてつ》するは神氣《しんき》其《そ》の腦天《なうてん》を掩《おほ》ふからである。馬《うま》の地《ち》に立《た》ちて倒《たふ》るゝは脚《あし》の元氣《げんき》を失《うしな》ふからである。試《こゝろ》みに彼《か》の不倒翁《はりこだるま》を見《み》よ。其《そ》の頭腦《づなう》は輕《かろ》く空虛《くうきよ》にして其腰脚《そのえうきやく》は重《おも》く充實《じうじつ》するにあらずや、又彼《またか》の輕《かる》業師《わざし》を思《おも》へ、彼《か》れの能《よ》く綱《つな》を渡《わた》るは神氣《しんき》綜《すべ》て其《そ》の脚跟《きやくこん》に在《あ》るからである。思慮《しりよ》若《も》し纔《わづ》かも其《そ》の腦《なう》に浮《うか》べば忽《たちま》ち墜落《つゐらく》を免《まぬか》れぬ。凡《およ》そ行道《ぎやだう》の際《さい》、運歩《うんほ》の時其《ときそ》の脚跟《きやくこん》の亂《みだ》るゝは神氣《しんき》の腦底《なうてい》を浸《ひ》たし、丹田《たんでん》の空洞《くうどう》になりし故《ゆゑ》である。若《も》し夫《そ》れ元氣《げんき》常《つね》に能《よ》く丹田《たんでん》に入《い》り、神氣《しんき》常《つね》に能《よ》く下《しも》に充《み》つるあらば脚根《きやくこん》自《おのづか》ら力餘《ちからあま》りありて擧足下《きよそくか》足進退自由《そくしんたいじいう》である、彼《か》の能舞《のうぶ》を看《み》よ。其《そ》の舞《まひ》の巧拙《かうせつ》は彼《か》れが腰脚《えうきやく》の神氣《しんき》克《よ》く活躍《くわつやく》すると否《いな》とにある。又其《またそ》の音調《おんてう》の輕重《けいちよう》、奏曲《そうきよく》の浮沈《ふちん》は彼《か》れが丹田《たんでん》の元氣《げんき》克《よ》く充實《じうじつ》すると否《いな》とにある。今仙者《いませんしや》の心要《しんえう》も亦《ま》た此處《こゝ》にある。先《ま》づ神氣《しんき》を脚頭《きやくとう》に充《み》たし、足《あし》を擧《あ》げんと欲《ほつ》せば跂先《つまさき》より上《あ》げよ。足《あし》を下《おろ》さんと欲《ほつ》せば踵《かゝと》より卸《お》ろせ、而《しか》して一歩《ほ》一歩《ほ》、實地《じつち》を踏《ふ》む可《べ》し、踵《かゝと》より擧《あ》げ跂先《つまさき》より卸《お》ろすは輕躁者《けいさうしや》の作《な》す所《ところ》にして、大丈夫《だいぢやうふ》が運歩《うんほ》の法《はふ》にあらず。殊《こと》に元氣《げんき》を丹田《たんでん》に收《をさ》め神氣《しんき》を下《しも》に養《やしな》ふは行道運歩《ぎやだううんほ》の際《さい》を以《も》つて最《もつと》も容易《ようい》に且《か》つ最《もつと》も效力《かうりよく》ありとする。未《いま》だ曾《かつ》て足《あし》を絕《た》ちて死《し》するもの少《すくな》く、首《くび》を斷《き》りて生《い》けるもの無《な》く、腦《なう》は實《じつ》に人《ひと》の生命《せいめい》の懸《かゝ》る所《ところ》、足《あし》は纔《わづ》かに身《しん》體《たい》の一部《ぶ》なりと雖《いへど》も、其《そ》の心機《しんき》をして常《つね》に脚頭《きよくとう》に在《あ》らしめ、其《そ》の活力《くわつりよく》をして常《つね》に丹田《たんでん》に在《あ》らしむるは蓋《けだ》し是《こ》れ仙《せん》の祕訣《ひけつ》である。

三、數息法

調心《てうしん》の術《じゆつ》、言《い》ひ易《やす》くして其《そ》の實《じつ》を得《う》るは甚《はなは》だ難事《なんじ》である。諸縁《しよえん》を放捨《はうしや》せよ、萬事《ばんじ》體息《たいそく》せよ、乃至《ないし》心意識《しんいしき》の運轉《うんてん》を停《とゞ》め念想觀《ねんさうくわん》の測量《そくりやう》を止《や》めよと。蓋《けだ》し是《こ》れ仙《せん》の心要《しんえう》なりと雖《いへど》も其《そ》の實際《じつさい》に至《いた》つては、思《おも》はじと思《おも》ふことのみ思《おも》はれるが實際《じつさい》にて、靜座默然之《せいざもくねんこれ》を久《しさし》ふすれば妄想自《まうさうおのづか》ら已《や》むべしと思《おも》ひの外《ほか》、却《かへつ》て千慮萬觀交々湧發《りよばんくわんこもごもゆうはつ》し、之《これ》を押《おさ》へんとすれば彼《か》れに轉《てん》じ、彼《か》れを制《せい》せんとすれば更《さら》に他《た》を加《くは》ふ。心猿《しんえんと》飛《と》び移《うつ》る五慾《よく》の枝《えだ》、意馬馳走《いばちそう》す六塵《ぢん》の境《きやう》、焉《いづ》くんぞ圖《はか》らん三年前《ねんぜん》の美人《びじん》の容姿《ようし》、今《いま》に於《おい》て箇《こ》の靜座默然《せいざもくねん》の檜木舞臺《ひのきぶたい》に現《あら》はれんとは、如何《いかん》とも度《ど》し難《がた》く濟《すく》ひ兼《か》ぬるものは凡俗《ぼんぞく》の妄想《まうさう》である。玆《こゝ》に逮《およ》んで之《これ》を實際《じつさい》に治《ぢ》するものは唯《たゞ》箇《こ》の數息《すうそく》の一法《ぱふ》するのみである。謂《いは》ゆる數息《すうそく》の法《はふ》は、座定《ざぢやう》に在《あ》りて之《これ》を行《おこな》ふも亦《また》可《か》なりである、されど是《こ》れは正身端座《せいしんたんざ》の時《とき》に於《お》ける正則《せいそく》の工夫《くふう》ではない、人或《ひとあるひ》は事《こと》に觸《ふ》れて腦《なう》を非常《ひじやう》に刺激《しげき》し、或《あるひ》は時《とき》に身體《しんたい》の衰弱《すゐじやく》して精神甚《せいしんはなは》だ過敏《くわびん》となり、遂《つひ》に不眠性《ふみんしやう》に陷《おちい》ることあらんに、斯《こ》の數息《すうそく》の術《じゆつ》に依《よ》つて安眠《あんみん》を得《う》るに至《いた》るは勿論《もちろん》、就褥《しうじよく》の際毎《さいごと》に之《これ》を行《おこな》はゞ五分時《ふんじ》乃至《ないし》十五分時《ふんじ》にして必《かなら》ず安眠《あんみん》に入《い》ることを得《う》べし。されど斯《こ》は世《よ》の謂《いは》ゆる催眠術《さいみんじゆつ》の如《ごと》きものとは全《まつた》く其《そ》の趣《おもむき》を異《こと》にす。今其《いまそ》の要《えう》を叙《じよ》せん、安臥《あんぐわ》の法《はふ》は前《まへ》に於《おい》て既《すで》に之《これ》を述《の》べたり、今復《いままた》重《かさ》ねて云《い》はぬ。夫《か》の式《しき》に依《よ》りて安臥《あんぐわ》したる後《のち》、徐《おもむ》ろに出入《でいり》の息《そく》を數《かぞ》へるのである。さて數息《すうそく》の法《はふ》は先《ま》づ息《そく》より數《かぞ》へて十息《そく》に至《いた》らば更《さら》に一より十に到《いた》るのである。或《あるひ》は十より二十三十と數《かぞ》へて百に到《いた》り又《また》百より數《かぞ》へて千に到《いた》りて更《さら》に始《はじ》めの一に復《か》へるも可《か》なれども、餘《あま》り複雜《ふくざつ》すれば却《かへつ》て思慮《しりよ》に涉《わた》るの病《やまひ》なきを保《ほ》せぬ。故《ゆゑ》に一より十に到《いた》りて更《さら》に一に復《か》へる、最《もつと》も簡《かん》にして毫《がう》も思考《しかう》を費《つひや》すの恐《おそ》れなければ今《いま》は乃《すなは》ち之《これ》に依《よ》る。斯《か》くの如《ごと》くすること五回乃至《くわいないし》十回《くわい》に及《およ》べば其《そ》の身靜祥《しんせいしやう》として觸覺《しよくかく》を忘《わす》れ、其《そ》の心寂然《しんじやくねん》として虛空《こくう》と齊《ひと》し、氣息《きそく》自《おのづか》ら止みて出《で》づ入《い》らざるが如《ごと》くなる時《とき》、此《こ》の氣息《きそく》は渾體《こんたい》の毛孔《けあな》より往來《わうらい》して雲蒸《うんじよう》し霧起《きりおこ》るが如《ごと》く身心悠々《しんしんいう／＼》として安眠《あんみん》に入《い》り、夢《ゆめ》も亦《ま》た仙《せん》境《きやう》に逍遙《せうえう》するのである。

此法《このはふ》はもと五停心觀《ていしんくわん》の一にして、白河《しらかは》の白幽仙人《はくゆうせんにん》が謂《いは》ゆる軟蘇《なんそ》の法《はふ》と竝《なら》びて其《そ》の蘇內翰《そないかん》に載《の》せる所《ところ》、古哲白《こてつはく》隱和尙《いんをしやう》の夜船閑話《やせんかんわ》にも見《み》え。又明治《まためいぢ》の禪將《ぜんしやう》たる荻野獨園師《をぎのどくゑんし》の禪學《ぜんがく》一話《わ》にも傳《つた》ふる所《ところ》なり。其《そ》の應用《おうよう》する所《ところ》は各自《かくじ》異《こと》なる所《ところ》ありと雖《いへど》も、妄《まう》を鎭《しづ》め障《しやう》を除《のぞ》くの要點《えうてん》に至《いた》りては皆《みな》其《そ》の揆《き》を一にせり。以《もつ》て此法《このはふ》の如何《いか》に價値《かち》あるかを知《し》れ。

第四節　仙禪餘則

一、節　食

食物《しよくもつ》の肉體《にくたい》に於《お》けるは猶《な》ほ蒸氣機關《じようききくわん》の燃料《ねんれう》に於《お》けると一般《ぱん》にて、固《もと》より大切《たいせつ》のものに相違《さうゐ》ない。されど滋養《じやう》其《そ》の物《もの》の適否《てきひ》と其分量《そのぶんりやう》の配合《はいがふ》とは其人々《そのひと／＼》の格質《かくしつ》に依《よ》りて、必《かなら》ずしも一定《てい》の規《き》を以《もつ》て之《これ》を律《りつ》することは出來《でき》ぬ。衞生《ゑいせい》の法《はふ》、營養《えいやう》の術《じゆつ》未《いま》だ必《かなら》ずしも食物《しよくぶつ》のみに限《かぎ》らぬ。精神《せいしん》の作用《さよう》も亦大《またおほ》いに與《あづか》つて力《ちから》あることは、仙道《せんだう》の眞《しん》髓《ずゐ》として前來旣《ぜんらいすで》に之《これ》を論叙《ろんじよ》したれば、今又更《いままたさら》に之《これ》を言《い》ふの必要《ひつえう》はない。唯《た》だ食物《しよくもつ》の分量《ぶんりやう》に就《つい》ては仙術《せんじゆつ》の餘則《よそく》として亦少《またすこ》しく說《せつ》なきを得《え》ないのである。さて食物《しよくもつ》の分量《ぶんりやう》と云《い》へばとて今《いま》の醫士《いし》の說《と》くが如《ごと》く、飯《めし》や汁《しろ》を秤《はかり》に懸《か》けて喰《た》べよとは云《い》はぬ、極《きは》めて簡單《かんたん》である。又《また》其《そ》の菜食《さいしよく》とは別問題《べつもんだい》として敢《あへ》て論《ろん》せぬ。要《えう》する所《ところ》は唯《た》だ飲食《いんしよく》を節量《せつりやう》して飢《う》ゑず飽《あ》かざるにある。仙《せん》の食法《しよくはふ》之《これ》を嚴格《げんかく》にしては、日中《につちう》一食《しよく》を以《もつ》て正規《せいき》と爲《な》すと雖《いへど》も、今《いま》は人々《ひと〴〵》の慣習《くわんしふ》に依《よ》つて二食《しよく》三食《しよく》も敢《あへ》て妨《さまた》げぬ。已《や》むなくんば飲酒喫煙《いんしゆきつえん》も亦《ま》た絶對《ぜつたい》に禁《きん》ずるに及《およ》ばぬ。唯《た》だ要《えう》は節量《せつりやう》にある。其《そ》の飢《う》ゑず飽《あ》かざるは固《もと》より上乘《じやうじよう》なりと雖《いへど》も、寧《むし》ろ少《すこ》しく飢《う》ゑるも常《つね》に決《けつ》して飽《あ》かざるを以《もつ》て法《はふ》とする。飢《う》ゑて病《や》む者《もの》は尠《すくな》く食《しよく》過《す》ぎて死《し》する者《もの》は夥《おびたゞ》し、世《よ》の年壯氣銳《ねんさうきえい》の輩《はい》概《おほむ》ね暴食《ばうしよく》を顧《かへり》みず强《し》ひて求《もと》めて其《そ》の健康《けんかう》を傷《そこな》ふ、軈《やが》て障業《しやうごふ》の因《いん》たるを知《し》らんや、古來禪院《こらいぜんゐん》に於《おい》て多衆《たしゆう》を收容《しうよう》し、其《そ》の食料《しよくれう》は粥飯《しゆくはん》共《とも》に粗薄《そはく》にして其《そ》の謂《いは》ゆる副食物《ふくしよくぶつ》の如《ごと》きも亦《また》甚《はなは》だ淡白《たんぱく》なり、而《しか》も節食《せつしよく》の法《はふ》は頗《すこぶ》る嚴重《げんぢう》にして一鉢《ぱつ》又《また》再請《さいせい》を許《ゆる》さず。而《しか》して彼等《かれら》は修道《しうだう》の餘暇《よか》、常《つね》に運水搬柴《うんすゐはんさい》の勞働《らうどう》を能《よ》くし、神氣活潑《しんきくわつぱつ》、膂力《りよりよく》克《よ》く斤兩《きんりやう》を擧《あ》ぐ。啻《た》だに然《しか》るのみならず座作《ざさ》進退《しんたい》尙《な》ほ輕妙《けいめう》にして皮肉頑健《ひにくぐわんけん》、其《そ》の壽命《じゆみやう》も亦《また》長待《ちやうたい》すること統計上《とうけいじやう》に於《おい》て世《よ》の人《ひと》に勝《まさ》る者《もの》夥《おびたゞ》しきは眞《しん》に事實《じじつ》である。今《いま》の生理學上《せいりがくじやう》謂《いは》ゆる保健食量《ほけんしよくりやう》の規則《きそく》より之《これ》を云《い》へば、彼等《かれら》は到底《たうてい》生《い》きては居《を》られぬ譯《わけ》である、然《しか》るに事實《じじつ》は之《こ》れに反《はん》して居《ゐ》る、否事實《いなじじつ》の學理《がくり》に反《はん》するには非《あら》ず、乃《すなは》ち飲食節量《いんしよくせつりやう》の結果《けつくわ》は能《よ》く滋料配合《じれうはいがふ》の均度《きんど》を保《たも》ち得《え》て、自《みづか》ら身體《しんたい》の營養《えいやう》を圓滿《ゑんまん》ならしむるのである。而《しか》も其《そ》の精神《せいしん》の調養《てうやう》は內《うち》より外《そと》を補《たす》け、內外相待《ないぐわいあひま》つて天然衞生《てんねんゑいせい》、自然《しぜん》の攝養《せつやう》となり、如上《じよじやう》の結果《けつくわ》を生《しやう》ずるのである。若《も》し夫《そ》れ內《うち》に精神《せいしん》の調養《てうやう》を缺《か》き、外《そと》に謂《いは》ゆる新陳代謝《しんちんたいしや》の運用《うんよう》に乏《とぼ》しければ朝《あした》に牛乳《ぎうにう》スープを浴《あ》び、夕《ゆふべ》に山海《さんかい》の珍味《ちんみ》に飽《あ》くも亦何《またなん》の效用《かうよう》をなさざるのみならず、其滋料《そのじれう》は却《かへつ》て種々《しゆ〴〵》の疾病《しつぺい》を釀《かも》すの原因《げんいん》となるのである。殊《こと》に健康少《けんかうすこ》しく勝《すぐ》れざるの際《さい》に在《あ》りては、啻《た》だに節食《せつしよく》のみでなく全《まつた》く絶食《ぜつしよく》するを以《もつ》て療法《れうはふ》と爲《な》すことあり。南海歸傳《なんかいきでん》と云《い》へる書《しよ》に病氣《びやうき》に對《たい》する一種《しゆ》の療法《れうはふ》として斷食《だんじき》のことを說《と》く頗《すこぶ》る面白《おもしろ》い。其《そ》の要《えう》に曰《いは》く、大凡病源《おほよそびやうげん》を候《こう》せんには每旦《まいたん》に自察《じさつ》せよ纔《わづ》かも病兆《びやうてう》を覺《さと》らば乃《すなは》ち斷食《だんじき》を以《もつ》て先《さき》となせ。縱令《たと》ひ大渇《たいかつ》することあるも漿水《しやうすゐ》を進《すゝ》むること勿《なか》れ、或《あるひ》は一日《にち》二日《か》、或《あるひ》は四朝《てう》五朝《てう》其瘥《そのい》ゆるを以《もつ》て期《き》と爲《な》す。甚《はなは》だ奇《き》と云《い》はんか、頗《すこぶ》る妙《めう》と云《い》はんか、而《しか》も此《こ》の法《はふ》は五明《めい》の一として帝釋天《たいしやくてん》より傳《つた》はると申《まを》してある。食《しよく》して未《いま》だ消化《せうくわ》せざるに更《さら》に食《しよく》す、是《こゝ》に於《おい》てか忽《たちま》ち胃《ゐ》腑《ふ》を傷《きずつ》け腸《ちやう》機《き》を害《がい》す、依《よ》つて以《もつ》て諸病《しよびやう》を誘發《いうはつ》するに至《いた》る。其《そ》の發病《はつびやう》の原因《げんいん》たる食物《しよくもつ》の全《まつた》く排泄《はいせつ》し了《をは》るまで、一日《にち》二日《か》或《あるひ》は四朝《てう》五朝《てう》、絕食《ぜつしよく》することは甚《はなは》だ緊要《きんえう》のことである、如何《いか》なる滋養品《じやうひん》も如何《いか》なる妙藥物《めうやくぶつ》も其《そ》の病《や》み最中《さいちう》には何《なん》の效力《かうりよく》もない、寧《むし》ろ絕食《ぜつしよく》の勝《まさ》れるに如《し》かずである。斯說餘《このせつあま》りに消極的《せうきよくてき》なりと云《い》はゞ言《い》へ、其《そ》の頗《すこぶ》る道理《だうり》あることを信《しん》ずるのである。況《いは》んや平常《へいじやう》に於《おい》て飲食《いんしよく》を節量《せつりやう》して疾病《しつぺい》を未萌《みはう》に防《ふせ》ぎ、尙《な》ほ且《か》つ恒《つね》に身體《しんたい》の運用《うんよう》をして輕妙圓滑《けいめうゑんくわつ》の調養《てうやう》を遂《と》げしむるをや、仙《せん》の祕訣《ひけつ》も亦《ま》た神妙《しんめう》なるかな。

二、衣住

衣住《いぢう》の人體《じんたい》に大切《たいせい》なることは固《もと》より云《い》ふまでもなし。其衣服《そのいふく》に於《おい》ては長被《ちやうひ》、筒袖《つゝそで》、人々《ひとびと》の慣習《くわんしふ》に依《よ》るは勿《もち》論《ろん》、一利《り》一害未《がいいま》だ必《かなら》ずしも一齊《せい》なり難《がた》しと雖《いへど》も、概《がい》して云《い》へば美服《びふく》と垢衣《くい》とは俱《とも》に生養《せいやう》に適《てき》せぬ。垢衣弊衲《くいへいとつ》の汚穢《をわい》にして甚《はなは》だ衛生《ゑいせい》に宜《よろ》しからざる人皆之《ひとみなこれ》を知《し》る。されど綾羅錦繡《りようらきんしゆく》の餘《あま》りに湘灑《しやうれい》にして却《かへつ》て攝養《せいやう》に適《てき》せざるは人未《ひといま》だ多《おほ》く之《これ》を覺《さと》らぬ。極寒極熱之《ごくかんごくねつこれ》を防《ふせ》ぐは俱《とも》に衣袍《いはう》に據《よ》れども、其《そ》の美醜《びしう》は毫《がう》も效力《かうりよく》に關《くわん》せず、又敢《またあへ》て問《と》ふ所《ところ》でない。さればとて夫《か》の荷葉《かえふ》の着《き》て山居《さんきよ》するものは仙者《せんじや》の事《こと》なりと思《おも》へるは又餘《またあま》りに俗士《ぞくし》の大早見《だいさうけん》である。請《こ》ふ試《こゝろみ》に左《さ》の餘則《よそく》に看《み》よ。毛絲《けいと》の膚《はだへ》を刺《さ》す物《もの》は宜《よろ》しからず、絹布《けんぷ》肌《はだ》を冷《ひ》やす物《もの》は宜《よろ》しからず、皮《ひ》俗《たい》の氣《き》を通《つう》せざる物《もの》は宜《よろ》しからず、麻帷《まゐ》の風《かぜ》を拂《はら》ふ物《もの》は宜《よろ》しからず。況《いは》んや金繡珠箔《きんしゆくしゆはく》の類《るゐ》に於《おい》てをや。唯《た》だ綿白《めんぱく》の純潔《じゆんけつ》にして濕潤《しつじゆん》ならず輕《かる》く柔《やはら》かなるは最《もつと》も生養《せいやう》に適《てき》す。而《しか》して寒暑《かんしよ》其《そ》の厚薄《かうはく》を適度《てきど》にするは勿論《もちろん》なれども、寧《むし》ろ少《すこ》しく冷《ひ》えるも其《そ》の暖《あたゝ》かきに過《す》ぎざるを以《もつ》て法《はふ》と爲《な》すのである。寢衣《しんい》は必《かなら》ず之《これ》を更《あらた》め、常服《じやうふく》は七日《か》を越《こ》えざるを以《もつ》て則《そく》と爲《な》すのである。假令《たと》ひ莊嚴《さうごんや》已むなく飾《かざ》るも肌着《はだぎ》は必《かなら》ず前條《ぜんでう》の法則《はふそく》に悖《もと》らざるが肝要《かんえう》である。次《つぎ》に住處《ぢうしよ》の清新《せいしん》にして高寬《かうくわん》、幽雅《いうが》にして壯豁《さうかつ》なるは固《もと》より選《えら》ぶ所《ところ》なりと雖《いへど》も、金殿玉閣《きんでんぎよくかく》未《いま》だ必《かなら》ずしも生養《せいやう》に適《てき》せぬ。石瓦木茅《せきぐわもくばう》の一利《り》一害《がい》、又敢《またあへ》て問《と》ふ所《ところ》ではない。唯《た》だ起居進退《ききよしんたい》の便《べん》、昇降出入《しようかうしゆつにふ》の利《り》、空氣《くうき》の疏通《そつう》、濕潤《しつじゆん》の防塞《ばうさく》、蓋《けだ》し是《こ》れ住屋《ぢうをく》の要點《えうてん》である。而《しか》して極明極暗《こくめいごくあん》の處《ところ》は住《ぢう》するに宜《よろ》しからず、酷寒酷暑《こくかんこくしよ》の處《ところ》は住《ぢう》するに宜《よろ》しからず、酒肆婬房《しゆしんいんばう》の邊《へん》、妓樂演戲《きらくえんぎ》の境《きやう》は倶《とも》に住《ぢう》するに適《てき》せぬ。茫洋《ばうやう》たる海濱《かいひん》の津涯《しんがい》を絕《ぜつ》し、蕩漠《たうばく》たる原野《げんや》の方際《はうさい》を拂《はら》ひ其《そ》の眺望《てうばう》を恣《ほしい》まゝにするの境《きやう》も亦倶《またとも》に住居《ぢうきよ》するに適《てき》せぬ。是等《これら》の境《きやう》は皆紛心《みなふんしん》の因《いん》となるを以《もつ》て仙者《せんじや》の避《さ》くる所《ところ》である。世人《せじん》は唯《た》だ景色絕雅《けいしよくぜつが》なる處《ところ》、眺望秀逸《てうばうしういつ》なる邊《へん》を選《えら》び以《もつ》て生養《せいやう》の適住《てきぢう》となし、俗客《ぞくかく》は唯《た》だ娛樂遊艷《ごらくいうえん》の場裡《ぢやうり》を以《もつ》て延壽長土《えんじゆちやうど》と考《かんが》へり、焉《いづく》んぞ知《し》らん是等《これら》多《おほ》くが紛心害生《ふんしんがいせい》の主因《しゆいん》たることを。但《た》だ夫《そ》れ山水近《さんすゐちか》く纔《わづ》かに眼《め》に映《えい》じ、雲霞《うんか》遠《とほ》く微《かす》かに面《おもて》を蔽《おほ》ふの鄕《きやう》、蓋《けだ》し是《こ》れ丈夫《ぢやうふ》の逍遙歸《せうえうき》適《てき》する所《ところ》である。若《も》し夫《そ》れ大隱《たいいん》の市《し》に潜《ひそ》み、豪宕《がうたう》の街《がい》に立《た》つが如《ごと》きは敢《あへ》て今《いま》の所論《しよろん》ではない、老仙絕後《らうせんぜつご》の活機《くわつき》として人々《ひとびと》の自得《じとく》す可《べ》き所《ところ》である。

三　沐浴

水沐《すゐもく》と溫浴《をんよく》とは人々《ひと〴〵》の適《てき》するに任《ま》かす。要《えう》は身體《しんたい》の汚《を》泄《せつ》を淨除《じやうぢよ》し血液《けつえき》の循環《じゆんくわん》に便益《べんえき》するに在《あ》る。洋《やう》の東《とう》西《ざい》に依《よ》り地《ち》帶氣《たいき》候《こう》の異《こと》なるに從《したが》ひて各《おの〳〵》其《そ》の慣習《くわんしふ》も同《おな》じではない。水沐《すゐもく》は膚皮《ふひ》を强剛《きやうがう》にするの利《り》あれども、汚《を》垢《く》を除《のぞ》くに便《べん》ならず。溫浴《をんよく》は汚垢《をく》を淨《きよ》むるに便《べん》なれども膚皮《ふひ》の健硬《けんかう》に利《り》あらず。一得《とく》一失《しつ》、一利《り》一害《がい》、寧《むし》ろ之《これ》を兼用《けんよう》するは上乘《じやうじよう》なりと雖《いへど》も、彼《か》の溫浴《をんよく》の後直《のちたゞ》ちに水《みづ》を沐《あ》ぶるが如《ごと》きは何《なん》の補益《ほえき》もないのである。されば水沐《すゐもく》は起床《きしやう》の後《のち》、洗面《せんめん》の時《とき》を以《もつ》て機《き》とし、溫浴《をんよく》は就床《しうしやう》の前《ぜん》、更衣《かうい》の際《さい》を以《もつ》て宜《よし》とす。この二時以外常《じいぐわいつね》に濫《みだ》りに沐浴《もくよく》するは攝養《せつやう》に利《り》あらず健康《けんかう》に害《がい》あり、而《しか》して水洗《すゐせん》は四分時《ふんじ》を越《こ》えず、溫濯《をんたく》は五十分時《ぶんじ》を過《す》ぐ可《べ》からず。海湯山泉《かいたうさんせん》亦《ま》た生養《せいやう》に稗益《ひえき》ありと雖《いへど》も、其《そ》の適度《てきど》を誤《あやま》らば倦疲《けんぴ》却《かへつ》て疾病《しつぺい》を釀《かも》すの因《いん》となる。沐浴《もくよく》の快事《くわいじ》なるは古《こ》今東西《こんとうざい》の人皆之《ひとみなこれ》を好《この》み之《これ》を行《おこな》ふ、而《しか》も是《こ》れ仙術《せんじゆつ》の餘則《よそく》たるを知《し》らんや。今《いま》を距《さ》る殆《ほと》んど三百年前《ねんぜん》僧天《そうてん》海《かい》なる者《もの》あり壽齡《じゆれい》一百三十歳《さい》に餘《あま》り、皮《ひ》肉頑健鑁鑠《にくぐわんけんくわくしやく》として壯者《さうしや》尙《な》ほ及《およ》ばず。或人《あるひと》彼《か》れに長壽《ちやうじゆ》の術《じゆつ》ありやを問《と》ふ。天海答《てんかいこた》へて曰《いは》く有《あ》り有《あ》り、夫《そ》れ箇《こ》の術《じゆつ》たるや乃《すなは》ち仙《せん》の祕法《ひばふ》にして常人《じやうにん》の未《いま》だ得《え》て知《し》らざる所《ところ》、呼《よ》んでヒユダラリと謂《い》ふ。汝試《なんぢこゝろ》みに之《これ》を行《ぎやう》せよ。彼《か》の人重《ひとかさ》ねて問《と》ふヒユダラリ箇《こ》は誠《まこと》に貴《たふと》し、蓋《けだ》し是《こ》れ大聖世《だいせいせ》尊《そん》の說《と》かせ給《たま》ふ所《ところ》の呪文《じゆもん》ならん、果《はた》して然《しか》るや。更《さら》に答《こた》へて曰《いは》く敢《あへ》て然《しか》らず、箇《こ》は是《こ》れ洵《まこと》に山僧《さんそう》が自《じ》得《とく》の祕術《ひじゆつ》にして瞿曇《てきどん》も尙未《なほいま》だ曾《かつ》て之《これ》を說《と》き給《たま》はずと。彼《か》の人竊《ひとひそ》かにヒユダラリ〳〵と連呼《れんこ》して唯唯《ゐゐ》として退《しりぞ》き去《さ》る。後《のち》に至《いた》りて侍《じ》者《しや》之《こ》れが意義《いぎ》を諮《と》へば、莞爾《くわんじ》として應《こた》へて曰《いは》く、日日《しひ》必《かなら》ず沐浴《もくよく》一回《くわい》して四大《だい》能《よ》く調和《てうわ》し、丹田常《たんでんつね》に力《ちから》ありて睾丸《かうぐわん》寛《ゆ》るく垂《た》る。其《そ》の快意諸勞《くわいいしよらう》を忘《わす》れて未《いま》だ身《み》の老《お》へるを覺《おぼ》えず、呼《よ》んで日湯睾丸垂《ひゆだらり》と謂《い》ふ。又《また》他《た》の仔細《しさい》あるに非《あら》ずと、あはれ沐浴《もくよく》の意義《いぎ》も亦甚《またはなは》だ深淵《しんえん》ならずとせんや。

四、呼吸

呼吸《こきふ》は機類《きるゐ》の生命《せいめい》である。一息切斷《いきせつだん》の處《ところ》忽《たちま》ち此《こ》の世《よ》の人《ひと》ではない。さあれ呼吸《こきふ》の甚《はなは》だ急《きふ》なるは健康《けんかう》の人《ひと》にあらずして、其《そ》の餘《あま》りに緩《くわん》なるは死《し》に瀕《ひん》せるを知《し》らねばならぬ、緩《くわん》ならず急《きふ》ならず、鼻息微《びそくかす》かに通《つう》し全身《ぜんしん》の毛孔克《まうこうよ》く氣《き》を吐《は》いて開《あ》けるは、眞《しん》に是《こ》れ活力完滿《くわくりよくくわんまん》の生者《せいしや》と云《い》ふのである。然《しか》り而《しか》して其《そ》れが氣息《きそく》の來往《らいわう》は咽喉管機尺寸《いんこうくわんきしやくすん》の間《あひだ》、肺腑活量升合《はいふくわつりやうしやうがふ》の中《なか》に於《おい》てするは人皆之《ひとみなこ》れを知《し》る。而《しか》も其《そ》の氣息《きそく》をして謂《いは》ゆる氣海丹田《きかいたんでん》より來往《らいわう》せしむるの術《じゆつ》は世人未《せいじんいま》だ之《こ》れを習《なら》はぬ。來氣往氣《らいきわうき》之《こ》れを臍《へそ》の上《うへ》に引《ひ》く、而《しか》して兩者全身《りやうしやぜんしん》の毛孔《まうかう》は扉《とびら》を鎖《と》ざすが如《ごと》くである。之等《これら》は最早半死《もはやはんし》の人《ひと》と謂《い》はねばならぬ。若《も》し夫《そ》れ氣息《きそく》をして丹田《たんでん》より來往《らいわう》せしむと云《い》はゞ、斯《こ》は未《いま》だ生理機關《せいりきくわん》の何《なん》たるをも解《かい》せざる者《もの》なりとして嗤笑《しせう》する者《もの》もあらん。今之等《いまこれら》の者《もの》の爲《た》めに聊《いさゝ》か其《そ》の趣《おもむき》を說示《せつじ》せんか、氣息《きそく》は固《もと》より呼吸《こきふ》より來往《らいわう》す、されど此《こ》の呼吸器《こきふき》の活動《くわつどう》をして獨《ひと》り其《そ》の局部運動《きよくぶうんどう》にのみ任《まか》せず、氣海丹田《きかいたんでん》をして其《そ》の運轉《うんてん》の原動力《げんどうりよく》たらしむるは、是《こ》れ實《じつ》に仙《せん》の心術《しんじゆつ》である。卽《すなは》ち心機《しんき》の作用《さよう》を以《もつ》て元氣《げんき》を下腹《かふく》に充《み》たし、其《そ》の下腹《かふく》の原動力《げんどうりよく》が活動《くわつどう》するに從《したが》つて、呼吸機關《こきふきくわん》は他動的《たどうてき》に自然《しぜん》に運轉《うんてん》するが如《ごと》くにするのである。如斯《かくのごとく》すれば氣息《きそく》は全身《ぜんしん》の活動《くわつどう》を起《おこ》し、又渾體《またこんたい》の毛孔《まうこう》は一時《じ》に呼吸《こきふ》を疏通《そつう》するに至《いた》るのである。平素《へいそ》の氣息《きそく》は此方術《このはうじゆつ》に依《よ》りて營《いとな》む可《べ》きは勿論《もちろん》、尙《な》ほ又日日起床《またにちにちきしやう》の後《のち》、就床《しうしやう》の前《ぜん》に於《おい》て缺氣長息《けつきちやうそく》の法《はふ》を行《おこな》ひ、以《もつ》て內臓《ないざう》の活動力《くわつどうりよく》を熾《さか》んならしむるは最《もつと》も緊要《きんえう》の條件《でうけん》である。又音聲《またおんせい》を發《はつ》するに當《あた》り元氣《げんき》の氣海丹《きかいたん》田《でん》に充實《じうじつ》せる者《もの》は、其《そ》の音聲亦《おんせいま》た丹田《たんでん》より出動《しゆつどう》するを以《もつ》て音吐自《おんどおのづか》ら優暢《いうちやう》にして而《しか》も嚴正《げんせい》である。若《も》し夫《そ》れ氣《き》海空虛《かいくうきよ》にして丹田力《たんでんちから》なく、只氣管《たゞきくわん》の局部《きよくぶ》に出《い》づる發聲《はつせい》の如《ごと》きは、音吐自《おんどみづか》ら萎《ゐ》溢《じう》し且《か》つ顰蹙《ひんしよく》して居《ゐ》る。良醫《りやうい》は唯《た》だ音聲《おんせい》を聽《き》きて早《はや》く既《すで》に其病源《そのびやうげん》を察《さつ》すとかや。されば氣息《きそく》は單《たん》に胸廓尺寸《きやうくわくしやくすん》の間《あひだ》に在《あ》りとのみ思《おも》へる者《もの》は、早《はや》く既《すで》に其《そ》の半死《はんし》の人《ひと》たることを知《し》るべしである。丹田呼吸《たんでんこきふ》の方術《はうじゆつ》は如上《じよじやう》の通《とほ》りである。更《さら》に進《すゝ》んで仙者呼《せんじやこ》吸《きふ》の必要《ひつえう》を一言《ごん》せねばならぬ、出息衆縁《しゆつそくしゆうえん》に渉《わた》らず入息蘊界《にふそくうんかい》に居《きよ》せずとは禪者《ぜんしや》の機要《きえう》である。されど今《いま》は唯《た》だ出入《しゆつにふ》の一息倶《そくとも》に是《こ》れ刹那《せつな》の死生《しせい》なりとの觀念《くわんねん》を恆《つね》に忘《わす》れてはならぬ所《ところ》である。先《ま》づ死生《しせい》の何《なん》たるを知《し》るは軈《やが》て死生《しせい》を離脱《りだつ》するの必要《ひつえう》である。死《し》は人皆恐《ひとみなおそ》るゝ所《ところ》である。生《せい》は人《ひと》の皆喜《みなよろこ》ぶ所《ところ》である。而《しか》も未《いま》だ其《そ》の出息《しゆつそく》の一刹那《せつな》は卽《すなは》ち死《し》なることを知《し》らぬ、其《そ》の入息《にふそく》の一刹那《せつな》は卽《すなは》ち生《せい》なることを覺《さと》らぬ。若《も》し克《よ》く刹那《せつな》の死生《しせい》たることを覺知《かくち》せば、生《せい》は生一時《せいじ》の位《ゐ》として其《そ》の全機《ぜんき》の活動《くわつどう》を現《あら》はし他《た》の喜《よろこ》ぶ可《べ》き生《せい》あることを見《み》ぬ。是《こゝ》に於《おい》てか死生《しせい》は唯《た》だ出入《しゆつにふ》の氣息《きそく》と倶《とも》に刹那《せつな》死生《しせい》に任《まか》せて又他《またた》の喜怒《きど》あることなし。玆《こゝ》に始《はじ》めて死生《しせい》を離脱《りだつ》するの分《ぶん》ありと謂《い》ふ可《べ》し。仙《せん》の呼吸《こきふ》に於《お》ける必要《ひつえう》は實《じつ》に如斯《かくのごとく》である。さあれ此境界《このきやうかい》の實現《じつげん》は人々《ひと〴〵》の自得《じとく》す可《べ》き所《ところ》にして今又多《いままたおほ》く說明《せつめい》の限《かぎ》りではない。

五、運動

運動《うんどう》は渾身《こんしん》の呼吸《こきふ》なり、無形《むけい》の滋養品《じやうひん》なりである。一尺《しやく》の水《みづ》に一丈《ちやう》の濤《なみ》を起《おこ》す可《べ》き活潑潑地《くわつはつはつち》の妙用《めうよう》は、洵《まこと》に箇《こ》の力《ちから》に一任《にん》するのである。さて此《こ》の運動《うんどう》の方法《はうはふ》も亦《また》多種《しゆ》である、世《よ》の謂《いは》ゆる勞働者《らうどうしや》の如《ごと》きは身體《しんたい》に就《つい》ては寧《むし》ろ運動《うんどう》の度《ど》に過《す》ぐるものあり、之等《これら》は精神《せいしん》の運動《うんどう》が最《もつと》も大切《たいせつ》である。彼《か》の勞働中《らうどうちう》に聲《こゑ》を張《は》り揚《あ》げて俚《り》歌《か》を謠《うた》ひ、彼《か》の路行《みちゆ》く者《もの》の面白《おもしろ》き話《はなし》に紛《まぎ》れて其《そ》の勞苦《らうく》を忘《わす》るゝ如《ごと》きは、皆自《みなみづか》ら精神運動《せいしんうんどう》の效《かう》に依《よ》るのである。凡《およ》そ身體《しんたい》を勞《らう》するの者《もの》は其《そ》の休憩《きうけい》を爲《な》す時《とき》、或《あるひ》は横臥《わうぐわ》し或《あるひ》は睡眠《すゐみん》を貪《むさぼ》るよりも、何《なに》か愉快《ゆくわい》なる談話《だんわ》を爲《な》し、又《また》は面白《おもしろ》き書物《しよもつ》を讀《よ》むの勝《すぐ》れるに若《し》かずである。其《そ》の精神《せいしん》を勞《らう》するものは角力《すまふ》撃劍其他《げきけんそのた》各自《かくじ》の適當《てきたう》なる遊戲《いうぎ》等《とう》を爲《な》して、身體《しんたい》を勞《らう》するの策《さく》を取《と》るが肝要《かんえう》である。而《しか》して勞働者《らうどうしや》にも非《あら》ず、又敢《またあへ》て觀理家《くわんりか》にも非《あ》らざる卽《すなは》ち普通業務《ふつうげふむ》に從事《じうじ》する者《もの》は、其《そ》の常務以外《じやうむいぐわい》に於《おい》て身心《しんしん》の散逸《さんいつ》をなすを以《もつ》て運動《うんどう》の法《はふ》を得《え》たるものとするのである。されど其《そ》の適當《てきたう》の方法《はうはふ》を撰《えら》ぶに就《つい》ては人々《ひと〴〵》の便否《べんぴ》は勿論《もちろん》一定《てい》の法則《はうそく》に據《よ》ることは出來《でき》ぬ。又極《またきは》めて作《な》し易《やす》く且《か》つ極《きは》めて普遍的平常的《ふへんてきへいじやうてき》でなくてはならぬ、又多《またた》少《せう》は經濟的《けいざいてき》でなくてはならぬ。毎朝食前《まいあさしよくぜん》に米《こめ》を搗《つ》くは頗《すこぶ》る經濟的運動法《けいざいてきうんどうはふ》ではあるが、長《なが》く實行《じつかう》は覺束《おぼつか》ない。庭園《ていゑん》の掃除《さうぢ》撒水《さんすゐ》も亦人《またひと》に依《よ》つて六ケ敷《し》い、今仙《いません》の餘《よ》則《そく》としての運動法《うんどうはふ》は如何《いかん》、斯《こ》はそも平常的普遍的《へいじやうてきふへんてき》にして一擧兩得《きよりやうとく》の方式《はうしき》のみならず、人《ひと》としては是非共《ぜひとも》作《な》さねばならぬ忘《わす》れてはならぬ靈長最極《れいちやうさいきよく》の大法《たいはふ》である。嗤《わら》ふこと勿《なか》れ嘲《あざ》けること莫《なか》れ、請《こ》ふ試《こゝろ》みに左《さ》の條《でう》に看《み》よ。火輪轢《くわりんきし》り破《やぶ》る東天曉《とうてんげう》、先《ま》づ褥《しとね》を蹴《けつ》て洗面《せんめん》一囘《くわい》、直《たゞ》ちに肅々《しゆく〳〵》として去《さ》つて祖壇神殿各家《そだんしんでんかくか》必《かなら》ず備《そな》ふる所《ところ》の靈《れい》前《ぜん》に向《むか》ふのである。薫香洒水燈火各々《くんかうしゆすゐとうくわおの〳〵》適宜《てきい》に任《まか》す、此處《こゝ》に於《おい》て先《ま》づ立《た》つて仰《あふ》ひで拜《はい》し、次《つぎ》に踞《きよ》して俯《ふ》して拜《はい》す、如斯《かくのごとく》すること約《やく》一分時《ぷんじ》三拜《はい》にして之《これ》を百拜《はい》するのである。此俯仰踞立《このふぎやうきよりつ》の際《さい》にあつて若《も》し宗教家《しうけうか》としてなれば、其《そ》の經文《きやうもん》を高唱《かうしやう》するは勿論《もちろん》である。若《も》し教育者《けういくしや》としてなれば其《そ》の勅語《ちよくご》を朗聲《らうせい》に奉讀《ほうどく》するも宜《よ》い。

設《よ》し經世家《けいせいか》としては其《そ》の座右銘《ざうめい》を諷誦《ふうしよう》するも宜《よ》い。政客《せいかく》としての憲章《けんしやう》、詩人《しじん》としての歌謠《かえう》、凡《およ》そ自家修養《じかしうやう》の金科玉條《きんくわぎよくでう》は毎旦此《まいたんこ》の式場《しきぢやう》に於《おい》て韻吟的《いんぎんてき》に宣唱《せんしやう》するのである。曉天約《げうてんやく》三十分時《ぷんじ》の此《こ》の運動《うんどう》は寔《まこと》に偉大《ゐだい》の效力《かうりよく》を有《いう》し、身體能《しんたいよ》く自《おのづか》ら調和《てうわ》して食甘《しよくうま》く、精神克《せいしんよ》く自《おのづか》ら活散《くわつさん》して快念湧《くわいねんわ》くが如《ごと》し。而《しか》して青雲《せいうん》の志《こゝろざし》も此際《このさい》に於《おい》て成《な》り、終生《しうせい》の企圖《きと》も此間《このせん》に於《おい》て達《たつ》することを得《う》るのである。嗤《わら》ふこと勿《なか》れ嘲《あざ》けること莫《なか》れ、人《ひと》として是非《ぜひ》共作《ともな》さねばならぬ曉天纔《げうてんわづ》かに三十分時此《ぷんじこ》の運動《うんどう》を遂《と》げ得《え》ざる者又世《ものまたよ》に何事《なにごと》をか爲《な》し得《う》るものぞ、さあれ畫餅《ぐわへい》は腹《はら》に滿《み》たず、趣味《しゆみ》は却《かへつ》て學人《がくじん》の實驗《じつけん》に在《あ》り。

六、病時

平時人《へいじひと》を見《み》れば大言壯語《たいげんさうご》氣焔萬丈《きえんばんぢやう》、殆《ほと》んど宇宙《うちう》を併《あは》せ呑《の》むの慨《がい》あり、啻《た》だに然《しか》るのみにあらず。謂《いは》ゆる百年《ねん》の長計《ちやうけい》、絶世《ぜつせい》の雄圖《ゆうと》、勃々《ぼつ/\》として胸宇《きようう》を衝《つ》き來《きた》るものあり。然《しか》るに一朝二豎《てうじゆ》の襲《おそ》ふ所《ところ》となれば、哀《あ》はれ唯《た》だ五尺《しやく》の肉團《にくだん》と化《くわ》して氣息奄々《きそくえん/\》、一室屎尿《しつしねう》を亂《み》だし、空《くう》を攫《つか》んで天《てん》に叫《さけ》ぶ。何《なん》ぞ其《そ》れ餘《あま》りに女々《めゝ》しくも亦《ま》た可憐《かれん》なるや。病唯《びやうた》だ厭《いや》なものとのみ思惟《しゐ》するは是《こ》れ凡俗《ぼんぞく》の僻見《へきけん》である。病時《びやうじ》に臨《のぞ》みて斯《こ》は大變《たいへん》と許《ばか》りに驚《おどろ》き入《い》り、徒《いたづ》らに身《み》を悶《もだ》へ神《かみ》を惱《なや》みて爲《な》す所知《ところし》らざるが如《ごと》きは寔《まこと》に大丈夫《だいじやうぶ》の慚《はづ》る所《ところ》である、衞生《ゑいせい》の上《うへ》にも充分《じうぶん》に攝養《せつやう》に注意《ちうい》してそれにても若《も》し病《やまひ》に罹《かゝ》れる場合《ばあひ》には、此《こ》の病患《びやうくわん》を利用《りよう》して死生離脱《しせいりだつ》の實地問題《じつちもんだい》に想入《さうにふ》するは抑《そもそ》も仙《せん》の心要《しんえう》である。維摩仙人《ゐませんにん》は病患《びやうくわん》に依《よ》りて生死《せいし》を說《と》き、又病《またやまひ》を以《もつ》て穢土《えど》を厭離《えんり》し淨土《じやうど》を欣求《きんきう》するの方便《はうべん》として教《をし》ふるもある。要《えう》するに之《これ》を怖《おそ》れ悲《かなし》むは則《すなは》ち凡俗《ぼんぞく》にして、之《これ》を利用《りよう》して審理《しんり》の試金石《しきんせき》と爲《な》すは丈《ぢやう》夫《ふ》である。此世《このよ》に生《うま》れ來《きた》ることの微《な》かりせば則《すなは》ち已《や》む。兎《と》も角《かく》も既《すで》に一たび生《うま》れ出《い》でしからは、長《なが》きと短《みじか》きとの差《さ》こそあれ、復《ま》た必《かなら》ず死《し》する時《とき》の來《きた》るは當然《たうぜん》の眞理《しんり》にて、播州高砂《ばんしうたかさご》の尾上《をのへ》の松《まつ》も、近江《あふみ》湖畔《こはん》の唐崎《からさき》の常《とき》盤木《はぎ》も、年經《としふ》れば老《お》いて枯《か》れるのは勿論《もちろん》のことである。病《や》まず死《し》ぬまいと思《おも》ふは愚蒙《ぐまう》の考《かんが》へである。吾人《ごじん》が産聲《うぶごゑ》を揚《あ》げた時《とき》の細胞《さいはう》は疾《と》くの昔《むかし》に去《さ》つて無《な》いのである。昨《さく》の身《み》は今《いま》の體《たい》にあらず、現《げん》の肉《にく》は未《み》の筋《きん》ではないのである。患《うれ》へずは老《お》へまいと想《おも》ふは愚痴《ぐち》の考《かんが》へである。老《らう》とは何《なん》ぞや是《こ》れ細胞蕃殖《さいはうばんしよく》の減退《げんたい》である。病《やまひ》とは何《なん》ぞや是《こ》れ肉體《にくたい》組織《そしき》の變調《へんてう》である。死《し》とは何《なん》ぞや、是《こ》れ新陳代謝《しんちんたいしや》の停止《ていし》である。老病死《らうびやうし》の原理《げんり》唯《た》だ是《こ》れ身《しん》體《たい》一個《こ》の波瀾遷流《はらんせんりう》に外《ほか》ならぬ。痴漢《ちかん》の戀愛《れんあい》に惱《なや》める、貧者《ひんしや》の慾執《よくしふ》に煩《もだ》へる、世人《せじん》の名利《みやうり》の爲《た》めに死《し》も亦《また》辭《じ》せざるは、是《こ》れ生理《せいり》以外《いぐわい》に於《お》ける一種《しゆ》の病患《びやうくわん》にあらずや。然《しか》るに世人《せじん》敢《あへ》て之《これ》を作《な》して自《みづか》ら快感《くわいかん》を覺《おぼ》え、貧者《ひんじや》痴漢《ちかん》亦《ま》た自《みづか》ら之《これ》を好《この》みて勞悶《らうもん》を忘《わす》るゝではないか。唯《ひと》り肉團《にくだん》の病患《びやうくわん》をのみ怖《おそ》れ悲《かな》しみて煩悶憂惱《はんもんいうなう》措《お》く所《ところ》なきは智者《ちしや》の取《と》らざる所《ところ》である。是《こ》の故《ゆゑ》に仙者《せんじや》は之《これ》を畏《おそ》れざるのみならず、却《かへつ》て之《これ》を以《もつ》て審理《しんり》の材料《ざいれう》と爲《な》し晏然《あんぜん》として其《そ》の經過《けいくわ》を觀察《くわんさつ》す、而《しか》して百病《びやう》千患《くわん》一時《じ》に襲《おそ》ひ來《く》るも之《こ》れに逆《さか》らはず、唯《た》だ醫療《いれう》は醫治《いぢ》に任《まか》せて自然《しぜん》の快起《くわいき》に待《ま》つ、而《しか》も此《こ》の病間《びやうかん》に於《お》ける審究《しんきう》の成果《せいくわ》は平常《へいじやう》に幾倍《いくばい》する。蓋《けだ》し是《こ》れ鐵《てつ》を轉《てん》じて金《きん》と爲《な》し、一莖草《けいさう》を拈《てん》して大《だい》千界《かい》と化《くわ》するの神妙術《しんめうじゆつ》と知《し》らずや。

七、信仰

信《しん》じて疑《うたが》はぬ。蓋《けが》し是《こ》れ信仰《しんかう》の生命《せいめい》にして調心《てうしん》の祕訣《ひけつ》なると同時《どうじ》に、又長養延壽《またちやうやうえんじゆ》の方術《はうじゆつ》である。猜狐逡巡《せいこしゆんじゆん》心《こゝろ》の根本《こんぽん》にして又縮命《またしゆくめい》の原因《げんいん》なり。誰《た》れか云《い》ふ學智《がくち》に信仰《しんかう》なしと、實《じつ》に信仰《しんかう》なきの知識《ちしき》は全《まつた》く生命《せいめい》なき知識《ちしき》である。學《まな》んで信《しん》ず、信《しん》じて而《しか》して後《のち》に之《これ》を實用《じつよう》するものにあらずや。日本元祿時代《にほんげんろくじだい》に於《お》ける文學美技《ぶんがくびぎ》の盛《せい》時《じ》に當《あた》り、鴻儒物徂徠《こうじゆぶつそらい》と云《い》へる人《ひと》、釋氏華嚴《しやくしけごん》の鳳潭《ほうたん》なる者《もの》と議論《ぎろん》を上下《じやうげ》し、徂徠先生《そらいせいせい》は理《り》に服《ふく》す。乃《すなは》ち曰《いは》く理《り》は眞《しん》に然《しか》り、然《しか》れども信《しん》ずること能《あた》はずと。之《こ》れでは何《なん》の役《やく》にも立《た》たぬ。物理《ぶつり》の發明《はつめい》、化學《くわがく》の新智《しんち》、能《よ》く之《これ》を信《しん》じて而《しか》して後之《のちこれ》を人事《じんじ》に實際應用《じつさいおうよう》するにあらずや。學智《がくち》も亦《ま》た一種《しゆ》の信仰《しんかう》より出《い》づ、之《こ》れが應用《おうよう》も亦《また》其《そ》の信仰《しんかう》に成《な》るのである。佛教《ぶつけう》、基督教《きりすとけう》、回々教《ふい〳〵けう》、神教《しんけう》、天理教《てんりけう》、蓮門教《れんもんけう》、世人動《せじんやゝ》もすれば之等《これら》信教《しんけう》の名《な》に於《お》て迷《まよ》ふ。信仰《しんかう》としも謂《い》へば如上《じよじやう》の範圍《はんゐ》に於《お》て思惟《しゐ》し、一切審理《さいしんり》、一切事業《さいじげふ》、皆《みな》一種《しゆ》の信仰《しんかう》より成《な》るを知《し》らず、而《しか》して吾《わ》れは無信仰《むしんかう》なりと自稱《じしよう》して憚《はゞか》らぬ。若《も》し夫《そ》れ全《まつた》くの無信仰者《むしんかうしや》なれば、是《こ》れ全《まつた》くの無理想家《むりさうか》なり、而《しか》して吾《わ》れは魯愚暗昧《ろぐあんまい》にして人間《にんげん》と云《い》ふ一種《しゆ》の肉塊《にくくわい》なりと自白《じはく》するに異《こと》ならぬ。凡《およ》そ理想《りさう》の基礎《きそ》をなすものは信仰《しんかう》なり、信仰豈《しんかうあ》に愚夫愚婦《ぐふぐふ》の代名詞《だいめいし》ならんや。信《しん》は道元功徳《だうげんくどく》の母《はゝ》である、一切《さい》の成功《せいこう》は信《しん》より生《しやう》ず。自《じ》決《けつ》するが如《こと》きは、世《よ》に失望《しつぼう》の俗人《ぞんじつ》に非《あら》ずんば薄志弱行《はくしじやくかう》の怯亡者《けふぼうしや》である。謂《いは》ゆる練膽養腦延壽亦皆決定信《れんたんやうなうえんじゆまたみなけつぢやうしん》の結果《けつくわ》に外《ほか》ならぬ。安心立命亦《あんしんりつめいま》た信仰《しんかう》の成功《せいこう》に外《ほか》ならぬ。仙術《せんじゆつ》の用意《ようい》は之《こ》れが成功《せいこう》を自然《しぜん》に期《き》するに在《あ》る、事《こと》に執《しふ》着《ちやく》するは元是《もとこ》れ迷《まよ》ひなれど、理《り》に契《かな》ふも亦《ま》た悟了《ごれう》ではない。而《しか》も成功《せいこう》の信《しん》は迷悟《めいご》を離《はな》る、迷悟《めいご》を離《はな》れて唯《た》だ洞然《どうぜん》として明白《めいはく》である、香《かう》を焚《た》きて靜座《せいざ》して花《はな》の落《お》つるを看《み》る、是《こ》れ事《こと》に於《お》て何《なん》の仔細《しさい》かあらん。花《はな》を觀《み》る以外《いぐわい》に新茶《しんちや》を煎《い》る、是《こ》れ理《り》に於《お》て何《なん》の意義《いぎ》かあらん、江月照《こうげつて》らし松風《しようふうふ》吹《ふ》く永夜《えいや》の清霄何《せいせうなん》の所爲《しよゐ》ぞ。而《しか》も仙《せん》の餘則《よそく》は理《り》を逐《お》ひ事《こと》を尋《たづ》ぬることを許《ゆる》さぬ。唯《た》だ詠《よ》めて其《そ》の趣味《しゆみ》を自心《じしん》に解《かい》すればよいのである。美人《びじん》の皮《かは》を剝《は》ぎて其《そ》の白骨《はくこつ》を視《み》れば醜者《しうしや》と異《こと》ならぬ。妙技《めうぎ》の刀跟《たうこん》を尋《たづ》ねて其《そ》の原品《げんぴん》を驗《けん》すれば何《なん》の巧匠《かうしやう》も無《な》い。山川好色《さんせんかうしよく》も亦唯《またた》だ土木水火《どぼくすゐくわ》の變態《へんたい》に外《ほか》ならぬ。而《しか》して人《ひと》の眼《め》を奪《うば》ひ感《かん》に打《う》たるゝは抑《そもそ》も何《なん》ぞや、仙《せん》の餘則《よそく》は意《い》を論《ろん》じ解《かい》を議《ぎ》することを許《ゆる》さぬ、唯《た》だ眺《なが》めて其《そ》の興味《きようみ》を自《じ》心《しん》に覺《おぼ》ゆればよい。金屑貴《きんせうたふと》しと雖《いへど》も眼《め》に入《い》つて翳《かげ》となり、美食甘《びしよくうま》しと雖《いへど》も飽人《はうじん》の喫《きつ》に當《あた》らぬ。仙《せん》の餘則《よそく》は是非《ぜひ》の穿鑿《せんさく》を許《ゆる》さぬ、唯《た》だ思《おも》うて自《みづか》ら其《そ》の佳致《かち》を悟《さと》ればよいのである。既《すで》に事理《じり》に關《かゝ》はらず全《まつた》く迷悟《めいご》の境《きやう》を離《はな》る、而《しか》も洞然《どうぜん》として明白《めいはく》にあらずや。力《ちから》は山《やま》を拔《ぬ》き勇《ゆう》は海《うみ》を飜《ひるが》へす、世《よ》に之《これ》を英雄《えいゆう》と謂《い》ふのである。而《しか》して彼等《かれら》末路《まつろ》は如何《いかん》、啻《た》だ當時《たうじ》の青史《せいし》を賑《にぎ》はすに過《す》ぎぬ。世《よ》に迫害《はくがい》の可《か》憐兒《れんじ》となり終生陋巷《しうせんろうこう》に處《しよ》す、而《しか》して唯《た》だ一片溢《ぺんあふ》るゝが如《ごと》き決定《けつぢやう》を以《もつ》て萬古《ばんこ》に宣傳《せんでん》す之《これ》を世界《せかい》の大聖《たいせい》と謂《い》ふのである。萬世《ばんせい》を照《て》らす者《もの》は大聖《たいせい》なり、一世《せい》を漂《たゞよ》はす者《もの》は英雄《えいゆう》なり、而《しか》も仙《せん》は敢《あへ》て英雄《えいゆう》を氣取《きど》るの方術《はうじゆつ》ではない。唯《た》だ一世《せい》の飯袋子《はんたいし》として又《また》千古無事《こぶじ》の大客《たいかく》として浮世《うきよ》に眠《ねむ》るかと思《おも》へば、忽焉《こつえん》として此《こ》の複雜《ふくざつ》なる塵界《ぢんかい》に活躍《くわつやく》して縱横豁達無碍《じうわうくわつたつむげ》自《じ》在《ざい》の妙用《めうよう》を見《み》る。箇《こ》の幽念《いうねん》、這《しや》の活躍《くわつやく》、あはれ天地《てんち》悠々《いうく》として在《あ》り吾《わ》れも亦《ま》た萬秋萬春《ばんしうばんしゆん》なりとは蓋《けだ》し是《こ》れ仙《せん》の信仰《しんかう》なるかな。

八、解脱

泥牛《でいぎう》が海《うみ》に入《い》るの沒蹤跡《ぼつじうせき》、是《こ》れ解脱《げだつ》の眞相《しんさう》なるか。水鳥《みづとり》の往《ゆ》くも歸《かへ》るも跡絶《あとた》えて、されど路《みち》を忘《わす》れざるは、蓋《けだ》し是《こ》れ解脱《げだつ》の妙用《めうよう》なり。木馬《もくば》が春《はる》に遊《あそ》ぶの斷消息《だんせうそく》、是《こ》れ解脱《げだつ》の眞相《しんさう》なるか。寒山《かんざん》が來時《らいじ》の途《みち》を忘却《ばうきやく》すれば、拾得《じつとく》が相率《あひひき》ゐて手《て》を携《たづさ》へて歸《かへ》るは、蓋《けだ》し是《こ》れ解脱《げだつ》の知者《ちしや》である。木人正《もくじんまさ》に歌《うた》ふ是《こ》れ解脱《げだつ》の本領《ほんりやう》なるか。金果《きんくわ》を早朝《さうてう》に猿《さる》の摘《つ》み去《さ》るは、蓋《けだ》し是《こ》れ解脱《げだつ》の造次《ざうじ》である。石女起《せきぢよた》つて舞《ま》ふ、是《こ》れ解脱《げだつ》の本領《ほんりやう》なるか。玉華《ぎよくくわ》を晩《おく》れて後《の》ち鳳《ほう》の銜《ふく》み來《きた》るは、蓋《けだ》し是《こ》れ解脱《げだつ》の顚沛《てんぱい》である。人《ひと》の起居《ききよ》に於《お》けるや擧足逡巡《きよそくしゆんじゆん》し下足分別《かそくぶんべつ》す、其《そ》の進退《しんたい》に於《お》けるや右《みぎ》を顧《かへり》みて念《おも》ひ、左《ひだり》を眄《かへり》みて較《くら》ぶ、繩無《なはな》くして自《みづか》ら縛《し》ばる猶《な》ほ蛇《へび》の障子《しやうじ》を打《う》つが如《ごと》く、又蠶《またかひこ》の自《みづか》ら繭《まゆ》を吐《は》きて自身《じしん》を纏《まと》ふが如《ごと》くである。垣無《かきな》くして自《みづか》ら隔《へだ》つ、猶蠶兒《なほさんじ》の褥《しとね》を守《まも》り、夏蟲《なつむし》の燈火《とうくわ》を追《お》ふが如《ごと》くである。あはれ無繩自縛《むじようじばく》、誰《た》れか此《こ》の解脱《げだつ》を欲《ほつ》せざらんや。仰《あほ》いで天《てん》を觀《み》れば日《ひ》は朝々《あさな〳〵》東《ひがし》より出《い》でて月《つき》は夜々《よゝ》西《にし》に沈《しづ》み、俯《ふ》して地《ち》を眺《なが》むれば春《はる》は百花爛漫《くわらんまん》として賑《にぎ》はしく、秋《あき》は千山紅葉《ざんこうえふ》となりて淋《さび》しく、四季《き》二十四候《こう》七十五節《せつ》、無碍宛轉《むげゑんてん》其《そ》の時《とき》を違《たが》はざるは、是《こ》れ無爲無作《むゐむさく》の妙用《めうよう》全《まつた》く解脱《げだつ》の眞相《しんさう》である、人《ひと》の此間《このあひだ》に位《くらゐ》するや、曉《あかつき》には日《ひ》を負《お》うて覺《さ》め、夕《ゆふべ》には月《つき》を抱《いだ》きて眠《ねむ》る。飯《はん》に逢《あ》うては飯《はん》を喫《きつ》し、茶《ちや》に會《あ》うては茶《ちや》を喫《きつ》す。座臥進退《ざくわしんたい》、屙屎放尿《あしはうねう》、誰《た》れも其《そ》の自由《じいう》を妨《さまた》げぬ洵《まこと》に天地《てんち》と同根《どうこん》にして全《まつた》く萬物《ばんぶつ》と一體《たい》である。試《こゝろ》みに飯《はん》に逢《あ》うては徹頭徹尾《てつとうてつび》飯《はん》を喫《きつ》せよ、右《みぎ》を顧《かへり》み左《ひだり》を察《さつ》すること勿《なか》れ。茶《ちや》に會《あ》うては一意專心茶《いせんしんちや》を喫《きつ》せよ、是《ぜ》を管《くわん》し非《ひ》を考《かんが》ふること莫《なか》れ、一切時《さいじ》一切處《さいしよ》斯《か》くの如《ごと》く工夫《くふう》せば生《せい》や全機現成《ぜんきげんせい》、死《し》や全機現成《ぜんきげんせい》、倶《とも》に絶對的《ぜつたいてき》一方究盡《はうきうじん》にして其《そ》の順逆《じゆんぎやく》を知《し》らぬ。既《すで》に順逆無《じゆんぎやくな》し又何《またなん》の束縛《そくばく》かあらんや、言《い》ひ換《か》へれば一事《じ》は一時《じ》の位《くらゐ》に住《ぢう》して二念《ねん》に亙《わた》らぬ。例《たと》へば右手《みぎて》と云《い》ふは左手《ひだりて》に對《たい》する名《な》にて左手《ひだりて》と云《い》ふは右手《みぎて》に對《たい》する稱《しよう》である。若《も》し右手《みぎて》の時《とき》は右手《みぎて》の全機現成《ぜんきげんせい》にして左手《ひだりて》と云《い》ふ二念無《ねんな》ければ乃《すなは》ち右手《みぎて》の自身《じしん》の名《な》も立《た》たぬ筈《はず》である。既《すで》に右手《みぎて》の名《な》も立《た》たず又何《またなん》ぞ左手《ひだりて》の稱《しよう》あらんや、兩者倶《りやうしやとも》に絶對《ぜつたい》にして二面無《めんな》し二面《めん》なきが故《ゆゑ》に二念《ねん》なし、死生亦然《しせいまたしか》り順逆尙然《じゆんぎやくなほしか》り。一切時然《さいじしか》り、一切處然《さいしよしか》り、之《これ》を三昧《まい》の妙用《めうよう》と謂《い》ひ、之《これ》を解脱《げだつ》の自由《じいう》と稱《しよう》するのである、若《も》し夫《そ》れ纔《わづ》かも二念《ねん》に渉《わた》れば一事《じ》一物《ぶつ》悉《ことごと》く同時《どうじ》に差別《さべつ》の相《さう》を現《あら》はし同時《どうじ》に順逆《じゆんぎやく》の相《さう》を現《あら》はし、此《こ》の順逆《じゆんぎやく》差別《さべつ》の妄想《まうさう》に支配《しはい》せられて貪愛喜憂《どんあいきいう》の執着《しふちやく》を生《しやう》じ、煩悶苦恐《はんもんくきよう》の障念《しやうねん》を起《おこ》し遂《つひ》に自《みづか》ら其《そ》の自由《じいう》を失《うしな》ふに至《いた》るのである。要《えう》するに無縄自縛《むじようじばく》之《これ》を凡俗《ぼんぞく》と呼《よ》び、解脱《げだつ》三昧《まい》之《これ》を仙覺《せんかく》と名《なづ》くるのである。嗚嗟《ああ》、仙覺《せんかく》か、凡俗《ぼんぞく》か、若《も》し此《こ》の事《こと》を得《え》んと欲《ほつ》せば乃《すなは》ち急《きふ》に這《しや》の事《こと》を努《つと》めよ、自家《じか》の寶藏《はうざう》自《おのづか》ら開《ひら》けて愛用如意《あいようによい》ならんか、仙術《せんじゆつ》の餘《よ》則《そく》尙《な》ほ茲《こゝ》に盡《つ》きず、他《た》は則《すなは》ち人々《ひとびと》の無盡藏《むじんざう》に問《と》へ。

一封朝奏九重天。　夕貶潮陽路八千。　欲㆘爲㆓聖明㆒除㆗弊事㆖。
豈將㆓衰朽㆒惜㆓殘年㆒。　雲橫㆓秦嶺㆒家何生。　雪擁㆓藍關㆒馬不㆑進。
知汝遠來須㆑有㆑意。　好收㆓吾骨瘴江邊㆒。　（韓　湘）

來從㆓一葉舟中㆒來。　去向㆓百花橋上㆒去。　若到㆓人間㆒扣㆓玉壺㆒。
鴛鴦自解㆓分明語㆒。　（南溟夫人）

第四章　養氣延命術

第一節　胎息延壽術

一、生氣と死氣

神仙界《しんせんかい》では氣《き》に生氣《せいき》と死氣《しき》とを分《わ》けて、死氣《しき》を避《さ》け、生氣《せいき》を吸攝《きふせふ》せねば不老長壽《ふらうちやうじゆ》は望《のぞ》まれぬといふことになつてゐる。今其《いまそ》の要《えう》を示《しめ》すに、太淸經《たいせいきやう》の一節《せつ》を抄出《せうしゆつ》すべし。

夫《そ》れ氣《き》の理《り》たる、內《うち》あり外《そと》あり、陰《いん》あり陽《やう》あり。陽氣《やうき》は生《せい》なり、陰氣《いんき》は死《し》なり。夜半《やはん》より日中《につちう》に至《いた》る、外《そと》は生氣《せいき》たり、日中《につちう》より夜半《やはん》に至《いた》る。內《うち》は死氣《しき》たり、凡《およ》そ氣《き》を服《ふく》するものは、常《つね》に應《まさ》に生氣《せいき》を服《ふく》すべし。死《し》氣《き》は人《ひと》を傷《そこな》ふ、外氣生《ぐわいきしやう》ずる時《とき》、服《ふく》せむと欲《ほつ》するままに便《たちま》ち服《ふく》せよ必《かなら》ずしも時《とき》に當《あた》るを待《ま》たざるなり云々《うんぬん》。外氣《ぐわいき》を取《と》るの法《はふ》、鼻《はな》にて生氣《せいき》を引《ひ》き入《い》れ、口《くち》にて死氣《しき》を吐《は》き出《だ》す、愼《つゝし》みて逆《さか》しまにすべからず。逆《さか》しまにすれば則《すなは》ち人《ひと》を傷《そこな》ふ、口入鼻出之《こうにふびしゆつこれ》を逆《ぎやく》と謂《い》ふなり。日中《につちう》より夜半《やはん》に至《いた》る、生氣《せいき》內《うち》にあり、服法《ふくはふ》は口《くち》を閉《と》ぢ目《め》は常《つね》の如《ごと》くす。喘息《ぜんそく》（喘《ぜん》は疾息《しつそく》なり、息《いき》をあへぐ樣《やう》に早《はや》くする事《こと》なり）して息《いき》を出《で》でしめ鼻端《びたん》に至《いた》れば卽《すなは》ち兩頰《りやうほゝ》を鼓《たゝ》き出息《でいき》を引《ひ》きて還《ま》た口《くち》に入《い》れ、口《くち》に滿《み》たして咽《のせ》む。足《た》るを以《もつ》て度《ど》と爲《な》し、吐《は》くを須《もち》ひざるなり。

右《みぎ》の他之《ほかこ》れと同《どう》一の所說數《しよせつすう》十部《ぶ》に及《およ》ぶ、生氣《せいき》と死氣《しき》の別《べつ》は頗《すこぶ》る注目《ちうもく》に價《あたひ》す。

二、千金方の調氣法

千金方《きんはう》に載《の》する所《ところ》の彭祖《はうそ》の調氣法《てうきはふ》は優秀《いうしう》且《か》つ切要《せつえう》のものであるが、今其《いまそ》の要旨《えうし》を抄摘《せうてき》すれば左《さ》の如《ごと》し。

道《みち》は煩《はん》にあらず、只《た》だ能《よ》く衣食《いしよく》を思《おも》はず、聲色《せいしよく》を思《おも》はず、勝負《しようぶ》を思《おも》はず、曲直《きよくちよく》を思《おも》はず、得失《とくしつ》を思《おも》はず、榮辱《えいじよく》を思《おも》はず。心《こゝろ》に煩《わづら》ひなく、形《かた》ち極《きはま》る勿《なか》れ、而《しか》して之《こ》れに兼《かね》るに、導引行氣《だういんうぎやき》を以《もつ》てして已《やま》ずば、亦長年《またちやうねん》を得《え》て千歳死《せんさいし》せざるべし、凡《およ》そ人思《ひとおも》ひ無《な》かる可《べか》らず、當《まさ》に漸《ぜん》を以《もつ》て之《これ》を遺除《ゐぢよ》すべし。

和神導氣《わしんだうき》の道《みち》は、當《まさ》に密室《みつしつ》を得《え》て戸《と》をとぢ、牀《とこ》を安《やす》くして、席《せき》を煖《あたゝ》め、枕高《まくらたか》きこと二寸半《すんはん》、正身偃臥《せいしんえんぐわ》し瞑《めい》目《もく》して氣《き》を胸中《きようちう》に閉《と》ぢ、鴻毛《こうまう》を以《もつ》て鼻上《びじやう》に著《つ》けて動《うご》かず、三百息《そく》を經《へ》て、耳《みゝ》聞《き》く所《ところ》なく、目見《めみ》る所《ところ》なく、心《こゝろ》思《おも》ふ所《ところ》なかるべし。

斯《か》くの如《ごと》くなれば則《すなは》ち寒暑侵《かんしよをか》す能《あた》はず、峰蠆《はうし》毒《どく》する能《あた》はず、壽《じゆ》三百六十歳之《さいこ》れ眞人《しんじん》に隣《ちか》きなり。

毎旦夕《まいたんせき》、午《ご》に面向《めんかう》し、兩手《りやうて》を脚膝上《きやくしつじやう》に展《の》べ、徐々《じよく》に肢節《しせつ》を按捺《あんなつ》し、口濁氣《こうだくき》を吐《は》き、鼻清氣《びせいき》を引《ひ》く、良久《やゝひさ》しくして徐々《じよく》に乃《すなは》ち手《て》を以《もつ》て左《さ》托右《たくう》托《たく》、上托下托《じやうたくげたく》、前托後托《ぜんたくこうたく》し（托《たく》は拓《たく》なり、兩手《りやうて》の體操《たいさう》をいふ）目《め》を瞑《みひら》き、口《くち》を張《は》り、齒《は》を叩《たゝ》き、眼《な》を撫《な》で、頭《あたま》を押《お》し、耳《みゝ》を拔《ぬ》き、腰《こし》を放《はう》り、咳嗽《がいそう》し、癸陽振動《きやうしんどう》するなり、（之《こ》れ導引靈《だういんれい》動《どう》なり）雙作隻作《さうさくせきさく》、反手之《はんしゆこ》れをなし、然《しか》る後足《のちあし》を掣《ひ》き、仰振《かうしん》八十九十を數《かぞ》へて止《や》む。仰下《かうか》徐々心《じよくこゝろ》を定《さだ》めて禪《ぜん》觀《くわん》の法《はふ》を作《な》し、目《め》を閉《と》ぢて存思《そんし》す。空中大和《くうちうたいわ》の元氣紫雲《げんきしうん》の如《ごと》く蓋《がい》をなし、五色分明下《しよくぶんめいくだ》つて毛際《もうぎは》に入《い》り、漸々《ぜんく》頸《くび》に入《い》り、再《ふたゝ》び始《はじ》めて晴《は》れて雲山《うんざん》に入《い》るが如《ごと》く、皮《かは》を透《とう》して肉《にく》に入《い》り、脳《なう》に至《いた》り、漸々下《ぜんくくだ》つて膜中《まくちう》に入《い》り、四肢《し》五臓《ぎう》皆《みな》其《その》調《とゝの》ひをうけ水《みづ》の地《ち》に滲入《さんにふ》する如《ごと》きを想見《さうけん》す、（是《こ》れ太乙精攝取觀法《たいをつせいせつしゆくわんはふ》なり）若《も》し徹《てつ》すれば則《すなは》ち腹中《ふくちう》聲《こゑ》ありて、汨々然《るゐ〳〵ぜん》ゴロ〳〵するをおぼゆ、意專《いもつは》ら思存《しそん》し、外緣《ぐわいえん》を得《え》ざれ、斯《か》く須《しば》らくして即《すなは》ち元氣《げんき》氣海《きかい》に達《たつ》し、須臾《しゆゆ》に則《すなは》ち自《おのづか》ら涌泉《ようせん》に達《たつ》す、（涌泉《ようせん》は足《あし》の裏《うら》の足心《そくしん》の穴《あな》なり）即《すなは》ち身體《しんたい》の振動《しんどう》を覺《おぼ》ゆ、兩脚《りやうきやく》を卷曲《くわんきよく》して亦牀《またとこ》に座《ざ》せしむ、聲《こゑ》ありて拉々然《りつ〳〵ぜん》（ボキボキの音《おと》）即《すなは》ち一通《つう》と名《な》づく。一通二通即《つうすなは》ち日《ひ》に至《いた》る、別《べつ》に三通五通《つう》を得《う》れば即《すなは》ち身體悅懌《しんたいえつたく》、面色光輝《めんしよくくわうき》、鬢毛潤澤肉目《びんまうじゆんたくにくもく》精明《せいめい》、人《ひと》をして食美《しよくび》に、氣力强健《きりよくきやうけん》、百病《びやう》皆去《みなさ》らしむ。五年《ねん》十歳長《さいなが》く存《そん》して忘《わす》れず、千萬通《まんつう》に滿《み》つるを得《え》ば、則《すなは》ち仙《せん》を去《き》ること遠《とほ》からず。人身虛無《じんしんきよむ》、但《た》だ遊氣《いうき》あり、氣息理《きそくり》を得《え》、則《すなは》ち百病生《びやうしやう》ぜず。若《も》し消《せう》息宜《そくよろ》しきを失《うしな》はば即《すなは》ち諸病起《しよびやうおこ》らむ。善《よ》く攝養《せつやう》する者《もの》は、須《すべか》らく調氣《てうき》の方《はう》を知《し》るべし、調氣《てうき》の法《はふ》は萬病《ばんびやう》を治《ぢ》す。

志張和

靈笈《れいきふ》七籤其の他《た》道藏各書《だうざうかくしよ》にも、之《こ》れと同一《どう》の所說多《しよせつおほ》し、佛敎羅漢《ぶつけうらかん》の修法《しうはふ》も亦之《またこ》れに類《るゐ》する點《てん》あり。

三、調氣の實驗

凡《およ》そ調氣《てうき》の法《はふ》は、夜半《よはん》の後《のち》、日中《につちう》の前《まへ》を良《よ》しとす。この間《あひだ》は氣《き》生《い》きて調《とゝの》ふを得《え》、日中《につちう》の後《のち》、夜半《やはん》の前《まへ》は、氣死《きし》して調《とゝの》ふを得《え》ず。

調氣《てうき》の際《さい》は、卽《すなは》ち牀《とこ》に仰臥《あふぐわ》し、厚輭《かうなん》を舖《し》き、枕《まくら》の高下《かうげ》は身《み》と共《とも》に平《たひ》らにし手《て》を舒《の》べ、脚《あし》を展《の》べ、兩手《りやうて》の大指《たいし》を握《にぎ》り、指節《しせつ》身《み》を去《さ》ること四五寸《すん》、兩脚《りやうきやう》相去《あひさ》ること四五寸《すん》、數《かず》をかぞへて齒《は》を叩《たゝ》き、玉漿《ぎよくしやう》を呑《の》み、氣《き》を引《ひ》きて鼻《はな》より腹《はら》に入《い》れ、足《た》れば卽《すなは》ち停止《ていし》す。

餘力《よりよく》あれば更《さら》に取《と》る、久《ひさ》しき氣《き》を住《とゞ》めて悶《もだ》ふれば、口《くち》より細々《ほそぼそ》と吐《は》き出《だ》し盡《つく》れば、又鼻《またはな》より細々《ほそぼそ》と引入《いんにふ》す、出氣《しゆつき》一に前法《ぜんはふ》に同《おな》じ、口《くち》を閉《と》ぢて心中《しんちう》を以《もつ》て數《かず》をかぞふるのみ、耳聞《みゝき》こえず恐《おそ》らくは誤亂《ごらん》あらむ、兼《かぬ》るに手《て》を以《もつ》て籌《ちう》を下《くだ》す(數《かず》とりの籌《ちう》なり)。

能《よ》く千に至《いた》れば(一閉息中《へいそくちう》に數《かず》をかぞへて千に至《いた》るなり)則《すなは》ち仙《せん》を去《さ》ること遠《とほ》からず、若《も》しそれ陰霧《いんむ》惡風《あくふう》猛寒《まうかん》には氣《き》を取《と》ることなかれ、唯《た》だ之《こ》れを閉《と》づべし。

參同契内丹說《さんどうけいないたんせつ》の胎息法《たいそくはふ》に曰《いは》く、人身《じんしん》は天地《てんち》陰陽冲和《いんやうちうわ》の氣《き》を禀《う》けて、生《うま》れたるものなるが、之《これ》を分析《ぶんせき》すれば、精《せい》、神《しん》、氣《き》の三となる。精《せい》は天《てん》、氣《き》は地《ち》にして、神《しん》はこの化合《くわがふ》なり、之《これ》を心《しん》と云《い》ふ。心神一度動搖《しんしんひとたびどうえう》すれば、精氣散《せいきさん》じて死《し》するも、之《これ》に反《はん》すれば壽《なが》し、夫《そ》れ吾《わが》一身《しん》は天地《てんち》の元氣《げんき》と相通《あひつう》ずるものなれば、この元氣《げんき》を吾身《わがしん》體《たい》に吸收《きふしう》せざるべからず。夜半《やはん》の後《のち》、靜室《せいしつ》にねて、右脇《みぎわき》を地《ち》につけ、兩足《りやうあし》を少《すこ》しくちぢめ、頭《かしら》を南《みなみ》に向《む》けて東面《とうめん》し、兩手《りやうて》を握《にぎ》りしめて唾液《だえき》をのみ込《こ》むこと七回《くわい》の後《のち》に、氣《き》を吐《は》く。此《かく》の如《ごと》くにして、內氣《ないき》を腹中《ふくちう》に充《じう》滿《まん》せしむ、この清氣《せいき》が胎中《たいちう》にたくわえらるゝ時《とき》は、濁氣《だくき》は手足《しゆそく》又《また》は毛髮《まうはつ》の中《なか》より排泄《はいせつ》せらる。此《かく》の如《ごと》き修鍊《しうれん》の法《はふ》を用《もち》ふれば、氣化《きくわ》して血《ち》となり、血化《ちくわ》して精《せい》となり、精化《せいくわ》して液《えき》となり、液化《えきくわ》して骨《ほね》となり、精神充滿《せいしんじうまん》。一年《ねん》にして氣《き》を易《か》へ、二年《ねん》にして骸《がい》を易《か》へ、三年《ねん》にして血《ち》を易《か》へ、四年《ねん》にして肉《にく》を易《か》へ、五年《ねん》にして筋《きん》を易《か》へ、六年《ねん》にして髓《ずゐ》を易《か》へ、七年《ねん》にして骨《ほね》を易《か》へ、八年《ねん》にして髮《はつ》を易《か》へ、九年《ねん》にして形《かたち》を易《か》へ、十年《ねん》にして道《みち》成《な》り、眞人《しんじん》の位《くらゐ》を得《え》て、變化自在《へんくわじざい》、天上世界《てんじやうせかい》の靈官玉女《れいくわんぎよくぢよ》來《きた》り侍《はべ》る。然《しか》しながら、この氣《き》を出《だ》すにも亦妙訣《またみやうけつ》あり、之《これ》を分《わか》ちて呵《か》、呼《こ》、吹《すゐ》、嘻《き》、噓《きよ》、呬《し》の六種《しゆ》となし、各々臟腑《おのおのざうふ》に分屬《ぶんぞく》す。その關係《くわんけい》左《さ》の如《ごと》し。

呵《か》　心臟《しんざう》から出《い》づる氣《き》。
　口乾《くちかわ》き舌澁《したしぶ》るときは、呵《か》して之《こ》れを除《のぞ》くべし。

呼《こ》　脾臟《ひざう》から出《い》づる氣《き》。
　腹胃《ふくゐ》のはる時《とき》、呼《こ》の禁呪《きんじゆ》をなすべし。

吹《すゐ》　腎臟《じんざう》から出《い》づる氣《き》。
　腰冷《こしひ》えて陽道衰《やうだうおとろ》ふる時《とき》は、この禁呪《きんじゆ》をなすべし。

嘻《き》　三焦《せう》から出《い》づる氣《き》。
　三焦和《せうわ》せざる時《とき》は之《こ》れによるべし。

噓《きよ》　肝臟《かんざう》から出《い》づる氣《き》。

眼病《がんびやう》の時《とき》に用《もち》ふ。

呬《し》　肺臓《はいざう》より出《い》づる氣《き》。寒熱和《かんねつわ》せず、瘡疥《さうかい》などの生《しやう》ずる時《とき》に用《もち》ふ。

之《これ》を要《えう》するに、自然法《しぜんはふ》に順應《じゆんおう》するを以《もつ》て、此法《このはふ》の骨子《こつし》となす。

第二節　導引自療術

一、導引法の由來

調氣法《てうきはふ》の說明《せつめい》は前節《ぜんせつ》に於《お》いて簡單《かんたん》ながら終《をは》つたから、これから導引法《だういんはふ》の說明《せうめい》に取《と》りかゝる。導引法《だういんはふ》は今《いま》の按《あん》摩法《まはふ》に該當《がいたう》するが、いはゆる自己療法《じこれうはふ》であつて全然趣《ぜんぜんおもむ》きをかへてゐる。調氣法《てうきはふ》と併用《へいよう》して、通俗的《つうぞくてき》に諸病《しよびやう》を平癒《へいゆ》させ、延《ひ》いて長壽《ちやうじゆ》を得《え》させる效果《かうくわ》をもつてゐる。

しかし、通俗的《つうぞくてき》といふ言葉《ことば》を偏解《へんかい》してはならぬ。神祕的《しんぴてき》な調氣法《てうきはふ》に對《たい》しての比較的稱呼《ひかくてきしようこ》で、常《つね》に容易《ようい》に實《じつ》行《かう》し得《え》らるゝ直接的自己療法《ちよくせつてきじこれうはふ》といふ意義《いぎ》に外《ほか》ならぬのである。養生家《やうじやうか》はこの療法《れうはふ》によつて、一名座《めいざ》功《こう》と云《い》ふ名稱《めいしよう》をあたへてゐる。これは、座《ざ》しながら治病的效果《ぢびやうてきかうくわ》があげられる方法《はうはふ》といふ意味《いみ》を言《い》ひあらはした稱呼《しようこ》なのである。各症《かくしやう》に適應《てきおう》する各導引法《かくだういんはふ》が、各名家《かくめいか》によつて、幾《いく》百も發見《はつけん》されてゐるが、それをこゝに全部網羅《ぜんぶまうら》することは、限《かぎ》りある紙面《しめん》に對《たい》して不可能《ふかのう》な事《こと》であるから、便宜上明代《べんぎじやうみんだい》の大司馬浚川《おほしばしゆんせん》が、綜合的《そうがふてき》に案出《あんしゆつ》した導引法《だういんはふ》を紹介《せうかい》することにする。

彼《かれ》は、古來《こらい》から殘《のこ》されてゐる幾多《いくた》の導引法《だういんはふ》を綜合《そうがふ》してそれを簡明《かんめい》に十六種《しゆ》に類別《るゐべつ》してゐる。養生法《やうじやうはふ》即《すなは》ち健康法《けんかうはふ》を研究《けんきう》して、それが實行《じつかう》に志《こゝろざ》す人《ひと》に向《むか》つて至大《しだい》の便宜《べんぎ》をあたへてゐるものである。その全部《ぜんぶ》は彼《かれ》が著述《ちよじゆつ》にかゝる「攝生要義《せつせいえうぎ》」の導引篇《だういんへん》に言《い》ひつくされてゐるから、該篇《がいへん》の要部《えうぶ》をこゝに意譯《いやく》することにした。

陶弘景

だから篇中《へんちう》に自分《じぶん》とあるは、むろん司《し》馬逡川自分《ばしゆんせんじぶん》の事《こと》を云《い》つてゐるのである。「――莊子《さうし》に「吹呴《すかく》し（息《いき》を吹《ふ》きかける）、呼吸《こきふ》し（呼《こ》は出《で》る息《いき》、吸《きふ》は入《い》る息《いき》）故《ふる》き（腹内《ふくない》の邪氣《じやき》）を吐《は》き、新《あたら》しき（清《せい》新《しん》の氣《き》）を納《い》れ、熊經《いうけい》し（熊《くま》が木《き》によぢかゝるやうな狀態《じやうたい》をすること）鳥伸《てうしん》するは（鳥《とり》が首《くび》をのばす樣《やう》な狀態《じやうたい》をすること）壽《じゆ》をなすのみ。これ導引《だういん》の士《し》、養形《やうけい》の人彭祖《にんはうそ》（千年《ねん》の壽《じゆ》を保《たも》つたと傳《つた》へられる古代《こだい》の長命者《ちやうめいしや》）壽考者《じゆかうしや》の好《この》む所《とこ》ろ也《なり》」と、言《い》つてあるからには、養生《やうじやう》の術《じゆつ》は、古來《こらい》からの傳統的《でんとうてき》なものであつたにはちがひない。

二、導引法實際方式

導引法《だういんはふ》の種類《しゆるゐ》は、古代《こだい》から幾多《いくた》斯道《しだう》の大家《たいか》の發明《はつめい》によつて無慮《むりよ》數百種《すうしゆ》までに及《およ》んでゐる。自分《じぶん》は之《これ》を綜合《そうがふ》して十六種《しゆ》までに切《き》りつめてみた。隨分思《ずゐぶんおも》ひ切《き》つた要約《えうやく》ではあるが、これを諸家《しよか》の論説《ろんせつ》に照合《せうがふ》して、大體《だいたい》において、相違《さうゐ》した主旨《しゆし》又《また》は手段《しゆだん》がその自分《じぶん》の要約《えうやく》の中《なか》に見出《みだ》せる様《やう》に自分《じぶん》には認識《にんしき》されるのである。

すべて導引法《だういんはふ》を行《おこな》ふ時間《じかん》は、夜半《やはん》から晝前《ひるまへ》までの間《あひだ》が良《よ》い。この時間中《じかんちう》は晝夜《ちうや》を通《つう》じて最《もつと》も清新《せいしん》の氣《き》が漾《たゞよ》つてもゐるし、又實行者《またじつかうしや》の腹中《ふくちう》も空虚《くうきよ》になつてゐるから、效果《かうくわ》のあらはれがより以上《いじやう》に顯著《けんちよ》である。

神經痛治方《しんけいつうぢはう》

まづ端座《たんざ》して目《め》をとぢる。それから握固《あくこ》する。つぎには上齒《じやうし》と下齒《かし》を三十六回叩《くわいたゝ》き合《あは》せ、そこで握固《あくこ》した拳《こぶし》をのばし兩手《りやうて》を組合《くみあ》はせて、後腦《こうなう》の下部《かぶ》の方《はう》をかゝへ、首《くび》を左右交替的《さいうかうたいてき》に二十四回動《くわいうご》かす。

之《これ》は左右兩脇部《さいうりやうわきぶ》の炎症及《えんしやうおよ》び同部《どうぶ》の神經痛《しんけいつう》、その他鬱積《たうつせき》せる風邪等《ふうじやとう》の氣《き》を除去《のぞきさ》る。

胸痛治癒方《きようつうちゆはう》

次《つぎ》に兩手《りやうて》の指《ゆび》を組合《くみあ》はせて、掌《たなそこ》の表《おもて》を下《した》にして、伸《の》びるだけ高《たか》く頭上《づじやう》に伸《の》ばして下《した》からそれを仰《あふ》ぎ見《み》る。

それがすむとそのまゝおろしてきて頭上《づじやう》に押《おさ》へる。それを二十四回行《くわいおこな》ふ。

之《これ》は胸隔《きようかく》の邪氣《じやき》を除去《ぢよきよ》して、そこの疼痛《とうつう》、鈍痛等《どんつうとう》を治癒《ちゆ》させる。

腦痛治療方《なうつうぢれうはう》

左右《さいう》の掌《たなごころ》で左右《さいう》の耳《みゝ》を掩《おほ》ふやうにして押《おさ》へ、それから第《だい》二指《し》で第《だい》三指《し》を強《つよ》く壓《おさ》へ、後腦部《こうなうぶ》のところでその第《だい》二指《し》と第《だい》三指《し》とで弾《はじ》き打《う》ちをするこれを二十四回《くわい》行《おこな》ふ。これがいはゆる大鼓《たいこ》を鳴《な》らすといふ方法《はうはふ》である。

肝邪平治方《かんじやへいぢはう》

之《こ》れは脳髓《なうずゐ》に關聯《くわんれん》する一切《さい》の諸病《しよびやう》を治癒《ぢゆ》させる。

左右《さいう》の掌《たなごころ》を重《かさ》ねて左《ひだり》の膝《ひざ》を按《おさ》へ、體《からだ》を左《ひだり》へねぢて、後方《こうはう》に振《ふり》かへる様《やう》にする。これを左右交替《さいうかうたい》で一回《くわい》として二十四回《くわい》行《おこな》ふ。

肩膊發達方《けんぱくはつたつはう》

之《これ》は肝臓《かんざう》に纏綿《てんめん》する邪氣《じやき》を除去《ぢよきよ》する。

兩手《りやうて》で強《つよ》い弓《ゆみ》を引《ひ》く形態《けいたい》を作《つく》り、一回《くわい》は前《まへ》に向《むか》ひ、一回《くわい》は後《うしろ》に向《むか》ひ、この前後《ぜんご》の導引《だういん》を一回《くわい》として二十四回《くわい》行《おこな》ふ。

之《これ》は肘《ひぢ》や肩膊《けんぱく》の神經痛《しんけいつう》を治癒《ぢゆ》し、又該部《またがいぶ》の筋肉《きんにく》の發達《はつたつ》を促《うなが》す。

脾熱除去方《ひねつぢよきよはう》

端座《たんざ》を廢《はい》して胡座《あぐら》をかき、兩手《りやうて》の指《ゆび》を組合《くみあは》せて、後腦部《こうなうぶ》に強《つよ》くあて、吊下《つりさ》がる様《やう》に力《ちから》を入《い》れて左右《さいう》の肩膊《けんぱく》を振返《ふりかへ》る。左右《さいう》に振返《ふりかへ》るのを一回分《くわいぶん》としてそれを二十四回《くわい》行《おこな》ふ。

之《これ》は脾臓《ひざう》にまつはる熱氣《ねつき》、惡氣《あくき》を除去《ぢよきよ》する。

腰痛平治方《えうつうへいぢはう》

兩手《りやうて》の拳《こぶし》を堅《かた》く握《にぎ》つて、一方《ぱう》の拳《こぶし》で反對《はんたい》の肋骨《ろくこつ》を支《さゝ》へる樣《やう》にし、さうして反對《はんたい》の肩《かた》を振《ふり》かへる。左右《さいう》の拳《こぶし》で反對《はんたい》に左右《さいう》の肋骨《ろくこつ》を支《さゝ》へて左右《さいう》を振《ふり》かへるのを一回分《くわいぶん》として二十四回《くわい》行《おこな》ふ。

之《これ》は肋間《ろくかん》及《およ》び腰部《えうぶ》の神經痛《しんけいつう》及《およ》び諸疼痛《しよとうつう》を治癒《ちゆ》させる。

胸痛治療方《きようつうぢれうはう》

兩手《りやうて》の掌《たなごころ》で、兩方《りやうはう》の臂《ひぢ》、それから肩膊《けんぱく》、それから肩《かた》の脊部《せきぶ》の下方《かはう》、それから腰部《えうぶ》、それから股《もゝ》をかるく一回《くわい》づつ打《う》つ。それを二十四回《くわい》行《おこな》ふ。

之《これ》は四肢《し》、肩《かた》、胸間《きようかん》の神經痛《しんけいつう》及《およ》びその各部《かくぶ》の諸疼痛《しよとうつう》を除去《ぢよきよ》する。

肺患治癒方《はいくわんぢゆはう》

また胡座《あぐら》をそのまゝかいて、體《からだ》を一方《ぱう》に斜《なゝめ》によりかゝらせる樣《やう》な形《かたち》をとつて、掌《たなごころ》をひろげて兩手《りやうて》を反對《はんたい》の方面《はうめん》の空中《くうちう》へ斜《なゝめ》に高《たか》く上《あ》げる。それを左右交替的《さいうかうたいてき》に二十四回《くわい》行《おこな》ふ。

之《これ》は肺《はい》に關聯《くわんれん》する諸病《しよびやう》を治癒《ぢゆ》させる。

心臟强健方《しんざうきやうけんはう》

兩足《りやうあし》を伸《の》ばし、つぎに俯伏《うつよ》しながら兩手《りやうて》を前《まへ》にやつて、兩足《りやうあし》を攀《よ》づるやうにする、それを十二回《くわい》行《おこな》つたら、伸《の》ばした足《あし》の一方《ぱう》を一方《ぱう》の膝《ひざ》の上《うへ》に曲《ま》げて來《き》て、その足《あし》で膝《ひざ》を摩擦《まさつ》する。それを左右《さいう》二十四回《くわい》行《おこな》ふ。

之《これ》は諸種《しよしゆ》の心臟《しんざう》に關聯《くわんれん》する諸症《しよしやう》を治癒《ぢゆ》させる。

心症平治方《しんしやうへいぢはう》

兩手《りやうて》の掌《たなごころ》を下《した》に突《つ》いて、體軀《たいく》をすくめて、脊中《せなか》を曲《ま》げるやうにしたら左右交替的《さいうかうたいてき》に二十六回《くわい》空《そら》を仰《あふ》ぐ。

之《これ》は心臓《しんざう》に關《くわん》する諸症《しよしやう》を治癒《ぢゆ》せさる。

腎邪治癒方《じんじやぢゆはう》

起立《きりつ》して左右《さいう》の背部《はいぶ》を振返《ふりかへ》る、左右振《さいうふり》かへるのを一回分《くわいぶん》として、二十四回《くわい》行《おこな》ふ。

之《これ》は腎臓《じんざう》の邪氣《じやき》を去《さ》るから陰萎《いんゐ》、遺漏《ゐらう》などを治癒《ぢゆ》させる。

肩凝緩和方《かたこりくわんわはう》

徐《しづ》かに歩《ある》くことになる。まづ兩手《りやうて》をかたく握《にぎ》る。それから左足《さそく》を前《まへ》に一歩《ぽ》踏《ふ》み出《だ》す。この時左《ときひだり》の手《て》の拳《こぶし》をぱつと開《ひら》いて前《まへ》へ出《だ》す。そしてすぐ右《みぎ》の手拳《てこぶし》をぱつと開《ひら》いて頭上《づじやう》に上《あ》げつゝ背後《はいご》に突出《つきだ》す。それがすんだらこんどは右《みぎ》の足《あし》と右《みぎ》の手《て》を前《まへ》と同様《どうやう》に行動《かうどう》させる。これを左右交替《さいうかうたい》二十四回《くわい》行《おこな》ふ。

之《これ》は左右《さいう》の肩《かた》の附根《つけね》の神經痛《しんけいつう》を治癒《ぢゆ》させる。

胸膈發達方《きようかくはつたつはう》

まだ坐《すわ》らない。こんどは、背《せ》の上部《じやうぶ》と後頭部《こうとうぶ》の中間程《ちうかんほど》に兩手《りやうて》を組合《くみあ》はせたら、身《み》を低《ひく》めて左右《さいう》に搖《ゆる》かす。

これを二十四回《くわい》。

之《これ》は左右胸間《さいうきようかん》の神經痛《しんけいつう》を治癒《ぢゆ》させる。

膝脚强健方《しつきやくきやうけんはう》

最後《さいご》には立《た》つてゐるその足《あし》の一方《ぱう》を曲《ま》げて踵《かゝと》を臀部《でんぶ》の下方《かはう》につけ、そのまゝ十數歩《すうほ》ぴよん〳〵ととび、それから又《また》一方《ぱう》の脚《あし》をその通《とほ》りにして飛《と》ぶ。それがすむと、端《たゞ》しく坐《すわ》る、そのつぎに兩脚《りやうあし》を前《まへ》に伸《のば》し、伸《のば》した兩《りやう》脚《あし》を又引《またひ》き込《こ》めて正《たゞ》しく坐《すわ》る。ぴよん〳〵飛《と》ぶ事《こと》から、こゝまで至《いた》る動作《どうさ》を二十四回《くわい》づつ行《おこな》ふ。(この頃《ころ》が二種《しゆ》に分《わか》つてある)

此《こ》の二種《しゆ》は兩膝《りやうひざ》及《およ》び兩足《りやうあし》の關節《くわんせつ》の神經痛等《しんけいつうとう》を治癒《ちゆ》させる。

右《みぎ》の一から十五に到《いた》る手段《しゆだん》を十六回繰返《くわいくりかへ》したら、更《さら》に端座《たんざ》して、目《め》を閉《と》ぢ、握固《あくこ》して意識《いしき》の統《とう》一をはかり、舌頭《ぜつとう》で上顎《うはあご》を支《さゝ》へるやうにして唾液《だえき》を湧《わ》かせ、唾液《だえき》が口《くち》一杯滿《ぱいみ》つるを待《ま》つて、ぐぢゆ〳〵と音《おと》を立《た》て、嗽《くち》すすぎ、それをぐいと嚥《の》み下《くだ》してやる。それから呼吸《こきふ》を止《と》めて、その唾液《だえき》を意識《いしき》の力《ちから》で丹田《たんでん》(臍下《さいか》)へ下《くだ》し、更《さら》にその唾液《だえき》を背部《はいぶ》に通《とほ》し、頭上《づじやう》へ導《みち》びき又丹田《またたんでん》へ下《くだ》し、更《さら》に足部《そくぶ》に下《お》ろしてやる。

老子《らうし》の四十二勢《せい》の導引法《だういんはふ》、鐘離《しようり》の八勢《せい》の導引法《だういんはふ》、婆羅門《ばらもん》の十二勢《せい》の導引法《だういんはふ》、赤松子《せきしようし》の十八勢《せい》の導引法《だういんはふ》、胡《こ》見素《みそ》の五臟《ざう》に關聯《くわんれん》する十二勢《せい》の導引法《だういんはふ》は、諸導引中《しよだういんちう》に於《おい》て明解切當《めいかいせつたう》な導引法《だういんはふ》として斯界《しかい》に定評《ていひやう》があるが、各導《かくだう》引法《いんはふ》を綜合《そうがふ》してその要點《えつてん》を集《あつ》めたならば、右《みぎ》に列擧《れつきよ》した十六種《しゆ》の内容《ないよう》に比較《ひかく》して大差《たいさ》ないものと考《かんが》へられる。

養生《やうじやう》を心《こゝろ》がける者《もの》が、右《みぎ》の法《はふ》を毎日《まいにち》一二回《くわい》づつくり返《かへ》して行《おこな》つたなら、無病息災《むびやうそくさい》になれることは勿論《もちろん》、延《ひ》いて長壽《ちやうじゆ》の實《じつ》をあげらるゝやうになる事《こと》は、實驗《じつけん》に徵《ちよう》して、充分《じうぶん》に立證《りつしよう》されるのである。

第三節　呪禁方術

靈笈七籤《れいきふしちせん》に曰《いは》く、度人上品妙經《どじんじやうひんめうきやう》に在《あ》る如《ごと》く、道《みち》を修《をさ》むる日《ひ》は、香湯《かうたう》に浴《よく》すべし。又正月《またしやうぐわつ》十日《か》人定《にんてい》の時沐《ときもく》浴《よく》すれば、人《ひと》の歯《は》をして堅《かた》からしめ。二月《ぐわつ》八日《か》黄昏《たそがれ》の沐浴《もくよく》には、人《ひと》をして輕健《けいけん》ならしめ。また本命日《ほんめいにち》に五帝《てい》を拜《はい》する時《とき》に、東《ひがし》の方《はう》には沐浴《もくよく》して室《しつ》に入《い》り、東向《とうかう》して歯《は》を叩《たゝ》くこと九回《くわい》、瞑想《めいさう》して東方《とうはう》の帝《みかど》の諱《いみな》を念《ねん》じて祈禱《きたう》すべし。

董奉

若《も》し惡夢《あくむ》にうなされたる時《とき》は、雙手《さうしゆ》を以《もつ》て人中《じんちう》を捻《ひね》ること十四回《くわい》、歯《は》を叩《たゝ》くこと十四回《くわい》の後《のち》、祈禱《きたう》すべし。

死屍《しし》その他《た》血穢《けつわい》を見《み》る時《とき》は、硃砂《しゆさ》一銖《しゆ》を水《みづ》に溶《と》かして目《め》を洗《あら》ひ口《くち》を漱《そゝ》ぎ、手足《てあし》を洗《あら》つて室《へや》に入《い》り、手《て》を胸《むね》の上《うへ》に交《の》せて、歯《は》を叩《たゝ》くこと二十四回《くわい》。

神明經及《しんめいきやうおよ》び眞語《しんご》に曰《いは》く、凶事《きようじ》には左《ひだり》の歯《は》を叩《たゝ》くべし、之《これ》を打天鍾《だてんしよう》といふ。惡魔《あくま》に遇《あ》ふ時《とき》は右《みぎ》を叩《たゝ》くべし、之《これ》を槌天磐《つゐてんばん》といふ。道《みち》を念《ねん》じ思《おもひ》を凝《こら》す時《とき》は、中央《ちうあう》を叩《たゝ》くべし、之《これ》を鳴天鼓《めいてんこ》といふ。各々《おの〳〵》三十六回《くわい》。

抱朴子《はうぼくし》には、明鏡《めいきやう》を携《たづさ》ふべきこと、また護符《ごふ》を帶《お》ぶべきこと、或《あるひ》は禹歩《うほ》して妖怪《えうくわい》を避《さ》くべきこと等《とう》、其《そ》の他《た》多《おほ》くの呪禁《じゆきん》を載《の》せたり。禹歩《うほ》とは古《いにしへ》の聖人禹《せいじんう》が極《きは》めて謹嚴《きんげん》なりしに因《ちな》みて名《なづ》けたる、壯重《さうちよう》の歩《あゆ》み方《かた》である。

入山符《にふざんふ》をかくれば鬼魅《きみ》及《およ》び各種《かくしゆ》の危害《きがい》を避《さ》くるに神效《しんかう》あり。明鏡《めいきやう》九寸以上《すんいじやう》のもの背《せ》にかけて入山《にふざん》すれば、山神鬼魅《さんじんきみ》敢《あへ》て近《ちか》づかず、若《も》し近《ちか》づき來《きた》つて人形《じんけい》に化《くわ》し、人《ひと》を欺《あざむ》かんとするも、その眞形《しんけい》は鏡《かゞみ》の中《なか》に現《あら》はれて欺罔《ぎまう》を免《まぬ》かるるを得《う》と。

猶《なほ》三尸《し》九蟲《ちう》即《すなは》ち腹中《ふくちう》の黴菌《ばいきん》封殺法等《ふうさつはふとう》を示《しめ》せる祕方《ひはう》あり。中《なか》には近代的科學的《きんだいてきくわがくてき》のものも少《すく》なからず。

老子第三十五章

有物混成。先天地生。寂兮寥兮。獨立不改。
周行而不殆。可以爲天下母。

莊子大宗師篇

夫道有情有信。无爲无形

第五章　煉丹長生術

第一節　煉丹法の經典

煉丹法《れんたんはふ》は服食法《ふくしよくはふ》又《また》は藥餌法《やくじはふ》ともいふ。吐納導引《となふだういん》と殆《ほと》んど同時《どうじ》に説《と》かれた養生法《やうじやうはふ》の一つである。支那《しな》では戰《せん》國《こく》の末頃《すゑごろ》から燕齊《えんさい》の間《あひだ》に方術《はうじゆつ》の士《し》が起《た》つて、專《もつぱ》ら神仙説《しんせんせつ》を鼓吹《こすゐ》したが、彼等《かれら》は海中《かいちう》の仙山《せんざん》に神仙《しんせん》ありて、仙《せん》藥《やく》を有《いう》するが故《ゆゑ》に之《これ》を取《と》り來《きた》つて服食《ふくしよく》すれば、神仙《しんせん》たることを得《う》ると考《かんが》へた、羿《げい》の妻嫦娥《つまじやうが》が仙藥《せんやく》を竊《ぬす》んで之《これ》を服用《ふくよう》し、仙《せん》を以《もつ》て月《つき》に奔《はし》つたなどの神話《しんわ》は、この思想《しさう》に本《もと》づいて作《つく》られたものである。或《あるひ》は周《しう》の穆王《ぼくわう》が八駿《しゆん》の馬《うま》に駕《が》して、西王母《さいわうぼ》の國《くに》に至《いた》り、三千年《ねん》にして一たび花咲《はなさ》き、三千年《ねん》にして一たび實《みの》るといふ桃《もゝ》を得《え》たといふ神話《しんわ》も、同《おな》じ思想《しさう》に本《もと》づいて作《つく》られたものである。

而《しか》して秦《しん》の始皇《しくわう》が徐福《じよふく》をして、童男童女《どうなんどうぢよ》五百人《にん》を率《ひき》ひて海《うみ》に浮《うか》び、藥《くすり》を蓬萊《ほうらい》に求《もと》めしめたるが如《ごと》きは、正《まさ》しく其《そ》の適例《てきれい》である。

後《のち》には海中《かいちう》の仙山《せんざん》の縹渺《べうべう》として至《いた》り難《がた》きを憂《うれ》へ、之《これ》を海内《かいない》の名山《めいざん》に求《もと》めんとする者《もの》と、自《みづか》ら仙藥《せんやく》を錬《ね》らんとする者《もの》と竝《なら》び起《た》つた。漢《かん》の淮南王安《わいなんわうあん》は天下《てんか》の士《し》を招致《せうち》して蘇飛李尙《そひりしやう》等《ら》の八公《こう》と道德《だうとく》を論《ろん》じて書《しよ》を著《あら》はし、鴻烈《こうれつ》と名《な》づけた。鴻《こう》は大《だい》、烈《れつ》は明《めい》、大《おほい》に道《みち》を明《あきら》かにする書《しよ》といふ意味《いみ》である。今傳《いまつた》はつて居《ゐ》る淮南子《わいなんし》二十一篇《へん》は即《すなは》ち夫《そ》れである。彼《かれ》の著書《ちよしよ》は別《べつ》に外篇《ぐわいへん》數十《すう》篇《へん》あつたと傳《つた》へられて居《ゐ》るが、其《そ》の中《なか》に枕中《ちんちう》の「鴻寶苑祕書《こうはうゑんひしよ》」

といふものあり。書中《しよちう》には延命鍊金《えんめいれんきん》のことを述《の》べてあつた。漢《かん》の大儒劉向《だいじゆりうかう》は此書《このしよ》を得《え》て之《これ》を奇《き》なりとし、上《じやう》奏《そう》して黄金《わうごん》を鍊《ね》らんことを請《こ》ひ、許《ゆる》されて其事《そのこと》を司《つかさ》どつたが、費《ひ》用徒《よういたづ》らに多《おほ》くして驗《きゝめ》なく、殆《ほとん》ど死罪《しざい》に處《しよ》せられんとしたことが、漢書劉向傳《かんしよりうかうでん》に見《み》えてゐる。鍊丹《れんたん》のことが史上《しじやう》に見《み》えたのは、之等《これら》が始《はじ》めてゞある。漢《かん》代《だい》にはこの鍊丹《れんたん》を服《ふく》して神仙《しんせん》たらんことを求《むと》むるの風《ふう》は頗《すこぶ》る流行《りうかう》を極《きは》めた。抱朴子《はうはくし》に依《よ》れば鍊丹法《れんにんはふ》に關《くわん》する著述《ちよじゆつ》は神仙經黄白之方《しんせんきやうくわうはくのはう》二十五卷《くわん》、千有餘首《いうよしゆ》(黄白篇《くわうはくへん》)とあるが、之《これ》を黄白《くわうはく》といふは、黄《くわう》は金《きん》、白《はく》は銀《ぎん》である。金銀《きんぎん》は最《もつと》も主要《しゆえう》なる藥《くすり》なるが故《ゆゑ》に、之《これ》を鍊《ね》る法《はふ》を黄白方《くわうはくはう》といふ。其書目《そのしよもく》も九丹及《たんおよび》金銀液經《きんぎんえききやう》、黄白中經《くわうはくちうきやう》、銅《どう》柱經《ちうきやう》(黄白篇《くわうはくへん》)金丹仙經《きんたんせんきやう》、太清丹經《たいせいたんきやう》三卷《くわん》、九鼎丹經《ていたんきやう》一卷《くわん》、金液丹經《きんえきたんきやう》一卷《くわん》、靈丹經《れいたんきやう》一卷《くわん》、水眞經《すゐしんきやう》(金丹篇《きんたんへん》)等《とう》を擧《あ》げ、其他《そのた》岷山丹法《みんざんたんぱふ》、務成子《むせいし》丹法《たんぱふ》、羨門子《せんもんし》丹法《たんぱふ》、立成法《りつせいはふ》、伏丹法《ふくたんはふ》、赤松子丹法《せきしようしたんぱふ》、石先生丹法《せきせんせいたんぱふ》、康風子《かうふうし》丹法《たんぱふ》、崔文子《さいぶんし》丹法《たんぱふ》、劉元丹法《りうげんたんぱふ》、樂子《らくし》丹法《たんぱふ》、李《り》文丹法《ぶんたんぱふ》、尹子《いんし》法《はふ》、太乙招魂魄丹法《たいたつせうこんぱくたんぱふ》、采女丹法《さいぢよたんぱふ》、稷丘子丹法《しよくきうしたんぱふ》、黑子《こくし》丹法《たんぱふ》、張子和《ちやうしわ》丹法《たんぱふ》、綺里《きり》丹法《たんぱふ》、玉柱丹法《ぎよくちうたんぱふ》、肘後《ちうご》丹法《たんぱふ》、李《り》公丹法《こうたんぱふ》、劉生丹法《りうせいたんぱふ》、王君丹法《わうくんたんぱふ》、陳生丹法《ちんせいたんぱふ》、韓衆終丹法《かんしゆうしうたんぱふ》(金《きん》丹篇《たんへん》)等《とう》の諸丹法《しよたんぱふ》を列擧《れつきよ》して、鍊丹《れんたん》は必《かなら》ず成功《せいこう》するものなることを述《の》べてゐる。之等《これら》の丹法《たんぱふ》は夫《そ》れ夫《ぞ》れ本《もと》づく所《ところ》があるが、抱朴子《はうはくし》の師《し》鄭君《ていくん》は之《これ》を抱朴子《はうはくし》の從祖《じうそ》僊公《せんこう》より受《う》け、僊公《せんこう》は之《これ》を左《さ》元放《げんはう》より受《う》けたとのことである。(金丹《きんたん》)

第二節　藥山と神丹

鍊丹法《れんたんはふ》は名山《めいざん》の中《うち》、無《む》人《じん》の地《ち》に入《い》り、齋戒沐浴《さいかいもくよく》して、人事《じんじ》を絕《た》ち、汚穢《をわい》を近《ちか》づけず、俗人《ぞくじん》と往來《わうらい》せず、不《ふ》信者《しんじや》に知《し》らしめず、同伴者《どうはんしや》は三人《にん》に過《す》ぎてはならぬ。若《も》し不信者《ふしんじや》が神藥《しんやく》を毀《そし》るときは藥《やく》即《すなは》ち成《な》らず。仙經《せんきやう》によれば藥《やく》をつくるに適《てき》する名山《めいざん》は、華山《くわざん》、泰山《たいざん》、霍山《くわくさん》、恆山《こうざん》、嵩山《かうざん》、少室山《せうしつざん》、長山《ちやうざん》、太白山《たいはくざん》、終南山《しうなんざん》、女几山《ぢよきざん》、地肺山《ちはいざん》、玉屋山《ぎよくをくざん》、抱犢山《はうとくざん》、安立山《あんりうざん》、潜山《せんざん》、青城《せいぎ》山《ざん》、峨嵋山《がびざん》、綏山《すゐざん》、雲臺山《うんたいざん》、羅浮山《らふざん》、陽駕山《やうがざん》、黄金山《わうごんざん》、鼈祖山《べつそざん》、大小天台山《だいせうてんたいざん》、四望山《ばうざん》、蓋竹山《がいちくざん》、括蒼山等《くわつさうざんとう》である。之等《これら》の名山《めいざん》には正神《せいしん》其《そ》の山中《さんちう》に在《あ》り、往々《わう〳〵》にして地仙《ちせん》の人《ひと》あり、亦《また》芝草《しさう》あり。故《ゆゑ》に神藥《しんやく》を作《つく》るに適《てき》す。諸《もろ〳〵》の小山《せうざん》には皆《みな》正神《せいしん》無《な》く主《しゆ》たるもの多《おほ》くは木石《ぼくせき》の精《せい》の如《ごと》き邪神《じやしん》にして、道士《だうし》の法術《はふじゆつ》を妨礙《ばうげ》するが故《ゆゑ》に、靈藥《れいやく》を作《つく》るに適《てき》しないのである（金丹《きんたん》）仙藥《せんやく》の名稱《めいしよう》は俗人《ぞくじん》の稱呼《しようこ》と異《ことな》るが故《ゆゑ》に口訣《こうけつ》が無《な》ければ眞《しん》の材料《ざいれう》を知《し》ることが出來《でき》ぬ。一二の例《れい》を擧《あ》ぐれば河上姹女《かはかみたくぢよ》は婦人《ふじん》ではなく、陵陽子明《りようやうしめい》は男子《だんし》では無《な》く、禹餘糧《うよりやう》は米《こめ》で無《な》く、堯漿《げうしやう》は水《みづ》で無《な》いの類《るゐ》である。是《こ》れ劉向《りうかう》の失敗《しつぱい》に終《をは》つた原因《げんいん》の一つである。劉向《りうかう》が宮中《きうちう》に錬丹所《れんたんじよ》を置《お》き宮人《きうじん》を使役《しえき》して丹《たん》を錬《ね》らんとしたのを見《み》ると恐《おそ》らく齋戒人《さいかいじん》事《じ》を絶《た》つことも無《な》かつたと思《おも》ふ。是《こ》れ劉向《りうかう》の失敗《しつぱい》に終《をは》つた原因《げんいん》の二つである。能《よ》く其法《そのはふ》の宜《よ》ろしきを得《う》れば決《けつ》して失敗《しつぱい》する筈《はず》はない。（黄白《くわうはく》）現《げん》に成都《せいと》の内史《ないし》呉《ご》大文《だいぶん》は博達多知《はくたつたち》の人《ひと》であるが、恆《つね》に歎息《たんそく》して言《い》ふ。昔《むかし》、道士《だうし》李根《りこん》に事《つか》へて居《ゐ》た時《とき》、根《こん》が鉛錫《えんしやく》を煎《せん》じながら、さながら大豆《だいづ》の如《ごと》き藥少《くすりすこ》しばかりを鼎中《ていちう》に投《とう》じ、鐵匙《てつさじ》をもつてかきまはしたれば、その冷《ひ》ゆるにしたがつて銀《ぎん》が出來上《できあが》つた。自分《じぶん》は其《そ》の祕方《ひはう》を得《え》て自《みづか》ら試《こゝろ》みんと欲《ほつ》し、百日《にち》の齋《さい》を作《な》さんとするに、在官《ざいくわん》のかなしさ竟《つひ》に志《こゝろざし》を果《はた》す事《こと》が出來《でき》なかつた。すまじきものは宮仕《みやづか》へであると。又恒君山曰《またこうくんざんいは》く、漢《かん》の黄門郎程偉《くわうもんらうていゐ》は黄白《くわうはく》の術《じゆつ》を好《この》みしが、其妻《そのつま》は方枝《はうし》の家《いへ》の女《むすめ》であつた。偉《ゐ》は常《つね》に龍駕《りうが》に扈從《こじう》するに時服《じふく》なしとて憂《うれ》ふるを見《み》て、妻《つま》は忽《たちま》ちにして、兩反《りやうはん》の縑《けん》を呈《てい》した。偉《ゐ》は枕中《ちんちう》の鴻寶《こうはう》を按《あん》じて金《きん》を作《つく》らんとして作《つく》らざりしに、妻《つま》は行《ゆ》いて之《これ》を見《み》、折《をり》から煮《に》つゝありし鍋中《くわちう》の水銀《すゐぎん》に懐中《くわいちう》せる藥少《くすりすこ》し許《ばか》りを投《とう》じたれば、頃《しばら》くして銀《ぎん》が出來《でき》上《あが》つて居《ゐ》た。偉《ゐ》は且《か》つ驚《おどろ》き且《か》つ喜《よろこ》び、其方《そのはう》を傳《つた》へんことを請《こ》ひしに、妻《つま》は適任《てきにん》の人《ひと》ならでは傳《つた》へ難《がた》しとて遂《つひ》に傳《つた》へなかつたと。

伯陽煉丹

さて神丹《しんたん》は九種《しゆ》あり、一、丹華《たんくわ》。二、神丹亦神符《しんたんまたしんぷ》といふ。三、神丹《しんたん》。四、還《くわん》丹《たん》。五、餌《じ》丹《たん》。六、錬丹《れんたん》。七、柔丹《じうたん》。八、伏丹《ふくたん》。九、寒丹等《かんたんとう》である。之等《これら》の九丹《たん》は勿論前《もちろんまへ》に擧《あ》げた各種《かくしゆ》の錬丹法《れんたんはふ》に就《つい》て、一々詳細《しやうさい》なる説明《せつめい》があるけれども、凡人《ぼんじん》の哀《かな》しさには就《つい》て口訣《こうけつ》を問《と》ふべき仙人《せんにん》に會見《くわいけん》の機《き》縁未《えんいま》だ至《いた》らず、徒《いたづ》らに之《これ》を記《き》錄《ろく》して誤《あやまり》を大方《おほかた》に傳《つた》ふるに忍《しの》びず、各種《かくしゆ》の藥《くすり》を調合《てうがふ》する方法《はうはふ》に就《つい》てはこゝに割愛《かつあい》して置《お》く。但《たゞ》し極《きは》めて意義《いぎ》ある道書《だうしよ》の言《げん》をこゝに引用《いんよう》して置《お》く。曰《いは》く、

欲得長生、腸中當淸、欲得不死、腸中無滓(雜應)

長生不死《ちやうせいふし》たらんと欲《ほつ》せば、腸中《ちやうちう》を淸《きよ》くし、滓《かす》を留《とゞ》めて腐敗物《ふはいぶつ》の中毒《ちうどく》を起《おこ》さざらしむる肝要《かんえう》とすとの説《せつ》は、現《げん》

在《ざい》の科學的知識《くわがくてきちしき》から言《い》つても穩當《をんたう》ではあるまいか、彼《か》の不老長生《ふらうちやうせい》をといたメチニコフ氏《し》の說《せつ》などもこの範圍《はんゐ》を出《い》でなかつたと思《おも》ふ。

第三節　入山法と其辰符

鍊丹《れんたん》を說《と》く者《もの》はこの製劑《せいざい》こそは唯《ゆゐ》一の長生藥《ちやうせいやく》と說《と》き、丹砂水《たんさすゐ》を最良《さいりやう》の藥《くすり》といひ、黃金《わうごん》、白銀《はくぎん》は之《これ》に次《つ》ぐといふ。さて黃金白銀《わうごんはくぎん》の如《ごと》きも、普通《ふつう》の黃金白銀《わうごんはくぎん》よりも、道家《だうか》の金丹法《きんたんはふ》によりて作《つく》り出《だ》したる黃金白銀《わうごんはくぎん》の方《はう》こそ有效《いうかう》なれととく。然《しか》れども一方《ぱう》に於《おい》ては又天下《またてんか》の名山《めいざん》に登《のぼ》つて靈藥《れいやく》を探求《たんきう》する者《もの》も亦頗《またすこぶ》る多《おほ》い。前《まへ》に上《あ》げた鍊丹《れんたん》に適《てき》する名山《めいざん》、華山《くわざん》、泰山《たいざん》、霍山《くわくざん》、恒山《こうざん》、嵩山等《かうざんとう》の諸山《しよさん》は又靈藥《またれいやく》の生《しやう》ずる所《ところ》であるから、神仙《しんせん》を希《ねが》ふ者《もの》は登《のぼ》つて之《これ》を採集《さいしふ》すべきである。但《たゞ》し諺《ことわざ》に太華之下《たいくわのもと》、白骨狼籍《はくこつらうぜき》といふことあり、登山《とざん》の道《みち》を心得《こゝろえ》ざれば徒《いたづ》らに命《いのち》を落《おと》すのみ。山《やま》には山神《さんじん》あり、入山《にふざん》の術《じゆつ》を知《し》らざれば山神《さんじん》の怒《いか》りにふれ害《がい》を受《う》く。又老魅狐狸《またらうみこり》の類《たぐひ》ありて之《これ》を妨《さまた》げ之《これ》を害《がい》す。故《ゆゑ》に必《かなら》ず入山符《にふざんふ》を佩《お》び、明鏡徑《めいきやうけい》九寸以上《すんいじやう》のものを背後《はいご》にかけ、三月《ぐわつ》九月開山《ぐわつかいざん》の月《つき》に吉日《きちにち》を擇《えら》びて登山《とざん》し、若《も》し玉芝《ぎよくし》を發見《はつけん》した時《とき》は、先《ま》づ開山卻害符《かいざんけきがいふ》を其上《そのうへ》に置《お》いて、其《そ》の隱蔽化去《いんぺいくわきよ》することを防《ふせ》ぎ、良日《りやうじつ》を擇《えら》び醮祭《せうさい》を設《まう》けて、さて禹步法《うほはふ》を以《もつ》て往《ゆ》いて之《これ》を取《と》らねばならぬ。

入山符《にふざんふ》は鬼魅《きみ》及《およ》び各種《かくしゆ》の危害《きがい》を避《さ》くるに神效《しんかう》あり、或《あるひ》は桃板《たうばん》、棗板《さうばん》、帛布等《はくふとう》に記《き》するに、夫《そ》れ夫《ぞ》れ一定《てい》の規則《きそく》あり、今暫《いましばら》く之《これ》を略《りやく》して置《お》く。明鏡《めいきやう》九寸以上《すんいじやう》のものを背《せ》に懸《か》くる故《ゆゑ》は、山神鬼魅等《さんしんきびら》が來《きた》つて登山者《とざんしや》を試《こゝろ》みんとする時《とき》、老魅《らうみ》は鏡《かゞみ》を見《み》れば敢《あへ》て人《ひと》に近《ちか》づけず、若《も》し近《ちか》づき來《きた》るもの或《あるひ》は人形《じんけい》に化《くわ》して人《ひと》を欺《あざむ》かんとするも、其《そ》の眞形《しんぎやう》は鏡中《きやうちう》に現《あら》はれて欺罔《ぎまう》を免《まぬか》るゝを得《う》べく、又鏡《またかゞみ》に照《てら》して之《これ》を見《み》れば、踵《きびす》ある者《もの》は山神《さんじん》にして踵《きびす》なきものは魅《み》である。是等《これら》の效能《かうのう》あるが故《ゆゑ》に必《かなら》ず鏡《かゞみ》を佩《お》ぶるのである。鬼魅《きみ》の類《るゐ》には蚑《し》、暉《き》、金累《きんるゐ》、飛《ひ》、雲陽《うんやう》、四徼《げき》、升郷《しやうきやう》等《とう》があるが、其他《そのた》寅日《とらのひ》に自ら虞吏と稱《しやう》する者《もの》は虎《とら》、當路者《たうろしや》と稱《しやう》する者《もの》は狼《おほかみ》、令長《れいちやう》と稱《しやう》する者《もの》は老狸《らうり》である。卯日《うのひ》に大人《だいにん》と稱《しやう》する者《もの》は兎《うさぎ》、東王父《とうわうふ》と稱《しやう》する者《もの》は麋《おほしか》、西王母《さいわうぼ》と稱《しやう》する者《もの》は鹿《しか》である。辰《たつ》

入山符本圖

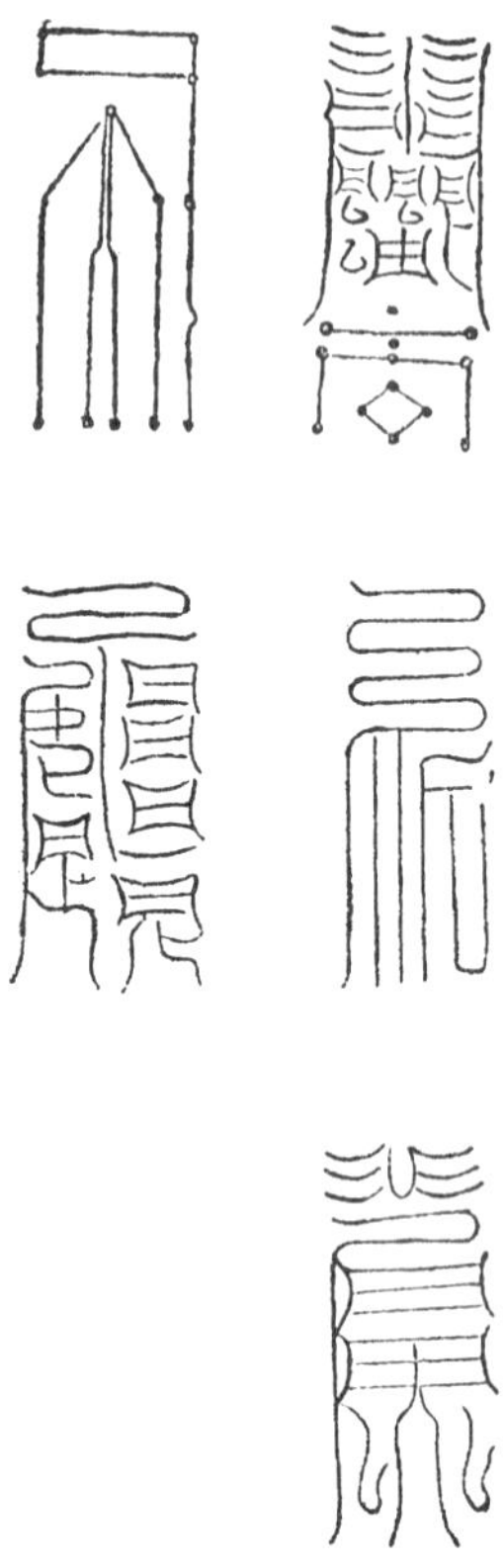

抱朴子曰上五符皆老君入山符也以丹書桃板上大書其文字令彌滿板上以著門戶上及四方四隅及所道側要處去所住處五十步內辟山精鬼魅戶內梁柱皆可施安

〔抱朴子內篇卷十七登涉〕

日《のひ》に雨師《うし》と稱《しやう》するものは龍《りう》、河伯《かはく》と稱《しやう》するものは魚《うを》、無腸公子《むちやうこうし》と稱《しやう》するものは蟹《かに》である。巳日《みのひ》に寡人《くわじん》と稱《しやう》するものは社中蛇《しやちうへび》、時君《じくん》と稱《しやう》するものは龜《かめ》である。午日《うまのひ》に三公《こう》と稱《しやう》する者《もの》は馬《うま》、仙人《せんにん》と稱《しやう》する者《もの》は老樹《らうじゆ》である。未《ひつじ》の日《ひ》に主人《しゆじん》と稱《しやう》する者《もの》は羊《ひつじ》、東吏《とうり》と稱《しやう》する者《もの》は麞《ろく》である。申日《しんじつ》に人君《じんくん》と稱《しやう》する者《もの》は猴《こう》、九郷《がう》と稱《しやう》する者《もの》は猿《さる》である。酉日《とりのひ》に將軍《しやうぐん》と稱《しやう》する者《もの》は雞《にはとり》、捕賊《ほぞく》と稱《しやう》する者《もの》は雉《きじ》である。戌日《いぬのひ》に人《ひと》の生字《せいじ》を稱《しやう》する者《もの》は犬《いぬ》、成陽《せいやう》公《こう》と稱《しやう》するものは狐《きつね》である。亥日《ゐのひ》に婦人《ふじん》と稱《しやう》する者《もの》は金玉《きんぎよく》、神君《しんくん》と稱《しやう》する者《もの》は猪《ゐのしゝ》である。子日《ねのひ》に社君《しやくん》と稱《しやう》す

る者《もの》は鼠《ねずみ》で、神人《しんじん》と稱《しよう》するものは伏翼《ふくよく》である。丑日《うしのひ》に書生《しよせい》と稱《しよう》する者《もの》は牛《うし》である。但《たゞ》し其《そ》の物《もの》の名《な》を知《し》れば、之等《これら》は皆害《みながい》を爲《な》す事《こと》が出來《でき》ぬから、此等《これら》は入山者《にふざんしや》の知《し》らねばならぬことの一つである。

靈寶經《れいはうきやう》によると保日《ほじつ》義日《ぎじつ》を以《もつ》て山《やま》に入《い》る者《もの》は大吉《だいきち》にして、制日伐日《せいじつばつじつ》を以《もつ》て入《い》る者《もの》は必《かなら》ず死《し》すとあり。保日《ほじつ》とは干支《かんし》の上《うへ》が下《した》を生《しやう》ずる日《ひ》をいふ。例《たと》へば甲午《きのえうま》、乙巳《きのとみ》の日《ひ》の如《ごと》し。五行《ぎやう》に配《はい》すると甲《きのえ》は木《き》で、午《うま》は火《ひ》、乙《きのと》は木《き》で巳《み》は火《ひ》である。五行相生說《ぎやうさうせいせつ》によると、木《き》は火《ひ》を生《しやう》ずるが故《ゆゑ》に、上《うへ》の甲乙《きのえきのと》は下《した》の午巳《うまみ》を生《しやう》ずるのである。義日《ぎじつ》とは干支《かんし》の下《した》が上《うへ》を生《しやう》ずるの日《ひ》をいふ。例《たと》へば壬申《みづのえさる》、癸酉《みづのととり》の日《ひ》の如《ごと》し。壬《みづのえ》は水《みづ》で、申《さる》は金《かね》。癸《みづのと》は水《みづ》で、酉《とり》は金《かね》である。金《かね》は水《ひ》を生《しやう》ずるが故《ゆゑ》に、下《した》の申酉《さるとり》は上《うへ》の壬癸《みづのえみづのと》を生《しやう》ずるものである。制日《せいじつ》とは干《かん》支《し》の上《うへ》が下《した》に克《か》つの日《ひ》を言《い》ふ。例《たと》へば戊子《つちのえね》、己亥《つちのとゐ》の日《ひ》の如《ごと》し。戊《つちのえ》は土《つち》、子《ね》は水《みづ》、己《つちのと》は土《つち》、亥《ゐ》は水《みづ》である。五行相克說《ぎやうさうこくせつ》によると、土《つち》は水《みづ》に克《か》つが故《ゆゑ》に、上《うへ》の戊己《つちのえつちのと》は下《した》の子亥《ねゐ》に克《か》つのである。伐日《ばつじつ》とは干支《かんし》の下《した》が上《うへ》に克《か》つの日《ひ》を言《い》ふ。例《たと》へば甲申《きのえさる》、乙酉《きのととり》の日《ひ》の如《ごと》し。甲《きのえ》は木《き》、申《さる》は金《かね》。乙《きのと》は木《き》、酉《とり》は金《かね》である。金《かね》は木《き》に克《か》つが故《ゆゑ》に、下《した》の申酉《さるとり》は上《うへ》の甲乙《きのえきのと》に克《か》つのである。以上《いじやう》の規定《きてい》の外《ほか》に、九天祕記《てんひき》及《およ》び太乙遁甲《だいをつとんかふ》によると、大月《だいげつ》には三日《か》、十一日《にち》、十五日《にち》、十八日《にち》、二十四日《か》、二十六日《にち》、三十日《にち》を忌《い》み、小月《せうげつ》には一日《にち》、五日《か》、十三日《にち》、十六日《にち》、二十六日《にち》、二十八日《にち》を忌《い》むといひ。尙《な》ほ抱朴子《はうぼくし》に從《したが》へば入山《にふざん》の大忌《たいき》、正月《しやうぐわつ》は午《うま》、二月《ぐわつ》は亥《ゐ》、三月《ぐわつ》は申《さる》、四月《ぐわつ》は戌《いぬ》、五月《ぐわつ》は未《ひつじ》、六月《ぐわつ》は卯《う》、七月《ぐわつ》は甲子《きのえね》、八月《ぐわつ》は申子《さるね》、九月《ぐわつ》は寅《とら》、十月《ぐわつ》は辰未《たつひつじ》、十一月《ぐわつ》は巳丑《みうし》、十二月《ぐわつ》は寅《とら》の諸日《しよにち》で、入山《にふざん》の良日《りやうじつ》は甲子《きのえね》、甲寅《きのえとら》、乙亥《きのとゐ》、己巳《つちのとみ》、乙卯《きのとう》、丙戌《ひのえいぬ》、丙午《ひのえうま》、丙辰《ひのえたつ》等《とう》であると言《い》ひ、頗《すこぶ》る面倒《めんだう》なる制限《せいげん》がある外《ほか》に甲乙寅卯《きのえきのととらう》の歲《とし》には正月《しやうぐわつ》二月《ぐわつ》を以《もつ》て東岳《とうがく》及《およ》び東方諸岳《とうはうしよがく》に入《い》るべからず。丙丁《ひのえひのと》巳午《みうま》の歳《とし》には四月《ぐわつ》五月《ぐわつ》を以《もつ》て南岳《なんがくおよ》及び南方諸岳《なんぱうしよがく》に入《い》るべからず。庚辛《かのえかのと》申酉《さるとり》の歳《とし》には七月《ぐわつ》八月《ぐわつ》を以《もつ》て西岳《さいがくおよ》及び西方諸岳《さいはうしよがく》に入《い》るべからず。戊《つちのえ》巳《つちのと》の歳《とし》には三月《ぐわつ》六月《ぐわつ》九月《ぐわつ》十二月《ぐわつ》を以《もつ》て中岳《ちうがくおよび》及び中央諸岳《ちうあうしよがく》に入《い》るべからず。壬癸《つつのえみづのと》亥子《ゐね》の歳《とし》には十月《ぐわつ》十一月《ぐわつ》を以《もつ》て北岳《ほくがくおよ》及び北方諸岳《ほくぱうしよがく》に入《い》るべからずとの制限《せいげん》もある。（登渉《とせふ》）

次《つぎ》に禹歩法《うほはふ》とは古《いにしへ》の聖人禹《せいじんう》が極《きは》めて謹嚴《きんげん》なりしといふ傳說《でんせつ》に本《もと》づきて名付《なづ》けられた歩法《ほはふ》であるが、極《きは》めて壯重《さうちよう》なる歩法《ほはふ》である。登渉篇《とせふへん》と仙藥篇《せんやくへん》と其文《そのぶん》に相違《さうゐ》あるが故《ゆゑ》に、原文《げんぶん》のまゝこゝに之《これ》を出《だ》す。

禹歩法（登渉）

正立。右足在前、左足在後、次復前此下當有左足次前四字右足、以左足從、右足併、是一歩也。次復前右足、次前左足、以右足從、左足併、是二歩也。次復前此下當有左足次前四字右足、以左足從、右足併、是三歩也。

禹歩法（仙藥）

前擧左。右過左。左就右。

次擧右。左過右。右就左。

次擧右。按石當作左右過左。右就左。

同人《どうにん》の著作《ちよさく》にして同《おな》じ禹歩法《うほはふ》を記《しる》してかゝる相違《さうゐ》あるは、恐《おそ》らくは誤脫《ごだつ》ある結果《けつくわ》と思《おも》はれる。仙藥篇《せんやくへん》に言《い》ふ所《ところ》は簡單明瞭《かんたんめいれう》であるが、第《だい》三歩《ほ》の擧右《きよう》は擧左《きよさ》の誤《あやまり》に相違《さうゐ》あるまい。登渉篇《とせふへん》に言《い》ふ所《ところ》は第《だい》一歩《ほ》のみ鄭重《ていちよう》にして、第二歩第三歩《だいにほだいさんぽ》があまり簡短《かんたん》であり、且《か》つ仙藥篇《せんやくへん》と結果《けつくわ》に於《おい》て、進度《しんど》の相違《さうゐ》がある所《ところ》から見《み》て、自分《じぶん》は次《つぎ》の如《こと》く改訂《かいてい》したいと思《おも》ふ。第一歩《だいいっぽ》の復前《ふくぜん》の下《した》に左足次前《さそくじぜん》の四字《じ》を入《い》るること。第二歩第三歩《だいにほだいさんぽ》は次《つぎ》の如《こと》くすること。

次復前左足、次前右足、次前左足、以右足從、左足併、是二歩也。

次復前右足、次前左足、次前右足、以左足從、右足併、是三歩也。

即《すなは》ち第二歩《だいにほ》には「左左次前《ささじぜん》」の四字《じ》を加《くは》へ、第三歩《だいさんぽ》には「次前左足《じぜんさそく》、次前右足《じぜんうそく》」の八字《じ》を加《くは》ふ。斯《か》くの如《こと》くすれば鄭重《ていちよう》の程度《ていど》に於《おい》ては登渉《とせふ》、仙藥《せんやく》の二篇《へん》の説異《せつこと》なれども結果《けつくわ》に於《おい》ては同一《どう》となる。

第四節　神丹の效能

さて仙藥《せんやく》には其效能種々《そのかうのうしゆじゆ》ありて之《これ》を大別《たいべつ》すれば、上中下《じやうちうげ》の三種《しゆ》となる。神農《しんのう》四經《きやう》に曰《いは》く、上藥《じやうやく》は人《ひと》をして身《み》安《やす》らかに命延《めいの》び、昇《のぼ》つて天神《てんじん》と爲《な》り、上下《じやうげ》を遨遊《がういう》し、萬靈《ばんれい》を使役《しえき》せしむ。中藥《ちうやく》は性《せい》を養《やしな》ひ、下藥《げやく》は病《やまひ》を除《のぞ》く云々《うんぬん》と。今抱朴子《いまはうぼくし》に從《したが》ひ其《そ》の上藥《じやうやく》より次々《つぎつぎ》に之《これ》を列擧《れつきよ》すれば丹砂《たんさ》、黃金《わうごん》、白銀《はくぎん》、諸芝《しよし》、五玉《ごぎよく》、雲母《うんぼ》、明珠《めいしゆ》、雄黃《ゆうくわう》、太乙禹餘糧《たいをつうよりやう》、石中黃子《せきちうくわうし》、石桂《せきけい》、石英《せきえい》、石腦《せきなう》、石流黃《せきりうくわう》、石粘《せきねん》、會青《くわいせい》、松柏脂《しようはくし》、茯苓《ぶくりやう》、地黃《ちくわう》、麥門冬《ばくもんとう》、木《もく》巨藤重樓黃連《きよとうぢうろうくわうれん》、石韋《せきゐ》楮實《ちよじつ》、象柴《ざうし》等《とう》である。象柴《ざうし》は一名純盧《めいじゆんろ》と言《い》ひ、或《あるひ》は仙人杖《せんにんづゑ》とも、西王母杖《さいわうぼづゑ》とも、天精《てんせい》、郤老《けんらう》、地骨《ちこつ》、枸杞《くこ》ともいふ。又天門冬《またてんもんとう》といふものがある。これは別名《べつめい》、地門冬《ちもんとう》とも蓮門冬《れんもんとう》とも、巔棘《てんそう》、淫羊《いんやう》食《しよく》、管松《くわんしよう》とも云《い》ふ。其《そ》の高地《かうち》に生《しやう》じ根《ね》短《みじ》かくして味甜《あぢあま》く氣《き》香《かんば》しき物《もの》は良好《りやうかう》である。其《そ》の水側下地《すゐそくかち》に生《しやう》じ葉《は》細《ほそ》くして蘊《うん》に以《もつ》て少《すこ》しく黄色《くわうしよく》を帯《お》び、根《ね》長《なが》くして味苦《あぢにが》く氣《き》くさきものは下等《かとう》にして效能《かうのう》うすけれども、亦服《またふく》食《しよく》するにたる。又《また》、黄精《くわうせい》一名白笈《めいはくきふ》、又《また》は免竹《めんちく》、救窮《きうきう》、垂珠《すゐじゆ》といふものは、花《はな》は效能實《かうのうみ》にまさり、實《み》は根《ね》にすぐれども、花《はな》は多《おほ》く之《これ》を得《え》難《がた》く、生花《せいくわ》十斛《こく》を乾《かわ》かして僅《わづ》かに五六斗《と》を得《う》るのみ、然《しか》れども日《ひ》に三合《がふ》づつを服《ふく》し、之《これ》を服用《ふくよう》すること十年《ねん》なればその效能《かうのう》いちじるしく現《あら》はる。次《つぎ》に五芝《し》とは石芝《せきし》、木芝《もくし》、草芝《さうし》、肉芝《にくし》、菌《きん》芝《し》をいひ、各《おのおの》百餘種《よしゆ》あり。就中《なかんづく》、石象芝《せきざうし》といふものは海隅《かいぐう》の名山及《めいざんおよ》び島嶼《たうしよ》の涯《はて》に生《しやう》じ、其《そ》の形狀肉象《けいじやうにくざう》の如《ごと》く頭尾《とうび》四足《そく》あるものは最良《さいりやう》である。多《おほ》くは大石《たいせき》に附着《ふちやく》し高峻《かうしゆん》の地《ち》にあり、赤《あか》き物《もの》は珊瑚《さんご》の如《ごと》く、白《しろ》きものは截《さい》肪《ばう》の如《ごと》く、黒《くろ》き物《もの》は澤漆《たくしつ》の如《ごと》く、青《あを》きものは翠羽《すゐう》の如《ごと》く、黄《き》なる物《もの》は柴金《しきん》の如《ごと》く、皆光《みなくわう》明《みやう》洞徹《どうてつ》にして暗夜《あんや》に之《これ》を去《さ》ること三百歩《ぽ》にして卽《すなは》ちその光《ひかり》を望見《ばうけん》することが出來《でき》る程《ほど》である。大《だい》なる物《もの》は十餘斤《よきん》あり、小《せう》なるものも三四片《きん》あり、十二分《ぶん》の修業《しゆげふ》を積《つ》み老子《らうし》の入山靈符《にふざんれいふ》を佩《お》びたる者《もの》でなければ之《これ》を發見《はつけん》することは出來《でき》ぬ。若《も》し之《これ》を得《う》れば之《これ》を搗《つ》くこと三萬《まん》六千杵《きね》で、日々《ひゞ》三度《ど》づつ方寸《はうすん》の匙《さじ》を服《ふく》して一片《きん》を盡《つく》せば、千歳《さい》の壽《じゆ》を得《う》、十片《きん》なれば萬歳《まんさい》の壽《じゆ》を得《う》るものである。王脂《わうし》芝《し》は玉《たま》ある山《やま》に生《しやう》じ、常《つね》に懸危《けんき》の所《ところ》にあり、玉膏流《ぎよくかうなが》れ出《い》づることと萬年以上《まんねんいじやう》にして凝《こ》つて芝《し》をなすものにして、形《かたち》は鳥獸《てうじう》の如《ごと》く、色《いろ》は一定《てい》の色彩《しきさい》なく、多《おほ》くは山玄水蒼玉《さんげんすゐさうぎよく》に似《に》てゐる。亦《また》は鮮明《せんめい》にして水精《すゐせい》のやうである。得《え》て之《これ》を粉末《ふんまつ》とし、無《む》心草《しんさう》の汁《しる》を以《もつ》て和《わ》すれば暫時《ざんじ》にして水《みづ》となる。一升《しよう》を服《ふく》すれば、千歳《さい》の壽《じゆ》を得《う》るものである。七明《めい》九孔芝《こうし》も皆石《みないし》である。水《みづ》に臨《のぞ》める高山石崖《かうざんせきがい》の間《あひだ》に生《しやう》じ、形狀《けいじやう》は盤椀《ばんわん》の如《ごと》く、直徑《ちよくけい》一尺《しやく》にすぎず。七孔《こう》あるものは七明《めい》と言《い》ひ、九孔《こう》あるものは九光《くわう》と言《い》ふ。光《ひかり》は星《ほし》の如《ごと》く、百餘歩《よほ》の遠《とほ》きにあつて其《そ》の光《ひかり》を望見《ばうけん》する事《こと》が出來《でき》る。秋分《しうぶん》の時《とき》に之《これ》を伺《うかゞ》ひ、得《う》れば搗《つ》いて粉《こな》とし、方寸《はうすん》の匙《さじ》を服用《ふくよう》すれば、身《み》に發熱《はつねつ》をおぼえ五味《み》甘美《かんび》であり、一斤服《きんふく》すれば千歳《さい》の壽《じゆ》を得《え》て、其身《そのみ》より光《ひかり》を發《はつ》して、暗夜《あんや》も月夜《つきよ》のやうである。其他《そのた》石中黄子《せきちうくわうし》は所在《しよざい》にこれあれども、尤《もつと》も沁水山《しんすゐざん》に多《おほ》く、大石中《たいせきちう》にあれば其石《そのいし》は常《つね》に潤濕《じゆんしつ》して燥《かわ》かず、石《いし》を打破《うちやぶ》れば赤黄溶々《せきくわうよう〳〵》たる液體《えきたい》で、卵《たまご》の黄味《きみ》のやうである。暫《しばら》く空氣《くうき》に暴露《ばくろ》せば、凝《こ》り固《かた》まりて石《いし》となる故《ゆゑ》に取《と》り出《だ》したならば堅《かた》くならぬ前《まへ》に之《これ》をのまねばならぬ。一石中《せきちう》に多《おほ》きものは一升《しやう》あり、少《すくな》き物《もの》は數合《すうがふ》あり、一度《ど》ならずとも幾回《いくくわい》かに三升《じやう》を服用《ふくよう》すれば千歳《さい》の壽《じゆ》を得《う》る。其他《そのた》種々《しゆ〴〵》の靈藥《れいやく》について、此種《このしゆ》の說明《せつめい》あれども、一々之《これ》を記錄《きろく》することを措《お》く。

之《これ》を要《えう》するに服食法《ふくしよくはふ》又《また》は藥餌法《やくじはふ》は、大別《たいべつ》すれば自《みづか》ら金丹《きんたん》を錬《ね》るものと、名山中《めいざんちう》に靈藥《れいやく》を求《もと》むるものとの二種《しゆ》となるが、長生不老《ちやうせいふらう》の法《はふ》としては道教《だうけう》に於《おい》てもつとも重視《ぢうし》せらるゝものである。

漁夫曰、聖人不レ凝二滯於物一。而能與レ世推移。世人皆濁。何不下掘二其泥一而揚中其波上。衆人皆醉。何不下餔二其糟一而歠中其釃上。何故深思高擧。而令レ放爲。

（文選三三）

第六章　積徳延壽術

第一節　積善立功

長壽法《ちやうじゆほふ》の第《だい》四は善行功徳《ぜんかうくどく》を積《つ》むことである。抱朴子對俗篇《はうぼくしたいぞくへん》に曰《いは》く、

人欲二地仙一、當レ立二三百善一。欲二天仙一、當レ立二千二百善一。若有二千一百九十九善一、而復忽中行二一惡一、則盡失二前善一、乃當二復更起二善數耳。

抱朴子《はうぼくし》によると易内戒《いないかい》、赤松子經《せきしようしきやう》、及《およ》び河圖記命符《かうときめいふ》に皆曰《みないは》く、天地《てんち》には司過《しくわ》の神《かみ》ありて、人《ひと》の犯《をか》す所《ところ》の輕重《けいちよう》に隨《したが》つて以《もつ》て其《そ》の算《さん》を奪《うば》ふ、算減《さんげん》すれば人貧耗疾病《ひとひんまうしつぺい》し、屢々憂患《しばしばいうくわん》に逢《あ》ひ、算盡《さんつ》くれば人死《ひとし》すと、又對俗篇《またたいぞくへん》には、上天司命《じやうてんしめい》の神《かみ》、人《ひと》の過惡《くわあく》を察《さつ》し、其《そ》の惡事《あくじ》を行《おこな》ふこと大《だい》なる者《もの》は、司命紀《しめいき》を奪《うば》ひ、小過《せうくわ》は算《さん》を奪《うば》ふと見《み》えて居《ゐ》る、而《しか》して紀《き》は三百日《にち》、算《さん》は三日《か》である。司過《しくわ》の神《かみ》は即《すなは》ち司命《しめい》の屬神《ぞくしん》を云《い》ふ。文昌宮《ぶんしやうぐう》の第《だい》四星《せい》を司命《しめい》と云《い》ひ、第《だい》五星《せい》を司中《しちう》といひ、第《だい》六を司祿《しろく》といひ、之《これ》を三臺北斗神君《だいほくとしんくん》（太上感應篇《だいじやうかんおうへん》）とも云《い》ふ。司過司命《しくわしめい》の神《かみ》は自《みづか》ら下民《かみん》に監臨《かんりん》して其《そ》の過惡《くわあく》を察《さつ》することは勿論《もちろん》であるが、又三尸蟲及《またしちうおよ》び竈神《そうじん》を使役《しえき》して人《ひと》の罪狀《ざいじやう》を知《し》る、三尸蟲《しちう》は太上三尸中經《だいじやうしちうきやう》によると、上尸《じやうし》の名《な》は彭倨《はうきよ》といひ、人《ひと》の頭中《づちう》に在《あ》り。中尸《ちうし》の名《な》は彭質《はうしつ》といひ、人《ひと》の腹中《ふくちう》にあり。下尸《かし》の名《な》は彭矯《はうけう》といひ、人《ひと》の足中《そくちう》に在《あ》りと言《い》ひ。玉樞經《ぎよくすうきやう》注《ちう》には、上尸《じやうし》の名《な》は青姑《せいこ》、中尸《ちうし》の名《な》は白姑《びやくこ》、下尸《かし》の名《な》は血姑《けつこ》とあり。其《そ》の孰《いづ》れが正《たゞ》しきかを知《し》らないが、ともかく此《こ》の三尸《し》は六十日毎《にちごと》に庚《かう》

申《しん》の日《ひ》に天《てん》に上《のぼ》つて、人《ひと》の過失《くわしつ》を報告《はうこく》するものである。易內戒《えきないかい》、赤松子經《せきしようしきやう》及《およ》び河圖紀命符《かうづきめいふ》によると、三尸《し》は無形《むけい》なれども、實《じつ》は魂靈鬼神《こんれいきしん》の屬《ぞく》であつて、人《ひと》が生存《せいそん》する間《あひだ》は、人《ひと》の身體中《しんたいちう》に拘束《こうそく》せらるゝが、死《し》ぬると人《ひと》の身體《しんたい》を遊離《いうり》して自由《じいう》に遊行《ゆぎやう》して放縱《はうしよう》なることを得《う》るので、好《この》んで人《ひと》の過失《くわしつ》を云《い》ひ、その早死《はやじに》をいのるのである。後世《こうせい》にいたつてかの庚申待《かうしんまち》の夜《よ》は、終夜《しうや》寢《ね》ないのは、此《こ》の三尸蟲《しちう》の人《ひと》の睡眠《すゐみん》せる間《あひだ》に昇天《しようてん》せんとするのを防《ふせ》ぐためである。竈神《さうじん》は月《つき》の晦《みそか》に天《てん》に昇《のぼ》りて一家《か》の人々《ひとびと》の罪狀《ざいじやう》を報告《はうこく》する。そこで在天《ざいてん》の司過《しくわ》の神《かみ》は過《あやまち》の大小《だいせう》によりて、或《あるひ》は三百日《にち》の壽命《じゆみやう》を奪《うば》ひ、或《あるひ》は三日《か》の壽命《じゆみやう》を奪《うば》ふので、若《も》し個人《こじん》として天《てん》賦《ぷ》の壽命《じゆみやう》を以《もつ》て、其過《そのあやまち》を贖《あがな》ふに足《た》らぬ時《とき》は、餘殃《よあうし》子孫《そん》に及《およ》び、子孫《しそん》の壽命中《じゆみやうちう》より算又《さんまた》は紀《き》を減《げん》ずる。太上感應篇《たいじやうかんおうへん》に

積德天仙會

死有餘責、乃殃及子孫と言《い》ふは其《そ》の意《い》味《み》である。而《しか》して善《ぜん》を積《つ》み功《こう》を立《た》つれば次第《しだい》に壽命《じゆみやう》を益《えき》し、遂《つひ》には神仙《しんせん》となることが出來《でき》るのである。故《ゆゑ》に微旨篇《びしへん》に曰《いは》く、

覽諸道戒、無不云欲求長生者、必欲積善立功、慈心於物、恕己及人、仁逮昆蟲……

如レ此乃爲二有德一、受二福于天一、所レ作必成、求レ仙可レ冀也。

かの道教《だうけう》の經典中《きやうてんちう》にて最《もつと》も廣《ひろ》く行《おこな》はれてゐる太上感應篇《たいじやうかんおうへん》は略《ほ》ぼ以上《いじやう》の趣旨《しゆし》を述《の》べたものである。さて抱朴子《はうぼくし》時代《じだい》には積善立功《せきぜんりつこう》も千二百善《ぜん》を連續《れんぞく》して遂行《すゐかう》せねば、千百九十九善《ぜん》を行《おこな》つた後《のち》、偶々《たまたま》一惡《あく》を行《おこな》へば、以前《いぜん》の善功《ぜんこう》は悉《ことごと》く消滅《せうめつ》して又新《またあら》たる善功《ぜんこう》を行《おこな》はねばならぬと論《ろん》じてゐるが、それでは俗人《ぞくじん》には殆《ほとん》ど不可能《ふかのう》であり、自暴自棄《じばうじき》に陥《おちい》らしむるもので、後世《こうせい》に至《いた》つては善惡《ぜんあく》を加減《かげん》して、一月毎《つきごと》に收支《しうし》の決算《けつさん》をなし、漸《ぜん》を以《もつ》て大《だい》なる效果《かうくわ》をあげしめん事《こと》を謀《はか》るに至《いた》つた。所謂《いはゆ》る功過格《こうくわかく》なるものは夫《そ》れである。

功過格《こうくわかく》の矚目《しよくもく》すべきは三種《しゆ》であるが、道藏輯要中《だうざうしふえうちう》には十戒功過格《かいこうくわかく》と警世功過格《けいせいこうくわかく》との二を收《をさ》めてある。今一《いまひと》つは和訓陰隲錄《わくんいんげきろく》の後《のち》に附《ふ》したものである。十戒功過格《かいこうくわかく》は一名行覈《めいかうげき》と云《い》ひ、純陽子自序《じゆんやうしじじよ》及《およ》び柳守元《りうしゆげん》の題詞《だいし》あり、孚佑上帝純陽呂祖天師《ふいうじやうていじゆんやうろそてんし》示定《じてい》と題《だい》し、殺盜《さつたう》、淫《いん》、惡口《あくこう》、兩舌《りやうぜつ》、綺語《きご》、妄語《まうご》、貪《どん》、瞋《しん》、癡《ぎ》の十戒《かい》に就《つい》て、それぞれ功過《こうくわ》を定《さだ》めてある。警世功過格《けいせいこうくわかく》も同《おな》じく孚佑上帝純陽呂祖天師《ふいうじやうていじゆんやうろそてんし》示定《じてい》と題《だい》してあるが、これは功格《こうかく》を意善計《いぜんけい》五十六則《そく》、語善計《ごぜんけい》三十六則《そく》、行善計《ぎやうぜんけい》七十二則《そく》とし、過格《くわかく》を意惡計《いあくけい》五十九則《そく》、語惡計《ごあくけい》五十七則《そく》、行惡計《ぎやうあくけい》一百二十一則《そく》としてある。採點法《さいてんはふ》には夫《そ》れ夫《ぜ》れ異同《いどう》あれども、要《えう》するに某々《ぼうぼう》の善行《ぜんかう》は加幾點《かいくてん》、某々《ぼうぼう》の惡行《あくぎやう》は減幾點《げんいくてん》と定《さだ》めて加減增損《かげんぞうそん》して月々《つきづき》の得點《とくてん》を決算《けいさん》する方法《はうはふ》である。かの瀧蘭臺《たきらんだい》の妻《つま》が糸卷《いとまき》に紅糸《こうし》、白糸《はくし》を卷《ま》いて、愛《あい》兒《じ》の善行《ぜんかう》を奬勵《しやうれい》したといふ話《はなし》は恐《おそ》らくこの功過格《こうくわかく》の方法《はうはふ》に思《おも》ひついたのではあるまいか。今警世功過格《いまけいせいこうくわかく》の中《うち》數條《すうでう》を抽出《ちうしゆつ》して其《そ》の一斑《ばん》を示《しめ》さんに。

第二節　功格

一、意善

變化氣質《きしつをへんくわし》、歸於純粹《じゆんすゐにかへる》、千功《こう》、
淫褻《いんせつ》の語《ご》を聞《き》いて心《こゝろ》を動《うご》かさざるは立功《りつこう》、
好女子《かうぢよし》を見《み》て心《こゝろ》を動《うご》かさざるは五十功《こう》、
人《ひと》の失意《しつい》を見《み》て悵惘《ちやうまう》の心《こゝろ》を生《しやう》ずるは一功《こう》、
人《ひと》の得意《とくい》を見《み》て歡喜《くわんき》の心《こゝろ》を生《しやう》ずるは三功《こう》、
勢利《せいり》に因《よつ》て趨附《すうふ》の心《こゝろ》を生《しやう》ぜざるは三十功《こう》、
衰落《すゐらく》に因《よつ》て厭薄《えんぱく》の心《こゝろ》を生《しやう》ぜざるは五十功《こう》、

二、語善

一人《にん》を勸化《くわんくわ》して德《とく》を成《な》さしむるは二百功《こう》、
一人《にん》の賭《かけ》を勸止《くわんし》するは五十功《こう》、
一人《にん》の嫖《みだら》を勸止《くわんし》するは五十功《こう》、

一人《にん》の墮《だ》胎《たい》を勸止《くわんし》するは二百功《こう》、
人《ひと》の夫《ふ》妻《さい》を勸化《くわんくわ》して和合《わがふ》せしむるは百功《こう》、
妄語《まうご》せざること一日《にち》は五功《こう》、

三、行　善

一無罪《むざい》の人命《じんめい》を救《すく》ふは五百功《こう》、
一婦女《ふぢよ》の節《せつ》を完《まつた》ふせしむるは五百功《こう》、
一人《にん》の子嗣《しゝ》を延《の》べしむるは五百功《こう》、
一人《にん》の賣《ばい》を免《まぬか》れしむ、妻《つま》は三百功《こう》、子女《しぢよ》は二百功《こう》、
人《ひと》の爲《ため》に嗣《し》を立《た》て絶《ぜつ》を繼《つ》ぐは百功《こう》、
橋梁險道《けうりやうけんだう》を倡修《しやうしう》するは百功《こう》、
一つの無主《むしゆ》の骸骨《がいこつ》を葬《はふむ》るは五十功《こう》、
井《ゐ》を掘《ほ》るは十功《こう》、
粥《かゆ》を一人《にん》に施《ほどこ》すは一功《こう》、
一人《にん》の渇《かつ》を解《と》くは一功《こう》、

雨具《あまぐ》を一人《にん》に施《ほどこ》すは一功《こう》、
字紙《じし》一片《ぺん》を拾《ひろ》ふは一功《こう》、

第三節　過格

一、意惡

天《てん》を慢《あなど》るは千過《くわ》、
君《きみ》を欺《あざむ》くは千過《くわ》、
祖宗先靈《そそうせんれい》を輕褻《けいせつ》するは千過《くわ》、
心《こゝろ》に父母《ふぼ》の偏愛《へんあい》を疑《うたが》ひて怨望《ゑんぼう》を生《しやう》ずるは千過《くわ》、
財産《ざいさん》によつて兄弟《きやうだい》を憎《にく》むは五百過《くわ》、
父母《ふぼ》の教誨《けうくわい》、口應《くちごたへ》して心違《こゝろたが》ふものは一事《じ》五十過《くわ》、
好女子《かうぢよし》を見《み》て輙《たちま》ち意戀《いれん》を生《しやう》ずるは三十過《くわ》、
人《ひと》の得意《とくい》を見《み》て卽《すなは》ち嫉妬《しつと》を生《しやう》ずるは三十過《くわ》、
人《ひと》の失意《しつい》を見《み》て反《かへつ》て暢快《ちやうくわい》を生《しやう》ずるは三十過《くわ》、

小事《せうじ》を忿怒《ふんぬ》すること一事《じ》一過《くわ》、

二、語　惡

父母《ふぼ》に詆觸《ていしよく》すること一言《げん》千過《くわ》、
說《せつ》を倡《とな》へて聖賢《せいけん》に叛《そむ》くは千過《くわ》、
怨懟《えんたい》して父母《ふぼ》の過《くわ》を言《い》ふは五百過《くわ》、
人《ひと》の骨肉《こくにく》を離間《りかん》するは五百過《くわ》、
人《ひと》の陰私《いんし》を發《あば》くは十過《くわ》より百過《くわ》に至《いた》る、
神佛《しんぶつ》を毀謗《きばう》するは五十過《くわ》、
一人《にん》の善《ぜん》を沒《はつ》するは五過《くわ》、
一人《にん》の惡《あく》を播《ま》くは五過《くわ》より五十過《くわ》に至《いた》る、
背後《はいこ》人《ひと》を罵《のゝし》るは三過《くわ》、
背語《はいこ》人《ひと》を批評《ひひやう》するは一過《くわ》、
己《おのれ》の能《のう》に誇《ほこ》るは一過《くわ》、

三、行悪

祖父母《そふぼ》父母《ふぼ》に違拗《ゐえう》する一事《じ》千過《くわ》、
一良家婦女《りやうけふぢよ》の節《せつ》を敗《やぶ》るは千過《くわ》、
一人《にん》の死《し》を致《いた》すは千過《くわ》、
一人《にん》の嗣《し》を絶《た》つは千過《くわ》、
婢《ひ》を賣《う》つて娼《しやう》と作《な》すは千過《くわ》、
妾《せう》を寵《ちよう》し妻《さい》を棄《す》つるは五百過《くわ》、
親柩《しんきう》を葬《はふむ》らざるは五百過《くわ》、
墮胎《だたい》一次《じ》は三百過《くわ》、邪色《じやしよく》によるものは倍加《ばいか》す、
一人《にん》を嫖《みだら》に誘《さそ》ふは三百過《くわ》、
一人《にん》の婚姻《こんいん》を破《やぶ》るは三百過《くわ》、
僕婢《ぼくひ》を虐使《ぎやくし》するは五十過《くわ》、
子《こ》ありて妾《めかけ》を娶《めと》るは三十過《くわ》、
不良者《ふりやうしや》と交《まじは》るは一日《にち》十過《くわ》、

字紙《じし》一片《ぺん》棄《す》つるは五過《くわ》、
一牲口《せいこう》を殺《ころ》すは五過《くわ》、
酒《さけ》をのみて醉《よ》ふに至《いた》るは一過《くわ》、
臥《ふ》して經書《きやうしよ》を看《み》るは一過《くわ》、
ひそかに人《ひと》の私語《しご》を聽《き》くは三過《くわ》、

以上《いじやう》の數則《すうそく》によつて略功過格《ほゞこうくわかく》の何物《なにもの》たるかを知《し》ることが出來《でき》ると思《おも》ふ。讀者《どくしや》は仙道《せんだう》に於《おい》て如何《いか》なる點《てん》を重視《ちうし》して居《ゐ》るかといふことを知《し》るの一助《じよ》とすべきであると思《おも》ふ。

第四節　戒　律

戒律《かいりつ》とは仙法修行者《せんぱふしゆぎやうしや》の日常《にちじやう》遵守《じゆんしゆ》すべきことであるが、修身《しうしん》及《およ》び禁忌《きんき》の兩者《りやうしや》が相混同《あひこんどう》して居《ゐ》る。仙經禁忌《せんきやうきんき》の條《でう》に、

凡《すべ》て甲寅《きのえとら》の日《ひ》は、尸鬼競亂《しききやうらん》、精神躁穢《せいしんさうわい》の日《ひ》なれば、夫婦同席《ふうふどうせき》、言語《げんご》するを得《え》ず、清淨《しやうじやう》沐浴《もくよく》、寢《ね》ずして警備《けいび》すべし。

凡《すべ》て服藥《ふくやく》の際《さい》は、蒜《にんにく》、石榴《ざくろ》、猪肝《ちよかん》、犬肉《けんにく》を食《しよく》すべからず。

凡《すべ》て服藥《ふくやく》には北方《ほつぱう》に向《むか》ふなかれ。

凡《すべ》て亥《ゐ》の日《ひ》は唾《つば》すべからず。之《これ》に背《そむ》けば年壽《ねんじゆ》を損減《そんげん》す。
凡《すべ》て入山《にふざん》の法《はふ》は禹歩《うほ》すべし。
凡《すべ》て仙《せん》を求《もと》むるものは、尸骸《しがい》を見《み》るべからず。
三月《ぐわつ》一日《にち》には、婦人《ふじん》と同處《どうしよ》するを忌《い》む。

仙道忌十敗《せんだうきはい》の條《でう》に、

第《だい》一、淫《いん》を好《この》むなかれ。第《だい》二、陰賊凶惡《いんぞくきようあく》をなすなかれ。第《だい》三、酒《さけ》に醉《よ》ふなかれ。第《だい》四、穢慢不淨《わいまんふじやう》なるなかれ。第《だい》五、父《ちゝ》の本命《ほんめい》の肉《にく》を食《く》ふなかれ。第《だい》六、自己《じこ》の本命《ほんめい》の肉《にく》を食《く》ふなかれ。第《だい》七、一切《さい》の肉《にく》を嗜《たしな》み食《く》ふなかれ。第《だい》八、五辛《しん》を食《く》ふなかれ。第《だい》九、一切《さい》の昆蟲《こんちう》を殺《ころ》すなかれ。第《だい》十、北《きた》に向《むか》うて大小便《だいせうべん》し、仰《あふ》いで三光《くわう》を觀《み》る勿《なか》れ。

仙道十五要《せんだうえう》に曰《いは》く、

一、分限以上《ぶんげんいじやう》の慾《よく》を起《おこ》すことなかれ。
二、歎《なげ》き悲《かな》しみ愚痴《ぐち》を溢《こぼ》すなかれ。
三、不平癇癪《ふへいかんしやく》を愼《つゝし》むべし。
四、餘計《よけい》の世話《せわ》をやくことなかれ。
五、大食《だいしよく》せぬこと。

六、血液《けつえき》を腐敗《ふはい》せしむる肉類《にくるゐ》や酒《さけ》を用《もち》ふるなかれ。

七、身體《しんたい》に無理《むり》をせぬこと。

八、妄《みだ》りに元氣《げんき》を表《おもて》に現《あら》はし、又《また》精氣《せいき》を耗《へ》らすことなかれ。

九、調氣《てうき》錬丹《れんたん》を心掛《こゝろが》けよ。

十、大言《たいげん》壯語《さうご》妄笑《まうせう》せぬこと。

十一、睡眠《すゐみん》を貪《むさぼ》らず早起《はやおき》せよ。

十二、山野《さんや》に逍遙《せうえう》し自然《じぜん》の風光《ふうくわう》に接《せつ》し心身《しんしん》を休養《きうやう》すること。

十三、冷水《れいすゐ》の洗滌《せんでき》、摩擦《まさつ》を勵行《れいかう》すべし、

十四、毎朝《まいあさ》鹽湯《しほゆ》、梅干湯《うめぼしゆ》を用《もち》ふべし。

十五、衣服《いふく》を薄《うす》くし濕陰《しついん》の居《きよ》を避《さ》くべし。

人《ひと》若し以上《いじやう》の延命《えんめい》、倫理《りんり》、戒律《かいりつ》の規定《きてい》方術《はうじゆつ》を實行《じつかう》し遵守《じゆんしゆ》すれば、虚空《こくう》に上《のぼ》り、宇宙《うちう》に逍遙《せうえう》することを得《う》。之《これ》を天仙《てんせん》といふ。その中《ちう》なるものは、名山《めいざん》に遊《あそ》び、所謂《いはゆる》三十六洞天《どうてん》、七十二福地《ふくち》に生息《せいそく》することを得《う》、之《これ》を地仙《ちせん》と云《い》ふ。下《げ》なるものは肉體《にくたい》を現世《げんせ》に殘《のこ》して、その魂魄《こんぱく》だけも、ぬけて去《さ》る、之《これ》を尸仙《しせん》又《また》は尸解仙《しげせん》といふ。而《しか》して尸解《しげ》には、肉體《にくたい》をそのまゝ殘《のこ》すもの、劍《つるぎ》に化《くわ》するもの、即《すなは》ち劍解《けんげ》。杖《つゑ》に化《くわ》するもの、即《すなは》ち杖解《ちやうげ》。その他《た》の物品《ぶつぴん》に化《くわ》するもの、水《みづ》に死《し》するもの、即《すなは》ち水解《すゐげ》などの區別《くべつ》がある。

第七章　靈寶久視術

第一節　三魂七魄

道教所藏中《だうけうしよざうちう》の尤《もつと》も重要《ぢうえう》なる太上洞玄靈寶無量《だいじやうどうげんれいはうむりやう》度人上品妙經《どじんじやうほんめうきやう》中《ちう》の玉函靈寶祕典《ぎよくかんれいはうひてい》に曰《いは》く、

三魂《こん》とは、爽靈《さうれい》、台光《だいくわう》、幽精《いうれい》の三なり。肝下《かんか》に在《あ》り、形《かた》ち人《ひと》の如《ごと》く、竝《なら》びに青衣《せいい》を着《き》る。内《うち》には黄衣《くわうい》を着《き》るなり、毎月初三日《まいげつしよか》、十三日《にち》、二十三日《にち》の夜《よ》は、人《ひと》の身《み》を離《はな》れ去《さ》つて、身《み》の外《ほか》に遊《あそ》ぶと。

又曰《またいは》く、一魂《こん》は直《たゞ》ちに本屬宿營《ほんぞくしゆくえい》に居《きよ》し、一魂《こん》は地府《ちふ》に居《きよ》し、一魂《こん》は形内《けいない》に居《きよ》すと。

陽子註《やうしちう》に、魂《こん》の游氣《いうき》あり、始《はじ》めて生《しやう》ずるを化《け》といふと。

次《つぎ》に曰《いは》く、七魄《こん》とは、尸拘《しこう》、伏失《ふくしつ》、朱陰《しゆいん》、呑賊《どんぞく》、飛毒《ひどく》、除穢《ぢよわい》、臭肺《しはい》なり。それ七魄《こん》は積《せき》陰《いん》の氣《き》にして、其《そ》の形《かた》ち鬼神《きじん》に類《るゐ》す。人《ひと》をして多欲《たよく》、傷勞《しやうらう》、窒塞《ちつそく》、拘急《こうきふ》にして、穢《わい》を好《この》み、淨《じやう》を好《この》まず。能生《のうせい》に背《そむ》き、死《し》に向《むか》ひ、諂曲《てんきよく》、詭詐《きさ》、女色《ぢよしよく》を戀慕《れんぼ》せしめ、日夜《にちや》惡《あく》を作《つく》り、人《ひと》を催《もよほ》し早《はや》く死《し》せしめ、鬼趣《きしゆ》に入《い》らしめ、立身出世《りつしんしゆつせ》の門《かど》を蔽《おほ》ひ障《さは》り、貧窮《ひんきう》孤獨《こどく》の身《み》となさしむるものは、此《こ》の七魄《はく》なり。

佛教《ぶつけう》の佛説《ぶつせつ》地藏《ぢざう》菩薩《ぼさつ》發心《ほつしん》因縁《いんねん》十王經《わうきやう》にも、三魂《こん》七魄《はく》の説《せつ》あり。尤《もつと》も此《こ》の經《きやう》は非佛説《ひぶつせつ》にて支那《しな》所作《しよさく》の僞經《ぎきやう》なりともいふ。其《そ》の大要《たいえう》は、

曰《いは》く三種《しゆ》の魂識《こんしき》とは、一には胎光業魂神識《たいくわうごふこんしんしき》と名《な》づけ、二には幽精轉魂神識《いうせいてんこんしんしき》、三には相《さう》靈現魂神識云々《れいげんこんしんしきうんぬん》、又《また》七種魄識《しゆはくしき》とは、一には雀陰魄神識《じやくいんはくしんしき》、二には天賊魄神識《てんぞくはくしんしき》、三には非《ひ》毒魄神識《どくはくしんしき》、四には尸垢魄神識《しくはくしんしき》、五には臭肺魄神識《しうはいはくしんしき》、六には除穢魄神識《ぢよわいはくしんしき》、七には伏尸魄《ふくしはく》神識云々《しんしきうんぬん》。

老君曰《らうくんいは》く、陰魄濁尸《いんはくだくし》の氣形《きぎやう》に在《あり》て、魄神常《はくじんつね》に保《たも》ち守《まも》る故《ゆゑ》に、學道《がくだう》の者《もの》、魂靈《こんれい》に順《したが》うて尸魄《しはく》を制《せい》するを錬形《れんぎやう》の術《じゆつ》と爲《な》し、仙家《せんけ》にては是《これ》を專務《せんむ》とす。若《も》し陰尸《いんし》の魄《はく》に隨《したが》うて、陽靈《やうれい》の精《せい》を耗動《まうどう》し、正氣《せいき》を損失《そんしつ》する則《とき》は死《し》すなりと。經《きやう》に曰《いは》く、

魂《こん》は天《てん》に上《のぼ》らんと欲《ほつ》す、魄《はく》は黃泉《くわうせん》に入《い》る。魂《こん》を還《かへ》し、魄《はく》を反《かへ》す、其《そ》の道自然《みちしぜん》なり。陽魂《やうこん》を煉《ねつ》て、陰魄《いんぱく》を制《せい》す。蓋《けだ》し人《ひと》の生《せい》は魂《こん》に隨《したが》ひ、死《し》は乃《すなは》ち魄《はく》に隨《したが》ふ。魂《こん》は昇《のぼ》る事《こと》を好《この》み、魄《はく》は沈《しづ》む事《こと》を好《この》む、聖人委《せいじんくわ》しく修行《しゆぎやう》の徑路《けいろ》を示《しめ》し、人《ひと》をして心《こゝろ》を虛《むなし》ふし、精《せい》を存《そん》し、氣《き》を五神《しん》（五臟《ざう》をいふ）に運《めぐ》らし、五神役《しんえき》せざれば神《しん》は眞《しん》に自然《しぜん》に神仙《しんせん》に契《かな》ひ應《おう》ずる事近《ことちか》きなり。

神仙《しんせん》の至道《しだう》を學《まな》ぶ者《もの》は、當《まさ》にすべからく魂《こん》を抱《かゝ》へとどめ、魄《はく》を制《せい》し、陽《やう》を以《もつ》て陰《いん》を消《け》

三魂之圖

爽靈像　台光像　幽精像

し、魂《こん》をして魄《はく》を煉《ね》らしむる則《とき》は、陰穢《いんわい》漸《やうや》く滅《めつ》して長生《ちやうせい》の道《みち》なり。

黄帝經《くわうていきやう》に曰《いは》く、魂《こん》を攝《せつ》し魄《はく》を還《かへ》す則《とき》は、永《なが》く傾失《けいしつ》なし、魂魄《こんぱく》二神《しん》は是《こ》れ陰陽《いんやう》の精《せい》、能《よ》く順《したが》うて是《これ》を專《もつぱ》らにし、抱《かゝ》へとどめて是《これ》を制《せい》し、闕《かく》る事《こと》なければ、魂人《こんじん》を離《はな》れず、久視《きうし》即《すなは》ち長生不死《ちやうせいふし》の道《みち》を得《う》べし、陽《やう》と陰《いん》と竝《なら》びて人《ひと》即《すなは》ち生《う》まる。胎《たい》を結《むす》び、氣《き》を運《めぐ》らし、形《かたち》に媾《かの》ふもの、竝《なら》びに之《これ》に由《より》て成《な》るなり。

上品妙經《じやうほんめうきやう》の註《ちう》に曰《いは》く、七魄《はく》は常《つね》に身《み》に在《あ》り、人《ひと》をし昏婬《こんいん》ならしめ、三魂《こん》は人《ひと》の善《ぜん》を爲《な》すを喜《よろこ》ぶ。本命日《ほんめいにち》即《すなは》ち人《ひと》の生年《せいねん》月日《ぐわつぴ》に遇《あ》ふときは、直屬宿宮《ちよくぞくしゆくぐう》に居《を》る魂《こん》神體《しんたい》に降《くだ》り尸《し》に就《つ》いて合同《がふどう》す。かく循環《じゆんくわん》歸降《きかう》して絕《た》えざるときは、人《ひと》をして安穩《あんをん》ならしめ災病《さいびやう》生《しやう》せず。本命日《ほんめいにち》身心《しんしん》を清淨《しやうじやう》にし、酒《さけ》と色《いろ》とを絕《た》つて、衣《い》を更《あらた》め、香《かう》を焚《た》き、經《きやう》を（太上洞玄靈寶無量度人上品妙經《だいじやうどうげんれいはうむりやうどじんじやうはんめうきやう》をいふ）誦《じゆ》し。善《ぜん》を行《おこな》ひ、座《ざ》して睡眠《すゐみん》せざれば、即《すなは》ち魂《こん》と魄《はく》と合《がつ》することを得《う》べし。

魂《こん》は陽《やう》に屬《ぞく》し、魄《はく》は陰《いん》に屬《ぞく》す。陰陽相合《いんやうあひがつ》し道氣《だうき》内《うち》に降《くだ》れば命根堅固《めいこんけんご》にして身體清安《しんたいせいあん》なり。若《も》し酒色《しゆしよく》を以《もつ》て形體《けいたい》を昏亂《こんらん》するときは、魂《こん》一見《けん》して歸《かへ》り、身《み》を去《さ》ること七步《ほ》にして取合《とりあ》ふこと能《あた》はず。穢惡《わいを》衝《つ》き射《い》て、魂《こん》すなはち復《ま》た去《さ》り、七魄魂《はくこん》に同《よつ》て來《きた》り合《あ》ふこと能《あた》はざるときは、其《そ》の陰氣《いんき》いよ〳〵盛《さか》んに、鼓舞《こぶ》して志《こゝろざし》を得《え》て、情《じやう》を肆《ほしい》まゝにし、慾《よく》を恣《ほしい》ままにす。若《も》し三度《みたび》昏亂《こんらん》するときは、即《すなは》ち魂《こん》を合《がつ》することを得《え》ず、陽衰《やうおとろ》へ陰旺《いんさか》んに、七魄陰氣《はくいんき》と交《まじは》り通《つう》じて、但《た》だ淫亂《いんらん》をおもふ。

七魄《こん》各々《おの〳〵》主司《しゆし》あり。尸狗《しく》は貪《どん》を主《つかさ》どり、伏尸《ふくし》は食《しよく》を主《つかさ》どり、雀陰《じやくいん》は婬《いん》を主《つかさ》どり、呑賊《どんぞく》は偷《ぬすみ》を主《つかさ》どり、飛毒《ひどく》は妄想《まうさう》を主《つかさ》どり、除穢《ぢよわい》は敗善《はいぜん》を主《つかさ》どり、臭肺《えうはい》は一切《さい》の煩惱《はんなう》を主《つかさ》どる。此《こ》の七魄《こん》は人間《にんげん》の一切惡事《さいあくじ》を作《な》し、一切《さい》の災難《さいなん》に遇《あ》ふの根本《こんぽん》なり。

毎月《まいげつ》（太陰曆《たいいんれき》）十五日《にち》と晦日《みそか》には、七魄守《はくまも》らず、尤《もつと》も意《い》を用《もち》ひて是《これ》を制《せい》すべし。其《そ》の法《はふ》は齒《は》を叩《たゝ》くこと七通《つう》にして、七魄《はく》の名《な》を呼《よ》ぶこと一遍《べん》すべし。女人《ぢよにん》は齒《は》を叩《たゝ》くこと二七通《つう》にして、七魄《はく》の名《な》を呼《よ》ぶこと二遍《へん》、平《へい》座《ざ》し握固《あくこ》冥心《めいしん》して呪《じゆ》を念《ねん》ず。呪《じゆ》に曰《いは》く、

玉帝高尊、上皇至眞、萬神安鎭、七魄佩身、不得越錯、與惡爲群、長屋室後、俱化成仙、永守神形、保衣得眞、游行上宮、同爲玉賓、內有靈液、體有玉津、保我護命、不

七魂之圖

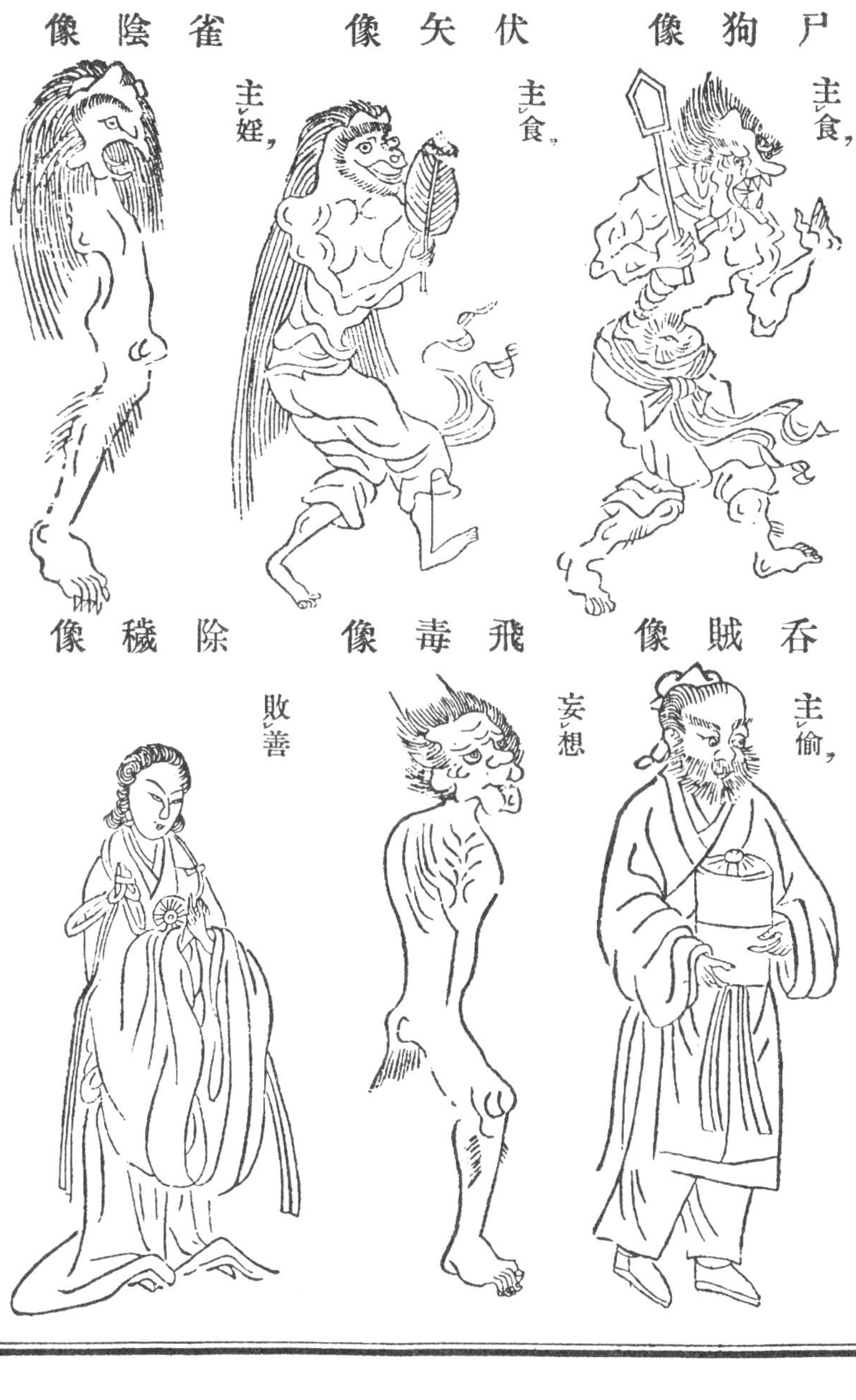

尸狗像
主食
伏矢像
主食
雀陰像
主婬
吞賊像
主偷
飛毒像
妄想
除穢像
敗善

臭肺像

主二一切煩惱ヲ一

得邪淫、急々如律令、勅。

斯《か》くの如《ごと》くに呪《じゆ》して行《おこな》ふときは、心君寧靜《しんくんねいせい》にして、疾病《しつぺい》も侵《をか》すことなく、年《とし》を延《の》く算《さん》を益《えき》し、長《ちやう》生不死《せいふし》の仙《せん》と成《な》る、誠《まこと》に玄々靈妙《げんくれいめう》の法《はふ》なり。

又《また》三魂《こん》を拘《かゝ》ふる法《はふ》に曰《いは》く、庚申《かうしん》の日《ひ》に於《おい》て靜室《せいしつ》に座《ざ》し、頭中《とうちう》に太上老君《だいじやうらうくん》と泥丸眞人《でいぐわんしんじん》（道教《だうけう》の主神《しゆじん》）と二人共《にんとも》に座《ざ》し、上《かしら》に遠游冠《ゑんいうくわん》を着《ちやく》し、玄袍《げんはう》を服《き》て、冥光帳《めいくわうちやうちう》中に座《ざ》し、下《した》に口目耳鼻《こうもくじび》の清淨《せいじやう》なる氣《き》を視《み》る、是《これ》を上一部《じやうぶ》の魂《こん》を拘《かゝ》ゆといふ。

心中《しんちう》に太上帝《だいじやうてい》と絳宮眞人《ほうぐうしんじん》（道教《だうけう》の要神《えうじん》）二人《にん》ありて共《とも》に座《ざ》し、九陽冠《やうくわん》を着《ちやく》し、丹南逸景《たんなんいつけい》の袍《はう》を服《き》て、朱陵帳《しゆりようちやう》中《ちう》に座《ざ》し、下四體狀肝脾膽腎皆清潔《しもたいじやうかんひたんじんみなせいけつ》ならしむる事《こと》五色《しき》の玉《たま》の如《ごと》しと視《み》る、是《これ》を中《ちう》一四肢《し》の部《ぶ》精存《せいそん》すといふ。

臍《ほぞ》の内《うち》に大黃老君《だいくわうらうくん》と黃眞人《くわうしんじん》（道教《だうけう》の重神《ぢうしん》）二人《にん》ありて、十靈冠《れいくわん》を戴《いたゞ》き、黃羅《くわうら》の袍《はう》を服《き》て、黃錦帳《くわうきんちやうちう》中に庭《ざ》し、下脾腸《しもひちやう》の孔竅皆分明《こうげきみなぶんみやう》にして素《そ》の如《ごと》くならしむると視《み》る、是《これ》を下《しも》一腸胃體《ちやうゐたい》を制《せい》すといふ。是《こ》の如《ごと》くして三尸《し》（惡情《あくじやう》）從《したが》つて動《うご》く事能《ことあた》はず、是《これ》を三魂《こん》を拘《かゝ》ゆといふ、是《こ》れ仙家密授《せんけみつじゆ》の靈法《れいはふ》なり。之《これ》は内觀法《ないくわんはふ》と同理《どうり》とす。

因《ちなみ》に三魂《こん》は神道《しんだう》の和魂《にぎみたま》、奇魂《くしみたま》、幸魂《さちみたま》の義《ぎ》に相應《さうおう》し、七魄《はく》は七情《じやう》に當《あた》る。又佛敎《またぶつけう》にて三心《しん》といひ、三毒《どく》五欲《よく》といふは、三魂《こん》七魄《はく》と同意義《どういぎ》なり。

此《こ》の三魂《こん》を整《とゝの》へ、七魄《はく》を制《せい》する祕法《ひはふ》、靈符《れいふ》、神呪多《しんじゆおほ》し、それ等《ら》は面授《めんじゆ》とす。

第二節　三尸九蟲

三尸《しかた》又は三鬼《き》ともいふ。上尸《じやうし》は彭琚《はうきよ》、中尸《ちうし》は彭瓆《はうしつ》、下尸《かし》は彭璚《はうけう》といふ、上尸彭琚《じやうしはうきよ》は小名《せうめい》を阿呵《あか》といふ。人《ひと》の頭上《づじやう》に在《あり》て、人《ひと》の泥丸丹田《でいぐわんたんでん》を伐《うつ》て、人《ひと》をして頭重《あたまおも》く眼昏《まなこくら》く、冷涙流《れいるゐなが》れ、鼻《はな》の中《なか》つねに清涕《せいてい》出で、耳聾《みゝつんぼ》に、歯落《はお》ち、口臭《くちくさ》く、面早《おもはや》く皺《しわ》より、人《ひと》を惑《まど》はし、車馬《しやば》を好《この》ましめ、聲色《せいしよく》を慕《した》ひ、惡垢《あくく》を好《この》みて青蟲《せいちう》と同《おな》じく穿《せん》鑿《さく》して、人《ひと》の眞元《しんげん》を枯《か》らし、人《ひと》をして形碎《かたちくだ》け、髪白《かみしろ》からしめ、壽命《じゆみやう》を縮《ちゞ》め、人《ひと》をして迷脳《めいなう》せしめ、其《そ》の罪過《ざいくわ》を録《ろく》して、上元天官《じやうげんてんくわん》に奏《そう》するは、此《こ》の上尸《じやうし》なり。

上尸彭琚像

若《も》し能《よ》く仙道《せんだう》を信《しん》じ、仙薬《せんやく》を服《ふく》し、身《み》を錬《ね》り精氣《せいき》固實《こじつ》ならしめば、大道遙《だいだうはる》かならず、九天遠《てんとほ》きに非《あ》らず、若《も》し修錬《しうれん》するに暇《いとま》なくば、常《つね》に庚《かう》申《しん》の日《ひ》に夜寢《よるね》ず、仙法《せんぱふ》の靈符《れいふ》を求《もと》め、祕呪《ひじゆ》を用《もち》ひ、靜室《せいしつ》に於《おい》て、或《ある》は書寫《しよしや》し、又唱《またしやうぎやう》行すれば、上尸《じやうし》は自然《しぜん》に消化《せうくわ》して害《がい》を爲《な》すこと能《あた》はず、方《まさ》に眞精《しんせい》を保《たも》ち守《まも》りて長生不死《ちやうせいふし》に至《いた》るべし。

中尸《ちうし》彭瓆《はうしつ》は、小名《せうめい》を作子《さくし》といふ。人《ひと》の迷惑《めいわく》を好《この》み、五味《み》を貪《むさぼ》り、五色《しき》を愛《あい》し、人《ひと》の心腹《しんぷく》に在《あつ》て人《ひと》の絳宮中《はうきうちう》焦《せう》を伐《う》ち、人《ひと》をして心《こゝろ》を迷《まよ》はしめ、健忘《けんばう》せしめ、液少《えきすく》なく氣乏《きとぼ》しく、邪《じや》に隨《したが》ひ荒悶煩燥《くわうもんはんさう》せしめ、口乾《くちかわ》き目《め》白《しろ》からしめ、人《ひと》の齒《は》を穿《うが》ちて、日夜《にちや》五臟《ざう》六腑《ぷ》を剋害《こつがい》し、諸《もろ〳〵》の病疾《びやうしつ》を成《な》し、睡《ねむり》多《おほ》く夢《ゆめ》に鬼《おに》と交《まじは》り精脱《せいだつ》し、小便赤《せうべんせき》白滑泄《はくくわつせつ》し、嘔逆《おうぎやく》し、痰《たん》多《おほ》く、耳鳴《みゝな》り、虛汗《きよかん》し、事《こと》を爲《な》すに恍惚《くわうこつ》として、白日《はくじつ》も昏沈《こんちん》し、毎夜《まいよ》驚《おどろ》き魘《おそ》はれ、人《ひと》をして早《はや》く死《し》せしめ、鬼《おに》と成《なつ》て祭《まつ》らるゝことを喜《よろこ》ぶ。

若《も》し人《ひと》五情《じやう》をして無爲《むゐ》ならしめんと欲《ほつ》せば、庚申日《かうしんび》、甲子日《きのえねび》に諸《もろ〳〵》の游戲《いうぎ》を止《や》めて、桃板靈符《たうばんれいふ》を佩《お》び、或《あるひ》は餘《よ》の符呪《ふじゆ》にて帶《お》びぬれば、中尸《ちうし》は消滅《せうめつ》して害《がい》を爲《な》さず、無病長命《むびやうちやうめい》なり。

中尸彭瓆

下尸彭琦

下尸《かし》彭琦《はうけう》は、小名《せうめい》を季細《きさい》といふ。人《ひと》の胃足《ゐそく》に在《あり》て、人《ひと》の下閑《げかん》を伐《うつ》て氣海《きかい》を傷絶《しやうぜつ》し、百病《びやう》を發作《ほつさ》す。意賊《いぞく》を牽引《ひきい》て女色《ぢよしよく》を戀慕《れんぼ》せしめ、嗜慾《しよく》を勇《いさ》め勤《つと》めしめ、事《こと》に觸《ふ》れて虛耗《きよまう》ならしめ、是《これ》を禁制《きんせい》すること能《あた》はざれば、人《ひと》の壽命《じゆみやう》を縮《ちゞ》む。人《ひと》をして夜《よ》る鬼《おに》と交通《かうつう》せしめ、生《せい》に背《そむ》き死《し》に向《むか》はしめて、精氣《せいき》を浪流《らうりう》せしめ、人《ひと》の體枯《たいか》れ筋急《きんきふ》にして肉焦《にくこ》がれ、意倦《いう》み身虛《みむな》し、腰重《こしおも》く脚膝《きやくしつ》に力《ちから》なく、小便《せうべん》しげく、邪氣《じやき》身體《しんたい》に充《み》ち滿《み》ちて漸々《ぜん〳〵》に大患《たいくわん》を成《な》す、五勞《らう》七傷《しやう》これに依《より》て發《おこ》り、人《ひと》をして早《はや》く死《し》せしめ、鬼《おに》となりて飲食祭祀《いんじきさいき》せられ、永《なが》く沈淪《ちんりん》す。

守尸鬼《しゆしき》、亦《また》は破財《はざい》ともいふ、俗《ぞく》に死神《しにがみ》と稱《しよう》す。形《かたち》は小兒《せうに》の如《こと》く、又忽《またたちま》ち犬馬《けんば》の如《こと》くなる。背《せ》に黑毛《こくまう》あり長《なが》さ二寸《すん》、人《ひと》の身中《しんちう》に在《あ》りて死後《しご》これを號《なづ》けて鬼《をに》といふなり。一に亡人《ばうじん》に似《に》たり、人《ひと》をして頭痛《づつう》、寒熱《かんねつ》、焦心《しよしん》せしむ。又人《またひと》の鬼魄《きはく》を魘《おそ》ひ、惡夢顛倒《あくむてんたう》せしむ、又頓死《またとんし》せしむ。

首楞嚴經《しゆろうごんきやう》の義疏《ぎそ》注終卷《ちうしうくわん》の八の三に曰《いは》く、

諸《もろ〳〵》の衆生《しゆじやう》の諸《もろ〳〵》の鬼形《きぎやう》を去《さ》ることを說《と》ける、其《そ》の中《なか》に癘鬼《れいき》といふ鬼《をに》あり、注《ちう》に曰《いは》く、毒癘《どくれい》と傷寒《しやうかん》と傳屍《でんし》と骨蒸《こつじよう》との類《るゐ》は、皆《みな》此《こ》の鬼《をに》の作《つく》る所《ところ》なりと。又衰癘《またすゐれい》の鬼《をに》は衰窮《すゐきは》まり報盡《はうつき》て世間《せけん》に生《うま》るゝに、多《おほ》く蛔《くわい》の類《るゐ》と爲《な》ると。又瞋習《またしんしふ》の因鬼《いんき》には、衰癘《すゐれい》と爲《なり》て災《さい》を託《たく》し禍《くわ》を附《つけ》て、便《べん》身中《しんちう》に入《い》り、轉《てん》じて畜形《ちくけい》を受《うけ》て、還《かへ》つて身内《しんない》に託《たく》して蛔蟯《くわいけう》と爲《な》る。

守《シユ》尸《シ》之《ノ》鬼《キ》像《ゾウ》

伏《フク》蟲《チウ》圖《ヅ》

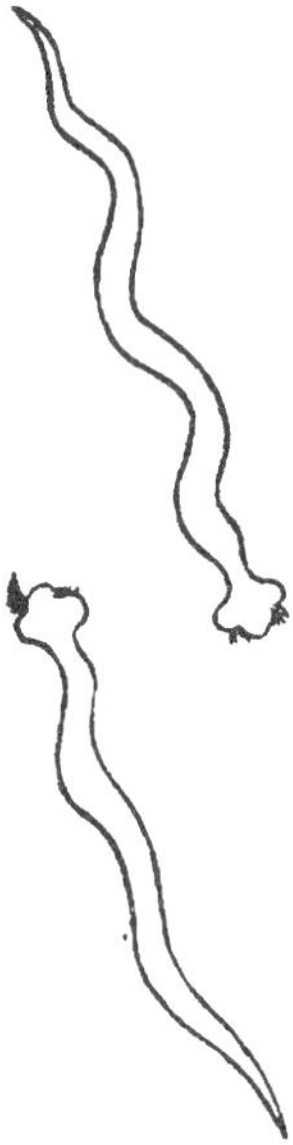

九蟲《ちう》とは第《だい》一に伏蟲《ふくちう》、色青《いろあを》く、長《なが》さ四寸《すん》、髭《ひげ》と牙《きば》あり。人《ひと》の精血《せいけつ》を喫《くら》ひ、人《ひと》をして力《ちから》なく、喘乏時々惡心《ぜんぼふとき〴〵をしん》

あり。五臟痛悶《ざうつうもん》し走《はし》りて上下《じやうげ》をなす、胸脇《きようけふ》を攪刺《かくし》し、肉味《にくみ》を食《しよく》することを好《この》み、生冷《せいれい》を食《く》ひ、人《ひと》の眞元《しんげん》を蕩《たう》散《さん》し、陰汗多《いんかんおほ》く、便溺餘瀝背逆腰痛《べんできよれきはいぎやくえうつう》し、人《ひと》をして氣《き》軟弱《なんじやく》、精滑脱《せいくわつだつ》せしめ、病《やまひ》を致《いた》して死《し》すべし。早《はや》く宜《よろ》しく仙藥《せんやく》を服《ふく》すべし。

九蟲《ちう》の第《だい》二を囘蟲《くわいちう》といふ、又蚘蟲《またいうちう》とも稱《しよう》す。色黒《いろくろ》く、一は雌《めす》一は雄《をす》、心上心下《しんじやうしんげ》の人《ひと》の血《ち》を食《く》うて人《ひと》をして心痛《しんつう》、氣《き》急《きふ》、肢節欣重《しせつきんぢう》、小便難澁《せうべんなんじふ》し赤白定《せきはくさだ》まらず。面顏色《めんがんいろ》なく、放痴《はうち》慵懶《ようらい》にして、口《くち》より清水《せいすゐ》を吐《はか》しむ。其《その》の蟲長《むしなが》く一尺程《しやくほど》あり、心血《しんけつ》を飲《の》む、急《きふ》に仙藥《せんやく》を服《ふく》して是《これ》を殺《ころ》すべし。然《しか》らざれば人《ひと》の心脾《しんぴ》を穿《うがち》刺て楚痛忍《そつうしの》びがたし、又人《またひと》の正氣《しやうき》を耗憊《まうはい》して、人《ひと》をして卒死《そつし》せしむるは此《こ》の蟲《むし》なり。

囘《クヮイ》蟲《チウ》圖《ヅ》

寸《スン》白《ハク》蟲《チウ》圖《ヅ》

九蟲《ちう》の第《だい》三を寸白蟲《すんぱくちう》といふ。色白《いろしろ》くして長《なが》さ一寸《すん》、子孫相生《しそんさうせい》す。或《あるひ》は四寸《すん》、人《ひと》をして生米《せいまい》、生茶《せいちや》、生膾《なます》、生菓《せいくわ》、燒肉《やきにく》を喫《きつ》することを好《この》ましむ。臟腑《ざうふ》を泄《せつ》し、人《ひと》の形《かたち》を瘦薄《さうはく》し、痰《たん》を嘔《は》き、涕多《はなおほ》く、面黄《かほき》にして力《ちから》なく、咬腹攪刺《かうふくかくし》漸《やうや》く氣《き》を成《な》し、塊痛便忍《くわいつうべんしの》びがたく、痢《り》疾脱肛《しつだつこう》す。若《も》し雞《とり》を殞《くへ》ば能《よ》く此《こ》の蟲《むし》を長《ちやう》ず。人《ひと》の臟腑《ざうふ》を穿《うが》ちて窟穴《くつけつ》を窩成《くわせい》す、氣促《きそく》して死《し》す、早《はや》く仙藥《せんやく》を服《ふく》し其《そ》の蟲《むし》を殺《ころ》せ。

九蟲《ちう》の第《だい》四を肉蟲《にくちう》といふ。色黒《いろくろ》くして爛李《らんり》の如《ごと》し。人血《じんけつ》を食《く》ひ、人《ひと》の正氣《しやうき》を泄《もら》しめ、淋瀝《りんり》餘瀝《よれき》を纏《くろ》しめ、擧動輕弱《きよどうけいじやく》にして筋骨力《きんこつちから》なく、皮《ひ》毛瘙痒《まうさうやう》し肌肉漸々《きにくぜん〳〵》に乾黒《かんこく》ならしむ。上膜《じやうまく》の中《なか》に居《ゐ》て人《ひと》をして色《いろ》を好《この》ましめ、癆病《らうびやう》を病《やま》しめ、肉血《にくけつ》の味《あぢ》を慕《した》ひ、陽靈《やうれい》の精《せい》を枯《から》し耗盡《まうじん》して病《やまひ》を得《え》て死《し》せしむ。宜《よろ》しく急《きふ》に仙藥《せんやく》を服《ふく》し、此《こ》の蟲《むし》を絶滅《ぜつめつ》し、形體《けいたい》をして消痩《せうさう》を免《まぬ》かるべし、是《こ》れ身中《しんちう》の惡蟲《あくちう》なり。

肉《ニク》蟲《チウ》圖《ヅ》

肺《ハイ》蟲《チウ》圖《ヅ》

九蟲《ちう》の第《だい》五を肺蟲《はいちう》といふ。色赤《いろあか》く、狀蠶老《かたちさんらう》の如《ごと》きは色蒼《いろあを》し、或《あるひ》は紅蟻《あかあり》の如《ごと》きあり。人《ひと》の精氣《せいき》を飮食《いんしよく》し、堅《かた》く肺口《はいこう》を守《まも》りて人《ひと》をして痰多《たんおほ》く咳嗽《がいそう》せしめ、變《へん》じて痓疾《ていしつ》と成《な》り夜臥安《やぐわやす》からず、嚨鳴《らうめい》して五音《おん》を閉《と》ぢ、面《かほ》に光《つや》なく、皮《ひ》毛枯《まうか》れ髭髮脫《しはつぬ》け、喘息力《ぜんそくちから》なく咯血《かくけつ》す。耳張《みゝは》り肩胸《けんきよう》の骨出《ほねい》で瘦惡《やせわる》く、睡《すゐ》を思《おも》ひ、六腑泄痢《ふせつり》膿血變《のうけつへん》じて五痔《ぢ》となり、傳尸癆病《でんしらうびやう》、血乾《ちかわ》き、頰赤《ほゝあか》く、骨蒸《ほねむ》し、虛汗涕唾腥鹹《きよかんていだせいかん》す。急《きふ》に仙藥《せんやく》を服《ふく》すべし。然《しか》らざれば肺張《はいは》り氣乏《きとぼ》しくなりて夭死《えうし》す。

九蟲《ちう》の第《だい》六を胃蟲《ゐちう》といふ、蛙《かへる》の如《ごと》き形《かたち》にして、人《ひと》の飮食《いんしよく》を接《せつ》し人《ひと》をして飢《う》ゑ易《やす》からしむ。血肉滋味《けつにくじみ》の物《もの》を好《この》み、生冷甜香《せいれいかんかう》の味《あぢ》を好《この》む。人《ひと》の臟腑《ざうふ》を虛《きよ》にし、骨體瘦薄《こつたいやせうす》ふして、唇焦《くちびるこが》れ口《くち》に瘡《さう》を生《しやう》じ、鼻塞《はなふさが》り、皮《ひ》毛搔痒《まうさうやう》し、四肢拘急《しくこうきふ》、背膊煩勞《はいはくはんらう》し、漸々《ぜんぐ》に惡心《をしん》を加《くは》へ、多《おほ》く痰涕《たんてい》を生《しやう》じ、酒《さけ》を飲《の》んで嘔逆《おうぎやく》し、餐氣《さんき》結《つま》り、心胸走衝《しんきようそうしよう》、兩脇《りやうけふ》忽《たちま》ち攻《せ》め、外腎氣盡《ぐわいじんきつき》て死《し》す、仙藥《せんやく》を用《もち》ふべし。

胃《イ》蟲《チウ》圖《ヅ》

鬲《カク》蟲《チウ》圖《ヅ》

九蟲《ちう》の第《だい》七を鬲蟲《かくちう》といふ。色赤《いろあか》く、青《あを》の相雜《あひまじ》るは、人《ひと》の六識《しき》をして昏迷《こんめい》ならしむ。語少《ことばすく》なく睡多《ねむりおほ》く、夢《ゆめ》に他邑《たいう》に遊《あそ》び山《やま》に登《のぼ》りて峻嶺《しゆんれい》より連綿《れんめん》として墜落《つゐらく》し、水《みづ》を渡《わた》り船《ふね》に乘《の》りて忽《たちま》ちに沈《しづ》み、或《あるひ》は花街《くわがい》に遊《あそ》びて酒色《しゆしよく》におぼれ、陰穢《いんわい》と相交《あひまじは》りて昏迷《こんめい》す、世人《せじん》これを魘《おそは》るゝといふ。之《こ》れ是《こ》の陰氣《いんき》が陽氣《やうき》を蕩動《たうどう》して全《まつた》く輸《まく》るなり。艶媚情《えんびじやう》を牽《ひ》き、靈根《れいこん》を斬伐《ざんばつ》し精氣《せいき》を脱失《だつしつ》す。早《はや》く仙丹《せんたん》を服《ふく》して此《こ》の蟲《むし》を殺《ころ》せば、無病長壽《むびやうちやうじゆ》なるべし。仙藥又《せんやくまた》は仙丹《せんたん》といふは後《のち》に記《しる》す五種《しゆ》の藥方《やくはう》、又《また》は九種《しゆ》の神藥《しんやく》をいふ。

九蟲《ちう》の第《だい》八を赤蟲《せきちう》といふ。色赤《いろあか》し、人《ひと》をして氣《き》なからしむ。虛臚腰重《きよはいこしおも》く眼昏《まなこくら》く、兩耳鳴《りやうみゝな》り聾《とほ》く、陰痒《いんかゆ》く盜《たう》汗《かん》し、精滑冷脱《せいくわつれいだつ》、膂痛《りよつう》、背悶《はいもん》、骨髓酸疼《こつずゐさんとう》、飯食味《はんしよくあぢ》なく、腸胃虛吼《ちやうゐきよこう》し、精水《せいすゐ》に隨《したが》うて轉化《てんくわ》して小便《せうべん》に入《い》る。氣《き》濁《にご》り血滯《ちとゞこほ》り結《むす》んで瘡腫物癰疸《さうしゆぶつようたん》を成《な》して早《はや》く死《し》すべし。先《ま》づ鎭心安魂補虛《ちんしんあんこんほきよ》の藥《やく》を服《ふく》し、二門《もん》を固《かた》め榮衞《えいゑい》を閉《しめ》て交通《かうつう》せざらしむるときは、此《こ》の蟲《むし》おのづから消化《せうくわ》し、形體枯《けいたいか》れず老《おい》に至《いた》りても童顏《どうがん》の如《ごと》し。誠《まこと》に仙《せん》を得《う》るの道《みち》なり。

圖 尅蟲《ちう》圖《づ》

蟯蟲《ちう》圖《づ》

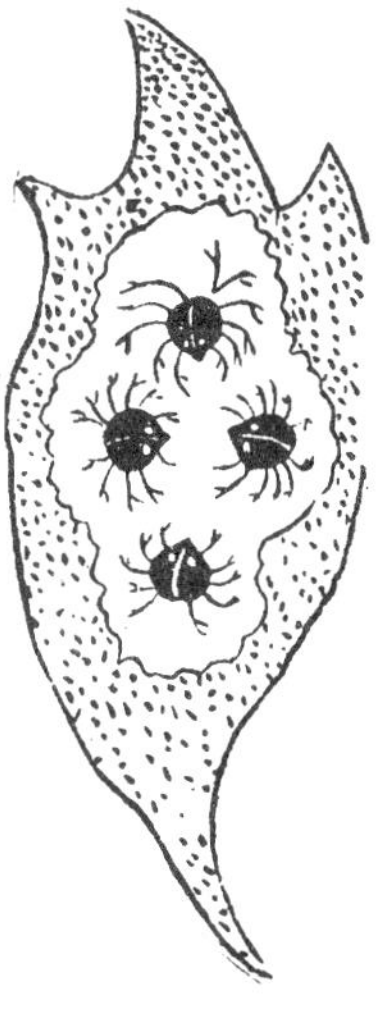

九蟲《ちう》の第九《だいく》を蟯蟲《きやうちう》といふ。四蟲《ちう》なり、微《び》にして周匝《しうさふ》す、細蟲《さいちう》は竝《ならび》に黑《くろ》し、其《そ》の微蟲《びちう》に周匝數《しうさふすう》なし、細《さい》なること芥子《けし》の如《ごと》し。此《こ》の群蟲《ぐんちう》の主蟲人《しゆちうひと》の皮膚《ひふ》をして瘡疥惡癬《さうかいあくせん》、頭上《づじやう》の白屑《はくせう》、甲虱《かふしつ》、竝《ならび》に陰疸《いんたん》、濕痒《しつやう》、痔漏《ぢろう》、鼠《そ》嬭《しよう》、白癩等風人《はくらいとうふうじん》の蝕《しよく》を作《つく》らざる所《ところ》なし、牙齒中落《ぐわしちうらく》、故《ゆゑ》なくして血《ち》を出《だ》し臭氣《しうき》人《ひと》を衝《つ》き、及《およ》び脚下窩旋頑瘍大《きやくかくわせんぐわんとくだい》風癩瘡遍身濃血尸梟毛墜落《ふうらいさうへんしんのうけつしえうまうつゐらく》、肉色漸《にくしよくやうや》く黑《くろ》きを加《くは》へ、父母骨肉《ふほこつにく》の親《しん》を絶《ぜつ》し、夫妻《ふさい》の義合《ぎがふ》の體《たい》を棄《すて》る。故《ゆゑ》に聖賢《せいけん》妙訣《めうけつ》の至藥《しやく》を留《とゞ》む、凡《およ》そ後《のち》に記《しる》す五程《しゆ》の丸丹《ぐわんたん》を以《もつ》て治《ぢ》す。此《こ》の丸丹《ぐわんたん》を服《ふく》する人《ひと》は、先《ま》づ沐浴齋戒《もくよくさいかい》を爲《な》し、愼《つゝし》んで服《ふく》すべし。此《こ》の五種《しゆ》の丸丹《ぐわんたん》は、萬病平治《まんびやうへいぢ》、長生久視《ちやうせいくし》の仙家《せんけ》の祕方《ひはう》なりとす。

第三節　伊羊傳胎の二蟲

西蜀《さいしよく》の青城山《せいぎさん》の道士《だうし》趙希夷《てうぎい》は、道業精微《だうげふせいび》にして山《やま》に登《のぼ》りて歷險《れきけん》する時《とき》、彭州《はうしう》の刺吏《しり》度河郎中《ゆかうちう》といふ人《ひと》迎《むか》へて列中《れつちう》に在《あ》り、師《し》として是《これ》に仕《つか》ゆ。後數年《のちすうねん》を經《へ》て庚申日《かうしんび》に至《いた》る毎《ごと》に、仙教《せんけう》に依《よ》り符《ふ》と藥《やく》を服餌《ふくじ》すること午《うま》の時《とき》より子《ね》の時《とき》に至《いた》り晝夜《ちうや》息《や》まず、又《また》三尸《し》九蟲《ちう》の下《くだ》るを感《かん》じ、遂《つひ》に工人《こうじん》に命《めい》じて其《そ》の形質《けいしつ》を圖《づ》せしめ、保生《ほせい》の人《ひと》に傳《つた》へむとす。

又《また》東平《とうへい》の人《ひと》陳靈章《ちんれいしやう》といふ者《もの》、元利《げんな》年中《ねんちう》西蜀《さいしよく》にいたりて道《みち》を修《をさ》む。長慶初《ちやうけいはじ》めの年仲夏《としちうか》新橋《しんけう》といふ所《ところ》にて、道《だう》友李玄《いうりげん》の家《いへ》に居《な》り、糧《りやう》を絶《た》つこと一百餘日《よじつ》、氣《き》を攻《せ》め陽精水銀《やうせいすゐぎん》の靈藥《れいやく》を服《ふく》し、毎日水《まいにちみつ》三盞《さん》を服《ふく》し、九十七日《にち》に至《いた》り、日《ひ》に一盞《さん》を與《あた》ふ。服《ふく》して腹中微《ふくちうび》し痛《いた》むことを覺《おぼ》ゆ、須臾《しゆゆ》の間《あひだ》に其《そ》の痛《いた》み轉《うた》た甚《はなは》だしく、遊退《だいべん》せんと欲《ほつ》するに似《に》たり。李玄曰《りげんいは》く、九十餘日食《よじつしよく》せず必《かなら》ず滓穢《さいわい》なからん、應《まさ》に異事《いじ》あるべし、盆子《ぼんし》の中《なか》に於《おい》て退《べん》す。良久《やゝひさ》しくして一團《だん》の脂膜《しまく》を下《くだ》す。轉動《てんどう》して住《とゞ》まらず、水《みづ》を以《もつ》て是《これ》を洗《あら》へば、膜透《まくとほ》つてすなはち蟲兩枚《むしりやうまい》あるを見《み》るに、髭爪倶《ひげつめとも》に供《そな》はりて色黒《いろくろ》し、毎箇《まいこ》六脚《きやく》あり、髭《ひげ》の長《なが》さ五分《ぶ》、丹眼《たんがん》、足頭朱點《そくとうしゆてん》の如《ごと》し。柳樹《りうじゆ》の蟲《むし》に似《に》たり、俗《ぞく》に呼《よ》んで伊羊《いやう》といふ。遂《つひ》に手《て》に取《と》て是《これ》を拳《にぎ》るに石鼠《せきそ》の如《ごと》し、諸人《しよにん》これを異《あや》しむ。陳氏《ちんし》は此《こ》の蟲《むし》を退下《たいか》し畢《をは》りて、顏色童子《がんしよくどうじ》の如《ごと》く耳目聰明《じもくそうめい》なり、後青城山《のちせいぎさん》に入《い》りて復《ふたゝび》出《いで》ず。乃《すなは》ち策《さく》に編入《へんにふ》し、竝《ならび》に其《そ》の蟲形《ちうけい》を圖《づ》し、來者《らいしや》を警《いまし》む。凡《およ》そ仙教《せんけう》を修《しう》し、又《また》は醫《い》を業《げふ》とする者《もの》、此《こ》の蟲《むし》ある事《こと》を知《し》らずんばあるべからず。

伊《ヰ》羊《ヨウ》蟲《チウ》

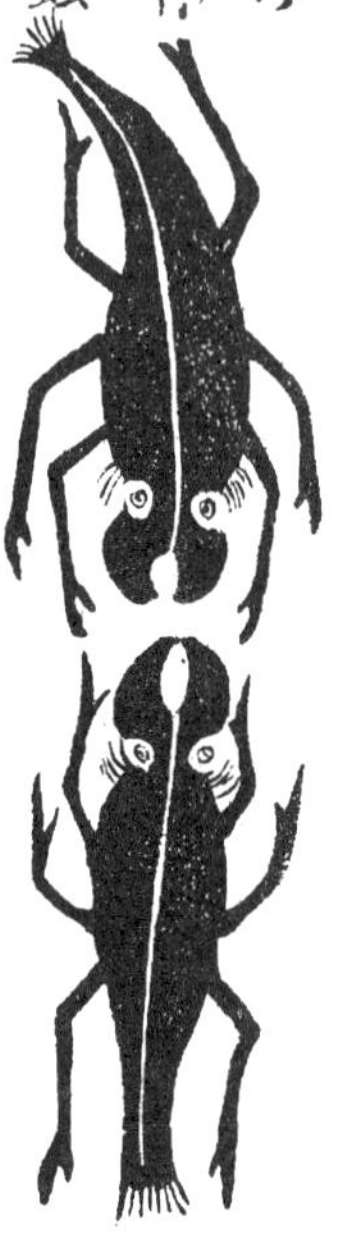

傳《デン》胎《タイ》知《チ》命《メイ》蟲《チウ》圖《ヅ》

人《ひと》の身中《しんちう》に生《しやう》じ異病《いびやう》を起《おこ》さしむる傳胎知命蟲《でんたいちめいちう》といふものあり。飛尸《ひし》と同類《どうるゐ》なり。穀氣流精《こくきりうせい》を抱《いだ》き、人《ひと》と倶《とも》に生《しやう》じ、能《よ》く人《ひと》をして正性《せいせい》なく善道《ぜんだう》を嫉妬《しつし》し惡《あく》を侶《とも》と爲《な》す。陽靈《やうれい》を怕懼《はくく》し毎《つね》に瞋怒《しんど》を發《はつ》し、人《ひと》と同《おな》じく鬼趣《きしゆ》に歸《き》することを要《もと》む、日夜凶惡慳貪《にちやきようあくけんどん》にして人《ひと》を憎愛《ぞうあく》し恩愛《おんあい》し、色《いろ》を好《この》み牽染不淨《けんせんふじやう》にして元精《げんせい》を透漏《とうろう》し、人《ひと》の病《やまひ》の本《もと》を作《な》し、形神《けいしん》を消耗《せうまう》し、眞性《しんせい》を勞役《らうえき》し、人《ひと》をして銖《しゆ》を求《もと》めしむ、此《こ》の蟲《むし》は肉茶及《にくちやおよ》び炙煿《きうはく》を食《く》ふことを好《この》み、人《ひと》の臟腑《ざうふ》をして宜《よろ》しく泄《も》らしめ。耳目昏沈《じもくこんちん》、口鼻《こうび》の氣臭《きくさ》く、淋漏滴瀝白屑頭《りんろうてきれきはくせうかしら》に滿《み》ちて皮膚痒搔《ひふやうさう》し、渾《こん》身拘急《しんこうきふ》し、内漸《うちやうや》く傷殘《しやうざん》して死路《しろ》に歸《き》す。蟲《むし》おのづから擺撥《ひはつ》し、其《そ》の鬼將《きまさ》に口《くち》を以《もつ》て人《ひと》の生門《せいもん》を塞《ふさ》ぎ、方《まさ》に始《はじ》めて化《くわ》し去《さ》る。若《も》し精《せい》を閉《と》ぢ氣《き》を運《めぐ》らし丹《たん》を服《ふく》すれば、害《がい》を爲《な》さず、一生憂患《しやういうくわん》なし。

第四節　仙藥の祕方

太上眞人《だいじやうしんじん》の九蟲《ちう》を消滅《せうさん》せしむる九程《しゆ》の仙藥祕方《せんやくひはう》。

貫衆五分殺伏蟲。石蠶五分殺蟯蟲。白雀蘆錢二分殺尤蟲。蜀漆三分殺白蟲。蕪荑五分殺肉蟲。
雷丸五分殺赤蟲。僵蠶四分殺鬲蟲。厚朴五分殺肺蟲。狼牙子四分殺胃蟲。

右《みぎ》九味《み》を炒《いり》て香熟《かうじゆく》せしめ、細末《さいまつ》として煉蜜《れんみつ》にて丸《ぐわん》し、梧桐子《ごどうし》の大《おほき》さになし、輕粉漿水《けいふんしやうする》を以《もつ》て、五丸《ぐわん》を服《ふく》すること日《ひ》に三服《ぷく》す。十丸《ぐわん》を服《ふく》して三十日《にち》に效《かう》を見《み》る、六十日《にち》にして百病癒《びやうい》ゆべし。衆蟲皆《しゆうちうみな》こと〴〵く滅《めつ》す。丸《ぐわん》を服《ふく》する時《とき》は齋戒《さいかい》すべし。

神仙諸蟲《しんせんしよちう》を殺《ころ》し、三尸《し》を滅《めつ》する初神去本丸《しよじんきよほんまる》の仙方《せんぱう》、一名《めい》は制蟲丸《せいちうぐわん》。

大附子（五錢、八角のものを童便にて製す）。薫陸香。青木香。大黄。詹木糖膠。桂心。丹砂。雲芝英。茱萸（南行根皮、五月五日午時、向東收用）。已上八味各五錢。麻子仁七合搗烱。地黄六錢。蒼木七錢。石菖蒲一兩、清酒浸。

右《みぎ》の十三味《み》を各々《おのおの》搗《つ》き末《こ》にすること三千杵《しよ》、煉密《れんみつ》にて丸《ぐわん》じ、又《また》搗《つ》くこと八千杵《しよ》、共《とも》に搗《つ》くこと五萬杵《まんしよ》にて丸《ぐわん》と爲《な》すこと小豆《あづき》の如《ごと》し。大磁器《だいじき》に貯《たくは》へて氣《き》を泄《もら》さず、毎服《まいふく》七丸《ぐわん》、平旦《へいたん》に東《ひがし》に向《むか》ひ、酒《さけ》にて下《くだ》す。此《こ》の藥《くすり》は腎精《じんせい》を補益《ほえき》し、千災《さい》を除《のぞ》き、魂魄《こんぱく》を固《かた》め、液血《えきけつ》を塡《しづ》め、諸蟲《しよちう》を殺《ころ》し、三尸《し》を滅《めつ》す。亦常《またつね》に服《ふく》して穀蟲《こくちう》を滅《めつ》し、これを食《しよく》し飽《はう》を過《くわ》して無病長命《むびやうちやうめい》ならしむ。

仙家靈藥仙人造雲芝英《せんけれいやくせんにんぞううんしえい》の神法《しんぱふ》、竝《ならび》に辟穀《へいこく》の仙方《せんばう》

雲母五兩。雄黄極末にして四兩。

右《みぎ》二味《み》を合《あは》せて、銅器《どうき》の中《なか》に盛《も》り、微火《びくわ》にて炒《いり》て、藥色少《やくしよくすこ》し變《へん》ずるを用《もち》ひて、竹筒中《たけづつちう》に入《い》れて、松脂《まつやに》にて急《きふ》に其《そ》の口《くち》を塞《ふさ》ぎ、愼《つゝし》むで氣《き》を泄《もら》しむること勿《なか》れ。さて飯甑《はんそう》の中《なか》に掛《かけ》て米飯《べいはん》一碩《せき》を蒸《む》し熟《じゆく》し畢《をはり》て、搔《かい》て三物《もつ》を（雲母粉《うんぼこ》、雄黄《いうわう》、松脂《まつやに》）相合《あひがつ》して凝脂《ぎようし》の如《ごと》くならしめ、更《さら》に松脂《まつやに》を以《もつ》て重《かさ》ねて是《これ》を和《わ》す。都合藥《つがふくすり》に和《わ》する松脂《まつやに》十兩《りやう》とす。それより屋上《をくじやう》に懸《かく》ること二十四日《か》訖《をはり》て、搗《つ》くこと一萬杵《まんしよ》すれば、こゝにて雲母英成就《うんぼえいじやうじゆ》す。初《はじ》め先《ま》づ齋《さい》すること三日《か》にして是《これ》を合《あは》せ、雲芝英成《うんしえいなり》て後更《のちさら》に齋《さい》すること七日《か》、即《すなは》ち九蟲《ちう》を制《せい》せしむ。

齋《さい》とは五辛《しん》五肉《にく》を食《く》ひ、房事《ぼうじ》を禁《きん》ずる事《こと》、婦人雞犬《ふじんけいけん》をして見《み》することを忌《い》むなり。當《まさ》

に別室《べつしつ》にて修合《しうがふ》すべし。若《も》し諸《もろ〳〵》の齋精《ものいみくはし》からず、及《およ》び禁忌《きんき》を犯《をか》せば、藥《くすり》を服《ふく》して益《えき》なく、却《かへつ》て人《ひと》をして火瘡《くわさう》を發《はつ》せしむ。

又藥物《またやくぶつ》は當《まさ》に上精《じやうせい》を用《もち》ゆべし。藥《くすり》を合《あは》す日《ひ》は、朔日《ついたち》、三日《か》、七日《か》、十一日《にち》の曉《あかつき》にすべし。神《かみ》の牀席《しやうせき》を東《とう》西《ざい》に設《まうく》べし。此《こ》の日《ひ》は司《し》命大乙君《めいだいをつくん》必《かなら》ず是《これ》を監省《かんしやう》す。合《がつ》するもの席《せき》に對《たい》して東《ひがし》に向《むか》ふべし、それ大藥《たいやく》を造《つく》るに天陰及《てんいんおよ》び風雨《ふうう》の日《ひ》を用《もち》ひず、是《こ》れ祕《ひ》の祕《ひ》なり。

昔修羊公擃《むかししうやうこうのう》丘子《きうし》東方朔《とうはうさく》崔文子《さいぶんし》商丘子《しやうきうし》等《ら》皆《みな》此《こ》の藥《くすり》を服《ふく》し、穀《こく》を辟《さけ》て仙人《せんにん》となれる神方《しんぱう》なり。

蘇《そ》仙內傳《せんないでん》、去《きよ》三尸《し》九蟲《ちう》の仙方《せんぱう》、竝《ならび》に井水《せいする》にて服《ふく》する仙方《せんぱう》、

蕪荑五錢。　拘杞根皮二錢。　乾漆四錢、熬過烔去。

右《みぎ》三味《み》を細末《さいまつ》にして辰旦先《しんたんま》づ飲食《いんしよく》し、三指《し》を以《もつ》て藥《くすり》を捻《ひね》り、井華水《せいくわすゐ》にて和服《わふく》す。五日《か》にして蟲下《むしくだ》る。初《はじ》めの時人《ときひと》をして惆恨悲思《しうこんひし》せしむ。是《こ》れ蟲《むし》の去《さ》る驗《しるし》なり。

飛《ひ》伏諸石經中神仙大清八瓊丹《ふくしよせききやうちうしんせんだいせいけいたん》の靈方功能《れいはうこうのう》

丹砂。　雄黃。　空靑。　瑠璜。　雲母。　戎鹽。　硝石。　雌黃。

右《みぎ》の製《せい》は飛鍊《ひれん》の諸丹《しよたん》に准《じゆん》ず、一には四神丹《しんたん》の法《はふ》に依《よ》る、竝《ならび》に飛《ひ》伏諸石經中《ふくしよせききやうちう》に在《あ》り。次《つぎ》に太上去三尸《だいじやうきよし》鍊水銀《れんするぎん》靈砂秘訣等《れいさひけつとう》あり、今《いま》は略《りやく》して面授《めんじゆ》に讓《ゆづ》る。

第五節　去尸除蟲の靈法

道藏經諸仙錄《だうざうきやうしよせんろく》に於《おい》て、神仙除《しんせんぢよ》三尸《し》九蟲《ちう》の諸靈法《しよれいはふ》は、

太上經三尸法同呪。太上眞人呪驅三尸之靈法。

趙先生除三尸九蟲之法。仁德樂生君除三尸之仙法。

淵靜眞人除三尸九蟲之呪。道藏經除三尸九蟲之神法。

蔣先陽除三尸九蟲之法。伏尸祕法。禹步之靈法。

又太上眞君《またたいじやうしんくん》六旬《じゆん》六甲神名靈符《かふしんめいれいふ》あり、更《さら》に庚申日《かうしんび》に神符《しんぷ》を服《ふく》して三尸《し》を袪《さ》り九尸《し》を除《のぞ》く妙訣《めうけつ》に曰《いは》く、庚申日《かうしんび》に至《いた》る毎《ごと》に、晩《ばん》に至《いた》るまで淨室《じやうしつ》に於《おい》て香《かう》を焚《たい》て、硃砂《しゆさ》を水《みづ》に研《すり》て符《ふ》を白紙《はくし》の上《うへ》に書《しよ》し、焚《たい》て服《ふく》すれば三尸《し》を除《のぞ》き九蟲《ちう》を滅《めつ》す。又硃砂《またしゆさ》を水《みづ》にて研《すり》て左右《さいう》の目《め》の下《した》に點《てん》し、雄黃《ゆうわう》を水《みづ》にて研《すり》て右《みぎ》の鼻《はな》に點《てん》じ、少《すこ》し左《ひだり》の鼻《はな》の中《なか》に入點《にふてん》し、畢《をはり》て先《ま》づ齒《は》を叩《たゝ》くこと三通《つう》にして呪《じゆ》す。

呪に曰く、上景飛纏、朱黃散烟、氣攝邪尸、穢沈眠和、魂鍊魄合、形爲仙令。我不死焉、福壽永全、聰聽徹視、長亨利元。

呪《じゆ》し畢《をはり》て又齒《または》を叩《たゝ》くこと三通《つう》、液《えき》を嚥《の》むこと三過《くわ》、右手《うしゆ》の第《だい》二の指《ゆび》を以《もつ》て右《みぎ》の鼻《はな》の孔下《こうか》を攝《せつ》し、左手《さしゆ》の第《だい》二の指《ゆび》を以《もつ》て左《ひだり》の鼻《はな》の孔下《こうか》を攝《せつ》すること、各々《おのく》七過《くわ》、まさに皆陰《みないん》に是《これ》を按《あん》ずべし。手《て》を擧《あぐ》ることなかれ、是《こ》

不思善不思悪箇裏至人
活潑潑刹那裂破鴻濛殼
迸出一璽眞大藥出兮光
爍頓修頓悟妙覺覺皿
通跨鶴歸勝
蓮華界道
遙樂至
心
上尸彭琚
中尸彭質
下尸彭矯
無念
至誠無息息念雙銷性命
合一
菊丘臥山人江文坡寫

れ是《こ》の七魄遊尸《はくいうし》の門戸《もんこ》精賊《せいぞく》の津梁《しんりやう》なり。故《ゆゑ》に朱黃《しゆくわう》の精《せい》を以《もつ》て尸鬼《しき》の路《みち》を塞《ふさ》ぎ、淫亂《いんらん》の氣《き》を閉《とづ》るなり。

斬《ざん》三尸《し》九蟲《ちう》の靈符《れいふ》は祕授《ひじゆ》とす

又太上眞人絕滅《まただいじやうしんじんぜつめつ》三尸《し》九蟲《ちう》の桃板寶符《たうばんはうふ》といふものあり。桃《もゝ》の木《き》の板《いた》に符符文《ふもん》を彫《ほ》り、又《また》は同板《どうはん》にて訣《ふ》を製《せい》したるものをいふ。祕訣《ひけつ》に曰《いは》く、それ桃板寶符《たうばんはうふ》は一切貧窮無《さいひんきうむ》福《ふく》の人《ひと》、是《これ》を佩《おべ》る時《とき》は無病息災延命長壽《むびやうそくさいえんめいちやうじゆ》にして、諸運永久子孫繁昌《しようんえいきうしそんはんじやう》し、一切《さい》の惡疾難治《あくしつなんぢ》の病 勞瘵癩病 癲癇等《びやうらうさいらいびやうてんかんとう》に至《いた》るまで 悉《こと〴〵》く平治《へいぢ》し、能《よ》く 諸《もろ〳〵》 の吉祥《きつしやう》の事《こと》を生《しやう》じて、諸《もろ〳〵》 の不吉祥《ふきつしやう》の事《こと》を滅《めつ》す。誠《まこと》に奇妙不思議《きめうふしぎ》の靈驗《れいげん》あり。

紫《シ》庭《テイ》符《フ》

無上玄元三天心傳《むじやうげんげんてんしんでん》、玉堂宗旨治傳屍癆蟲惣法《ぎよくだうそうしぢでんしらうちうそうはふ》の庭符《ていふ》、熬文還《がうぶんくわん》法《ぱふ》これを書《しよ》して呑服《どんぷく》して、後《のち》一食頓然《しよくとんぜん》として、後乳香《のちにうかう》を用《もち》ひて手掌《しゆしやう》を薰《くん》ずれば、手掌《しゆしやう》に毛《け》を出《いだ》す。青紅《せいこう》の毛《け》は治《ぢ》しがたく、黑《こく》毛《まう》は治《ぢ》せず、白毛《はくまう》の出《で》るは治《ぢ》すべし。凡《およ》そ蟲《むし》を追《お》ふに眞的《しんてき》なし。世人或《せじんあるひ》は僞術《ぎじゆつ》を以《もつ》て物《もの》を用《もち》ひ蟲《むし》と爲《な》し、以《もつ》て小利《せうり》を圖《はか》る、是《こ》れ禽獸《きんじう》の所爲《しよゐ》なり、人《ひと》の爲《な》すべき義《ぎ》にあらず。

此《こ》の紫庭符《していふ》は神仙《しんせん》三尸《し》九蟲癆瘵《ちうらうさい》の蟲《むし》を下《くだ》す。方寸《はうすん》の紙《かみ》に書《しよ》す。

紫庭符《していふ》を服《ふく》するには、靜夜豫《せいやあらかじ》め油鐺《ゆたう》を備《そな》へ、明《あき》らかに燈燭《とうしよく》を燃《も》して四方《はう》を明《あき》らかにし、纔《わづか》に汚物《をぶつ》を見《み》ば蟲《むし》の走《はし》るなり。即《すなは》ち以《もつ》て油《あぶら》の中《なか》に擒《と》り入《い》れ、煎《せん》じて長流水《ちやうりうすゐ》に投《とう》じ觀《み》ること勿《なか》れ、是《こ》の如《ごと》く七度《たび》すれば三尸《し》九蟲癆《ちうらう》瘵《さい》の蟲除《むしのぞ》き去《さ》る。

或《あるひ》は病輕《やまひかる》ければ蟲形《むしかたち》なくして追《お》ひがたし、唯《た》だ夢《ゆめ》の中《なか》に人《ひと》の相別《あひわか》れ辭《じ》し去《さ》るを見《み》る。是《こ》れ其《そ》の驗《しるし》なり。此《こ》の紫庭符《していふ》は本教天心法符《ほんけうてんしんはふふ》篆門等《てんもんとう》にも備載《びさい》せる仙家《せんけ》の靈法《れいはふ》なり。

因《ちなみ》に佛教《ぶつけう》の青面金剛《せいめんこんがう》、神道《しんだう》の猿田彦命《さるだひこのみこと》 大巳貴命《おほあなむちのみこと》 等は道教《だうけう》の庚申《かうしん》、甲子《きのえね》と同意義《どういぎ》に祀《まつ》られ、又大黑天《まただいこくでん》と甲子《きのえね》も同《どう》一視《し》せらる。

李少君長壽奇蹟物叡

李《り》少君《せうくん》は齊國臨淄《せいこくりんろ》の人《ひと》、道術《だうじゆつ》を修《をさ》めたさに泰山《たいざん》に登《のぼつ》て靈藥《れいやく》を求《もと》めたが、途中大病《とちうたいびやう》に罹《かゝ》つた。其時安期仙《そのときあんきせん》が神樓散《しんろうさん》一匙《さじ》を與《あた》へた、それを服《ふく》すると病苦《びやうく》は卽治《そくち》し、それより修業《しゆげふ》を積《つ》み一廉《かど》の仙人《せんにん》となつた。武帝《ぶてい》に招《まね》かれ賜宴《しえん》の席上《せきじやう》九十餘《よ》の老人《らうじん》に向《むか》つて、自《じ》分《ぶん》は君《きみ》の親《おや》と遊獵《いうれふ》したことがあると云《い》ひて當時《たうじ》の事情《じじやう》を話《はな》した。それは皆眞實《みなしんじつ》であつた。又帝《またてい》に教《をし》へ竈《かまど》に靈神《れいじん》を祀《まつ》り錬金術《れんきんじゆつ》を企《くはだ》てしめた。帝《てい》は一夜《や》少君《せうくん》と嵩山《すうざん》に登《のぼ》つたが、龍《りう》に跨《また》がつた神童《しんどう》が天《てん》より下《くだ》り少君《せうくん》を迎《むか》へ去《さ》つたと夢《ゆめ》みた五六日過《にちすぐ》ると少君《せうくん》は頓死《とんし》した。尸《しかばね》を入《い》れた棺《くわん》を今《いま》一度《ど》しらべたなれば、衣冠《いくわん》のみ殘《のこつ》て骸《からだ》は無《な》かつた、此時少君《このときせうくん》は二百歳以上《さいいじやう》であつた。

第八章　養精不老術

第一節　房中術の眞諦

仙道養生法《せんだうやうじやうはふ》の第《だい》三は房中術《ばうちうじゆつ》である。蓋《けだ》し人情《にんじやう》の免《まぬか》るる能《あた》はざるものは食色《しよくしき》の性《せい》である。既《すで》に神仙《しんせん》と成《な》り了《をは》れば食色《しよくしき》の心配《しんぱい》はないが、未熟《みじゆく》の間《あひだ》は食物《しよくもつ》は代用物《だいようぶつ》で間《ま》をやるとしても、男女《だんぢよ》の慾《よく》を禁絶《きんぜつ》するのはなかく堪《た》へ難《がた》い。又《また》一面《めん》から見《み》れば何時《いつ》までも若々《わかく》しく不老長生《ふらうちやうせい》を望《のぞ》むのは、永《なが》く男女《だんぢよ》の欲《よく》を享樂《きやうらく》したい爲《た》めとも云《い》へる。それが爲《た》めに多《おほ》くの藥餌《やくじ》や料理《れうり》が、補腎強精《ほじんきやうせい》の目的《もくてき》を以《もつ》て發明《はつめい》されてゐる。

そこで養生法《やうじやうはふ》の一つとして房中術《ばうちうじゆつ》を說《と》くのも無理《むり》ではない、房中《ばうちう》の術《じゆつ》又《また》は玄素《げんそ》の術《じゆつ》ともいふ。其《そ》の法《はふ》百餘《よ》事《じ》に亘《わた》り、

> 陰陽《いんやう》交《まじ》はらずして坐《そゞ》ろに疾患《しつくわん》を致《いた》すも誤《あやま》りなれば、情《じやう》を恣《ほしいまゝ》にし欲《よく》を縱《ほしいまゝ》にして、宜《よろ》しきを節《せつ》する能《あた》はず、年命《ねんめい》を傷《そこな》ふも亦大《まただい》なる誤《あやまり》である。

といふのが要旨《えうし》で、玄素《げんそ》は譬《たと》へば水火《すゐくわ》の人《ひと》を殺《ころ》し、又人《またひと》を生《いか》すが如《ごと》きものである。故《ゆゑ》に其《そ》の法宜《はふよろ》しきを得《う》れば多《おほ》く御《ぎよ》しても害《がい》なし。然《しか》し靡曼皓齒《びまんこうし》は伐性《ばつせい》の斧《をの》なる故《ゆゑ》、其《そ》の道《みち》を知《し》らざれば、少御《せうぎよ》も亦死《またし》を速《まね》くに足《た》る。

黃帝《くわうてい》の如《ごと》きは多《おほ》く御《ぎよ》し、而《し》かも長生《ちやうせい》し、遂《つひ》に白日昇天《はくじつしようてん》した。

房中術《ばうちうじゆつ》の性典《せいてん》たる玄女經《げんぢよきやう》、素女經《そぢよきやう》、玉房祕訣《ぎよくばうひけつ》、玉房指要《ぎよくばうしえう》、洞玄子《どうげんし》等《とう》は、もと醫家《いか》の著《ちよ》と思《おも》はれるが、道教《だうけう》

にては之《これ》を取《と》つて自家藥籠中《じかやくろうちう》のものと爲《な》し、依《よつ》て以《もつ》て專《もつぱ》ら房中術《ばうちうじゆつ》を主張《しゆちやう》したものであらう。之等《これら》の說《せつ》や經典《きやうてん》は餘《あま》り世《よ》に傳《つた》はつて居《を》らぬ上《うへ》に、又頗《またすこぶ》る天機《てんき》を漏《も》らすの恐《おそれ》もあり、風儀《ふうぎ》に關《くわん》する點《てん》もあるので、詳說《しやうせつ》することは憚《はゞか》らねばならぬから、以下《いか》大要《たいえう》の徑路《けいろ》だけ述《の》べやう。

仙人の總母西王母

第二節　老子房中術の要旨

老子房中術《らうしばうちうじゆつ》の要訣《えうけつ》は「存《そん》、縮《しゆく》、吸《きふ》、抽《ちう》、閉《へい》、展《てん》」の六字《じ》に在《あ》るが、これは寓語《ぐうご》にて分《わか》り兼《か》ねる。注釋《ちうしやく》すれば廣汎《くわうはん》になるから、其《そ》の主張《しゆちやう》の大旨《たいし》を示《しめ》せば、

若《も》し長生《ちやうせい》せんと欲《ほつ》せば、當《まさ》に須《すべか》らく自《みづか》ら生《い》くべし、房中《ばうちう》の事《こと》能《よ》く人《ひと》を生《いか》し能《よ》く人《ひと》を殺《ころ》す、故《ゆゑ》に知《し》りて能《よ》く用《もち》ふる者《もの》は以《もつ》て命《いのち》を養《やしな》ふべし、況《いは》んや服藥《ふくやく》を兼《か》ぬるものおや、男《をとこ》は女《をんな》なかるべからず、女《をんな》は男《をとこ》なかるべからず、強《しひ》て之《これ》を閉《と》づべからず、若《も》し強《しひ》て閉《と》づれば則《すなは》ち意動《いうご》かざる能《あは》はず、意動《いうご》けば則《すなは》ち神勞《しんらう》す、

神勞《しんらう》すれば則《すなは》ち壽《じゆ》を損《そん》す、若《も》し夢裡《むり》に其《そ》の精自《せいおのづ》から泄《も》れば、則《すなは》ち一洩《えい》は十に當《あた》るなり。と云《い》ふのであつて、長生《ちやうせい》の根本要訣《こんぽんえうけつ》を房中術《ばうちうじゆつ》に歸《き》し、不老長生《ふらうちやうせい》の第《だい》一義《ぎ》は保精愛精《ほせいあいせい》に在《あ》るが、さればとて唯《た》だ單《たん》に之《これ》を閉《と》ぢて保持《ほぢ》するのみでは、性慾《せいよく》の衝動《しようどう》に刺戟《しげき》されて、精神《せいしん》が動搖懊惱《どうえうあうなう》し、所謂鬼交《いはゆるきかう》の病《やまひ》即《すなは》ち夢《む》精《せい》を惹起《じやくき》し、爲《ため》に大切《たいせつ》の精液《せいえき》を徒《いたづ》らに洩瀉《えいしや》し、而《し》かも其害毒《そのがいどく》は普《ふ》通交姤《つうかうこう》の十倍《ばい》にも當《あた》り、却《かへつ》て短命《たんめい》に終《をは》るのである。

不老長生《ふらうちやうせい》のためには、男《をとこ》は女《をんな》なかるべからず、女《をんな》には亦男《またをとこ》なかるべからず、これ天地自然《てんちしぜん》の理《り》にて、これを善用《ぜんよう》して還精補腦《くわんせいほなう》するのが房中術《ばうちうじゆつ》の極意《ごくい》である。而《しか》してその方法《はうはふ》は祕《ひ》中《ちう》の祕《ひ》、容易《ようい》に筆《ふで》にすべきではないが差支《さしつかへ》なき範圍《はんゐ》を略言《りやくげん》すれば、相手《あひて》の津氣《しんき》と〇〇を吸攝《きふせつ》し、之《これ》を自家《じか》に充實《じうじつ》して更《さら》に精室《せいしつ》、丹田《たんでん》、命門等《めいもんとう》に運《めぐ》らし、脊髓中心管《せきずゐちうしんくわん》を上昇《じやうしよう》せしめて、大腦《たいなう》の中心《ちうしん》たる泥丸《でいぐわん》、即《すなは》ち第《だい》三腦室《なうしつ》に閉《と》ぢ込《こ》め、天關《てんくわん》と命門《めいもん》とを緊《きん》閉《へい》して腦氣《なうき》を下降《かかう》せしめぬのである。

しかせざれば氣《き》が下降《かかう》して精室《せいしつ》に流入《りうにふ》し、從《した》つて精《せい》が泄《も》れ易《やす》く、相手《あひて》を御制《ぎよせい》すること難《かた》くして疲《つか》れ、大《おほい》に壽《じゆ》を縮《ちゞ》む、若《も》し閉固《へいこ》すれば自《じ》然堅硬《ぜんけんかう》にして、情《じやう》歡《よろこ》び意暢《いの》び、壽自《じゆおのづ》から延《の》ぶといふのである。

老子《らうし》の房中術《ばうちうじゆつ》には、種々專門的《しゆ〴〵せんもんてき》の術語《じゆつご》や、寓語《ぐうご》があり、又支《またし》那《な》の昔《むかし》の醫學《いがく》に通《つう》ぜねば解《かい》しがたいのであるが、能《よ》く〳〵翫味《ぐわんみ》すればなか〳〵、面白《おもしろ》く且《か》つ有益《いうえき》な點《てん》が多《おほ》いのである。

第三節　孫眞人の房中術

孫眞人《そんしんじん》は名《な》を思邈《しばう》といひ、支那《しな》の南北朝時代《なんぼくてうじだい》から隋唐《ずゐたう》にかけ長生《ちやうせい》してゐた道士《だうし》で、仙術《せんじゆつ》は無論《むろん》のこと、醫術《いじゆつ》にも精通《せいつう》し、其《そ》の著書《ちよしよ》には老子《らうし》や莊子《さうし》の註解《ちうかい》もあれば、又《また》「福祿論《ふくろくろん》三十卷《くわん》」「攝生眞錄《せつせいしんろく》」「枕中素書《ちんちうそしよ》」「會三《くわい》教論《けうろん》」各《かく》一卷《くわん》あり。殊《こと》にすぐれたるは「備急千金要方《びきふきんえうはう》」及《およ》び「千金翼方《きんよくはう》」各《かく》々三十卷《くわん》である。この二書《しよ》は殆《ほと》んど支那醫學《しないがく》の一切《さい》に亘《わた》つて網羅《まうら》せるもので、龍宮《りうぐう》に祕《ひ》められたと稱《しよう》する仙《せん》方《ばう》三十首《しゆ》さへ取《と》り入《い》れ、古來漢方醫《こらいかんばうい》無《む》二の虎《とら》の卷《まき》であつたのだ。

孫眞人

日本《にほん》でも德川時代《とくがはじだい》二種《しゆ》ばかり飜刻《ほんこく》され千金方《きんはう》、翼方合《よくはうあは》せて百五十金《きん》といふ高價《かうか》のものであつた。支那《しな》では其《そ》の後古書《ごこしよ》が散逸《さんいつ》し、近頃上海《ちかごろシヤンハイ》で印刻《いんこく》した古書《こしよ》の多《おほ》くは、其《そ》の原本《げんぽん》を日本《にほん》から逆輸入《ぎやくゆにふ》したといふ面白《おもしろ》い話《はなし》もある。日本《にほん》でも此《こ》の古書《こしよ》は本屋《ほんや》には滅多《めつた》に見《み》えぬ、江《え》戸醫學所《どいがくしよ》と金澤文庫《かなざはぶんこ》に在《あ》つたが、今《いま》はどうなつたか。

千金方《きんはう》三十卷中《くわんちう》の第《だい》二十七卷養性篇《くわんやうせいへん》に、養性序第《やうせいじよだい》一、道林養生第《だうりんやうせいだい》二、居處法第《きよしよはふだい》三、按摩法第《あんまはふだい》四、調氣法第《てうきはふだい》

五、服食法《ふくしよくはふ》第《だい》六、黄帝雜忌《くわうていざつき》第《だい》七、房中補益《ばうちうほえき》第《だい》八の八章《しやう》に分《わ》かれ、いづれも延年益壽不老長生《えんねんえきじゆふらうちやうせい》に必要《ひつえう》缺《か》ぐべからざるものである。

就中《なかんづく》第《だい》八の房中補益《ばうちうほえき》は大切《たいせつ》なもので、老子《らうし》の房中術《ばうちうじゆつ》に比《ひ》すれば分《わ》かりよい。所説《しよせつ》は穩健高尚《をんけんかうしやう》で效果《かうくわ》も的確《てきかく》と見《み》るべき祕法《ひはふ》が多《おほ》いが、上野《うへの》の帝國圖書館《ていこくとしよくわん》でも近頃此《ちかごろこ》の第《だい》二十七卷《くわん》は閲覽《えつらん》を禁《きん》じた位《くらゐ》であるから、玆《こゝ》に書《か》く譯《わけ》にはゆかぬ。

第四節　醫心方の房中術

支那《しな》では房中術《ばうちうじゆつ》が久《ひさ》しく中絶《ちうぜつ》してゐたのを、明治《めいぢ》三十六年《ねん》に支那《しな》の學者葉德輝《がくしやえふとくき》の門人《もんじん》が渡日《とじつ》して、上野《うへの》の圖《と》書館《しよくわん》で醫書《いしよ》を閲覽《えつらん》してゐる中《うち》、圖《はか》らずも丹波《たんば》康賴《やすより》の「醫心方《いしんはう》」中《ちう》に「房內《ばうない》」と題《だい》する奇《き》篇《へん》を發見《はつけん》し、之《これ》を謄寫《とうしや》して師《し》の葉氏《えふし》に送《おく》つた。葉氏《えふし》は其《そ》の中《なか》から素女經《そぢよきやう》、玉房祕訣《ぎよくばうひけつ》、玉房指要《ぎよくばうしえう》、洞玄子《どうげんし》を選《え》り分《わ》け拾《ひろ》ひ出《だ》し「雙梅景叢書《さうばいけいそうしよ》」六冊《さつ》の中《なか》に取《と》り入《い》れて出版《しゆばつん》した。是《これ》が近代支那《きんだいしな》房中術《ばうちうじゆつ》の再興《さいこう》した動機《どうき》である。

醫心方《いしんはう》は從《じう》五位《ゐ》行《かう》（行《かう》は官《くわん》が位階相當《ゐかいさうたう》より低《ひく》きに云《い》ひ、官《くわん》が位階相當《ゐかいさうたう》より高《たか》きを守《しゆ》といふ）鍼博士《しんはくし》兼丹羽《けんたんばの》介宿禰《すけすくね》丹波《たんば》康賴《やすより》の撰《せん》する所《ところ》、今《いま》を去《さ》る九百五十年前《ねんぜん》の圓融天皇《ゑんゆうてんわう》の永觀《えいくわん》二年《ねん》に、朝廷《てうてい》に奉《たてまつ》つた醫書《いしよ》である。其《そ》の內容《ないよう》は三十卷《くわん》から成《な》り、支那《しな》のあらゆる醫書《いしよ》から醫方《いはう》を分類《ぶんるゐ》して編纂《へんさん》し、三十冊《さつ》に配列《はいれつ》した便利重寶《べんりちようはう》なものである。殊《こと》に其《そ》の第《だい》二十八卷《くわん》の房內《ばうない》と題《だい》するものは、珍奇至極《ちんきしごく》、一讀《どく》三歎《たん》の絶妙《ぜつめう》なものである。其《そ》の次《じ》目《もく》は、

至理《しり》、養陽《やうやう》、養陰《やういん》、和志《わし》、臨御《りんぎよ》、五徴《ちよう》、五常《じやう》、五欲《よく》、十動《どう》、四至《し》、九氣《き》、九法《はふ》、三十法《はふ》、九狀《じやう》、六勢《せい》、八益《えき》、七損《そん》、還精《くわんせい》、施瀉《ししや》、治傷《ぢしやう》、求子《きうし》、好女《かうぢよ》、惡女《あくぢよ》、禁忌《きんき》、斷鬼交《だんきかう》、用藥石《ようやくせき》、玉莖小《ぎよくけいせう》、玉門大《ぎよくもんだい》、少女痛《せうぢよつう》、長婦傷《ちやうふしやう》の三十章《しやう》から成《な》り、引用書《いんようしよ》は、素女經以下《そぢよきやういか》二十種《しゆ》。

實《じつ》に房中術《ばうちうじゆつ》の集大成《しふたいせい》で、如何《いか》なる方法《はうはふ》も網羅《まうら》されざるはなく、又如何《またいか》なる藥方《やくはう》も洩《もら》さず剩《あま》さず掻集《かきあつ》めてある。實《じつ》に之《こ》れ房中術大博覽會《ばうちうじゆつだいはくらんくわい》ともいふべく、殊《こと》に其《そ》の叙述《じよじゆつ》のむき出《だ》しにして、祕中《ひちう》の祕《ひ》を赤裸々《せきらゝ》に曝露《ばくろ》したる點《てん》は他《た》に類《るゐ》がない。併《しか》し森嚴《しんごん》の事實《じじつ》たる吾人《ごじん》の性的生活《せいてきせいくわつ》には、老若男女共《らうじやくだんぢよとも》に切實缺《せつじつか》くべからざる眞面目《まじめ》の教訓祕法《けうくんひはふ》のみを集《あつ》めたもので、彼《か》の淫本《いんぽん》と日《ひ》を同《おな》ふして論《ろん》ずべきでない。

本書《ほんしよ》は平安朝《へいあんてう》以《い》來《らい》久《ひさ》しく湮滅《えんめつ》してゐたのを、仁和寺文庫《にんわじぶんこ》に不完全《ふくわんぜん》の抄本《せうほん》があるばかりで、康頼自筆《やすよりじひつ》の原本《げんぽん》は深《ふか》く朝廷《てうてい》に祕藏《ひざう》せられ、正親町天皇《おほぎまちてんわう》に至《いた》り之《これ》を典藥頭半井瑞策《てんやくのかみなからゐずゐさく》に賜《たま》はり、爾來代々氏《じらいだい〱し》の私庫《しこ》に祕藏《ひざう》してあつたのを、安政年間《あんせいねんかん》に至《いた》り幕府《ばくふ》が半井氏《なからゐし》に命《めい》じて醫學所《いがくしよ》に差出《さしだ》さしめ、之《これ》を上梓《じやうしん》した。價《あたひ》は三百金《きん》と稱《しよう》せられ、先年金港堂《せんねんきんかうだう》で日本醫學叢書《にほんいがくさうしよ》に、醫心方《いしんはう》を採錄《さいろく》したが、二十八の卷《まき》だけは取除《とりのぞ》いたのである。

第五節　黄素妙論の房中術

黄素妙論《くわうそめうろん》といふのは、黄帝《くわうてい》と素女仙《そぢよせん》との問答《もんだふ》を錄《しる》したもので、大體素女經《だいたいそぢよきやう》から抄出《せうしゆつ》したものであるが、醫《い》心方《しんはう》の素女經《そぢよきやう》に無《な》いものもある。殊《こと》に深淺利害損益之辨《しんせんりがいそんえきのべん》、及《およ》び八深《しん》六淺《せん》一深之論等《しんのろんとう》、醫心方《いしんはう》に洩《も》れた肝要《かんえう》のものもある。又《また》九勢之要術《せいのえうじゆつ》に於《おい》ても、魚接勢《ぎよせつせい》などは素女經《そぢよきやう》の魚接鱗《ぎよせつりん》と大《おほい》に方法《はうはふ》を異《こと》にする等《とう》不思議《ふしぎ》に思《おも》はる點《てん》がある。いづれにしても此《こ》の書《しよ》ある故《ゆゑ》、醫心方《いしんはう》の遺漏《ゐろう》を補《おぎな》ふものとしてもよい。

僅々《きん〳〵》十二三葉《えふ》の小寫本《せうしやほん》なれども、從來本邦人《じうらいほんぱうじん》に多少《たせう》でも房中術《ばうちうじゆつ》の知識《ちしき》を與《あた》へたのは、本書《ほんしよ》が與《あづ》かつて力《ちから》ありと謂《いは》はねばならぬ。筆者道三《ひつしやだう》は幕府《ばくふ》の醫官曲直瀨《いくわんまなせ》氏《し》の祖《そ》で、實《じつ》に日本醫道中興《にほんいだうちうこう》の名國手《めいこくしゆ》である。

第六節　煉丹と房中術

支那《しな》の鍊金術《れんきんじゆつ》は、仙家道士《せんけだうし》の一手專賣《てせんばい》であるが、元來仙家第一《ぐわんらいせんけだい》の目的《もくてき》は決《け》つして黃金《わうごん》を製《せい》することではなく、實《じつ》は不老長生《ふらうちやうせい》の仙丹《せんたん》を作《つく》つて、これを服用《ふくよう》し昇天《しようてん》するに在《あ》るので、第一義《だいぎ》は煉丹修養《れんたんしうやう》、而《しか》して鍊金術《れんきんじゆつ》は其《そ》の副產物《ふくさんぶつ》に過《す》ぎぬのである。

しかも其《そ》の煉丹《れんたん》なるものは、いよ〳〵の祕奧《ひあう》は性的行爲《せいてきかうゐ》を說《と》くに在《あ》るのである。たゞ直接性的文字《ちよくせつせいてきもんじ》を使用《しよう》せず、之《これ》を藥方《やくはう》に擬《ぎ》して暗示《あんじ》してあるのである。尤《もつと》も性的修養《せいてきしうやう》と倶《とも》に猶藥劑《なほやくざい》をも用《もち》ひ、金石草木《きんせきさうもく》より得《え》たる藥劑《やくざい》をば、外藥外丹《ぐわいやくぐわいたん》と稱《しよう》し、性的修養法《せいてきしうやうはふ》によつて、自己《じこ》の精神身體《せいしんしんたい》に及《およ》ぼす現象影響《げんしやうえいきやう》を、內丹內藥《ないたんないやく》と稱《しよう》して居《ゐ》る。今道家《いまだうけ》煉丹《れんたん》の順序方法《じゆんじよはうはふ》、卽《すなは》ち藥方《やくはう》に擬《ぎ》したる性修養法《せいしうやうはふ》を示《しめ》せば、

一、煉己《れんみ》。二、調藥《てうやく》。三、採藥《さいやく》。四、封固《ほうこ》。五、煉藥《れんやく》。六、採丹《さいたん》。

の六工程《こうてい》である。文字《もんじ》は如何《いか》にも藥劑製法《やくざいせいはふ》の如《ごと》くであるが、眞意《しんい》はさうではない。第一《だい》に元精《げんせい》を煉《ね》つて丹《たん》となし、これを內服《ないふく》するのであるが、分《わか》り易《やす》くいへば、腎中《じんちう》に精《せい》を充滿《みた》す時《とき》、炁《き》といふものが發生《はつせい》する。炁《き》

とは精《せい》のもとである。この生炁《せいき》が充《み》ち足《た》りて腎中《じんちう》に不動《ふどう》となる時《とき》、これを丹《たん》といふ。即《すなは》ち此《こ》の丹《たん》を採《と》りて服《ふく》用《よう》するのである。もとより丹《たん》は有形《いうけい》のものではない。

一、煉巳《れんみ》とは精《せい》を養《やしな》ふ事《こと》である。

赤松子

赤松子は神農の時に雨師といふ役人になつて居たが、後崑崙山に上り、西王母が築いた石室の中に住て居て、只風雨ある毎に石室を出でて山を下つて來る。然るに炎帝の少女《むすめ》彼を戀ひ慕ひて同じく崑崙山に上り、亦仙術を得て赤松子と共に飛仙して了つた。赤松子は高辛氏の時、又出て雨師となり、其後時々人間界に現はれた。

二、調藥《てうやく》とは、精《せい》が既《すで》に生《しやう》じたならば、これをよく纏《まと》めて、炁穴《きけつ》即《すなは》ち丹田《たんでん》へ回收《くわいしう》するのである。調藥《てうやく》の場合《ばあひ》、精《せい》が發生《はつせい》した時《とき》、順逆《じゆんぎやく》の二作用《きよう》がある。順《じゆん》なる場合《ばあひ》は、精液《せいえき》となつて小供《こども》が生《しやう》ずる。其處《そこ》で逆《ぎやく》にこの精《せい》を治《をさ》めて、炁穴《きけつ》へ送《おく》り丹《たん》となすのが調藥《てうやく》の目的《もくてき》である。

三、採藥《さいやく》とは、精《せい》を炁穴《きけつ》へ囘收《くわいしう》したならば、これを溫養《をんやう》して、眞炁《しんき》を發生《はつせい》せしむることを云《い》ふのである。これを藥產《やくさん》といふ。藥產《やくさん》の成《な》つた時《とき》の狀態《じやうたい》は、內《うち》には丹田《たんでん》に溫暖《をんだん》を感《かん》じ、外《そと》には陽《やう》が勃起《はつき》するのである。單《たん》に陽《やう》が勃起《はつき》するのを陽生《やうせい》と稱《しよう》するが、內《ない》外共《ぐわいとも》に起《おこ》る現象《げんしやう》の藥產《やくさん》と、外部《ぐわいぶ》丈《だけ》の現象《げんしやう》である陽生《やうせい》とは區別《くべつ》せねばならぬ。

四、封固《ほうこ》とは、藥產《やくさん》によつて炁穴《きけつ》に安定《あんてい》した精《せい》を、更《さら》に溫養《をんやう》するのである。

五、煉藥《れんやく》とは、最《もつと》も大切《たいせつ》の事《こと》で、炁穴《きけつ》に產《さん》した藥《くすり》の老嫩《らうどん》を見分《みわ》けて處置《しよち》することである。老《らう》とは、炁中《きちう》にあまり長《なが》く溫養《をんやう》すると、藥《くすり》が老《お》いて炁《き》が散逸《さんいつ》することであり、嫩《どん》とは、溫養《をんやう》の足《た》らざるために、藥《くすり》が若《わか》くして用《よう》をなさぬことである。

六、採丹《さいたん》とは、眞《しん》に丹《たん》が生《しやう》じ、仙丹《せんたん》といつて、右《みぎ》の修養法《しうやうはふ》を煉《れん》一丹術《たんじゆつ》といふ。

以上《いじやう》は所謂《いはゆる》小周天《せうしうてん》の法《はふ》であつて、煉丹最後《れんたんさいご》の目的《もくてき》は大周天《だいしうてん》の法《はふ》を修《しう》するに在《あ》るのであるが、大周天《だいしうてん》の事《こと》は茲《こゝ》に說《と》きがたし、面授《めんじゆ》を要《えう》す。

因《ちなみ》に仙丹《せんたん》は黃金《わうごん》より得《え》らるるものと考《かんが》ふるも、それは外藥《ぐわいやく》であつて、ここに謂《い》ふ所《ところ》の仙丹《せんたん》は、內服《ないふく》の仙丹《せんたん》であるから、身體外《しんたいぐわい》の物質《ぶつしつ》より取《と》る譯《わけ》にはゆかぬ。從《したが》つて此《こ》の仙《せん》丹製法《たんせいはふ》を、黄金《わうごん》を採《と》るための錬金術《れんきんじゆつ》と混同《こんどう》してはならぬ。

黄帝《くわうてい》と彭祖《はうそ》といふ仙人《せんにん》の實行《じつかう》した方法《はうはふ》は、所謂素女經《いはゆるそぢよきやう》の採陰補陽術《さいいんほやうじゆつ》で、特別《とくべつ》に仙丹《せんたん》なぞといふ藥品《やくひん》を服用《ふくよう》したのではなく、性交《せいかう》の妙諦《めうてい》をもつて、長生不死《ちやうせいふし》の目的《もくてき》を達《たつ》したのである。

此《こ》の種《しゆ》の養生法《やうじやうはふ》には、五峰《ほう》採藥《さいやく》などといつて、元氣充分《げんきじうぶん》の若《わか》い女子《ぢよし》の陰《いん》を、樣々《さまざま》の方法《はうはふ》で奪《うば》ひ、以《もつ》て己《おの》れの陽《やう》を補《おぎな》ふといふやり方《かた》があつた。勿論之等《もちろんこれら》の人々《ひとびと》も物的外藥《ぶつてきぐわいやく》を併用《へいよう》したものもある。

ヘルミツプースに關《くわん》する碑文《ひぶん》に曰《いは》く、

> 少女《せうぢよ》に扶掖《ふえき》せられて、百十五歲《さい》三ケ月《げつ》の長命《ちやうめい》を保《たも》つたヘルミツプースが、健康《けんかう》の神《かみ》エスクラツプに奉納《ほうなふ》す。

此《こ》の他埃及《ほかえじぷと》、希臘《ぎりしや》、羅馬等《ろうまとう》でも、長生不老藥《ちやうせいふらうやく》や、處女回春術《しよぢよくわいしゆんじゆつ》が研究《けんきう》せられ、使用《しよう》せられて居《を》つた、又印度波羅門敎《またいんどはらもんけう》は固《もと》より、佛敎中《ぶつけうちう》にも延命法《えんめいはふ》が澤山說《たくさんと》かれてある。

第九章　科學的保健術

第一節　悠々自然の生活

支那《しな》は大國《たいこく》であるだけ、他《た》に比《ひ》して古來《こらい》より長壽者《ちやうじゆしや》が多《おほ》い。歴史上《れきしじやう》に名《な》のある人物《じんぶつ》で、百歳以上《さいいじやう》の者《もの》が何《なん》千人《にん》とあつて、大體《だいたい》百五六十歳《さい》が通例《つうれい》である。それは悠々《いういう》たる心境《しんきやう》と自然的生活《しぜんてきせいくわつ》が第一因《だいいいん》であり、次《つぎ》は支那《しな》料理《れうり》が極《きは》めて衞生的《ゑいせいてき》だといふ定評《ていひやう》になつて居《ゐ》る。今《いま》そのノンキな高齢《かうれい》の一挿話《さふわ》を記《しる》さう。

宋《そう》の太宗《たいそう》の時《とき》、李守忠《りしゆちう》が聖旨《せいし》を受《う》け南方《なんぱう》に使《つかひ》した時《とき》、瓊州《けいしう》で楊遐《やうか》といふ老人《らうじん》に逢《あ》つて年《とし》を聞《き》くと、私《わたし》は八十一にしかならん、内《うち》にはもつと老人《らうじん》が居《ゐ》るといふので、其《そ》の宅《うち》に往《い》つて訪《たづね》ると、父《ちゝ》の連叔《れんしゆく》が百二十二、その父《ちゝ》の宋卿《そうきやう》が百九十五で健在《けんざい》といふ有様《ありさま》、李守忠《りしゆちう》は大《おほい》に驚《おどろ》いて稱歎《しようたん》すると、あまり嬉《うれ》しい顔《かほ》もせず、宋卿《そうきやう》はもう一人《ひとり》そこに居《ゐ》るといふので、指《ゆび》さされた奥《おく》の方《はう》を見《み》ると、子供《こども》らしいのが寢《ね》て居《ゐ》る。此《これ》は誰《た》れの子《こ》かと聞《き》くと、それは子《こ》ではない親爺《おやぢ》で、實《じつ》は何代前《なんだいまへ》かの祖父《そふ》で、私《わたし》の小供《こども》の時《とき》から一向變《かうかは》らぬ、年《とし》も能《よ》く分《わか》らぬとのこと、守忠《しゆちう》は三度喫驚《びつくり》。

隗《くわい》の文侯《ぶんこう》が、百八十歳《さい》になる樂人竇公《がくじんとうこう》に、長壽《ちやうじゆ》の法《はふ》を問《と》うた。竇公《とうこう》の答《こたへ》に、

私《わたし》は十三の時《とき》に明《めい》を失《しつ》し、兩親《りやうしん》が鼓琴《こきん》の業《わざ》を教《をし》へてくれた。私《わたし》は毎日《まいにち》これに親《した》しみ、心中《しんちう》常《つね》に愉快《ゆくわい》で、愁《うれひ》を知《し》らぬと。

鼓琴《こきん》の業《わざ》は元《もと》より長壽《ちやうじゆ》の藥《くすり》ではない。たゞその樂《たの》しんで愁《うれひ》を知《し》らぬ、生死超越《せいしてうゑつ》の悠々《いう〳〵》たる心境《しんきやう》が、不老《ふらう》の妙《めう》藥《やく》である。又軒袁集《またけんゑんしよ》が宣宗《せんそう》から長壽《ちやうじゆ》の法《はふ》を尋《たづ》ねられた時《とき》、

樂《たの》しみも悲《かな》しみも一のごとく、心《こゝろ》を天地《てんち》と共《とも》に明《あか》るくもち、萬人《ばんにん》を愛《あい》して往《い》つたと答《こた》へた。

あせらず騷《さわ》がず、心《こゝろ》は絶《た》へず引《ひき》きしめては居《ゐ》るが、悠々《いう〳〵》として人生《じんせい》を送《おく》ることは、自然《しぜん》と人生《じんせい》との合致《がつち》である。無理《むり》をしないで自然《しぜん》に隨順《ずゐじゆん》するのが、保健《ほけん》の一大要諦《だいえうてい》であり、處世《しよせい》の祕訣《ひけつ》である。無爲《むゐ》にして化《くわ》すといふ自然性《しぜんせい》を天賦《てんぷ》として、そのまゝに暮《くら》すといふのが、眞《しん》の神仙境《しんせんきやう》である。百歳以上《さいいじやう》の長壽者《ちやうじゆしや》は皆《みな》此の自然《しぜん》生活《せいくわつ》を體得《たいとく》し、又常《またつね》に六氣《き》を食《く》ふといふが、此《こ》の調氣法《てうきはふ》の呼吸術《こきふじゆつ》である。卽《すなは》ち春《はる》の朝霞《あさがすみ》、夏《なつ》の正陽《せいやう》、秋《あき》の倫《りん》漢《かん》、冬《ふゆ》の温熱《をんねつ》、日中《につちう》の氣《き》、日沒《にちぼつ》の赤氣《せきき》を指《さ》すので、自然《しぜん》の陽光《やうくわう》、空氣《くうき》が、外膚内臟《ぐわいふないざう》を強《つよ》く新《あら》たにすることは、科學上當然《くわがくじやうたうぜん》で、呼吸法日光浴《こきふはふにつくわうよく》の實行《じつかう》である。

米國紐育《べいこくニユーヨーク》第一《だいいち》の名優《めいいう》と云《い》はるゝチャーミング婦人《ふじん》は、四十三歳《さい》で十五になる娘《むすめ》があるが、どうしても母《おや》子《こ》とは見《み》られぬ。二つ三つ上《うへ》の姉《あね》といふ位《くらゐ》である。彼女《かのぢよ》に青春《せいしゆん》を如何《いか》にして保持《ほぢ》するかと問《と》うた。

妾《わたし》は忙《いそが》しく暮《くら》すために、若《わか》さが保《たも》てる。仕事《しごと》の他《ほか》に何《なに》一つ考《かんが》へる餘地《よち》がない。若《も》しいろ〳〵考《かんが》へたり心配《しんぱい》したならば、今《いま》は最早《もはや》皺《しわ》だらけのお婆《ばあ》さんであらう。それから今《いま》一つ妾《わたし》の若返《わかがへ》りの妙藥《めうやく》は、若《も》し暇《ひま》さへあれば、年少《ねんせう》の娘《むすめ》さんと遊《あそ》び、笑《わら》ひ興《きやう》ずること

である。

と答《こた》へた。如何樣《いかさま》赤兒《あかご》に返《かへ》る、赤子《あかご》の心《こゝろ》になる、無邪氣《むじやき》な笑《わら》ひ、それは確《たし》かに若返《わかがへ》り長命《ちやうめい》の最大原因《さいだいげんいん》である。又《また》アンナ・ニルスン女《ぢよ》は不老術《ふらうじゆつ》に就《つい》て左《さ》の如《ごと》く語《かた》つた。

若《わか》くあるためには心配《しんぱい》しないこと、くよ〳〵考《かんが》へないこと、嫉妬心《しつとしん》が大禁物《だいきんもつ》、何時《いつ》も平和《へいわ》な氣持《きもち》、怒《いか》らねばならぬことがあるならば、一度《ど》に爆發《ばくはつ》してしまうこと、餘《あま》り甘《うま》い物《もの》を食《く》はぬこと。

行雲流水《かううんりうすゐ》、渇《かつ》して水《みづ》を呑《の》み、餓《う》ゑて始《はじ》めて食《しよく》を求《もと》むれば、草根木實《さうこんもくじつ》も亦甘味《またかんみ》なり。樹下石上《じゆかせきじやう》に眠《ねむ》る、悠《いう》なる哉《かな》〳〵。天地《てんち》が我《われ》か、我《われ》が天地《てんち》か、自然《しぜん》と同化《どうくわ》し、自然《しぜん》と長《とこし》へに無限《むげん》なり。

第二節　食餌保健法

元來老衰《ぐわんらいらうすゐ》は年齡《ねんれい》によつて定《さだ》まるものではなく、色々《いろ〳〵》の原因《げんいん》によつて體《からだ》が弱《よわ》つてくるのである。その原因《げんいん》として甲狀線《かふじやうせん》の萎縮廢退《ゐしゆくはいたい》によるもの、生殖腺《せいしよくせん》の廢退《はいたい》による人間活力《にんげんくわつりよく》の減却《げんきやく》、腸内《ちやうない》に於《お》ける不消化物《ふせうくわぶつ》の腐敗醱《ふはいはつ》酵物《かうぶつ》が腸壁《ちやうへき》から吸收《きふしう》されて自家中毒《じかちうどく》を起《おこ》すため老衰《らうすゐ》するもの等《とう》あるが、いづれにしても夫々單獨《それ〳〵たんどく》の原因《げんいん》に依《よ》つて老衰《らうすゐ》するものではなく、甲狀線《かふじやうせん》の萎縮《ゐしゆく》にしても腸内腐敗物《ちやうないふはいぶつ》に依《よ》ることもあるし、又甲狀線《またかふじやうせん》の動《うご》きが鈍《にぶ》いため腸内醱酵《ちやうないはつかう》を起《おこ》させる事《こと》もあつて、作用《さよう》は相互《さうご》に關連《くわんれん》してゐるものであるから、全體《ぜんたい》の體《からだ》の色々《いろ〳〵》な器官殊《きくわんこと》に内分泌《ないぶんぴ》腺《せん》や、胃腸《ゐちやう》の衰弱《すゐじやく》といふことを考《かんが》へねばならぬ。

そこでその對策《たいさく》としては、食養法《しよくやうはふ》によつて、よく食《く》ひ、よく消化吸收《せうくわきふしう》させることにしなければならぬ。即《すなは》ち先《ま》づよく自分《じぶん》の體《からだ》を知《し》り、日々《ひゞ》の生活《せいくわつ》を正《たゞ》しく整《とゝ》へる事《こと》が有效《いうかう》であり、又經濟的《またけいざいてき》である。

全體胃酸《ぜんたいゐさん》といふものは消化劑《せうくわざい》であると同時《どうじ》に、又殺菌力《またさつきんりよく》をもつてゐるが、胃《ゐ》の働《はたら》きが鈍《にぶ》ると胃酸《ゐさん》の分泌《ぶんぴ》が減少《げんせう》する。從《したが》つて大腸菌《だいちやうきん》が增加《ぞうか》する。食物《しよくぶつ》の不消化《ふせうくわ》のものが分解《ぶんかい》されて有害質《いうがいしつ》となりて、粘膜《ねんまく》から吸收《きふしう》されて、體內《たいない》の諸器官《しよきくわん》に作用《さよう》して、その打擊《だげき》のために老衰《らうすゐ》する。

此《こ》の弊害《へいがい》を除《のぞ》くには、老境《らうきやう》に入《い》る前《まへ》から食物《しよくぶつ》によく注意《ちうい》して、よく消化《せうくわ》しよく吸收《きふしう》させる工夫《くふう》が肝要《かんえう》である。老人《らうじん》が滋養物《じやうもの》だといつていろ〳〵のものを食《く》ふと、却《かへつ》て自家中毒《じかちうどく》によつて赤血球《せきけつきう》は破壞《はくわい》され、貧血症《ひんけつしやう》に陷《おちい》り血色《けつしよく》が惡《わる》くなる、又腸內《またちやうない》の腐敗醱酵《ふはいはつかう》を少《すく》くし、貯《たくは》へてゐるものは早《はや》く排泄《はいせつ》させねばいけぬ。

胃腸病學《ゐちやうびやうがく》の原理《げんり》に基《もと》づき、水《みづ》だけ出來《でき》るだけ多量《たりやう》に呑《の》み、他《た》は牛乳《ぎうにう》と少量《せうりやう》の肉類《にくるゐ》、卵《たまご》のみで、一月暮《つきくら》しても、少《すこ》しも衰《おとろ》へぬのみか、血色《けつしよく》のよくなつた上《うへ》、總《すべ》ての體《からだ》の調子《てうし》がよくなつたといふ實驗《じつけん》が澤山《たくさん》ある。利尿《りねう》、便通《べんつう》、毎朝起《まいあさお》きて間《ま》もなく水《みづ》を飲《の》む、飲水後《いんすゐご》三十分以上經《ぶんいじやうたゝ》ねば食事《しよくじ》せぬこと、所謂滋養物《いはゆるじやうぶつ》は少量《せうりやう》でよいこと、胃腸《ゐちやう》の洗滌等《せんできとう》、消化器《せうくわき》の保健《ほけん》が何《なに》より緊要《きんえう》である。

日常《にちじやう》の食餌《しよくじ》としては、支那料理《しなれうり》が尤《もつと》も理想的《りさうてき》である。一體《たい》支那《しな》料理《れうり》はどうしてあんなに柔《やはら》かく、衞生的滋養《ゑいせいてきじやう》たつぷりであるかといふに、元來支那人《ぐわんらいしなじん》の金持《かねもち》になると、多《おほ》くの妻妾《さいせう》を蓄《たくは》へ、運動《うんどう》も働《はたら》きもせぬから、自然《しぜん》それに相應《さうおう》した食物《しよくぶつ》を必要《ひつえう》とし、從《したが》つて料理法《れうりはふ》が發達《はつたつ》したのである。甘《うま》い、消化《せうくわ》がよい、動物性植物性《どうぶつせいしよくぶつせい》を巧《たく》みに配合《はいがふ》し、海《うみ》のもの山《やま》のものが能《よ》く取《と》り合《あは》せてある。滿腹《まんぷく》した頃《ころ》には杏仁《きやうじん》を飲《の》ませるといふ風《ふう》に、順序《じゆんじよ》も生理《せいり》的《てき》醫《い》方的《はうてき》である。どんな動植物《どうしよくぶつ》でも支那料理《しなれうり》の手《て》にかけたら、滋味化《じみくわ》せずにはゐない。とかげでも、ゐもりでも、鱶《ふか》のひれの葛粉汁《くづこしる》、海燕《うみつばめ》の巣《す》と玉子《たまご》の白味《しろみ》、雞《とり》の精嚢《せいのう》と筍《たけのこ》など、いづれも一種《しゆ》の藥力《やくりよく》といふべく、精力増進《せいりよくぞうしん》と保健若返《ほけんわかがへ》り法《はふ》に妙中好適《めうちうかうてき》せるものと云《い》はねばならぬ。

十六世紀《せいき》の祕本《ひほん》「バーヒユーム、ガーデン」の著者《ちよしよ》、シイク・ネフザウイ氏《し》は、精力《せいりよく》を强盛《きやうせい》ならしめ、老衰《らうすゐ》を防《ふせ》ぐために、左記《さき》の食養《しよくやう》を主張《しゆちやう》してゐる。

飮食《いんしよく》を排《はい》して、一日《にち》の間《あひだ》、雞卵《けいらん》の黃味《きみ》だけ食《く》ふか、或《あるひ》は三日《か》間《かん》、細《こま》かく刻《きざ》んだ玉葱《たまねぎ》を食《く》ふがよい。アスパラガスの煮《に》たものを動物性《どうぶつせい》の油《あぶら》で揚《あ》げ、これを雞卵《けいらん》の黃味《きみ》と共《とも》に食《く》へば、精力《せいりよく》が强《つよ》く壯健《さうけん》である。又玉葱《またたまねぎ》に藥味《やくみ》と香料《かうれう》とを加《くは》へたものを、雞卵《けいらん》の黃味《きみ》と共《とも》に植物性《しよくぶつせい》の油《あぶら》で揚《あ》げて、數日間食《すうにちかんく》へば精力絕倫《せいりよくぜつりん》、決《け》つして老衰《らうすゐ》せぬ。又駱駝《またらくだ》の乳《ち》に蜂蜜《はちみつ》を混《こん》じたものを平常飮用《へいぜいいんよう》すれば、不測《ふそく》の精力《せいりよく》を得《う》る。

トルコ帝王《ていわう》は多《おほ》く之等《これら》の食物《しよくぶつ》を用《もち》ひて、多《おほ》くの美姬《びき》を御《ぎよ》し、且《か》つ健康長壽《けんかうちやうじゆ》であつたと。

米國名優《べいこくめいいう》マーシャル・ニーラン及《およ》び其《そ》の妻女《さいぢよ》は、食物《しよくもつ》は菜食《さいしよく》を主《しゆ》とし、食事《しよくじ》の時《とき》は決《けつ》して水《みづ》や茶《ちや》を用《もち》ひぬ。それは消化《せうくわ》を妨《さまた》ぐるからである。食事《しよくじ》と食事《しよくじ》の中間《ちうかん》には、澤山《たくさん》の水《みづ》を飮《の》む。水《みづ》は保健若返《ほけんわかがへ》りの上《うへ》に一番大切《ばんたいせつ》である。牛乳《ぎうにう》は上等《じやうとう》のものに限《かぎ》ると。此《こ》の夫婦《ふうふ》は五十を越《こ》しても三十位《ぐらゐ》の面貌《めんばう》と動作《どうさ》の持主《もちぬし》で、盛《さか》んに活躍《くわつやく》してゐる現在《げんざい》の實在人《じつざいじん》だ。

仙人《せんにん》の食物《しよくもつ》が藥《くすり》とも滋養品《じやうひん》ともつかず、而《し》かも極少量《ごくせうりやう》、否《いな》、一二粒《りう》つづの丸藥《ぐわんやく》位《ぐらゐ》のもので、やつてゆけるのは、不用《ふよう》の滓《かす》を捨《す》てゝ、眞《しん》に有用《いうよう》の正味《しやうみ》だけを用《もち》ふるから、各種《かくしゆ》の器官《きくわん》を苦《くる》しめず、老癈物《らうはいぶつ》は出來《でき》ず、健康《けんかう》は充分保《じうぶんたも》てた上《うへ》に、老衰《らうする》せぬ。老衰《らうする》せぬから自然長生《しぜんちやうせい》するといふ段取《だんどり》になるのである。

又仙人《またせんにん》の吐納《となふ》即《すなは》ち胎息調氣《たいそくてうき》の呼吸法《こきふはふ》は、瓦斯《がす》交換作用以外《かうくわんさよういぐわい》に、氣《き》を全身《ぜんしん》に流通《りうつう》せしめて生命《せいめい》の原動力《げんどうりよく》になると、その原動力《げんどうりよく》を新製《しんせい》するものであるから、氣食《きしよく》といつて居《ゐ》る。氣《き》を胃中《ゐちう》に呑《の》み下《くだ》せば固形食物流體汁《こけいしよくぶつりうたいじふ》の代用《だいよう》になる。さうして遂《つひ》には食物《しよくもつ》を絶《た》つも飢餓《きが》を感《かん》ぜぬやうになる。是《こ》れ仙人《せんにん》が霞《かすみ》を食《く》ひ氣《き》を呑《の》んで、不死《ふし》の生命《せいめい》を得《う》る所以《ゆゑん》で、不朽《ふきう》の生命《せいめい》を與《あた》へるものは、不朽《ふきう》の食物《しよくもつ》、即《すなは》ち靈食《れいしよく》でなければならぬといふ大哲理《だいてつり》から來《き》たものである。さうしてそれは彼《か》の斷食《だんじき》に於《おい》て之《これ》を現證《じつしよう》することが出來《でき》る。が、併《しか》しそれは仙道上充分《せんだうじやうじうぶん》の修養《しうやう》を積《つ》み、既《すで》に仙境《せんきやう》に這入《はい》つたものでなくては、常人《じやうじん》にはなか〳〵困難《こんなん》である。そこで藥物的《やくぶつてき》の實味《じつみ》眞《しん》價《か》のある少量《せうりやう》の食餌《しよくじ》で、健康《けんかう》をも保《たも》ち、充分活動《じうぶんくわつどう》も出來《でき》、老衰《らうする》も酷《ひど》くなく、天壽《てんじゆ》を全《まつた》ふし得《う》るといふのが、現在《げんざい》の常人《じやうじん》としての理想《りさう》とすべきであらう。

要《えう》するに胃腸《ゐちやう》を酷使《こくし》する上《うへ》に、不經濟極《ふけいざいきは》まる現在《げんざい》の生活法《せいくわつはふ》を更新《かうしん》することが、即《すなは》ち一般的《ぱんてき》の保健法《ほけんはふ》であり、不老長生術《ふらうちやうせいじゆつ》である。それにはどうしても多少《たせう》なり神仙道《しんせんだう》を研究《けんきう》し加味《かみ》する必要《ひつえう》のあることは、今更《いまさら》いふまでもない所《ところ》である。

第三節　血管系統の保健

日本人《にほんじん》の平均壽命《へいきんじゆみやう》は四十二といふ哀《あは》れな統計《とうけい》を示《しめ》してゐる。近頃《ちかごろ》になつて日本《にほん》の少年《せうねん》の身長《しんちやう》はだん〳〵延《の》びて來《く》る傾向《けいかう》があり、體格《たいかく》の改善《かいぜん》も時《とき》と共《とも》に目立《めだ》つやうであるが、その反對《はんたい》に從來年寄《じうらいとしよ》りの領分《りやうぶん》とされて居《を》つた動脈硬化《どうみやくかうくわ》や腦溢血《なういつけつ》といふやうな恐《おそろ》しい病氣《びやうき》が、だん〳〵若《わか》い者《もの》の範圍《はんゐ》に喰《く》ひ込《こ》んで來《く》るやうになつた。此《これ》は世《よ》の中《なか》が世《せ》智《ち》辛《から》くなつて來《き》たため、心神過勞《しんしんくわらう》に陥《おちい》ることが多《おほ》くなつた結果《けつくわ》である。從《したが》つて長生《ちやうせい》への心《こゝろ》掛《が》けが一層必要《そうひつえう》になつて來《き》たのである。

何《なに》ものが健康《けんかう》と長生《ちやうせい》の土《ど》臺《だい》になるかと云《い》へば、血管系統《けつくわんけいとう》の健全《けんぜん》を先《ま》づ第《だい》一に擧《あ》げねばならぬ。身體《しんたい》の各所《かくしよ》へ營養《えいやう》を供給《きようきふ》し、そこに生《しやう》じた不用老癈物《ふようらうはいぶつ》を運《はこ》び去《さ》る役目《やくめ》を勸《つと》むる血管《けつくわん》に故障《こしやう》が起《おこ》れば、やがて死期《しき》の迫《せま》るのはいふまでもない所《ところ》である。

血管《けつくわん》の保護《ほご》が不老長生《ふらうちやうせい》の尤《もつと》も尖端的《せんたんてき》な問題《もんだい》である。而《しか》して血管《けつくわん》の保護《ほご》は、よく食《く》ひ、よく睡《ねむ》り、よく働《はたら》くことである。食物《しよくもつ》は年齢職業體質《ねんれいしよくげふたいしつ》に依《よつ》て差異《さい》があり、又各人《またかくじん》の嗜好《しかう》がある。よく食《く》ふといつても大食《たいしよく》するのではない。愉快《ゆくわい》に氣《き》持《もち》能《よ》く食《く》ふことである。よく睡《ねむ》るのも同樣時間《どうやうじかん》の長短《ちやうたん》のことではなく、少時間《せうじかん》でもよい熟睡《じゆくすゐ》すべきである。不眠《ふみん》や刺戟性飲食物《しげきせいいんしよくぶつ》は動脈硬化《どうみやくかうくわ》を促進《そくしん》し、腦溢血《なういつけつ》の卵《たまご》となる。規律正《きりつたゞ》しく働《はたら》けば、食物《しよくもつ》も甘《うま》く消化《せうくわ》もよく、又能《またよ》く睡《ねむ》れる。

更《さら》に又血管系統《またけつくわんけいとう》の保護《ほご》は、平常心氣《へいぜいしんき》を冷靜《れいせい》にして、妄《みだ》りに瞋恚《しんい》憤怒《ふんぬ》せぬに在《あ》る。瞋恚《しんい》は一切《さい》の福德《ふくとく》を焚《た》き盡《つく》し、一度《ど》怒《いか》れば一日《にち》の壽命《じゆみやう》を縮《ちゞ》む。三日《か》怒《いか》り止《や》まざれば一年《ねん》の壽命《じゆみやう》を失《うしな》ふとさへいつてある。又餘《またあま》り憂鬱《いううつ》心配《しんぱい》するのも害《がい》がある。

仙人《せんにん》の修法中《しうはふちう》に、午睡《ごすゐ》ではないが、正午頃《ひるごろ》から午後《ごご》三時《じ》までの間《あひだ》に、三十分位仰臥《ぷんぐらゐあふぐわ》し、靜《しづ》かに休養《きうやう》する行《ぎやう》法《はふ》がある。之《これ》は高血壓《かうけつあつ》を防《ふせ》ぐに尤《もつと》も宜《よろ》しく、從《したが》つて動脈硬化《どうみやくかうくわ》、卒中《そつちう》の豫防《よばう》となるのである。周知《しうち》の如《ごと》く、血《けつ》壓《あつ》は朝《あさ》は低《ひく》く、午後《ごご》は疲《つか》れが增《ま》すに從《したが》つて上昇《じやうしよう》して來《く》る。よく世間《せけん》で何々術《なに〳〵じゆつ》を三十分施《ぷんほどこ》したら、血壓《けつあつ》が二十さがつたとか、三十さがつたとか、物珍《ものめづ》らしさうにいふが、施術《しじゆつ》しなくても其《そ》の時間休息《じかんきうそく》すれば、自《おのづ》から下《さが》るのである。それで午睡又《ごすゐまた》は午後《ごご》三四十分間《ぷんかん》の仰臥靜息《あふぐわせいそく》は、血管系統《けつくわんけいとう》の過重負擔《くわぢようふたん》を輕減《けいげん》し、保健長生《ほけんちやうせい》への第《だい》一歩《ぽ》となるのである。更《さら》に又仙人《またせんにん》が恬淡《てんたん》、怒《いか》らず、悲《かな》しまず、悠々《いう〳〵》として世外《せぐわい》に超然《てうぜん》たるのは、精神的修養《せいしんてきしうやう》と同時《どうじ》に、甚大《じんだい》なる血管《けつくわん》の保全法《ほぜんはふ》といふべきである。

第四節　藥用食物

隋《ずゐ》の代《だい》、今《いま》の浙江省《せつかうしやう》に趙瞿《てうくわく》といふ人《ひと》があつた。癩病《らいびやう》に罹《かゝ》つたので、家人《かじん》は山《やま》に捨《す》てた。趙《てう》は日夜悲泣《にちやひきふ》して居《を》つたが、一日老人《にちらうじん》が現《あら》はれ、之《これ》を呑《の》めといつて松脂見《まつやにみ》たやうな丸藥《ぐわんやく》らしいものを一握《にぎり》くれた。趙《てう》はそれを呑《の》んで居《ゐ》ると、日增《ひま》し健全《けんぜん》になり、病《やまひ》は紙《かみ》を剝《は》ぐやうに癒《なほ》つてしまつた。その後老翁《ごらうをう》が通《とほ》りかゝつたので、前《まへ》の藥《くすり》を無心《むしん》すると、あれは松脂《まつやに》と松《まつ》の實《み》を調合《てうがふ》したものだといつた。それから趙《てう》はそれを手製《てせい》して一生涯《しやうがい》服用《ふくよう》し、別《べつ》に食物《しよくもつ》を取《と》らぬで、無病壯健《むびやうさうけん》、七十になつても髮《かみ》は黑《くろ》く面《おもて》は小兒《せうに》の如《ごと》く、齒《は》も耳《みゝ》も目《め》も壯者《さうしや》と異《かは》りはなく、百三十歳《さい》まで長生《ちやうせい》した。

喬目等《けうもくなど》いふ地仙《ちせん》も盛《さか》んに松脂食《まつやにしよく》を鼓吹《こすゐ》した。近頃松葉食《ちかごろまつばしよく》が流行《りうかう》するが、昔《むかし》から因緣《いんねん》があるものと見《み》える。

唐《たう》の道士《だうし》梁項《りやうかう》は、楮《かうぞ》の實《み》を食《く》つて、百四十に達《たつ》し、晩年《ばんねん》でも讀書疾走《どくしよしつそう》に不自由《ふじいう》を感《かん》じなかつたと傳《つた》へられ、又張蒼《またちやうさう》は百十九、瓠《ひさご》の如《ごと》く眞《ま》つ白《しろ》でよく肥《こ》へ、妻妾數《さいせうすう》十人《にん》に及《およ》び、一度子《どこ》を生《う》んだら、二度《ど》と其《そ》の女《をんな》に接《せつ》せぬといふ奇行《きかう》の人《ひと》であつたが、老後《らうご》には能《よ》く人乳《じんにう》を飲《の》んで元氣《げんき》を増《ま》したといふ。魏《ぎ》の穰城内《じやうじやうない》も婦人《ふじん》の乳《ちゝ》のみで、二百十四歳《さい》まで長生《ちやうせい》したといふ、少女《せうぢよ》の肉《にく》ぶとんに包《つゝ》まれて寢《ね》、その血氣盛《けつきさか》んな壯精《さうせい》の氣《き》を自然《しぜん》にうつし取《と》るのと、婦人《ふじん》の乳《ちゝ》を飲《の》んで長生《ちやうせい》するといふ養生法《やうじやうはふ》とあはせ考《かんが》ふれば、若《わか》い女《をんな》の血《ち》といふものは、藥《くすり》になるものと見《み》える。尤《もつと》も用《もち》ひ方《かた》によつては毒《どく》にもならう。

王烈《わうれつ》が石髓《せきずゐ》を服《ふく》して不老《ふらう》を得《え》たのや、隆法師《りうはふし》が青精飯《せいせいはん》を啖《く》つて長壽《ちやうじゆ》を得《え》たのは有名《いうめい》な話《はなし》である。又閨丹術《またけいたんじゆつ》といつて婦人《ふじん》の經血《けいけつ》を飲《の》むといふやうな突飛《とつぴ》な養生法《やうじやうはふ》も説《と》かれてあるが、それ等《ら》は疑問《ぎもん》である。

それから一般的《ばんてき》でその效力確實《かうりよくかくじつ》なのは、草決明《さうけつめい》、人參《にんじん》、鹿角《ろくかく》、何首烏等《かしうとう》である。鹿角《ろくかく》は古來藥用《こらいやくよう》として用《もち》ひられ、歐洲《おうしう》でも昔《むかし》は馴鹿《となかひ》、エーデル鹿《しか》、アルス鹿《しか》の角《つの》は藥《くすり》に製《せい》せられ、若角《わかつの》は陽壯劑《やうさうざい》として貴《たつと》ばれたものだ。今日《こんにち》でも極北《きよくほく》の土人《どじん》即《すなは》ちラップ人《じん》は、鹿角《ろくかく》を藥用《やくよう》に用《もち》ひてゐる。エーデル鹿《しか》の袋角《ふくろづの》は、毒蛇《どくじや》を倒《たふ》すくらゐの怖《おそ》ろしい藥力《やくりよく》をもつてゐる。その熟《じゆく》した時《とき》、剝衣《はくい》した皮《かは》の斷片《だんぺん》は、傳染病又《でんせんびやうまた》は惡疫《あくえき》にきくのである。東洋《とうやう》でも袋角《ふくろづの》即《すなは》ち鹿茸《しかだけ》は、人參《にんじん》と倶《とも》に古今《ここん》の靈藥《れいやく》として併稱《へいしよう》せられてゐる。明《みん》の德淸《とくせい》は、鹿角《ろくかく》の膠《かう》を用《もち》ひて百八の壽《じゆ》を保《たも》ち、又良鄕孔《またりやうきやうこう》は四百の高齡《かうれい》に達《たつ》した。その製法《せいはふ》は、まづ角《つの》を二寸《すん》ぐらゐに切《き》り、流水《りうすゐ》に三日間《かかん》つけて垢《あか》を去《さ》り、角《つの》一斤《きん》に楮《かうぞ》の實《み》一兩《りやう》、桑白皮《さうはくひ》黃臘子《くわうろうひ》二兩《りやう》を、鐵《てつ》の鍋《なべ》に入《い》れ、水《みづ》がなくなれば熱湯《ねつたう》をそゝぎ、三日間《かかん》とろ火《び》にかけた後《のち》、とり出《だ》して薄《うす》く切《き》り、日《ひ》に乾《ほ》して保存《ほぞん》しておく。支那《しな》の名藥《めいやく》六神丸《しんぐわん》は、本來鹿神《ほんらいろんじん》丸《ぐわん》、即《すなは》ち鹿角《ろくかく》、又《また》は鹿《しか》の心臓《しんざう》、肝《きも》より製《せい》したものといふ。

何首烏《かしう》は古《ふる》いのがよくきく。百年生《ねんせい》は山哥《さんか》、百五十年生《ねんせい》は山伯《さんぱく》、二百年生《ねんせい》は山翁《さんをう》、三百年生《ねんせい》は山精《さんせい》といひ、之《これ》を一年間績《ねんかんつゞ》けて飲《の》むと、純陽《じゆんやう》の體《たい》となり、地仙《ちせん》となるといわれて居《ゐ》る。地仙《ちせん》にならぬまでも人參《にんじん》と同《おな》じ效力《かうりよく》はある。併《しか》し古《ふる》いのは滅多《めつた》に見付《みつ》からぬ。

蛇酒《へびざけ》、まむし酒《ざけ》は、和漢共《わかんとも》に古來《こらい》より用《もち》ひられ、非常《ひじやう》に滋養《じやう》になるのは確《たし》かだが、餘《あま》り刺戟興奮《しげきこうふん》が強《つよ》く、强壯劑《きやうさうざい》にはなるが、强精《きやうせい》のため性慾《せいよく》を恣《ほしいまゝ》にし、却《かへ》つて早世《さうせい》の因《いん》とならぬとも限《かぎ》らぬ。たゞ病弱《びやうじやく》の者《もの》には健康回復《けんかうくわいふく》のため用《もち》ひて宜《よろ》しからん。

動物試驗《どうぶつしけん》によつて之《これ》を人間《にんげん》に應用《おうよう》した輸精法《ゆせいはふ》といふのがある。即《すなは》ち動物《どうぶつ》の生殖腺《せいしよくせん》を移植《いしよく》すると、そのホルモンが作用《さよう》してよく若返《わかがへ》るといふのである。又輸精《ゆせい》をくぐるとホルモンが多《おほ》く出《で》るといふ。之等《これら》は畢竟輸血《ひつきやうゆけつ》の一部《ぶ》と見《み》ればよからう。

第五節　節慾と運動

不老長生《ふらうちやうせい》の根本原因《こんぽんげんいん》は、何《なん》というても慾情《よくじやう》の節制《せつせい》に在《あ》る。これに就《つい》て面白《おもしろ》い話《はなし》がある。宋《そう》の嘉祐年間《かいうねんかん》に班《はん》氏《し》といふ醫者《いしや》がゐた。百餘歳《よさい》まで生《い》き延《のび》たが、その生存中《せいそんちう》は文簡公《ぶんかんこう》から大《たい》へん愛《あい》され、毎日公《まいにちこう》の脈《みやく》をみてゐた。ある日《ひ》班氏《はんし》がいつものやうに檢脈《けんみやく》すると、どうも調子《てうし》がおかしい、仔細《しさい》に診察《しんさつ》してゐた班氏《はんし》は、やゝしてからさも氣《き》の毒《どく》さうに、公《こう》の壽命《じゆみやう》はあと一年《ねん》しか保《たも》たないと云《い》ひ出《だ》した。公《こう》は一笑《せう》に附《ふ》して問題《もんだい》にしなかつたが、果《はた》して一年目《ねんめ》に公《こう》は病死《びやうし》した。

この班氏《はんし》は六十にして始《はじ》めて醫《い》を知《し》り、七十にして素問《そもん》を見《み》た。常《つね》に髀《ひ》を撫《ぶ》し大息《たいそく》して、自分《じぶん》がもう二十年早《ねんはや》く素問《そもん》を見《み》てゐたら、いつまで長生《ちやうせい》するか分《わか》らん。見《み》ることが遲《おそ》かつたのは返《かへ》すぐ〵も殘念《ざんねん》たと述懷《じゆつくわい》した。

此《こ》の素問《そもん》といふのは、黄帝素問《くわうていそもん》、即《すなは》ち性慾《せいよく》に就《つい》て、黄帝《くわうてい》が素女《そぢよ》にたづねた問答體《もんだふたい》の性慾教科書《せいよくけうくわしよ》、即《すなは》ち尤《もつと》も古《ふる》い陰陽經《いんやうきやう》である。

人間凡夫《にんげんぼんぷ》色慾《しきよく》のないものはない。多《おほ》くの慾情《よくじやう》のうちにこれ位《くらゐ》熾烈《しきれつ》なものはない。全生涯《ぜんしやうがい》の大部分《だいぶぶん》を支配《しはい》する此《こ》の本能《ほんのう》が、壽命《じゆみやう》や老衰《らうすゐ》と密接《みつせつ》の關係《くわんけい》のあることは當然《たうぜん》である。これが節制《せつせい》と濫費《らんぴ》とは一生《しやう》の生命《せいめい》を支配《しはい》する。素問《そもん》は性慾《せいよく》に對《たい》する心得《こゝろえ》を說《と》いた性典《せいてん》で、養生《やうじやう》の神術《しんじゆつ》は男女接觸《だんぢよせつしよく》の法《はふ》を得《う》ると誤《あやま》るとに在《あ》ることを示《しめ》し、その實際《じつさい》の方法《はうはふ》を詳說《しやうせつ》してある。現代《げんだい》の科學《くわがく》と少《すこ》しも矛盾《むじゆん》する點《てん》はない。たゞ太古《たいこ》のことであるから其《そ》の云《い》ふ所《ところ》神韻漂渺《しんゐんへうべう》、悟道的《ごだうてき》であるのみだ。班氏《はんし》の歎《たん》は尤《もつと》もである。

高齢者《かうれいしや》でも全然性慾《ぜんぜんせいよく》を禁《きん》ぜよとは云《い》つてない。南梁《なんりやう》の張元始《ちやうげんし》は九十七で子供《こども》を儲《まう》け、その他《た》七十八十で孫《まご》のやうな子寶《こだから》を得《え》たものは澤山《たくさん》ある。大倉喜八郎氏《おほくらきはちらうし》は八十で女《をんな》に戲《たはむ》れたと自白《じはく》し、百四十で先年死《せんねんし》んだ張白《ちやうはく》生《せい》は、節慾《せつよく》で長生《ちやうせい》したといひ、九十餘《よ》で死《し》んだ澁澤榮一《しぶさはえい》氏《し》も五十以後《いご》情慾《じやうよく》を愼《つゝし》んだと自書《じしよ》してある。

色慾《しきよく》の他《ほか》、阿片《あへん》、煙草《たばこ》、酒《さけ》又《また》は五辛類《しんるゐ》は、成《な》るべく禁《きん》ずるがよい。全然禁《ぜんぜんきん》じがたくば大《おほい》に節《せつ》すべきである。仙道《せんだう》では總《すべ》て刺戟性《しげきせい》の飲食物《いんしよくぶつ》を忌《い》んでゐる。

節慾《せつよく》と並行《へいかう》すべきものは運動《うんどう》である。運動《うんどう》といふのには種々《しゆ〴〵》ある。各自《かくじ》の業務《げふむ》に働《はたら》くのが第一《だい》の運動《うんどう》である。散歩《さんぽ》も運動《うんどう》である。音樂家《おんがくか》の歌《うた》ふのも、謠曲《えうきよく》も、念佛《ねんぶつ》も、唱歌《しやうか》も、祓《はら》ひ給《たま》へ淸《きよ》め給《たま》へも、小供《こども》の泣《な》くのも、笑《わら》ふのも一種《しゆ》の運動《うんどう》と見《み》るべきである。靜座呼吸法《せいざこきふはふ》の如《ごと》きも實《じつ》は大《だい》なる運動《うんどう》である。百歳以上《さいいじやう》の長壽者《ちやうじゆしや》三百人《にん》に就《つい》て、長壽《ちやうじゆ》の原因《げんいん》を調査《てうさ》した結果《けつくわ》、二百八十三人《にん》まで、働《はたら》くこと、大食《たいしよく》せぬことといふ二ケ條《でう》が一致《ち》して居《を》つた。其《そ》の次《つぎ》はよく睡《ねむ》る、その次《つぎ》は信仰《しんかう》、その次《つぎ》は心配《しんぱい》せぬといふのが多數《たすう》であつた。

因《ちなみ》に埃及《エジプト》では四千年《ねん》の昔《むかし》から、長壽法《ちやうじゆはふ》が非常《ひじやう》に熱心《ねつしん》に研究《けんきう》せられて居《ゐ》るが、その叩《たゝ》き上《あ》げた結晶的《けつしやうてき》のものは、至《いた》つて簡單《かんたん》である。卽《すなは》ち第一《だい》に胃《ゐ》の洗滌《せんでき》と、第二《だい》に身體《しんたい》の發汗《はつかん》である。それで毎月《まいげつ》二回以上《くわいいじやう》吐劑《とざい》を用《もち》ひることが、一般《ぱん》の慣例《くわんれい》になつて居《ゐ》る。發汗《はつかん》は身體《しんたい》の强健《きやうけん》なる徵證《ちようしよう》とされ、平常安否《へいじやうあんぴ》の挨拶《あいさつ》にも、近頃《ちかごろ》御發汗《ごはつかん》は如何《いかゞ》ですかといふことになつて居《ゐ》る。又《また》發汗《はつかん》の必要上《ひつえうじやう》、沐浴《もくよく》が盛《さか》んで、浴場《よくぢやう》の贅澤《ぜいたく》なのは驚《おどろ》くばかりである。尤《もつと》も之等《これら》は氣候《きこう》にも依《よ》ることとは、固《もと》より云《い》ふを俟《ま》たぬ。

又《また》希臘《ギリシヤ》の健康鍛錬法《けんかうたんれんはふ》は、一が攝生《せつせい》を守《まも》ること。之《これ》は暴食《ばうしよく》、暴飮《ばういん》、溺色《できしよく》を愼《つゝし》むことを指《さ》して居《ゐ》る。二が戸外新鮮《こぐわいしんせん》の空氣《くうき》を吸《す》ふこと。三が入浴《にふよく》すること。四が日常身體《にちじやうしんたい》を摩擦《まさつ》すること。五が身體《しんたい》を鍛錬《たんれん》すること。此《こ》の五ケ條《でう》を確守《かくしゆ》すれば、必《かなら》ず健康不老《けんかうふらう》を得《う》と。

此《こ》の他《ほか》伊太利《イタリー》方面《はうめん》では、減食長命法《げんしよくちやうめいはふ》と、血液長命法《けつえきちやうめいはふ》とて悪血《あくけつ》を刺胳《しらく》する法《はふ》が行《おこな》はれて居《ゐ》る。又處女囘春術《またしよぢよくわいしゆんじゆつ》も老衰《らうすゐ》を防《ふせ》ぎ、若返《わかがへ》りするものとせられて居《ゐ》る。

伊和玄解の三靈草

玄解《げんかい》は容貌《ようばう》が何年《なんねん》たつても十五六の少年《せうねん》の如《ごと》く、常《つね》に黄色《くわうしよく》の牝馬《ひんめ》に乘《の》て青州袞州《せいしうこんしう》の間《あひだ》を往來《わうらい》し、其馬《そのうま》は平常芻粟《へいじやうふすま》を食《く》はず、又轡《またくつわ》や手綱《たづな》もない。話《はなし》は千年前《ねんぜん》の實見譚《じつけんたん》が多《おほ》かつた。唐《たう》の憲宗《けんそう》が宮中《きうちう》に召《め》して留置《とめおい》たが、中々我儘《なかなかわがまゝ》で手《て》に合《あ》はぬ。一日帝《じつてい》が汝《なんぢ》は何《なに》故《ゆゑ》に老衰《らうすゐ》せぬかと問《とふ》た。玄解《げんかい》は答《こた》へて、雙麟芝《さうりんし》、七合葵《がふき》、萬根藤《ばんこんとう》といふ三種《しゆ》の靈草《れいさう》を用《もち》ふるからだといつた。帝《てい》は直《たゞ》ちにそれを求《もと》めて服用《ふくよう》したれば、持病《じびやう》が癒《ゆ》し非常《ひじやう》に爽《さう》快《くわい》を覺《おぼ》えて喜《よろこ》んだ。一日蓬萊山《にちほうらいさん》の話《はなし》が出《で》て、玄解《げんかい》は模型《もけい》を造《つくつ》て見《み》せた。帝《てい》は一度往《どいつ》て見《み》たいと言《い》ふので、案内《あんない》するとて模型《もけい》の中《なか》に入《はいつ》て見《み》えなくなつた。群臣《ぐんしん》が聲《こゑ》を限《かぎ》りに呼《よ》んだが、到頭出《たうとうで》て來《こ》ない。帝《てい》は欺《あざむ》かれたと後悔《こうくわい》し心痛《しんつう》した、十日程《かほど》して郊外《かうぐわい》で玄解《げんかい》の乘馬姿《じようばすがた》を見《み》たといふ注進《ちうしん》があつた。追手《おつて》をかけたが捕《つか》まらぬ、後又牝馬《のちまたひんめ》に乘《の》て東海《とうかい》に渡《わた》るのを見《み》たとの報告《はうこく》もあつた。

第十章　妖魔底若返術

第一節　生血と呪式

西洋《せいやう》では古來降靈法《こらいかうれいはふ》といふものが行《おこな》はれ、祈禱師《きたうし》が一定《てい》の方式《はうしき》に依《よつ》て、神鬼《しんき》や魔王《まわう》や、死靈等《しりやうとう》を招致《せうち》して之《これ》を饗應《きやうおう》したり、或《あるひ》はそれ等《ら》靈鬼《れいき》の好《この》むものを提供《ていきよう》し、さうしてその交換所得《かうくわんしよとく》として、祈禱依賴者《きたういらいしや》の希望《きばう》を達成《たつせい》せしむるといふのである。祈禱《きたう》を依賴《いらい》する者《もの》の希望《きばう》は種々《しゆぐ》ある。即《すなは》ち富貴《ふうき》とか、怨敵調伏《おんてきてうふく》とか、男女《だんぢよ》の愛《あい》とかいふやうに、隨分勝手《ずゐぶんかつて》なものもあるが、その中《なか》で尤《もつと》も多《おほ》く且《か》つ尤《もつと》も專門的《せんもんてき》に祈願《きぐわん》されるのは、長生若《ちやうせいわか》返《がへ》りである。之《これ》は現在《げんざい》にても相當《さうたう》に流行《りうかう》して居《ゐ》る。勿論之《もちろんこれ》は西洋《せいやう》だけではなく、印度《いんど》でも支那《しな》でも、日本《にほん》でも時《とき》には行《おこな》はれて居《を》つた。佛教《ぶつけう》の眞言密教《しんごんみつけう》では正式《せいしき》の若返《わかがへ》り祈禱法《きたうはふ》や、變成男子法等《へんせいだんしはふとう》が傳《つた》へられて居《ゐ》る。

此《こ》の若返《わかがへ》り術《じゆつ》の標本《へうほん》として、佛國《ふつこく》サン・セヴエランの寺院《じゐん》で行《おこな》はれた、ルイ十四世《せい》の寵妃《ちようひ》モンテスパン夫《ふ》人《じん》の若返《わかがへ》り法《はふ》と、其《そ》の寵愛《ちようあい》の競爭者調伏《きやうさうしやてうふく》の概要《がいえう》を記《しる》して、以《もつ》て妖魔的若返《えうまてきわかがへ》り術《じゆつ》の一班《ぱん》を示《しめ》さう。

西洋《せいやう》では之等《これら》の祈禱《きたう》を黑彌撒《こくみさ》と稱《しよう》し、普通《ふつう》は妖婆《えうば》が司祭《しさい》するのであるが、夫人《ふじん》の時《とき》は專門《せんもん》の黑牧師《こくぼくし》が執行《しつかう》した。即《すなは》ち時《とき》は一六六六年《ねん》で、黑牧師《こくぼくし》ギブールの修《しう》する祈禱《きたう》は「ビーナスの腹上《はらうへ》」と稱《しよう》する淫殺極《いんさつきは》まるものであつた。先《ま》づ祈禱助手《きたうじよしゆ》の一人《ひとり》が祕密《ひみつ》の香《かう》を焚《た》くと、白衣《びやくい》を着《き》た他《た》の一人《ひとり》が、神聖《しんせい》な水《みづ》を跪《ひざまづ》いて依賴者《いらいしや》モンテスパン夫人《ふじん》の頭《あたま》に一生懸命《しやうけんめい》に注《そゝ》ぐ、祈禱《きたう》の場所《ばしよ》は人氣《にんき》の絶《た》えた、淋《さび》しい室《しつ》に、黑《くろ》の波形《なみがた》の刳形《くりがた》のある床《とこ》板《いた》を敷《しき》つめ、東方《とうはう》に一基《き》の祭壇《さいだん》を設《まう》け、其《そ》の前《まへ》に黑地《くろぢ》に白《しろ》く、大《おほ》きな十字形《じか》を染《そ》め拔《ぬ》いた緞帳《どんちやう》をかける。祭《さい》壇《だん》の眞中《まんなか》に一つの聖櫃《せいき》があつて、それに金銀製《きんぎんせい》或《あるひ》は青銅製《せいどうせい》の十字架《じか》を安置《あんち》し、其《そ》の周圍《しうゐ》には、死刑執行人《しけいしつかうにん》から買《か》ひ取《と》つた死刑囚人《しけいしうにん》の脂《あぶら》を以《もつ》て製《せい》した黑色《こくしよく》の蠟燭《らふそく》を立《た》てめぐらしてある。

さていよ〳〵儀式《ぎしき》は開始《かいし》された。所謂黑牧師《いはゆるこくぼくし》は大抵普通《たいていふつう》のミサの時《とき》に司祭《しさい》の着《き》る樣《やう》な、飾《かざ》り立《た》てた僧服《そうふく》を着《き》て居《ゐ》た。一人《ひとり》の最《もつと》も美《うつく》しい女《をんな》が全裸體《ぜんらたい》で、髮《かみ》をほどき、頭《あたま》はクッションの上《うへ》に置《お》き、兩脚《りやうあし》を垂下《すゐか》して、聖《せい》壇《だん》の上《うへ》に仰臥《あふぐわ》させられる。さうして此《こ》の美《うつく》しい腹《はら》の上《うへ》に聖餐杯《せいさんはい》を置《お》き、その丸《まる》い胸《むね》の上《うへ》には金銀細工《きんぎんさいく》の平《ひら》たい形《かたち》の十字架《じか》を置《おい》てある。

修法者《しうはふしや》一同《どう》が敬虔《けいけん》に跪《ひざまづ》くと、黑司祭《こくしさい》は、聖壇《せいだん》に仰臥《あふぐわ》して居《ゐ》る美《うつく》しい生《い》きた偶像《ぐうざう》の身體《からだ》に、うや〳〵しく接吻《せつぷん》する。かくて犧牲《いけにへ》を捧《さゝ》ぐ可《べ》き合圖《あひづ》の鐘《かね》が、深沈《しんちん》と響《ひゞ》くと、

裸《はだ》かにされた一人《ひとり》の可憐《かれん》な子供《こども》が、僧《そう》の手《て》に渡《わた》される。司祭《しさい》は躊躇《ちうちよ》せず、犧牲《いけにへ》の咽《のど》を切《き》つて、ほとばしる血潮《ちしほ》を、處女腹上《しよぢよふくじやう》の聖餐杯《せいさんはい》にそそぎ、子供《こども》の死體《したい》を聖壇《せいだん》の上《うへ》に差《さ》し上《あ》げて

オー、アスタロトー、オー、アスモデー、偉大《ゐだい》なる天上《てんじやう》の皇子《わうじ》よ——願《ねがは》くば余《よ》の捧《さゝ》ぐる此《こ》の犧牲《いけにへ》を受《う》け給《たま》へ、然《しか》して予《よ》の欲《ほつ》するもの——願望《ぐわんまう》を叶《かな》へしめ給《たま》へ

と熱禱《ねつたう》し、それから黑司祭《こくしさい》は犧牲《いけにへ》の聖體《せいたい》を捧《さゝ》げ、祭壇上《さいだんじやう》の美女《びぢよ》とあらゆる醜態《しうたい》を行《おこな》ひ、それが終《をは》ると、司祭《しさい》

は小兒《せうに》の生血《いきち》を盛つた聖杯《せいはい》の中《なか》に指《ゆび》をつき込《こ》み、それで依賴者《いらいしや》のある局部《きよくぶ》を洗《あら》ひ、又《また》その血《ち》を呑《の》ませ等《など》する。

斯《か》くの如《ごと》き若返《わかがへ》り法《はふ》が流行《りうかう》した時《とき》には、第《だい》一に無《な》くてならぬのは、犧牲用《いけにへよう》の小供《こども》である。有名《いうめい》なる妖女《えうぢよ》ボアサン此《こ》の婆《ばゝ》一人《ひとり》だけでも、恐《おそ》らく二千人以上《にんいじやう》の小供《こども》の死《し》體《たい》が製出《せいしゆつ》されたらうと謂《い》はれてゐる。

黑彌撒の妖婆

要《えう》するに此《こ》の若返《わかがへ》り法《はふ》は、一種《しゆ》の輸血《ゆけつ》である。幼《をさな》き小供《こども》の生血《いきち》を吸《す》ふことに由《よ》つて、全身《ぜんしん》に生理的變化《せいりてきへんくわ》を發動《はつどう》せしむるのであらう。

モ夫人《ふじん》は屢々《しばしば》行《おこな》はれた此《こ》の祈禱《きたう》に依《よ》つて、久《ひさ》しくその美《び》を保《たも》ち、幾多《いくた》の競爭者《きやうそうしや》に打《う》ち勝《か》ちて、王《わう》の寵《ちよう》を獨占的《どくせんてき》に恣《ほしいまゝ》にして居《を》つたが、遂《つひ》に一人《ひとり》の若《わか》き相手《あひて》が現《あら》はれたので、王《わう》を呪咀《じゆそ》した結果《けつくわ》、それが發覺《はつかく》して遠《とほ》ざけられた。

此《こ》の呪法《じゆはふ》と生血《いきち》の他《ほか》に、一種《しゆ》の丸藥《ぐわんやく》を併用《へいよう》することがある。或《あるひ》は又單《またたん》に丸藥《ぐわんやく》だけで若返《わかがへ》らうとするのもある。此《こ》の丸藥《ぐわんやく》は多《おほ》くは人間矢張《にんげんやは》り幼兒少年《えうじせうねん》の肝臟《かんざう》、其《そ》の他動物《たどうぶつ》、主《しゆ》として鹿類《しかるゐ》の肝《きも》を以《もつ》て製造《せいざう》したものである。支那《しな》寶藥《ばいやく》の六神丸《じんぐわん》は非常《ひじやう》に效能《かうのう》があるが、あれは實《じつ》は鹿《しか》の肝《きも》を同《おな》じく鹿《しか》の生血《いきち》で煉《ねつ》たもので、鹿心《ろくしん》（心臟《しんざう》）丸《ぐわん》といふべきを、神祕的《しんぴてき》に、且《か》つ又人《またひと》の嫌《きら》ひを避《さ》くるため六神丸《じんぐわん》といつたのださうだ。

印度《いんど》でも古來《こらい》より若返《わかがへ》り法《はふ》、延命法《えんめいはふ》が行《おこな》はれて居《ゐ》るが、その方式《はうしき》は大體前述《だいたいぜんじゆつ》の黑彌撒《こくみさ》と類似《るゐじ》のものであるが、唯《た》だ生血《なまち》の代《かは》りに、ソーマといふ神聖《しんせい》の酒《さけ》を用《もち》ふるのであるが、此《こ》の酒《さけ》には二種《しゆ》あつて、一つは木《き》の實《み》から製《せい》したもの、一つは動物《どうぶつ》の血液《けつえき》に種々果實《しゆじゆくわじつ》や穀物《こくもつ》の汁《しる》を混《こん》じたものとある。いづれにしても補血強壯劑《ほけつきやうさうざい》たるを失《うしな》はぬのである。六神丸《じんぐわん》の如《ごと》きも本來《ほんらい》は補血養精《はけつやうせい》の回春藥《くわいしゆんやく》であつて、支那人《しなじん》はその特劑《とくざい》を回春《くわいしゆん》用《よう》に供《きよう》して居《ゐ》る位《くらゐ》である。

因《ちなみ》に西洋《せいやう》の道士《だうし》とか、魔術師《まじゆつし》、妖術師《えうじゆつし》といふものは、佛教僧《ぶつけうそう》や仙人《せんにん》と同《おな》じく難行苦行《なんぎやうくぎやう》を積《つ》まねばならぬ。而《し》かも其《そ》の修行《しゆぎやう》の第《だい》一は、魔王《まわう》に身《み》を捧《さゝ》ぐる代《かは》りに、何年間自分《なんねんかんじぶん》の祈願《きぐわん》を許《ゆる》してくれいといふ誓約《せいやく》で、次《つぎ》は身體《しんたい》の改造《かいざう》、卽《すなは》ち無理《むり》に不消物《ふせうぶつ》を食《く》うて、それに堪《た》ふるとか、酷《ひど》い酒《さけ》や煙草《たばこ》に苦《くる》しめられるとか、眠《ねむ》らぬといふやうに、全《まつ》たく生理的返逆《せいりてきへんぎやく》を決行《けつかう》し、所謂淨行《いはゆるじやうぎやう》でない非淨行《ひじやうぎやう》の方《はう》から進《すゝ》んでゆくのである。ここらが仙道《せんだう》や佛教《ぶつけう》と大《おほい》に異《こと》なる所《ところ》である。從《したが》つて自《みづ》から黑法《こくはふ》と稱《しよう》して居《ゐ》る。黑《こく》は非淨法《ひじやうはふ》、白《はく》は淨法淨行《じやうはふじやうぎやう》といふ義《ぎ》である。

第二節　若返法祕藥

魔王と妖術者達

健康長壽《けんかうちやうじゆ》は、すべての人《ひと》の望《のぞ》む所《ところ》で、しかもなか／＼容易《ようい》でない。一旦死神《たんしにがみ》の魔手《ましゆ》が延《の》ひて來《く》れば、もう幾萬《いくまん》の金《かね》を積《つ》んでも問題《もんだい》にならぬ。王侯《わうこう》の嚴命《げんめい》さへ何等《なんら》の權威《けんゐ》も認《みと》められずに、遠慮《ゑんりよ》なく墓場《はかば》へと引《ひき》ずつて行《ゆ》かれてしまう。そこで昔《むかし》からいろいろの人《ひと》がいろ／＼に考《かんが》へた。秦《しん》の始皇《しくわう》は使《つかひ》を海外《かいぐわい》に派遣《はけん》して不老不死《ふらうふし》の藥《くすり》を求《もと》めた。又《また》これを種《たね》に大儲《おほまう》けをしやうとする山師《やまし》もあれば、或《あるひ》は若返《わかがへ》り法《はふ》の名《な》の下《もと》に性慾《せいよく》を興奮《こうふん》させて、一時《じ》を糊塗《こと》しやうとするものもある。勿論《もちろん》種々《しゆ／＼》の修行法《しゆぎやうはふ》や、いろ／＼の傳說《でんせつ》もあり、又多《またおほ》くの藥劑《やくざい》もある。中《なか》には全然荒唐無《ぜんぜんくわうたうむ》稽《けい》のものや、藥《くすり》どころか却《かへつ》て毒《どく》になるのもある。

併《しか》しその效果《かうくわ》の如何《いかん》は、實驗《じつけん》に徵《ちよう》する他《ほか》はないとしても、それ等《ら》が餘程研究《よほどけんきう》せられた苦心《くしん》の結果《けつくわ》であることは明《あき》らかである。例《たと》へば祕藥《ひやく》と稱《しよう》するものの中《なか》にても、現代《げんだい》の生理《せいり》や醫術《いじゆつ》に相應《さうおう》して、何等申分《なんらまをしぶん》のないもの、若返《わかがへ》り延命《えんめい》までの效力《かうりよく》は無《な》いとしても、一時的《じてき》の治療《ちれう》や、營養價値《えいやうかか》のあるものもあれは、或《あるひ》は全然神祕《ぜんぜんしんぴ》的《てき》なもの、又《また》は妖魔的《えうまてき》のものもある。左《さ》れどそれ等《ら》の區別《くべつ》を一々穿鑿《せんさく》することは頗《すこぶ》る困難《こんなん》であるから、今茲《いまこゝ》には各國特殊《かくこくとくしゆ》の祕藥《ひやく》を列擧《れつきよ》して、その一班《はん》を卜《ぼく》することにする。

アラビアの祕藥

五千年《ねん》の昔《むかし》よりアラビヤの神祕《しんぴ》として、稀《まれ》にしか見《み》ることの出來《でき》ない祕藥《ひやく》がある。その事《こと》はコーラン經典《きやうてん》にも記載《きさい》せられ、有名《いうめい》なる伊太利《イタリー》現首相《げんしゆしやう》ムツソリーニ氏《し》愛用《あいよう》の祕藥《ひやく》ともなつてゐる。而《しか》して同首相後援《どうしゆしやうこうゑん》の下《もと》にリラウス博士《はかせ》は原產地《げんさんち》アラビヤに其《そ》の製藥所《せいやくしよ》が創立《さうりつ》せられて居《ゐ》る。

祕藥《ひやく》の名《な》はアンドラゴールと云《い》ひ、同名《どうめい》の藥草《やくさう》であり又《また》は藥虫《やくちう》である。動植兩性《どうしよくりやうせい》の原料《げんれう》から製出《せいしゆつ》したものである。此《こ》の虫又《むしまた》は草《くさ》はアラビヤの原產地《げんさんち》でも、百哩《マイル》四方《はう》に一つしか存在《そんざい》しないといふ稀《まれ》な生物《せいぶつ》で、秋《あき》の終《をは》りから冬《ふゆ》になると蚯蚓《みゝず》のやうに地上《ちじやう》を這《は》ふ、春《はる》から夏《なつ》は地中《ちちう》に潛《ひそ》む、絲《いと》のやうな細《ほそ》い芽《め》を無數《むすう》に伸《の》ばして植物體《しよくぶつたい》に變生《へんせい》する。此《こ》の生物《せいぶつ》を煎劑《せんざい》として極少量服用《ごくせうりやうふくよう》すれば、精氣旺盛《せいきわうせい》、八十九十の老人《らうじん》も壯者《さうしや》を淩《しの》ぐに至《いた》る。ムツソリーニが心身共《しんしんとも》に剛健《がうけん》なのも、全《まつ》たく此《こ》の藥《くすり》のお蔭《かげ》と云《い》はれて居《ゐ》る。日本《にほん》にも近頃《ちかごろ》此《こ》の藥《くすり》が輸入《ゆにふ》されてゐるとかいふ。

アラビヤは古代《こだい》から醫學《いがく》が發達《はつたつ》し、若返《わかがへ》り法《はふ》、強精秘藥等《きやうせいひやくとう》が流行《りうかう》し、老人若返《らうじんわかがへ》り法《はふ》、薫《かを》れる園《その》といふ二大《だい》奇書《きしよ》が撰《えら》ばれ、遂《つひ》に各國《かくこく》に流布《るふ》するに至《いた》つた。

若返《わかがへ》り法《はふ》の内容《ないよう》は、食物《しよくもつ》の選擇《せんたく》と秘藥《ひやく》を用《もち》ふる二つで、過房《くわばう》を禁《きん》ずると倶《とも》に禁慾《きんよく》をも大不可《だいふか》なりと爲《な》し、その實例《じつれい》として、

獨身《どくしん》で非常《ひじやう》にすさんだ生活《せいくわつ》をしてゐた者《もの》が、同《おな》じ位《くらゐ》の老婦人《らうふじん》と結婚《けつこん》したが、百歳《さい》を超《こ》えても性交可能《せいかうかのう》であつたと。

又《また》秘藥《ひやく》の一二を紹介《せうかい》すれば、

カンフルとサロン、肉豆蔻《にくづく》、肉桂《にくけい》、丁香《ちやうじ》を白砂糖《じろざたう》に混《ま》ぜ、透明《とうめい》な蜂蜜《はちみつ》をその上《うへ》にかけ、これを密封《みつぷう》した壺《つぼ》に入《い》れて三ケ月《げつ》藏《しま》つておいてから飲《の》む。

次《つぎ》に獨身者《どくしんしや》は絶對《ぜつたい》に用《もち》ひてならぬ秘藥《ひやく》、それは肉豆蔻《にくづく》。胡椒《こせう》、生薑《しやうが》を雞卵《けいらん》の黄味《きみ》二十個《こ》を交《まぜ》て料理《れうり》し、ヤシ蜜《みつ》一斤《きん》を加《くは》へて、食前食後《しよくぜんしよくご》に一杯《ぱい》づつ用《もち》ゐる。

又《また》十個《こ》の雞卵《けいらん》の黄味《きみ》に牛乳《ぎうにう》を加《くは》へて、壺《つぼ》の中《なか》に入《い》れ、豆《まめ》くんぱい、なづなの種《たね》をふりかけて煮《に》、それに牛脂《ぎうし》を加《くは》へ、粉《こな》になるまで乾《ほ》し、毎日《まいにち》三回《くわい》づつ飲《の》めば、老衰《らうすゐ》することはない。

百二十の野蟻《のあり》をガラス瓶《びん》に入《い》れ、ライラック油《いう》を注《そそ》ぎ、四十日間日《にちかんひ》に晒《さら》し、後《の》ち蟻《あり》を取《と》り除《のぞ》き、シマセンブリ一匁五分《もんめふん》と、雄雀《をすゞめ》の生《い》きたものの脳味噌《なうそそ》を加《くは》へた油《あぶら》を脚部《きやくぶ》に塗布《とふ》する。

興奮《こうふん》したトカゲの首《くび》を切《き》り、その口《くち》から出《で》る血《ち》を、扁豆の粉《こな》にそそぎ、よく煉《ねり》て丸藥《ぐわんやく》と爲《な》しかげ干《ほし》にし

て、オリーブ油《いう》に溶《とか》し下脚《かきやく》に塗《ぬ》る。

マホメットの靈藥

マホメット垂訓《すゐくん》を擧《あ》げた、回々敎《ふいくけう》の聖典《せいてん》コーランにも、若返《わかがへ》り藥《やく》の處方《しよはう》が載《のせ》てゐる。

ストーシヤスの枝端《したん》の花房《くわはう》一五グラム。桃金孃《たうきんぢやう》の漿果《しやうくわ》二五グラム。茴香《うゐきやう》二〇グラム。よく還元《くわんげん》された野《や》生人參《せいにんじん》二〇グラム。サフランの花《はな》一〇グラム。よく乾《かわ》いてひゞ割《わ》れた海棗三〇グラム。卵《たまご》の黄味《きみ》四グラム。清麗《せいれい》な泉水《せんすゐ》五五〇グラムを陶器《たうき》の皿《さら》に入《い》れて火《ひ》にかけ、二十五分間《ふんかん》嚴封《げんぷう》して置《お》く。さうして火《ひ》からおろし、汁《しる》を搾《しぼ》り去《さ》つて、中味《なかみ》がやゝ冷《ひ》へてから、純粹《じゆんすゐ》な蜜《みつ》五〇グラム。鳩《はと》の生血《なまち》二滴《てき》を加《くは》へて混合《こんがふ》する。かくして一晝夜《ちうや》よく浸《ひた》しておいて、三四度《ど》搖《ゆ》り動《うご》かしてから、普通《ふつう》の篩《ふるひ》にかけて漉《こ》し、これを煉藥《れんやく》とする。

この煉藥《れんやく》をコーヒの匙《さじ》で寢《ね》る前《まへ》に一二杯《はい》づつ、七日《か》間《かん》續《つゞ》けて服用《ふくよう》する。

之《これ》は十數《すう》の妻妾《さいせふ》を御《ぎよ》し、老後《らうご》尚《な》ほ劍《つるぎ》と珠數《じゆず》を左右《さいう》に握《にぎ》つて活動奮闘《くわつどうふんとう》せられた大宗敎《だいしうけう》の敎主《けうしゆ》の垂示《すゐじ》であるだけに、大《おほい》に信《しん》じてよからう。又《また》それが生理的《せいりてき》である點《てん》も多《おほ》く見《み》らるる。

印度の愛經

一八七三年《ねん》に英譯《えいやく》されて世界《せかい》に弘《ひろ》まつた、印度《いんど》の愛經《あいきやう》は精力保存法《せいりよくほぞんはふ》といふべき珍《めづ》らしい經典《きやうてん》であるが、中《なか》に若返《わかがへ》り法《はふ》の祕藥處方《ひやくしよはう》が說《と》いてある。今《いま》二三を例示《れいじ》す。

紅蓮《ぐれん》、白蓮《びやくれん》の花《はな》、ナガケサラを乾燥《かんさう》し、それに牛酪《ばた》と蜂蜜《はちみつ》を加《くは》へて食用《しよくよう》とすれば、老《らう》衰《すゐ》せぬ。老人《らうじん》は若《わか》くなる。

蒜類《にんにくるゐ》の根《ね》と甘草《かんざう》とを混《こん》じて煮《に》、これに砂糖《さたう》を加《くは》へて食《しよく》すれば、强壯《きやうさう》になる。

羊《ひつじ》、野羊《のひつじ》の睾丸《かうぐわん》を牛乳《ぎうにう》で煮《に》、これに砂糖《さたう》を加《くは》へて食《しよく》すれば精力旺盛《せいりよくわうせい》、老衰《らうすゐ》せず。

牡牛《をうし》の睾丸《かうぐわん》を細《こま》かに刻《きざ》んで、黑《くろ》もしくば濃赤《こいあか》の牝牛《めうし》の乳《ちゝ》で煮《に》たものを食《しよく》すれば、常《つね》に壯者《さうしや》を凌《しの》ぐ。

玉葱《たまねぎ》と蜂蜜《はちみつ》を一緒《しよ》に煮《に》て常食《じやうしよく》とすれば老《らう》せず。

老人《らうじん》が、一カルシヤの砂糖《さたう》に、等量《とうりやう》のサルピスと蜜《みつ》とを混和《こんわ》して服《ふく》し、後《のち》に牛乳《ぎうにう》を呑《の》めば、壯者《さうしや》に劣《おと》らぬ元氣《げんき》あり。

五十パラの牛酪《ばた》に、二倍量《ばいりやう》の砂糖《さたう》を加《くは》へ、四分《ぶん》の一量《りやう》の蜜《みつ》を合《あは》せて水《みづ》で煎《せん》じ、四分《ぶん》の一の小麥粉《こむぎこ》を混《ま》ぜて小團子《こだんご》を作《つく》りて、常《つね》に用《もち》ふれば衰《おとろ》へず。

聖果《せいくわ》卽《すなは》ち菩提樹《ぼだいじゆ》の實《み》の髓《ずゐ》、アネーカバマタ、シンドウヴーラを等分《とうぶん》にしたものを服《ふく》すれば、元氣旺盛《げんきわうせい》、老衰者《らうすゐしや》も若返《わかが》へる。

印度人《いんどじん》は現今《げんこん》でも盛《さか》んに此《こ》の種《しゆ》の秘藥《ひやく》を用《もち》ひて居《ゐ》る。之等《これら》の藥《くすり》は科學的《くわがくてき》に首肯《しゆこう》せらるるものもあるが、その多《おほ》くは呪法《じゆはふ》を用《もち》ふれば效力大《かうりよくだい》なりといふ條件付《でうけんつき》であり、又《また》その他《た》信仰的《しんかうてき》の方式《はうしき》がある故《ゆゑ》、一括《くわつ》して妖魔《えうま》の部《ぶ》に入《い》れたのである。

尚ほ藥の外に若返り方術のあるのは勿論であつて、佛教の經典中にすら、地藏菩薩の延命法、毘沙門天の長生祕法等がある位であるが、それ等は直傳を要するものもあり、後篇に附載する所もある。

第三節　人魚と鹿血

人魚《にんぎよ》を食《く》ふと、いつまでも若《わか》さが保《たも》てる。長生《ながいき》するといふことが、日本《にほん》でも支那《しな》でも印度《いんど》でも、一般《ぱん》に信《しん》ぜられてゐる。それに就《つい》て八百比丘尼《びくに》の傳説《でんせつ》がある。

昔若狹《むかしわかさ》の小濱《こはま》に空印寺《くういんじ》といふ寺《てら》があつて、人魚《にんぎよ》を食《く》つたので、いつまでも少女《せうぢよ》のやうに輝《かゞや》いだ顔《かほ》をした尼《あま》がゐたと云《い》ふ。

又隱岐《またおき》の島今濱《しまいまはま》の洲《す》の村《むら》に、どこからともなく一人《ひとり》の漁夫《ぎよふ》が來《き》て、村《むら》の人々《ひとゞ》に御馳走《ごちそう》をするといつた。見《み》ると頭《あたま》が人間《にんげん》の顔《かほ》のやうな魚《うを》であつたから、村人《むらびと》は驚《おどろ》いて逃《に》げて歸《かへ》つたが、その中《なか》の一人《ひとり》がそつと其《そ》の料理《れうり》を持歸《もちかへ》つて、棚《たな》に仕舞《しま》つておいたのを、妻《つま》が食《く》つてしまつた。夫《をつと》が驚《おどろ》いて聞《き》くと、妻《つま》は、

實《じつ》においしい甘露《かんろ》のやうな味《あぢ》がした。食《た》べてゐると身體《からだ》中《ぢう》が融《とけ》るやうな氣《き》がして、そのまま寢入《ねい》つてしまつた。併《しか》し眼《め》が醒《さ》めると、大變氣持《たいへんきもち》がすがくしく、遠《とほ》いものもよく見《み》え、小《ちひ》さな物音《ものおと》も手《て》に取《と》るやうに聞《きこ》える。

と答《こた》へた。さうして見《み》るく妻《つま》は若《わか》くなつて、七代目《だいめ》の孫《まご》の時《とき》まで、海《うみ》の仙人《せんにん》といはれて居《を》つたが、それ

から小濱《こはま》にいつて空印寺《くういんじ》に住《す》んだのだともいふ。

隱岐《おき》の岩井津《いはゐつ》に、昔若狹《むかしわかさ》から人魚《じんぎよ》を食《く》つた尼《あま》が來《き》て、杉《すぎ》の木《き》を植《う》ゑて、今《いま》から八百年經《ねんへ》たら、もう一度來《どき》て此《こ》の杉《すぎ》を見《み》やうと云《い》ひ殘《のこ》して、姿《すがた》を消《け》した。この杉《すぎ》を八百比丘尼《びくに》の杉《すぎ》といふとの傳說《でんせつ》もある。

八百比丘尼と人魚

和漢三才圖會に、推古天皇二十七年に、攝津の堀江に人魚が現はれたといひ、今でも西海の大洋に折々現はれ、暴風雨襲來の前によく出る。網にかかつても逃してやるといふ。和名抄には人魚は一名鮫魚であると。近頃の學者は人魚の存在を認めぬ。儒良といふて、顏が人に似た魚を見過つたのだといふ、儒良でも人魚でも人に似た面があれば大差はない。さういふ魚が强精保健に效力があると見える。

鹿又《しかまた》は鹿類《しかるゐ》に屬《ぞく》する動物《どうぶつ》の生血《いきち》は、老衰《らうすゐ》を防《ふせ》ぎいつまでも若々《わかく》しく、多少皺《たせうしわ》の寄《よ》りかけたものや、白髮《しらが》の出來《でき》かけたものでも、その生血《いきち》を服《ふく》すれば、皺《しわ》や白髮《しらが》が止《と》まつたり、無《な》くなつたりすると信《しん》ぜられ、支那朝《しなてう》鮮《せん》の富豪《ふがう》は澤山《たくさん》の金《かね》を投《とう》じて、鹿屬《しかぞく》の生血《いきち》を求《もと》め、之《これ》を服用《ふくよう》してゐる。

又龜《またかめ》やスッポンの生血《いきち》も、老衰《らうすゐ》を防《ふせ》ぎ、元氣《げんき》を增《ま》し、各種《かくしゆ》の病氣《びやうき》に效力《かうりよく》があるとされて居《ゐ》る。先《ま》づスッポンの首《くび》を刎《は》ね、それを逆樣《さかさま》につるしておけば、切《き》り口《ぐち》から自然《しぜん》に血《ち》が滴《した》たる。それをコップに受《う》け入《い》れ、なまくさくて呑《の》み惡《にく》いから、適度《てきど》に砂糖《さたう》でも生薑《しやうが》でも加《くは》へ、一氣《き》に一尾分《びよん》を飮《の》むのである。

第四節　處女囘春術

老年《らうねん》に至《いた》り少女《せうぢよ》の體温《たいをん》に接《せつ》すれば、老衰《らうすゐ》を防《ふせ》ぎ、又若返《またわかがへ》りするといふのが、所謂處女囘春術《いはゆるしよぢよくわいしゆんじゆつ》である。それは仙道《せんだう》でも說《と》く所《ところ》であるが、基督教《キリストけう》の舊約聖書《きうやくせいしよ》にはダビデ王以來《わういらい》の古《ふる》い考《かんが》へである。元來小兒《ぐわんらいせうに》の體温《たいをん》に接《せつ》して元氣《げんき》を保持《ほぢ》するといふことは、科學的《くわがくてき》に極《きは》めて至當《したう》のことであるが、それを濫用又《らんようまた》は惡用《あくよう》して、性慾《せいよく》を恣《ほしいまゝ》にし、惹《ひ》いて種々《しゆ〳〵》の强精藥《きやうせいやく》を用《もち》ひ、遂《つひ》には却《かへつ》て夭死《わかじに》を招《まね》くに至《いた》るのであるが、支那《しな》の山奥《やまおく》では、今《いま》でも少女《せうぢよ》の經血《けいけつ》を啜《すゝ》つたり、胎兒《たいじ》の肉《にく》を食《く》つたり、小兒《せうに》の肝《きも》を食《く》つたりして、囘信《くわいしゆん》を信《しん》じてゐる魔女《まぢよ》の如《ごと》き老《らう》婆《ば》も居《ゐ》る。或《あるひ》は若《わか》い裸女《らぢよ》に接觸《せつしよく》して、青春《せいしゆん》の氣《き》を補足《ほそく》すといふ洋鬼《やうき》や、醫師《いし》、學者《がくしや》もある。さういふ考《かんが》へは日本《にほん》にも現在横溢《げんざいわういつ》してゐることは否《いな》めない。從《したが》つて性的祕藥等《せいてきひやくとう》の賣行《うれゆき》はすばらしいものである。併《しか》しそれ等《ら》は皆本末《みなほんまつ》を轉倒《てんたう》して居《ゐ》る。支那《しな》の古詩《こし》十九首《しゆ》の一に

服食求二神仙一、多爲二藥所一誤。

とあるのも最《もつと》もである。所謂道士連中《いはゆるだうしれんちう》も、房中術《ばうちうじゆつ》を濫用《らんよう》し、神仙《しんせん》を求《もと》めて、遂《つひ》に大罪惡《だいざいあく》を犯《をか》し、不老長生《ふらうちやうせい》の夢物語《ゆめものがたり》を演《えん》ずるのが多《おほ》い。左《さ》にそれに類《るい》した一實話《じつわ》を揭《かゝ》げやう。

昔《むかし》、浙州《せきしう》に住《す》む男《をとこ》が、貧《ひん》に迫《せまつ》て若《わか》い妻《つま》を道士《だうし》に賣《う》つた。道士《だうし》は女《をんな》に瞑目《めいもく》せしめた。暫《しばら》くして目《め》を開《ひら》くともう高峰上《かうはうじやう》の高樓中善美《かうろうちうぜんび》を盡《つく》した一室《しつ》に座《ざ》してゐた。而《しか》してそこには自分《じぶん》と同《おな》じやうな若《わか》い女《をんな》が二十人《にん》

も並《なら》んでゐた。女《をんな》はここは何處《どこ》ですと、傍《そば》の女《をんな》に聞《き》くと、その女《をんな》は笑《わら》ひながら

此處《ここ》は仙府《せんぷ》です。人生《じんせい》の苦痛《くつう》は絶對《ぜつたい》にない極樂境《ごくらくきやう》で、仕事《しごと》としては皆《みな》が交代《かうたい》に祖師《そし》の御伽《おとぎ》をするだけです。衣食財寶《いしよくざいはう》は祖師《そし》の法力《ほふりき》で集《あつ》め、妾達《わたしたち》は王妃《わうひ》以上《いじやう》の贅澤《ぜいたく》が出來《でき》る。唯々《たゞ〳〵》毎月《まいつき》一度《ど》づつ少《すこ》し苦痛《くつう》を忍《しの》ばねばならぬ。それはと言《い》ひかけて言葉《ことば》を淀《よど》ませ、まア兎《と》に角《かく》あちらの御部屋《おへや》を拝見《はいけん》した上《うへ》で、御話《おはなし》しやうといつて、最高《さいかう》の所《ところ》に在《あ》る二つの室《へや》に案内《あんない》した、その一は祖師《そし》の祈禱室《きたうしつ》で、他《た》の一つは御伽部屋《おとぎべや》であつた。

一つの苦痛《くつう》といふは、彼女達《かのぢよたち》が月信落紅《げつしんらくこう》（月經《げつけい》）の後《のち》に清淨《しやうじやう》になると、一糸《し》纏《まと》はぬ裸形《らぎやう》のまま、紅《あか》い絹《きぬ》の紐《ひも》で身動《みうごき》の出來《でき》ぬやうに、木《き》に縛《しば》りつけ、猿轡《さるぐつわ》をはめられて、祖師《そし》の手《て》にする黄金《わうごん》の箸《はし》に似《に》た管《くだ》で兩臂《りやうひぢ》と兩股《りやうもゝ》の脈血《みやくけつ》を吸《す》ひ取《と》られることである。

道士《だうし》はかくして若《わか》い女《をんな》の血《ち》に青春《せいしゆん》の泉《いづみ》を見出《みだ》して、絶《た》えず若返《わかがへ》つて行《い》つたが、血《ち》を吸《す》はれる女達《をんなたち》は、月《つき》月精力《つきせいりよく》が衰《おとろ》へ、或《あるひ》は白痴《はくち》になつてしまうのである。

一日《にち》、一陣《ぢん》の强風《きやうふう》が起《おこ》つた。黒雲雷電《こくうんらいでん》はげしく、道士《だうし》は二十餘《よ》人《にん》の女達《をんなたち》に圓陣《ゑんぢん》を作《つく》らせ、肉屏《にくべう》の中《なか》に隱《かく》れて居《を》つたが、猛烈《まうれつ》な電光《でんくわう》一閃《せん》と倶《とも》に大龍《たいりう》が現《あら》はれ、道士《だうし》を大《おほ》きな爪《つめ》で攫《さら》つた。而《しか》して天地《てんち》も碎《くだ》けるばかりの大音響《だいおんきやう》が發《おこ》つたと思《おも》うた時《とき》、貧《まづ》しい男《をとこ》の妻《つま》は夢《ゆめ》から醒《さ》めたやうであつたが、身《み》は住《す》み馴《な》れた浙州《せきしう》の路上《ろじやう》に倒《たふ》れてゐた。

而《しか》して自分《じぶん》は若《わか》きを失《うしな》うた蒼《あを》ざめ瘦《や》せ衰《おとろ》へてゐた。それから間《ま》もなく死《し》んだ。

人間《にんげん》の四肢《し》五官《くわん》五臓《ざう》六腑《ぷ》各關節等《かくくわんせつとう》の機關《きくわん》は百一に及《およ》ぶ。之《これ》に內傷外傷《ないしやうぐわいしやう》寒熱《かんねつ》の四種《しゆ》の病《びやう》態《たい》を乘《じよう》ずれば四百四病《びやう》となる。精神的根本無明《せいしんてきこんぽんむめい》を始《はじ》めとして、三毒《どく》五欲《よく》三縛《ばく》三漏《ろう》四暴流《ばうりう》四軛《やく》四蓋《がい》五順下分結《じゆんかぶんけつ》五順上分結《じゆんじやうぶんけつ》九結《けつ》。又《また》は根本煩惱《こんぽんはんなう》三十六、五十二惑等《わくとう》あり、總《そう》じて百八煩惱《はんなう》より八萬《まん》四千の塵勞《ぢんらう》となる。惑病《わくびやう》は同源《どうげん》で、病《やまひ》は氣《き》から起《おこ》る、煩悶《はんもん》が病《やまひ》の因《もと》ではあるが、既《すで》に病《やまひ》となつた以上《いじやう》は、一方《ぱう》には精神的《せいしんてき》に病根《びやうこん》を滅絶《めつぜつ》すると同時《どうじ》に、又《また》一方《ぱう》には對症《たいしやう》療法《れうはふ》として肉體上《にくたいじやう》の病患《びやうくわん》そのものの治療《ちれう》を講《かう》せねばならぬのである。

精神《せいしん》の安定平和《あんていへいわ》は信仰《しんかう》に依《よ》る他《ほか》はなく、對症療法《たいしやうれうはふ》としては主《しゆ》として藥物《やくぶつ》を用《もち》ひねばならぬが、此《こ》の二つは截然《せつぜん》と切《き》り離《はな》つべきものではない。そこで兩者《りやうしや》を調和《てうわ》する爲《た》め、又雙方《またさうはう》の病源煩惱《びやうげんはんなう》を斷《た》つため、神仙術《しんせんじゆつ》が發見《はつけん》された、調氣導引煉丹養精《てうきだういんれんたんやうせい》の修錬《しゆれん》がそれである。

不老長生

神仙術霊要籙

柄澤照覚

敘文

烏樞沙摩、此云火頭、是此力士、觀念火性、得無上道、如佛經云、釋迦金仙、時臨涅槃、百千萬衆、無量人天、來集供養、哽咽悲惱、唯有梵王、名曰螺髻、與諸天女、共相娛樂、不來斯會、大衆皆曰、今日金仙、臨般涅槃、唯此螺髻、何故不來、驅使呪仙、策進金剛、往梵王城、欲使捕來、梵王城塹、敷散穢物、不淨臭氣、薰馥四方、何爲呪仙、無量金剛、兇氣傷穢、悉空歸來、於是大衆、倍復嘷哭、是時金仙、慈愍大衆、左心化出不壞金剛、是此金剛、現顯神通、飛騰自身、至梵王所、以指指點、不淨汚穢、一時變成大清淨地、螺髻發心、至金仙所、穢跡金剛、神力如是、亦說妙法、化度衆生、百變法門四、拾餘符、法術靈要、種種神呪、呪法効驗、不可思議、神變自在、如意吉祥、降伏諸魔、成就仙道、不淨金剛、神力如是、若夫仗法、現於熱相、其誦呪人、得千歲活。若烟出者。得萬歲活。火焰出者飛上天上。火頭金剛。神力如是。蹉佛說之。修仙靈要。佛者瞻之。觸途成滯。仙家看之。墮坑落塹。是謂僞經。無事生事。是謂眞經。無風起波。烏樞烏瑟。突出難辨。若人要識。眞箇化出。不壞金剛。更向經外。可合掌焉。

天明元年辛丑孟夏

菊丘臥山人文坡江匡弼書之

不老長生 神仙術靈要籙

目次

神仙證蹟錄

目次

不老長生 神仙術靈要籙

皇京　菊丘江弼大觀山人印謹敬撰

第一　不壞金剛化度神呪の由來

往昔《そのかみ》大聖《たいしやう》金仙《きんせん》釋迦牟尼《しやかむに》世尊《せそん》諸《もろ〳〵》の衆生《しゆじやう》を憐愍《れんみん》し卽大遍智《すなはちだいへんち》神力《しんりき》を以《もつ》て左心《さしん》に隨《したがつ》て不壞《ふゑ》金剛《こんがう》を化出《けしゆつ》す。是《これ》を烏樞沙摩《うすさま》明王と號《がう》す。時《とき》に此不壞《このふゑ》金剛すなはち座《ざ》より起《たち》て大衆《たいしゆう》に白《まう》して言《まうさく》、我《われ》に大神呪《だいじんじゆ》あり能螺髻梵王《よくらけはんわう》を化度《けど》し來《きた》らむと、是語《このご》を作已《なしをは》りて卽大衆中《すなはちたいしゆうちう》に於《おい》て大神通《だいじんつう》を顯《あらは》し、此《この》三千大千世界《せかい》を變《へん》じて六反震動《はんしんどう》さしめ天宮龍宮《てんぐうりうぐう》諸《もろ〳〵》の鬼宮《きぐう》を皆悉《みなこと〳〵》く摧崩《くだきくづ》らしめ、卽自身《すなはちじしん》を騰《おどら》して螺髻梵王《らけはんわう》の所《ところ》に到《いた》り、指《ゆび》を以《もつ》て是《これ》を指《ゆびさせ》ば、梵《はん》王城邊《わうじやうへん》の彼種々《かのしゆ〳〵》の穢物《ゑぶつ》ことぐ〳〵く變《へん》じて大地《だいち》となる。時《とき》に於《おい》て螺髻梵王《らけはんわう》をして發心《ほつしん》さしめ能大圓滿陀羅尼《よくたいゑんまんだらに》神《じん》呪穢跡眞言《じゆゑしやくしんごん》を說《とい》て一切衆生《しゆじやう》の諸願《しよぐわん》をして滿足《まんぞく》さしめ、殊《こと》に我仙法《わがせんぱふ》を修行《しゆぎやう》の人をして容易《ようい》に仙道《せんだう》を成就《じやうじゆ》なさしめ、能長生不老《よくちやうせうふらう》にして終《つひ》に昇天《しようてん》なさしめ給《たま》ふ。故《ゆゑ》に經曰《きやうにいはく》高峻《かうしゆん》四絕《ぜつ》の山頂《さんちやう》に詣《いた》り、更《さら》に場壇《ぢやうだん》を作《つく》りて如法《によほふ》に供養《くやう》し、呪《じゆ》を誦《じゆ》する事十萬遍《まんべん》に滿足《まんぞく》し、竟《をはり》て高聲《かうしやう》に大《おほい》に叫《さけ》べば諸仙人《しよせんにん》の門阿《もんあ》修羅《しゆら》の門皆悉《みなこと〳〵》く自《おのづから》開《ひら》く。又蔓菁子《まんせいし》半升《はんしよう》を取《とり》て自身《じしん》の血《ち》を取《とり》て蔓菁子《まんせいし》に和《くわ》し一捻《ねん》一呪《じゆ》して火中《くわちう》に是《これ》を燒《やい》く八千遍《べん》に滿《みち》なければ、阿《あ》修羅《しゆら》女《によ》及び仙人仙女等《せんぢよとう》出て行者《ぎやうじや》を迎《むか》へて內に入て供養《くやう》し、常《つね》に甘露《かんろ》を與《あた》へて飲《のま》しむ。其時是《そのときこれ》を飲《の》む行者齒髮皮膚《ぎやうじやしはつひふ》ならびに自脱去《おのづからぬけさつ》て更《さら》に新《あらた》に齒《は》髪皮膚《かみかははだへ》生《しやう》じ、白髪變《はくはつへん》じて紺瑠理色《こんるりいろ》となり、其人の身形《しんぎやう》たちまち金色《こんじき》に似《に》たるが如《ごと》し。呪《じゆ》を持《ぢ》する人は千年の壽命《じゆみやう》を得て力金剛《こんがう》の如く、一千年後《のち》命終《をは》りて忉利天《たうりてん》に生《しやう》じ、自身《じしん》即忉利天《すなはちたうり》王となると佛說《ほとけとき》たへり。又經曰《きやうにいはく》火頭金剛降魔《くわつこんがうかうま》器仗法《きちやうはふ》に曰《いはく》、此法已《はふすで》に成就《じやうじゆ》し其呪《そのじゆ》を誦《じゆ》する人は千歳《さい》の壽命《じゆみやう》を得《え》あるひは萬年の壽命を得、または天上に飛上《とびあが》る。若仙《もしせん》を求《もと》めんと欲ふ人は山間高頂《さんかんかうちやう》の上に於て此法を修せよと佛說《ぶつせつ》陀羅尼集經卷第十金剛部の卷の下金剛烏樞沙摩法印呪品《うすさまはふいんじゆほん》に詳なり。即《すなはち》此經を全部《ぜんぶ》和解《わげ》し次に載て我仙教《わがせんけう》修行の人の捷徑《ちかみち》とす、故に此書を題《だい》して烏樞沙摩金剛修仙靈要錄《れいえうろく》と名くるなり。夫仙教は天竺震旦《てんぢくしんだん》日本三國に於て天地開闢《かいびやく》より自然《しぜん》の妙道《めうだう》にして人々固有《もとよりある》の眞一《しんいつ》の靈旨なり眞一の靈旨とは禪宗にては本來の面目といふ義に同じ天竺にては釋尊諸《しやくそんもろ／＼》の仙人に隨從うて此旨を修行し、終に雪山《せつざん》に入て此靈旨《このれいし》を大悟《たいご》す。震旦に於ては黃帝軒轅氏《くわうていけんゑんし》是を廣成子《くわうせいし》に傳《つた》へて此靈旨を契悟《けいご》し、龍《りう》に駕《が》して昇天《しやうてん》す。後に老子《らうし》五千言を吐《はい》て此靈旨を諭す。我日本國に於ては神代の人自然と此靈旨に契《かな》ふを以て其世《そのよ》の人を君臣《くんしん》ともに神と稱《しよう》じ、其世を神代と號《がう》す。其道を傳《つたへ》て後世《こうせい》唯《ゆゐ》一の神道《しんだう》と稱《しよう》す。然《しか》れども其初學《しよがく》の人入門の修行教異《しゆぎやうをしへこと》なれば其神仙佛乃三道本來《だうほんらい》一致《ち》なる事を悟《さと》らず。

第二　金剛明王靈要門經解

夫烏樞沙摩《それうすさま》明王の依經《えきやう》三部《ぶ》あり、所謂烏樞沙摩《いはゆるうすさま》明王經三卷　穢跡金剛法禁《ゑしやくこんがうはふきん》百變法門經一卷　法術靈要門《ほふじゆつれいえうもん》經一卷　此三部の外諸經に明王乃事を說《とく》と雖《いへ》ども專《もつぱら》此明王の利生を說所の佛經たるを以て、此三部を稱《しよう》して明王乃依經《えきやう》といへり。今先此書《まづこのしよ》の表題《へうだい》に修仙靈要錄《しゆせんれいえうろく》とあるを以て、首《はじめ》に法術《ほふじゆつれい》靈要門經を國字《かな》にて解《げ》し明王初《はじめ》て出現《しゆつげん》の因緣由來《いんねんゆらい》を示《しめ》す。其烏樞沙摩《そのうすさま》明王經百變法門經の如きも奥《おく》に國字《かな》にて解《け》し載《のせ》たり。詳《つまびらか》なる事は次にて見るべし。

穢《ゑ》跡《しやく》金《こん》剛《がう》說《せつ》神《じん》通《つう》大《だい》滿《まん》陀《だ》羅《ら》尼《に》法《ほふ》術《じゆつ》靈《れい》要《えう》門《もん》經《きやう》

北《ほく》天《てん》竺《ぢく》國《こく》三藏《ざう》沙《しや》門《もん》無《む》能《のう》勝《しよう》　譯《やくす》

如是《かくのごとく》我聞《われきく》一時《じ》佛《ほとけ》拘尸那《くしな》國力士生處《こくりきししやうじよ》跋提河邊《ばつだいがのほとり》娑羅雙樹《しやらさうじゆ》の間《あひだ》に在《いま》す、爾時《そのとき》如來入涅槃《にふねはん》に臨給《のぞみ》ふ時、無量百千萬衆天龍《てんりう》八部人非人等佛の涅槃に入給ふを悲歎《かなしみなげい》て啼泣《なきない》て佛乃四面に向ひ哽咽《むせびさけび》悲惱《かなしみなや》みて住《ぢう》す。爾時復《また》諸天大衆釋提桓因等《しやくだいかんいんとう》皆來りて佛を供養するに、唯螺髻《らけ》梵王《はんわう》といへる王あり、諸《もろ〳〵》の天女をして四面を圍繞《かこま》しめて坐し前後の天女千萬の衆と共に相娛樂《あひたのしみ》て如來の般涅槃に入給ふを聞ても來りて覲省《きんせい》せず 覲省せずとは來りて弔ひ歎かざる也 時に佛の四面に來集《らいしふ》する所の諸大衆皆共にいはく、今日如來般涅槃に臨《のぞ》み給ふに此螺髻梵王のみ何が故に來らざる、梵王必ず我慢《がまん》の心あつて是こゝに來至らざるなり、我等の徒衆に小咒仙《せうじゆせん》を 小咒仙とは神咒を持念して仙人となりたる仙人ないふや 驅使《かけつかは》して彼螺髻梵王を往《ゆい》て取來しめんと、是語《このご》をなし已《をはり》て百千衆乃小咒仙を策進《むちうちすゝ》めて彼所に到しむ、時に小咒仙彼梵王の王城に到りて見れば、種々《しゆ〴〵》の不淨汚穢《ふじやうけがれ》の物を城の塹《ほり》と爲《なし》て其臭惡の氣四方に薫《かほ》りぬ。小咒仙この臭惡の氣に觸《ふれ》て各咒を犯して皆卽時《そくじ》に死したり。時に於て諸大衆この事を聞て、小咒仙の臭惡の氣に觸て死せる事は昔より未だ曾《かつ》て有ざることなりと恠《あやし》みて、復無量の金剛を策進《むちうちすゝ》めて去《ゆか》しむ。無量の金剛神咒を持して彼螺髻梵王乃城邊《じやうへん》に到れども、彼臭穢の氣甚しく近寄こと能《あた》はず、無量の金剛こと〴〵く空《むな》しく歸《かへり》

可請高峻四絶山原
東作場壇如供養誦
呪滿足十萬徧竟高
聲大計諸仙人門一
俗羅門皆悉自

仙人門自開

來りぬ。已《すで》に七日を經《ふ》れども誰か此螺髻梵王を捕來《とらへきた》る者なし。故に諸大衆この事を見聞て倍《ます〳〵》復悲《またかなし》み哀《かなし》みて同聲に偈を說て曰

苦哉大聖尊《くるしいかなだいしやうそん》　入レ眞何太速《しんにいることなんぞはやき》　諸天《しよてん》猶《なほ》決定《けつぢやう》
天人追喚得《てんにんおひよびえたり》　痛哉天中天《いたましいかなてんちうてん》　入レ眞如ニ火滅一《しんにいることひのめつするがごとし》

諸大衆此偈《しよたいしゆうこのげ》を說已《ときをはり》て倍《ますま》す復哽咽悲啼嘷兕《またむせびかなしみなきさけびこく》す、是時如來諸大衆《このときにょらいしよたいしゆう》を愍《あはれ》み給《たま》ふて即大遍知《すなはちだいへんち》神力《しんりき》を以《もつ》て左心《さしん》に隨《したが》うて不壞金剛《ふゑこんがう》是即烏樞沙摩金剛なりを化出《けしゆつ》し給ふ。其化出《けしゆつ》せる不壞金剛《ふゑこんがう》即大衆中《すなはちたいしゆうちう》に於《おい》て座《ざ》より起《たつ》て大衆《だいしゆう》に白《まう》して言《まうさく》、我《われ》に大神呪《だいじんじゆ》あり能螺《よくら》髻《け》梵王《ぼんわう》を捕《とらへ》來らむと。是語《このご》を作已《なしをはり》て即大衆中《すなはちだいしゆうちう》に於《おい》て大神通《だいじんつう》を顯《あらは》し此三千大千世《せ》界《かい》を變《へん》じて六反震動《へんしんどう》し、天宮龍宮《てんぐうりうぐう》諸《もろ〳〵》の鬼《き》宮皆《ぐうみな》ことゞ〳〵く摧《くだ》け崩《くつれ》ぬ。其時不壞《ふゑ》金剛即《すなはち》自《じ》身《しん》を騰《をどら》して螺《ら》髻《け》梵《ぼん》王《わう》の所に至《いた》り、指《ゆび》を以《もつ》て彼城塹《かのしろのほり》の一切臭汚《さいくさきけがれ》の穢物《をぶつ》を指《ゆび》ざせば、其彼種々《そのかのしゆ〴〵》の穢物變《をぶつへん》じて大清淨《だいしやうじやう》の大地と爲《な》る。爾時不壞《そのときふゑ》金剛彼螺髻梵王《かのらけぼんわう》の邊《ほとり》に至《いたり》て報《はう》して曰《いはく》、汝大愚痴《なんぢだいぐち》なり將《まさ》に我如來涅槃《わがによらいねはん》に入《いら》むと欲《ほつ》し給《たま》ふ故《ゆゑ》に世界《せかい》の無量《むりやう》百千萬の衆天龍八部人非人等諸天大衆釋提桓因等《しゆうてんりうぶにんひにんとうしよてんたいしゆうしやくだいかんいんとう》に至《いた》るまで悉《ことゞ〳〵》く來《きた》り集《あつまり》て哽咽悲惱《なきむせびひなう》す、然《しか》るに汝《なんぢ》一人何《なに》が故《ゆゑ》に彼《かの》所に至《いた》らざるやと金剛不壞《ふゑ》の力を以て微《すこ》しく梵王《ぼんわう》を指《ゆび》ざせば、螺髻梵王忽《らけぼんわうたちまち》に發心《ほつしん》して如來《によらい》の所に至《いた》りて佛《ほとけ》を供養《くやう》しぬ。爾時諸《そのときもろ〳〵》の大衆不壞金剛《たいしゆうふゑこんがう》を讃《ほめ》て言《いはく》、大力士汝能是神《りきしなんぢよくこれしん》力あり、彼螺髻梵王《かのらけぼんわう》を捕《とらへ》て此《こゝ》に來至《らいし》すと。此時不壞《このときふゑ》金剛即諸大衆《すなはちもろ〳〵たいしゆう》に告《つげ》て曰、若世間《もしせけん》に衆生《しゆじやう》あつて諸天惡魔《しよてんあくま》一切の外道《げだう》に惱亂《なうらん》せられば但我神呪《たゞわがしんじゆ》十萬遍《べん》を誦《じゆ》せば我自《わがじ》身《しん》を現《げん》じて一切有情《うじやう》をして隨意《こゝろのまゝ》に滿足《まんぞく》さゝしめ、永《なが》く貧窮《ひんきう》を離《はなれ》しめて常《つね》に

安樂《あんらく》ならしむべし、其呪《そのじゆ》を誦《じゆ》する時先此大願《ときまづこのたいぐわん》を發《はつ》す、南無我本師釋迦牟尼佛如來滅後《なむわがほんししやかむにぶつによらいめつご》に於《おい》て此神呪《このしんじゆ》を受持《じゆぢ》し誓《ちかつ》て群生《ぐんしやう》を度《ど》し佛法《ぶつぱふ》をして滅《めつ》せざらしめ久《ひさ》しく世《よ》に住《とゞ》めしめんと、是願《このぐわん》を説已《ときをはり》て卽大圓滿陀羅尼神呪穢跡《すなはちだいゑんまんだらにしんじゆゑしやく》眞言《しんごん》を説《とく》

唵《をん》咈《は》咶《さら》啒《く》嚾《わた》　摩《ま》訶《か》鉢《は》囉《ら》二合恨《か》那《なう》㖿《か》　吻《ふん》什《じふ》吻《ふん》　微《び》咭《きつ》微《び》摩《ま》那《なう》栖《せい》　嗚《う》深《しん》暮《ぼ》　啒《くつ》嚾《た》吽《うん》

泮《む》泮《はつた》泮《はつた》泮《はつた》　娑《そわ》訶《か》

第三　神祕除惱萬病救療法術

時《とき》に彼不壞金剛此神呪《かのふゑこんがうこのしんじゆ》を説已《ときをはり》て復言《またいは》、我如來滅後《わがによらいめつご》に於《おい》て常《つね》に此神呪を誦《じゆ》す、若衆生《もししゆじやう》ありて情願《じやうぐわん》して此神呪を受持《じゆぢ》する者は我常《われつね》に給使者《きふじしや》と爲《なり》て求《もとむ》る所願《しよぐわん》の如《こと》くならしむ。我《われ》今如來《によらい》の前《まへ》に於《おい》て此神呪を説只願《ときたゞねがはく》は如來眞際《しんさい》の中《うち》に於《おい》て我等《ら》を照知《せうち》し給《たま》へ、世尊《せそん》諸惡鬼神乃害若衆生あつて多く諸惡鬼《しよあくき》神《じん》の爲《ため》に惱亂《なうらん》せられむ時、此神呪を誦せば皆害《みながい》を爲《なす》こと能《あた》はず永《なが》く苦難《くなん》を離《はな》れしめん萬病を救療し及び一切の願を滿足さしむ世《せ》尊若善男子善女人《そんもしぜんなんし》あつて萬病《まんびやう》を救《すく》ひ療《れう》治《ぢ》せんと欲《おも》はゞ、先此神《まづこのし》呪《じゆ》を持《ぢ》する事《こと》四十萬遍《まんべん》せば病《やまひ》ある者《もの》を見《み》て是《これ》を治《ぢ》せん驗《しるし》あるは、淨《じやう》と不淨《ふじやう》とを問《とふ》ことなく意《こゝろ》の隨《まゝ》に驅使《くし》せん、我當《われまさ》に隨從《ずゐじう》して一切《さい》の願《ねがひ》を滿《みた》しめん。

第四　枯木開花渇井涌沸の呪術

枯木に花を咲せ枯樹に實を結ばす法術 若枯樹《かれき》をして枝葉《えだば》を生ぜしめんと欲はゞ白膠香《はくかっかう》一大兩《りやう》を取て 匡弼按に白膠香は楓樹の脂なり楓を日本にてもみぢと訓しかへでと訓するは誤なり楓樹は日本には昔は決して無し詩に丹楓といふ香木なり此樹脂多く幹より吹出る其色白く光澤あり故に一名を白膠香といふ惟た白膠と云ときは鹿角膠の事也楓は日本の楓には非ず 樹心《じゆしん》に塗《ぬ》り楊枝《やうじ》にて枯樹《かれき》を呪する事一百遍日に三《み》時《とき》滿《まん》三日に至《いたり》て即《すなはち》華《はな》咲《さき》て實《み》を結《むす》ばむ 枯井に水を涌す法術 若枯《かれ》たる泉《いづみ》に水を出さしめんと欲《おも》はゞ浄灰《きよきはい》にて是を圍《かこみ》て井華水《くみたてのみづ》三升《じよう》を取《とり》て泉《いづみ》の中《なか》に置《おき》て寅時《とらのとき》に於《おい》て呪する事一百八遍すれば水車輪《しやりん》の如く涌出《ゆうしゆつ》す 枯山草木を生ぜしむる法術 若枯山《やま》をして艸木《くさき》を生ぜしめんと欲《おも》はゞ賓鐵刀《ひんてつたう》一口《こう》を取て四方《はう》に於《おい》て山を圍呪する事三千遍七日滿ずれば即《すなはち》草木《くさき》を生ず。

第五　野馴獸伏夜叉屈伏祕法

野獸をして馴伏せしむるの法術 若野獸《やじう》をして歸伏《きふく》せしめんと欲《おも》はゞ安息香《あんそくかう》を 匡弼按に安息香は魯府禁方に擯香といひ綴耕錄に命門錄事といひ紅毛國にてベエンシハンといふ松脂に似て赭黄色にて明亮なり軟なるを安息油といひ堅牢なるを安息香といふ蠻國より來る物なり 取て燒《やい》て獸《けもの》の住處に向ひて呪する事一千遍すれば其《その》獸夜間《よのま》に至て持法《はふ》の人乃門首に集《あつま》り歸降《かう》する事人間《にんげん》の如し 夜叉を歸降せしむるの法 若夜叉《やしや》をして自《みづから》來《きた》り歸降《きかう》せしめんと欲《おも》はゞ桃柳枝《もゝやなぎのえだ》十翦《せん》を取て齊《ひと》しく截《きり》て水一碩《こく》を取て煎《せんじ》五升を取て桃柳枝を滂出《あらひ》し丁香《ちやうかう》三大兩 術匡弼按に丁香とは丁子をいふ紅毛國にてカリヨウフレイ金光明經に索瞿者とある是なり蠻乃美洛居の香山は皆丁香なりと 乳頭香《にうとう》三大兩 匡弼按に乳頭香とは乳香の事なり薫陸香乳香といふときは薫陸は脂の名なり乳香とは脂滴り圓く乳頭の狀に類すを乳香といひ乳頭香といふ一名は明玉珍乳香入と品をチクビといふ漢土にて又明乳香ともいふ 白甲香《はくかうかう》三大兩《りやう》を以て後柳水《のちやなぎみづ》に和《くわ》し五升《しよう》に煎取《せんじとり》て即一砂盆中《しやぼんちう》に置て一桃枝長《もゝのえだながさ》三尺あるを取て水を攪《かく》し神呪《しんじゆ》を誦《じゆ》する事一百遍《へん》一切の夜叉《やしや》羅《ら》利《せつ》皆《みな》來現《らいげん》して行法《ぎやうはふ》の人と共《とも》に語《かた》り人の侍者《ぢしや》と爲《なら》む事を請求《しやうぐ》す。

第六　惡鬼蛇蠍魔毒の除滅法

諸惡鬼神毒蛇蠍猛獸等の毒を除滅するの法術　若諸惡鬼《もししよあくき》神毒蛇蠍猛獸等《じんどくじやかつまうじうとう》の毒《どく》をして滅《めつ》せしめんと欲《おも》はゞ淨灰《じやうはい》を取《とり》て所居《しよきよ》の穴孔《あな》を圍《かこめ》ば普《あまねく》自出來《おのづからいできた》る、當《まさ》に微《すこ》しく聲《こゑ》を出《いだ》して是《これ》を呪《じゆ》する事一百遍《べん》すれば其蛇等《そのじやとう》一切の蟲獸各《むしけものおのおの》その毒心《どくしん》を滅《めつ》して敢《あへ》て人を傷《やぶ》らず、速《すみやか》に解脱《げだつ》を得《う》べし　惡鬼人を害し傷ざる法術　若惡鬼《もしあくき》をして人を傷《やぶら》ざらしめんと欲《おも》はゞ食《めし》一摶《ちぎり》を取て呪《じゆ》する事七遍其食《へんそのしよく》を與《あた》ふれば永《なが》く人を傷《やぶ》らず復聲《またこゑ》を出さず。

第七　惡人降伏の祕法

惡人を降伏する法術　若惡人《もしあくにん》をして來りて降伏《かうふく》さしめんと欲《おも》はゞ前人《ぜんにん》乃姓名《せいめい》を前人とは其惡人の事なり書《かき》て呪《じゆ》して人の脚下《あしのした》に置《おい》て是《これ》を呪《じゆ》する事百遍《べん》し心に彼人《かの》を念《ねん》ずれば其人立所《たちどころ》に至《いたり》て降伏《かうふく》し怨憎《をんぞう》の心を捨《すつ》べし。

第八　相憎相愛相敬の祕法

人をして相憎しめ相離れしむるの法術俗いふ緣切の法　若人《もし》をして相憎《あひにくま》しめんと欲《おも》はゞ彼《かの》二人の名號《みやうがう》を二人とは譬ば夫婦にても他人とにても兩人の名を書とり書《かい》て自足下《みづからそくか》に於《おい》て呪《じゆ》する事一百一十八遍《へん》すれば其人たがひに相離背《あひりはい》し相愛敬《あひあいけい》せず　相憎む人を相愛敬さすの法術　若相憎人《もしあひにくむ》ありて相愛敬《あひあいけい》さしめんと欲《おも》はゞ即彼相憎《すなはちかのあひにく》む人の名姓《なせい》を書取《かきとり》て自《みづから》の足下に於《おい》て呪《じゆ》する事一百八遍《へん》すれば其人便相愛重《すなはちあひあいちう》して永く相捨《あひすて》ず。

第九　不安除去珍寶收得妙法

安樂ならざる人を安樂ならしむる法術 若未安樂《もしいまだあんらく》ならざる人有て安樂《あんらく》ならしめんと欲《おも》はゞ前《まへ》人の安樂ならざる人なり名字《みやうじ》を取て足下《そくか》に書呪《かきじゆ》する事三百遍《べん》し當《まさ》に彼《かの》人の爲《ため》に大誓願《だいせいぐわん》を發《はつ》すべし、我彼《われかの》時に於《おい》て即《すなはち》みづから辨才無《べんさいむ》滞《たい》を送《おく》りて行者《ぎやうじや》乃意《こゝろ》に隨《したが》ふて須《もとむ》る所乃者竝《ならび》に悉《ことごと》く施與《ほどこしあたへ》む 種々珍寶摩尼如意珠等と求むる人種との珍寶を得の法術 若持呪《もしぢじゆ》の人種々《しゆじゆ》の珍寶摩尼《ちんはうまに》如意《によい》珠等《しゆとう》を求《もとむ》る者は但《たゞし》至心《ししん》に呪《じゆ》を誦《じゆ》する事おのづから多少《たせう》に限《かぎ》る、我即送りて其所願《しよぐわん》を満《みた》しめん。

第一〇　頓病瀕死の重病即治法

頓病の人を平愈さすの法術 若《もし》人の病を治《ぢ》せんと欲《おも》はゞ頓病《とんびやう》の印《いん》を作《な》せ先左手頭指中指《まづひだりてのおやゆびなかゆび》を以《もつ》て索文《さくもん》を押《おさ》へ、即是を呪《じゆ》する事一百遍《へん》し以て頓病《とんびやう》の人《ひと》を印《いん》する事七丁其病立所に痊《いゆ》べし 病人死せんとするを悦す法術 若病人死せんと欲《ほつ》するに臨《のぞ》む者は先禁五路《ろ》印《いん》に於《おい》て然《しか》して後《のち》是を治す 即《すなはち》死《し》せず印 自如是先以准印以無名指屈《おのづからかくのごとくまづじゆんいんをもってむみやうをもってかゞめ》て掌中《たなごころのなか》に向へ小指《こゆび》を竪《たて》て是を呪《じゆ》する事百遍《べん》其患速《そのうれひすみやか》に除《のぞ》く。

第一一　邪病蠱毒病精魅全治法

邪病を除く法術 若邪病を治せんと欲《ほつ》はゞ但病患《くわん》の人の頭邊《かしらのへん》に於《おい》て安息香《あんそくかう》を燒《たい》て是を誦《じゆ》すれば立所に邪病《じやびやう》を除《のぞ》くべし 蠱毒病を治る法術 若蠱毒《こどく》病を治せんと欲《おも》はゞ患《うれ》つる人の名字《めいじ》を帋《かみ》の上《うへ》に書《かき》て是を呪《じゆ》すれば即痊《すなはちいゆ》 精魅病を治る法術 若精魅《もしせいみ》病を

治するが如きも如上《かみのごとく》の法なり　伏連病を治る法術 若伏連病《もしふくれん》を治するには患《うれ》ふる人の姓名《せいめい》及び病を作す鬼《き》の姓名《せいめい》を書《かき》て患《うれ》ふる人の牀下《ゆかのした》に埋《うづ》め是を呪《じゆ》すれば其鬼《き》速《すみやか》に名字を奉し自身《じしん》を出現《あらは》し便《すなはち》彼鬼《かのき》をして三世《ぜ》の事を看《み》せ一々具《つぶさ》に人に說向《せつかう》すれば其病速《すみやか》に瘥《い》ゆ。

第一二　時氣行病鬼入防法

時氣の病を患ふる人を治る法術 若人あつて時氣の病を患ふる者は呪師《じゆし》これを見れば卽瘥《すなはちいゆ》　行病鬼王をして國所へ入ざる法術 若行病鬼王をして界《さかひ》 界とは其國中又は市中也 に入ざらしめんと欲はゞ十齋《さい》日に於《おい》て我此呪《われこのじゆ》を誦《じゆ》する事一千八遍《べん》せば能萬里《よくばんり》乃中《うち》の衰患《すゐくわん》を除《のぞ》くべし。

穢《ゑ》跡《しやく》金剛《こんがう》說《せつ》神通《じんつう》大滿《だいまん》陀羅尼《だらに》法術《ほふじゆつ》靈要《れいえう》門經《もんきやう》畢

謹《つゝしんで》曰《いはく》　右の靈要《れいえう》門經を和解《わげ》する所經文に於《おい》て甚だ解《げし》がたき所多し、故《ゆゑ》に經意《きやうい》を取《とり》て其大略《りやく》を解《げし》或《あるひ》は經文を其儘にして點《てん》を注げたる所あり、看《み》る人詳《つまびらか》にして可《か》なり、又經文《きやうもん》の中《うち》に 諸惡鬼神の害を除く法術 如是《かくのごとく》に圈《けん》して其法術《ほふじゆつ》を解《げ》する者は經文には是《これ》なしと雖《いへ》ども看《み》る人速《すみやか》に其法術乃品《しな》を看出《み》さしめんが爲《ため》なり。

第一三　梵王呪仙持明仙の解

經中《きやうちう》に螺髻《らけ》梵王といふは色界《しきかい》の螺髻《らけ》梵王《ぼんわう》乃事なり、色界《しきかい》とは倶舍《くしや》云《にいはく》 色界の天人は淨妙《じやうめう》の色ありて身相《しんさう》端嚴《たんごん》なるが故に色界といふと、三界《かい》義上九丁曰《いはく》色界《しきかい》の天人は淨妙の色ある故《ゆゑ》に色界《しきかい》と名づく身相端嚴等是《とうこれ》なりと、夫螺髻《らけ》梵《ぼん》王とは註維摩《ゆゐま》經第一名義集卷二觀音義疏丁法華直談鈔《ぢきだんせう》下本本等に詳《つまびらか》なり、螺髻梵王は色界の天主にして初禪《しよぜん》天の頂《いたゞき》に居す尸棄《しき》大梵天王是なりと見ゆ。

經中の呪仙《じゆせん》とは陀羅尼《だらに》神呪《じんじゆ》を誦し持して仙道を成就したる仙人をいふ、是を悉地《しつち》持明仙といふなり、大日經一行疏卷六日圖《づ》に持明仙といふは是餘の藥力等の成ずる所なり、悉地持明仙とは皆是專《もつぱら》呪術に依て悉地の人と爲《なる》と。

第一四　法道仙人の呪仙

同經卷九日持明といふ者は梵に陀羅尼といふ持明とは一切明門明行を惣持す、乃至《ないし》此三昧耶《まいや》誓願《せいぐわん》を盡《い》して以來《らい》終《つひ》に漏失《ろうしつ》せず故に入佛三昧耶持明と名づくと、本朝の法道仙人も天竺の靈鷲《れいじゆ》山中の仙苑に住む五百の持明仙の其一仙人なり。皆呪術に依て仙人となりたるを呪仙といふ。百千衆の呪仙とは數の多きをいふ也《なり》

第一五　金剛明王經軌一體多名

次に佛說陀羅尼集經卷の第十金剛部卷下を和解《わげ》す尤も其大意を擧《あげ》記して多く省《せい》略するは經文の繁《しげき》を以てなり、詳なる事は全經を以て看べし。

釋尊《しやくそん》爲樞沙摩明王の利生を說玉ふ事諸經に於て多く是を閱《けみ》すと雖《いへ》ども全く此明王の事を說たまふ經を考《かんが》へるに只三部あり、所謂《いはゆる》、

金剛恐怖《くふ》集會方廣軌儀觀自在菩薩三世最勝心明王經

大威力烏樞沙摩明王經　三卷

穢跡金剛說神通大滿《まん》陀羅尼法術靈要門經　一卷

穢跡金剛法禁《きん》百變《へん》法門經　一卷

此三部を依經と爲す又　金剛烏樞沙摩法印呪品 是は陀羅尼集經第十卷に出たり

此外に　大威怒《と》烏芻澀摩儀軌　一卷

又元慶寺安然和尚《げんきやうじあんねんくわしやう》の八家《か》祕《ひ》錄《ろく》卷の下に載《のす》る所左の如《ごと》し。

烏樞瑟摩《うすしつま》法《はふ》六 集經亦名大頭金剛大佛頂經具說本行

大威力烏樞瑟摩明王經三卷 內云金剛恐怖集會方廣儀軌觀自在菩薩三世冣勝心明王經

大威力烏樞瑟摩明王經无能勝《むのうしよう》譯貞元新入《ていげんしんにふ》目錄海仁運列外《かいじんうんれつぐわい》題云二卷亦云阿《あ》質多《しつた》霰《さん》譯《やくを》私云《わたくしにいはく》方廣《はうくわう》威力烏樞沙摩明王經上下兩卷金剛恐怖集會方廣儀軌自在菩薩三世冣勝心《さいしようしん》明王經一卷而烏樞瑟摩經兩卷內題前《ないだいのまへ》加《くわへ》ニ書《しよす》觀自在經題一又觀自在經外題　烏樞瑟摩經題如前四卷以爲《す》ニ大威力烏樞瑟摩明王經一　三卷

烏《う》蒭《す》沙《さ》摩《ま》㝡勝明王一巻（圓仁將來）
大《だい》威《ゐ》怒《と》烏《う》蒭《す》澁《じふ》摩《ま》成《じやう》就《じゆ》儀《ぎ》軌《き》一巻（不空譯貞元新入目錄空海 圓仁惠運圓珍圓覺將來す）
梵《ぼん》字《じ》烏《う》瑟《ひつ》澁《じふ》摩《ま》儀軌一巻（空海） 梵字烏樞澁摩眞言一本（圓仁）
梵《ぼん》字《じ》烏《う》樞《す》澁《じふ》摩《ま》心《しん》心《しん》眞《しん》言《ごん》一本（圓仁）

穢《ゑ》跡《しやくこん》金《がう》剛《はふ》法七

穢《ゑ》跡《しやく》金《こん》剛《がう》法禁《きん》百變《へん》法一巻（无能勝） 穢跡金剛說《せつ》神《しん》通《つう》大滿陀《だ》羅《ら》尼《に》法《ほふ》術《じゆつ》靈《れい》要《えう》門經一巻（无能勝譯 貞元新入目錄海仁云阿質達霰譯 圓珍云 穢迹金剛說神通法一巻无能勝譯 圓覺寺宗叡將來）

○

火《くわ》頭《づ》金《こん》剛《がう》。穢《ゑ》跡《しやく》金剛。不《ふ》壞《ゑ》金《こん》剛《がう》。不《ふ》淨《じやう》金剛。不淨潔《けつ》金剛。金剛烏《う》樞《す》沙摩。烏樞沙摩金剛。（又唯云金剛） 烏樞瑟《ひつ》摩。烏《う》芻《す》澁《じふ》麽。（一本芻作蒭） 烏《う》瑟《ひつ》沙摩。烏《う》素《そ》沙摩。烏《う》瑟《つ》沙摩。此餘は略を是《かく》の如《ごと》く此明王に多乃名ありと雖《いへ》ども今たゞ烏樞沙摩とのみいふ也、又烏樞沙摩明王の種《しゆ》子《じ》は吽《うん》の字《じ》を以てす、其字義功《く》德《どく》等《とう》は吽の字義等の如し。

○

大佛頂首楞嚴經《だいぶつちやうしゆろうごん》曰《いはく》烏芻瑟摩如來の前《まへ》に於《おい》て佛《ほとけ》の雙足《さうそく》を合掌《がつしやう》頂禮《ちやうらい》して佛に白《まう》して言我當《まうすわれつね》に先久遠劫《まづくをんごふ》の前《さき》を憶《おも》ふに性《しやう》に貪欲《どんよく》多かつた時に佛あり空王《くうわう》如來と號しき、其空王《くうわう》如來我に告《つげ》て婬欲《いんよく》多き人は猛火聚《まうくわじゆ》と成ると說《とき》たまふて我に敎《をしへ》て徧《あまね》く百骸《がい》四支《し》諸《もろ〳〵》乃冷煖《れいだん》の氣を觀《くわん》せしめたまふに、我神光内《しんくわうち》に凝《こり》て多婬《たいん》の心を化《け》して忽《たちまち》に知惠《ちゑ》の火《くわ》となる、是《これ》より諸佛《しよぶつ》みな我名《わがな》を呼召《よびめし》て火頭《づ》と爲《な》したまふ、我火光《われくわくわう》三昧の力を以ての故《ゆゑ》に阿羅漢《あらかん》と成《な》り、心に大願《たいぐわん》を發《おこ》して諸《しよ》佛の成道《じやうだう》したまふ時には、我力士《りきし》と爲《なり》て親《した》しく魔怨《まゑん》を降伏《かうふく》す。時に佛我に圓通《ゑんつう》を問《とひ》たまふ、我身心《われしんじん》の煖觸《だんそく》を諦觀《あきらかにくわん》するに無礙《むげ》流通《るつう》するを以《もつ》て諸漏既《しよろうすで》に銷《せう》して大寶燄《たいはつえん》を生《しやう》じて無上覺《むしやうがく》に登《のぼ》る斯《これ》を第一と爲《な》す。

按《あんずる》に首楞嚴經疏《しゆろうごんそ》巻之五の首書曰烏芻瑟摩等《とう》の直解云《ちきげにいはく》前後の諸章《しよしやう》を按《あんずる》に皆卽從座起《みなそくじうざき》とあるに、今此尊者《そんしや》に座起《ざき》といへざる者はまことに烏樞沙摩《うすさま》は金剛身《こんがうしん》にして佛《ほとけ》を衞護《ゑいご》侍從《じじう》して本座を設《まうけ》ざる事を示《しめ》す故《ゆゑ》に座《ざ》をいらす　猛火聚　長水子璿《ちやうすゐしせん》の註《ちう》に烏芻瑟摩此《うすひつまこゝ》には火頭《くわづ》といふ貪欲《どんよく》多きに因《よつ》て佛《ほとけ》の敎《をしへ》を聞《きい》て觀《くわん》を修《しう》し、是《これ》に從《したがつ》て悟《さとり》を獲《え》たり、貪欲盛《さかん》なる者は是鬼《これき》獄《ごく》の因《いん》なり、因には欲火《よくくわ》の爲《ため》には熾《やか》れ果《くわ》には業火《ごふくわ》の爲《ため》に燒《やか》る、因《いん》果相當《ぐわさうたう》して倶《とも》に火聚《くわじゆ》と名《な》づくと　智惠火　初《はじ》め身心《しんじん》を觀《くわん》じて唯煖觸《たゞだんそく》のみを見《み》る後《のち》に煖氣《だんき》を觀《くわん》するに無相無生《むさうむしやう》なり、我身自空《わがみおのづからくう》なり、煖何《だんいづく》より住《ぢう》する、身心既《しんしんすで》に寂《じやく》すれば性火妙《しやうくわめう》に發《はつ》す、故《ゆゑ》に神光内《しんくわうち》に凝《こつ》て智惠火《ちゑくわ》となる　諸冷煖氣　正脈云《しやうみやくにいはく》冷の字譯文《じやくもん》の誤《あやまり》なり、應《まさ》に諸《もろ〳〵》の暖觸氣《だんそくのき》とすべし、經文には百骸《がい》四支《し》諸《もろ〳〵》の冷煖《れいだん》の氣《き》を觀《くわん》せしむとあれども冷《れい》の字《じ》を諸《もろ〳〵》の字《じ》に書替《かきかへ》て諸暖觸氣《もろ〳〵のだんそくのき》となして見《み》るべしとなり。

第一六　金剛明王發心化出の說

諸《しよゑ》廻向寶鑑《かうはうかん》五張廿八　曰烏樞沙摩明王は不動《ふどう》明王の化現《けげん》なりと、又烏樞沙摩軌儀《きぎ》には普賢菩薩《ふげんぼさつ》の化身《けしん》と說《とけ》り、又烏樞沙摩明王經にば金剛手菩薩《こんがうしゆぼさつ》一往《わう》衆生降伏《かうふく》の爲《ため》には烏樞瑟摩《ひつま》の身《み》を現《げん》じ、衆生哀憐《しゆじやうあいれ》を請《こ》ふ時は還復如舊《くわんふくによきう》して烏樞瑟摩《ひつま》曼荼羅《まんだら》法及《はふおよ》び其相《さう》を說《とき》たまふなりと云云　又靈要門《れいえうもん》經には釋迦如來の化現《けげん》と說り、又陀羅尼集經《だらにしふきやう》の中の烏樞沙摩畫像法《ぐわざうはふ》の如《ごと》きは釋迦《しやか》と彌陀《みだ》との二尊《そん》の化現《けげん》と說《とけ》り、其餘《よ》の經の異說爰《いせつこゝ》に略《りやく》す、夫諸佛薩埵《それしよぶつさつた》の大慈悲《だいじひ》は衆生無邊誓願度《むへんせいぐわんど》の故《ゆゑ》に或《あるひ》は忿怒《ふんぬ》の形《かたち》を現《げん》じては强剛猛惡《きやうがうまうあく》の衆生を調伏《てうふく》し、或《あるひ》は柔和《にうわ》の相《さう》を現《げん》じては衆生を哀憐《あいれん》し應物現形神變自在《おうぶつげんぎやうしんぺんじざい》なり、故《ゆゑ》に觀世音《くわんぜおん》の三十三身地藏《しんぢざう》の多身《たしん》、其餘《よ》の菩薩《ぼさつ》こと〴〵く分身《ぶんしん》して衆《しゆ》生《じやう》を化益《けやく》す、此明王も亦然《またしか》り、時に應《おう》じ機《き》に契《かな》ひては佛菩薩《ぶつぼさつ》となり、又は釋迦彌陀普賢不動《しやかみだふげんふどう》すなはち烏樞沙摩の身《み》を現《げん》じ穢《ゑ》物《ぶつ》を轉《てん》じて大清淨《だいしやうじやう》ならしめ、或《あるひ》は暴惡愚癡《ばうあくぐち》の衆生《じゆじやう》を調伏《てうふく》し、現在所得《げんざいしよとく》の利生《りしやう》を與《あた》へて終《つひ》に菩提《ぼだい》の道《みち》に引入《いんにふ》し給《たま》ふ無緣大悲《むえんだいひ》の善功方便《ぜんこうはうべん》なり、凡夫《ぼんぶ》の妄情《まうじやう》を以て必《かなら》ず佛果不思議《ぶつくわふしぎ》の境界《きやうがい》を疑惑《ぎわく》すべからず。

第一七　烏樞沙摩明王靈像異辨

此明王は烏樞沙摩明王經陀羅尼集經祕密儀軌圖像造彫法等《だらにしふきやうひみつぎきづざうぎうてうはふとう》に說《とく》所の畫像《ぐわざう》には、或《あるひ》は二目《もく》二臂八臂《はつひ》或は三目《もく》二四六八臂等《はつひとう》あり、其手《て》に持《もつ》所の器《き》も異《こと》なり、又其身の色も或《あるひ》は黑色《こくしき》或は靑色《せいしき》或は赤色《せきしき》と爲《な》す、一々に枚擧《まいきよ》すべからず、或寺《あるてら》に安置《あんち》する烏樞沙摩の靈像《れいざう》は臺座《だいざ》の面《おもて》に海《うみ》を畫《ゑが》き其中に盤石《ばんじやく》の座《ざ》あり、此座の眞中《まんなか》に一面《めん》三目八臂《もくはつひ》通身黑色《つうしんこくしき》大忿怒の形《かたち》にて下より頭《かしら》の上まで火焰を起《おこ》し、焰《ほのほ》の中に金輪光を現《あらは》し身の長《たけ》は等身半《とうしんはん》一尺二寸五分にして頭《かしら》に釋迦佛《しやかぶつ》の座像《ざう》を頂《いたゞ》き寶冠を着し、左右の第一の手には印を結《なす》び左の上と中と下との手には姿の如く劍《けん》と三股《こ》鈴《れい》と索《なわ》を持《ぢ》し、右の上中下の手には寶捧《はうはう》と獨鈷《どくこ》金剛《こんがう》と一弓二箭を執《とり》たまふ靈驗奇特《れいげんきとく》の尊像《そんざう》なり。

第一八　待從夜叉阿修羅鬼子母神

此明王の侍者は烏樞沙摩明王經上二張云烏樞沙摩明王は夜叉及び阿修羅《あしゆら》衆《しゆ》竝に訶利帝母《かりていは》及《およ》び其愛子《あいし》等《とう》をして侍從《じじう》とす、皆明王を瞻仰《たんかう》すと云云　按《あんずる》に夜叉といふは梵語《ぼんご》此《こゝ》にては捷疾鬼《せふしつき》といへり、足の疾《はや》き鬼なり、夜叉《やしや》に三種あり、地と虛空《こくう》と天とに住す、佛事法會《ほふゑ》の時地夜叉其事を唱《とな》ふれば虛空《こくう》夜叉是を聞《きゝ》て亦其事を唱《とな》ふ、時に天夜叉《やしや》是を聞て如是《かくのごと》くて梵天《ぼんてん》に至《いた》るといふ事、註維摩經《ちうゆゐまきやう》第一翻譯名義集《ほんやくみやうぎしふ》第二觀音義疏《くわんおんぎしよ》下《のご》法花直談《はふけぢきだん》等《とう》に見《み》へたり。又訶利帝母《かりていは》は訶利帝母眞言法《しんごんはふ》には訶利帝藥叉女《かりていやくしやによ》とありて其形像《ぎやうざう》を說《とけ》り、法華經陀羅尼品《ほつけきやうだらにほん》には鬼子母《きしは》とあるは訶利帝母《かりていのは》の事なり。直談鈔《うんだんせう》十六末丁云《いはく》鬼子母《きしは》とは訶利帝母《かりていは》なりと、其千子《せんのこ》の中の一子《し》を佛鉢《ぶつはつ》の下《した》に隱《かく》し給《たま》ふ事を明《あか》せり、又阿修羅衆《またあしゆらしゆ》は翻譯《ほんやく》名義集《しふ》卷の二十二丁云阿修羅《あしゆら》舊《もと》は無端正《むたんしやう》と翻《ほん》し新《しん》には非天《ひてん》と翻《ほん》ず、西域記云《さいゐききにいはく》阿素洛《あそら》は舊阿修羅阿須倫阿須羅《もとあしゆらあすりんあすら》といふ、皆訛《なまり》なりと、楞嚴經《ろうごん》には四種《しゆ》の阿修羅の類《たぐひ》を說《と》き。新婆娑論雜《しんばしやろんざう》寶藏經《はうざう》法華疏淨名疏《ほつけのそじやうみやうのそ》等《とう》に見《み》えたり、華嚴經《けごんきやう》云羅喉阿修羅王の如き本身《ほんしん》は長《たけ》七百中旬にて形《かたち》を化《け》せば長《たけ》十六萬八千中旬にて大海の中より其半身《はんしん》を出《いだ》ずと說《とけ》り。

○烏樞沙摩明王經に烏樞沙摩法供養等《ほふくやうとう》の種々《しゆぐ》の法《はふ》を說《とく》其中に、黑月《こくげつ》八日或《あるひ》は十四日を以て供養《くやう》し加持《かぢ》し修法《しゆはふ》せよと說《とき》たまふが故《ゆゑ》に此方にて廿三日廿九日を以て緣日《えんにち》と爲《な》すなり。夫天竺國《それてんぢくこく》にては朔日《ついたち》より十五日までを白月《びやくげつ》と名け十六日より後《のち》を黑《こく》月と名づく、故《ゆゑ》に十六日より日《ひ》をかぞふる事一八日すれば第《だい》八日は廿三日に當《あた》り亦《また》十六日より日を算《かぞ》へて十四日に至《いた》れば第十四日は廿九日に當《あた》るなり、此故《このゆゑ》にては月《つき》の廿三日廿九日を以て結緣《けつえん》日と爲《な》して供養《くやう》し參詣《さんけい》す。然《しか》れども常《つね》に參詣《さんけい》し供養《くやう》して香花燈明《かうげとうみやう》を獻《けん》じ信仰《しんかう》して不淨《ふじやう》を除《のぞ》き大願《だいぐわん》を成《な》すべし。

第一九　明王結緣日井神靈驗解

烏樞沙摩明王を厠《かはや》の神といふ義《ぎ》は既に說《とけ》り、此明王は又井《ゐ》の神《かみ》とも水神《すゐじん》とも稱《しよう》ずべきなり、故《ゆゑ》は靈要門經《れいえうもんきやう》に曰《いはく》若枯《もしかれたる》井《ゐ》に水《みづ》を涌《わか》さんと欲《おも》はゞ淨灰《きよきはい》を以て是《これ》を圍《かこ》み井華水《せいくわすゐ》三升《じやう》を以て井《ゐ》の中《うち》に置《お》く寅《とら》の時に於《おい》て呪《じゆ》を誦《じゆ》する事一百八遍《へん》すれば水車輪《しやりん》の如《ごと》く涌出《わきいづ》ると、或《あるひ》は難病惡《なんびやうあく》病を除滅《ぢよめつ》さしめ又は一切の惡獸猛獸諸惡鬼《あくじうまうじうしよあくき》神等《しんとう》を降《かう》伏《ふく》する等《とう》の靈驗利生《れいげんりしやう》は經文に昭然《せうぜん》たれば爰《こゝ》に略《りやく》す。今我朝《わがてう》に於《おい》て信者《しんじや》此明王を尊信《そんしん》し祈願《きぐわん》して眼前靈驗《がんぜんれいげん》を蒙《かうむ》りたる靈法《れいはふ》を一二左《さ》に記《き》す。左《さ》の法《はふ》を修《しう》して其明王の大威《だいゐ》神力《しんりき》自在《じざい》なる事を感得《かんとく》すべし。

第二〇　疱瘡厄病天行除消靈法

若《もし》人大人小兒《だいじんせうに》に限《かぎ》らず疱瘡《はうさう》を輕《かる》くなさしめんと欲《おもふ》はゞ毎年の節分《せつぶん》の夜《よ》に於《おい》て烏樞沙摩明王の護身靈符《ごしんれいふ》を本《ほん》尊《ぞん》と爲《な》して壁《かべ》或《あるひ》は床《とこ》に掛《かけ》て、扨燈明《さてとうみやう》をとぼし七種《しゆ》の供物《くもつ》を清淨《しやうじやう》にして机《つくゑ》の上《うへ》に陳《つら》ね供《そな》ふ、七種《しゆ》の供物《くもつ》とは洗米《せんまい》、餅《もち》、昆布《こんぶ》、勝栗《かちぐり》、ころ柿《がき》、棗《なつめ》なり。扨《さて》明王の尊像《そんざう》の前《まへ》に大豆《だいづ》二粒《りふ》新《あた》らしき土器《かはらけ》に盛《もり》て供《そな》へ置《おく》べし。扨《さて》願主沐浴《ぐわんしゆもくよく》して身《み》を清淨《しやうじやう》にし陀羅尼《だらに》を七遍唱《へんとな》ふべし、陀羅尼《だらに》に曰《いはく》ヲンクロダナウンザ、此陀羅尼を七遍唱《へんとな》へ了《をはり》て願主尊像《ぐわんしゆそんざう》に對《たい》して曰、何の年の小兒《せうに》或は何歳の男又は女或は名字名にても同じきなり何とぞ明王の大威《だいゐ》神《しん》力にて疱瘡《はうさう》を輕《かろ》くさゝしめたまへ南無烏樞沙摩《なむうすさま》明王哀愍納受《あいみんなふじゆ》と其人の年の數程唱《かずほどとな》ふべし。扨《さて》三拜《ばい》し畢《をはり》て右明王の尊前《そんぜん》へ供《そな》へ置《おき》し大豆《まめ》三粒《りふ》を其人に頂戴《ちやうだい》さす時は疱瘡《はうさう》をしても甚《はなは》だ輕《かろ》き事多くためして疑《うたが》ひなき者也。

○

若世間《もしせけん》に風邪流行《ふうじやりうかう》し或《あるひ》は厄病流行《やくびやうりうかう》し人毎《ごと》に病《やむ》ことあらば早《はや》く烏樞沙摩明王の護身靈符表具《ごしんれいふへうぐ》にして掛《かけ》く燈明《とうみやう》供物《くもつ》をそなへ、別《べつ》に大豆《まめ》一粒《りう》にて惣身《そうみ》を撫《なで》て陀羅尼《だらに》七遍唱《へんとな》ふべし、陀羅尼曰《だらににいはく》ヲンクロダナウンザ七難即滅《なんそくめつ》七福即生《ふくそくしやう》烏樞沙摩《うすさま》明王哀愍納受《あいみんなふじゆ》と誦《じゆ》しながら惣身《そうみ》を撫畢《なでをはり》て、扨此大豆《さてこのまめ》をそのまゝ懷中《くわいちう》にて風《かぜ》に當《あた》らぬ樣《やう》にして綿《わた》につゝみ其上《そのうへ》を紙《かみ》にてつゝみて閾《しきゐ》俗いふ門口の敷居なりの内《うち》三寸許前《まへ》を掘《ほり》て埋《うづ》み置《おく》時又ヲンクロダナウンザと陀羅尼《だらに》を唱《とな》へ畢《をはり》て此大豆《このまめ》より花咲《はなさく》まで病難《びやうなん》をまぬからしめ給《たま》へ歸命《きみやう》す烏樞沙摩明王哀愍納受《あいみんなふじゆ》と十三遍唱《へんとな》ふれば、流行《はやり》風邪《かぜ》厄病《やくびやう》をまぬがる事神驗《しんけん》あり、但《たゞ》し此靈法《れいはふ》は元日《ぐわんじつ》の毎年に行《おこな》ふ時は年中風邪《ふうじや》を除《のぞ》き厄病《やくびやう》をまぬがる故《ゆゑ》に無病《むびやう》の人も元日に於て我年の數程陀羅尼《かずほどだらに》ヲンクロダナウンザと唱《とな》へ、烏樞沙摩明王哀愍納受《あいみんなふじゆ》と祈念《きねん》すべし。若又《もし》病者《びやうしや》の平愈《へいゆ》を祈禱《きたう》せんと欲《おもふ》はゞ明王の護身靈符《ごしんれいふ》を掛《かけ》て燈明供物《とうみやうくもつ》をそなへ陀羅尼チンクロダナウンザ七遍唱へ祈禱《きたう》し奉る何某病氣本復壽命延長歸命《びやうきほんぷくじゆみやうえんちやうきみやう》す烏樞沙摩明哀愍納受《あいみんなふじゆ》と七遍唱ふべし、至信《ししん》に祈《いの》れば病氣平愈《びやうきへいゆ》せずといふ事なし。

第二一 安產卽驗靈法

烏樞沙摩明王婦人安產《あんざん》の靈法《れいはふ》は神祕《しんぴ》中《ちう》の神祕《しんぴ》なり其法《そのはふ》に曰

紙《かみ》に此《この》二字《じ》の梵字《ぼんじ》を書《かき》て左手《ひだりて》に持《もつ》べし

紙に此二字の梵字を書て右手《みぎて》に持べし

扨無所不至印《さてむしよふしのいん》を結《むす》び彼《か》の二字の梵字《ぼんじ》を左は左右は右と違《ちが》はざる樣《やう》にして、慈救《じく》の呪《じゆ》八遍竈神藥師愛染等《へんそうしんやくしあいぜんとう》の呪又《じゆまた》は諸神《しよじん》の神呪《じゆ》各《おの〳〵》意《こゝろ》に任《まか》せ誦《じゆ》し畢《をはつ》て壇《だん》上に彼《かの》二字の梵字《ぼんじ》を開《ひら》き落《おと》す、次《つぎ》に聞神《きくかみ》の方の水にて右の紙に書《しよ》し二字《じ》の梵字《ぼんじ》を二枚《まい》なすり產婦《さんぷ》に吞《のま》すれば、其子生《うま》るゝ時此梵字を女子《をなご》は右の手《て》男子は左の手に拳《にぎ》りて生るる也。扨此拳持《さてこのにぎりもち》て生れし梵字を其《その》子の一生《しやう》の守《まもり》として袋《ふくろ》に入て佩《おび》ざすべし。扨此靈法《さてれいはふ》を玉女《ぎよくぢよ》の方《はう》といふ也。玉女方とは其日の九つ目なり、又聞神《きくかみ》の方《はう》とは其日の三つ目なり、右の梵字《ぼんじ》は其子の手《て》に持《もち》ゐずば產湯《うぶゆ》の中に有べし、意《こゝろ》をつけて見るべし。此加持《ぢ》を行《おこな》ふ時必《ときかなら》ず左右《さいう》の梵字違《ぼんじたが》はざる樣《やう》に加持《ぢ》し、畢《をはり》て後《のち》に梵字《ぼんじ》を合《あは》せ丸じて產婦《さんぷ》に服《のま》するなり。

竈神《かまどがみ》の神呪《しんじゆ》 俗《ぞく》に三寶荒神《ばうくわう》といふは甚誤《はなはだあやまり》なり

唵《をん》劔《けん》婆《ば》耶《や》劔《けん》婆《ば》耶《や》

安《あん》産《ざん》之《の》守《まもり》

下《した》の梵字《ぼんじ》を産前《さんぜん》安穏《あんをん》の明《みやう》の梵字《ぼんじ》とを清浄《しやうじやう》なる紙《かみ》に書《か》きて烏樞沙《うすさ》摩護身圓滿《まごしんゑんまん》の靈《れい》符《ふ》を一枚ともに紙にてつゝみ封《ふう》ず

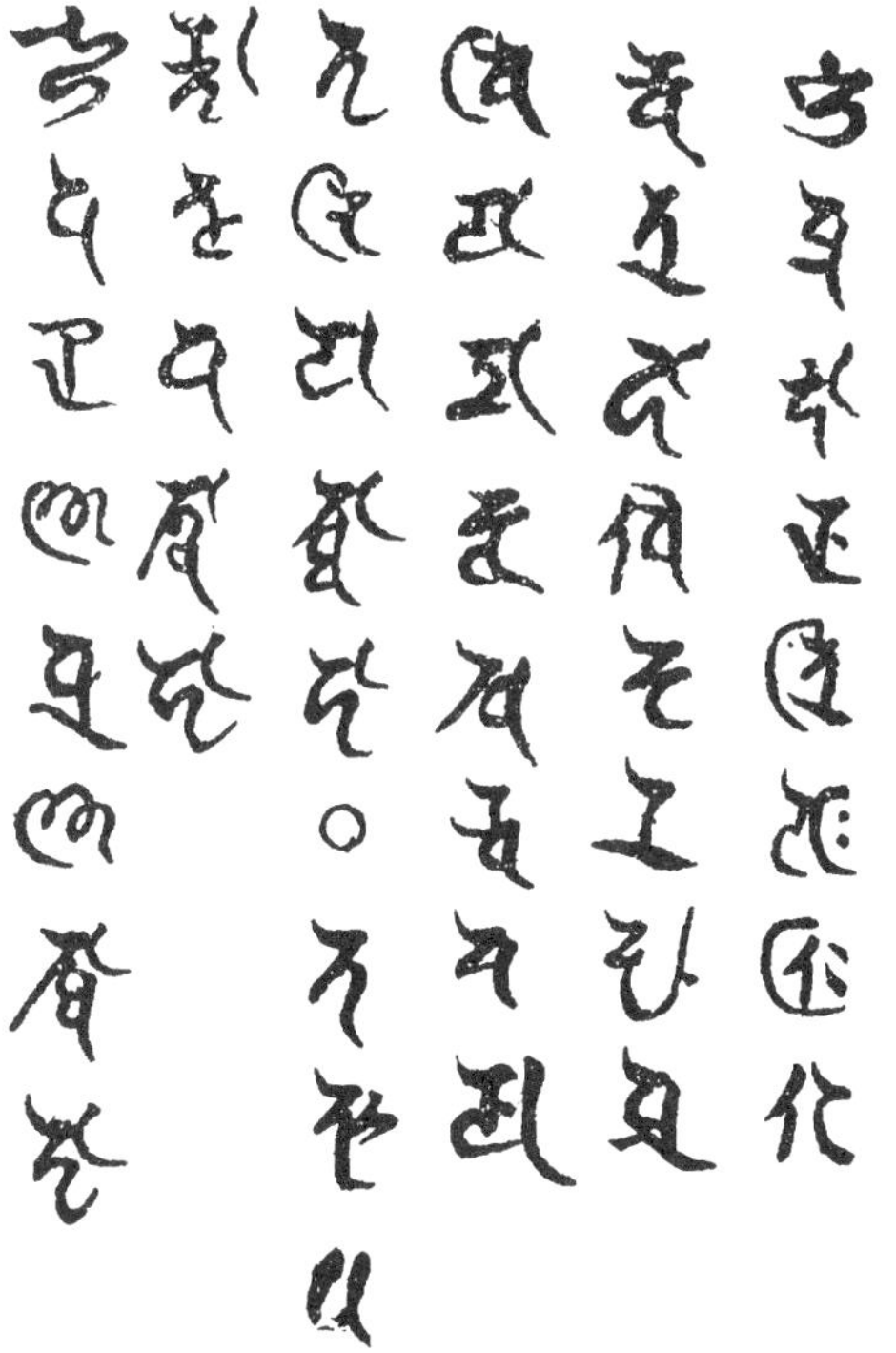

産《さん》前《ぜん》安《あん》穏《をん》の明《みやう》

守の表に上の梵字を書べし

守の裏に上の梵字を書下に

卍

此萬字を書べし

扨《さて》不動《ふどう》の慈救《じく》の呪《じゆ》、竈神《かまどがみ》の神呪《しんじゆ》、訶利帝母《かりていぼ》の呪、薬師《やくし》の呪、愛染《あいぜん》の呪、千手觀音《くわんおん》の呪《じゆ》、六字《じ》明王の呪、八字文殊《もんじゆ》の呪、地蔵《ぢざう》の呪、何《いづ》れも其尊の印を結《むす》び明《みやう》を誦《じゆ》す。竈神《かまどがみ》、訶利帝母《ありていぼ》、六字明王この三印《いん》は普《ふ》印なり、明《みやう》は何《いづ》れも七遍《へん》づゝ唱《とな》ふべし、八字《じ》文殊《もんじゆ》の印明《みやう》は内縛《ないばく》して二中指《ふたつのなかゆび》を合《あは》せて上の節《ふし》を劔形《けんぎやう》に爲《なす》なり。

烏樞沙摩《うすさま》の呪《じゆ》　ヲンクロタナウンザ　百遍となふべし

六字《じ》の呪《じゆ》  ギヤチ〳〵ギヤチビラカンシユ〳〵タチバ 

右烏樞沙摩明王安産《あんざん》の靈法《れいはふ》は古《こ》今甚《こんはなは》だ神驗《しんけん》多し。

○

若此《もしこの》烏樞沙摩明王の靈法《れいはふ》を修行《しゆぎやう》せんと欲《おも》はゞ、天台宗眞言宗《てんだいしうしんごん》或《あるひ》は禪《ぜん》宗及び他宗《たしう》の沙門《しやもん》にても此烏樞沙摩明王の陀羅尼《だらに》眞言宗等《とう》と能知《よくし》りて讀誦《どうじゆ》する僧《そう》に授りて此靈法《れいはふ》は修行《しゆぎやう》すべし。何《いづ》れの靈法法術《じゆつ》にても修行《しゆぎやう》するに皆明王の眞言陀羅尼《しんごんだらに》あり、此靈法《このれいはふ》法術《じゆつ》は僧《そう》に授《さづか》るに及ばねども只《たゞ》眞言陀羅尼を能知《よくし》れる僧《そう》に授《さづ》かウねば越《をつ》三昧耶《まや》の罪《ざい》を得るなり。越三昧耶の罪《ざい》とは塵添壒嚢抄《ちんてんあいなうせう》巻十五二十二張云《いはく》越《をつ》三昧耶《まや》の罪《ざい》とは三昧耶《まや》は梵語《ぼんご》なり、是《これ》に平等誓願除障驚覺等《びやうとうせいぐわんぢよしやうきやうがくとう》の義《ぎ》ある中に今は誓願《せいぐわん》の義なり、祕藏記云《ひざうきにいはく》誓願《せいぐわん》を釋《しやくし》て云《いはく》譬《たとへ》ば國王《こくわう》の自法令《はふれい》を造《つく》りて敢《あへ》て違犯《ゐはん》せず他《た》をして是を行《おこな》はしむるが如しと云云　凡事相《およそじさう》に於《おい》て種々《しゆ〲》の制法《せいはふ》あり、是を背《そむけ》ば則《すなはち》如來《によらい》の誓願《せいぐわん》に違《たが》ふといふの意《こゝろ》なり。越《をつ》をば常《つね》にはこふる コエル とも讀《よめ》ども此《こゝ》には違《たが》ふと讀《よむ》べき也。本誓《ほんせい》に越《たが》はず弘《く》誓に越はずをば越《こえ》ずとは讀ず、越《たが》はずが讀《よむ》なり、列傳《れつでん》に卒禮《そくれい》を越《たが》へずと讀が如し。猶《なほ》此事知識《ちしき》の僧《そう》に尋問《たづねと》ふべし。

第二三　七殺金神九眼建圊諸法

修験故事便覧《しゆげんこじべんらん》巻の三曰《いはく》予嘗《よかつ》て永明道蹟《えいみやうだうせき》を讀《よむ》に降伏神殺《かうふくしんさつ》と標《へう》して曰永明壽禪師《えいみやうじゆぜんじ》の法《はふ》を聽者《きくもの》多し、師便池《しべんち》に就《つい》て九眼《がん》の圊《かはや》を爲《つくり》て金神《こんじん》七殺《さつ》の方《はう》を犯《をか》す、大衆《たいしゆう》諫《いさむ》れども聽《きか》ず、然《しか》るに或人《ある》數々晨《しば〳〵あした》に起《おき》て七人蓬首《ぼうしゆ》《コグレカミ》にて髪《かみ》を湖水《こすゐ》の中《なか》に沐《ゆあみ》するを見《み》て近《ちか》づきて其故《ゆゑ》を問《とふ》に、彼《かの》七人の中《うち》より答《こたへ》て曰《いはく》、我は七殺神《さつじん》なり、壽禪師《じゆぜんじ》圊《かはや》を吾頂《わがいたゞき》に建《たて》られたり、然《しか》れども歳君《さいくん》の令《れい》ありて別宮《べつきう》に移《うつ》る事能《あた》はず、又古佛《こぶつ》の徒《と》の壽禪師《じゆぜんじ》に殃《わざはひ》をもせず、只日々《たゞひゞ》に大小便《だいせうべん》を浸《かけ》られて此所に來《きた》りて水を沐《あび》て穢《けがれ》を去《さ》るのみなりといへり。然《しか》れども永明壽禪師《えいみやうじゆぜんじ》は此事を聞て更《さら》に圊《かはや》を除《のぞ》かず其まゝに置《おか》れしと云云。

按《あんず》るに永明壽《じゆ》は大悟道《ごだう》の知識《ちしき》なり、圊を金神《こんじん》七殺《さつ》の方に建《たて》られしかども七殺神《さつじん》これを如何《いかん》ともしがたし、只毎日髪《かみ》を湖《こ》水に沐《もく》し洗《あら》ふ、是《これ》を以て見るべし、道念堅固《だうねんけんご》なれば金神悪鬼《あくき》も害《がい》をなさず、神仙《しんせん》の靈符《れいふ》靈佛の陀羅尼《だらに》神呪《しんじゆ》の能《よく》不淨《じやう》を除《のぞ》き一切の鬼《き》神を退《しりぞ》け一切の善神《ぜんじん》をして其人を衞護《ゑいご》なさしむる事誠《まこと》に昭然《せうぜん》なるをや。

○

廁《かはや》音差　圂《こん》《カハヤ》。溷《こん》《カハヤ》。圊《せい》。偃《えん》。說文《せつもん》に徐氏《じよし》云《いはく》廁《かはや》は古《いにしへ》是《これ》を淸《せい》といふ、いふところは其不淨《ふじやう》なるを以て常《つね》に當《まさ》に淸《きよ》く是を除《のぞ》くべきを以てなりと。玉篇《ぎよくへん》の說《せつ》も同じ、訓蒙圖彙《くんまうづゐ》巻の一曰《いはく》廁かはや　廁。圊《せい》。溷《こん》ならびに同じ、稱《しよう》して溷《こん》廁廁所《しよ》といふ、釋家《しやくけ》に東司《とうす》といふ、或《あるひ》は雪隱《せつちん》といふ。廁《かはや》の始りは漢土《もろこし》にても本朝《ほんてう》にても何代《いづれのよ》より始るといふ事を未《いま》だ考《かんが》へず、釋氏要覽下《しやくしえうらんげ》廿一張 曰廁《かはや》を屏廁《へいし》とあり、夫廁《それかはや》は七堂伽藍《だうがらん》の隨《ずゐ》一として淨土諸廻《じやうどしよえ》向寶鑑《かうはうかん》巻の五其餘《そのよ》の佛家《ぶつけ》の書《しよ》に見《み》えたり。

○

廁の神は白澤圖云《はくたくのづにいはく》、廁《かはや》の精《せい》を精と名《なづ》く青衣《せいい》を著《き》て白杖《しろきつゑ》を持《もち》其名を知《しつ》て是《これ》を呼《よべ》ば退《しりぞ》く、其名を知らずして是を呼ば死《し》すと、又云室《しつ》を築《つく》こと三年其中に居《を》らず、人を見る則《とき》は面《おもて》を掩《おほ》ふ、是を見《み》る者《もの》は福《きいはひ》ありと、又居《きよ》家必用云廁《かひつようにいはくかはや》 の神は姓《せい》は廓《くわく》名《な》は登《とう》といふ、是庭天飛《これていてんひ》騎《き》大殺將軍《たいさつしやうぐん》なり觸犯《ふれをか》すべからず、是を犯せば能災禍《よくわざはひ》を賜《たま》ふと又大眞科經云廁《しんくわきやうにいはくかはや》 の鬼《き》を頊天竺《こうてんぢく》と名《なづ》く、一は笙《せい》といふと酉陽雜俎《いうやうざつそ》巻の十四にも見えたり。

○

五刻理《ごくり》氣《き》纂要詳辨《さんえうしやうべん》三臺便覽通書正宗《だいべんらんつうしよしやうそう》巻の十三 三十一張 曰廁《かはや》を作《つく》る方《はう》

位《ゐ》に曰《いはく》 開《かい》廁《し》の咒《じゆ》 用清水西淨

咒曰《じゆにいはく》 先開後閉《せんかいこうへい》。似水清氣出入無拘《じすゐせいきしゆつにふむく》。百無禁忌《むきんき》五谷退《こくたい》淨穢入地《ゑじつち》。急々《きふ／＼》如律令勅《にちりつれいちよく》

子の方《はう》は蠶《かいこ》を損《そん》じ、癸《みづのと》の方は人口田蠶《じんこうでんさん》に離《はな》る、丑《うし》の方は利益

艮《うしとら》の方《はう》は五音吉《いんよし》、寅《とら》の方は吉慶《きつけい》、甲《きのえ》の方は 益吉《ます／＼きち》、乙卯《みづのとう》の方《はう》は人口《じんこう》を損《そん》じて凶《あし》、辰《たつ》の方は杵逆《きよぎやく》、巳の方は家相爭《いへあひあらそ》ふ、巽《たつみ》の方《はう》は不孝《ふかう》の子《こ》を出《いだ》す、丙《ひのえ》の方大吉、丁未《ひのとのひつじ》の方は人の財帛《ざいはく》を損《そん》ず、午《うま》の方は大富《おほいにとみ》、坤《ひつじさる》の方は田蠶《でんさん》を損《そん》ず、申の方は小吉、庚《かのへ》の方《はう》は吉慶《きつけい》、酉の方は人を損《そん》じ虚耗《きよかう》せしむ、壬戌《みづのえいぬ》の方は吉、乾《いぬゐ》の方

は壽《じゆ》を損《そん》ずる事を主《つかさど》る、亥の方は多病《たびやう》。

子午を天中《てんちう》と爲《な》し、卯酉を天横《てんわう》と爲し、寅申巳亥を四生《せい》四隅《ぐう》と爲し、乾《いぬゐ》を天門と爲《な》し、巽《たつみ》を地戸《ちこ》と爲し、坤《ひつじさる》を人門《じん》と爲し、艮《うしとら》を鬼路《きろ》と爲《な》し、乾坤艮巽《いぬゐひつじさるうしとらたつみ》を又四維《ゐ》と爲す。

右《みぎ》四維《ゐ》鬼《き》路《ろ》等《とう》は甚《はなは》だ忌《いむ》べし、是《これ》に厠《かはや》を建《たつ》れば大害《がいおこ》起る、厠を前門《ぜんもん》に對《たい》し建《たつ》べからず、後門《こうもん》に對《たい》し立《たつ》べからず、井竈《せいそう》に近《ちかづ》くべからず、經云鬼來跳《きやうにいはくききたつていどむ》又隣家《りんか》の厠《かはや》と合《あは》せ建べからず。

丙寅《ひのえとら》、戊辰《つちのえたつ》。丙子《ひのえね》。丙申《ひのえさる》。庚子《かのえね》。壬子《みづのえね》。丙辰《ひのえたつ》。此巳上の日を天聾日と爲す

乙未《きのとひつじ》。丁酉《ひのととり》。巳亥《つちのとゐ》。辛丑《かのと》。辛亥《かのとゐ》。癸丑《きのと》。辛酉《かのと》。巳上を地啞日と爲す

乙丑《きのとうし》。丁卯《ひのとう》。辛巳《かのとみ》。

右厠《かはや》を作《つく》り建《たつ》るに大吉日なり。

瘟煞神《うんさつしん》　正未二戌三辰四寅五午六子七酉八申九巳十亥十一丑十二卯

右の日《ひ》厠《かはや》の糞《ふん》を出《いだ》して災《わざはひ》を生《しやう》ず最忌《もつともいむ》べしと道藏經《だうざうきやう》に出《いで》たり。

朔日《ついたち》　望日《ばうじつ》　庚申《かうしん》　甲子《きのえね》　五戊日《いつゝのつちのえのひ》　糞を出す事を忌

猶厠《なほかはや》を建《たて》る吉凶方位《きつきようはうゐ》逐月《ちくげつ》の吉凶等《とう》は左《さ》に記《き》す諸書《しよしよ》に載《の》す。

新鐫皇明司臺暦法立福通書《しんせんくわうみんしだいれきはふりふふくつうしよ》卷の八　八丁

新鐫暦法便覧象吉備要通書《しんせんれきはふべんらんしやうきつひえうつうしよ》卷の二十四

其餘《よ》の通書《つうしよ》又は呉《ご》興沉亮功《こうちんりやうこう》が著《あらは》す通德類情等《つうとくるゐじやうとう》に見《み》えたり。

第二二三　天溷星天厠星天文祕說

天《てん》に天溷《こん》天厠《し》の星《ほし》あり、天溷星《こんせい》は奎宿《けいしゆく》の三度《ど》に入《い》り天厠星《しせい》は參宿《さんしゆく》の一度《ど》に入、今天文の諸書《しよしよ》を考《かんが》へ見《み》るに諸說《しよせつ》左《さ》の如《ごと》し。

史記《しき》評林《ひやうりん》卷の二十七天官書《てんくわんしよ》第五に曰西宮咸池《せいきうかんち》の其《その》南に四星《せい》あり天厠《てんし》といふ、正義曰天厠《しやうぎいはくてんし》の四星《せい》は屛《へい》にあり屛とは是も星の名七星あり 厠《かはや》を主《つかさ》どる占《せん》に色黃《いろき》なれば吉《よし》、色青《いろあを》きと白とは皆凶《みなあし》し、見《あらは》れざれば人疾《やまひ》に寢《いぬ》といへり、厠《かはや》の下《した》の一星《せい》を天矢《てんし》といふ、正義曰《しやうぎにいはく》天矢の一星《せい》は厠《かはや》の南にあり、占《せん》は天厠《てんし》と同じ、天矢《てんし》の色黃《いろき》なる則《とき》は吉なり、青《あを》白羅なる則《とき》は凶《きよう》なりといへり、天文指南《しなん》の說《せつ》は是《これ》と異《こと》なり、天厠《てんし》の下《もと》に屎《ねう》の一星《せい》あり、北極《ほくぎよく》を去《さる》こと一百一十五度《ど》參《しん》の三度《ど》半に入、天厠《てんし》は北極《ほくぎよく》を去《さる》こと一百一十八度《ど》半參《しん》の二度《ど》に入《いる》といへり。

天文書《てんもんしよ》

是は通用の天文の書をいふなり通用の天文學の書若干ありと雖ども今其一書の星圖を擧て示す

奎宿天《けいしゆくてん》溷星圖《こんせいのづ》

天溷七星去《ルコト》二北極《ヲ》一九十七度入二奎三度一

參宿天《さんしゆくてん》厠星圖《しせいのづ》

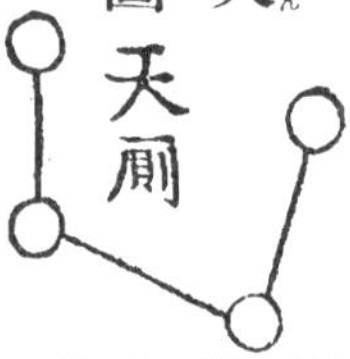

天厠四星去《ルコト》二北極《ヲ》一一百一十八度半入二參二度一

○屎　屎星去ルコト㆓北極ヲ㆒一百一十五度入ニ㆓參三度半㆒

天經或問註解《てんけいわくもんちうかい》　游子《いうし》六著《ちよ》

厠

南極至赤道圏中分一半見界總星圖

黄赤二道見界總星圖には天溷星を載す、但同く改正圖には奎宿婁宿の間に天溷たゞ一星を出す

天文成象方圖《てんもんせいしやうはうづ》　保井氏春海著《やすゐうぢしゆんかいちよ》

天溷星

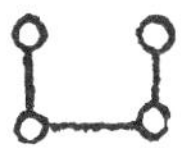

天厠星

第二四　張天師仲歸眞人玉篆符

烏樞沙摩金剛護《こんがうご》身靈符《しんれいふ》は漢土江南信州廣信府貴溪縣《もろこしこうなんしんしうくわうしんふきけいけん》の龍虎山《りうこざん》の仙觀《せんくわん》第二十三代の天師《てんし》正一品諱《ほんいみな》は季《き》文字《ぶんあざな》は仲歸《ちうき》と號《がう》す、眞人《しんじん》烏樞沙摩金剛《こんがう》の靈告《れいこく》によりて此靈符《れいふ》を篆《てん》す、金剛は即《すなはち》仙教守護《せんけうしゆご》の本誓昭然《ほんせいせうぜん》として仙道修《せんだうしゆ》行《ぎやう》の人を衛護《ゑいご》し仙道成就《せんだうじやうじゆ》たらしめ給《たま》ふ。故《ゆゑ》に能長命延壽無病堅固《よくちやうめいえいじゆむびやうけんご》にして諸運長久《しよううんちやうきう》諸〳〵《もろ〳〵》の災難消除《さいなんせうぢよ》す、故《ゆゑ》に是《これ》を護身《ごしん》靈符と號《がう》し、又諸願如意子孫繁昌家《ぐわんによいしそんはんじやうか》業繁永《げふはんえい》ならしむるを以て是《これ》を圓滿靈符《ゑんまんれいふ》とも稱《しよう》す。夫靈符《れいふ》の靈驗利《れいけんり》

生不思議《しやうふしぎ》にして凡夫《ぼんぷ》の測《はか》り識《し》るべき事に非《あら》ず、故《ゆゑ》に其靈驗を略《りやく》して擧《あげ》ず、又能《よく》大不淨汚穢《ふじやうをゑ》をして忽轉《たちまちてん》じて大清淨《しやうじやう》ならしめ諸《もろ〳〵》の神仙諸佛諸菩薩常《しんせんしよぶつしよぼさつつね》に親近《しんこん》したまひ、諸《もろ〳〵》の善神常《ぜんじんつね》に守護《しゆご》したまふが故《ゆゑ》に、諸の邪神《じやしん》惡魂等遠《あくきとうとほ》く避《さけ》て此靈符《れいふ》を佩《お》び信念《しんねん》する神親近《しんしんこん》したまはず、常《つね》に邪神惡鬼等親近《じやしんあくきとうしんこん》する事譬《たとへ》ば蒼蠅《はへ》の臭穢《しうゑ》の物に集《あつまる》が如し。其心身常《しんしんつね》に清淨《しやうじやう》なる人に仙佛善神親近《せんぶつぜんしんしんこん》し擁護《ようご》したまふ事は、譬《たとへ》ば種々《しゆ〴〵》の名香《めいかう》を焚《たけ》ば諸人歡喜《くわんき》して來集《らいしふ》するが如し。故《ゆゑ》に此護《ご》身靈符《しんれいふ》を恭敬《くぎやう》し信念供養《しんねんくやう》する人は能《よく》八萬種《しゆ》の不吉祥《ふきつしやう》の事を除滅《ぢよめつ》し、能《よく》八萬種《まんしゆ》の大吉祥《きつしやう》福徳の事を成就《じやうじゆ》して無量《むりやう》の諸願如意圓滿《しよぐわんによいゑんまん》なる事大仙《たいせん》の金言豈虚《きんげんあにむな》しからんや。故《ゆゑ》に別紙《べつし》に此靈符《れいふ》を梓《はん》して普《あまね》く海内《かいない》に弘《ひろ》むる者なり。其靈驗利生《れいげんりしやう》は信念懇禱《しんねんこんたう》して自《みづから》得《う》べきなり。世《よ》に九重《こゝのへ》の守《まもり》りいへるにも最初《はじめ》に烏樞沙摩《うすさま》の靈像眞言《れいざうしんごん》同小呪《せうじゆ》を載《の》す尙《たつ》とふべし。

第二五　神佛仙三教一致の眞靈旨

夫仙教《それせんけう》は天竺《てんぢく》にては釋尊《しやくそん》、漢土《もろこし》にては黃帝《くわうてい》、我朝《わがてう》にては大巳貴命少名彦命《おほあなむちのみことすくなひこなのみこと》其教《そのをしへ》ある事を世に弘通《くつう》す。其旨清淨無爲《むねしやうじやうむゐ》にして能眞《よくしん》一の靈旨《れいし》に契《かな》ふを以《もつ》て神仙《しんせん》とし、能唯《よくゆゐ》一の大道《だいだう》を得《う》るを神道《しんだう》と稱《しよう》し、本來《ほんらい》の面目《めんもく》を大悟《たいご》せしを佛心《ぶつしん》といふ。其教異《そのをしへこと》にして異《こと》ならず、故《ゆゑ》に本行經《ほんぎやうきやう》に曰忍辱修行《にんにくしゆぎやう》三千二百劫始《ごふはじめ》て金仙《きんせん》を證《しよう》し、號《がう》して清淨自《しやうじやうじ》然覺王如來《ねんかくわうによらい》といふと、又華嚴經音義《けごんきやうおんぎ》二曰《いはく》、佛《ほとけ》は是大仙身《これだいせんみ》は眞金色《しんこんじき》、故《ゆゑ》に此《こゝ》に佛《ほとけ》を名《な》ずけて金《こん》色仙《じきせん》と爲《なす》と。又般若燈論《はんにやとうろん》十曰《にいはく》、二乘菩薩《じようぼさつ》も亦仙《またせん》と名《なづ》け、佛は其中《そのなか》に於《おい》て最尊上《さいそんじやう》の故に大仙《だいせん》と名づくと。廣成《くわうせい》子《し》黃帝《くわうてい》に至道《しだう》の要《えう》を教《をしへ》て曰、我其《われその》一を守《まもり》て其和《くわ》に處《を》る故《ゆゑ》に千二百年未《いま》だ嘗《かつ》て衰老《すゐらう》せずと。其《その》一を守《まも》るとは其本來《ほんらい》の面目《めんもく》を契悟《けいご》せんとて胎息《たいそく》胎息とは禪宗の坐禪と同じ事也工夫《くふう》の中《うち》をいふ、已《すで》に本來《ほんらい》の面目を大悟《たいご》せしを眞《しん》といふも强《しひ》て名《な》づけたるなり。能此眞一《よくこのしん》を得《う》るを神仙《しんせん》と號《なづ》く。故《ゆゑ》に道德經《だうとくきやう》曰《にいはく》天一を得《え》て以て淸《すめ》り、地《ち》一を得《え》て以《もつ》て寧《やす》く神《しん》一を得《え》て以て靈《れい》なりと。我神國神代《わがしんこくしんだい》の君臣《くんしん》は即此靈旨《すなはちこのれいし》に契《かな》ふを以て是《これ》を總《すべ》て神《かみ》といふ。神は仙《せん》なり仙は神《しん》なり豈《あに》神仙の差別《さべつ》あらんや。

第二十六　淸淨無爲守一眞掃祕文

夫仙教《それせんけう》は神教佛教淸淨《しやうじやう》無爲《むゐ》を以《もつ》て旨《むね》とす、先其性《まづそのせい》を淸淨ならしめんと欲《ほつ》せば其心を淸淨《しやうじやう》ならしむべし、其心を淸淨《しやうじやう》ならしめんと欲《ほつ》せば先其意《まづそのこゝろばせ》を淸淨《しやうじやう》ならしめよ、其意《そのこゝろ》を淸淨ならしめんと欲《ほつ》せば先《まづ》其身を淸淨《しやうじやう》ならしめよ、其身を淸淨ならしめんと欲《ほつ》せば先《まづ》その行住座臥《ぎやうぢうざぐわ》を淸淨《しやうじやう》ならしめよ、其行住座臥《ぎやうぢうざぐわ》を淸淨ならしめんと欲《ほつ》せば一切作業《さいさごふ》ことごとく淸淨ならしむべし、其淸淨に内外《ないげ》淸淨《しやうじやう》あり六根《こん》淸淨あり、六根淸淨《しやうじやう》は先身口意《まづしんくい》の三業《ごふ》を淸淨ならしむ。故《ゆゑ》に今先身業淸淨《しんごふしやうじやう》ならしむるの要《えう》を說《とく》なり。其身を淸淨ならしめんと欲《おも》はゞ一切《さい》の不淨《ふじやう》を除滅《ぢよめつ》すべし、何《なに》をか身《み》の不潔淨《ふけつじやう》なる。不潔淨《けつじやう》に多種《しゆ》あり先厠《かはや》に登《のぼ》りて抽脫《ちうだつ》する抽脫するとは雪隠に行て糞をなするをいふや是《これ》第一の不潔淨《じやう》なり、夫神仙《しんせん》の道《みち》を修行《しゆぎやう》し聖人《せいじん》の道を學《まな》び佛法《ぶつほふ》を修行《しゆぎやう》し神道《しんだう》を行《おこな》ふ者《もの》は心身常《しんしんつね》に淸《しやう》淨《じやう》ならしめ一切の不潔淨《けつじやう》を除滅《ぢよめつ》すべし。漢土杭州《もろこしかうしう》の淨慈寺《ちんすじ》の守《しゆ》一眞禪師《しんぜんじ》の掃地《さうぢ》の文に曰《いはく》、此掃地《このさうぢ》の功德《くどく》を以て法界《はふかい》の衆生《しゆじやう》に回向《ゑかう》を、色塵淸淨《しきぢんしやうじやう》の故に眼根《がんこん》淸淨なり、眼根《がんこん》淸淨の故《ゆゑ》に眼識《がんしき》淸淨聲香味觸法《しやうかうみどくはふ》も亦復《またまたかく》是の如し、又願《ねがはく》は一世界《せかい》淸淨乃至《ないし》盡法界虛《じんほふかいこ》空界皆《くうかいみな》ことごとく淸淨《しやうじやう》にして諸《もろもろ》の如來《によらい》の莊嚴《さうごん》に同じく圓覺伽藍《ゑんかくがらん》の淸淨覺地《がくち》に住持《ちうぢ》し永く習氣《しふき》淨穢《じやうゑ》の二邊凡聖《へんぼんしやう》の垢《く》染《せん》を斷《だん》じ、一塵立《ぢんりつ》せず是《かく》の如《こと》く願《ぐわん》淸淨なれば智《ち》も亦復《またまた》淸淨ならんと是《う》の文を以《もつ》て見るべし、一切の法《はふ》は淸淨を以て本と爲《な》す事を。故に先厠《かはや》に行《ゆく》の人其不淨《じやう》を除滅《ぢよめつ》する解《げ》穢《ゑ》の靈法《れいはふ》を知るべし、故に左に說《とく》こと悉《ことゞ》く解穢《げゑ》の靈法《れいはふ》なり。

○

夫厠《それかはや》に登《のぼ》り及《および》洗淨《せんじやう》するの事は百丈淸規沙彌《ちやうせいきしやみ》威儀經阿含經本事律雜譬喩經本網經善見律資《ゐぎきやうあがんきやうほんじりつざつひゆきやうぼんまうきやうぜんけんりつし》持記《ぢき》釋氏《しやくし》六帖釋《でふしやく》氏《し》要覽釋氏洗淨法諸廻向寶鑑谷響集等《えうらんしやくしせんじやうはふしよゑかうはうかんこくきやうしふとう》に詳《つまびらか》なり。今その書《しよ》の大略《たいりやく》をいはゞ、先厠《まづかはや》の前《まへ》に至りて彈指《だんじ》する事三下《げ》し或《あるひ》は謦欬《しはぶき》して人なきを知りて方《まさ》に入べし、又痰《たん》を厠の中《うち》に吐《はき》入べからず、又厠《かはや》の中に在《あ》りて語言《ごげん》して聲《こゑ》を作《なす》べからず。大小便《べん》の時は身口《しんく》の狀《かたち》木《ぼく》石の如《ごと》くにして聲を作ことなかれ、厠の中にて畫字《ゑじ》を書《かく》べからず。又洗淨《せんじやう》の手水《てうづ》の事《こと》は釋氏要覽《しやくしえうらん》下二十二張曰《いはく》、大小便《だいせうべん》等《とう》の不淨《ふじやう》に行時《ゆくとき》は必《かなら》ず洗淨すべし、身《み》淸淨《しやうじやう》にして諸天《しよてん》に敬《うや》奉《ま》はる、若洗《もしあら》ひ淨《きよめ》ざれば罪《つみ》を得《う》るなれば塔《たふ》を遶《めぐ》り佛を禮《らい》し經《きやう》を讀《よむ》べからずと。然れば大小便の時は勿論朝夕《もちろんてうせき》の勤《つと》め禮佛誦經神祇《らいぶつじゆきやうしんぎ》の神前眞人聖人《しんぜんしんじんせいじん》の靈像《れいざう》に對《たい》する時《とき》は必《かなら》ず口漱《くちすゝ》ぎ手洗《あら》ひ身心淸淨《しんしんしやうじやう》にして爲《な》すべし。若《もし》水なき則《とき》は塗香《づかう》を用《もち》ひよ、又は草木《さうもく》の枯葉《かれは》を以て手を洗《あら》ふべし、是《これ》ゐ柴手水《しばてうづ》といふなり、生葉《なまば》を用るは壞生《ゑしやう》の罪となる、故《ゆゑ》に枯葉《かれは》を用るなり。塵添壒嚢鈔《ちんてんあいなうせう》卷十六二十一張云《いはく》、弘法大師《こうぼふだいし》槙尾《まきのを》にて檜葉《ひば》を以て御手《おんて》を摩淸《すりきよ》め近邊《あたり》の椿《つばき》の木の上《うへ》に授《さつ》け繫《つない》て誓《ちかひ》て曰《いはく》、我宿願《わがしゆくぐわん》はたして遂《とぐ》べくは此葉《このは》彼木《かのき》に生付《おひつく》べしと仰《おほせ》られけるが檜葉《ひば》すなはち椿《つばき》の上《うへ》に生《おひ》つきて今にあり、是を世に柴手水《しばてうづ》といふとあり。

第二七　神社道觀伽藍精舍穢戒

釋氏要覽《しやくしえうらん》下 二十一張 曰《いはく》、小便《せうべん》に往《ゆく》を私《し》といふべしと私とは小便のことなり今我朝《わがてう》の俗小兒《ぞくこども》に小便をさすとき必《かならず》私々《し》、といふは是《これ》を據《よりどころ》とするが、佛經《ぶつきやう》に伽藍法界《がらんほふかい》の內《うち》の地《ち》に大小便を浸《みだり》にすれば五百生拔波地獄《しやうばつはちごく》に墮《だ》し、後《のち》に二十劫《こふ》が間常《つね》に肘《ひぢ》手を以て此穢地《けがれち》を把《とら》しむと說《とけ》り。又曰《いはく》、伽藍《がらん》の內《うち》の處々《しよ〳〵》に小便する事を聽《ゆる》さず、一の屛摂《へいわい》の處《ところ》に聚《あつめ》若《もしく》は瓦瓶《ぐわべい》木桶《をけ》を地中《ちちう》に埋《うづ》め物を以て蓋《ふた》し覆《おほ》ひ臭氣《しうき》を禁《いまし》むと、仙敎《せんけう》に於《おい》ては殊《こと》に此戒《いましめ》あり、長文《ちやうぶん》ゆゑ爰《こゝ》に略《りやく》す。故《ゆゑ》に社地《しやち》道觀伽藍《だうくわんがらん》等の庭《には》にては大小便を愼《つゝしむ》べし。

○

說文《せつもん》に徐氏云《じよしいはく》、厠《かはや》は古《いにしへ》これを淸《せい》といふ、言《いふこゝろ》は其不潔《そのふけつ》なるを以て常《つね》に當《まさ》に淸《きよ》く是《これ》を除《のぞく》べきを以《もつ》てなりと。

又通鑑綱目後漢隱帝紀曰《つうかんかうもくごかんのいんていのきにいはく》西京《せいけい》の留守《るす》王守恩性貧鄙《わうしゆおんせいひんひ》にして專《もつぱ》ら聚斂《しゆれん》を事とす、喪車《さうしや》も錢《せん》を輸《いた》するに非《あら》ざれば城下を出る事を得《え》ず、抒厠《じよし》行乞《かうごひ》の人に至るまで課卒《くわそつ》を免《まぬが》れずと。集覽云《しふらんにいはく》、抒厠《じよし》は抒《じよ》は文呂《ぶんりよ》の切《かへし》にして厠《かはや》を掃《さう》除《ぢ》するの賤人《いやしきひと》なりとあり、是《これ》を以て見れば漢土《もろこし》にては後漢《ごかん》の時分《じぶん》より厠《かはや》を掃除して渡世《とせい》とする者ありと見《み》ゆ、我朝《わがてう》にては未《いま》だ聞《きか》ざる所なり。說文《せつもん》にいふが如く厠《かはや》は至《いたつ》て不淨《ふじやう》なる所なれば常《つね》に淸淨《しやうじやう》にすべき事なれば漢土《もろこし》にては人を賴《たのみ》て厠《いはや》を掃除《さうぢ》す、然《しか》れども厠は自身是《じしんこれ》を掃除《さうぢ》し烏《う》樞《を》沙《さ》摩明王《まみやうわう》を恭敬《くぎやう》し香花燈明《かうげとうみやう》を獻《けん》ずれば其功德無量《くどくむりやう》ならん。

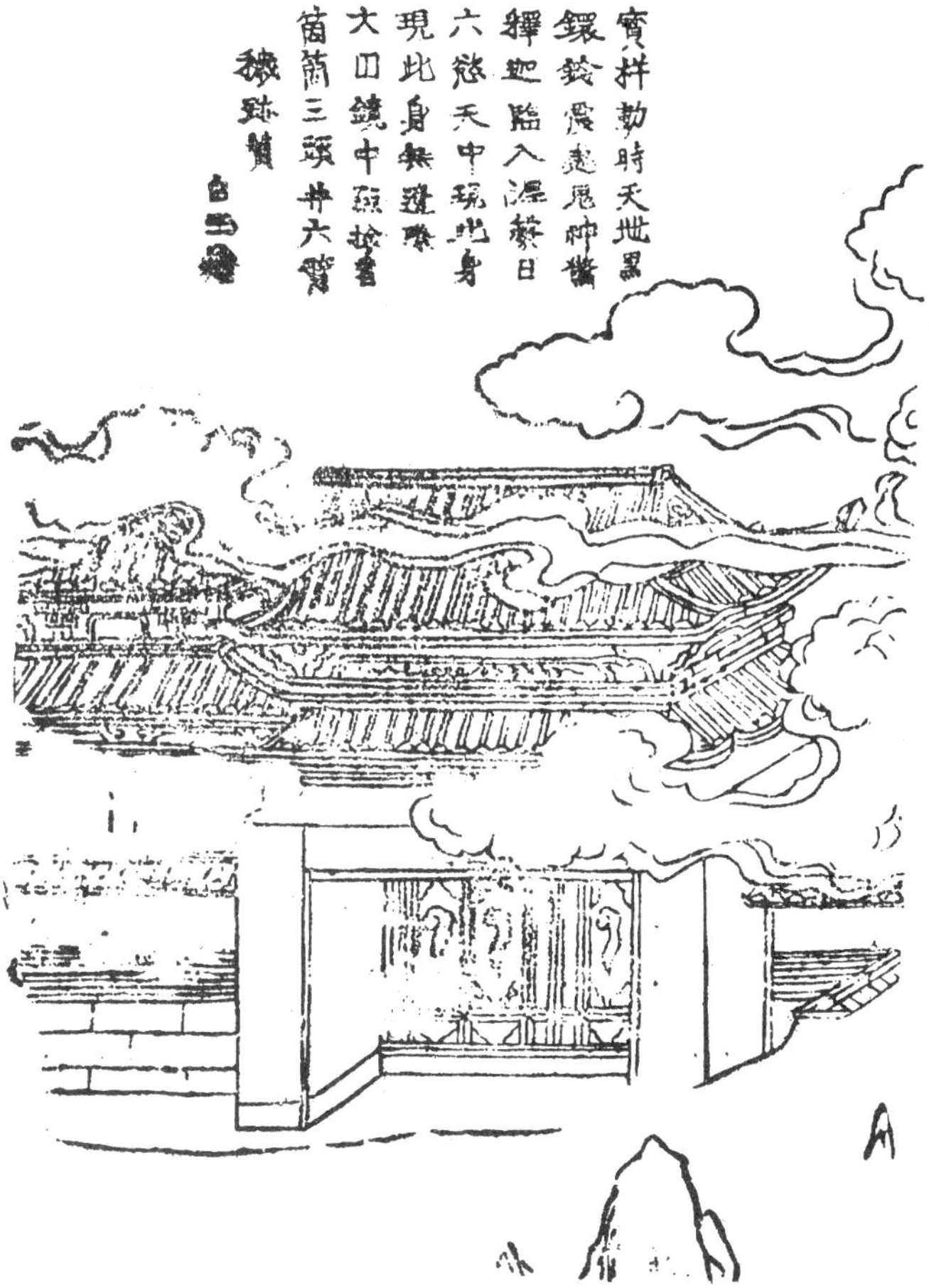
寶杵動時天地黑
鐶鈴震處鬼神驚
釋迦臨入涅槃日
六欲天中現此身
現此身無邊際
大四鏡中顯捨書
箇箇三頭并六臂
穢跡贊
白雲繪

第二八　雪峰禪師烏樞沙摩祭法

虚空藏經《こくうざうきやう》曰《いはく》、若罪《もしつみ》を懺《くゆ》るの人は厠《かはや》を掃除する事八百日能《よく》罪咎《とが》を滅《めつ》すと説《とき》玉ふ。昔雪峰禪師《むかしせつほうぜんじ》常に厠《かはや》を掃除《さうぢ》し玉ふ、故に厠を雪隱といふ故事《こじ》あり。夫《それ》人厚志《こゝろざし》ありて常に厠を掃除し塵芥《ちりあくた》を帚拭《はきぬぐ》ふといへども、其糞尿《ふんねう》の臭氣《しうき》身《み》に觸《ふ》れば其身《み》常《つね》に不淨なり、然《しか》るに烏樞沙摩明王《うすさまみやうわう》の神力《しんりよく》は都《すべ》て穢惡《けがれあしき》の物を變《へん》じて大清淨《だいしやうじやう》ならしむ。故に寺院《ゐん》の東司《とうす》雪隱のことに於《おい》て此明王の像《ざう》を掛《かけ》て燈明供物《とうみやうくもつ》を獻《けん》じ香花《かうげ》をさゝげ禮拜恭敬《らいはいくぎやう》して其不淨《ふじやう》を除滅《ぢよめつ》せん事を願《ねが》ふ。

第二九　高野山金剛明王奉祀記

傳聞紀州高野山《つたへきくきしうかうやさん》の寺院《じゐん》は厠《かはや》ことぐ〵く谷川《たにかは》の上《うへ》に建《たて》て穢物大小便《ゑぶつだいせうべん》ことぐ〵く皆溪川《みなたにかは》に流《なが》れて山の下《した》に下《くだ》る此溪水《たにみづ》の流落《ながれおつ》る所に弘法《こうぼふ》大師石を以《もつ》て烏樞沙摩明王《うすさまみやうわう》の像《ざう》を作《つく》つて數《す》ケ所《しよ》に置給《おきたま》ふ。此溪水《たにみづ》は山下《さんか》へ流《なが》れて又麓《ふもと》の者汲《ものくん》で飲食《いじき》を調《とゝの》ふるを以て此溪水《このたにみづ》をして清淨《しやうじやう》ならしめんと此明王《みやうわう》を安置《あんち》し穢《けが》れたる水を清淨《しやうじやうする》水になさしめ給ふ大師《だいし》の深意《しんい》なるを知《し》らざるものは不動明王《みやうわう》なりといへども左《さ》にあらずと。然《しか》れども按《あんずる》に不動明王といふも又可《か》なり。諸廻向寶鑑《しよゑかうはうかん》五二十八張曰《いはく》、烏樞沙摩明王《うすさまみやうわう》は不動《ふどう》明王の化現《けげん》とあれば何《いづ》れにても利益《やく》同じ。

第三〇　明王結界供養印呪

佛說陀羅尼集經《ぶつせつだらにしふきやう》卷第十 金剛部卷下

唐《たう》中《ちう》天竺《てんぢく》三藏《ざう》大德《だいとく》阿地瞿多《あちくた》譯《やく》

金剛《こんがう》烏樞沙摩《うすさま》法《はふ》印呪《いんじゆ》品《はん》 此云不淨潔金剛印有十七呪有四十二

烏樞沙摩護身《ごしん》法印呪第一 印呪あれども略す

是法印呪《このほふいんじゆ》は若《もし》人火頭法《くわづほふの》事を作《なさ》むと欲《ほつ》せば先此印を以て呪《じゆ》を誦《じゆ》する事七遍《へん》して護身《ごしん》し、然《しか》うして烏樞沙摩《うすさま》の法《はふ》を行用すれば皆悉《ことごと》く驗《しるし》あり、此印呪《いんじゆ》を用ひて一切の病を治《ち》す。

烏樞沙摩《うすさま》身印呪《しんいんじゆ》第二 印呪あり略之

是法印呪《このはふいんじゆ》は若道場《もしだうぢやう》に入て法《はふ》を作《なす》の時日々供養《くやう》するに皆此印を以て護身結《ごしんけつ》界《かい》し已《をはり》て還《かへつ》て此印用ひて金剛《こんがう》を喚請《くわんじやう》す 中略 一百日の內更《うちさら》に道場《だうぢやう》の外《ほか》に出《いで》て宿《しゆく》し婬《いん》を行《ぎやう》じ戒《かい》を破《やぶ》らざれ、若《もし》戒行《かいぎやう》を破《やぶ》らば衆神《しゆしん》其力を助《たすけ》ず亦《また》大なる驗《しるし》なし、若《もし》出て大小便《べん》を行《おこなは》むと欲《ほつ》する時淨衣《ときじやうい》を著《ちやく》して廁《かはや》に上《のぼ》る事なかれ、食《しよく》する時も亦爾《しか》り、若《もし》大小便及《およ》び食《しよく》を喫《きつ》し竟《おはり》て必《かなら》ず香湯《かうたう》を須《もち》ひて淨《きよふ》して洗浴《せんよく》し、已《をはり》て還《かへつ》て淨衣《じやうい》を著《ちやく》し道場中《だうぢやうちう》に入て本業《ほんげふ》を誦持《じゆぢ》す 中略 又法但是《はふたゞこれ》一切鬼《き》神病《しんびやう》は石榴枝《ざくろのえだ》を以て呪《じゆ》する事三七遍《へん》用て病身《びやうしん》を打ば其病卽《すなはち》差《いゆ》。

烏樞沙摩《うすさま》結界《けつかい》法印呪《はふいんじゆ》第《だい》三 印呪あり是を略す

是法印呪《このはふいんじゆ》は若人夜臥《よるふし》て心驚怖《きやうふ》する者呪《ものじゆ》三七遍《へん》二十一遍彈指《へんだんじ》して臥《ふ》せば永驚怖《きようふ》なし。

烏樞沙摩歡喜《くわんき》法印呪《はふいんじゆ》第四 印呪あり是を略す

是法印呪《このはふいんじゆ》は若《もし》人惡瘡《あくさう》を患《うれ》ふるに此印《いん》を以て瘡上《かさのうへ》を摩《ま》し呪《じゆ》を誦《じゆ》すれ

ば其瘡《かさ》即《すなはち》 差《いゆ》若《もし》毒藥《どくやく》を食《しよく》せど當《まさ》に此印《いん》を作《な》して身頭《しんづ》上に繞《めぐら》し呪《じゆ》を誦《じゆ》すれば 即《すなはち》 差《いゆ》。

第三一　明王擲鬼同輪印呪

烏《う》樞《す》沙《さ》摩《ま》供《く》養《やう》法《はふ》印《いん》呪《じゆ》第五經文略之

烏樞沙摩治鬼《き》病《びやう》印《いん》呪《じゆ》第六一名二殺鬼印呪一是法印呪《このはふいんじゆ》は呪師《じゆし》若《もし》病を治《ぢ》し去《さら》むと欲《ほつ》する時此呪法《このじゆはふ》を行《おこな》へば病《びやう》鬼《き》病人の邊《へん》に近《ちか》づく事を得《え》ず、亦《また》其家の門戸《もんこ》に入る事を得《え》ず。

烏《う》樞《す》沙《さ》摩《ま》跋《ば》折《しや》囉《ら》法《はふ》印《いん》呪《じゆ》第七呪印あり是を略す是法印呪《このはふいんじゆ》は若《もし》病を除《のぞか》むと欲《ほつ》する者《もの》此印《このいん》を作《なし》て其病の上《うへ》を印し數《しば》數呪《しばじゆ》を誦《じゆ》す中略 一切の鬼病を除《のぞ》く。

烏樞沙摩擲《てき》鬼《き》法《はふ》印《いん》呪《じゆ》第八呪印略之 是法印呪《このはふいんじゆ》も病人を治《ぢ》する法《はふ》。

烏樞沙摩羂《けん》索《さく》法印呪第九呪印略之 是法印呪も同《かみにおなじ》上。

烏樞沙摩輪《りん》法印呪第十呪印略之 是法印呪は冷病《れいびやう》を治《ぢす》る法。

烏樞沙摩大身《しん》斧法印呪第十一同上 是法印呪は若《もし》人卒《にはか》に氣《き》疰鬼《ちうき》疰背氣背膊重等病《ちうはいきはいばくちようとうびやう》を患《うれへ》は此印《このいん》を作《な》し呪《じゆ》を誦《じゆ》し其病《そのいた》む所《ところ》を打《うて》ば即時《そくじ》に 即《すなはち》 差《いゆ》。

烏《う》樞《そ》沙《さ》摩《ま》法《はふ》印《いん》呪《じゆ》第《だい》十二同上 是法印呪《このはふいんじゆ》は病人を治《ぢす》る法。

烏樞沙摩頭法印呪第十三同上　是法印呪は一切鬼《き》病を治る法。

烏樞沙摩頂《ちやう》法印呪第十四同上　是法印呪無レ事《ことなし》

烏樞沙摩口《く》法印呪第十五同上　是法印呪は若婦《もしふ》人産《じんさん》の時《とき》腹中《ふくちう》の兒死《こし》して出る事得《え》ずんば手《て》に掬《きく》して水を取、水に少許《すこしばかり》の阿魏藥《あぎくすり》を和《わ》して前《まへ》の供養呪《くやうじゆ》を誦《じゆ》する事一百八遍《へん》し是《これ》を服《ふく》せしむれば死兒卽産《しいたるこすなはちさん》す。

烏《う》樞《す》沙《さ》摩《ま》跋《ば》折《しや》囉《ら》母《ぼ》瑟《ひつ》知《ち》法《はふ》印《いん》呪《じゆ》第十六同上　是法印呪《このはふいんじゆ》は若此印《もしこのいん》を作《な》して呪《じゆ》を誦《じゆ》すれば卽《すなはち》一切の歡《くわん》喜《き》を得て障礙《しやうげ》する所なし。

烏樞沙摩解穢《げゑ》法《はふ》印《いん》呪《じゆ》第十七　匡弼曰　此解穢《げゑ》の法印呪《はふいんじゆ》は烏樞沙摩明王根本《こんぽん》の印呪《いんじゆ》すれば經文《きやうもん》を詳《つまびらか》に擧《あげ》て左《さ》に和解《わげ》す、信者《しんじや》は密顯《みつけん》の師《し》に依《よつ》て傳授《でんじゆ》し越《ゑつ》三摩《ま》耶の罪《つみ》なき樣《やう》にして此法《はふ》を修行《しゆぎやう》すべし。

二小指《ふたつこゆび》を以て掌《たなごころ》の中《うち》に相鉤《さうこう》し二無名指《ふたつむめいし》食指《ひとさしゆび》を直《すぐ》に竪《たて》て相搏《あひはく》し二大母指《ふたつおほゆび》と安《やすん》じて掌中《たなごころのなか》に在《ある》二小指上《ふたつこゆびのうへ》に在て腕《うで》を合《がつ》して呪曰。

修《しゆ》利《り》摩《ま》利《り》一摩《ま》摩《ま》利《り》摩《ま》利《り》二修《しゆ》修《しゆ》利《り》三莎《そわ》訶《か》四　是法印呪《このはふいんじゆ》は印中《いんちう》水を著呪《つけじゆ》する事七遍《へん》し已《をはつ》て面《おもて》を洗《あら》ひ然《しか》して諸餘《しよよ》の呪法《じゆはふ》を誦持《じゆぢ》す、呪法《じゆはふ》を行《おこな》ふ人若死屍《もししがい》。婦人《ふんな》の產處《さんじよ》。六畜《ちく》の產《さん》。生血光流《しやうけつひかりながれ》の處見《しよけん》、如是等《かくのごとくかう》の種《しゆ》種《じゆ》の穢《けがれ》を見《み》る時卽此印《ときすなはちこのいん》を作《な》し解穢《げゑ》の呪《じゆ》を誦《じゆ》すれば卽清淨《すなはちしやうじやう》なる事を得《う》べし、行《ぎやう》する斯《この》呪法悉《じゆはふことごと》く效驗《かうげん》あり、若爾《もししか》ざれば人をして驗《しるし》を失《しつ》し反《かへつ》て殃害《わざはひ》を被《かふむ》り面《おもて》上に瘡《かさ》を生《しやう》ぜしむ、解穢《げゑ》の神呪必《しんじゆかなら》ず忘《わする》る事を得《え》ざれ、行者每日香《ぎやうじやまいかう》を以て身《み》を熏《くん》じ道場《だうぢやう》の東《ひがし》の壁《かべ》に於《おい》て金剛の像《ざう》を張《は》り金剛《こんがう》の淨座《じやうざ》を敷坐《しきざ》に吉祥草《きちじやうさう》を用《もち》ゆ、如此草《もしこのくさ》なくんば白茅《はくばう》を以《もつ》て是に代《かゆ》べし、呪師《じゆし》の身《み》は赤衣《しやくい》を著《きか》赤坐具《あきざぐ》を用《もち》ゆ、然後《しかしてのち》に菖蒲《しやうぶ》の席上《むしろのうへ》に於《おい》て坐《ざ》す、又黄《きなる》蔓菁子《まんせいし》及《およ》び白芥子《びやくがいし》を取《とつ》て呪《じゆ》する事《こと》七遍《へん》し已《をはつ》て四方《はう》に散著《ちらしつく》れば一切の惡鬼《あくき》天魔《てんま》の神嬈亂《ぜうらん》する事《こと》を得《え》ず、呪師《じゆし》金《こん》剛《がう》の前《まへ》に向《むかつ》て兩手《りやうて》を以て赤色紫色《しやくしきしき》二種《しゆ》の色《いろ》の華《はな》を散《さん》す。

散華呪《さんげじゆ》第十八　呪曰

唵《をん》一 蘇《そ》雞《け》羅《ら》去聲 夜《や》二 沙《そわ》訶《か》三　　更《さら》ニ有《あり》ニ一本《ほん》一　呪曰《じゆにいはく》

唵《をん》烏《う》許《む》一 渉《しん》筏《は》二合 囉《ら》去聲 邪《や》三 莎《そわ》訶《か》

烏《う》樞《す》沙《さ》摩《ま》大《たい》呪《じゆ》第十九 大呪略之　是《この》一法《はふ》の呪《じゆ》烏樞沙摩金剛大法神呪《こんがうだいはふじんじゆ》と名《なづ》く、若《もし》人能誦《よくじゆ》する事十萬遍《まんべん》し法《はふ》の如《ごと》すれば一切所作《さいしよさ》種々《しゆぐ》の法事成辨《はふじじやうべん》す。

畫《ゑがく》ニ烏《う》樞《す》莎《さ》摩像《まのざう》一法《はう》呪《じゆ》第二十　即《すなはち》烏樞沙摩の像《ざう》を畫《ゑが》く法《はふ》を詳《つまびらか》に載《のせ》たり。

烏樞沙摩金剛供養壇結《こんがうくやうだんけつ》四方界法呪《はうかいはふじゆ》第二十一 呪法略之

火結界《くわけつかい》呪第二十二 呪法略之　呪《じゆし》レ水《みづを》和《わす》ニ粉泥《ふんでいを》一呪《じゆ》第二十三

呪《じゆする》レ水《みづを》呪第二十四 呪法略之　滅《めつぢよする》ニ除罪《つみを》一呪第二十五 呪法略之

呪《じゆする》レ索《なはを》呪第二十六 呪法略之　呪《じゆする》ニ跋《ば》折《しや》囉《ら》一呪第二十七 呪法略之　火結界呪《くわけつかいじゆ》第二十八 呪法略之　大結界《だいけつかい》

呪《じゆ》第二十九 呪法略之　是一法呪壇《はふじゆだん》を作《つく》りて大界《だいかい》を結《けつ》する事を說《とく》なり、此莊嚴《しやうごん》下方《しものはう》に五色粉《しきふん》を用ゆ、所用《しよよう》の釆粉《さいふん》を一々皆呪《みなじゆ》する事一百八遍《へん》一切の壇法粉《だんはふふん》を用こと皆然《みなしか》り、若粉《もしふん》を呪《じゆ》せざれば作法成《さはふな》らず。

呪《じゆする》白粉《はくふんを》呪《じゆ》第三十 呪略之

呪《じゆする》赤粉《しやくふんを》呪第三十一 同上

呪黄粉呪第三十二 同上

呪青粉呪第三十三 同上

呪黒粉呪第三十四 同上

憲註

白色杭米粉《はくじきかうべいのこ》なり。

赤色《しやく》若《もしくは》朱沙末《しゆしやのこ》赤土末《あかつちのこ》等《とう》。

黄色《わう》若《もしくは》鬱金末《うこんのこ》若《もしくは》黄土末《わうどのこ》。

青色《せい》若青黛末《せいたいのこ》乾藍澱《かんらんさう》等。

黒色《こく》若用《もちひ》墨末《すみのこ》若《もしくは》炭末《すみのこ》等《とう》其粉《そのこ》皆和《みなまぜ》沈香末《ちんかうのこに》用《もちゆ》。

烏樞沙摩《うすさま》喚使者法印呪《くわんししやはふいんじゆ》第三十五 呪法略之

烏樞沙摩呪《じゆ》水洗《するせん》面呪《めんじゆ》第三十六 呪法略之

烏樞沙摩止《し》啼《てい》呪第三十七 呪法略之 是《この》一法呪《はふじゆ》は小兒《こども》女子夜啼《よなき》哭する時索《なは》を呪して頸下《くびのした》に繋《つな》ぐ、一切諸鬼《しよき》神《じん》等を畏《おそ》れず復更《またさら》に啼《なか》ず、呪長命なる事を得べし。

烏樞沙摩《うすさま》調突瑟吒《てうとつひつく》呪《じゆ》第三十八 呪法略之 烏樞沙摩卒都《そつと》合提《だいの》呪第三十九 呪法略之 烏樞沙摩調伏《てうふくの》呪第四十 呪法略之 烏樞沙摩那瑜伽《なゆきや》呪第四十一 呪法略之 烏樞沙摩目佉槃陀那《もくきやはんだな》呪第四十二 呪法略之

已上畢《いじやうをはんぬ》

烏樞沙摩呪法功能

經文ヲ直ニ擧テ仙ヲ證スル功能ヲ知ス者也

若有《モシアツテ》苾芻《ヒツスウ》優婆塞《ウバソク》等《トウ》意欲《コヽロニホツセバ》受持《ジユヂセント》烏樞沙摩《ウスサマ》金剛呪《コンガウノジユヲ》者當《マサニ》《ベシ》作《ナス》水壇《スイダンヲ》毎日《マイニチ》平《ヘイ》旦《タン》以《モツテ》諸香華《シヨカウゲヲ》發心《ホツシン》供養《クヤウ》十方《バウ》諸佛《シヨブツ》般若《ハンニヤ》菩薩《ボサツ》金剛《コンガウ》天等《テントウ》心口《シンク》發願《ハツグワン》然後《シカウシテノチ》一《イチ》坐《ザ》誦《ジユス》呪《ジユ》即《スナハチ》滿《ミツ》八百遍《ヘン》日中《ニツチウ》黄昏《クワウコン》中夜《チウヤ》各《オノ〳〵》八百遍《ヘン》准前《マヘ》供養《クヤウ》誦《ジユス》呪《ジユ》之時《トキ》皆《ミナ》不《ズ》得《エ》共《トモニ》旁人《カタハラノヒトヽ》戲笑《ダハムレワラヒ》交《マジヘテ》頭《カウベ》亂語《ランゴスルヿ》呪師《ジユシ》面《オモテ》作《ナセ》極《ゴク》大《ダイ》瞋顏《イカリノカホ》初《ハジメテ》受《ウケハ》此《コノ》法《ハウ》必《カナラズ》須《スベカラク》堅固《ケンゴナル》若《モシ》能《ヨク》誦《ジユシ》呪《ジユ》滿《ミツレバ》十萬遍《ベン》心心《シンシン》繼《ツイデ》念《ネンヲ》不《サル》斷絶《ダンゼツ》者《モノ》更《サラニ》莫《ナカレ》餘《ヨ》緣《エンスルヿ》一切《サイ》所《シヨ》《ベシ》爲《ヰ》無《ナシ》不《サル》成辨《ジヤウベンセ》其《ソノ》供養《クヤウ》香《カウ》純《モツパラ》燒《ヤク》安悉香《アンシツカウ》用《モチヒ》赤色華《シヤクシキノハナ》紫華《シクワ》亦《マタ》得《エ》掐《タリ》赤數珠《アカキジユズヲ》瑠璃《ルリ》珠《シユ》亦《モマタ》得《エ》中用《チウヨウ》復《マタ》著《ツク》赤衣《シヤエヲ》坐《ザシ》菖蒲《シヤウブノ》帶《オビヲ》席下《ムシロノシタ》敷《ジキ》氈《センヲ》安置《アンチシ》訖《ヲハリテ》已呪《ジユシ》水《ミヅヲ》七七遍《ヘン》潑《ハツ》散《サンシ》四方《ハウ》上下《ジヤウゲニ》結界《ケツカイノ》後《ノチ》呪《ジユスルコト》白芥子《ビヤクカイシヲ》七七遍《ヘン》已《ヲハリテ》遍散《サンス》四方上下結界《ケツカイシ》次《ツギニ》請《シヤウシ》金剛《コンガウ》及《オヨビ》眷屬《ケンゾク》等《トウヲ》安置《アンチシ》座《ザヲ》已《ヲハリテ》取《トリ》一火爐《クワロ》西門外《ホカニ》南《ミナミ》呪師《ジユシ》前《マヘニハ》取《トリ》稻穀華《タウコクノハナ》和《クワシ》

好《カウ》牛《ギウ》酥《ソヲ》於《テ》火《クワ》鑪中《ロノナカニ》燃《モヤシ》穀《コク》木《ボク》柴《サイヲ》以《テ》柳《リウ》枝策《シノムチヲ》呪《ジユスルヿ》一遍《ヘン》已《ヲハリテ》火《クワ》中《チウ》燒《ヤク》之《ヲ》滿《ミツ》八千遍《ベン》爾時《ソノトキ》呪《ジユ》神《シン》下來《クダリキタリテ》現《アラハシ》形《カタチヲ》或《ハ》夢《ム》中《チウニ》見《アラハス》其《ソノ》呪《ジユ》神形《シンノカタチヲ》正《マサシク》見《アラハル》神《シンヲ》時《トキ》呪《ジユ》師《シ》莫《ナカ》怖《オソルヽヿ》身《シン》毛《マウ》不《ズ》動《ドウゼ》安然《アンゼントシテ》定《ジヤウ》想《ソウ》隨《シタガヒ》心《ニ》任《マカセ》意《イ》種《シユ》種《ジユ》發《ホツ》願《グワン》得《エ》此驗《コノシルシ》已《テ》可《ベシ》詣《ケイス》高《カウ》峻《シユン》四絶山《ゼツノサン》頂《チヤウニ》更《サラニ》作《ナセ》場《ヂヤウ》壇《ダン》如《ニヨ》法《ハフ》供《ク》養《ヤウ》誦《ジユ》呪《ジユ》滿《マン》足《ソクシ》十萬遍《ベンヲ》竟《ヲハリ》高聲《カウシヤウ》大叫《オホイニサケベバ》諸《シヨ》仙《セン》人《ニン》門《モン》阿《ア》脩羅《シユヲ》門《セン》皆悉《ミナコトヽヽク》自開《ミヅカラヒラク》又取《トリ》蔓《マン》菁《セイ》子《シ》半《ハン》升《シヨウヲ》取《トリ》自身血《ジシンノチヲ》和《クワシ》蔓《マン》菁《セイ》子《シニ》一捻《ネン》一呪《ジユソ》火中燒《ヤク》之滿《マンシ》八千遍《ヲ》竟《ヲハリテ》阿《ア》脩《シユ》羅《ヲ》女及《ニヨオヨビ》仙《セン》人《ニン》女《ニヨ》等《トウ》出迎《イデテムカヘ》行《ギヤウ》者《ジヤ》入《ヲ》內《レ》供《ク》養《ヤウ》常與《シツネニアタヘ》甘《カン》露《ロ》飲《ノマシム》其《ソノ》行《ギヤウ》者《ジヤニ》齒《シ》髮《ハツ》皮《ヒ》膚《フ》竝《ナラビ》自《オノヅカラ》脫《ヌケ》去《サリ》更《サラ》得《ウ》新生《ズルヿ》其人《ヒト》身《シン》形《ギヤウ》如《ゴトシ》似《ニタル》金《コン》色《ジキ》持《ヂスル》呪《ジユヲ》人《ヒト》得《ウ》一千年《ネン》活《クワツ》力《チカラ》如《ク》金《コン》剛《ガウ》一千年後《ゴ》命《メイ》終《シウ》即《スナハチ》生《シヤウ》忉《タウ》利《リ》天《テン》上《ジヤウ》自《ジ》身《シン》即《スナハチ》爲《ナル》忉《タウ》利《リ》天《テン》王《ワウ》

第三三　火頭金剛降魔器仗法

火頭《くわづ》金剛降魔《こんがうかうま》器仗《きぢき》法《はうふ》は當《まさ》に淨好《じやうかう》の塾鑌鐵《じゆくひんてつ》を用て金剛杵《こんがうちよ》を作るべし、杵《ちよ》の長一尺（イ輪を作法者）其杵の兩頭《りやうとう》六楞《むつかど》峰《のみね》を作し縱廣《たてひろさ》二寸細腰《すんさいえうよ》四楞《かど》狀《かたち》金剛力士《りきし》の杷杵《とるちよ》の如く輪法を作す者は轂輞《こくまうぐ》具足《そく》して狀《かたち》車輪《しやりん》の如し、輪の闊《ひらき》一尺縱廣《たてひろさ》皆然り、中六楞峯《むつかど》を隔《へだて》亦六峯《むつかど》の外十二楞峯《かど》亦十二周帀《めぐり》して乃あり、次に斧《をの》を作る法は兩頭《りやうとう》に乃《やいば》あり身六寸柯《え》の長二尺乃一口《やいくいつこう》を作る、又須《すべから》く矟《ほこ》一張《ちやう》を作るべし、長さ四尺許《ばかり》木身《きのみ》鐵峯《てつのみね》其用る鐵《てつ》皆須《すべから》く預《あらかじ》め二百八遍呪《へんじゆ》すべし、護淨結界《ごじやうけつかい》し器仗《きやう》を作り訖《をは》り各其物を呪《じゆ》する事一百八遍《へん》、各《おの／＼》呪《じゆ》し已竟《をはり》て當に受法壇中《じゆはふだんちう》に於て是を著《つく》べし、日夜前の遍數《へんすう》に依て呪を誦《じゆ》す、器仗《きぢやう》を候《うかゞふ》て大神通力《だいしんつうりき》を見るを要《えう》して限とす、若器仗《きぢやう》の上に熱相《ねつさう》を現じて手も近づけ難きは當《まさ》に知べし、此法已《このはふすで》に成就《じやうじゆ》し竟《をは》ることを其呪を誦する人千歳《さい》の活《いのち》を得千歳の活とは千年の壽命を保つ仙人となるなりといふ義なり 若烟出《けぶりいづ》る者は其呪《じゆ》を誦《じゆ》する人萬歳の活を得べし萬歳の活とは萬年の壽命を保つ仙人となるなりといふ義なり 若火焔出《くわえんいづ》る者は其呪を誦する人天上《てんじやう》に飛《ひ》上す天上に飛上すとは仙人となりて白日に天に昇るをいふなり 若此法を作《なさ》ば必す須《すべから》く閑靜《かんじやう》の所に詣《いた》りて行ひ、又は山間高峯《さんかんかうはう》の頂頭《いたゞき》にて行ふべし、若小々《せう／＼》に求めば淨室《じやうしつ》の内に於て作法《さはふ》し行ふも亦得《え》たり亦得たりとは淨室にて行うても成願すべしとなり 若仙を求め及び大驗《たいけん》を取むと欲はゞ必ず山間高頂《さんかんかうちやう》の上に入て是を作せ定て最勝《さいしよう》の大驗《おほいなるしるし》を得む。匡弼按《あんずる》に經中の大意專《もつぱら》に仙道を得るの靈要《れいえう》を擧《あぐ》。

其烏樞沙摩《そのうすさま》呪法功能《じゆほふくのう》は佛經《ぶつきやう》の全文《ぜんぶん》を直に記す其經文を看《みる》べし。此明王の法を修行《しゆぎやう》すれば諸仙門皆《しよせんもんみな》こと／＼く自開《おのづからひらく》といひ、又仙人女等出て行者《ぎやうじや》を迎《むかふ》て内に入て供養《くやう》し、常に甘露《かんろ》を與《あたへ》て飲《のま》しむ、其行者歯髪皮膚《じやしはつぴふ》並に自脫去《おのづからぬけさり》て更《さら》に新に生ずる事を得、其人身形金色《しんぎやうこんじき》に似《に》たるが如《ごと》く、呪《じゆ》を持《ぢ》する人一千年の壽命《じゆみやう》を得《う》ると又同器仗法《きぢやうはふ》には千年の壽命を得《う》、又は萬年の壽命《じゆみやう》を得《う》、或《あるひ》は天上に飛《ひ》上すと。是仙傳《せんでん》にいふ白日昇天《はくじつしようてん》すといふに同じ。是佛說《これぶつせつ》の仙道修行《せんだうしゆぎやう》の要文《えうもん》なり。猶《なほ》匡弼和解《わげ》する所の經文《きやうもん》に於《おい》て疑《うたが》ひの心あらん事を恐《おそ》れて最《さい》後《ご》の經文《きやうもん》を略記《りやくき》す。其烏樞沙摩明王《そのうすさまみやうわう》の修法《しゆはふ》は專《もつぱら》に仙《せん》を求《もとむ》る要《えう》たれば仙教《せんけう》を信《しん》ずる人は先此和解《まづこのわけ》する所の經文を見《み》て猶疑《なほうたが》ふ所あらば陀羅尼集經《だらにしふきやう》の全文《ぜんもん》を見《み》て疑氷《ぎひよう》を解《とく》べし。更《さら》に器仗法《きぢやうはふ》の經文を略《りやく》して直《ちさ》に次《つぎ》に載《のする》のみ。

火頭《クワヅ》金剛《コンガウ》降魔《カウマ》器仗法《キヂヤウハフハ》當《マサニ》下用《モツテ》二淨好熟鑌鐵《ジヤウカウノジユクヒンテツヲ》一作《ナス》中金剛杵《コンガウチヨ》上 中略

各《オノ〳〵》呪《ジユスルコト》二其物《ソノモノヲ》一一百八遍《ヘン》各《オノ〳〵》呪已竟《ジユシヲハリテ》當《マサニ》於《オイテ》二受法壇中《ジユハフダンチウニ》一著《ツク》上之《コレヲ》日夜《ニチヤ》依《ヨリテ》二前遍數《マヘノヘンスウニ》一誦《ジユシ》レ呪《ジユヲ》要《エウハ》候《ウカヤウヲ》二器仗《キヂヤウヲ》一見《アラハル》二、大神通威力《ダイジンツウヰリキヲ》一爲《ス》限《カギリ》若《モシ》器仗上《キヂヤウウヘニ》現《アラハル》二於熱相《ネツサウ》一手《テ》不《ザル》レ可《ベカラ》レ近《チカヅク》者《モノ》當《マサニ》レ知《シル》此法已成就竟《コノハウスデニジヤウジユシヲハルコトヲ》其《ソノ》誦《ジユスル》レ呪《ジユヲ》人《ヒト》得《ウベン》二千歳活《ザイクワツヲ》一若《モシ》烟出《ケブリイデバ》者其《ソノ》誦《ジユスル》レ呪《ジユヲ》人《ヒト》得《ウベシ》二萬歳活《マンサイノクワツヲ》一若《モシ》火焰出《クワエンノイヅルモノ》者其《ソノ》誦《ジユスル》レ呪《ジユヲ》人《ヒト》飛《ヒ》二上《ジヤウス》天上《テンジヤウニ》一若《モシ》作《ナサバ》二此法《コノハウ》一必《カナラズ》須《スベカラク》下就《ユイテ》レ詣《》二閑靜之所《カンジヤウノトコロニ》一及《オヨビ》之山間高峯項頭《エクサンカンカウハウチヤウトウニ》上若《モシ》小《セウ》小《セウニ》求《モトメ》於《ヲイテ》二淨室《ジヤウシツノ》内《ウチニ》一作《サ》法《ハフ》亦得《マタエタリ》若《モシ》欲《ホツセバ》三求《モトメント》レ仙《センヲ》及《オヨビ》取《トラン》二大驗《ダイケン》一必《カナラズ》入《イツテ》二山間高頂之上《サンカンカウチヤウノウヘニ》一作《ナス》レ之《コレヲ》定《サダメテ》得《エン》二最勝大驗《サイシヨウノダイケン》一

已上 器仗法《きぢやうはふ》の文なり、再《ふたゝ》び此《こゝ》に出《いだ》すは不信《ふしん》の人の疑《うたがひ》を解《とい》て信《しん》を增益《ぞうえき》さゝしめんが爲なり。

烏樞沙摩金剛法印呪品《うすさまこんがうはふいんじゆほん》 畢

或人《あるひと》匡弼に問《とふ》て曰、右經中《きやうちう》に諸仙人門阿修羅門《しよせんにんもんあしゆらもん》皆《みな》悉《こと〴〵く》自《おのづから》開《ひらく》云云 諸仙人門《しよせんにんもん》といふ義《ぎ》は識《し》りぬ、阿修羅門《あしゆらもん》自《おのづから》開《ひらく》とは如何《いか》なる義《ぎ》ぞ 匡弼答《こたへていはく》曰、此經の烏樞沙摩跋折羅法印呪《ばしやらはふいんじゆ》第七に曰、又去《さつ》て阿修羅《あしゆら》の宮殿《きうでん》に入むと欲《おも》はゞ當《まさ》に此呪《このじゆ》を誦《じゆ》する事二十萬遍《まんべん》すべし、即能入《すなはちよくいる》ことを得《う》と。又畫《ぐわ》烏樞沙摩像法呪《はふじゆ》第二十日、其金《こん》剛《がう》の像《ざう》の底《そこ》に海水《かいすゐ》を畫作《ぐわさ》せよ中《なか》に蓮華《れんげ》あり、其華上《そのはなのうへ》に於《おい》て金剛《こんがう》を立《たて》て海中《かいちう》に著《つ》く、八阿修羅王《あしゆらわう》を畫作《ぐわさ》せよ

左邊《さへん》の四箇右邊《こうへん》の四箇《こ》なり、其《その》八王《わう》の形皆低頭禮拜《かたちみなていとうらいはい》の形《かたち》を作《なす》と。又云《いはく》、若意《もしこゝろ》に阿修羅《あしゆら》宮殿中《きうでんちう》に入《いら》むと欲《ほつ》せば即《すなはち》呪《じゆ》を誦《じゆ》する事二十萬遍《まんべん》に滿《みつ》れば即能入《すなはちよくいる》ことを得《う》、以後《いご》即色壇供養《すなはちしきだんくやう》を作《な》せと。是《かく》の如《ごと》く阿修羅《あしゆら》宮殿中《きうでんちう》に入ことを願望《ぐわんまう》する事を説《とけ》るを以て、最後《さいご》に阿修羅門開《あしゆらもんひらく》る事を説《とけ》り、其阿修羅宮殿《あしゆらくうでん》に入の所益《しよえき》は明《めい》師《し》に尋《たづね》て知《し》るべし。

第三四　阿修羅法百變法門

翻譯名義集《ほんやくめいぎしふ》卷《くわん》の二十三丁云、阿修羅《あしゆら》は舊《いにしへ》は無端正《むたんしやう》と翻《ほん》ず、男《をとこ》は醜《みにく》く女《をなご》は端正《たんしやう》なり、此《こゝ》には非天《ひてん》と翻《ほん》ず。淨《じやう》名疏云《みやうのそにいはく》、此神果報最勝《このかみくわはうさいしよう》にして諸天《しよてん》に隣次《りんじ》して天に非《あら》ず、新婆沙論云《しんばしやろんにいはく》、梵本《ぼんほん》の正音《しやうおん》は素洛《そらく》と名《なづ》く、素洛《そらく》は是《これ》天なり、彼《かれ》は天に非ず、故に阿素洛《あそら》と名くと。西域記云《さいゐききにいはく》、阿素洛《あそら》舊《もと》は阿修羅《あしゆら》阿須倫《あしゆら》阿須羅《ら》といふ皆訛《みなあやまり》なり。什曰《じふいはく》、秦《しん》には不飲酒《ふいんしゆ》といふ此因緣雜寶藏經《このいんえんざうはうざうきやう》に出《いで》たり。華嚴經云《けごんきやうにいはく》、羅嚴阿修羅王《らこうあしゆらんわう》の如《こと》き本身《ほんしん》は長《たけ》七百由旬《ゆじゆん》形《かたち》を化《け》せば長《たけ》十六萬《まん》八千由旬《ゆじゆん》、大海《だいかい》の中《うち》に於《おい》て其半身《そのはんしん》を出《いだ》し須彌山《しゆみせん》と正《まさ》に齊等《ひとしき》なり。楞嚴經云《ろうごんきやうにいはく》、復《また》四種《しゆ》の阿修羅《あしゆら》の類《たぐひ》あり、若鬼道《もしきだう》に於《おい》て護法《ごはふ》の力を以て通《つう》を成《じやう》じて空《くう》に入《い》る、此阿修羅《このあしゆら》は卵《らん》より生《しやう》ず、鬼趣《きしゆ》の所攝《しよせつ》なり、若天中《てんちう》に於《おい》て德《とく》を降《かう》して貶歛《へん方》墜《つゐ》せられ其卜《そのし》むる所の居《きよ》日月に隣《とな》る。此阿修羅《このあしゆら》は胎《たい》より出《いづ》、人趣《にんしゆ》の所攝《しよせつ》なり、阿修羅世界《あしゆらせかい》を執持《しふぢ》するにあり力洞《ちからほこら》にして畏《おそるゝ》ことなし、能梵王及《よくぼんわうおよ》び天帝釋《てんたいしやく》四天《てん》と權《けん》を爭《あらそ》ふ。此阿修羅《このあしゆら》は變《へん》化《け》に因《よつ》てあり天趣《てんしゆ》の所攝《しよせつ》なり、別《べつ》に又一分の下劣《げれつ》の修羅《しゆら》あり、大海《だいかい》の心《こゝろ》に生《しやう》ずと。又長阿含經云《ちやうあがんきやうにいはく》、南洲《なんしう》に金剛山《こんがうさん》あり、中に修羅宮《しゆらきう》あり、所治《しよぢ》六千由旬欄楯行樹《ゆじゆんらんかんぎやうじゆ》ありと。又起世經云《きせきやうにいはく》、修羅所居《しゆらしよきよ》の宮殿城郭《くうでんじやうくわく》器用《きよう》は地居天《ちこてん》に降《なり》る事一等《とう》、亦婚姻男女《こんいんなんによ》の法式《はふしき》あり、略人間《ほゞにんげん》の如《ごと》しと。問《とふ》、法華經《ほけきやう》に列《れつ》する所《ところ》の婆稚阿脩羅王佉羅騫馱阿脩羅王毘摩質多阿脩羅王羅延阿脩羅王四種《しゆ》の阿修羅《あしゆら》と楞嚴經《ろうごんきやう》の四種《しゆ》の阿修羅《あしゆら》とは同きか異《こと》なるか、答《こたへ》て曰《いはく》、資中《しちう》の云《いはく》、同じ淨覺云《じやうかくいは》、彼四《かのよつ》をもて秖此四《たゞこのよつ》の中に接在《せつざい》すべし、次第《しだい》に分《わかつ》て其類《そのるゐ》に屬《ぞく》すべからず、荊溪師云《けいけいしいはく》、法華經《ほけきやう》の四種皆帝釋《しゆみなたいしやく》と鬪戰《とうせん》す一往《わう》これを觀《みれ》ば但今經《たゞこんきやう》の第《だい》三類《るゐ》に同じきのみ、靈要門經《れいえうもんきやう》の阿修羅《あしゆら》は天趣《てんしゆ》の所攝《しよせつ》のなるべし。

第三五　明王神變延命祕法

穢跡金剛法禁《ゑしやくこんがうはふきん》百變法門經《へんはふもんきやう》に曰《いは》く、爾時《そのとき》に金剛復佛《こんがうまたほとけ》に白《まう》して言《いはく》、世尊若善男子善女人《せそんもしぜんなんしぜんによにん》ありて我《わが》此呪《じゆ》を持《ぢ》して效驗《かうけん》なくんば是處《このところ》ある事なし、山をして摧《くだか》しめんと欲《ほつ》せば白芥子《びやくがいし》三升《じよう》、上好《じやうかう》の安息香《あんそくかう》を取《とつ》て山中《さんちう》の寶《たから》あらんと疑《うたが》ふ處《ところ》に於《おい》て賓鐵刀《ひんてつたう》一枚《まい》を取《とつ》て四方《はう》を畫《ぐわ》して界《かい》と爲《な》し、淨巾《じやうきん》一枚香爐《まいかうろ》一枚《まい》を取て安息香《あんそくかう》を燒《た》き先呪《まづじゆ》する事《こと》一千八遍《へん》して白芥子《びやくかいし》を取て四方《はう》に散《ちら》し乃至《ないし》七遍是法《へんこのはふ》を作《な》せば、其《その》山自《おのづから》摧《くだか》む。若寶《もしたから》あるの處《ところ》は其藏神《ざうじん》寶を捨《すて》て出て意《い》に任《まかせ》て是を用ゆ。若海《もしうみ》をして竭《かわか》しめんと欲《ほつ》せば、先呪《まづじゆ》する事一千八遍《へん》して金銅《こんどう》を以て一龍《ひとつのりう》の形《かたち》を作《つく》り海中《かいちう》に擲《なげ》れば即時《そくじ》に海竭《うみかつ》す。若江河《もしこうが》をして逆流《ぎやくりう》せしめんと欲《ほつ》せば安息香《あんそくかう》を取《とつ》て一の象《ざう》の形《かたち》を作《つく》り、大小を問《とふ》事なく水中に擲《なげ》て呪《じゆ》する事一百八遍《へん》すれば登時《とうじ》に逆流《ぎやくりう》す。舊《もと》に依《よ》らしめんとならば一の淨石《きよきいし》を呪《じゆ》して是を水中《すゐちう》に擲《なぐ》れば其水故《もと》の如《ごとし》。雷電地震霹靂毒龍卒風惡雨《らいでんぢしんへきれきどくりうそつぷうあくう》あらば即止雷雹印《すなはちしらいはうのいん》を作《な》せ、左手《さしゆ》の中指《ちうし》と無名指《むめいし》と小指《せうし》とを以《もつ》て竝《ならび》に掌中《たなごころのうち》に屈《かゞ》めて頭指《づし》は大拇指《だいぼし》を以て頭指《づし》の中節《なかぶし》の上《うへ》を捻《おさ》へ呪《じゆ》を誦《じゆ》す、是《これ》を呪《じゆ》し印《いん》を以て遙《はるか》に雷震《らいてい》の處《ところ》を指《させ》ば自止《おのづからや》む。若一切の鬼神《きじん》自來《おのづからきたつ》て歸伏《きふく》して給使《きふし》と爲《なさ》しめんと欲《ほつ》せば、水三升《じちう》を取て銅器《どうき》の中《なか》に盛り淨灰《じやうはい》を以て是を圍《かこ》み即都《と》攝錄《せつろく》の印を作せ二の無《む》名指《めいし》を以て竝に掌中《たなごころのうち》に屈《かゞ》め背《はい》をして相倚《あひよら》しめ二の中指《し》頭相捻《とうあひねきへ》二の頭指《つし》と及び小指《せうし》各開華《かいくわ》の如くし大拇指《たいはし》を以て頭指の中節を捻へ默《もく》して呪《じゆ》する事一百八遍《べん》すれば其世界の内乃所有《あゆる》諸《もろもろ》の惡鬼竝に來り雲集《うんしふ》して自《おのづから》其身を現じて毒惡《どくあく》の心を捨《すて》て行人に任《まか》せて驅《く》使《し》せらる。若《もし》山を禁《きん》ずる者至《いた》る所の山にて呪《じゆ》を誦《じゆ》する事百遍大に叫事《さけぶ》三聲即印《いん》を作《な》す、右手の無名指を以て掌中に屈《かゞめ》て『直竪中頭大拇等指竝直竪向山印之亡遍即却行七歩後七即山共山中即一切鳥獸竝移出山若作此印呪七遍以印向空中印三七度共空中毫塵不遇』此印已下文解し難し故に經文を直に擧て點せず 若人をして語《もの》いはざらしめんと欲《おも》はゞ前人《さきの》の姓名を書て口中に是を含《ふく》めば其人口言《ものいふ》事能《あた》はず吐出《はきいだ》せば即語ことを得たり。若一切諸呪を誦《じゆ》せば先須《すべから》く壇《だん》を作《なす》べし。若我呪を誦する者は即『勿須作壇但一尅跋枳金剛剛杵於佛塔中』此印已下解しがたきゆゑ經文を直に擧て點せず 或《あるひ》は靜室《じやうしつ》の中に於て香泥《かうでい》を用《もつ》て地を塗《ぬ》り其大小に從《したが》うて種々の香華《かうげ》を著《つけ》て供養し杵《きね》を壇中に安して呪する事一百八遍すれば其杵即自《おのづから》動き或は變《へん》じて種々の異物《いぶつ》と作《な》る、亦是を恠《あやしむ》事なかれ。更《さら》に呪を誦《じゆ》する事一百八遍《へん》すれば其杵自地を去《さ》る事三尺以來《いらい》或は五六七尺乃至《ないし》以來持法《ぢはふ》の人即須《すべから》く歸依《きえ》懺悔《ざんげ》發願《はつぐわん》すべし。我彼中に於て即眞身《しん》を現《げん》して行人意《こゝろ》に從《したが》ひ願樂《ねがひねがふ》所ならびに皆速《すみやか》なり、意の如くなる事を得む。我即菩提の記《き》を與授《あたへ》て即身心《しんじん》解脱《げだつ》する事を得《え》む、先須《まづすべから》く十萬遍を誦《じゆ》すべし、滿《みち》て然《しか》ふして後《のち》に法を作せ、若課《くわ》いまだ充《みた》ざれば效《しる》驗《し》を得ず。

第三十六　心智自然智愛樂大法印

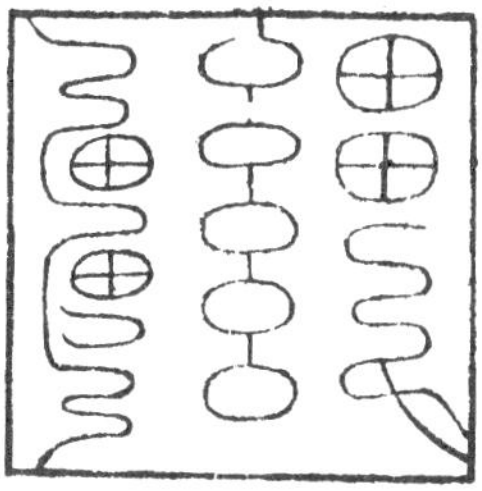

此《ノ》印方《インハウ》一寸八分《ニ》尅《ス》之《ヲ》呪《スルコト》一千遍用《テ》白膠香《ヲ》度《ス》之《ヲ》尅《スル》印日《ヒ》勿《レ》令《ムル》
人《ニ》見《エ》用《テ》印《ヲ》印《スレハ》心得《ルナリ》心智。自然智。宿命智。持《ヲヂスルコト》印《ヲ》百日《ニシテ》卽《チ》得任《ルコトヲ》
種種大法門《ニ》也

方《ハウ》一寸二分呪《スルコト》六百遍以《テ》安息香《ヲ》度《ス》之《ヲ》帶《オヒ》行《ケハ》令《シ》一切人《ヲシテ》愛樂大
自在《ニシテ》求《メ》離《ルコトヲ》衆苦《ヲ》

第三七　空所飛行萬里日行法

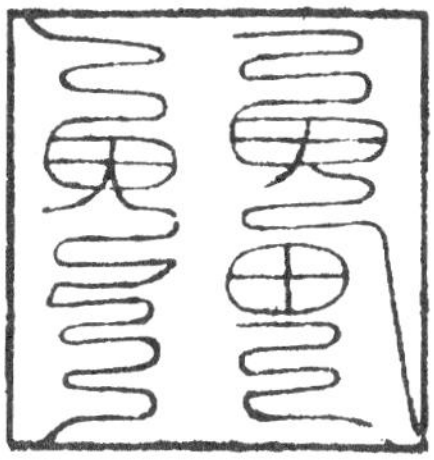

方《ハウ》一寸五分尅《スルニ》之《ヲ》呪《スルコト》六百遍以《テ》白膠香《ヲ》度《ス》之《ヲ》用《テ》印《ヲ》印《スレハ》脚《ヲ》便《チ》得《ヘシ》
飛騰《シテ》空所《ニ》向所自在《ヲ》

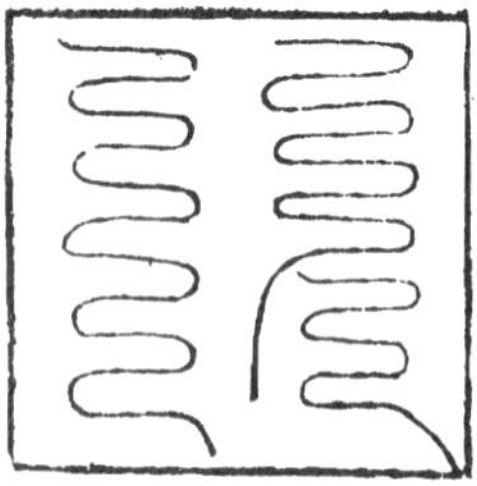

方《ハウ》一寸八分剋《スルニ》之《ヲ》用《テ》白膠香《ヲ》度《ス》之《ヲ》呪《スルコト》七千遍用《テ》印《ヲ》印《スレハ》足可日《ニ》
行《クコト》三百萬里《ニシテ》無《ル》人《ノ》得《ルコト》見《ルカラ》

第三八　一切拔苦脫難大事成就印

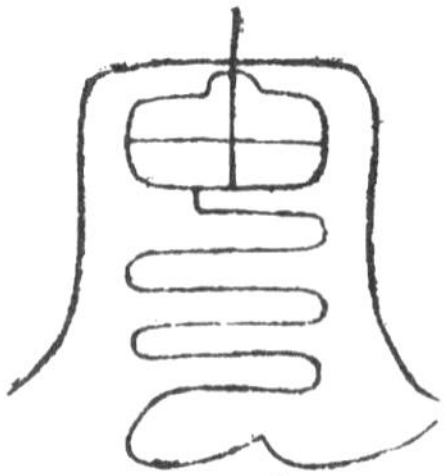

伏連《ニ》書《ス》心《ノ》上《ニ》卽《チ》瘥《イユ》
大吉急急如律令

鬼病《ニ》朱書《ニシテ》吞《ム》之《ヲ》

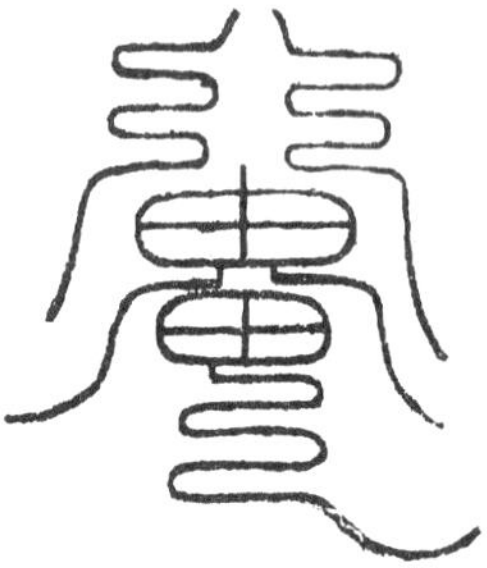

心爲書《スレハ》之《ヲ》立《ドコロニ》卽《チ》除瘥《ス》大吉
利悉悉如律令先《ツ》呪《スルコト》七遍

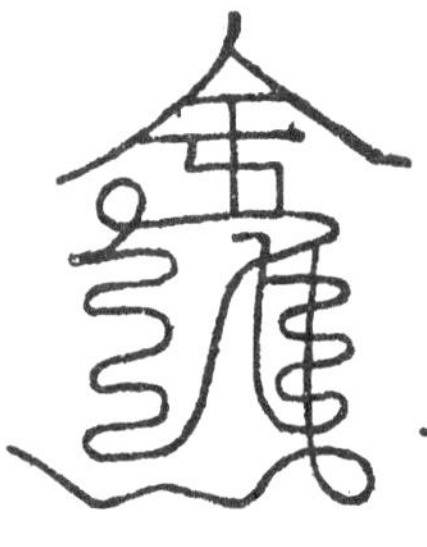

精魅鬼病《ノ》之人朱《ニシテ》書《メ》吞《ムコト》之《ヲ》
七枚立《チ》瘥《ユ》大神驗《アリ》

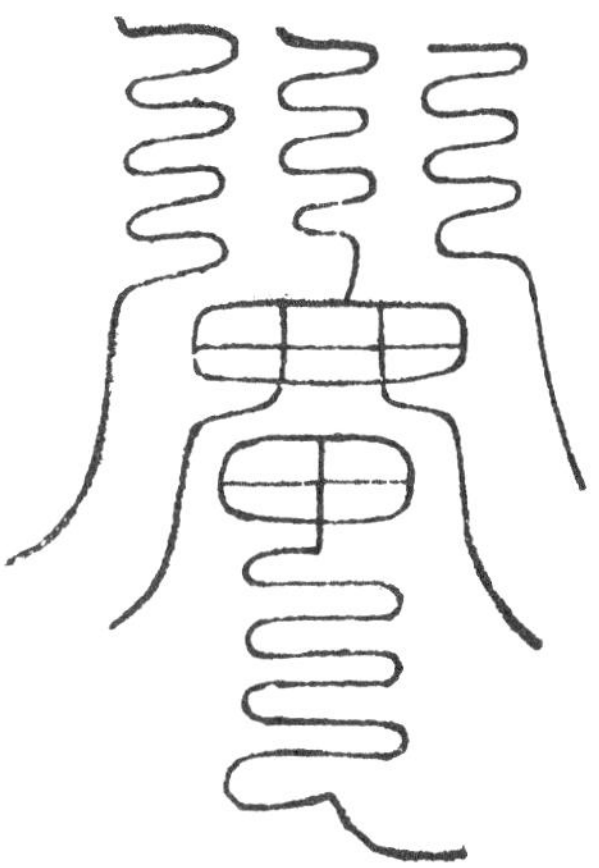

第三九　天地同和壽命無限自在印

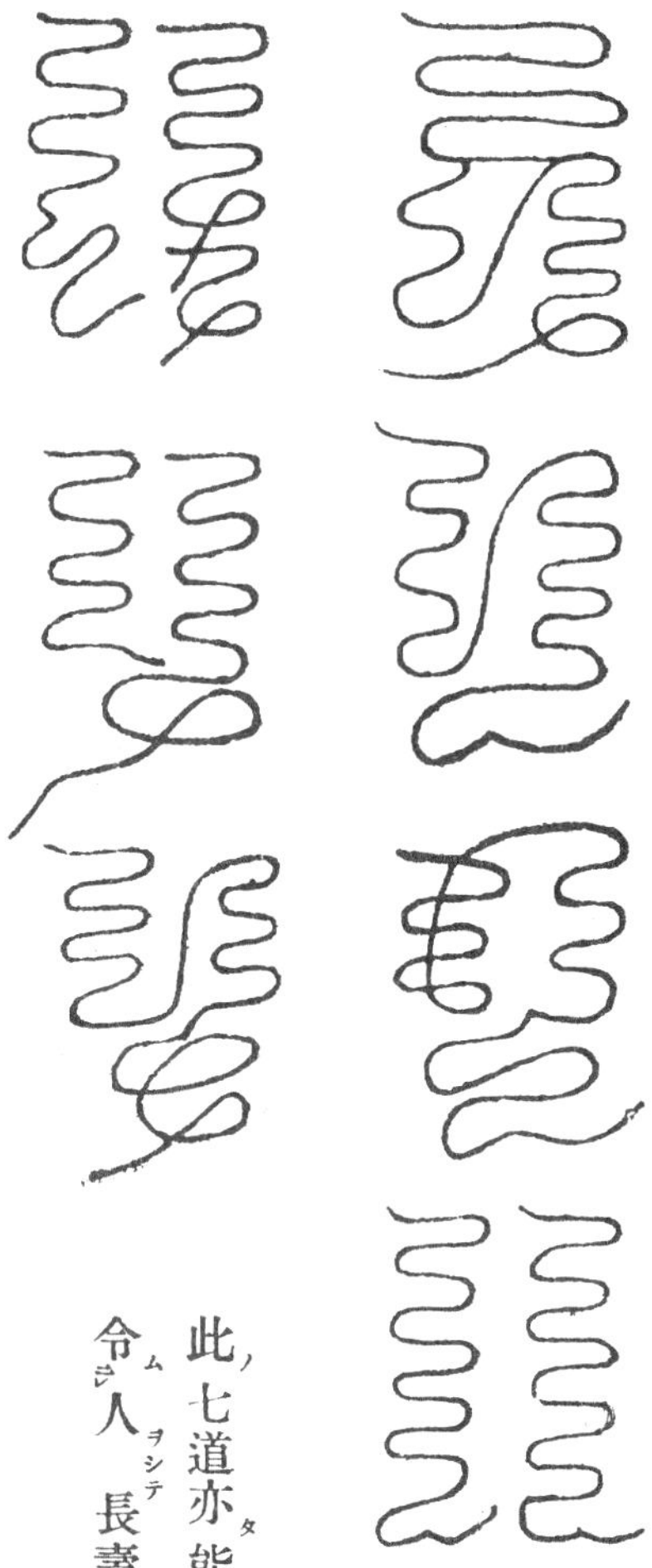

若《シ》依《ル》法《ノ》之人取白檀綾二丈一尺七寸白練裏《ムテ》之《ヲ》置《ケハ》於地輪世界《ニ》令人《ヲシテ》延《ルコト》年《ヲ》得《ウ》七十歲《ヲ》若《シ》無人送者卽安自宅中庭掘地七尺埋之亦得又得聰明多智辨才無礙《ヲ》

此《ノ》七道亦《タ》能《ク》治《ス》萬病《ヲ》呑《メハ》之《ヲ》亦令《ム》人《ヲシテ》長壽益智《ナラ》大神驗《ナリ》

此《ノ》上《ノ》七道用レ朱《キヲ》書二《ス》紙上一《ニ》呑レ《ムコトヲ》之千枚令三《ム》人《ヲシテ》延レ年卽《チ》得下《ノ》與二天地一齊上《トスルコトヲ》壽《ヲ》不レ得三《ラ》令二人《ヲ》見一《ルコトヲ》之

第四〇　益智除病延年得福印

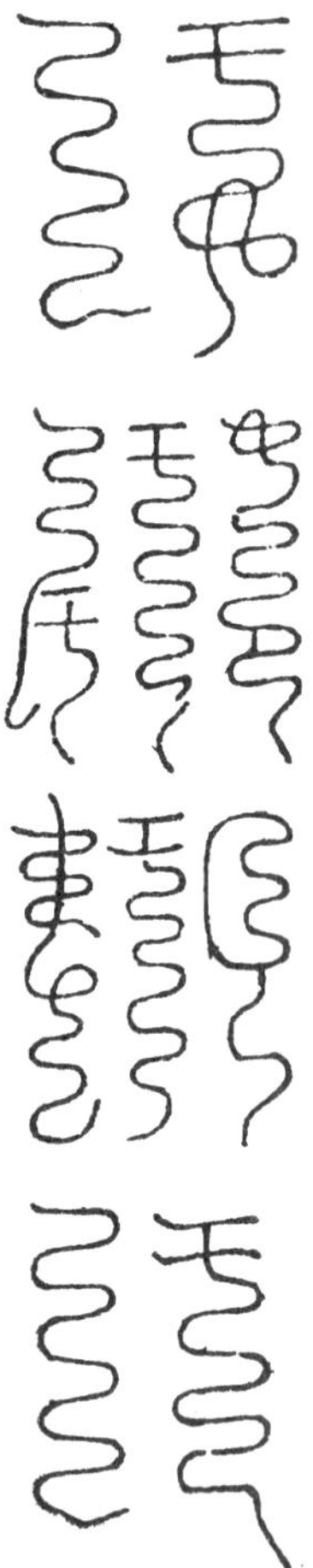

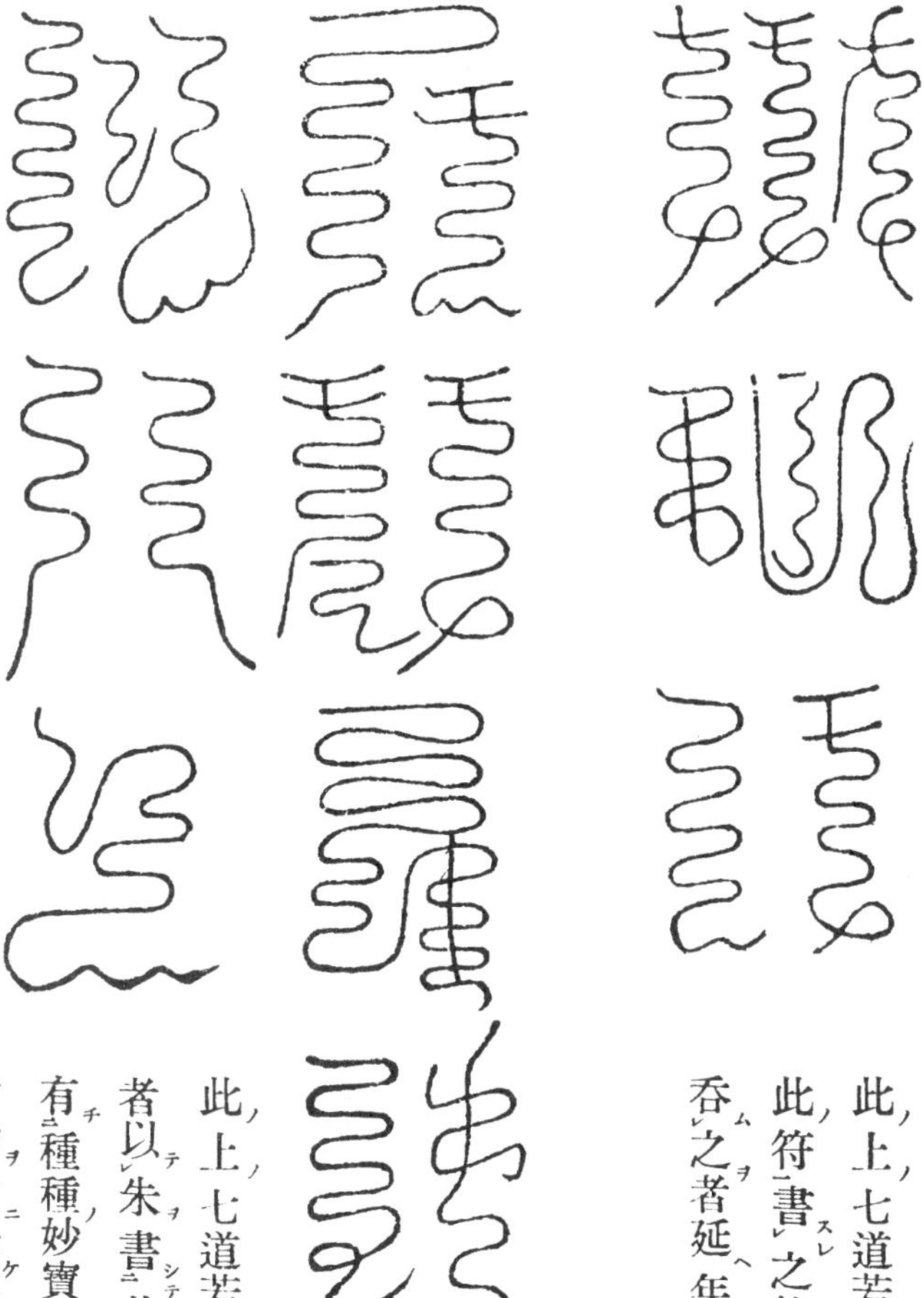

此《ノ》上《ノ》七道若《シ》有㆑人患《レハ》㆓一切病㆒以《テ》㆓此《ノ》符《ヲ》書《スレ》㆑之皆得《チ》㆓除《ヘシ》瘥㆒若《シ》人書《シテ》㆑符《ヲ》呑《ム》㆑之《ヲ》者延《ヘ》㆑年《ヲ》益㆑智《ヲ》大驗効《アリ》矣

此《ノ》上《ノ》七道若《シ》有《テ》㆑人求《メハ》㆓種種《ノ》珍寶《ヲ》㆒者以《テ》㆑朱《ヲ》書《シテ》㆓此《ノ》符《ヲ》㆒呑《テ》㆑之《ヲ》滿《レハ》㆓七日《ニ》㆒卽《チ》有《チ》㆓種種《ノ》妙寶㆒自然《ニ》而至《ル》若求《メハ》㆓他人《ノ》財物《ヲ》㆒當《ニ》㆑書《ケ》㆓彼《ノ》人《ノ》姓名《ヲ》於符下《ノ》㆒其《ノ》人立《トコロニ》卽《チ》送《リ》㆑物《ヲ》到《ル》

第四一　八大金剛護衛大吉祥印

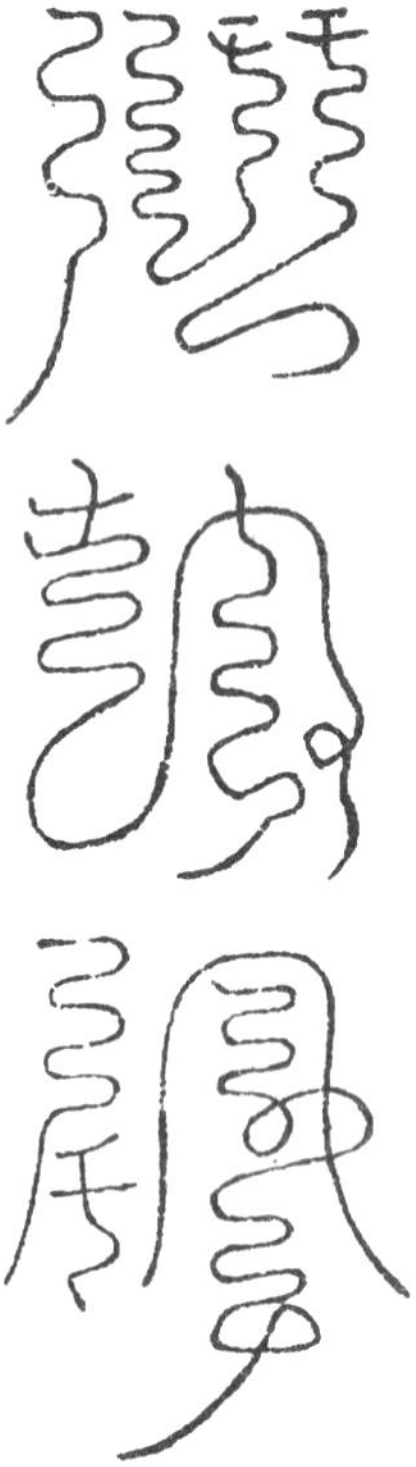

此《ノ》上《ノ》三符朱《ニテ》書二牀《ノ》四脚《ノ》上一常《ニ》
有《テ》二八大金剛一衛護《シ》恐《ク》不《ス》暫《ク》捨《テ》一惟
須《ク》二嚴淨《ナル》一勿《レ》レ令《シムル》二汗染之物《ヲシテ》入《ラ》一房《ニ》
切《ニ》須《ク》レ愼《ミ》レ之《ヲ》

第四二　防火防風防水雨解祕印

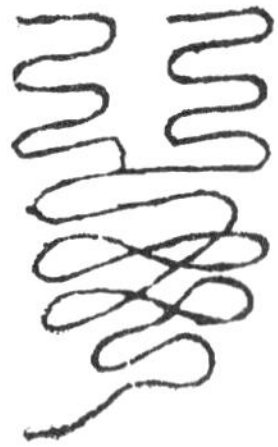

有《リテ》二大火災一起《ルモ》者書《シテ》レ符《ヲ》
擲《ツテ》二一枚《ヲ》呪《スルコト》一百八遍
向《ヘハ》二火中《ニ》一須臾《ニス》災自《ヲ》滅《ス》

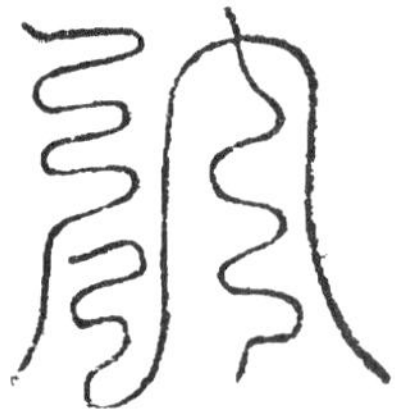

大惡風起《オコル》者書《シテ》レ此符《ヲ》一
呪《スルコト》一百八遍擲《キ》二向《スレハ》
風中《テ》一卽《チ》止《ム》

有テ大水起《オコル》者《モノハ》書此ノ符ヲ擲テハ於水中ニ立ロニ即チ斷テ流ニ水不ス溺ラサ人ヲ矣

有ル大雨者書シテ此符ヲ呪スルコトヲ之一百八遍向テ雨ニ擲テハ之ヲ其ノ雨立《トコロニ》即チ自ラ定ム之

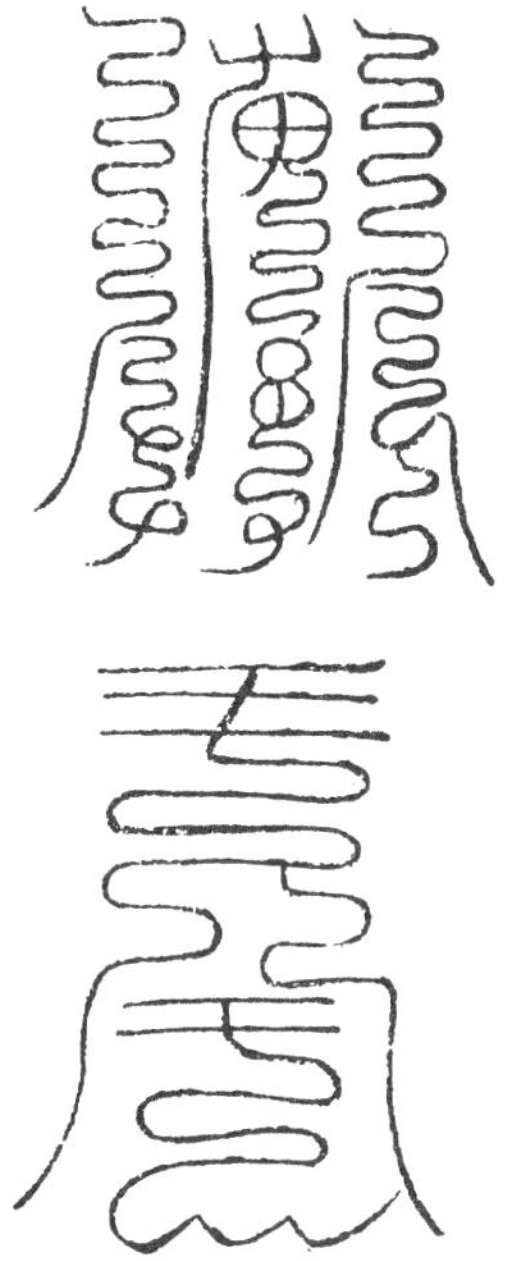

此ノ符朱ニテ書シテ呑《ノム》三枚ヲ及可與他人書符即有驗效若シ不《ルモノハ》爾者用諸符無驗

第四三　四十六靈符の聖誓

爾時穢跡金剛《そのときゑしやくこんがう》此符を說已て《ときをはり》大衆同聲《どうせい》に讃言く《さんしていはく》、善哉《ぜんさい》大力士汝能是《なんぢよくこの》大妙の法を說て諸《もろ〳〵》の衆生《しゆじやう》をして皆解脱《げだつ》を得《え》さしむと。爾時金剛項曰《かういはく》、諸大衆當《まさ》に知るべし我汝等《なんぢら》此法に於《おい》て流行《りうかう》の處《ところ》の若《ごと》き我等《われら》大天常《つね》に當《まさ》に此行法の人を護《まもり》て助成就《たすけじやうじゆ》さしむべし。是《この》時金剛復《また》是言を作《なさ》く、若《もし》衆生あつて此法を行ふ者は我即彼《すなはちかれ》に往《ゆい》て其人の前《まへ》に現《げん》じ求《もと》め願《ねが》ふ所の者我亦施與《せよ》し彼をして種々變現《しゆ〴〵へんげん》種々神通を得《え》さしめ所作無礙《しよさむげ》ならしめん、常に須《すべから》く我本師《わがほんし》釋迦牟尼佛《しやかむにぶつ》を念ずべし、我卽常にこれに隨逐《ずゐちく》して一切の法をして皆助け成就さすべし。爾時金剛此法を說已て大衆倍《ますます》悲喜《ひき》を加《くは》へ及び諸大龍大鬼神等《しよだいりうだいきじんとう》各《おのおの》聖言《しやうごん》を奉《ぶ》し足《あし》を禮《らい》して去《さる》。

穢跡《ゑしやくこん》金剛法禁《がうはふきん》百變法門經畢

古經本呪四十三字唐大宗朝人多持誦感驗非一除去十字今就錄出速獲靈應無過此呪

大圓滿陀羅尼神呪穢跡眞言《だいゑんまんだらにしんじゆゑしやくしんごん》

唵《ヲン》咈《バ》咶《サラ》 啒《クロ》嗶《ダ》摩《マ》訶《カ》般《ハ》囉《ラ》合二 佷《カ》那《ナウ》啹《カ》 吻《フン》汁《ジフ》吻《フン》醯(摩)(尼)嚩《ビ》咭《キツ》徵《ビ》 摩《マ》那《ナウ》棲《セイ》(唵)(斫)(急)(那)烏《ウ》深《ジン》暮《ボ》

啒《クロ》嗶《ダ》吽《ム》 吽《ム》(吽)洋《ハツタ》 洋《ハツタ》 洋《ハツタ》 (洋)(洋)娑《ソワ》訶《カ》

眞覺禪師所ㇾ傳神呪與《ト》㆓今經㆒呪同《オナジ》但《タヾ》梵音賖切字語少異《ナリ》

唵佛咶窟聿 摩訶般那佷詡 吻咩吻 尾劫尾 摩那棲 烏澁謨 窟聿吽吽吽

發發發 莎訶

右の眞言《しんごん》は二呪《じゆ》とも異本《いほん》にあり又異字《いじ》考《かんが》ふべし

同眞言 左は慈覺大師 弘法大師 智證大師の傳 假名附師說廣儀軌說可ㇾ用ㇾ之也

唵《ヲン》咈《バ》咶《ザラ》啒《クロ》嗶《ダ》 摩《マ》訶《カ》鉢《ハ》囉《ラ》合二 恨《カ》那《ナウ》啹《カ》 吻《フン》什《ジフ》吻《フン》 徵《ビ》咭《キツ》徵《ビ》摩《マ》那《ナツ》栖《セイ》 嗚《ウ》深《ジン》暮《ボ》 啒《クロ》嗶《ダ》許《ム》許《ム》

洋《ハツタ》吒。洋《ハツタ》吒。洋《ハツ》吒。娑《ソワ》訶《カ》

三井寺《みゐでら》開山《かいざん》智證《ちしよう》大師《だいし》將來《しやうらい》梵字《ぼんじ》の陀羅尼《だらに》大圓滿陀羅尼なり

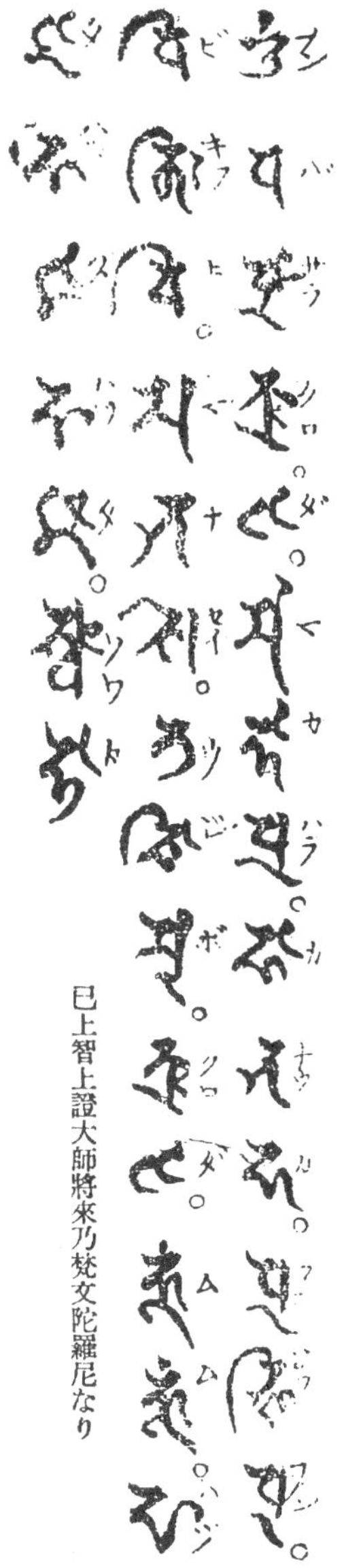

已上智上證大師將來乃梵文陀羅尼なり

烏樞瑟摩金剛心密言《うすひつまこんがうしんみつごん》

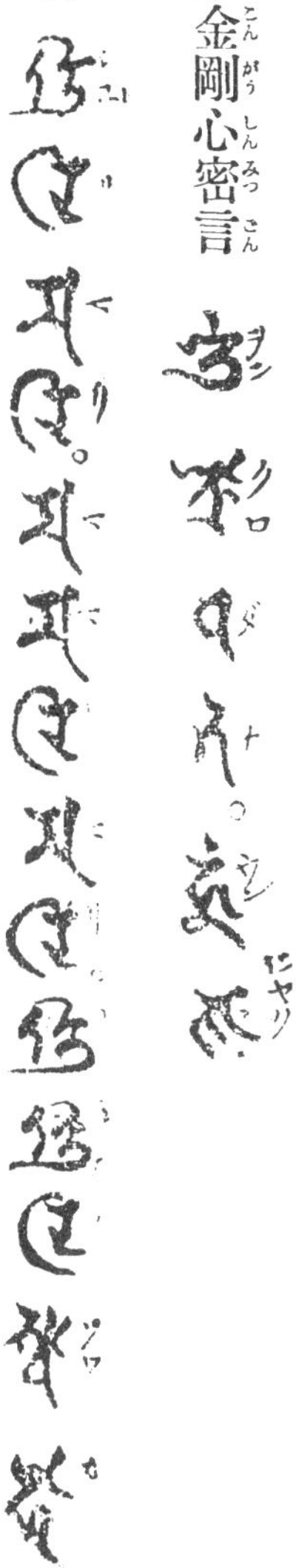

上の密言は陀羅尼集經大靑面金剛呪法に出たり次の解穢眞言は甘露軍荼利念誦儀軌に出たり

第四四　百變四十六符疑惑說

運敞《うんせう》の谷響集《こくきやうしふ》卷の一下七云、又問《とふ》大藏《ざう》中に穢跡《しやく》金剛百變法門經一卷あり、阿質達霰《しつだつさん》三藏《ざう》の譯にして符《ふ》を載《のす》る事四十六急々《きふ〳〵》如律令《によりつりやう》を以《もつ》て呪語《じゆご》と爲して余《よ》の呪を說《とか》ず、符は抱朴子《はうぼくし》の中の入山符《にふさん》に似《に》たり、豈佛經《あにぶつ》中に急々《きふ〳〵》

如律令《りやう》の呪を說《とく》の理《り》あらんや、進《すゝん》で僞《ぎ》經と言《いは》むと欲《ほつ》すれば八家《はつか》祕錄云《ひろくにいはく》、穢跡《しやく》金剛法禁《きん》百變法門經一卷無能勝《むのうしよう》譯《やくす》と貞元《ていげん》の目錄にあり、圓仁《ゑんにん》の本は經の字を加《くは》へ圓珍《ちん》には下《した》の法の字を除《のぞ》き亦《また》經の字無《な》し。無《む》能勝亦阿質達《しつだつ》霰《さん》といふ新《あらた》に貞元《ていげん》の目錄に入《い》る且《かつ》又圓仁圓珍《ちん》の二大師の請來《しやうらい》なり、退《しりぞい》て眞經と謂《いは》むと欲《ほつ》すれば同譯の穢跡金剛說神通《せつじんつう》大滿多羅《まんだら》尼法術靈要《はふじゆつれいえう》門經一卷と百變法門經と同じ經の說相《せつさう》眞俗懸《ぞくかゝり》に谷りぬ如何とか爲《せん》や、答《こたへて》曰、豈梵文の眞言を譯して巫者《ぶしや》の呪語と作の理あらんや、西土《さいど》中國僞經流布する事由來《ゆらいひき》尙し、若糺《もしたゞ》して道理《だうり》に違《たが》はゞ何《なん》ぞ簡去《さら》ざらん、想《おもふ》に圓仁圓珍の二公《こう》是を請來《しやうらい》すると雖《いへ》ども未《いま》だ糾正《きうせい》して眞僞《ぎ》を論《ろん》ずるに暇《いとま》あらざるか已上谷響集 還譽師《くわんよしが》云京師大龍精舍主 或《あるが》云、此符の事谷響集《こくきやうしふに》云が如し、況《いはん》や符を擧《あぐ》るの初に於《おい》て印《いん》法第二と題《だい》す當《まさ》に知《しる》べし百變法門經の中に第一第三の語《ご》なし何《なん》ぞ印法第二の語來《ごきた》らんや、故《ゆゑ》に知ぬ漢土《もろこし》の人誤《あやまり》で漫《みだり》に此經中に加《くはふ》る事を云云 是《これ》を以《もつ》て百變法門經といふ者は四十六符を除去《のぞききつ》て餘《よ》の長行《ちやうぎやう》の文是なり。又云、抱朴子《はうはくし》內篇《だいへん》卷の四に入山《にふざん》符を明《わい》す十八種にして其畫符依《え》用功《ようく》能《のう》を述《じゆつ》する者なり、今百變法門經の中の符は其數《かず》かの入山符に倍《ばい》する事二十八種なり、其符字形《じぎやう》互《たがひ》に相似《あひは》て似ざる物なり、其書《しよ》符依用功《ようく》能《のう》を演述《えんじゆつ》するも亦復爾《またまたしか》り、故《ゆゑ》に尙《なを》餘錄《よろく》を披《ひらい》て鑑校《かんかう》すべきのみ、且云《かついはく》、若《もし》此符穢跡《しやく》金剛の眞說《せつ》なる則《とき》は諸《もろ〳〵》の印相《さう》を說《とく》が如き書符の法を說《とく》べし然《しか》るに其符法を說ずして莫直《まゝぢき》に符形《ぎやう》を說事其理《り》疑《うたが》ふべし、若梵本《もしぼん》には語《ご》言を以て符書の法を說といへども、譯《やく》人唯《たゞ》符形を譯して其符法を略去《ほくさん》といはゞ其譯者《しや》の私情責《しじやうせめ》ずんば有べからず、若次上《もしつぎのかみ》の神呪《しんじゆ》靈要門經所說を符形《ふぎやう》に作《なす》といはゞ符字《ふじ》の形《かたち》と彼神呪《かのしんじゆ》の字數《すう》と過少殆《くわせうほとん》ど異《こと》なり神呪《しんじゆ》の全句《ぜんく》を以て一符《いつぷ》の字と爲《なす》か神呪《しんじゆ》の中《うち》一字を以て亦《また》一符《ふ》字と爲《なす》か是《これ》又當《あた》らず、百變法門《へんはふ》經每符《まいふ》功《く》能等《のうとう》の語勢《ごせい》を以て是《これ》を按《あんずる》に、或《あるひ》は仙家《せんか》の靈符《れいふ》を選取《えらみとつ》て以て烏樞沙摩《うすさま》明王大威《ゐ》神《しん》力を請護《しやうご》し得益《とくえき》せしむるの方便《はうべん》かと云云 又云、百變《へん》法門經の初に爾時金剛白佛言世尊若《そのときこんがうびやくぶつごんせそんもし》有善男子《うぜんなんし》善女人《ぜんによにん》持我此呪《ぢがしじゆ》無效驗者《むかうけんしや》無有是處《むうぜしよ》といふ故《ゆゑ》に知《しら》ぬ此經未だ神呪《しんじゆ》を說《とか》ずは次上《つぎのかみ》の靈要《れいえう》門經に說是《とくこれ》なり此神呪《しんじゆ》を指《さ》す此百變《へん》法門經の初に於《おい》て云《いはく》、持我此呪等《ぢがしじゆとう》といふ也、又此經符《ふ》を載《の》せ次前文《つぎぜんぶん》に先須呪《せんしゆじゆ》十萬遍滿然《まんべんまんぜん》後作法等《こさはふとう》といふ、所謂作法《いはゆるさはふ》とは上來所說《じやうらいしよせつ》の種々《しゆ〴〵》の修法《しゆはふ》を指《さし》て先須呪乃至作法《せんじしゆじゆないしさはふ》といふ也、故に次下《つぎしも》の印法《いんはふ》第二又神變延命法等《しんへんえんめいはふとう》の書符依用等《しよふえようとう》を指《さ》す、先須呪乃至《せんしゆじゆないし》作法と云《いふ》には非《あら》ず、亦既《またすで》に符《ふ》を載《の》す、次下《つぎしも》の長行《ちやうぎやう》の文に說是大妙之法《せつぜだいめうのはふ》。我於汝等此法若流行之處《がおによとうしはふにやくるぎやうししよ》。護此行法之人等上《ごしぎやうほふしにんとう》といふ亦復同意《またまたどうい》なり、故に載《のす》る所の四十六符《ふ》は後人行《こうじんおこな》ふ所なり、當《まさ》に知るべし是《これ》此長行《ちやうぎやう》の文に大衆同聲讚言善哉大力士《たいしゆどうせいさんごんぜんざいたいりきし》汝能說是《によのうせつぜ》大妙之法令諸衆生皆得解《だいめうのほふりやうしよしゆじやうかいとくげ》脫《だつ》といふ普門品《ふもんぽん》の如《ごと》き若受諸苦惱設入大《にやくじゆしよくなうせつにふだい》火若《にやく》大水所漂若羅刹之《しよへうにやくらせつし》難被《なんひ》害怨賊等《がいおんぞくとう》の危難《きなん》を消除《せうぢよ》せしむるを皆得解《かいとくげ》脫《だつ》と說《とく》、今此經の所說令諸衆生皆得解脫《しよせつりやうしよしゆじやうかいとくげだつ》も亦復同意《またまたどうい》なるや但《たゞ》し次上に我《が》卽與《そくよ》授菩提之《じゆぼだいし》記《き》卽得身心《そくとくしんしん》解脫といふ彼此《かれこれ》の文を考《かんが》へ見るに應《まさ》に解脫《げだつ》の言《こと》は現當《げんたう》に通《つう》ずべき者か、此等《これら》の義趣《ぎしゆ》を以て按《あんずる》に載《のす》る所の四十六符等《ふとう》は或《あるひ》は譯人《やくにん》或は後人《こうじん》の所作《しよさ》にして烏樞沙摩の直說《ぢきせつ》ならざるべし、是《これ》を以て載符《ふをのする》の次文に至《いた》り爾時穢跡金剛說此《にじゑしやくこんがうせつし》符已《ふい》といふ所謂符《いはゆるふ》の字は恐《おそ》らくは呪《じゆ》の字の寫誤《うつしあやまり》なるべし、連上《れんじやう》に符《ふ》あり故に筆工誤《ひつこうあやま》りて呪《じゆ》を符《ふ》に作《つく》るか若《もし》然《しか》らば所謂呪《いはゆるじゆ》とは何ぞや、謂《いはく》靈要門經所說《れいえうもんきやうしよせつ》の穢跡眞言是《ゑしやくしんごんこれ》なるべし、佛經《ぶつきやう》の中《なか》に於《おい》て符《ふ》を說《とく》こと未《いま》だ聞ず、何ぞ此經《きやう》に限《かぎ》り此《この》明王に際《かぎ》りて豈符《あにふ》を說《とく》や佛家《ぶつけ》は皆悉《みなこと〴〵》く陀羅尼《だらに》に無量《むりやう》の功能《くのう》を攝在《せつざい》して印《いん》を結《なす》び眞言《しんごん》を呪《じゆ》して各《おの〳〵》利益《りやく》を得さしむる事佛法《ぶつぱふ》の通法《つうはふ》なり、故に經中《きやうちう》に符《ふ》を說《とく》事是未《いま》だ聞《きか》ざる所なり、此經《このきやう》を見《み》る人訛《あやまり》を生する事なかれ。此經の事谷響集《こくきやうしふ》に靈要門經《れいえうもんきやう》と百變法《べんはふ》門經と經の說相眞俗懸《せつさうしんぞくはるか》に隔《へだつ》といふ、然《しか》るに予《よ》還譽 與《あたへ》て是をいはゞ百變法門經《へんぽえもんきやう》は靈要門經《れいえう》の末文《ばつぶん》なり、云何《いかんなれ》ば靈要門經《れいえう》には如是我聞《によぜがもん》一時《じ》佛在狗尸那國乃至若欲令《ふつざいくしなこくないしにやくよくりやう》行病鬼王不入界者乃至能除萬里衰患《ぎやうびやうきわうふにふかいしやないしのうぢよばんりすゐぐわん》と說《とい》て信受奉行《しんじゆぶぎやう》の相《さう》なし、直《ぢき》に經題《きやうだい》を置《お》く百變法《へんぽふ》門經は爾時《にじ》金剛復白佛《こんがうぶくやくぶつ》言乃至爾時《ごんないしにじ》金剛說此法已乃至各奉聖言作禮而去《こんがうせつしはふいないしかくぶせいごんさらいにて》というて如是我聞等《によぜがもんとう》の語《ご》なし、二經《きやう》ともに經題《きやうだい》の頭《かしら》に穢跡金《ゑしやくこん》剛《がう》の四字《じ》を置《おき》たり、是《これ》を以て二經《きやう》通貫《つうくわん》する則《とき》は二經全《まつた》く一經たる故《ゆゑ》に百變《へん》法門經は靈要《れいえう》養經の末文《ばつぶん》なり、若然《もししか》らば一經の連文《れんぶん》を以て始末《しまつ》を分《わけ》て經題《きやうだい》を異《こと》ならしめて二經《きやう》と爲《なす》に何《なに》の意《こゝろ》あらんか、謂《いはく》、同經《どうきやう》同譯故《やくゆゑ》に意味《いみ》思《おも》ひ難《がた》し、但暇日《たゞかじつ》多少《たせう》に由《より》て此異起《このいおこ》るか又二經經題《だい》の意《こゝろ》を勘《かんが》ふるに、穢跡金剛《ゑしやくこんがう》の利益莫大《りやくばくだい》なる事を顯《あらは》さんが爲《ため》に翻譯《ほんやく》の期《ご》に隨《したが》うて經題《きやうだい》を異《こと》ならしむるかと云云

第四五　諸疑論の解說

右百變法門經中に四十六の靈符《れいふ》を說《とく》を以《もつ》て谷響集《こくきやうしふ》に運敞《うんしやう》の論辯《ろんべん》を載《のす》る事前文《ぜんもん》の如《ごと》く、又還譽師《くわんよし》が此符竝《このふならび》に經題等《きやうだいとう》を辯論《べんろん》する事も右前《まへ》に記《き》する如《ごと》く其餘《そのよ》の諸師《しよし》の辯論區々《べんろんまち〳〵》たり、皆其論說《みなそのろんせつ》是《ぜ》に似《に》たりと雖《いへ》ども按《あんずる》に穢《ゑ》跡金剛《しやくこんがう》百變《へん》法門經は阿質達霰《あしつたつさん》三藏《ざう》の譯《やく》にして、貞元新入《ていげんしんにふ》の目錄に入り且圓仁圓珍《かつゑんにんゑんちん》二大師《だいし》の漢土《もろこし》より將來《しやうらい》する所の佛經《ぶつきやう》なり、夫圓仁《それゑんじん》は天台《だい》宗第三代の座主《ざす》にて慈覺《じかく》大師是《これ》なり、又圓珍《ゑんちん》は大台第五代座主《だいざす》三井寺の開山智《かいざんち》證《しよう》大師是《これ》なり、其圓仁《ゑんにん》の傳《でん》を考《かんが》ふるに仁明《みやう》天皇承和《じようわ》五年七月二日に入唐《にふたう》し、楊州海陵縣《やうしうかいりやうけん》の開元寺《かいげんじ》に留《とゞま》りて宗《そう》叡《えい》に從《したが》うて梵學《ぼんがく》を習《なら》ひ全雅《ぜんが》に密教《みつけう》を習《なつ》ひ灌頂《くわんちやう》を受《うけ》、已《すで》に唐《たう》の文宗帝開成《そうていかいせい》四年《ねん》に歸朝《きてう》せんと欲してたま〳〵逆《ぎやく》風に遇《あ》うて再《ふたゝ》び唐國淮南府《たうこくわいなんふ》の海州《かいしう》乃界《さかひ》に還《かへ》りて再《ふたゝ》び歸帆《きはん》を催《もよほ》すと雖《いへ》ども、又逆風《ぎやくふう》に遇《あ》うて登州《とうしう》の界《さかひ》に返《かへ》り

是《これ》を幸《さいはひ》として青州府《せいしうふ》に往《ゆき》て龍興寺《りうこうじ》に居《きよ》す、時に判官《はんぐわん》蕭慶中《しやうけいちう》といふ人禪法《ぜんはふ》を明《あきら》む、圓仁《ゑんにん》是に從《したが》うて參禪《さんぜん》し慶《けい》中の印可《いんか》を得《え》て後五臺山《ごだいざん》の志遠法師《しをんほふし》に摩訶止觀《まかしくわん》を受《うけ》、兼《かね》て台宗《だいしう》の諸書《しよしよ》を寫《うつ》し後《のち》に長安《ちやうあん》に至《いた》りて元政義《げんせいぎ》眞法《しんはふ》全宗顯等《ぜんそうえいとう》の諸大智《しよだいち》識《しき》に從《したが》うて顯密《けんみつ》の奥祕《あうひ》を受《うく》、又天竺《てんぢく》の寶月《はうげつ》三藏《ざう》に悉曇章《しつたんしやう》を受《うく》、長安《ちやうあん》に住《とゞま》る事凡《およそ》六年念誦經《ねんねんじゆきやう》書道具等《しよだうぐとう》五百五十九卷二十一種《しゆ》を得《え》たり。時に會昌《ゑしやう》五年唐《たう》の武《ぶ》宗帝《そうてい》佛法を毀《やぶ》るに遇《あ》うて圓仁《ゑんにん》其難《なん》を辟《さけ》てやうやくして長安をまぬがれ出て本朝承和《てうじようわ》十四年丁卯《ねんひのとのう》に歸朝《きてう》せり。又圓珍《ゑんちん》は本朝文德《てうもんとく》天皇仁壽《にんじゆ》三年八月十五日に入唐《たう》して福州《ふくしう》の開元寺《かいげんじ》に寓居《ぐうきよ》し中天竺國《ぢくこく》の那蘭陀寺《ならんだじ》の般若怛羅《はんにやたら》三藏《ざう》に從《したが》うて梵《ぼん》字悉曇章《しつたんしやう》を學び、兼《かね》て種々《しゆじゆ》の佛經法器《ぶつきやうほふき》を授《さづか》る、此品《しな》智證《ちしよう》の御請來《ごしやうらい》目錄に詳《つまびらか》なり。又諸州《しよしう》を經歷《けいれき》して諸善智《しよぜんち》識《しき》に謁《えつ》し顯密《けんみつ》の奥祕《あうひ》を授《さづか》る又國淸寺《こくせいじ》に於《おい》て敎文《けうもん》三百卷を寫《うつ》す。唐《たう》の宣宗帝《せんそうてい》大中十二年の夏《なつ》歸朝《きてう》せり、我《わが》朝文德《もんとく》天皇天安二戊《つちのへ》寅年なり冬帝都《ふゆていと》に入て大唐《たう》にて得《う》る所の台宗密《だいしうみつ》宗及《およ》び諸宗《しよしう》の經書《きやうしよ》千餘《よ》卷を表上《へう》す。夫圓仁《ゑんにん》圓珍《ちん》二大師の行狀《じやう》を以て見る則《とき》は其將來《しやうらい》の佛經法器《ぶつきやうほふき》に至《いた》るまで無益杜撰《むやくづさん》の物片紙《へんし》寸器《すんき》と雖《いへ》ども携《たづさ》へ持歸《もちかへ》らんや、況《いはん》や圓仁《ゑんにん》圓珍《ちん》の入唐留《にふたうりう》學《がく》は佛法《ぶつほふ》を我朝《わがてう》に弘通《ぐつう》せんが爲《ため》なり、然《しか》れば一佛經《ぶつきやう》と雖《いへ》ども其眞僞《そのしんぎ》不分明《ふぶんみやう》の者を携《たづさ》へ歸《かへ》りて後世無《のちのよむ》眼《がん》の僧俗《そうぞく》をして迷惑《めいわく》さしむるの意《こゝろ》あらんや、今千年の後《のち》に出生《しゆつしやう》して慈覺《じかく》大師圓仁 智證《ちしよう》大師圓珍 の將來《しやうらい》の佛經を是非《ぜひ》するは是己《おの》が淺慮《せんりよ》を以て佛法弘通《ぶつほふぐつう》の開祖《かいそ》の深意《しんい》を量《はか》り識《しら》ざるの致《いた》す所なり。墨子《ぼくし》が絲《いと》を悲《かな》しみ楊朱《やうしゆ》が岐《ちまた》に泣《なく》といふは何の故《ゆゑ》ぞや、佛法《ぶつほふ》の開祖《かいそ》たる二大師《だいし》此經の是非《ぜひ》を糾正《たゞしたゞ》さずして後昆《こうこん》に傳《つた》へ迷《まよ》ひを引の理《り》あらんや豈《あに》思《おも》はざるの甚《はなはだ》しき非《あら》ずや。謹《つゝしん》で按《あんずる》に夫仙敎《それけんけう》は佛《ぶつ》敎なり佛敎は仙敎なり仙敎《けんけう》は神《しん》敎なり、佛說普耀經《せつふえうきやう》に曰、世尊城《せそんしろ》を逾《こえ》て出家《しゆつけ》し、檀特山《だんどくせん》に至《いた》りて始て阿藍迦藍《あらんからん》仙人の處《ところ》に於《おい》て三年が間不用處定《ふようしよぢやう》を學《まな》び、非《ひ》を知《しつ》て便《すなはち》捨《すて》て復《また》鬱頭藍《うつづらん》仙人の處に至《いた》りて三年間非想非非想定《ひさうひひさうぢやう》を學びて非を知《しつ》て亦捨《またすて》たもふと、然《しか》るに又佛說普集《ぶつせつふしふ》經曰《きやうにいはく》、菩薩《ぼさつ》此菩薩といふは卽釋迦牟尼佛を云 二月八日菩提樹下《ぼだいじゆげ》に於《おい》て頭《かしら》を擧《あげ》て明星《みやうじやう》を見て悟道成佛《ごだうじやうぶつ》したまふ。先《まづ》阿藍迦仙《あらんかせん》人鬱頭藍《にんうつづらん》仙人の處に往《ゆい》て恩《おん》を報《はう》ぜんと欲《ほつ》す、時に神人《しんじん》あつて報《つげ》て曰《いはく》、阿藍迦《あらんか》仙人は已《すで》に七日已前《いぜん》に死《し》し鬱頭《うつづ》藍《らん》仙人は已《すで》に三日已前《いぜん》に死《し》すと、釋尊《しやくそん》是を聞《きい》て是非《ぜひ》なく鹿野苑《ろくやおん》に往《ゆい》て五倶輪《くりん》を度《ど》したもふと云云 釋迦如來《しやかにょらい》始て阿藍迦《あらんか》仙人に學《まな》びて非《ひ》を知《しつ》て捨去《すてさり》、又鬱頭藍《うつづらん》仙人に學《まな》びて非なる事を知《し》りて捨去《すてさつ》て後《のち》、明星《みやうじやう》を見て悟道《ごだう》成佛《じやうぶつ》す、先《まづ》二仙人の處《ところ》に往《ゆい》て恩《おん》を報《はう》ぜんとす、已《すで》に非を知《しつ》て捨去《すてさる》今此《これ》何の深恩《しんおん》あつて往《ゆい》て報《はう》ぜんとするや、諸人會《しよにんゑ》すや、佛法《ぶつぽふ》は仙法なり、故《ゆゑ》に佛經《ぶつきやう》に多く仙人を說《とく》、然《しか》りと雖《いへ》ども今漢土《もろこし》の列仙等名《れつせんとうな》は仙と稱《しよう》すと雖《いへ》ども千萬の中此眞實《このしんじつ》の仙道《せんだう》に達《たつ》し眞一の靈旨《れいし》を契悟《けいご》せし仙人なく、只幻術技《たゞげんじゆつぎ》術を以て諸人を迷《まよ》はし或《あるひ》は長生不《ちやうせいふ》死《し》を以て仙《せん》とおもへり、若多《もした》壽《じゆ》にして此眞《しん》一の靈旨《れいし》を悟《さと》らざる仙人は何ぞ松柏《しやうはく》の多《た》壽《じゆ》に異《こと》ならむや、夫元慶《それげんきやう》寺《じ》の安然《あんねん》が著《あらは》し八《はつ》家祕錄《ひろく》を閱《けみ》するに、祕錄卷の下曰《げにいはく》、穢跡金剛法《ゑしやくこんがうはふ》七に穢《ゑ》跡金剛法禁《こんがうはふきん》百變法禁百變法一卷 細註 无《む》能勝譯《のうしようやく》す貞元新入《ていげんしんにふ》目錄に圓仁《ゑんにん》慈覺大師は經《きやう》の字《じ》を加《くは》へ圓珍《ゑんちん》智證大師は下の法《はふ》の字《じ》を除《のぞ》きて亦《また》經の字も無《な》し、無能勝《むのうしよう》亦云《いはく》、阿質達霰《あしつたつさん》譯す已上八家祕錄の文看るべし、圓仁《ゑんにん》は經の字を加《くは》へて百變法經《へんはふきやう》と爲《な》し又圓珍は百變《へん》法經の法の字經の字も除《のぞ》きて法禁《はふきん》百變《へん》とのみ題《だい》する事を經題《きやうだい》に於《おい》て已《すで》に是《かく》の如《こと》く意《こゝろ》を用ゆ、其經中《きやうちう》の是非《ぜひ》を糾正《たゞしたゞ》さらんや、運《うん》敝谷響集《しやうこくきやうしふ》に云《いはく》、想《おも》ふに圓仁圓珍の二公《こう》此經を將來《しやうらい》すと雖《いへ》ども、未《いま》だ糾正《きうせい》して眞僞《しんぎ》を論《ろん》ずるに暇《いとま》あらざるといへるは圓仁圓珍《ゑんにんゑんちん》二大師《だいし》を見る事の淺きなり、豈《あに》圓仁圓珍眞僞《しんぎ》を糾正《たゞしたゞ》さずして一經《きやう》たりとも後昆《のちのひと》に傳《つたへ》むや、若又眞僞《しんぎ》を糾正《たゞしたゞ》して世に傳《つた》ふるといはゞ圓仁圓珍後世《ゑんにんゑんちんこうせい》に佛法《ぶつぽふ》の害《がい》を傳《つた》ふる也、餘經《よきやう》は知《し》らず此百變法經《へんはふきやう》のみは往昔《そのかみ》圓仁圓珍眞僞《しんぎ》を論じ糾正《きうせい》してはなるぬ經なり、嗚呼《あゝ》識《しら》ずや圓仁は天竺《ちく》の寶月《はうぐわつ》三藏《ざう》に從《したが》うて學習《がくしふ》し、圓《ゑん》珍《ちん》は天竺《てんぢく》の般若怛羅《はんにやたら》三藏に學ぶ、此時諸經《しよきやう》の眞僞《しんぎ》を糾正《たゞさず》して豈《あに》杜撰《づさん》の經を將來《しやうらい》せんや、又八家祕錄《はつかひろく》は陽成院《やうせいゐん》の御宇元慶寺勅《ぎようげんきやうじちよく》灌頂傳法沙門安然元慶《くわんちやうでんぽふしやもんあんねんげんけい》九年正月に撰《せん》ずる所の書《しよ》にして、傳教弘法常曉圓行圓仁惠運圓珍《でんげうこうぼふじやうげうゑんぎやうゑんにんけいうんゑんちん》宗叡《そうえい》の八師入唐學法歸朝《しにふたうがくはふきてう》を記し、八師將來《ししやうらい》の經論書圖等《きやうろんしよづとう》の品《しな》を擧《あげ》、已《すで》に台徒《たいと》今に至《いたり》て五大院《ゐん》の先德《せんとく》と稱《しよう》する安然和尙《あんねんくわしやう》の撰《せん》に於《おい》ても思《おも》ふべし、蓋仙家《けだしせんか》の祕授《ひじゆ》する所の靈符寶篆《れいふはうてん》は元來天竺國《ぐわんらいてんぢくこく》の仙家《せんか》より傳《つたへ》たるを漢土《もろこし》の仙《せん》家《か》に於《おい》て已が家の靈符《れいふ》として傳授《でんじゆ》するか漢土《もろこし》仙家の祖《そ》は黃帝《くわうてい》なり、老子《らうし》次《つい》で道德經《だうとくきやう》を述《じゆつ》す故《ゆゑ》に黃老《くわうらう》の敎《をしへ》といへり、此敎《をしへ》は唯淸淨無爲《たゞしやうじやうむゐ》さるゝのみ、煉養服食は說《とか》ず、然《しか》るに赤松子魏伯陽《せきしようしぎはくやう》は煉養《れんやう》をいうて淸淨無爲をいはず、盧生李少君《せいりせうくん》は服食をいうて煉養《れんやう》をいはず、張道陵冠謙之《ちやうだうりようくわんけんし》は符籙《ふろく》をいうて煉養服食《れんやうふくしよく》をいはず。然れば仙家の靈符寶篆《れいふはうてん》は中世天竺《なかごろてんぢく》の仙家《せんか》の法《はふ》を傳へるが、又天竺の仙敎《せんけう》に疑《ぎ》して漢土《もろこし》の仙家に於《おい》て中世張道陵冠《なかごろちやうだうりようくわん》嫌之《けんし》等始《とうはじめ》て傳《つた》へたるや識《しる》べからず、是《これ》を以て按《あんず》るに佛經の靈符印法《いんぽふ》は漢土《もろこし》の仙家の據《よんどころ》といふも可《か》なり、今の僧徒《そうと》仙敎《せんけう》の由來《ゆらい》を識《し》らず、唯《たゞ》その靈符は漢土《もろこし》の仙家の者のみと思《おも》ふに依《より》て、此百變法經《へんはふきやう》の靈符を看《み》て蜀《しよく》犬雪《けんゆき》にほゆるが如《ごと》く種々《しゆ〳〵》の辯論《べんろん》をなす、猶《なほ》經中の印《いん》法第二に疑《うたが》ひあらば此經の善本《ぜんほん》を閱《み》て疑氷《ぎひよう》を解《とく》べし、其百變法門經《へんほふもんきやう》は靈要《れいえう》門經の末文《ぶん》なりといふに於《おい》ては甚《はなは》だ當《あた》れり、恐《おそ》らくは是《これ》ならん、靈要門經《れいえうもんきやう》百變《へん》法門經は佛《ぶつ》說《せつ》の仙敎《せんけう》を修行《しゆぎやう》するの仙經《せんきやう》なり、其今の黃老《くわうらう》の道《みち》を說《とく》者煉養服食符籙等《れんやうふくしよくふろくとう》を以て仙家の至敎《しけう》とおもへるは神仙《しんせん》至道《しだう》の靈旨《れいし》を識《しら》ざるに依《より》てなり、然りと雖《いへ》ども末世《まつせ》の人情皆《にんじやうみな》以て奇妙《きめう》を說《とき》奇異《きい》の術《じゆつ》を作《な》す則《とき》は神仙《しんせん》なりと尊《そん》信《しん》し、其神仙の靈敎《れいけう》たる眞《しん》一の旨《むね》を說《とく》ときは聾《らう》の如《ごと》く啞《あ》の如《ごと》し、噫是を如何《いかゞ》せん。若眞實《もししんじつ》に神仙の至道《しだう》を慕《した》ふ者あらば仙家に此眞《このしん》一の靈旨ある事を知《しつ》て始て玄門《げんもん》を尊信《そんしん》すべし。

第四六　急々如律令、莎訶、解脱の辨

玄門《げんもん》の符呪《ふじゆ》に急々如律令を用る事は叓文類聚《じもんるゐじゆ》に曰《いはく》、律令は是雷邊《らいへん》の捷鬼《しようき》なり、此鬼善走て《このをによくはしり》雷《らい》と相疾速《あひしつそく》なり、故《ゆゑ》に此鬼《き》の疾走《とくはし》るといふ義《ぎ》を以て符呪の結句《けつく》に是を用ゆ、柳文《りうぶん》四十一巻に纛《たう》を祭《まつ》る禡文牙文等《ぶんひやうがぶんとう》の末に急々如律令の文字を用ゆ、又貲《し》暇錄云《かろくにいはく》、符呪《ふじゆ》の類末句《るゐまつく》に急々如律令者人以爲《おもへらく》酒《さけ》を飲《のむ》の律令の如《ごと》く速《すみやかに》去《さつ》て滯《とゞこほる》ことを得《え》ずと、又漢朝《かんてう》に下行《げぎやう》の書《しよ》ごとに皆律令の如しと云、又佛説《ぶつせつ》の陀羅《だら》尼《に》神呪《しんじゆ》には薩《そ》嚩《わ》訶《か》沙《そ》婆《は》訶《か》薩《そ》訶《こ》等《とう》を用ゆ、沈存中筆談《ちんそんちうひつだん》に詳《つまびらか》に出《いで》たり、又些娑《そわかそわか》も同じ、是は楚辭《そじ》に出て只語《たゞこ》の終《をはり》に云事前《まへ》の薩嚩訶と同意《どうい》なり、飜譯名義集《ほんやくめいぎしふ》第五に娑婆訶《そわか》或《あるひ》は莎訶《そわか》とも此《こゝ》には善説《ぜんせつ》とも散去《さんきよ》とも飜《ほん》すと。然《しか》れば佛説《ぶつせつ》の陀羅尼《だらに》神呪《じんじゆ》の末句《まつく》仙教《せんけう》の神呪《じんじゆ》の末句に於《おい》て深意《しんい》あるに非《あら》ず、故《ゆゑ》に薩嚩訶といふべきを急々如律令《れい》と作すは此經《きやう》專《もつぱら》に修仙《しゆせん》の要《えう》を説《とく》を以て漢土《もろこし》の仙教《せんけう》に順《したが》うて急々如律令と作《なす》は飛譯《ひんほく》の師《し》の作略《さりやく》なるべし、又經中の印法《いんはふ》は名義集《めいぎしふ》巻の三四十六丁云《いはく》、優檀那《うたや》は妙玄《めうげん》に云此《こゝ》に印《いん》といふ亦《また》は宗《そう》と飜《ほん》す、印は是楷定《かいてい》して改易《かいえき》すべからず、釋名《しやくめい》に云印《いん》は信《しるし》なり、物に對《たい》して驗《しるし》を爲《な》す所以《ゆゑん》なりと、然《しか》れば天竺《てんぢく》にも印《いん》なきに非《あら》ず、又經中《ぎやうちう》の解脱《げだつ》を説《とく》こと名義《めいぎ》集《しふ》巻の十七三十丁云、解脱は肇曰《てうのいはく》、縱任無礙《しようぢうなげ》にして塵累拘《ぢんるゐかゝは》ること能《あた》はざるは解脱なり、又曰、心自在《しんじざい》を得《え》て不能《ふのう》の爲《ため》に縛《ばく》せられざるを解脱《げだつ》といふ、淨名《じやうみやう》の疏《そ》に云く一には眞性《しんしやう》二には實慧《じつゑ》三には方便《はうべん》、故《ゆゑ》に經云、若菩薩此《ぼさつこの》解脱に住《ぢう》すれば能《よく》須彌《しゆみ》の高廣《かうくわう》なるを以て芥子《けし》の中《なか》に内乃至《いれないし》種々《しゆ〲》に變現《へんげん》して測《はかる》ことなき即是《すなはちこれ》三種《じゆ》の解脱不思議《げだつふしぎ》の義《ぎ》なり。何《いかんと》

者《なれ》ば諸《もろ〳〵》の菩薩《ぼさつ》解脱あれば即是眞性《すなはちこれしんしやう》なり、若《もし》菩薩の此《こゝ》に住《ぢう》するは即是實慧《じつゑ》能須彌《よくしゆみ》を以て芥子《けし》に入等《いると》は即是方便《はうべん》なりと、其百變《へん》法門經に烏樞沙摩《うすさま》金剛《こんがう》を大衆同聲《たいしゆうどうせい》に讃言《さんげん》して善哉《ぜんさい》大力士汝能是《なんぢよくこれ》大妙《めう》の法《にふ》を說《とい》て諸《もろ〳〵》の衆《しゆ》生《じやう》をして皆解脱《みなげだつ》を得《え》せしむといふの解脱《げだつ》は上《かみ》の解脱の說《せつ》を以て考《かんが》へ見るべし。還譽師《くわんよし》が普門品《ふもんぼん》をのみ引《ひい》て辯《べん》ずれども普門品同意《ふもんぼんどうい》の解脱《げだつ》は陀羅尼《だらに》集經中《しふきやうちう》に多く見《み》えたり往《ゆい》て見《み》るべし、又飜譯《ほんやく》名義集卷の五丁に目帝羅《もくていら》こに解脱といふ淨名《じやうみやう》の記《き》を引《ひき》又智度論《ちとろん》を引《ひい》て詳《つまびらか》に解脱の義《ぎ》を明《あか》す、摩騰法師《まとうほふし》漢《かん》の明帝《めいてい》に答《こたへ》て曰《いはく》、佛初て成道《じやうだう》の時菩提樹下《ぼだいじゆか》に坐《ざ》す、世人未《せじんいま》だ是佛の光明顯照《くわうみやうけんせう》する事を識《し》らず、咸言《みないふ》て曰、摩訶大仙生《まかだいせんしやう》ず未曾《みぞう》有なりと、舍利弗目蓮等空中《しやりほつもくれんとうくうちう》に坐臥《ざぐわ》し神化自在《しんげじざい》なり、相謂《あひいひ》て言《いはく》、此是大仙《これこのだいせん》の弟子《でし》なりといへり。是《これ》を以て知《し》るべし仙教《けう》は佛教《ぶつけう》より先《さき》に天竺《てんぢく》に弘通《ぐつう》する事を。故《ゆゑ》に曰、佛教即仙教《せんけう》仙教即神教《しんけう》なりといふ事を眞《しん》一の靈旨《れいし》悟《さとら》ば是《これ》を會得《ゑとく》すべし。

多藏必厚亡。甚愛必大費

知ㇾ足不ㇾ辱。知ㇾ止不ㇾ殆

魚相二忘於江湖一。人相二忘乎道術一

不老長生 神仙術證蹟錄

大教正　柄澤照覺　著

第一　四教一味の祕旨

一、神道唯一と仙教の眞一

抑々《そも〳〵》仙教《せんけう》を無學《むがく》なる僧《そう》は邪法《じやはふ》というて讒《ざん》し、俗儒《ぞくじゆ》の輩《やから》は虛談《きよだん》と誹《そし》る。神學者《しんがくしや》も亦然《またしか》り。是《こ》れ全《まつ》たく仙教《せんけう》の奧旨《あうし》を知《し》らざる愚蒙《ぐまう》の輩《やから》の、我《わ》が玄門《げんもん》の至道《しだう》たる事《こと》を知《し》らざるを以《もつ》てなり。然《しか》し列仙傳中《れつせんでんちう》に載《の》る仙人等《せんにんら》は、其《そ》の餘《よ》皆是《みなこ》れ玄門《げんもん》の靈旨《れいし》を大悟《たいご》したる神仙《しんせん》といふには非《あら》ず。誠《まこと》の神仙《しんせん》といふは、傳中《でんちう》に於《おい》て數《すう》十人《にん》に過《すぎ》ず、其《そ》の餘《よ》は多《おほ》く僞仙《ぎせん》にして、甚《はなは》だしきは幻法魔術者《げんぱふまじゆつしや》の類多《たぐひおほ》し。集仙傳《しふせんでん》、神仙傳《しんせんでん》、續神仙傳《ぞくしんせんでん》、仙傳拾遺《せんでんじふゐ》等《とう》に載《の》る者《もの》も又《また》然《しか》り。之等《これら》の事《こと》は其《そ》の道《みち》に入《いり》て學《まな》ばざれば、眞僞《しんぎ》何《なん》ぞ辨《べん》ずる事《こと》を得《え》んや。故《ゆゑ》に大平廣記《たいへいくわうき》の第《だい》一にも、神仙《しんせん》と術士《じゆつし》、方士《はうし》、羽客《うかく》、仙人《せんにん》の部《ぶ》を分《わ》けたり。

それ神仙玄門《しんせんげんもん》の至教《しけう》たるや、日本《にほん》に於《おい》ては神道唯一《しんだうゆゐ》の靈教《れいけう》と一般《ぱん》、天竺《てんぢく》にては釋尊《しやくそん》大乘《だいじよう》の妙旨《めうし》に契《かな》へり、漢土《もろこし》に於《おい》ては聖人太《せいじんた》一の至教《しけう》に合《がつ》す。故《ゆゑ》に神道《しんだう》にては、元レ元入二元初一、本レ本任二本心一といひ、宗萬法歸レ一、源諸縁開レ基といふ。皇國開闢以來唯一《くわうこくかいびやくいらいゆゐ》神道《しんだう》といふ。唯一《ゆゐ》神道《しんだう》の唯一《ゆゐ》は兩部習合《りやうぶしふがふ》に對《たい》して唯一《ゆゐ》といふには非《あら》ず、唯受《ゆゐじゆ》一人等《にんとう》などといふの唯一《ゆゐ》に非《あら》ず、此《こ》の唯一《ゆゐ》の神旨《しんし》を得《う》る時《とき》は、即《すなは》ち神即仙《しんそくせん》、仙即神《せんそくしん》たることを悟《さと》らん。

牡丹花肖柏

豊受皇太神宮御鎮坐本紀《とようけくわうたいじんぐうごちんざほんぎ》云《にいはく》、皇天倭姫内親王《あめやまとひめないしんわう》に託宣《つげたま》はく、天《あま》照太神《てらすおほみかみ》は悉《ことごと》く天《あま》の原《はら》を治《をさ》め、天統《あまつひつぎ》を輝《かゞや》かし給《たま》ふ、皇孫《すべみまこの》尊《みこと》は専《もつぱ》ら葦原《あしはら》の中國《なかつくに》を治《をさ》め、日《ひ》嗣《つぎ》を受《う》け給《たま》ひ、聖明《せいめい》の及《およ》ぶ所《ところ》、到《いた》り屬《つか》ずといふ事《こと》なし。宗廟社稷《そうべうしやしよく》の靈《れい》、得《とく》一無《む》二の盟《ちかひ》、百王《わう》の鎮護《ちんご》、孔《はなは》だ照《あき》らかなり。是《これ》を以《もつ》て人《ひと》は天地《てんち》に本《もと》づいて命《めい》を續《つゞ》くと（中略）故《ゆゑ》に情《こゝろ》を天地《てんち》に齊《ひとし》うし、想《おも》ひを風雲《ふううん》に乘《じよう》ずる者《もの》を、道《みち》に従《したが》ふの本《もと》と爲《し》て、神《かみ》を守《まも》るの要《えう》たり、將《まさ》に方言《はうげん》の雜説《ざつせつ》を除《すて》て、一心《しん》の定準《のり》を擧《あげ》んとす。即《すなは》ち天命《てんめい》に配《なら》ひて神氣《しんき》を嘗《な》めよ、理《ことは》り實《まこと》に灼然《しやくぜん》たり。故《ゆゑ》に神《かみ》を祭《まつ》るは淸淨《しやうじやう》を先《さきん》ずべし、我《われ》は鎮《とこし》へに得《う》レ一を以《もつ》て念《ねん》とすと。

此《こ》の一を得《う》るを以《もつ》て念《ねん》とするとの御託宣《ごたくせん》、これ即《すなは》ち唯一《ゆゐ》にして、仙教《せんけう》の眞《しん》一と一致《ち》なり。意《こゝろ》を無爲《むゐ》にして考《かんが》へ見《み》るべし。

因《ちなみ》に桃《もゝ》の木《き》の靈樹《れいじゆ》たることは、支那《しな》にて西王母《せいわうぼ》の桃《もゝ》を始《はじ》め、桃源《たうげん》あり、桃實《たうじつ》の能《よ》く疫疾《えきしつ》を拂《はら》ひ、魔障《ましやう》を防《ふせ》ぐの類《るゐ》し、又桃《またもゝ》の葉《は》の煎湯《せんたう》に浴《よく》すれば、皮膚病治癒《ひふびやうぢゆ》の效《かう》あり、日本《にほん》にても伊邪那岐尊黄泉國《いざなぎのみことよみのくに》の追兵《つゐへい》を防《ふせ》ぐに桃《もゝ》を以《もつ》てし、大神實神《だいじんじつしん》と祀《まつ》らるゝに至《いた》れり。佛經中《ぶつきやうちう》にも桃樹《たうじゆ》の靈木《れいぼく》たる事《こと》を說《と》き、佛說陀羅尼集《ぶつせつだらにしふ》卷《まき》の第《だい》十の二十五丁《ちやう》、大靑面金剛呪法大呪第《だいせいめんこんがうじゆはふだいじゆだい》一に曰《いは》く、若《も》し時氣天行病《じきてんかうびやう》を患《うれふ》る者《もの》は、桃杖《たうぢやう》を以《もつ》てこれを打《う》てば、其《そ》の病《やまひ》卽《すなは》ち癒《いや》すと說《と》き、又穢跡金剛說神通大滿陀羅《またゑしやくこんがうせつじんつうだいまんだら》尼法術靈要門經《にほふじゆつれいえうもんきやう》四丁等《ちやうとう》にも同《どう》一の說《せつ》あり、神壽《しんじゆ》、佛經《ぶつきやう》、醫書《いしよ》、仙敎《せんきやう》いづれも桃木《たうぼく》の神靈《しんれい》を載《の》すること同《どう》一なり。故《ゆゑ》に神符靈符《しんふれいふ》は必《かなら》ず桃木版《たうぼくばん》を用《もち》ふべく、又諸神體《またしよじんたい》、諸符用《しよふよう》の材《ざい》は、常《つね》に桃樹《たうじゆ》を尊重《そんちよう》す。斯《か》くの如《ごと》き有形上《いうけいじやう》の儀法《ぎはふ》に至《いた》るまで、四敎《けう》の一致《ち》同味《どうみ》なるを表證《へうしよう》せり。

二、佛法大乘と仙敎の眞一

佛敎《ぶつけう》の大乘妙法《だいじようめうほふ》と、仙敎《せんけう》の眞《しん》一の靈旨《れいし》と又《また》一般《ぱん》なり、故《ゆゑ》に佛說本行經《ぶつせつほんぎやうきやう》に曰《いは》く、忍辱修行《にんにくしゆぎやう》三千三百劫《こふ》にして始《はじ》めて金仙《きんせん》を證《しよう》し、號《なづ》けて淸淨《しやうじやう》自然覺王如來《しぜんかくわうによらい》といふと。又般若燈論《またはんにやとうろん》に曰《いは》く、聲聞《しやうもん》、菩薩等《ぼさつとう》も亦仙《またせん》と名《な》づく、佛《ぶつ》は中《なか》に於《おい》て最尊上《さいそんじやう》の故《ゆゑ》に、已《すで》に一切《さい》の波羅密多《はらみた》の功德善根彼岸《くどくぜんこんひがん》を有《いう》するが故《ゆゑ》に金仙《きんせん》と名《な》づくと。又佛《またぶつ》說普耀經《せつふえうきやう》には、佛《ぶつ》が檀特山《だんどくせん》に至《いた》り始《はじ》めて阿藍迦藍仙人《あらんからんせんにん》の處《ところ》にて仙敎《せんけう》を學《まな》び給《たま》ひ、後《の》ち普集園《ふしふゑん》に入《い》り、佛《ぶつ》二月《ぐわつ》八日《か》菩提樹《ぼだいじゆ》の下《もと》に於《おい》て明星《みやうじやう》を見《み》て、悟道成佛《ごだうじやうぶつ》し給《たま》ひ、先《ま》づ阿藍迦藍仙人《あらんからんせんにん》の處《ところ》に行《ゆい》て恩《おん》を報《はう》ぜんと欲《おも》ひ給《たま》ふ所《ところ》に、神人《しんじん》あつて告《つげ》て曰《いは》く、阿藍迦藍仙人《あらんからんせんにん》は既《すで》に仙《せん》し去《さ》ると。爰《こゝ》に於《おい》て乃《すなは》ち鹿野苑《ろくやをん》に往《ゆい》て、五倶倫《ぐりん》を度《ど》し給《たま》ふと、此《こ》の佛說無學《ぶつせつむがく》の雛僧等《すうそうら》は何《なん》ぞ知《し》ることを得《え》ん。

又妙法蓮華經《またみやうほふれんげきやう》の提婆達多品第十三《だいばたつたほんだい》に云《いは》く、時《とき》に仙人《せんにん》あり來《きた》りて王《わう》に白《まう》して言《いは》く、我《われ》に大乘《だいじよう》あり妙法蓮華經《めうほふれんげきやう》と名《な》づく、若《も》し我《わ》が敎《をしへ》に違《たが》はずんば當《まさ》に爲《た》めに說《と》くべしと。王《わう》は仙人《せんにん》の言《ことば》を聞《きい》て歡喜踊躍《くわんきようやく》し、卽《すなは》ち仙人《せんにん》に隨《したが》ひ給仕《きふじ》すと、又佛說大集日藏經第九《またぶつせつだいしふにちざうきやうだい》の送使品《そうしほん》に曰《いは》く、彼《か》の佉盧虱吒仙人《ぎろしつだせんにん》は無量劫《むりやうごふ》より以來《いらい》、種々《しゆ〴〵》の福德具足《ふくとくぐそく》圓滿《ゑんまん》して、乃至淨飯王《ないしじやうばんわう》の家《いへ》に生《うま》れ、摩耶夫人《まやふじん》の腹內《ふくない》に託在《たくざい》し、既《すで》に生《うま》れて、手《て》を擧《あげ》て唱言《いは》く、我《われ》は三界中《かいちう》にて最尊最勝《さいそんさいしよう》なりと、又同經第八《またどうきやうだい》にも佉盧仙人《ざろせんにん》の事《こと》を說《と》き、其《そ》の餘《よ》の佛經《ぶつきやう》に仙人《せんにん》を說《とき》きて、仙教《せんけう》の靈旨《れいし》を演《のぶ》ること多《おほ》し。

釋尊以前の仙人

持明仙

佛說摩利支天經《ぶつせつまりしてんきやう》に曰《いは》く、爾《そ》の時世尊《ときせそん》は諸《もろ〳〵》の比丘《びく》に告《つげ》て曰《たまは》く、日《ひ》の前《まへ》に天《てん》あり、摩利支《まりし》と名《な》づく、大神通自在《だいじんつうじざい》なり(中略)我《わ》が佛《ぶつ》の實語《じつご》を護《ご》し、我《わ》が法《はふ》の實語《じつご》を護《ご》し、我《わ》が僧《そう》の實語《じつご》を護《ご》し、我《わ》が天《てん》の實語《じつご》を護《ご》し、我《わ》が仙人《せんにん》の實語《じつご》を護《ご》すと。卽《すなは》ち佛經《ぶつきやう》に佛法僧《ぶつぽふそう》と天《てん》と仙人《せんにん》との實《じつ》なる語《ご》を、摩利支天《まりしてん》が守護《しゆご》せらるゝことを、釋迦《しやか》が說明《せつめい》し證據立《しようこだ》てられて居《ゐ》る。

自家《じか》の敎主《けうしゆ》の說《と》く所《ところ》も知《し》らず、たゞ〳〵排他自尊《はいたじそん》に目《まなこ》くれ、氣驕《きおご》りて、仙教《せんけう》を邪法迷敎《じやほふめいけう》などといふは、滑《こつ》稽《けい》といふよりも、却《かへ》りて憐《あは》れなものなり。古歌《こか》に、「麓《ふもと》なる、一木《ひとき》の花《はな》を、知《し》り顏《がほ》に、また奧《おく》も見《み》ぬ、三吉野《みよしの》の花《はな》」とあるが、一を知《し》つて二三乃至《ないし》十全《ぜん》を知《し》らぬものは、如何《いか》にも氣《き》の毒《どく》である。吉野《よしの》の花《はな》を悉《ことごと》く一日《ひとひ》に見渡《みわた》せば、我他彼此《がたひし》の別《べつ》は見出《みだ》さぬ、唯《た》だ感《かん》に堪《た》へぬばかりで一致同味《ちどうみ》の大玄《たいげん》を直觀《ちよくくわん》することが出來《でき》る。
そこが、これはこれはとばかり花《はな》の吉野山《よしのやま》である。

三、儒教惟一と仙教の眞一

儒教《じゆけう》に一あり、是《こ》れ仙教《せんけう》の眞一《しん》と別《べつ》ならず、書經《しよきやう》の大禹謨《だいうぼ》に曰《いは》く、人心惟《じんしんこ》れ危《あやふ》し、道心惟《だうしんこ》れ微《び》なり、惟《こ》れ精《せい》、惟《こ》れ一《いつ》とあり、中庸《ちうよう》の序《じよ》に曰《いは》く、上古《じやうこ》の聖神《せいしん》が天《てん》に繼《つい》で極《ごく》を立《た》てしより、道統《だうとう》の傳《でん》よつて來《き》たるゝとあり、其《そ》の經《きやう》に見《み》えたるは、允《まこ》とに厥《そ》の中《ちう》を執《と》るとは、堯《げう》の舜《しゆん》に授《さづ》くる所以《ゆゑん》なり、人心惟《じんしんこ》れ危《あやふ》く、道心惟《だうしんこ》れ微《び》なり、惟《こ》れ精《せい》、惟《こ》れ一にして、允《まこ》とに厥《そ》の中《ちう》を執《とら》んとは、舜《しゆん》の禹《う》に授《さづ》くる所以《ゆゑん》なり、堯《げう》の一言至《ごんいた》れり盡《つく》せり。而《しか》して舜《しゆん》またこれに益《ま》すに三言《げん》を以《もつ》てするものは、それ堯《げう》の一言《ごん》は必《かなら》ず是《かく》の如《ごと》くにして後《の》ち庶幾《ちかか》るべき事《こと》を明《あか》す所以《ゆゑん》なり。蓋《けだ》し試《こゝろ》みに是《これ》を論《ろん》ぜん、心《こゝろ》の虛靈智《きよれいち》覺《かく》は一のみと。

周子書《しうししよ》の聖學第《せいがくだい》二十に曰《いは》く、聖《せい》は學《まな》ぶべけんや、曰《いは》く可《か》なり、曰《いは》く要《えう》ありや、曰《いは》く有《あ》り、請《こ》ふ聞《きか》む、曰《いは》く一を要《えう》すと、此《こ》の他《た》に一を說《と》くこと枚擧《きいきよ》に遑《いとま》あらず。是《こ》れ皆玄門《みなげんもん》の眞一《しん》にして、老子《らうし》の道德經《だうとくきやう》に所謂《いはゆる》、天《てん》は一を得《え》て以《もつ》て淸《きよ》く、地《ち》は一を得《え》て以《もつ》て寧《やす》く、神《かみ》は一を得《え》て以《もつ》て靈《れい》なり、萬物《ばんぶつ》一を得《え》て以《もつ》て生《しやう》すといふのと一理《り》なり。又六韜《またりく》の兵道第《へいだうだい》十二に曰《いは》く、武王大公《ぶわうたいこう》に問《と》ふて曰《いは》く、兵道如何《へいだういかん》と、大公曰《たいこういは》く、凡《およ》そ兵《へい》の道《みち》は一より貴《たふと》きはなし、一は能《よ》く獨往獨來《どくわうどくらい》すと、是《こ》れ兵道《へいだう》にも一を神要《しんえう》とすること明《あき》らかなり、七書《しよ》の中《なか》にも同說多《どうせつおほ》し。

それ神《しん》、儒《じゆ》、佛《ぶつ》の道《みち》に於《おい》て、皆《みな》かくの如《ごと》し、既《すで》に兵道《へいだう》の奥旨《あうし》すら一あり、是《こ》れ道《みち》の本體《ほんたい》にして其《そ》の道《みち》に依《よつ》て强《しひ》で種々《しゆぐ》の號《な》を説《つ》けて此《こ》れを説《と》くのみ、依《よつ》て禪家《ぜんけ》にては一の本體《ほんたい》を本來《ほんらい》の面目《めんもく》といふ。その宗旨《しうし》〱に於《おい》て名《な》を異《こと》にするも、其《そ》の至《いた》る所《ところ》の目當《めあて》は皆《みな》これ一の場所《ばしよ》なりと會得《ゑとく》すべし。

我《わ》が仙教《せんけう》に於《おい》ても又强《またしひ》て名《な》づけて眞一《しん》といふ、故《ゆゑ》に仙教《せんけう》に於《おい》て皆《みな》一となづけ、仙人胎息觀念《せんにんたいそくくわんねん》して、此《こ》の眞《しん》一を大悟《たいご》せんことを工夫《くふう》する間《あひだ》を守《しゆ》一といふなり。故《ゆゑ》に抱朴子內篇卷《はうぼくしないへんまき》の三に曰《いは》く、守神《しゆじん》を養《やしな》ふの要《えう》を知《し》れば、長生久視《ちやうせいくし》すといへり。又卷《またまき》の一に曰《いは》く、仙經《せんきやう》にいふ、丹《たん》を服《ふく》し一を守《まも》りて天《てん》と相畢《あひをは》り、還精胎息壽《くわんせいたいそくじゆ》を延《のべ》る事《こと》極《きは》まりなし、之《こ》れ皆至道《みなしだう》の要言《えうげん》なりといへり。又白眞人全集卷《またはくしんじんぜんしふまき》の八に曰《いは》く、丹經萬卷《たんきやうまんぐわん》も一を守《まも》るには如《しか》ず、其《そ》の一を守《まも》り得《う》れば、萬法《ばんぱふ》一に歸《き》す、

李白の儒仙一體觀

是《こ》の故《ゆゑ》に天《てん》は一を得《え》て以《もつ》て淸《きよ》しと、一に就《つい》ての工夫觀法《くふうくわんぱふ》は至《いた》れり盡《つく》せり。

身體《しんたい》を一にし、心《こゝろ》を一にし、心身《しんしん》を一にす、體《たい》なれば病《やまひ》なし、不老《ふらう》なり、心《こゝろ》一なれば神《しん》なり、不死《ふし》なり、一致《ち》せる心身《しんしん》は天地《てんち》と一體《たい》なり、何所《いづこ》にか病老《びやうらう》あらん、なんすれぞ死滅《しめつ》あらんや。

四、諸教一致の玄談

苟《いやし》くも生《い》きとし生《い》けるものは、動物《どうぶつ》は愚《おろ》か、草木《さうもく》に至《いた》るまで、生《せい》を喜《よろこ》び、死《し》を嫌《きら》はぬものはない。而《しか》して成《な》るべく病《やまひ》に罹《かゝ》らず、いつまでも若々《わかく》しく一日《にち》も永《なが》く、否《いな》、永久不老不死《えいきうふらうふし》たるを欲《ほつ》せぬものはない。併《しか》しながら生《せい》あれば茲《こゝ》に死《し》ありて、死《し》は生物《せいぶつ》の免《まぬか》れぬ所《ところ》であり、合理的自然《がふりてきしぜん》の法則《はふそく》である。

そこで死後《しご》に於《な》ける永世不朽《えいせいふきう》を以《もつ》て、現生《げんせい》の不死《ふし》に代《か》ふるに至《いた》つたのが、所謂宗教《いはゆるしうけう》である。基督教《キリストけう》が信仰《しんかう》に依《よ》つて、死後天國《しごてんごく》に赴《おもむ》き、神《かみ》と相伍《あひご》して永生《えいせい》を得《う》るといふのも、佛教《ぶつけう》で六度萬行《どまんぎやう》を修《しう》し、大悟成佛《たいごじやうぶつ》して永《えい》世不滅《せいふめつ》といふのも、淨土門《じやうどもん》で淨土往生《じやうどわうじやう》といふのも、神道《しんだう》の死後《しご》高天原《たかまがはら》にいつて神靈界《しんれいかい》に入《い》るといふのも、無《む》病不老《びやうふらう》、不死不滅《ふしふめつ》を死後《しご》に求《もと》むるといふ點《てん》に於《おい》て寸毫《すんがう》も異《こと》なる所《ところ》はないのである。

今生《こんじやう》に於《おい》て不死《ふし》が得《え》られぬ故《ゆゑ》、之《これ》を死後《しご》に取《と》り替《か》へたのは止《や》むを得《え》ぬが、死後《しご》は矢張《やは》り死後《しご》であつて、如《い》何《か》に死後《しご》の生活《せいくわつ》が極樂《ごくらく》であり結構《けつこう》であり、又永生不朽《またえいせいふきう》であつても、少《すこ》しも現在《げんざい》の所得《しよとく》にはならぬ。惡《わる》く云《い》へば取《と》らぬ狸《たぬき》の皮算用《かはざんよう》である。更《さら》に言《い》ひ換《か》ふれば、明日《あす》の百圓《ゑん》は結構《けつこう》だが、それよりは今日《けふ》の一圓《ゑん》が、より以《い》上《じやう》に肝要《かんえう》であらねばならぬ。

そこに目《め》をつけたのが仙教《せんけう》である。死後《しご》の永世不朽《えいせいふきう》は勿論肝要《もちろんかんえう》である、その點《てん》は他《た》の諸教《しよけう》と少《すこ》しも相異《さうい》はない。が、併《しか》し出來《でき》ることなら、此《こ》の世《よ》を極樂淨土《ごくらくじやうど》にしたい、今生《こんじやう》を不老不死《ふらうふし》にしたい。よし一歩《ぽ》を讓《ゆづ》りてそれまでにゆかぬでも、一日《にち》でも若々《わかく》しく年寄《としよ》らぬやうに、一日《にち》でも長《なが》く生《いき》るやうにしたいといふのが、仙《せん》教《けう》の獨得《どくとく》の目的《もくてき》であり、神仙道《しんせんけう》の大骨目《だいこつもく》である。

無病《むびやう》で一日《にち》でも永《なが》く生《い》き延《の》びたい、恐《おそ》らく如何《いか》なる愚人《ぐじん》でも之《こ》れに異議《いぎ》はあるまい。尤《もつと》も情死《じやうし》その他《た》無暗《むやみ》に折角《せつかく》の人生《じんせい》を臺《だい》なしにして、死《し》にたがるものもあるやうではあるが、それ等《ら》は例外《れいぐわい》の例外《れいぐわい》、冬《ふゆ》の雪降《ゆきふ》る最《も》中《なか》に咲《さ》く櫻《さくら》の花《はな》のやうなもので、千萬《まん》に一つ位《ぐらゐ》の狂《きちが》ひ櫻《ざくら》であるから、そんなのは別《べつ》として、可成無病《なるべくむびやう》、可成《なるべく》長生《ちやうせい》、之《これ》が萬人共通《まんにんきようつう》の企望《きばう》、天地《てんち》を叩《たゝ》き破《わ》つたやうな大悟《たいご》の一休和尚《きうをしやう》すら、今《いま》はの際《きはで》弟子《し》が教《をしへ》を乞《こ》うたれば、死《し》にたくないと言《いは》れた。議論《ぎろん》も理窟《りくつ》もない、人間《にんげん》は何《なに》より無病長生《むびやうちやうせい》に限《かぎ》る、それを直接《ちよくせつ》に達成《たつせい》しやうといふのが神仙道《しんせんだう》である。他《た》の宗教《しうけう》も結局《けつきよく》はそこに歸著《きちやく》するのであるが、それを廻《まは》り遠《とほ》くあちこち引摺《ひきず》り歩《ある》いて、間接《かんせつ》にやらうといふのである。後生疑《ごしやううたが》ひない故《ゆゑ》、現世《げんせ》も大切《たいせつ》にせよと、死《し》を知《し》るは生《せい》に善處《ぜんしよ》せんためとかいふのは、結局現世《けつきよくげんせ》の幸福《かうふく》を目指《めざ》すのではないか。

黄帝と廣成子

現世《げんせい》の無病長生《むびやうちやうせい》、それは浄土往生《じやうどわうじやう》よりも天國行《てんごくゆき》よりも高天原詣《たかまがはらまうで》よりも、何《なに》よりも一切《さい》の先決問題《せんけつもんだい》である。此《こ》の問題《もんだい》を極《きは》めて完全《くわんぜん》に、最《もつと》も現實的《げんじつてき》に解決《かいけつ》するのが神仙術《しんせんじゆつ》である。

不レ尚レ賢、使二民不一レ爭、不レ貴二難レ得之貨一、使二民不一レ爲レ盜。

不レ見レ可レ欲、使二心不一レ亂、是以聖人之治、虚二其心一實二其腹一。

弱二其志一强二其骨一。（老子第三章）

絶レ聖棄レ智、民利百倍。絶レ仁棄レ義、民復二孝忌一。

絶レ巧棄レ利、盜賊無レ有。（老子第十九章）

知レ人者智、自知者明、勝レ人者有レ力、自勝者强。（老子第三十三章）

第二　仙道主神誌

一、三大主尊

◎元始天尊　又《また》は玉皇上帝《ぎよくくわうじやうてい》ともいふ。天地《てんち》未《いま》だ分《わか》れず、陰陽《いんやう》なほ混沌《こんとん》たるときに、一元氣《げんき》の神化《しんくわ》したもので、即《すなは》ち天地《てんち》の精《せい》である。この時《とき》、虚空《こくう》には、大《おほ》いなる笠《かさ》の如《ごと》き天形《てんけい》が存在《そんざい》するのみ、之《これ》を大羅天《だいらてん》といふ。天數劫《すうごふ》を經《へ》て地《ち》始《はじ》めて成《な》り、大元玉女《だいげんぎよくぢよ》即《すなは》ち自生《じせい》す。天尊時《てんそんとき》に玉京山《ぎよくけいざん》に在《あ》りて、之《これ》と氣《き》を通《つう》じ精《せい》を結《むす》びて、天《てん》皇氏《わうし》始《はじ》めて生《う》まれ、地皇人皇《ちくわうじんくわう》これに尋《つ》ぎ、次第《しだい》に伏義《ふくぎ》、神農《しんのう》、黄帝《くわうてい》に至《いた》りて、國土《こくど》開發《かいはつ》せられ、人民繁殖《じんみんはんしよく》するに至《いた》つた。

この元始《げんし》天尊《てんそん》は、三清《せい》に化身《けしん》す、第《だい》一は無形天皇《むけいてんわう》（天寶君《てんはうくん》）にして、清微天《せいびてん》の玉清宮《ぎよくせいぐう》に住《ぢう》す。時《とき》に龍漢元《りうかんぐわん》年《ねん》なり。第《だい》二は無始《むし》天尊《てんそん》（靈寶君《れいはうくん》）にして、禹餘天《うよてん》の上清宮《じやうせいぐう》に住《ぢう》す、時《とき》に延康元年《えんかうぐわうねん》なり。第《だい》三は梵形天尊《ほんぎやうてんそん》（神《じん》寶君《ほうくん》）にして、大赤天《だいせきてん》の太清宮《だいせいぐう》に住《ぢう》す、時《とき》に赤明元年《せきめいぐわんねん》なり。各年相距《かくねんあひへだた》ること四十一億萬年《おんまんねん》なり。

◎老君　即《すなは》ち老子《らうし》にて、これ亦元始《またげんじ》天尊《てんそん》の化身《けしん》なり、歴代世《れいだいよ》に見《あら》はる。黄帝《くわうてい》の時《とき》には廣成子《くわうせいし》となり、少昊《せうこう》の時《とき》には隨應子《ずゐおうし》となるといつた風《ふう》にして、遂《つひ》に玄妙玉女《げんめうぎよくぢよ》といふ人《ひと》の胎内《たいない》に宿《やど》ること八十一年《ねん》に及《およ》ぶ。たまく李《り》樹《じゆ》の下《もと》を逍遙《せうえう》す、天《てん》より流星來《りうせいきた》りて母《はゝ》の口《くち》に入《い》るや、忽《たちま》ち左脇《ひだりわき》を割《さ》きて生《うま》る。生《うま》れながらにして白眉《はくび》、故《ゆゑ》に老子《らうし》といふ。その後《ご》、天竺《てんぢく》に生《うま》れて釋迦《しやか》となり、常《つね》に太清宮《たいせいぐう》に住《ぢう》すといふ。

◎玄天上帝　これは北極《ほくきよく》星《せい》又《また》北斗《ほくと》星《せい》にして、玄武《げんぶ》又《また》は北極《ほくぎよく》聖神君《せいしんくん》とも稱《しよう》す。元來《げんらい》支那《しな》人《じん》は人界《じんかい》から天界《てんかい》を類推《るゐすゐ》して、人界《じんかい》に帝王《ていわう》百官《くわん》あり朝廷《てうてい》ある如《ごと》く、天界《てんかい》にもこれありとなす。而《しか》して天界《てんかい》の帝王《ていわう》は北極《ほくきよく》に住《ぢう》すといふ信仰《しんかう》から、北極《ほくきよく》星《せい》又《また》は北斗《ほくと》星《せい》を信仰《しんかう》し、之《これ》を太《た》一と稱《しよう》して、漢代《かんだい》には非常《ひじやう》に之《これ》を尊《たつと》び、經典《きやうてん》にある皇天《くわうてん》上帝《じやうてい》の地位《ちゐ》を奪《うば》つたものである。鄭玄《ていげん》は乾鑿度《かんさくど》に、太《たい》一は北辰《ほくしん》神明《しんめい》なり。上《じやう》は八卦《け》の宮《みや》を行《め》ぐりて乃《すなは》ち中央《ちうあう》に還《かへ》る、中央《ちうあう》は地《ち》神《しん》なりといへり。後世《こうせい》の九星《せい》の信仰《しんかう》や、八門遁甲《もんとんかふ》などは、ここから起《おこ》つたものである。

太上感應篇《たいじやうかんおうへん》には、三台北斗《だいほくと》神君《しんくん》の句《く》あり、陰隲文《いんしつぶん》には、奉直北斗《ほうちよくほくと》を善行《ぜんかう》と認《みと》め、道教《だうけう》の經藏中《きやうざうちう》にも、北斗《ほくと》祈禱《きたう》の文《ぶみ》が多《おほ》くある。また北斗《ほくと》七星《せい》の最初《さいしよ》の四星《せい》を魁星《くわいせい》と稱《しよう》して、科學試《くわがくし》驗《けん》などに應《おう》ずるものに信仰《しんかう》せらる。

次《つぎ》に文星帝君と稱《しよう》するものあり、前《まへ》と大同少異《だいどうせうい》にして元來《ぐわんらい》文昌《ぶんしやう》星《せい》といふ星《ほし》なるが、道教《だうけう》では黄帝《くわうてい》の子《こ》としてある。天帝《てんてい》は之《これ》をして文昌府《ぶんしやうふ》のこと、及《およ》び人間《にんげん》の籙籍《ろくせき》を司《つかさ》どらしむ、故《ゆゑ》に學校《がくかう》にて之《これ》を崇祀《すうし》し、文藝《ぶんげい》の神《かみ》となす。ある擧人《きよじん》がかつてその廟《べう》に宿《やど》して、靈驗《れいげん》を蒙《かうむ》り、それよりその信仰《しんかう》が益々《ますます》盛《さか》んになつた。文帝全《ぶんていぜん》書《しよ》は此《こ》の神《かみ》に關《くわん》する文獻《ぶんけん》である。陰隲文《いんしつぶん》もその一部《ぶ》なり。或《あるひ》は漢代《かんだい》に於《お》ける文齊《ぶんさい》又《また》は文參《ぶんさん》を祀《まつ》れるものともいふ。

二、天地日月星辰

天地《てんち》日月星山川《にちげつせいさんせん》を祀《まつ》るのは、支那《しな》の國家《こくか》的祭儀《てきさいぎ》であつて、獨《ひと》り道教《だうけう》の神《かみ》として祀《まつ》るのではないが、今序《いまつい》でにその大要《たいえう》を記《しる》さう。

◎天　天《てん》は百神《じん》の君《きみ》にして、天子《てんし》は萬國《ばんこく》の主《しゆ》である。故《ゆゑ》に天子《てんし》は、毎歳冬至《まいさいとうじ》の日《ひ》に於《おい》て、之《これ》を南郊《なんかう》の圜丘《ゑんきう》に祭《まつ》る。冬至《とうじ》は一陽來復《やうらいふく》の時《とき》、南《みなみ》は陽位《やうゐ》、圜丘《ゑんきう》は土《つち》を圓《まる》く盛《も》りたる壇《だん》で、天《てん》の圓形《ゑんけい》に象《かた》どる。天又《てんまた》は帝《てい》、上帝《じやうてい》、皇天《かうてん》、昊天《くわうてん》、皇天上帝《くわうてんじやうてい》、昊天上帝《かうてんじやうてい》、維皇上帝等《ゐくわうじやうていとう》といふ。冬至正祭《とうじせいさい》の外《ほか》に五穀豐穰《こくほうじやう》を祈《いの》ること、雨乞《あまこひ》の時《とき》、明堂《めいだう》に新穀《しんこく》を薦《すゝ》むる時《とき》に祀《まつ》る、天帝《てんてい》の外《ほか》に五帝《てい》といふあり、土金水木火《どきんすゐもくくわ》の德《とく》を祀《まつ》れるものなり。

◎地　周禮《しうれい》の春官《しゆんくわん》大司樂《だいしらく》に、夏至《げし》の日《ひ》を以《もつ》て地《ち》を方澤《はうたく》に祭《まつ》る。方澤《はうたく》は城外《じやうぐわい》北郊《ほくがう》にある小丘《せうきう》で、方《はう》も澤《たく》も地《ち》の形《かたち》と性《せい》とに象《かた》どり、方形《はうけい》にして屈曲《くつきよく》あるゆゑ、大折《たいせつ》ともいふ。地《ち》の尊稱《そんしよう》は地示《ちじ》、大示《だいじ》、后土《こうど》といふ。天《てん》地《ち》は萬物《ばんぶつ》の父母《ふぼ》、王者《わうじや》の尤《もつと》も尊敬《そんけい》すべきもの、之《これ》を祭《まつ》るは王者《わうじや》のみの特權《とくけん》せり。

◎社稷　地示《ちじ》と混同《こんどう》し易《やす》きが、此《これ》は土地《とち》の職能《しよくのう》たる農耕《のうかう》の方面《はうめん》より來《き》たもので、春《はる》は豐年《ほうねん》を祈《まつ》り、秋《あき》は報賽《はうさい》の意《い》にて祭《まつ》る、又出軍《またしゆつぐん》の時《とき》に社《しや》を設《まう》くることあり。日本《にほん》の祈年祭《きねんさい》と、新嘗　祭神嘗祭《しんしやうさいしんしやうさい》はこれより來《き》たるといふ。

◎日月　天《てん》の諸星多《しよせいおほ》きも、日月《にちげつ》を以《もつ》て最貴《さいき》とす、故《ゆゑ》に春分　秋分《しゆんぶんしうぶん》に於《おい》て、圜壇《ゑんだん》を東門《とうもん》の外《そと》に築《きづ》きて日《ひ》を祭《まつ》り、西門外《せいもんぐわい》の地《ち》をくぼめて祭場《さいぢやう》と爲《な》し、月《つき》を祭《まつ》る。その他郊祭《たかうさい》、蜡祭《せきさい》、或《あるひ》は風雨等時《ふううとうとき》ならざる時《とき》に從祀《じうし》す。

◎星辰　星《せい》は木火土金水《もくくわどきんすゐ》の五星《せい》、辰《しん》は十二次《じ》なり。その祭壇《さいだん》を幽宗《いうそう》といひ、祭名《さいめい》を布《ふ》といふ。冬至郊祭《とうじかうさい》の翌《よく》日《じつ》を以《もつ》て祭《まつ》り、或《あるひ》は孟冬《まうとう》の月《つき》に於《おい》て來年《らいねん》を祀《まつ》るため、風雨霜雪不順《ふううさうせつふじゆん》の時《とき》に祀《まつ》る。

◎寒暑　仲春《ちうしゆん》の晝《ひる》に、土鼓《どこ》をたたき、幽風《いうふう》七月詩《ぐわつし》を籥《やく》に合《あは》せて歌《うた》ひ、以《もつ》て暑氣《しよき》の神《かみ》を迎《むか》へ、仲秋《ちうしう》の夜《よ》には同《おな》く方法《はうはふ》で寒氣《かんき》の神《かみ》を迎《むか》ふ。此《こ》の他《た》風師《ふうし》雨師《うし》雷神《らいじん》を祀《まつ》る儀《ぎ》あり。

◎山川　五岳《がく》、四鎭《ちん》、四瀆《とく》、其《そ》の他《た》天下《てんか》の名山大川《めいざんたいせん》を祭《まつ》る、山川《さんせん》は遠《とほ》し、故《ゆゑ》に望祭《ばうさい》といふ。天子《てんし》の境域《きやうゐき》は四方《はう》に及《およ》ぶ、故《ゆゑ》に四望《ばう》といふ。五岳《がく》は泰山《たいざん》、霍山《くわくざん》、華山《くわざん》、常山《じやうざん》、嵩山《かうざん》、之《これ》を東西南北中央《とうざいなんぼくちうあう》の五方《はう》に配《はい》す。四瀆《とく》は江《こう》、河《か》、淮《わい》、濟《さい》の四川《せん》である。四鎭《ちん》も山《やま》であるが、時代《じだい》に由《よ》つて變更《へんかう》する。

◎五祀 之《これ》は天子《てんし》より庶人《しよにん》に至《いた》るまで何人《なんぴと》も祀《まつ》るもので、戸《と》、竈《さう》、中雷《ちうらい》、門《もん》、行《ぎやう》の神靈《しんれい》を祀《まつ》るのが正說《せいせつ》であるが、五行神《ぎやうしん》、五天等《てんとう》を祀《まつ》ることもある。

◎蜡 每歲《まいさい》十二月《ぐわつ》、民生《みんせい》に功勞《こうらう》あるものを索《もと》め祀《まつ》る。先嗇《せんしよく》、司《し》嗇《しよく》、百種《しゆ》、農《のう》、郵表畷《いうへうてつ》、猫虎《べうこ》、坊《ばう》、水庸《すゐこう》の八種《しゆ》を神體《しんたい》とす。いづれも稼穡《かしよく》に有用《いうよう》のものなり。當日《たうじつ》は飮酒歌舞《いんしゆかぶ》、大《おほい》に年中《ねんちう》の欝《うき》を散《さん》ず。此《こ》の他《た》厲《れい》とて魂魄《こんぱく》鬼《き》神《じん》、難《なん》とて邪神惡魔《じやしんあくま》を拂《はら》ふ祭儀《さいぎ》あり。

三、仙家雜種神

上記《じやうき》二項《かう》の他《ほか》、道教《だうけう》にて祭祀《さいし》する各種《かくしゆ》の神《かみ》は、后土 之《これ》は本來地《ほんらいち》神《しん》なるも、皇后《くわうこ》と誤《あやま》り婦《ふ》人《じん》の塑像《さくざう》を祀《まつ》れり。次《つぎ》は鐘山神 漢末《かんみ》の蔣子文《しやうしぶん》といふ放蕩兒《はうたうじ》なるも、出戰《しゆつせん》して討死《うちじに》し奇《き》蹟《せき》を現《あら》はす、故《ゆゑ》に軍神《ぐんしん》として祀《まつ》る。或《あるひ》は劉章《りうしやう》、或《あるひ》は項羽《かうう》なりともいふ。次《つぎ》は酆都神、

酆都《ほうと》神《しん》は陔城《かいじやう》といひ、道教《だうけう》の地獄《ちごく》にして、四川忠列酆都《せんちうれつほうと》縣《けん》にある一大石巖《だいせきがん》の下《もと》に在《あ》り、十宮殿《きうでん》ありて、陰司《いんし》之《これ》に住《ちう》し、死《し》人《にん》の罪《つみ》を審判《しんぱん》し、地獄《ちごく》の種類《しゆるゐ》また百三十八處《しよ》あり、又炎慶申《またえんけいかふ》、炎帝《えんてい》、北太帝君《ほくだいていくん》、天下《てんか》鬼《き》神等《じんとう》の語《ご》あり、佛教《ぶつけう》の地獄說《ごくせつ》、十王經《わうきやう》と全然同巧《ぜんぜんどうかう》なり。

次《つぎ》は竈君 此《こ》の神《かみ》は十二月《ぐわつ》二十五日上天《にちじやうてん》して、人々《ひとびと》の行事《ぎやうじ》の善惡《ぜんあく》を告白《こくはく》ず、故《ゆゑ》に其前《そのぜん》二十四日《か》に之《これ》を祀《まつ》る。

次《つぎ》に和合神、之《これ》は張《ちやう》といふ愚人《ぐじん》なるも一日《にち》に萬里《ばんり》を走《はし》る仙人《せんにん》、次《つぎ》は三官、之《これ》は天地水《てんちすゐ》の三官《くわん》にて、張道陵《ちやうだうりよう》の布教より始《はじ》まる。其《そ》の他《た》開路神、神茶鬱壘といふ惡鬼《あくき》を拂《はら》ふ神《かみ》、門神、關帝即《すなは》ち義《ぎ》人關羽《じんくわんう》、王靈官《わうれいくわん》とて佛《ぶつ》教《けう》の門番仁《もんばんに》王尊《わうそん》の如《ごと》きもの、東嶽廟即《とうがくべうすなは》ち泰山《たいざん》の神《かみ》、呂祖《ろそ》即《すなは》ち有名《いうめい》の仙人《せんにん》、及《およ》び紫姑《しこ》、火神《くわじん》、龍猛將軍《りうまうしやうぐん》、天妃《てんき》、金龍大王等《きんりうだいわうとう》を祀《まつ》る。

元來道教《ぐわんらいだうけう》は、我《わ》が肉體《にくたい》を小宇宙《せううちう》なりといふ觀念《くわんねん》から、肉體《にくたい》にも各々《おのおの》その神名《しんめい》を附《ふ》し、髮神《かつしん》の名《な》は蒼華《さうくわ》、字《あざな》は大元《だいげん》、丈《たけ》二寸《すん》十分《ぶ》、腦神《なうしん》は精根《せいこん》、字《あざ》は泥丸《でいぐわん》、丈《たけ》一寸《すん》十分《ぶ》といふ如《ごと》く、五管《くわん》、五臟《ざう》、六腑《ぷ》みなそれ〴〵の神《かみ》ありとす。故《ゆゑ》に天地《てんち》日月星辰山川庶物《にちげつせいしんさんせんしよぶつ》を神《かみ》として祭《まつ》るも、純宗教上《じゆんしうけうじやう》の信仰《しんかう》とは、其《そ》の理義《りぎ》を異《こと》にするもの多《おほ》し。

四、佛教の仙神

佛教《ぶつけう》にては釋迦《しやか》を金仙又《きんせんまた》は大仙《たいせん》、或《あるひ》は神仙《しんせん》と稱《しよう》する他《ほか》に、十六羅漢《らかん》の如《ごと》きは、悉《ことごと》く一種《しゆ》の神仙《しんせん》にして、老《らう》子《し》や呂祖等《ろそとう》の如《ごと》く仙神《せんしん》として崇敬《すうけい》すべきものであるが、それは暫《しばら》く別《べつ》として、密教修法上《みつけうしゆはふじやう》の菩薩《ぼさつ》、明王《みやうわう》、天《てん》部中《ぶちう》、仙教《せんけう》と同巧異曲《どうかういきよく》のものを左《さ》に略示《りやくじ》すべし。

一、孔雀明王《こうじやくみやうわう》　延命長壽《えんめいちやうじゆ》、持明仙《ぢみやうせん》、飛行《ひかう》の本尊《ほんぞん》、日本修驗道開祖役《にほんしゆげんだうかいそえき》の小角《せうかく》は、孔雀明王《こうじやくみやうわう》の法《はふ》を修《をさ》め、飛行神通《ひかうじんつう》を得《う》。

二、烏芻沙摩明王《うすさまみやうわう》　又火頭金剛《またほづこんがう》、噉食金剛《かんしよくこんがう》といふ。邪病《じやびやう》、蠱毒病等治癒《ちうどくびやうとうぢゆ》の本尊《ほんぞん》。

三、愛染明王《あいせんみやうわう》　養精《やうせい》、福徳《ふくとく》の主尊《しゆそん》。

四、地藏菩薩《ぢざうぼさつ》　延命地藏《えんめいぢざう》、地藏延命經等《ぢざうえんめいきやうとう》あり、延命修法《えんめいしゆはふ》の主尊《しゆそん》。

五、毘沙門天《びしやもんてん》　又多聞天《またたもんてん》ともいふ。隱形飛行除病除災《をんぎやうひかうぢよびやうぢよさい》の主尊《しゆそん》。

六、辨財天《べんざいてん》　三十二味香藥《みかうやく》及《およ》び洗浴法《せんよくはふ》の本尊《ほんぞく》。

七、摩利支天《まりしてん》　除病《ぢよびやう》、隱形《をんぎやう》、增力《ぞうりよく》の本尊《ほんぞん》。

八、聖天《しやうてん》　歡喜天《くわんきてん》といふ。性愛福壽《せいあいふくじゆ》の本尊《ほんぞく》。

九、深沙大將《しんさたいしやう》　仙術成就法《せんじゆつじやうじゆはふ》の本尊《ほんぞん》。

十、青面金剛《せいめんこんがう》　除病《ぢよびやう》、健康精氣增進法《けんかうせいきぞうしんはふ》の本尊《ほんぞん》。

以上十尊《いじやうそん》は悉《ことごと》く除病保健《ぢよびやうほけん》、仙道修法《せんだうしゆはふ》に因緣深《いんねんふか》きものなり、其《そ》の修行法《しゆぎやうはふ》は別項《べつかう》に記述《きじゆつ》すべし。

五、神道の仙神

日本《にほん》の神道《しんだう》にては、壽命長久《じゆみやうちやうきう》の祈禱《きたう》と、成長健康祈願《せいちやうけんかうきぐわん》との二種《しゆ》に分《わか》ち、各々主神《おのおのしゆじん》あり。

健康成長祈願の神

神皇產靈神《かむむすびのかみ》
大巳貴命《おほなむちのみこと》
少彦名命《すくなひこなのみこと》

和《わ》須《ず》良《ら》比《ひ》乃《の》大人《うし》之《の》神《かみ》
産土《うぶすな》大神《だいじん》
十《と》種《くさ》之《の》神寶《かんだから》

別式としては

宮風神《みやびのかみ》
大宮能《おほみやの》賣神《めのかみ》
天鈿女神《あめのうづめのかみ》

壽命長久を祈る神

石長比《いはながひ》賣神《めのかみ》

第二法

泣澤賣神《なきざはめのかみ》
天之《あめの》吹男命《ふきをのみこと》
天之《あめの》吹女命《ふきめのみこと》

第三法

神皇《かみむ》産《す》靈神《びのかみ》
伊《い》弉諾神《ざなぎのかみ》

伊弉冉神《いざなみのかみ》
磐長姫神《いはながひめのかみ》
刺國若姫神《さすくにわかひめのかみ》
泣澤女神《なきさはめのかみ》

第四法

磐長姫神《いはながひめのかみ》
天鈿女神《あめのうづめのかみ》

更《さら》に五臟神《ざうしん》即《すなは》ち天元聖神命《あめのもとつとほりわけみたま》、表通魂命《うはつとほりしろみたまのみこと》、事振魂命《ことふりたまのみこと》、壽根靈命《いのちのねのきみたまのみこと》、躬根精命《みちさくろみたまのみこと》の五神《しん》と、五官神《くわんしん》即《すなは》ち天道合命《あめのみちあひのみこと》、天日合命《あめのひあひのみこと》、天風合命《あめかぜあひのみこと》、天氣合命《あめのいきあひのみこと》、天人合命《あめのひとあひのみこと》の五神《しん》を合《あは》せ祭《まつ》ることあり、又《また》和《わ》豆《づ》良《ら》比《ひ》能《の》宇《う》斯《し》能《の》神《かみ》をも加《くは》ふることあり。

一陽復二於下一、天地生物之心也、先儒皆以レ靜爲レ見二天地之心一、蓋不レ知二動之端乃天地之心一也、非二知レ道者一、孰能識レ之（近思錄）

天道者元亨日新之道也（公治長）

第三　病源探診術

一、自然死と不自然死

生《せい》の港《みなと》を船出《ふなで》した大船《おほぶね》小《こ》舟《ふね》は、いづれも終《つひ》には必《かなら》ず死《し》の島《しま》に着《つ》くべき運命《うんめい》を有《も》つてゐる。而《し》かも其《そ》の島《しま》に達《たつ》する道筋《みちすぢ》には二通《とほ》りがある。其《そ》の一は、天晴《てんは》れ、氣《き》朗《ほが》らかにして、波浪《はらう》起《おこ》らず、急潮《きふてう》迫《せま》らず、悠々《いう〱》として生長《せいちやう》、成熟《せいじゆく》、老衰《らうすゐ》の島々《しま〲》を經《へ》廻《めぐ》りつつ、然《しか》る後《のち》に死《し》の島《しま》に落着《おちつく》のである。是《こ》れ即《すなは》ち自然死《しぜんし》なるもので、人間《にんげん》を始《はじ》めあらゆる生物《せいぶつ》が取《と》るべき自然本來《しぜんほんらい》の行程《かうてい》である。其《そ》の二は慘風悲雨《さんぷうひう》、交々《こも〲》來《き》たり檣《ほばしら》折《を》れ舵《かぢ》碎《くだ》け、閑々《かん〱》たる航路《かうろ》を取《と》るの暇《いとま》なくして、卒然《そつぜん》として死《し》の島《しま》に臻《いた》るのである。是《こ》れ即《すなは》ち不自然《ふしぜん》の道程《だうてい》で、所謂《いはゆる》不自然死《ふしぜんし》或《あるひ》は病死《びやうし》である。

言《い》ふまでもなく、微妙《びめう》なる生活《せいくわつ》現象《げんしやう》が起《おこ》り得《う》る爲《ため》には、之《これ》に必要《ひつえう》なる内的諸條件《ないてきしよでうけん》と外的諸條件《ぐわいてきしよでうけん》が具備《ぐび》しなければならぬ。内的條件《ないてきでうけん》とは體《からだ》の先天的素質《せんてんてきそしつ》の良好《りやうかう》なることであり、外的條件《ぐわいてきでうけん》とは、食物《しよくもつ》の供給《きようきふ》とか、酸素《さんそ》の攝收《せつしう》とか、運動《うんどう》とか、乃至《ないし》は氣候風土《きこうふうど》の宜《よろ》しきを得《う》ること等《など》を指《さ》すものである。今若《いまも》し外的條件《ぐわいてきでうけん》に變動《へんどう》が起《おこ》り、生活《せいくわつ》に必要《ひつえう》なるものの例《たと》へば飲食物《いんしよくぶつ》が缺乏《けつばふ》したり、或《あるひ》は不必要《ふひつえう》なる物《もの》や有害《いうがい》な物《もの》、即《すなは》ち黴菌《ばいきん》や毒物《どくぶつ》が入《い》り來《く》ると、直接《ちよくせつ》其《そ》の爲《ため》に生活機能《せいくわつきのう》が永久《えいきう》に停止《ていし》するか、或《あるひ》は其《そ》の結果《けつくわ》として、内的條件《ないてきでうけん》に不調和《ふてうわ》を喚《よ》び起《おこ》し、間接《かんせつ》に死《し》の原因《げんいん》を爲《な》すものである。是《こ》れ即《すなは》ち不自然死《ふしぜんし》である。

然《しか》らば即《すなは》ち外的諸條件《ぐわいてきしよでうけん》を佳良《かりやう》ならしめさへすれば、何時《いつ》までも生命《せいめい》を保續《ほぞく》することが出來《でき》るかといふに、然《しか》らず、如何《いか》に外的條件《ぐわいてきでうけん》が理想的《りさうてき》であつても、生物體《せいぶつたい》には漸次《ぜんじ》に老衰《らうすゐ》と唱《とな》ふる現象《げんしやう》が起《おこ》つて、身體《しんたい》の諸機能《しよきのう》が漸々《ぜん〳〵》衰退《すゐたい》し、終《つひ》に死《し》を招《まね》くのである。是《これ》が即《すなは》ち自然死《しぜんし》である。不自然死《ふしぜんし》は衞生《ゑいせい》を守《まも》り治療《ちれう》を忽《ゆるがせ》にせねば免《まぬか》るることが出來《でき》るけれども、自然死《しぜんし》は所詮《しよせん》持《も》つて生《うま》れた運命《うんめい》で、如何《いか》にしても避《さ》くべからざるものである。

さりながら是《こ》れとても何等《なんら》かの手段《しゆだん》で、老衰《らうすゐ》を防《ふせ》ぎ、或《あるひ》は老衰《らうすゐ》を若返《わかがへ》らしめることが出來《でき》たならば、自然《しぜん》の死期《しき》を延《の》ばして長生《ちやうせい》することが出來《でき》る譯《わけ》である。されば不老《ふらう》といふことは、主《しゆ》として自然死《しぜんし》に對《たい》する豫防《よばう》策《さく》であるが、併《しか》し又《また》一面《めん》からすれば老衰《らうすゐ》を防《ふせ》ぐことは、やがて病因《びやういん》に對《たい》する抵抗力《ていかうりよく》を保《たも》ち病《やまひ》に冒《をか》されることが尠《すくな》くなるのであるから、不自然死《ふしぜんし》に對《たい》する豫防《よばう》になるのである。又不自然死《またふしぜんし》を起《おこ》す諸原因《しよげんいん》を探《たづ》ね、可及的《かきふてき》之《これ》を避《さ》け、健康《けんかう》を保《たも》つことは、不自然死《ふしぜんし》から免《まぬか》れて長生《ちやうせい》する大切《たいせつ》なる方法《はうはふ》たるは言《げん》を俟《ま》たない。殊《こと》に況《いは》んや實際上《じつさいじやう》純然《じゆんぜん》たる老衰《らうすゐ》で死《し》ぬる人《ひと》は非常《ひじやう》に罕《まれ》で、大多數《だいたすう》の人《ひと》は、疾病《しつぺい》の爲《ため》に不自然死《ふしぜんし》によつて墓《はか》に埋《う》めらるるに於《おい》ておやである。

現《げん》に我《わ》が國《くに》の死亡統計《しばうとうけい》に就《つい》て見《み》ても、七十歳以上《さいいじやう》で死《し》ぬる人《ひと》は、千人中僅々《にんちうきん〳〵》百五十人內外《にんないぐわい》で、殘《のこ》り八百五十人內外《にんないぐわい》は大抵《たいてい》不自然死《ふしぜんし》である。就中尤《しうちうもつと》も若《わか》い、發育《はついく》の將來《しやうらい》を有《いう》する者《もの》の早死《はやじに》するのが多《おほ》い。之《これ》で如何《いか》に天壽《てんじゆ》を全《まつた》ふせず病氣《びやうき》の爲《た》めに死《し》ぬる者《もの》が多《おほ》いかが分《わか》る。又《また》七十歳以上《さいいじやう》でも自然死《しぜんし》よりは不自然死《ふしぜんし》の方《はう》が多《おほ》い。若《も》しそれ等《ら》高齡《かうれい》の人々《ひと〴〵》が疾病《しつぺい》に罹《かゝ》らなかつたならば、尙《なほ》より長《なが》く生《い》き延《の》び、少《すく》なくとも百歳位《さいぐらゐ》の壽命《じゆみやう》は保《たも》ち得《う》るに相違《さうゐ》ない。されば長生《ちやうせい》の目的《もくてき》を達《たつ》するためには、疾病《しつぺい》に遠《とほざ》かり不自然死《ふしぜんし》を防《ふせ》ぐことが尤《もつと》も大切《たいせつ》である。

而《しか》して又《また》一面老衰《めんらうすゐ》は生存《せいぞん》の價値《かち》を減少《げんせう》し、諸種《しよしゆ》の侵害《しんがい》に對《たい》する抵抗力《ていかうりよく》を弱《よわ》め、不自然死《ふしぜんし》及《およ》び自然死《しぜんし》の媒《かたち》をなすものであるから、何等《なんら》かの方法《はうはふ》を以《もつ》て之《これ》を防《ふせ》ぐことの必要《ひつえう》であるのは言《げん》を俟《ま》たない。

二、顯病と隱病

科學《くわがく》の實驗《じつけん》する所《ところ》に依《よ》れば、人間《にんげん》を始《はじ》め一切《さい》の生物《せいぶつ》は、完全《くわんぜん》なる發育《はついく》を遂《と》ぐる年齢《ねんれい》の四倍乃至《ばいないし》五倍《ばい》は生《い》き得《え》らるるものと斷定《だんてい》されて居《ゐ》る。人間《にんげん》の發育期《はついくき》を二十五歳乃至《さいないし》三十歳《さい》までとすれば、百歳以上《さいいじやう》百五十歳《さい》までは生存《せいぞん》し得《う》る筈《はず》である。即《すなは》ち人間最低限度《にんげんさいていげんど》の定命《ていめい》が百歳《さい》であるといふことは、一般《ぱん》に肯定《かいてい》されてゐる確説《かくせつ》である。

然《しか》るに百歳《さい》は愚《おろ》か、七十は古來稀《こらいまれ》なりといひ、夭死《えうし》は別《べつ》として、六十老《らう》を告《つ》げ、相當《さうたう》の健康者《けんかうしや》と見《み》らるるものでも、五十代《だい》で死《し》ぬるものが多い、が、それ等《ら》は皆不自然死《みなふしぜんし》即《すなは》ち非命《ひめい》に死《し》するものである。哲人《てつじん》セネカは人《ひと》の死《し》は畢竟自殺《ひつきやうじさつ》に異《こと》ならずといつたが、生《い》き得《う》べきものを自分《じぶん》で無理《むり》をして死《し》ぬるから自殺《じさつ》に相違《さうゐ》はない。併《しか》し吾人《ごじん》は不老長生《ふらうちやうせい》といつても、百歳《さい》を二百歳《さい》に延《の》ばすとか、三百歳《さい》も五百歳《さい》までも生《い》きやうといふのではない。五十や八十で短命《たんめい》するものを、定命《ぢやうみやう》の百歳《さい》まで延長《えんちやう》したい、させたいと云《い》ふのである。即《すなは》ち各《かく》自《じ》に自殺《じさつ》しようとして居《ゐ》るのを引《ひ》き止《と》めて、之《これ》を宥《なだ》め觀念《くわんねん》さして、是非《ぜひ》共定命《ともぢやうみやう》の百歳《さい》までは持《も》ち越《こ》させやうといふのである。

然《しか》らばそれには格段《かくだん》の法《はふ》があるかと云《い》へば、遺憾《ゐかん》ながら大《たい》した名法《めいはふ》はない。只《た》だ人々《ひとびと》が病《やまひ》と云《い》ふ利刄《りじん》で命《いのち》の根《ね》を斷《た》たんとしつつあるので、其《そ》の利《り》刄《じん》をもぎ取《と》りたいと思《おも》ふ。即《すなは》ち人々《ひとびと》を無病《むびやう》にしたいといふので、無《む》病《びやう》であれば若々《わかわか》しく不老《ふらう》で、天壽《てんじゆ》を全《まつた》ふすることは疑《うたが》ひない。然《しか》るに多《おほ》くの人《ひと》の中《なか》には、一度《ど》も病氣《びやうき》をしたことのない人《ひと》が、コロット死《し》ぬではないかといふであらうが、併《しか》しそれには考《かんが》へなければならぬのは、元來《ぐわんらい》病《やまひ》には、顯《あら》はれた病《やまひ》と隱《かく》れた病《やまひ》のあることである。顯《あら》はれた病《やまひ》は熱《ねつ》があるとか、苦痛《くつう》があるとか、腫《は》れるとか、痺《しび》れるとかいふ事《こと》があるが、隱《かく》れた病《やまひ》は之等《これら》の徴候《ちようこう》を呈《てい》しないで、人《ひと》も健康《けんかう》と褒《ほ》め、自分《じぶん》も健康《けんかう》と許《ゆる》して居《を》つて、併《しか》も救《すく》ふべからざる恐《おそ》ろしき病《やまひ》が隱然《いんぜん》と潜《ひそ》んで、恐《おそ》ろしく根《ね》を張《は》つて居《を》るものであつて、例《たと》へば脈管《みやくくわん》硬化症《かうくわしやう》とか、又《また》は内潜的《ないせんてき》の老衰《らうすゐ》とかいふべき病氣《びやうき》であつて、刻々《こくこく》に人《ひと》の壽命《じゆみやう》を削《けづ》りゆくものである。之《これ》に對《たい》して顯《あら》はれたる病《やまひ》は、吾《われ》も人《ひと》も早《はや》く注意《ちうい》を惹《ひ》き、何《なん》とか始末《しまつ》をするが、隱《かく》れたる病氣《びやうき》は人《ひと》の知《し》らぬ間《ま》に膏脂《がうまう》に入《い》るのである。而《しか》して氣《き》の付《つ》いた時《とき》は最《も》早手《はやて》の施《ほどこ》し様《やう》がないのである。要《えう》するに無病長壽論《むびやうちやうじゆろん》は、長壽《ちやうじゆ》は必然《ひつぜん》の結果《けつくわ》であつて、無病《むびやう》が大切《たいせつ》なる意義《いぎ》を持《も》つので、長壽《ちやうじゆ》の前《まへ》には必《かなら》ず無病《むびやう》でなければならぬと云《い》ふ事《こと》を確《しつ》かり觀念《くわんねん》せねばならぬのである。

元來《ぐわんらい》一切生物《さいせいぶつ》、人間《にんげん》も天然自《てんねんじ》然《ぜん》の狀態《じやうたい》に於《おい》ては、皆無病《みなむびやう》なものであつて、病《やまひ》などが起《おこ》る事《こと》が出來《でき》ない樣《やう》に、萬般《ばんぱん》の設備《せつび》を徹底的《てつていてき》に完全《くわんぜん》にしてある筈《はず》である。それであるから別《べつ》に養生《やうじやう》や鍛錬《たんれん》をする必要《ひつえう》はない譯《わけ》であるが、併《しか》し其《そ》の設備完全《せつびくわんぜん》と云《い》ふのは何《なん》に向《むか》つて完全《くわんぜん》してあるかと云《い》へば、人類《じんるゐ》の自然的生活《しぜんてきせいくわつ》に向《むか》つて完全《くわんぜん》にしてあるのであつて、如何《いか》にせんまだ人類《じんるゐ》の所謂文化的生活《いはゆるぶんくわてきせいくわつ》、即《すなは》ち非自然《ひしぜん》にして甚《はなは》だしき人工的《じんこうてき》なる生活《せいくわつ》に向《むか》つては、まだ遺《ゐ》憾《かん》ながら完全《くわんぜん》されてゐないのである。

例《たと》へば鳥《とり》の健康《けんかう》は、無《む》間《げん》の空間《くうかん》に自然的生活《しぜんてきせいくわつ》を營《いとな》むのに、完全《くわんぜん》に設備《せつび》されてあるが、籠中《らうちう》の非《ひ》自然的生活《しぜんてきせいくわつ》に向《むか》つては、まだ完全《くわんぜん》にされない如《ごと》くである。それであるから籠中《らうちう》の鳥《とり》には屢々《しば〳〵》病《やまひ》が發《はつ》して短命《たんめい》なものが多《おほ》いと同様《どうやう》である。吾々《われ〳〵》の現代文化的生活《げんだいぶんくわてきせいくわつ》は。籠中《らうちう》の鳥《とり》であつて、吾々《われ〳〵》は都會《とくわい》なる狹隘《けふあい》な籠《かご》にあつて、料理《れうり》なる磨《す》り餌《ゑ》によつて飼《か》はれてゐるのである。其《そ》の生活《せいくわつ》に向《むか》つては吾々《われ〳〵》の身體《しんたい》はまだ完全《くわんぜん》に設備《せつび》されて居《を》らぬので、是《こ》れが抑《そもそ》も病《やまひ》の發《おこ》る所以《ゆゑん》である。

又《また》一例《れい》を擧《あ》げて見《み》れば、齲齒《むしば》は原始的《げんしてき》の生活《せいくわつ》には一本《ほん》もないが、文明生活者《ぶんめいせいくわつしや》は百中《ちう》九十五人《にん》まで齲齒《むしば》をもつてゐる。又動物界《またどうぶつかい》には齲齒《むしば》といふは、殆《ほと》んど見當《みあた》らぬ。是等《これら》に徴《ちよう》しても吾々《われ〳〵》の身體《しんたい》が如何《いか》に現代文化的生活《げんだいぶんくわてきせいくわつ》によつて賊《そこ》なはれて居《ゐ》るかが知《し》られるのである。

併《しか》し一方《ぱう》には鳥《とり》の健康《けんかう》は、長《なが》く籠中《らうちう》に馴《な》らせば、之《これ》に馴《な》るるのであるが、野生《やせい》の鳥《とり》を籠中《らうちう》に入《い》れた當座《たうざ》に於《おい》て既《すで》に死《し》ぬるものが多《おほ》い。吾々《われ〳〵》の生活《せいくわつ》も早《はや》く文化的《ぶんくわてき》に馴《な》らせばよいのであるが、之《これ》に馴《な》る前《まへ》に多《おほ》くは弱《よわ》くなるので困《こま》る。他方《たはう》には籠中《らうちう》の鳥《とり》は弱《よ》はつた時《とき》には、之《これ》を籠外《らうぐわい》に放《はな》てば癒《い》ゆるのであるが、吾々《われ〳〵》の文化《ぶんくわ》に弱《よわ》りたる生活《せいくわつ》は之《これ》を急《きふ》に原始《げんし》の狀態《じやうたい》に還《かへ》せば、却《かへ》つて一層惡《そうわる》くなることがある。それは吾々《われ〳〵》は數《すう》百千年以來《ねんいらい》既《すで》に半《なか》ばは文化的生活《ぶんくわてきせいくわつ》に馴《なら》されて、之《これ》が半《なか》ば第《だい》二の天性《てんせい》となつて居《ゐ》るからである。さりとてまだ完全《くわんぜん》に之《これ》に順應《じゆんおう》せざる間《あひだ》に、更《さら》に文化《ぶんくわ》は新《あたら》しく前《まへ》へ〳〵と進《すゝ》み行《ゆ》き、吾々《われ〳〵》の生活《せいくわつ》は常《つね》に過渡時代《くわどじだい》の狀態《じやうたい》にあつて、進《すゝ》んでは文化《ぶんくわ》に完全《くわんぜん》なる順應《じゆんおう》も出來《でき》ず、退《しりぞ》いては完全《くわんぜん》に原始的狀態《げんしてきじやうたい》にも還《かへ》り得《え》ざる哀《あは》れさを持《も》つて居《ゐ》る。此《こ》の哀《あは》れなる不安定《ふあんてい》なる振子的狀態《ふりこてきじやうたい》に於《おい》て、尚《な》ほ且《か》つ健康《けんかう》を保全《ほぜん》せんとするが爲《た》めには、初《はじ》めて養生法《やうじやうはふ》を徹底的《てつていてき》に研究《けんきう》して、足《た》らざる所《ところ》は之《これ》を補《おぎな》ひ、過《す》ぎたる所《ところ》は引《ひ》き戻《もど》さなければならぬのである。

是《こ》の過渡狀態《くわとじやうたい》を矯正《けうせい》せんがために、仙術《せんじゆつ》が起《おこ》つたのである。而《しか》して仙術《せんじゆつ》の究竟目的《きうきやうもくてき》は、中途半端《ちうとはんぱ》な半可通《はんかつう》未熟《みじゆく》の文化生活《ぶんくわせいくわつ》を、純然《じゆんぜん》たる原始的《げんしてき》自然生活《しぜんせいくわつ》に環元《くわんげん》するか、左《さ》もなければ百尺竿頭《しやくかんとう》更《さら》に一歩《ぽ》を進《すゝ》めて、理想《りさう》的眞《てきしん》の文化生活《ぶんくわせいくわつ》に闖入《ちんにふ》しやうといふのである。併《しか》しそれは二つとも常途人《じやうとじん》の能《よ》く及《およ》ぶ所《ところ》でないから、矢張《やは》り缺點《けつてん》に補正《ほせい》を加《くは》へて、人々《ひとびと》を無病《むびやう》に導《みちび》き、第二《だい》義的《ぎてき》の普及法《ふきふはふ》を講《かう》じやうといふのである。

三、健康體と病弱體

健康者《けんかうしや》とは普通《ふつう》には、筋骨逞《きんこつたくま》しく、善《よ》く肥《こ》えて血色《けつしよく》のよい人《ひと》を云《い》ふが、併《しか》し筋骨逞《きんこつたくま》しき人《ひと》は一時《じ》は健康《けんかう》であつても、却《かへ》つて中肉《ちうにく》の人《ひと》より永《なが》く續《つゞ》かぬことがある。併《しか》し又筋骨《またきんこつ》の薄弱《はくじやく》なるものも固《もと》より健康《けんかう》ではない。次《つぎ》によく肥《ふと》つて血色《けつしよく》のよい人《ひと》も往々病氣《わうわうびやうき》のあることがあり、又屢々糖尿病《またしばしばたうねうびやう》、脈管硬化症《みやくくわんかうくわしやう》、腎臟病等《じんざうびやうとう》より襲《おそ》はれて長命《ちやうめい》の出來《でき》ぬことが多《おほ》い。去《さ》りとて瘠《やせ》て血色《けつしよく》の惡《わる》い人《ひと》は勿論餘《もちろんあま》り健康《けんかう》ではない。即《すなは》ち形《かた》ちの上《うへ》より云《い》へば、肥《ふと》らず瘠《や》せず、脂肪《しばう》より筋肉《きんにく》が勝《か》ち、さりとて餘《あま》り堅肥《かたぶと》りでなく、血色《けつしよく》の惡《あ》しからず、四肢《し》五體《たい》の釣《つ》り合《あひ》のよく取《と》れたのが健康《けんかう》に適《てき》する。

併《しか》し本當《ほんたう》の健康《けんかう》と云《い》ふのは、讀《よ》んで字《じ》の如《ごと》くであつて、決《け》つして形《かたち》の上《うへ》の事《こと》ではない。寧《たし》ろ其《そ》の機能即《きのうすなは》ち働《はたら》きの上《うへ》の事《こと》である。即《すなは》ち健《けん》とは、易《えき》に所謂《いはゆる》「天行健《てんかうけん》」で、日月星辰《にちげつせいしん》の晝夜《ちうや》遲滯《ちたい》なく運行《うんかう》する有樣《ありさま》を云《い》ひ、康《かう》とは、字典《じてん》に和《わ》也《なり》、樂也《らくなり》、安也《あんなり》とあるが如《ごと》く、即《すなは》ち些少《させう》の苦痛《くつう》も障害《しやうがい》もなく、四大調和《だいてうわ》、神身安樂《しんしんあんらく》の有樣《ありさま》を云《い》ふのであつて、肥《ふと》つても瘠《や》せても赤《あか》くとも青《あを》くとも、それには殆《ほと》んど無關係《むくわんけい》で、よしや瘠《や》せて居《を》つても、青《あを》くとも、神身《しんしん》の動作《どうさ》に支障遲滯《ししやうちたい》なく、四大調和《だいてうわ》し、身神安樂《しんしんあんらく》でさへあれば其《そ》れが健康者《けんかうしや》である。又肥《またふと》つても、赤《あか》くとも支障《ししやう》ありて調和《てうわ》しなければ、それは健康者《けんかうしや》ではない。從《したが》つて無病不老《むびやうふらう》も保證《ほしよう》は出來《でき》ぬ。長壽《ちやうじゆ》は固《もと》より六かしいのである。要《えう》するに健康無病長壽《けんかうむびやうちやうじゆ》の上《うへ》には、吾々《われ〳〵》は形《かた》ちも大切《たいせつ》と見《み》るが、機能《きのう》がそれ以上大《いじやうたい》切《せつ》と見《み》てゆきたいのである。

形態《けいたい》と機能《きのう》とは互《たがひ》に關聯《くわんれん》して居《ゐ》るもので、健全《けんぜん》なる機能《きのう》を導《みちび》くのには、完全《くわんぜん》に近《ちか》き形態《けいたい》を具備《ぐび》するが宜《よろ》しいことは云《い》ふまでもない。形態《けいたい》は骨《ほね》は丈夫《ぢやうぶ》で肉附《にくづき》もよいことは結構《けつこう》であるが、それは寧《むし》ろ結果《けつくわ》であつて、青《せい》年時代《ねんじだい》に弱《よわ》かつた人《ひと》には、一生涯《しやうがい》其《そ》の結果《けつくわ》を得《え》られぬこともあるが、中年又《ちうねんまた》は初老《しよらう》より養生《やうじやう》して長壽《ちやうじゆ》を得《う》ることも出來《でき》るのであるから、筋肉《きんにく》の方《はう》は始《はじ》めから餘《あま》り八かましく云《い》はぬでもよい。其《それ》より大切《たいせつ》なことは形態《けいたい》に關《くわん》しては、先《ま》づ姿勢《しせい》である。而《し》かも筋骨《きんにく》のことを餘《あま》り八かましくいふと、運動《うんどう》を過《すご》したり、食量《しよくりやう》を過《すご》したりして、それが差引長壽《さしひきちやうじゆ》の上《うへ》に益《えき》がないことが多《おほ》い。卽《すなは》ち相撲取《すまふと》りのやうに筋骨《きんこつ》の逞《たくま》しいのが、必《かなら》ずしも長壽《ちやうじゆ》するとは限《かぎ》らぬ。却《かへ》つて反對《はんたい》のことが屢々《しば〳〵》ある。姿勢《しせい》は長壽《ちやうじゆ》に向《むか》つては大切《たいせつ》で、臟腑《ざうふ》の位置《ゐち》、血液循環《けつえきじゆんくわん》の良否《りやうひ》は之《これ》に關《くわん》して居《ゐ》る。

姿勢《しせい》には弛緩性《ちくわんせい》と緊張性《きんちやうせい》とある。所謂《いはゆる》「錬㆓治身形㆒似㆓鶴形㆒」といふのが、緊張性《きんちやうせい》の姿勢《しせい》で、かくあれば五臟《ざう》の位置《ゐち》も正《たゞ》しくなり、血液《けつえき》の循環《じゆんくわん》もよく、欝血《うつけつ》や停滯《ていたい》がなくなる。姿勢《しせい》の如何《いかん》を見《み》ても、病名《びやうめい》や病源《びやうげん》が推知《すゐち》されるのである。

四、外形的診斷

數《すう》千年《ねん》の長壽《ちやうじゆ》を保《たも》ち、愉快《ゆくわい》に安樂《あんらく》に、何《なに》一つ煩悶《はんもん》も不自由《ふじいう》もなく、病氣《びやうき》もなく、清麗花《せいれいはな》も及《およ》ばぬ美妙端嚴《びめうたんげん》の容姿《ようし》を備《そな》へて居《ゐ》る天人《てんにん》でも、死期《しき》の近《ちか》づくに從《したが》つて五衰《すゐ》が現《あら》はれるといふ。此《こ》の五衰《すゐ》に大小《だいせう》二種《しゆ》あつて、先《ま》づ小《せう》の五衰《すゐ》とは、一、衣服《いふく》や莊嚴《きうごん》の器具《きぐ》が非愛《ひあい》の聲《こゑ》を出《だ》し、二、自身《じしん》の光明《くわうみやう》が忽然《こつぜん》として昧劣《まいれつ》になる、三、沐浴《もくよく》のときに水滴《すゐてき》が身《み》に著《つ》く、四、本性囂馳《ほんせいがうち》なるに今《いま》は一境《きやう》に滯《とゞこほ》る、五、眼《め》は本《もと》より凝寂《ぎようじやく》なるに今《いま》は數々瞬動《しばしばしゆんどう》す。以上《いじやう》の衰相《すゐさう》は卽《すなは》ち死期《しき》の近《ちか》づける兆《てう》である。次《つぎ》に五種《しゆ》の大衰相《だいすゐさう》といふは、衣埃塵《いあいぢん》に染《そ》み、花《くわ》鬘《まん》萎悴《ゐすゐ》し、兩腋《りやうえき》に汗出《あせい》で、臭氣《しうき》身《み》に入《い》り、本坐《ほんざ》を樂《たの》しまざるに至《いた》るといふのである。

天人《てんにん》すら猶《なほ》かくの如《ごと》し、況《いは》んや凡人《はんじん》に於《おい》ておやである。此《こ》の天人《てんにん》の衰相《すゐさう》は直《たゞ》ちに之《これ》を吾人《ごじん》の上《うへ》に移《うつ》して考《かんが》へることが出來《でき》る。既《すで》に病《やまひ》のある者《もの》は云《い》ふまでもなく、又將《またまさ》に病《やまひ》の起《おこ》らんとする者《もの》、更《さら》に未《いま》だ急《きふ》に病《やまひ》に罹《かゝ》ることはなきも、將來《しやうらい》いつか必《かなら》ず病《やまひ》に犯《をか》さるべきものであるといふことまで、能《よ》く其《そ》の外貌《ぐわいばう》や動作《どうさ》に依《よ》りて觀《くわん》察《さつ》し診斷《しんだん》し得《う》るものである。

元來人間《ぐわんらいにんげん》の五官《くわん》、四肢《し》、五臟《ざう》、六腑《ぷ》、筋骨《きんこつ》、各關節等各部類《かくくわんせつとうかくぶるゐ》の器官《きくわん》は百一に及《およ》んで居《ゐ》る。此《こ》の百一の器官《きくわん》に內傷《ないしやう》外傷寒熱《ぐわいしやうかんねつ》の四種《しゆ》の病態《びやうたい》を乘《じよう》ずれば四百四病《びやう》となる。そこで如何《いか》なる病氣《びやうき》でも形態《けいたい》の上《うへ》に反影《はんえい》を及《およ》ぼさぬものはないから、外形的診察《ぐわいけいてきしんさつ》に依《よ》つて其《そ》の病所《びやうしよ》、病源《びやうげん》、病名《びやうめい》を推斷《すゐだん》し得《う》るのである。例《たと》へば胸廓《きようくわく》の萎縮《ゐしゆく》を見《み》ては、肋膜炎《ろくまくえん》であるとか、又《また》は肋膜炎《ろくまくえん》に罹《かゝ》りたることある故《ゆゑ》、胸廓《きようくわく》が萎縮《ゐしゆく》したのであるとか、將來《しやうらい》必《かなら》ず肋膜炎《ろくまくえん》に犯《をか》さるることあるべしとかいふやうに、過去《くわこ》と現在《げんざい》と將來《しやうらい》の如何《いかん》を推知《すゐち》することが出來《でき》る。或《あるひ》は眼《め》の色《いろ》一つ見《み》ただけで、胃腸《ゐちやう》中に害蟲《がいちう》が居《ゐ》るとか、神經質《しんけいしつ》の如何《いか》なる病態《びやうたい》に在《あ》るとか、或《あるひ》はその人《ひと》の歩《ある》き方《かた》を見《み》ても、ヒステリーか、內傷《ないしやう》か、腸胃病《ちやうゐびやう》か、痔疾《ぢしつ》か、腎臟病《じんざうびやう》か、心臟病《しんざうびやう》であるかが分《わ》かる。又皮膚《またひふ》の光澤《くわうたく》如何《いかん》や、音聲《おんせい》の如何《いかん》で肺病《はいびやう》である、腦病《なうびやう》であるかの判斷《はんだん》もつくのである。

更《さら》に又人々《またひとびと》の行動卽《かうどうすなは》ち座作《ざさ》進退《しんたい》に依《よ》り、或《あるひ》は談話《だんわ》の樣子《やうす》に依《よつ》て、其《そ》の人《ひと》の嗜好《しかう》や、嗜好《ぎかう》する飮食物《いんしよくもつ》や、又《また》は大食《たいしよく》か少食《せうしよく》か、大酒呑《おほさけの》みか、酒嫌《さけぎらひ》か等《とう》も能《よ》く判明《はんめい》するのである。之等《これら》は別《べつ》に觀相術《くわんさうじゆつ》とか、讀心術《どくしんじゆつ》とかいふやうなものに依《よ》るのではない。病氣《びやうき》や嗜好《ぎかう》が外貌《ぐわいばう》や動作《どうさ》に自然《しぜん》と反映《はんえい》するのであるから、其《そ》の積《つも》りで注意《ちうい》さへすれば、誰《たれ》でも容易《ようい》に出來《でき》るのである。赤兒《あかご》の病《やまひ》や企望《きばう》を、母親《はゝおや》はその泣聲《なきごゑ》や擧動《きよどう》で察知《さつち》し得《う》るのと異《かは》りはない。

五、心理的觀察

人間《にんげん》には根本無明《こんぽんむみやう》を始《はじ》めとして、三毒《どく》五欲《よく》、或《あるひ》は三縛《ばく》、三漏《ろう》、四暴流《ぼうりう》、四軛《やく》、四取《しゆ》、五蓋《がい》、五順下分結《じゆんかぶんけつ》、五順上分結《じゆんじやうぶんけつ》、結《けつ》、又《また》は根本煩惱《こんぽんぼんなう》三十六、五十二惑等稱《わくとうしよう》し、百八煩惱《はんなう》といふ數《すう》になる。前篇《ぜんぺん》に說《と》いた如《ごと》く、惑病《わくびやう》は同源《どうげん》で、病《びやう》は氣《き》から起《おこ》るといふが、之《これ》を宗敎的《しうけうてき》に精神的《せいしんてき》に云《い》へば、四百四病《びやう》もその他《た》一切《さい》の憂患《いうくわん》病《びやう》痛《つう》は悉《ことごと》く、貪《どん》、瞋《しん》、痴《ち》の三毒《どく》、又《また》は貪《どん》、瞋《しん》、痴《ち》、慢等《まんとう》の煩惱《ぼくなう》を基《もと》として、それより順次轉輾增上《じゆんじてんてんぞうじやう》して百八乃至《ないし》八萬《まん》四千の塵勞《じんらう》と爲《な》り、それと相伴《あひともな》うて百八病乃至《びやうないし》八萬《まん》四千の疾病《しつぺい》を釀《かも》すに至《いた》るのである。卽《すなは》ち病《やまひ》は惑《まどひ》から起《おこ》る。煩惱卽病《はんなうそくびやう》、たとひ思《おも》はざる怪我《けが》をしたのでも、そこに不注意《ふちうい》といふ缺陥《けつかん》がある。不注意《ふちうい》は心中《しんちう》に何等《なんら》かの煩悶《はんもん》があつたからである。心神淸澄何等《しんしんせいちようなんら》の煩悶《はんもん》も迷惑《めいわく》もなければ、周圍《しうゐ》に在《あ》るものは恰《あた》かも明鏡《めいきやう》に一切《さい》の影《かげ》を映《えい》ずる如《ごと》く、如何《いか》なるものも不意《ふい》の襲撃《しふげき》を加《くは》へたり、逃《に》げ隠《かく》れすることは出來《でき》ぬ。從《したが》つて何等《なんら》間違《まちがひ》の起《おこ》る理由《りいう》も因縁《いんねん》もないことになるのである。

更《さら》に又胃病《またゐびやう》一つに就《つい》て見《み》ても、それを單《たん》に外形的《ぐわいけいてき》に見《み》れば、食過《くひす》ぎとか、飲《の》み過《す》ぎとか、或《あるひ》は不消化物《ふせうくわぶつ》を食《く》うたとか、有害物《いうがいぶつ》を食《く》うたとか、料理方《れうりかた》が惡《わ》るかつたとか、食後《しよくご》の不注意《ふちうい》で消化《せうくわ》を害《がい》したとかいふことに止《とゞ》まるが、之《これ》を精神的《せいしんてき》に見《み》るときは、食慾《しよくよく》の惑《まどひ》は固《もと》より、瞋恚《しんい》卽《すなは》ち本來癇癖《ほんらいかんぺき》の強《つよ》いため、惡食大食《あくしよくたいしかく》せずとも、其《そ》の人《ひと》は必《かなら》ずや胃病《ゐびやう》に罹《かゝ》らねばならぬ筈《はず》の、食物以外《しよくもついぐわい》の惑《まどひ》といふ胃病《ゐびやう》の原因《げんいん》が伏在《ふくざい》、否《いな》、常在《じやうざい》してゐるといふことになるのである。卽《すなは》ち癇《かん》が強《つよ》いため、落付《おちつ》いて食事《しよくじ》をせぬ、喜《よろこ》び笑《わらふ》て食事《しよくじ》をせぬ、敬虔感謝《けいけんかんしや》の念《ねん》を以《もつ》て食事《しよくじ》をせぬ、いつも不滿不平《ふまんふへい》いら〳〵した心持《こゝろも》ちで食《しよく》を執《と》る。故《ゆゑ》に營養食《えいやうしよく》でも、食量《しよくりやう》は適度《てきど》であつても、胃病《ゐびやう》は疳癇《かんかん》の煽動《せんどう》に依《よ》つて見遁《みのが》がさず侵入《しんにふ》して來《く》るのである。

かういふ點《てん》から推《お》して見《み》ると、病氣《びやうき》といふものは、單《たん》に外形的《ぐわいけいてき》に診察《しんさつ》しただけでは、完全《くわんぜん》の診斷《しんだん》とは云《い》へぬ。能《よ》くその心理狀態《しんりじやうたい》、卽《すなは》ち精神的《せいしんてき》の病源《びやうげん》を探究《たんきう》することが、根本的治療上極《こんぽんてきぢれうじやうきは》めて肝要《かんえう》である。習慣《しふくわん》、性癖《せいへき》、平素《へいそ》の行動《かうどう》、生活狀態《せいくわつじやうたい》、環境《くわんきやう》等《とう》が、悉《こと〴〵》く病氣《びやうき》そのものを作成《さくせい》する一つ一つの要素《えうそ》であると考《かんが》へて差支《さしつかへ》はないのである。下醫《かい》は病《やまひ》を見《み》て病《やまひ》を治《なほ》し、上醫《じやうい》は心《こゝろ》を見《み》て心《こゝろ》を治《なほ》すといふのは、本來《ほんらい》は宗教家《しうけうか》と醫師《いし》との別《べつ》をいつたものであらうが、吾人《ごじん》は醫師《いし》卽宗教家《そくしうけうか》たれ、宗教家《しうけうか》亦醫術《またいじゆつ》の心得《こゝろえ》あるを要《えう》すと云《い》ひたいのである。

六、信仰的觀診

病氣《びやうき》を信仰上《しんかうじやう》から診察《しんさつ》するのは、宗教家《しうけうか》のよくやることであるが、宗教家《しうけうか》の手《て》に渡《わた》つた病人《びやうにん》は多《おほ》くは醫師《いし》の匙《さじ》を投《な》げたものであるから、結局《けつきよく》信仰《しんかう》の力《ちから》、加持祈禱《かぢきたう》に依《よ》つて治《ぢ》する他《ほか》はないと云《い》ふので、祈禱營業本位《きたうえいげふほんゐ》でやるから危險《きけん》であり、又宗教家《またしうけうか》の本領《ほんりやう》を誤《あやま》ることが多《おほ》いのである。外的病氣《ぐわいてきびやうき》はどこまでも醫師本位《いしほんゐ》の治療《ぢりう》でなくてはならぬ。宗教家《しうけうか》の領分《りやうぶん》は心理《しんり》的病源《てきびやうげん》たる惑《まどひ》を除去《ぢよきよ》するだけに止《とゞ》むべきである。即《すなは》ち加持祈禱《かぢきたう》よりは、病氣《びやうき》の心的原因《しんてきげんいん》を探求發見《たんきうはつけん》して、それを除去又《ぢよきよまた》は矯正《けうせい》することに努力《どりよく》するのが妥當《だたう》である。

然《しか》らば信仰的觀診《しんかうてきくわんしん》とは如何《いか》なるものかといふに、今《いま》その一二を例示《れいじ》すべし。

例《たと》へば玆《こゝ》に胃病患者《ゐびやうくわんじや》ありとせんに、能《よ》く其《そ》の性格竝《せいかくならび》に平素《へいそ》の擧止《きよし》行動《かうどう》を觀察《くわんさつ》し、食物《しよくもつ》を粗末《そまつ》にした、即《すなは》ち一粒《つぶ》の米《こめ》、一片《きれ》の菜葉《なつぱ》でも無暗《むやみ》に棄《す》つるは天物暴殄《てんぶつぼうてん》の咎《とが》、又食事《またしよくじ》に當《あた》りては敬虔《けいけん》の態度《たいど》をもち、感謝《かんしや》して食《く》ふべきに、まづいとか、わるいとか、いろ〳〵不平《ふへい》をならべ、恩《おん》に對《たい》して仇心《あだごころ》を以《もつ》て食《く》うた天罰《てんばつ》で、胃《ゐ》の働《はたら》きを止《と》められたのである。

又心臟病者《またしんざうびやうしや》に對《たい》しては、長上《ちやうじやう》に對《たい》して抗爭《かうさう》したとか、目下《めした》の者《もの》を怒鳴付《どなりつ》けたり、打擲《ちやうちやく》したといふ天罰《てんばつ》でかやうの病《やまひ》に罹《かゝ》つたのだと見《み》る。

眼病患者《がんびやうくわんじや》には、長者《ちやうじや》に不服《ふふく》の眼《め》を向《む》けたとか、目下《めした》の者《もの》を睨《にら》みつけて震《ふる》はせたとか、人《ひと》の妻《つま》を横眼《よこめ》で見《み》たとか、人《ひと》の缺點《けつてん》のみ見付《みつ》け廻《ま》はつた天罰《てんばつ》から來《き》たといふ風《ふう》に觀察《くわんさつ》するのである。

又肺病《またはいびやう》に就《つい》て云《い》へば、頑固《ぐわんこ》なる咳《せき》の出《で》るのは、頑固《ぐわんこ》なる無慈悲《むじひ》の罰《ばつ》、即《すなは》ち咳《せき》は人《ひと》の息《いき》の合《あ》はざるより起《おこ》り、又咽喉《またいんこう》に水氣《すゐき》なく吹分《すゐぶん》に慈悲《じひ》なき頑迷《ぐわんめい》の心《こゝろ》より來《きた》るといふこと、咯痰《かくたん》は、痰《たん》は必要物《ひつえうぶつ》が粕《かす》に變化《へんくわ》したもの故《ゆゑ》、誠《まこと》を腐敗《ふはい》せしめた罰《ばつ》、又咯血《またかくけつ》の血《ち》は誠《まこと》であるから、體内《たいない》にあるべきを吐出《はきだ》せば、誠《まこと》を粕《かす》にした罰《ばつ》といふべく、發熱《はつねつ》は、摺《す》れる罰《ばつ》にて、朝低《あさひく》く夕高《ゆふたか》きは、色情懊惱《しきじやうあうなう》の咎《とが》、汗《あせ》は身體《しんたい》の各部《かくぶ》より必要以上《ひつえういじやう》に出《い》づるもの故《ゆゑ》、粕《かす》の思案《しあん》、即《すなは》ち無用《なよう》の心配《しんぱい》や妄想《まうさう》の咎《とが》、下痢《げり》は、榮養物《えいやうぶつ》たる誠《まこと》を下《くだ》すもの故《ゆゑ》、人《ひと》の親切《しんせつ》を無《む》にした罰《ばつ》、食欲缺《しよくよくけつ》乏《ぼふ》は、食《く》ふべき天《てん》の美祿《びろく》を食《く》ひ得《え》ざるものゆゑ、天徳《てんとく》を取《と》り過《す》ぎたる咎《とが》、又天物《またてんぶつ》を粗末《そまつ》にした報《むく》ひ、皮膚《ひふ》の蒼白《さうはく》は、血精《けつせい》の不足《ふそく》、即《すなは》ち誠意《せいい》の乏《とぼ》しき咎《とが》、何程美味《なにほどびみ》を食《く》ふも、全身益々衰瘁《ぜんしんます／＼すゐひ》するは、不滿不足不平《ふまんふそくふへい》の心絶《こゝろた》えぬ咎《とが》といふやうに觀察《くわんさつ》して、對症治療《たいしやうぢれう》よりは先《ま》づ其《そ》の心根《こゝろね》を立直《たてなほ》すことを第一《だい》とし、懺悔更生《ざんげかうせい》の本道《ほんだう》に導《みちび》き入《い》れ、漸次信仰生活《ぜんじしんかうせいくわつ》に進《すゝ》むやうに工夫《くふう》すべきである。

素問《そもん》といふ本《ほん》に左《さ》の文句《もんく》がある。

怒《いか》レバ氣上《きのぼ》ル、喜《よろこ》ベバ氣緩《きゆる》マル、悲《かなし》メバ氣消《きき》ユ、恐《おそ》ルレバ氣《き》メグラズ、寒《さむ》ケレバ氣《き》トヅ、暑《あつ》ケレバ氣泄《きも》ル、驚《おどろ》ケバ氣亂《きみだ》ル、勞《らう》スレバ氣耗《きへ》ル、思《おも》ヘバ氣結《きむす》ボル。

貝原益軒《かひばらえきけん》は之《これ》を訓《くん》して、

百病《びやう》は皆氣《みなき》より生《しやう》ず、病《やまひ》とは氣《き》をやむなり、故《ゆゑ》に養生《やうじやう》の道《みち》は氣《き》を調《とゝの》ふるにあり、調《とゝの》ふるとは氣《き》を和《やは》らげ平《たひら》にするなり。

第四　仙道治療術

一、腦神經系の攝養法

人間《にんげん》の體質《たいしつ》系統《けいとう》を大別《たいべつ》すれば、腦神經系《なうしんけいけい》、呼吸器系《こきふきけい》、循環器系《じゆんくわんきけい》、消化器系《せうくわきけい》、新陳代謝機能系《しんちんたいしやきのうけい》の五つとなる。此《こ》の五つの系統《けいとう》にどれにも弱味《よわみ》を持《も》たず、强壯《きやうさう》で完全無缺《くわんぜんむけつ》であれば、誠《まこと》に申分《まをしぶん》はないが、さういふ人《ひと》は至《いた》つて少《すく》なく、何處《どこ》かに多少《たせう》とも弱味《よわみ》がある。さうして左樣《さやう》な弱味《よわみ》のある人達《ひとたち》も、其《そ》の程度《ていど》に差《さ》があつて中《なか》には弱味《よわみ》の程度《ていど》がひどくて、年中病身又《ねんぢうびやうしんまた》は病氣《びやうき》で暮《く》らす人《ひと》もある。

併《しか》し左樣《さやう》な人《ひと》でも、それ〴〵其《そ》の體質《たいしつ》に相當《さうたう》した攝生《せつせい》を爲《な》し、又病氣《またびやうき》のものは早《はや》く適應《てきおう》の治療《ちれう》を行《おこな》へば、健康《けんかう》を囘復《くわいふく》し天壽《てんじゆ》を全《まつた》ふすることも困難《こんなん》ではない。そこで今《いま》先《ま》づ以下《いか》の五體質《たいしつ》に就《つい》て、その弱味《よわみ》をもつ人《ひと》、又《また》はその各系統《かくけいとう》のいづれかの病氣《びやうき》に罹《かゝ》つた者《もの》の攝養治療法《せつやうぢれうほふ》を、順次摘述《じゆんじてきじゆつ》することにしやう。

第一《だい》に腦神經系《なうしんけいけい》の弱《よわ》い人《ひと》は、どんな風《ふう》であるかといふに、些細《さゝい》の事《こと》にても激《げき》し易《やす》い、或《あるひ》は頭痛持《づつうもち》だとか、或《あるひ》は不眠症《ふみんしやう》であるとか、僅《わづ》かの勤務《きんむ》に疲勞《ひらう》を覺《おぼ》えるとか、どうかすれば直《す》ぐに眩暈《めまひ》を起《おこ》すとか、或《あるひ》は普通《ふつう》に神經痛《しんけいつう》とか、關節炎《くわんせつえん》とかいふ所《ところ》の四肢又《また》は其《そ》の他《た》の身體中《しんたいちう》の或部分《あるぶぶん》に、神經性《しんけいせい》の痛《いた》みを感《かん》ずるとか、知覺《ちかく》が過敏《くわびん》で少《すこ》しの事《こと》に驚《おどろ》き易《やす》いとか、或《あるひ》は怒《いか》り易《やす》いとか、或《あるひ》は反對《はんたい》に知覺《ちかく》が鈍重《どんちよう》で、感覺《かんかく》が鈍《にぶ》いとかいふ異常《いじやう》があつたり、手足《てあし》の運動《うんどう》が不自由《ふじいう》であるやうな運動神經《うんどうしんけい》の異常《いじやう》があつたり、或《あるひ》は歩行困難《ほかうこんなん》があつたり、腱反射《けんはんしや》がなかつたり、或《あるひ》は亢進《かうしん》して居《ゐ》たり、若《も》しくは記憶力《きおくりよく》が非常《ひじやう》に強過《つよすぎ》るとか、又《また》は反對《はんたい》に弱過《よわす》ぎて物忘《ものわす》れをしすぎるとかいふ記憶力《きおくりよく》の異常《いじやう》があつたり、其《そ》の他《た》失語症《しつごしやう》とか、吶吃《どもり》とかのやうに言語上《げんごじやう》の障碍《しやうげ》があつたり、甚《はなは》だしきになると、目《め》が見《み》えなくなつたり、半身不隨《はんしんふずゐ》とか、全身不隨《ぜんしんふずゐ》があつたり、人事不省《じんじふせい》、昏睡嗜眠《こんすゐぎみん》に陷《おちい》つたりするやうな人々《ひと〴〵》は、皆腦神經《みななうしんけい》に故障《こしやう》のある人《ひと》である。

斯《こ》んな症狀《しやうじやう》の一つでもあれば、誰《た》れでも腦神經《なうしんけい》に故障《こしやう》があるのだと氣付《きづ》くのであるが、左樣《さやう》な著《いちじ》るしい症候《しやうこう》が無《な》いにしても、顏色《かほいろ》が青白《あをじろ》いとか、眼元《めもと》が何《なん》となく蹙《せば》まつて居《ゐ》るとか、步行振《あるきぶり》が落付《おちつ》いてゐないとか言葉使《ことばづか》ひが急《せ》きこみ勝《がち》であるとか、言《い》ひかけて途中《とちう》で言葉《ことば》を忘《わす》れるとかいふやうな極《きは》めて輕微《けいび》な徵候《ちようこう》でも、みな腦神經系《なうしんけいけい》に何等《なんら》か故障《こしやう》があるか、又《また》はそれが丈夫《ぢやうぶ》に出來《でき》てゐない體質《たいしつ》の人《ひと》なのである。

それ等《ら》は詳《くは》しく說明《せつめい》せずとも、素人目《しろうとめ》でも大體《だいたい》は分《わ》かるもので、其《そ》の當人《たうにん》には尙更自《なほさらじ》分《ぶん》の神經質《しんけいしつ》であることが知《し》られるものである。彼《あ》の人《ひと》は神經質《しんけいしつ》だとか、彼《あ》の婦人《ふじん》はヒステリックであるといふことは、常識《じやうしき》で大《だい》體《たい》に判斷《はんだん》を誤《あやま》らないのである　此《こ》の神經質《しんけいしつ》が昂《かう》ずると遂《つひ》には難治不治《なんぢふぢ》に陷《おちい》ることになる。

腦神經系《なうしんけいけい》の衰弱《すゐじやく》の原因《げんいん》は極《きは》めて多《おほ》い、中《なか》でも過勞衰弱《くわらうすゐじやく》が尤《もつと》も多《おほ》く、花柳病殊《くわりうびやうこと》に黴毒《ばいどく》に原因《げんいん》するもの、結核《けつかく》病《びやう》から來《く》るもの、時《とき》としては外傷《ぐわいしやう》が原因《げんいん》になることもある。其《そ》の他《た》消化器《せうくわき》の疾患《しつくわん》や、循環器系《じゆんくわんきけい》の疾患《しつくわん》や、自家中毒《じかちうどく》に原因《げんいん》する場合《ばあひ》、又輕《またかる》いのには酒精《アルコール》や、煙草《たばこ》や、コーヒや、茶《ちや》や、其《そ》の他《た》刺戟性飮食物《しげきせいいんしよくぶつ》の濫用《らんよう》に起《き》因《いん》するものも多《おほ》い、又先天的《またせんてんてき》に腦神經系《なうしんけいけい》の弱《よわ》いものもある。

之等《これら》の腦神經系病患《なうしんけいけいびやうくわん》を、生理上《せいりじやう》より將又醫藥《はたまたいやく》の方面《はうめん》より治療《ぢれう》するには、先《ま》づ第《だい》一に病源《びやうげん》を確《たし》かめ、花柳《くわりう》病《びやう》より來《き》たるものは、先《ま》づ其《そ》の花柳病《くわりうびやう》を治《ち》し、それより對症的投藥《たいしやうてきとうやく》を爲《な》し、更《さら》に其《そ》の程度《ていど》に應《おう》じて、規則的《きそくてき》生活《せいくわつ》、消化器《せうくわき》の愛護《あいご》と調節《てうせつ》、運動《うんどう》と强練法《きやうれんはふ》、公明正大愉快《こうめいせいだいゆくわい》に精神《せいしん》を保《たも》つこと、食事《しよくじ》の注意等《ちういとう》を奬勵《しやうれい》すべきである。左《さ》すれば腦神經系《なうしんけいけい》の弱《よわ》い體質《たいしつ》の人《ひと》でも、治病《ちびやう》は固《もと》より漸次《ぜんじ》腦神經系《なうしんけいけい》を强《つよ》くするか、少《すく》なくとも益々弱《ますますよわ》くなる不幸《ふかう》から免《まぬか》るることが出來《でき》る。さうして弱《よわ》いながらも天命《てんめい》を全《まつた》ふし、長生《ちやうせい》し得《う》るに至《いた》るのである。即《すなは》ち要《えう》は對症治療《たいしやうちれう》と生活《せいくわつ》の改善《かいぜん》に在《あ》るのである。

若《も》し之《これ》を仙術《せんじゆつ》の方《はう》より救治《きうち》するには、如何《いか》なる方法《はうはふ》を用《もち》ふるかといふに、それは至極簡單明瞭《しごくかんたんめいれう》である。俗《ぞく》塵《ぢん》を離《はな》れたる閑靜《かんせい》の地《ち》、又《また》は山籠《やまごも》り等《など》を爲《な》して、調氣法《てうきはふ》と、關節《くわんせつ》の痛《いた》み等《など》には導引法《だういんはふ》を勵行《れいかう》するまでである。閑靜《かんせい》、調氣《てうき》、導引《だういん》これにて根本的《こんぽんてき》に更生《かうせい》し得《う》。

二、呼吸器系の攝養法

呼吸器系《こきふきけい》といへば、鼻《はな》と口《くち》から空氣《くうき》を吸引《きふいん》して肺臟《はいざう》に至《いた》り、肺臟《はいざう》から又鼻《またはな》と口《くち》とへ呼出《こしゆつ》する間《あひだ》の各器官《かくきくわん》をいふので、即《すなは》ち鼻《はな》、咽腔《いんかう》、口腔《こうくう》、喉頭《こうとう》、氣管《きくわん》とを經《へ》て、氣管支《きくわんし》より更《さら》に肺臟肋膜《はいざうろくまく》に至《いた》る各部分《かくぶぶん》である。此《こ》の器官《きくわん》を冐《をか》されて居《ゐ》る人《ひと》が極《きは》めて多《おほ》い。即《すなは》ち鼻加答兒《びかたる》とか、喉頭加答兒《こうとうかたる》とか、氣管支加答兒《きくわんしかたる》とかは、大抵《たいてい》の人《ひと》が多少《たせう》とも患《わづ》らつて居《ゐ》る。併《しか》し其《そ》の加答兒《かたる》の原因《げんいん》が單純《たんじゆん》なものであるならば、たとひ患《わづら》つても治癒《ちゆ》し易《やす》く、又慢性《またまんせい》になつても、餘病《よびやう》が出《で》ない限《かぎ》りは大《だい》なる差支《さしつかへ》はないけれども、其《そ》の原因《げんいん》が單純《たんじゆん》でない時《とき》、即《すなは》ち結核《けつかく》とか、黴毒等《ばいどくとう》に原因《げんいん》する時《とき》は、そのままに放置《はうち》しては治癒《ちゆ》しないから、十分《ぶん》に氣《き》を付《つ》け速《すみや》かに適當《てきたう》の處置《しよち》を取《と》らねばならない。

就中《なかんづく》肺臟《はいざう》の冐《をか》される場合《ばあひ》は、非常《ひじやう》に注意《ちうい》を要《えう》する、そして肺《はい》を冐《をか》すのは主《しゆ》として結核菌《けつかくきん》である。結核菌《けつかくきん》とは一種《しゆ》の黴菌《ばいきん》で、それが外部《ぐわいぶ》から體内《たいない》に侵入《しんにふ》し、いろ〳〵な所《ところ》を占領《せんりやう》して蕃殖《ばんしよく》を始《はじ》めると發熱《はつねつ》をしたり、遂《つひ》には大事《だいじ》に及《およ》ぶのであるが、呼吸器系《こきふきけい》に於《おい》て多《おほ》く認《みと》めるのは、此《こ》の黴菌《ばいきん》が肺《はい》を冐《をか》す場合《ばあひ》で、所謂世人《いはゆるせじん》の恐《おそ》れる肺結核《はいけつかく》である。

併《しか》し結核病《けつかくびやう》は肺《はい》には限《かぎ》らない、殆《ほと》んど身體《しんたい》の各部位《かくぶゐ》を冐《をか》す黴菌《ばいきん》で、皮膚結核《ひふけつかく》を始《はじ》め、鼻《はな》より喉頭《こうとう》を冐《をか》し、各内臟《かくないざう》を冐《をか》し、甚《はなは》だしきは骨節《こつせつ》をも冐《をか》し、骨結核《こつけつかく》、關節結核《くわんせつけつかく》をも起《おこ》すのである。たゞ此《こ》の中《なか》で肺《はい》を冐《をか》す場合《ばあひ》が最《もつと》も多《おほ》い。そこで結核《けつかく》といへば呼吸病《こきふびやう》、呼吸病《こきふびやう》といへば肺結核《はいけつかく》と思《おも》ひ、肺結核《はいけつかく》は癒《なほ》らぬものと考《かんが》へられてゐる。が、併《しか》し肺結核患者《はいけつかくくわんじや》と雖《いへど》も決《けつ》して落膽《らくたん》することはない。攝養《せつやう》其《そ》の宜《よろ》しきを得《う》れば、全治《ぜんぢ》して、能《よ》く天《てん》命《めい》を全《まつた》ふし、八十九十まで平氣《へいき》でゆける實例《じつれい》も少《すく》くない。

内務省《ないむしやう》の統計《とうけい》に依《よ》れば、人口《じんこう》一萬人《まんにん》に付《つ》き結核病死亡率《けつかくびやうしばうりつ》は二十一人餘《にんよ》、全體《ぜんたい》で二百萬餘人《まんよにん》、一日《にち》一人《にん》の患《くわん》者《じや》一圓《ゑん》と病患《びやうくわん》の無《む》收損失《しうそんしつ》一圓《ゑん》とすれば、一日《にち》四百萬餘圓《まんよゑん》、一年《ねん》十四億餘《おくよ》といふ、國家歳入以上《こくかさいにふいじやう》の損害《そんがい》。

又解剖學《またかいぼうがく》の結果《けつくわ》に由《よ》れば、百人中《にんちう》九十人《にん》までは肺結核《はいけつかく》に罹《かゝ》つて、それが治癒《ちゆ》した瘢痕《あと》を肺臟《はいざう》に殘《のこ》つて居《ゐ》ると、左《さ》すれば六千萬人中《まんにんちう》五千萬人以上《まんにんいじやう》は、多少《たせう》なれ肺結核《はいけつかく》に冐《をか》されて居《ゐ》る勘定《かんぢやう》になると、同時《どうじ》に又肺結核《またはいけつかく》に罹《かゝ》つても死《し》ぬる者《もの》は一割位《わりぐらゐ》で、餘《よ》は平癒《へいゆ》するといふことになるのである。

左《さ》れば既《すで》に結核菌《けつかくきん》に冐《をか》され、將《まさ》にそれが爲《ため》に征服《せいふく》せられんとして、種々《しゆ〴〵》の症狀《しやうじやう》を起《おこ》した人《ひと》であつても、其《そ》の戰鬪力《せんとうりよく》を囘復《くわいふく》することに注意《ちうい》し努力《どりよく》すれば、病原菌《びやうげんきん》との戰鬪《せんとう》に打勝《うちか》つて、其《そ》の生活《せいくわつ》を續《つゞ》け、可《か》なりの長命《ちやうめい》を保《たも》ち得《う》るが、それには一本《ぽん》の注射《ちうしや》や、一服《ぷく》の藥品位《やくひんぐらゐ》では、信頼《しんらい》するに足《た》らぬ。根本的《こんぽんてき》の衞生榮養療法《ゑいせいえいやうれうはふ》に依《よ》らねばならぬ。

先《ま》づ結核素質《けつかくそしつ》のものを調《しら》べて見《み》るに、小兒《せうに》で腺病質《せんびやうしつ》といつて、首《くび》のまはりにグリ〳〵の出來《でき》るもの、風邪《かぜ》を引《ひ》き易《やす》く、又直《またす》ぐ發熱《はつねつ》するやうなもの、扁桃腺《へんたうせん》が腫《は》れ易《やす》く、よく咳《せき》をする小供《こども》は、既《すで》に結核《けつかく》に冒《をか》されて居《ゐ》る場合《ばあひ》が多《おほ》い。併《しか》し子供《こども》は結核菌《けつかくきん》を腺《せん》で喰《く》ひ止《と》めて肺《はい》へはやらない力《ちから》がある、それが稍々《やゝ》成長《せいちやう》すると、肋膜《ろくまく》や骨《ほね》や肺《はい》に移行《いかう》するやうになる。それで移行以前《いかういぜん》に撲滅《ぼくめつ》せねばならぬ。

大人《おとな》も小兒《こども》と同樣《どうやう》だが、概《がい》して身體《しんたい》や骨格《こつかく》が細長《ほそなが》く、肉《にく》が落《お》ち瘦《や》せ、脂肪《しぼう》が乏《とぼ》しく顏面《がんめん》が蒼白《あをじろ》く、少《すこ》しのことで顏《かほ》が紅《あか》くなるとか、眼《め》に一種《しゆ》の光輝《くわうき》を持《も》ち、白目《しろめ》が青白《あをじろ》　眼球《がんきう》が凹《くぼ》んで居《ゐ》るやうな人《ひと》、顏《かほ》が細長《ほそなが》く、鼻梁《はなすぢ》が通《とほ》つて、毛《け》が細《ほそ》く、指《ゆび》が長《なが》くて尖《さき》が大《おほ》きく、爪《つめ》が内側《うちがは》に曲《まが》つてゐるやうな人《ひと》、胸《むね》が扁平《へんぺい》で狹《せま》く、肩《かた》の落《お》ちてゐて或《あるひ》は鳩胸《はとむね》であるやうな人《ひと》、之等《これら》の人《ひと》は結核《けつかく》に罹《かゝ》つて居《ゐ》るか、又《また》は罹《かゝ》り易《やす》い性質《せいしつ》である。

又既《またすで》に結核《けつかく》に冒《をか》されると、いろ〳〵な症狀《しやうじやう》を起《おこ》す。第《だい》一に咳《せき》が出《で》て一ケ月《げつ》も經《へ》ても容易《ようい》に治《なほ》らないとか第《だい》二に朝洗面後《あさせんめんご》に痰《たん》がゴロ〳〵出《で》て、一ケ月以上《げついじやう》も續《つゞ》くとか、第《だい》三に一日《にち》に一度《ど》、一寸《ちよつと》のあひだに體溫《たいをん》が昇《のぼ》る。殊《こと》に夕方暫時《ゆふがたざんじ》の間《あひだ》三十七度《ど》五六分位《ぶぐらゐ》、半月以上《はんつきいじやう》も續《つゞ》く、第《だい》四に別《べつ》に病源《びやうげん》もないのに、食慾不振《しよく〳〵ふしん》が半月以上《はんつきいじやう》も續《つゞ》く、第《だい》五に身體《しんたい》に疲勞倦怠《ひらうけんたい》を覺《おぼ》え、頭痛《づつう》がしたり、少《すこ》しの運動《うんどう》で動悸《どうき》が打《う》ち、筋《すぢ》や關節《くわんせつ》が痛《いた》み、腦神經衰弱《なうしんけいすゐじやく》のやうな狀態《じやうたい》がある、第《だい》六に體量《たいりやう》が減《げん》じ、他《た》の原因《げんいん》のないのに瘦削《やせほそ》る、第《だい》七に盜汗《ねあせ》が三日以上《かいじやう》も續《つゞ》く、少《すこ》しのことに汗《あせ》が出易《でやす》くなる、第《だい》八に婦人《ふじん》が貧血《ひんけつ》したり、月經《げつけい》が狂《くる》ふたりする場合等《ばあひとう》は、大抵結核《たいていけつかく》に犯《をか》されて居《ゐ》るのである。早《はや》く手當《てあて》をすれば第《だい》一期内《きない》なれば百人中《にんちう》九十人《にん》は全治《ぜんぢ》する。第《だい》二期《き》に入《い》れば百人中《にんちう》六十人《にん》第《だい》三期《き》には百人中《にんちう》二、十人《にん》しか全治《ぜんぢ》せぬ。

呼吸器病《こきふきびやう》の衞生營養療法《ゑいせいえいやうれうはふ》としては、今日《こんにち》一般《ぱん》に一致《ち》し居《を》る所《ところ》では、極《きは》めて平凡《へいはん》な自然的生活《しぜんてきせいくわつ》をなすだけといふことになつて居《ゐ》る。

一、新鮮《しんせん》にして清澄《せいちよう》なる空氣《くうき》を呼吸《こきふ》すること。

二、明《あか》るき光線《くわうせん》の射入《きしい》る場所《ばしよ》に生活《せいくわつ》し、十分《ぶん》に日光《につくわう》の恩澤《をんたく》に浴《よく》すること。

三、規律《きりつ》ある生活《せいくわつ》をすること。

四、確固不拔《かくこふばつ》の精神《せいしん》に生《い》くること。

五、身體《しんたい》を清潔《せいけつ》に保《たも》つこと。

六、十分《ぶん》に休養《きうやう》をなすこと。

七、優良合理的《いうりやうがふりてき》にして滋養《じやう》に富《と》む食物《しよくもつ》を取《と》ること。

八、攝收《せつしう》した食物《しよくもつ》をよく消化吸收《せうくわきふしう》せしめて體力《たいりよく》卽《すなは》ち活力《くわつりよく》として存《そん》せしむること。

又對症療法《またたいしやうれうはふ》としては、それぐ〳〵藥品《やくひん》もあり、注射《ちうしや》もするが、充分《じうぶん》なるものは一つもない。

仙道《せんだう》では呼吸器病《こきふきびやう》又《また》はその素質《そしつ》のある者《もの》に對《たい》しては、先《ま》づ第《だい》一に溫暖《をんだん》の地《ち》に移《うつ》り、東南向《とうなんむき》の家《いへ》に住居《ぢうきよ》せしむること、次《つぎ》に柔軟《じうなん》なる調氣法《こうきはふ》を行《おこな》ふこと、又陽光吐納《またやうくわうとなふ》とて一種《しゆ》の日光浴《につくわうよく》を勵行《れいかう》すること、次《つぎ》に殺蟲《さつちう》の仙丹《せんたん》を一日《にち》一回《くわい》、病氣《びやうき》の程度《ていど》に依《よ》り、一週間《しうかん》又《また》は三週間《しうかん》、或《あるひ》は三ヶ月服用《げつふくよう》すること、更《さら》に營養療法《えいやうれうはふ》として、龜鼈《きべつ》の生血《いきち》を適度《てきど》に相應《さうおう》の期《き》間服用《かんふくよう》すること、之《これ》は刺戟的强精《しげきてききやうせい》の性慾劑《せいよくざい》にはあらず、血精療法《けつせいれうはふ》とか輸血《ゆけつ》の一種《しゆ》と見《み》るべき、殺菌《さつきん》と營養《えいやう》とを兼《か》ねたるものなり。

右《みぎ》の上《うへ》に信仰仙化《しんかうせんくわ》と、鎭魂修法《ちんこんしうはふ》を行《おこな》へば、如何《いか》なる重患《ぢうくわつ》も平治《へいぢ》せざることなし。

三、循環器病の攝養法

循環器《じゆんくわんき》とは血液《けつえき》を全身《ぜんしん》に循行《じゆんかう》させる器官《きくわん》で、心臟《しんざう》と血管《けつくわん》である。即《すなは》ち吾《ご》人《じん》の生存《せいそん》に必要《ひつえう》なる營養分《えうやうぶん》を全身《ぜんしん》に分配《ぶんぱい》して、其《そ》の不用《ふよう》となつたものを持《も》ち去《さ》つて排泄《はいせつ》せしむる所《ところ》の器官《きくわん》であつて、例《たと》へば上水《じやうすゐ》と下水《げする》との働《はたら》きをなすものである。若《も》し此《こ》の器官《きくわん》に障害《しやうがい》が起《おこ》ると、營養分《えいやうぶん》が運《はこ》ばれないと共《とも》に惡《わる》いものが取去《とりさ》られず、忽《たちま》ち種々《しゆ〴〵》の故障《こしやう》が起《おこ》る。そこで其《そ》の營養《えいやう》たる血液《けつえき》が一部位《ぶゐ》に餘計《よけい》に滯《とゞこほ》ると其處《そこ》へ充血《じうけつ》を起《おこ》し、又反對《またはんたい》に少《すく》ないとそこに貧血《ひんけつ》が起《おこ》る。又代謝産物或《またたいしやさんぶつあるひ》は老廢物即《らうはいぶつすなは》ち不用《ふよう》になつたものが取去《とりさ》られねば忽《たちま》ち病氣《びやうき》が起《おこ》る。

此《こ》の循環《じゆんくわん》は尤《もつと》も大切《たいせつ》な事《こと》で、それが平調《へいてう》に保《たも》たれないのは、循環器《じゆんくわんき》に故障《こしやう》があるので、即《すなは》ち第《だい》一は心臟《しんざう》の疾患《しつくわん》、第《だい》二は血管《けつくわん》の疾患《しつくわん》、第《だい》三は心臟又《しんざうまた》は血管《けつくわん》の神經疾患等《しんけいしつくわんとう》に基《もと》づくのである。さうした疾患《しつくわん》のある人《ひと》は脈搏《みやくはく》が早《はや》いとか遲《おそ》いとか正《たゞ》しくないとか、弱《よわ》いとか強《つよ》いとか、或《あるひ》は硬《かた》いとか結滯《けつたい》するとか、或《あるひ》は動悸《どうき》が打《う》つとかいふやうな事《こと》に苦《くる》しむのである。

此《こ》の循環器系質《じゆんくわんきけいしつ》は遺傳學上《ゐでんがくじやう》まだ十分明白《ぶんめいはく》でないが、どうも遺《ゐ》傳性《でんせい》を含《ふく》んで居《ゐ》るやうであるから、それ等《ら》の人々《ひとびと》は充分初《じうぶんはじ》めより注意《ちうい》するがよい。殊《こと》に老衰《らうすゐ》により死《し》する者《もの》の多數《たすう》は心臟《しんざう》の故障《こしやう》、又《また》は血管《けつくわん》の硬變《かうへん》といつて血管《けつくわん》の老衰《らうすゐ》するものが多《おほ》くを占《し》めてゐる。早《はや》く老衰《らうすゐ》を防《ふせ》ぐ上《うへ》から言《い》つても、此《こ》の循環器《じゆんくわんき》を愛護《あいご》し、攝養《せつやう》に注意《ちうい》することが尤《もつと》も緊要《きんえう》である。猶循環器《なほじゆんくわんき》は消化器《せうくわき》等《など》と違《ちが》ひ、休息時間《きうそくじかん》がない。晝夜《ちうや》四六時《じ》中働《ちうはたら》いて居《ゐ》るから、成《な》るべくその負擔《ふたん》を輕減《けいげん》せしむるやうにせねばならぬ。さうしてそれと同時《どうじ》に筋肉皮膚《きんにくひふ》神經《しんけい》を練磨《れんま》し、一方《はう》に心臟及《しんざうおよ》び血管《けつくわん》の强壯《きやうさう》を圖《はか》ると倶《とも》に、心臟《しんざう》を冐《をか》し易《やす》いやうな諸種《しよしゆ》の疾患《しつくわん》を豫防《よぼう》せねばならぬ。

循環器《じゆんくわんき》の負擔《ふたん》を輕減《けいげん》するには、第《だい》一過度《くわど》の運動《うんどう》を避《さ》くること、第《だい》二に精神《せいしん》の昻奮《かうふん》を來《き》たすやうなことを愼《つゝし》むべきである。登山《とざん》、漕艇《さうてい》、駈足《かけあし》、相撲《すまふ》、擊劍《げきけん》、柔道《じうだう》、口論《こうろん》、喧嘩《けんくわ》、賭事《かけごと》、刺戟性飮食物《しげきせいいんしよくぶつ》、房事《ばうじ》等《など》に注意《ちうい》し、青菜《あをな》や牛乳等《ぎうにうとう》を多《おほ》く用《もち》ひ、便通《べんつう》の整理《せいり》せねばならぬ。

又循環器《またじゆんくわんき》を强壯《きやうさう》にするためには、朝起《あさおき》、食事《しよくじ》、一定《てい》の運動《うんどう》、執務《しつむ》、就床等《しうしやうとう》を規律正《きりつただ》しくし、又此《またこ》の循環《じゆんくわん》器《き》は多《おほ》く筋肉《きんにく》から成立《せいりつ》して居《ゐ》るから、筋肉《きんにく》を練《ね》り、皮膚身體《ひふしんたい》を練磨《れんま》して、抵抗力《ていかうりよく》を强《つよ》くせねばならぬ。冷水《れいすゐ》摩擦《まさつ》、深呼吸法等《しんこきふはふとう》も必要《ひつえう》である。

更《さら》に又酒類煙草《またさけるゐたばこ》等《とう》の中毒《ちうどく》より、黴毒《ばいどく》に冐《をか》され、血管硬化《けつくわんかうくわ》、萎縮腎等《ゐしゆくじんとう》を起《おこ》すこともある。脚氣《かつけ》は傳染說中毒《でんせんせつちうどく》說《せつ》、腎臟病《じんざうびやう》は泌尿器科《ひねうきくわ》に屬《ぞく》するが、畢竟循環器《ひつきやうじゆんくわんき》の一部《ぶ》として見《み》るべく、從《したが》つて之等《これら》の病《やまひ》も循環《じゆんくわん》の故障《こしやう》に關《くわん》するものである。

循環器系《じゆんくわんきけい》の病氣《びやうき》に對《たい》して、仙道《せんだう》の治療法《ぢれうはふ》は、導引法《だういんはふ》を主《しゆ》として、之《これ》に植物性仙丹《しよくぶつせいせんたん》を用《もち》ふることを加《くは》へ、心身《しんしん》の安靜《あんせい》を保《たも》つを第《だい》一義《ぎ》とし、鎭魂修行《ちんこんしゆぎやう》を奬勵《しやうれい》するのである。

四、消化器病と其强健法

消化器系《せうくわきけい》といへば、口《くち》から食道《しよくだう》を過《す》ぎ胃《ゐ》より腸《ちやう》に至《いた》つて肛門《こうもん》に出《で》るまでの管《くだ》をいふので、此《こ》の管《くだ》に廣《ひろ》い場所《ばしよ》と狹《せま》い場所《ばしよ》とがあり、又曲《またまが》つたりくねつたりして微妙《びめう》な食物《しよくもつ》の消化《せうくわ》を司《つかさど》つて居《ゐ》るのである。尤《もつと》も此《こ》の一筋《すぢ》の管《くだ》の外《ほか》に近傍《きんばう》に位置《ゐち》して居《を》つて、消化管《せうくわくわん》へ細管《さいくわん》を通《つう》じて分泌液《ぶんぴえき》を送《おく》り、消化力《せうくわりよく》を助《たす》けるものがある。其《そ》の一つ《ゐ》肝臓《かんざう》と呼《と》び膽汁《たんじふ》を分泌《ぶんぴ》して腸管《ちやうくわん》に送《おく》り出《だ》し、又《また》一つは膵臓《すゐざう》と名《な》づけ、膵液《すゐえき》を腸管《ちやうくわん》に送《おく》り出《だ》し、それ〴〵特種《とくしゆ》の働《はたら》き作用《さよう》を營《いとな》んで居《ゐ》る。

吾々《われ〳〵》が攝《と》つた食物《しよくもつ》は、先《ま》づ口《くち》へ入《い》つて齒《は》で咀嚼粉碎《そしやくふんさい》せられ、唾液《だえき》によりて澱粉質《でんぷんしつ》がテキストリンや糖《たう》に變化《へんくわ》されて、食道《しよくだう》を通《とほ》り拔《ぬ》けて胃《ゐ》に送《おく》られる。胃《ゐ》は胃液《ゐえき》を分泌《ぶんぴ》して送《おく》り込《こ》まれた食物中《しよくもつちう》の蛋白質《たんぱくしつ》を變化《へんくわ》して腸《ちやう》へ送《おく》り届《とゞ》ける。これを受取《うけと》つた腸管《ちやうくわん》は其《そ》の周壁《しうへき》から分泌《ぶんぴ》する腸液《ちやうえき》と、又膵臓《またすゐざう》から分泌《ぶんぴ》して十二指腸《しちやう》へ出《で》て來《く》る膵液《すゐえき》の力《ちから》と、次《つぎ》に肝臓《かんざう》から分泌《ぶんぴ》して腸《ちやう》へ流《なが》れ込《こ》む膽汁《たんじふ》との助勢《じよせい》によつて、口腔《こうかう》や胃《ゐ》で消化《せうくわ》し切《き》れなかつた澱粉質《でんぷんしつ》や蛋白質《たんぱくしつ》を消化《せうくわ》し、又脂肪質《またしばうしつ》を分解《ぶんかい》して、すべてを吸收性《きふしうせい》として腸壁《ちやうへき》から吸收《きふしふ》して、吾々《われ〳〵》の榮養《えいやう》の基《もと》とし身體《しんたい》へ供給《きようきふ》するのである。故《ゆゑ》に消化器《せうくわき》の虚弱《きよじやく》とか、病患《びやうくわん》といふのは、以上《いじやう》の齒牙《しが》、舌《した》、口腔《こうかう》、食道《しよくだう》、胃《ゐ》、腸《ちやう》、肝臓《かんざう》、膵臓《すゐざう》の八の器官《きくわん》の中《なか》のどれかが弱《よわ》いか、疾患《しつくわん》に罹《か》かつて居《ゐ》るかである。而《しか》してその症状《しやうじやう》といふのは、

第《だい》一に食慾《しよくよく》が進《すゝ》まない、第《だい》二に食物《しよくもつ》に好惡《すききらひ》があり過《す》ぎる、第《だい》三に無暗《むやみ》に食《く》ひたがる、第《だい》四に俗《ぞく》に言《い》ふ黄水《きみづ》

吐《は》きとて、胃《ゐ》から液汁《えきじよ》を口《くち》へ逆出《ぎやくしゆつ》する、第《だい》五に嘔吐《おうど》だの噯氣《あいき》を催《もよほ》したりする、第《だい》六に口《くち》が臭《くさ》かつたり、又《また》は渇《かは》いたりする、第《だい》七に胃部《ゐぶ》が張《は》り切《き》つてゐるとか、痛《いた》むとかする、第《だい》八に腸《ちやう》が膨脹《ばうちやう》してゐたり、痛《いた》むだりする、第《だい》九に俗《ぞく》に仙氣《せんき》といつて腰《こし》に痛《いた》みがある、第《だい》十に下痢《げり》や、反對《はんたい》に便祕《べんぴ》や、腹鳴《はらな》りがする、第《だい》十一に黄《わう》疸《たん》で、目色《めいろ》や顏色《かほいろ》が黄色《きいろ》になる。その他《た》に頭痛《づつう》が起《おこ》つたり、眩暉《めまひ》が出《で》たり、或《あるひ》は發熱《はつねつ》したり、甚《はなは》だしきは腸《ちやう》出血《しゆつけつ》を起《おこ》したり、胃《ゐ》から吐血《とけつ》したりする。それ等《ら》の中《うち》一つあつても既《すで》に消化器病《せうくわきびやう》に冐《をか》されて居《ゐ》るのであるが或《あるひ》は數箇《すうこ》を併《あは》せてゐる人《ひと》も多《おほ》い。

全體《ぜんたい》消化器病《せうくわきびやう》にも多少《たせう》の遺傳《ゐでん》はある。殊《こと》に胃癌《ゐがん》や膽石病《たんせきびやう》は遺傳關係《ゐでんくわんけい》が多《おほ》い。ナポレオンや徳川家康《とくがはいへやす》も遺傳《ゐでん》膽石病《たんせきびやう》で斃《たふ》れたと云《い》はれて居《ゐ》る。併《しか》し消化器病《せうくわきびやう》は自己《じこ》の不注意《ふちうい》不攝生《ふせつせい》から來《く》るものが多《おほ》い。

胃腸《ゐちやう》の弱《よわ》い人《ひと》、慢性《まんせい》の胃腸患者《ゐちやうくわんじや》は、食事《しよくじ》の時間《じかん》を一定《てい》すること、食量《しよくりやう》を一定《てい》し多食《たしよく》せぬこと、食事前後《しよくじぜんご》の身體精神《しんたいせいしん》を安靜《あんせい》にすること、大酒喫煙《たいしゆきつえん》を禁《きん》ずること、精神《せいしん》及《およ》び身體《しんたい》の運動《うんどう》を適度《てきど》にすること、以上《いじやう》の五ヶ條《でう》を確守《かくしゆ》すれば、次第《しだい》に回復《くわいふく》もし、强壯《きやうさう》になり得《う》るのである。

併《しか》し酷《ひど》い疾患《しつくわん》になれば、それだけではいけぬ。即《すなは》ち對症療法《たいしやうれうはふ》に依《よ》つて、それ〴〵藥《くすり》をも用《もち》ひ、或《あるひ》はある飲《いん》食物《しよくもつ》を禁《きん》ずるとか、或《あるひ》は胃腸《ゐちやう》の洗滌《せんでき》を行《おこな》ふとか、下劑《げざい》を用《もち》ふるとか、或《あるひ》は齒《は》の治療《ぢれう》をするとか、いろ〳〵手《て》を盡《つく》さねばならぬ。尤《もつと》も大體《だいたい》から云《い》へば成《な》るべく藥物《やくぶつ》は使用《しよう》せぬ方《はう》が自然《しぜん》に叶《かな》ふのである。一日服藥《にちふくやく》すれば一日《にち》の壽命《じゆみやう》を縮《ちゞ》む、藥《くすり》は病《やまひ》に對《たい》して効《かう》あるも、本來《ほんらい》は毒《どく》なり。健康體《けんかうたい》には害《がい》ありといふのは眞理《しんり》である。

神仙道《しんせんだう》では消化器《せうくわき》に對《たい》しては、その輕重《けいちよう》の程度《ていど》に應《おう》じて、左《さ》の順序《じゆんじよ》に依《よ》る治療法《ぢれうはふ》を用《もち》ゆ、即《すなは》ち輕《かろ》きものより順次《じゆんじ》重《おも》きものに進《すゝ》む。

一、飲酒《いんしゆ》、喫煙《きつえん》、房事《ばうじ》を禁《きん》ず。

二、穀類中特《こくるゐちうとく》に米食《べいしよく》を禁《きん》じ、麥飯《むぎめし》、又《また》は麥粉《むぎこ》製《せい》の食物《しよくもつ》と菜食《さいしよく》とす又極淡白《またごくたんぱく》の魚類以外《ぎよるゐいぐわい》の一切《さい》の肉類《にくるゐ》を禁《きん》ず。

三、一切《さい》の火食《くわしよく》を禁《きん》じ、果實即《くわじつすなは》ち木實《きのみ》を用《もち》ふ。

四、斷食《だんじき》、斷食《だんじき》にも一週間《しうかん》、十日《か》、二週間等《しうかんとう》の別《べつ》あり。

斷食《だんじき》するには、先《ま》づ三度《ど》の食《しよく》を、二食《しよく》、一食《しよく》とし、又飯《またゝめし》を粥《かゆ》にし、粥《かゆ》も三椀《わん》、二椀《わん》、一椀《わん》と減《げん》じ、次《つぎ》は一切火食《さいくわしよく》を絶《た》ち、蕎麥粉《そばこ》を用《もち》ひ、次《つぎ》は蕎麥粉《そばこ》をも斷《た》ち、梅干《うめほし》と白湯《さゆ》、次《つぎ》は白湯《さゆ》又《また》は水《みづ》のみとす。斷食《だんじき》より復《ふたゝび》食《しよく》に還《かへ》るときは、前《まへ》の順序《じゆんじよ》を逆《ぎやく》に繰返《くりかへ》すものとす。

即《すなは》ち消化器病《せうくわきびやう》の根本的《こんぽんてき》治療《れう》と、消化器《せうくわき》を更生強健《かうせいきやうけん》ならしむるは、斷食《だんじき》を至上《しじやう》とす。健康者《けんかうしや》と雖《いへど》も、時々《ときどき》減食《しよく》、竝《ならび》に斷食《だんじき》の必要《ひつえう》あり、但《たゞ》し健康者《けんかうしや》の斷食《だんじき》は、一日又《にちまた》は二日《か》、或《あるひ》は三日位《かぐらゐ》にて充分《じうぶん》なり。糖尿病《たうねうびやう》の如《ごと》きは斷食《だんじき》の他《ほか》に殆《ほと》んど治療《ぢれう》の見込《みこ》みなきものとす。

五、新陳代謝機能症の攝養

新陳代謝機能《しんちんたいしやきのう》とは、攝取《せつしゆ》したる食物《しよくもつ》の體内《たいない》に吸收《きふしう》されて、生活《せいくわつ》の働《はたら》きをして終《しま》つた物質《ぶつしつ》を體外《たいぐわい》に排出《はいしゆつ》して、其《そ》の補給《ほきふ》として新《あた》らしいものを受《う》け入《い》れる機能《きのう》であつて、其《そ》の内《うち》には循環器《じゆんくわんき》によるものもあるが、全《まつ》たく別《べつ》な關係《くわんけい》に立《た》つものもある。汗《あせ》などもその一つであるが、主《しゆ》として問題《もんだい》になり代表的《だいへうてき》のものは、含水炭素即《がんすゐたんそすなは》ち澱粉類《でんぷんるゐ》の新陳代謝《しんちんたいしや》機能《きのう》に障害《しやうがい》を起《おこ》す所《ところ》の糖尿病《たうねうびやう》である。

尿中《ねうちう》に糖《たう》が出《で》るから名《な》づけた病《やまひ》だが、その原因《げんいん》は能《よ》く分《わか》らぬ。又糖《またたう》が出《で》るにも一時性《じせい》のものと、繼續性《けいぞくせい》のものとある。

此《こ》の種《しゆ》の機能障害《きのうしやうがい》は、最初《さいしよ》は何《なん》の苦痛《くつう》も自覺《じかく》しないことが多《おほ》い。それが發見《はつけん》されるのは多《おほ》くは、發病後久《はつびやうごひさ》しく時《とき》を經《へ》てからである。殊《こと》に合併症狀《がつぺいしやうじやう》が現《あら》はれて、始《はじ》めて自知《じち》する者《もの》が多《おほ》い。そこまでならぬ人《ひと》は、初《はじ》めは、尿量《ねうりやう》が何時《いつ》となく多《おほ》くなつて度々小便《たび〱せうべん》に行《ゆ》くとか、倦怠《けんたい》を覺《おぼ》えるとか、他《た》に原因《げんいん》のないに食慾《しよくよく》が增進《ぞうしん》したとか、口《くち》の渇《かは》きを覺《おぼ》えるとか、體《からだ》が痒《かゆ》いとか、體《からだ》が瘦《や》せるとか、又反對《またはんたい》に肥《こ》へるとか、嗜眠《しみん》するとか、いろ〱の變狀《へんじやう》を現《あら》はすのである。

それが次第《しだい》に進《すゝ》むと、いろ〱の併發症《へいはつしやう》が現《あら》はれる。卽《すなは》ち消化器《せうくわき》の故障《こしやう》、皮膚病《ひふびやう》、呼吸器病特《こきふきびやうとく》に肺結核《はいけつかく》、心臟病《しんぞうびやう》や血管硬化《けつくわんかうくわ》、腎臟病《じんぞうびやう》、諸種《しよしゆ》の神經系障害《しんけいけいしやうがい》を主《しゆ》として、あらゆる病狀《びやうじやう》が糖尿病《たうねうびやう》を根本《こんぽん》として起《おこ》つて來《く》るので、斯《か》うなつては誰《たれ》れしも驚《おどろ》いて醫師《いし》にかけ付《つ》けるが、大抵《たいてい》は外《そと》に現《あら》はれた病症《びやうしやう》に對《たい》してのみ手當《てあて》をして、根本《こんぽん》の糖尿病《たうねうびやう》を見逃《みの》がされる場合《ばあひ》が多《おほ》い。

糖尿病《たうねうびやう》は大抵《たいてい》四五十になつて起《おこ》るが、一般《ぱん》に脂肪《しばう》の多過《おほす》ぎる人《ひと》、肥胖《ひはん》の人《ひと》、血管硬化《けつくわんかうくわ》の人《ひと》、リウマチス系《けい》統《とう》の人《ひと》、榮養過剩《えいやうくわじよう》の人《ひと》、運動不足《うんどうふそく》の人《ひと》、頭腦《づなう》を多《おほ》く使《つか》ふ人《ひと》などに起《おこ》り易《やす》い。卽《すなは》ち相場師《さうばし》文士《ぶんし》醫士《いし》辯護士《べんごし》等《とう》が罹《かゝ》るのことが多《おほ》い。又糖分《またたうぶん》を多《おほ》く食《しよく》する人《ひと》にも多《おほ》い傾向《けいかう》がある。痛風《つうふう》だの關節《くわんせつ》リウマチスは糖尿病《たうねうびやう》の原因《げんいん》となることもあれば、反對《はんたい》に糖尿病《たうねうびやう》から惹《ひ》き起《おこ》さるることもある。

療法《れうはふ》としては、米麥《こめむぎ》パン等《とう》の如《ごと》き澱粉《でんぷん》を多《おほ》く含《ふく》む食物《しよくもつ》を避《き》けること、精神《せいしん》を安靜《あんせい》にすること、運動《うんどう》、電氣《でんき》、光線《くわうせん》、轉地《てんち》、入浴等《にふよくとう》の理《り》學的療法《がくてきれうはふ》を要《えう》す。

四十歳以下《さいいか》の若《わか》い人《ひと》の糖尿病《たうねうびやう》は大《おほい》に注意《ちうい》を要《えう》す、それは黴毒《ばいどく》に原因《げんいん》することもあるからである。

次《つぎ》に腎臟《じんざう》は分泌《ぶんぴ》器官《きくわん》でもあり、又排泄機關《またはいせつきくわん》でもある。名士《めいし》が此《こ》の腎臟病《じんざうびやう》に罹《かゝ》るものが多《おほ》い。甚《はなは》だしくなると昏睡《こんすゐ》、知覺喪失《ちかくさうしつ》、尿毒症《ねうどくしやう》、心臟麻痺《しんざうまひ》を起《おこ》すことがある。急性《きふせい》と慢性《まんせい》とあつて、慢性《まんせい》にも傷《きず》の出來《でき》たもの、老人性《らうじんせい》の萎縮腎等《ゐしゆくじんとう》いろ〳〵ある。急性《きふせい》のものは熱性《ねつせい》の傳染病《でんせんびやう》、又《また》は結核《けつかく》や黴菌《ばいきん》のために起《おこ》ることが多《おほ》い。子供《こども》も罹《かゝ》れば、姙婦《にんぷ》腎炎《じんえん》といふもある。不治《ふぢ》ではないが、ひどいのは根氣《こんき》能《よ》く一年又《ねんまた》は數年攝養《すうねんせつやう》せねばならぬ。

腎臟炎《じんざうえん》の人《ひと》は概《がい》して風貌《ふうばう》が漠然《ばくぜん》としてゐる。それに色《いろ》は青白《あをじろ》い。肥《こ》へた人《ひと》と反對《はんたい》に瘦《や》せた人《ひと》とがある。浮《むく》腫《み》といつて、顏《かほ》が膨《ふく》れたり足首《てくび》や下脚部《かきやくぶ》が水氣《すゐき》を持《も》つたりする。どうかすると脚氣《かつけ》と間違《まちが》つたりする。發病《はつびやう》の徵候《ちようこう》は、小便《せうべん》が出《で》過ぎるとか、又反對《またはんたい》に全《まつ》たく出《で》なくなつたとか、極《きは》めて小量《せうりやう》とか、精神《せいしん》の倦怠《けんたい》を覺《おぼ》えるとか、頭痛《づつう》、眩暉《げんうん》、發疹《はつしん》、下痢《げり》、朝起《あさお》きたとき眼瞼《まぶた》の腫《は》れ重《おも》い感《かん》、興奮《こうふん》、嗜眠《しみん》、不眠《ふみん》、動悸《どうき》が強《つよ》い等《とう》、いづれも兩極端《りやうきよくたん》の反對的徵候《はんたいてきちようこう》がある、どちらもいけぬ。又尿中《またねうちう》に蛋白《たんぱく》を認《みと》めたり、血球《けつきう》や圓壔《ゑんちう》を認《みと》めたりする。

注意養生《ちういやうじやう》としては、肉類《にくるゐ》を多《おほ》く食《く》はぬこと、野菜《やさい》や果實《くわじつ》を用《もち》ふること、急性《きふせい》の人《ひと》は安靜《あんせい》を必要《ひつえう》とし、慢性《まんせい》の人《ひと》も過激《くわげき》の運動《うんどう》は宜《よろ》しくない。冷氣《れいき》と濕氣《しつき》を避《さ》け、寒冒《かんばう》に犯《をか》されぬことが必要《ひつえう》、水腫《すゐしゆ》ある場合《ばあひ》は原則《げんそく》として食鹽《しよくえん》を多《おほ》く取《と》ること、規律生活《きりつせいくわつ》が主要《しゆえう》、殊《こと》に本病《ほんびやう》の疑《うたが》ひあるものは、酒精其《しゆせいそ》の他《た》刺戟性《しげきせい》のものは、絶對《ぜつたい》に愼《つゝ》しむべきである。

仙道《せんだう》では靜坐法《せいざはふ》、果實性仙丹《くわじつせいせんだん》の服用《ふくよう》を主《しゆ》とす。

六、鎭魂修法と共效果

鎭魂《ちんこん》とは「たましづめ」即《すなは》ち遊逸《いういつ》せる靈魂《れいこん》や、狂《くる》ひ迷《まよ》うて居《ゐ》る意馬心猿《いばしんゑん》を取《と》り鎭《しづ》めるといふことである。所謂妄念妄想《いはゆるまうねんまうさう》を打拂《うちはら》うて、精神《せいしん》を統《とう》一するといふ意義《いぎ》で、人情《にんじやう》の私慾《しよく》や、煩悶迷亂《はんもんめいらん》の妄念《まうねん》を征服《せいふく》して、天眞《てんしん》玲瓏《れいろう》、本來無垢《ほんらいむく》清淨《しやうじやう》なる自然《しぜん》の靈能《れいのう》、本然《ほんぜん》の魂心《こんしん》に立《た》ち歸《かへ》るのである。即《すなは》ち宇宙《うちう》の大靈《たいれい》と同《どう》一源《げん》であり、又神明《またしんめい》の靈力《れいりよく》と共通《きようつう》せる天賦《てんぷ》の靈魂《れいこん》を、身體《しんたい》の中樞《ちうすう》に安定鎭座《あんていちんざ》せしむるのである。

鎭魂《ちんこん》は又《また》一方《ぱう》には「をうみたまふり」といつて居《ゐ》る。たまふりは即《すなは》ち振魂《ふりたま》である。妄念《まうねん》を拂《はら》ひ眞靈《しんれい》を鎭《しづ》むれば、眞靈《しんれい》が鎭《しづ》まると同時《どうじ》に、自然《しぜん》の大振作《だいしんさく》、大發動《だいはつどう》を起《おこ》す、眞《しん》の働《はたらき》が現《あら》はれるから、振魂《しんこん》といふ。鎭魂《ちんこん》即振魂《すなはちしんこん》である。そこで鎭魂《ちんこん》と振魂《しんこん》とを別々《べつ〳〵》に考《かんが》へる必要《ひつえう》もなく、又別《またべつ》な方式《はうしき》があると思《おも》ふのも未熟《みじゆく》の考《かんが》へである。

此《こ》の鎭魂法《ちんこんはふ》は仙道調氣法《せんだうてうきはふ》の極致《きよくち》であるが、日本《にほん》にては神代《かみよ》よりの神傳《しんでん》であつて、天照皇大神《てんせうくわうだいじん》が岩戸《いはと》隱《かく》れの時《とき》に、天鈿女命《あめのうずめのみこと》が此《こ》の法《はふ》を行《おこな》ひて神懸《かみがか》りがあり、又天饒速日命《またあめのにぎはやひのみこと》が天降《あまくだ》りの時《とき》に、天《あめ》の御祖《みおや》の神《かみ》が十種《とくさ》の神寶《かむだから》を賜《たま》ひて、人《ひと》の魂《たましひ》の運《うご》き離遊《あくがる》ることあるを、神《かみ》に祈請《いの》りて、身體《しんたい》の中府《ちうふ》に鎭《しづ》めて、齡《よはひ》を長《なが》からしめよ、若《も》し此《こ》の十種《とくさ》を以《もつ》て一二三四五六七八九十《ひふみよいむなやこと》とふるべゆら〳〵ふるべと唱《とな》へなば、死人《しにん》も甦《よみが》へるべしと訓《をし》へたまへり。それを宇摩志摩治命《うましまぢのみこと》が受《う》け傳《つた》へて、神武天皇《じんむてんわう》に仕《つか》へて、鎭魂祭《ちんこんさい》の方式《はうしき》を定《さだ》め、禁廷《きんてい》に於《お》ける重大《ぢうだい》なる祭儀《さいぎ》となつて居《ゐ》る。御即位式《ごそくゐしき》の大嘗會《だいしやうゑ》の前夜《ぜんや》には必《かなら》ず此《こ》の鎭魂祭《ちんこんさい》を行《おこな》はせられ、又年々新嘗祭《またねんくにひなめさい》の前夜《ぜんや》にも之《これ》を行《おこな》はせ給《たま》ふ。

死者《ししや》を一時《じ》蘇生《そせい》せしむるとか、氣息閉塞《きそくへいそく》して幾《ほと》んど死《し》ぬべくなれるものを回起《くわいき》せしむるとかいふのが、鎭《ちん》魂即振魂《こんすなはちしんこん》の一部《ぶ》で、病者《びやうしや》の靈魂《れいこん》を振作《しんさ》して活氣《くわつき》を發動《はつどう》せしむる、救療治病術《きうれうぢびやうじゆつ》である。上代《じやうだい》に於《おい》ては、大《だい》は國家《こくか》の大政《たいせい》より、小《せう》は個人《こじん》の疾病《しつぺい》其《そ》の他《た》の小事《せうじ》に至《いた》るまで、多《おほ》くは此《こ》の靈妙《れいめう》なる鎭魂法《ちんこんはふ》の活用《くわつよう》に依《よ》りて、總《すべ》ての難問《なんもん》を解決《かいけつ》して居《を》つたのである。

宮中《きうちう》の鎭魂祭《ちんこんさい》では八神即《しんすなは》ち神皇産靈神《かみむすびのかみ》、高皇産靈神《たかむすびのかみ》、生産靈神《いくむすびのかみ》、足産靈神《たるむすびのかみ》、魂留産靈神《たまとめむすびのかみ》、大宮賣神《おほみやめのかみ》、御膳《みけ》都神《つのかみ》、事代主神《ことしろぬしのかみ》に大直日神《おほなほひのかみ》を合《あは》せ祀《まつ》るが、仙道《せんだう》の方《はう》では本命星《ほんめいせい》とて其《そ》の人《ひと》の生《う》まれ年《とし》の宿星《しゆくせい》を主《しゆ》として大《おほ》山府君《やまふくん》等《とう》を合《あは》せ祀《まつ》るのである。併《しか》し主神《しゆじん》は兎《と》も角《かく》、靜坐《せいざ》調氣法《てうきはふ》に依《よ》り、内觀《ないくわん》すればよいのである。

七、鎭魂と健康

鎭魂《ちんこん》は神人同化《しんじんどうくわ》の祕法《ひはふ》であると同時《どうじ》に、又品性陶冶《またひんせいたうや》の修養法《しうやうはふ》であるが、之等《これら》は主《しゆ》として精神的方面《せいしんてきはうめん》に屬《ぞく》することであつて、他《た》より見《み》ては直接《ちよくせつ》に其《そ》の效果《かうくわ》を認識《にんしき》することが困難《こんなん》である。然《しか》るに鎭魂《ちんこん》は獨《ひと》り神人同化《しんじんどうくわ》や修養法丈《しうやうはふだけ》ではないのみか、鎭魂《ちんこん》の基礎《きそ》は全《まつ》たく健康法《けんかうはふ》に在《あ》るのである。即《すなは》ち鎭魂《ちんこん》は腦裡《なうり》に在《あ》る煩悶苦惱《はんもんくなう》を洗《あら》ひ去《さ》りて、散亂放逸《さんらんはういつ》せる精神《せいしん》を鎭靜《ちんせい》せしめ、以《もつ》て精神上《せいしんじやう》の調和《てうわ》安靜《あんせい》を期《き》すると同時《どうじ》に、又《また》それが精氣渙發《せいきくわんはつ》、元氣旺盛《げんきわうせい》、眞知活躍《しんちくわつやく》の根柢《こんてい》となるのである。

又《また》それを肉身上《にくしんじやう》に移《うつ》せば、靜坐端正《せいざたんせい》に依《よ》りて、身體諸器官《しんたいしよきくわん》の不整不調《ふせいふてう》を整頓調理《せいとんてうり》して、各器官《かくきくわん》の權衡《けんかう》を均《きん》勢《せい》ならしめ、又深呼吸《またしんこきふ》の調氣氣吹法《てうきいぶきはふ》に依《よ》りて、血液《けつえき》を新鮮《しんせん》にし、其《そ》の循環《じゆんくわん》を良好促進《りやうかうそくしん》するも倶《とも》に、内外《ないぐわい》一切《さい》の機能《きのう》を整正順調《せいせいじゆんてう》ならしむるのである。殊《こと》に腦《なう》の欝結《うつけつ》を緩和順安《くわんわじゆんあん》ならしめ、腦神經系《なうしんけいけい》の諸症《しよしやう》を治平《ちへい》する效果《かうくわ》に至《いた》つては、實《じつ》に驚《おどろ》くべきものがある。

略式鎭魂修法

左《さ》れば鎭魂修行《ちんこんしゆぎやう》の結果《けつくわ》は、精神上《せいしんじやう》の功果《こうくわ》は云《い》ふまでもない所《ところ》であるが、肉身上《にくしんじやう》に於《おい》ても偉大《ゐだい》なる作用《さよう》を惹起《じやくき》し、不《ふ》具不整不正《ぐふせいふせい》なる各器官《かくきくわん》は矯正《けうせい》せられ整理《せいり》せられて、身體《しんたい》は極《きは》めて完全正中《くわんぜんせいちう》の組織《そしき》に囘復《くわいふく》せられ、而《しか》して肥滿《ひまん》に過《す》ぐる者《もの》は次第《しだい》に肉落《にくおち》て適度《てきど》の體量《たいりやう》となり、又瘦瘠《またそうせき》に失《しつ》する者《もの》は日《ひ》一日《にち》と肉付《にくづ》きて、身長《しんちやう》や骨骼《こつかく》と相應《あひおう》せる筋肉《きんにく》を有《いう》するに至《いた》り、肥瘠共《ひせきとも》に病的《びやうてき》でなく眞《しん》の健康體《けんかうたい》の彈《だん》力《りよく》あるものとなるのである。

又頭脳《またづなう》は明透《めいとう》になり、記憶力《きおくりよく》は強《つよ》く、判断力《はんだんりよく》は確《たし》かになる。耳《みゝ》は能《よ》く聞《きこ》え、眼《め》は明《あき》らかになる。従《したが》つて推《すゐ》理《り》、思考《しかう》に誤《あやま》りがなく、精神《せいしん》の安定《あんてい》と肉體《にくたい》の充實旺盛《じうじつわうせい》に依《よ》つて細菌《さいきん》その他《た》の病毒《びやうどく》は自然《しぜん》に征服《せいふく》せられ、幾種《いくしゆ》の健康劑《けんかうざい》よりも、百千の若返《わかがへ》り法《はふ》よりも、極《きは》めて適確《てきかく》に、極《きよ》めて穏健安全《をんけんあんぜん》なる健康法《けんかうはふ》であり、又老衰防止法《またらうすゐばうしはふ》である。

八、鎭魂と開運

人間《にんげん》の運命卽《うんめいすなは》ち吉凶禍福《きつきようくわふく》は、其《そ》の人《ひと》の前生《ぜんせい》の因縁《いんねん》、所謂宿命《いはゆるしゆくめい》といつて、生《うま》れぬ前《まへ》から先天的《せんてんてき》に定《さだ》まつて居《ゐ》る點《てん》もあれば、同業同果《どうごふどうくわ》とて、父母祖先《ふぼそせん》の遺傳《ゐでん》や、四圍《しゐ》の事情《じじやう》に由《よ》つて起《おこ》ることもある。夫《そ》れから又自分《またじぶん》の注意《ちうい》と不注意《ふちうい》、努力《どりよく》と不勉强《ふべんきやう》に關《くわん》することは固《もと》よりである。併《しか》し如何《いか》に氣《き》を付《つ》け、能《よ》く勉强《べんきやう》しても、爲《な》す事《こと》が悉《こと〴〵》く喰《く》ひ違《ちが》ひ、悲況《ひきやう》に陷《おちい》ることもあれば、又如何《またいか》に立派《りつぱ》な人格《じんかく》、聖賢君子《せいけんくんし》でも、災難不運《さいなんふうん》を免《まぬか》れぬことが多《おほ》い。その反對《はんたい》に惡人《あくにん》が隨分榮《ずゐぶんさか》えて居《ゐ》る。顔回《がんくわい》は貧《ひん》にして夭《えう》、盜石《たうせき》は富《と》んで壽《じゆ》、神《かみ》も佛《ほとけ》もない世《よ》か、天道《てんだう》は是《ぜ》か非《ひ》かと云《い》ひたくなる。

併《しか》し不幸不運《ふかうふうん》の人《ひと》は、前《まへ》いつた如《ごと》く宿命《しゆくめい》もあり、同業同果《どうごふどうぐわ》の因縁《いんねん》もあり、又自分《またじぶん》には分《わか》らぬが怨厲《えんれい》の鬼氣《きき》が家庭《かてい》を覆《おほ》うて居《ゐ》ることもあるから、普通《ふつう》の人力《じんりき》では容易《ようい》に之《これ》を拂《はら》ひ除《のぞ》いて、運命《うんめい》を開拓又《かいたくまた》は挽回《ばんくわい》することが困難《こんなん》である。

更《さら》に又《また》一方《ぱう》より考《かんが》ふれば、宿命《しゆくめい》とか遺傳《ゐでん》とかいふ所《ところ》から來《く》る不幸《ふかう》にしても、元來《ぐわんらい》は無形《むけい》のものが多《おほ》く、一切《さい》の罪惡《ざいあく》といふものは精神作用《せいしんさよう》が主《おも》であつて、肉體《にくたい》は之《これ》に使用《しよう》さるる兇器《きようき》に過《す》ぎず、所謂心主肉從《いはゆるしんしゆにくじう》である。然《しか》り而《しか》して人間《にんげん》の眞心《しんしん》は大靈《たいれい》の分派《ぶんぱ》であり、神明《しんめい》の分靈《ぶんれい》であり、身體《しんたい》は其《そ》の分身《ぶんしん》であるから、本來《ほんらい》より云《い》へば吾人《ごじん》の精神《せいしん》に煩悶《はんもん》などはない。肉體《にくたい》に病氣《びやうき》のある筈《はず》はない。それにも關《かゝ》はらず罪惡《ざいあく》を行《おこな》ひ、病氣《びやうき》の起《おこ》るのは日光《につくわう》が黑雲《こくうん》に覆《おほ》はれたと同《おな》じく、周圍《しうゐ》の誘惑《いうわく》に依《よ》りて、靈性《れいせい》を汚《けが》し、肉身《にくしん》を瀆《けが》するからである。そこで此《こ》の汚瀆《けがれ》を拂《はら》ひさへすれば、心身共《しんしんとも》に本然《ほんぜん》の天性《てんせい》に返《かへ》り、罪《つみ》も病《やまひ》も朝露《てうろ》の如《ごと》く消《き》え去《さ》るのである。

左《さ》れば吾人《ごじん》の災難不幸《さいなんふかう》を拂《はら》ひ、幸運《かううん》を開拓《かいたく》しやうとするには、先《ま》づ第《だい》一に心身《しんしん》の汚《けが》れを洗《あら》ひ清《きよ》めて、心身《しんしん》を安《やす》らかに鎭《しづ》めなければならぬ、その心身鎭安《しんしんちんあん》の唯《ゆゐ》一獨得《どくとく》の大法《たいはふ》は即《すなは》ち鎭魂《ちんこん》の外《ほか》にないのである。

九、鎭魂と治療

鎭魂法《ちんこんはふ》は前《まへ》に述《の》べた所《ところ》を總合《そうがふ》して見《み》れば、生理的心理的哲理的調理法《せいりてきしんりてきてつりてきてうりはふ》の上《うへ》に、神靈《しんれい》の活用交渉即《くわつようかうせふすなは》ち宗教的信仰《しうけうてきしんかう》を加《くは》ふるものであつて、其《そ》の效果《かうくわ》の偉大《ゐだい》なるは云《い》ふまでもない所《ところ》であるが、今單《いまたん》に之《これ》を治病上《ぢびやうじやう》にのみ就《つい》て見《み》るも、心身《しんしん》の調節《てうせつ》を全《まつた》ふし、靈《れい》の作用《さよう》に依《よ》りて、品性人格《ひんせいじんかく》を轉換《てんくわん》すると同時《どうじ》に、一切《さい》の腦神經系《なうしんけいけい》の病《びやう》源《げん》を消解《せうかい》し去《さ》り、從《したが》つて又骨骼《またこつかく》筋肉一般《ぱん》の肉體《にくたい》組織《そしき》を變更《へんかう》し、全然新規更生《ぜんぜんしんきかうせい》の心身《しんしん》を開現《かいげん》するものであつて病氣《びやうき》の治平等《ちへいとう》は至《いた》つて易々《いゝ》たる問題《もんだい》である。

一、靈魂《れいこん》の鎭靜《ちんせい》、心氣《しんき》の安定《あんてい》に依《よ》つて、一切《さい》の煩悶《はんもん》を去《さ》り、腦痛《なうつう》、神經諸症《しんけいしよしやう》を全治《ぜんぢ》す。

二、伊吹調氣《いぶきてうき》の效果《かうくわ》に依《よ》り、心臟《しんざう》及《およ》び呼吸器關係《こきふきくわんけい》の諸病《しよびやう》を根治《こんぢ》し、血氣《けつき》の循環《じゆんくわん》を調整《てうせい》す。

三、靈《れい》の安鎭《あんちん》と血氣《けつき》の調理《てうり》に依《よ》りて、眼耳鼻其他《めみゝはなそのた》一切《さい》の感覺《かんかく》に屬《ぞく》する諸機能《しよきのう》を矯革《けうかく》して、强壯時代《きやうさうじだい》の自然《しぜん》に回復《くわいふく》し、且《か》つ之《これ》を永久《えいきう》に持續《ぢぞく》せしむ。

四、胃腸病痔疾其他內臟諸症《ゐちやうびやうぢしつそのたないざうしよしやう》は、不知不識《しらずしらず》の間《あひだ》に平治《へいぢ》し、再發《さいはつ》の患《うれひ》なし。

五、筋肉骨格《きんにくこつかく》の更變《かうへん》を急速《きふそく》にし、天刑病其他不治《てんけいびやうそのたふぢ》の病患《びやうくわん》も體軀《たいく》の改造《かいざう》に依《よつ》て消滅《せうめつ》せしむ。

十、鎭魂と豫言

未然未來《みぜんみらい》を豫知《よち》することは、人智人力《じんちじんりよく》の及《およ》ぶ所《ところ》ではない。勿論智能《もちろんちのう》の勝《すぐ》れたものは、思考力《しかうりよく》や推理力《すゐりりよく》や想像力《さうざうりよく》の活用《くわつよう》に依《よ》り、前途《ぜんと》を豫見察知《よけんさつち》し得《う》ることはある。併《しか》し昨日《きのふ》まで健康至極《けんかうしごく》で働《はたら》いて居《を》つたものが、今日《こんにち》突然頓死《とつぜんとんし》するといふやうなことは、如何《いか》なる智者《ちしや》でも豫言《よげん》し得《え》ない。

又疊《またたゝみ》の上《うへ》で顚《ころ》んで死《し》ぬる者《もの》もあれば、千仭《じん》の谷底《たにそこ》に墜《お》ちても怪我《けが》一つせぬものもある。所謂運命《いはゆるうんめい》は不可思議《ふかしぎ》だ、一寸先《すんさき》は闇黑《くらやみ》だ。そこで人間《にんげん》に煩悶《はんもん》が起《おこ》る、誰《た》れでも前途《ぜんと》が知《し》りたい、未然《みぜん》の成行有樣《なりゆきありさま》を察知《さつち》したい。此《こ》の未前《みぜん》を豫知《よち》さることは、易占《えきせん》、神憑《かみがか》りその他《た》の種々《しゆ〳〵》の方法《はうはふ》があるが、その尤《もつと》も確實《かくじつ》なるものは鎭魂法《ちんこんはふ》である。何《なん》となれば、

鎭魂法《ちんこんはふ》を修《しう》すれば、吾人《ごじん》の精神《せいしん》と宇宙《うちう》の大靈《たいれい》とが同化《どうくわ》して一體《たい》となる。即《すなは》ち我《われ》が即宇宙《すなはちうちう》、宇宙《うちう》が即我《すなはちわれ》であるから、宇宙間《うちうかん》の出來事有樣《できごとありさま》は、悉《こと〴〵》く我《わ》が靈性心眼《れいせいしんがん》に映《えい》ずる譯《わけ》である。而《しか》して宇宙《うちう》は不生不滅不增《ふしやうふめつふぞう》

不減《ふげん》であるから、人間現象界《にんげんげんしやうかい》の如《ごと》く生死《せいし》消長《せうちやう》はなく只《た》だ起伏《きふく》轉換《てんくわん》があるばかりで、生《せい》は甲《かふ》より乙《をつ》に移《うつ》り、死《し》は人界《じんかい》より靈界《れいかい》に轉《てん》するといふだけのことであるから、健康《けんかう》の人《ひと》が働《はたら》いて居《を》つても、頓死《とんし》するとすれば、その人《ひと》は人間《にんげん》を去《さ》る準備《じゆんび》、卽《すなは》ち働《はたら》きながら靈界《れいかい》に往《ゆ》く旅仕度《たびじたく》をして居《ゐ》るから、頓死《とんし》するといふことが分《わ》かるのである。

要《えう》するに現象世界《げんしやうせかい》から見《み》れば、過去《くわこ》あり、現在《げんざい》あり、未來《みらい》があるが、本體《ほんたい》たる靈界《れいかい》から見《み》れば、それ等《ら》の區別《くべつ》はない、現象的《げんざうてき》には橫濱《よこはま》を出《で》る船《ふね》は二日目《かめ》に神戶《かうべ》に着《つ》き、四日目《かめ》に門司《もじ》に着《つ》くといふ順程《じゆんてい》があるが、それを靈的《れいてき》に見《み》れば、船《ふね》の精靈《せいれい》が橫濱《よこはま》と門司《もじ》の間《あひだ》に充《み》ち塞《ふさ》がつて居《ゐ》る。又木《またき》の花《はな》は咲《さ》かねば肉眼《にくがん》では見《み》えぬが、靈眼《れいがん》で見《み》れば木全體《きぜんたい》に花《はな》の精《せい》が充《み》ち滿《み》ちて居《ゐ》る。

それで鎭魂《ちんこん》すれば、自己《じこ》の事《こと》でも、他人《たにん》の事《こと》でも、亦國家社會《またこくかしやくわい》の將來《しやうらい》に關《くわん》する事《こと》でも、有《あ》り〳〵と眼前《がんぜん》に現《あら》はれ、恰《あた》かも芝居《しばゐ》の筋書《すぢがき》を見《み》るやうに、芝居《しばゐ》は幕《まく》を追《お》うて變《か》はるが、筋書《すぢがき》を見《み》れば、芝居《しばゐ》をまたぬで、成行《なりゆき》が判然《はんぜん》するやうなものである。之《これ》を切言《せつげん》すれば、

神人同化《しんじんどうくわ》の結果《けつくわ》、過去《くわこ》、現在《げんざい》、未來《みらい》を貫通《くわんつう》せる宇宙《うちう》の縮圖《しゆくづ》が、心眼上《しんがんじやう》に展開《てんかい》せらるるのである。

第五　忍術と仙術

一、忍術と仙術の同異

忍術《にんじゆつ》と云《い》ふと、いかにも時代《じだい》ばなれのした傳說《でんせつ》のやうに思《おも》はれ、荒唐無稽《くわうたうむけい》に類《るゐ》する空想《くうさう》として、何等《なんら》現代《げんだい》の生活《せいくわつ》に關係《くわんけい》のないやう見《み》てゐるものが多《おほ》い。が、しかし事實《じじつ》は全《まつ》たくその反對《はんたい》である。忍術《にんじゆつ》は心身《しんしん》兩《ふた》つの練磨《れんま》に依《よつ》て達《たつ》し得《え》た極致《きよくち》の術《じゆつ》で、現《げん》に今日《こんにち》の戰爭《せんさう》に於《お》ける我《わ》が斥候偵察《せきこうていさつ》の知識《ちしき》は多《おほ》く忍術《にんじゆつ》に基《もと》づいてゐる。又《また》スポーツにも忍術《にんじゆつ》が取《と》り入《い》れられ、近頃《ちかごろ》しきりにその應用《おうよう》を研究《けんきう》し、走《はし》り幅飛《はゞと》び三段飛《だんと》び等《とう》が、外國《ぐわいこく》のそれと趣《おもむき》を異《こと》にしてゐるのは、全《まつ》たく忍術《にんじゆつ》から來《き》たものである。忍術《にんじゆつ》とスポーツ、新舊兩端《しんきうりやうたん》に立《た》つてゐる此《こ》の二つが非常《ひじやう》な連絡《れんらく》があるのは何故《なぜ》か。それは兩者《りやうしや》が心身練磨《しんしんれんま》の極致《きよくち》といふ點《てん》に於《お》て一致《ち》してゐるからである。

仙術《せんじゆつ》は忍術《にんじゆつ》よりも一層古《そうふる》い。否《いな》、忍術《にんじゆつ》は畢竟《ひつきやう》仙術《せんじゆつ》の一部《ぶ》であつて、支那《しな》でも印度《いんど》でも忍術《にんじゆつ》はあるが、それは仙術《せんじゆつ》の一科《くわ》としてであつて、仙術《せんじゆつ》と忍術《にんじゆつ》を別立《べつりつ》せしめては居《を》らぬ。忍術《にんじゆつ》が一つの術《じゆつ》として獨立《どくりつ》したのは日本《にほん》に於《おい》て始《はじ》まつたのである。日本《にほん》でも始《はじ》めは仙術《せんじゆつ》や神法《しんぽふ》や佛道修法《ぶつだうしうはふ》の中《なか》に收《をさ》められてゐた忍術《にんじゆつ》であつたがそれが實地應用《じつちおうよう》の領域《りやうゐき》を異《こと》にする場合《ばあひ》が生《しやう》じたので、遂《つひ》に分立《ぶんりつ》して、仙術《せんじゆつ》は不老長生《ふらうちやうせい》の專門《せんもん》、神法《しんぽふ》や佛法《ぶつぽふ》は安心解脫《あんしんげだつ》の方《はう》が本職《ほんしよく》、忍術《にんじゆつ》は武道《ぶだう》と併立《へいりつ》、若《も》しくは武術《ぶじゆつ》の一つとして戰爭《せんさう》や政治上《せいぢじやう》の實用《じつよう》に使《つか》はるゝやうになつたのである。

かく忍術《にんじゆつ》と仙術《せんじゆつ》とは本來同一《ほんらいどう》のものであつたが、その應用方面《おうようはうめん》を異《こと》にするより、遂《つひ》に別立《べつりつ》するやうになつたのであつて、別立後《べつりつご》は全《まつ》たくその目的《もくてき》が異《こと》なるに至《いた》つたが、併《しか》しその根本《こんぽん》に於《お》ける修行《しゆぎやう》の意義《いぎ》方針《はうしん》は少《すこ》しも相違《さうゐ》するものではない。即《すなは》ち心身《しんしん》を錬磨《れんま》して常人《じやうじん》の行《おこな》ひ得《え》ざる妙技《めうぎ》奇術《きじゆつ》を行《おこな》ふといふ點《てん》は、忍術《にんじゆつ》も仙術《せんじゆつ》も一點《てん》異《こと》なる處《ところ》はなく、全然同《ぜんぜんどう》一である。

そこで忍術《にんじゆつ》と仙術《せんじゆつ》の同異《どうい》を一見明白《けんめいはく》に條記《でうき》すれば、第《だい》一その目的《もくてき》に於《お》て、仙術《せんじゆつ》は自己《じこ》の不老長生《ふらうちやうせい》を主《しゆ》とす、忍術《にんじゆつ》は戰爭《せんさう》や政治上《せいぢやう》に利用《りよう》するため、第《だい》二修行《しゆぎやう》の方法《はうはふ》に就《つい》て、心身《しんしん》の鍛錬《たんれん》は兩者《りやうしや》同《どう》一なるも、仙術《せんじゆつ》は虛通恬《きよつうてん》淡輕快《たんけいくわい》を主《しゆ》とし、忍術《にんじゆつ》は力量《りきりやう》の蘊蓄《うんちく》と主《しゆ》とす。第《だい》三その效果《かうくわ》に於《お》ては、仙術《せんじゆつ》は自己的《じこてき》不老長生《ふらうちやうせい》の獨善主義《どくぜんしゆぎ》にして、間々《まゝ》療病豫言《れうびやうよげん》等救民《きうみん》の事蹟《じせき》あるも、それは畢竟副業《ひつきやうふくげふ》である。忍術《にんじゆつ》は救世濟民《きうせいさいみん》を主《しゆ》として、自己《じこ》はその犧牲《ぎせい》になることもあり、又忍術者必《またにんじゆつしやかなら》ずしも不老長生《ふらうちやうせい》ではなく、或《あるひ》は餘《あま》り心身《しんしん》を酷使《こくし》するの結果《けつくわ》、却《かへつ》て早世《さうせい》することがないとも限《かぎ》らぬのである。併《しか》し忍術《にんじゆつ》に達體《たつたい》するだけの修行《しゆぎやう》を爲《な》した者《もの》が、それを自己《じこ》の不老長生《ふらうちやうせい》の方面《はうめん》に轉向《てんかう》するときは、仙道上《せんだうじやう》の眞人《しんじん》と相伍《あひご》して、所謂白日昇天《いはゆるはくじつしやうてん》も困難《こんなん》にあらざるは云《い》ふまでもなき所《ところ》である。

二、五官の鍛錬

傳書《でんしよ》に忍術《にんじゆつ》の忍《にん》は耐《た》へ忍《しの》ぶなりとある如《ごと》く、忍術《にんじゆつ》は極度《きよくど》に心身《しんしん》を練磨《れんま》することに依《よつ》て到達《たうたつ》し得《う》る異常《いじやう》の境《きやう》

地《ち》なので、その修行《しゆぎやう》も亦並大抵《またなみたいてい》ではない。先《ま》づその修行入門《しゆぎやうにふもん》の順次《じゆんじ》を一二略記《りやくき》すれば、

一、水《みづ》を一杯《ぱい》入れた四斗樽《とだる》やうの器《うつは》に、首《くび》を突込《つゝこ》み極僅《ごくわづ》かの呼吸《こきふ》で三十分以上《ぷんいじやう》堪《た》へしのぶこと。

二、唐紙《からかみ》の上《うへ》に紙《かみ》を張《は》り、それに水《みづ》をかけ、それの濡《ぬ》れ紙《がみ》を破《やぶ》らぬやうに渡《わた》ること。

三、靜息術《せいそくじゆつ》、鼻《はな》の先《さき》へ極《きは》めて輕《かる》い綿屑《わたくず》をつけ、如何《いか》なる場合《ばあひ》にも其《そ》の綿屑《わたくず》の微動《びどう》しないまでに、呼吸《こきふ》を整《とゝの》へる練磨《れんま》。

四、歩行術《ほかうじゆつ》、爪先《つまさき》で歩《ある》き、甲《かふ》で歩《ある》き、前《まへ》に、横《よこ》に、斜《なゝ》め前《まへ》、斜《なゝ》め後《うしろ》、匍《は》つて行《ある》く、そして速度《そくど》は一時間平均《じかんへいきん》四里《り》、標準《へうじゆん》は菅笠《すげがさ》を胸《むね》にあてて落《お》ちないほどの速《はや》さ、一日《にち》十時間《じかん》四十里《り》、之《これ》が忍術歩行《にんじゆつほかう》の定法《ぢやうはふ》。

因《ちなみ》に靜息《せいそく》は敵《てき》に見咎《みとが》められても、少《すこ》しも呼吸《いき》がはづまず、怪《あや》しみを免《まぬか》れる。

匍《はつ》て歩《ある》くのは敵《てき》に見付《みつ》からぬため、多《おほ》く闇夜《やみよ》に用《もち》ふ。刀《かたな》の柄《つか》を突《つ》き出《だ》して、不意《ふい》の襲撃《しふげき》を防《ふせ》ぐ。

五、手足《てあし》は、どんな逆《ぎやく》をとられても、これに堪《た》へ得《う》るまでに鍛《きた》へ、指《ゆび》の一本《ぽん》や二本斬《ほんき》られても更《さら》に怯《ひる》まず行動《かうどう》を續《つゞ》け得《う》るやうに、又指《またゆび》一本《ぽん》で相手《あひて》の咽《のど》に穴《あな》をも明《あ》け、馬《うま》の尻肉《しりにく》一片《ぺん》を摑《つか》み取《と》る丈《だけ》の指頭力《しとうりよく》、木《き》の柱《はしら》でも凹《へこ》ますまでになる。それは拳闘等《けんとうじゆつ》の比《ひ》でなく、近來弘《きんらいひろ》まりつつある唐手術《からてじゆつ》の如《ごと》きものである。此《こ》の指《ゆび》の練磨《れんま》には、まづ砂《すな》を箱《はこ》につめて其《そ》の中《なか》に指《ゆび》をグツと突《つ》き込《こ》んで稽古《けいこ》する。それが粘土《ねんど》、次《つぎ》に地面《ぢめん》といふ順《じゆん》に進《すゝ》む。而《そ》して石垣《いしがき》でも壁《かべ》でも、一寸指先《ちよつとゆびさき》がかかる所《ところ》があれば、容易《ようい》にそこを匍《は》ひ登《のぼ》るやうにならねばならぬ。

六、内臓《ないざう》の鍛練《たんれん》、酒《さけ》、煙草《たばこ》、韮《にら》、大蒜《おほにんにく》、玉葱等《たまねぎとう》を避《さ》け、湯水《ゆみづ》を出來《でき》るだけ少量《せうりやう》にして、發汗《はつかん》を防《ふせ》ぎ、體臭《たいしう》をなくし、敵《てき》の嗅覺《しうかく》を免《まぬ》かれる。之《これ》を無臭《むしう》の戒律《かいりつ》といふ。又敵地《またてきち》の穴倉《あなぐら》や椽《えん》の下《した》でも久《ひさ》しく忍《しの》び隱《かく》れて居《を》ら

ねばならぬ必要《ひつえう》もあるから、空腹《くうふく》を堪《た》へ忍《しの》ぶことを練磨《れんま》し、或《ある》は木實《きのみ》その他《た》僅《わづ》かの食糧《しよくりやう》で久《ひさ》しく堪《た》へ得《う》る修行《しゆぎやう》、更《さら》に又數日間位《またすうにちかんぐらゐ》は斷食《だんじき》して少《すこ》しも衰《おとろ》へぬ修行《しゆぎやう》も肝要《かんえう》である。

但《たゞ》し忍者《にんしや》は偵察《ていさつ》の任務《にんむ》を果《はた》す必要上《ひつえうじやう》、敵中《てきちう》にあつて、大《おほい》に酒食《しゆしよく》しなければならぬ場合《ばあひ》もあるから、前《まへ》の一方《ばう》に飢餓《きが》に堪《た》へる鍛練《たんれん》と同時《どうじ》に、又酒《またさけ》も煙草《たばこ》も大《おほい》にやつて平然《へいぜん》たり得《う》る準備修練《じゆんびしゆれん》もして置《お》かなくてはならぬ。

以上《いじやう》の如《ごと》く身體《しんたい》の練磨《れんま》と倶《とも》に、精神《せいしん》の統《とう》一に依《よ》つて一切《さい》の感覺《かんかく》を鋭敏《えいびん》にする鍛練《たんれん》が必要《ひつえう》である。傳書《でんしよ》によれば、精神統《せいしんとう》一の境地《きやうち》に入《い》り得《う》れば、平素《へいそ》に比《ひ》して、耳《みゝ》は十四倍《ばい》、目《め》は八倍《ばい》、鼻《はな》と舌《した》とは三倍《ばい》の力《ちから》を發揮《はつき》するといふ。隨《したが》つて又之《またこれ》と反對《はんたい》に、見《み》まい、聞《き》くまい、嗅《か》ぐまいとすれば、この倍加率《ばいかりつ》を逆《ぎやく》に行《い》つた效果《かうくわ》を現《あら》はし得《う》るのである。

三、騰降と水練

飛《と》び方《かた》にも、前飛《まへと》び、後飛《うしろと》ひ、飛歩《とびある》き、高飛《たかと》び、幅飛《はゞと》び、飛降《とびお》りの六法《はふ》がある。さうして之《これ》を練磨《れんま》するためには麻《あさ》を用《もち》ひる。麻《あさ》は極《きは》めて成長《せいちやう》の速《すみや》かなもので日々《ひゞ》に背丈《せたけ》が延《の》びるから、この實《み》を一間《けん》四方《はう》ほどに蒔《ま》き、適當《てきたう》に育《そだ》つた頃《ころ》から、毎日《まいにち》その上《うへ》を飛《と》び越《こ》える練習《れんしふ》をやれば、高飛《たかと》び、後飛《うしろと》び、幅飛《はゞと》び、前飛《まへと》び等《とう》は、ひとりでに練磨《れんま》を積《つ》み、三年《ねん》ほどすれば如何《いか》なる飛《と》び方《かた》も自由自在《じいうじざい》になる。

勿論之《もちろんこれ》は他《た》に道具《だうぐ》をもつかひ、素手《すで》の飛《と》び方《かた》は、幅飛《はゞと》び三間《げん》、高飛《たかと》び九尺《しやく》、飛降《とびお》り五十尺《しやく》が定法《ちやうはふ》である。

忍術潜水

水練《すゐれん》の術《じゆつ》は、音立《おとた》てず、波立《なみた》てず、流《なが》るるが如《ごと》く手足《てあし》を動《うご》かして泳《およ》ぐ、俗《ぞく》にこれを忍《しの》び泳《およぎ》といふ。そして呼吸《いき》を助《たす》ける道具《だうぐ》を持《も》つて飛込《とびこ》めば、二三日位《にちぐらゐ》は水底《すゐてい》に居《を》らるるだけの域《ゐき》に達《たつ》しなければならぬ。今日《こんにち》の水泳《すゐえい》はたゞ一定《てい》の距離《きより》を一秒《べう》でも早《はや》く泳《およ》ぐだけの競争《きやうそう》だが、忍術《にんじゆつ》の泳《およ》ぎは、音《おと》も浪《なみ》も立《た》てず、しかも對岸《たいがん》に上《あが》つて敵《てき》と戰《たゝか》ひ、更《さら》にまた走《はし》るだけの餘《よ》裕《ゆう》をもつてゐなければならぬ。今日飛込《こんにちとびこ》みのカタチの好《よ》きの競争《きやうそう》にダイビングがあるが、忍術《にんじゆつ》の飛《と》び込《こ》みはカタチそのものではなく、實用《じつよう》がその目的《もくてき》の全《ぜん》部《ぶ》である。

敵前《てきぜん》の渡河《とか》や、敵《てき》に圍《かこ》まれた城《しろ》の堀《ほり》から脱出《だつしゆつ》し、敵《てき》に見付《みつ》かるまいとするやうな場合《ばあひ》は、先《ま》づ塵芥《ごみ》やうのものを流《なが》す、これを草流《くさなが》しといふ。己《おの》れは身體《からだ》にあぶらを塗《ぬ》り、鍋底《なべそこ》に穴《あな》をあけて、その穴《あな》に竹《たけ》の管《くだ》を差來《さしい》れ、件《くだん》の鍋《なべ》をかぶつて水《みづ》に入《い》り、鍋《なべ》に草《くさ》を蔽《おほ》うて草《くさ》やごみの流《なが》れの如《ごと》く見《み》せかけ、水面《すゐめん》に一寸出《ちよつとで》てゐる竹《たけ》の管《くだ》から空氣《くうき》を通《かよ》はせ、水中《すゐちう》に縄等《なはなど》が張《は》つてあつても、それを巧《たく》みに避《さ》けて水《みづ》を潜《もぐ》り、首尾《しゆび》能《よ》く向《む》ふ岸《ぎし》に着《つ》くのである。

鳥居《とりゐ》強《すね》右衛《ゑ》門《もん》が長篠城《ながしのじやう》の圍《かこ》みを突破《とつぱ》した水潜《みづもぐ》りの際《さい》に、身體《からだ》に塗《ぬ》つた油《あぶら》は、樟腦《しやうなう》五匁《もんめ》、乳香《にうかう》三匁《もんめ》、松脂《まつやに》五匁《もんめ》、鼠糞粉《そふんこ》八匁《もんめ》、杉脂《すぎやに》二匁《もんめ》、それに總量《そうりやう》の三分《ぶん》の一にあたる蟇《がま》の油《あぶら》を交《ま》ぜて、膏藥《かうやく》の如《ごと》く煉《ね》りつめたものを、目《め》、鼻《はな》、口《くち》、耳等《みゝなど》の周圍《しうゐ》に塗《ぬ》つたのである。

口傳《こうでん》に依《よ》れば、蟇《がま》の油《あぶら》は、陰暦《いんれき》八月《ぐわつ》十五日《にち》の晴月《せいげつ》、朱塗《しゆぬ》りの盆《ぼん》に蟇《がま》を置《お》き、四方《はう》に鏡《かゞみ》を立《た》て、その鏡《かゞみ》の外《そと》に蠟燭《らふそく》を點《とぼ》し、その灯《ひ》の消《き》ゆる時《とき》に出《で》る油《あぶら》をよしとすと。

四、隱顯出沒變幻の正體

忍術《にんじゆつ》には、陽忍《やうにん》と陰忍《いんにん》とある。陽忍《やうにん》とは變裝《へんさう》によつて敵地《てきち》に入《い》り込《こ》み、敵《てき》の動靜《どうせい》、地理《ちり》人情《にんじやう》をはじめ、諸《しよ》將《しやう》の氣質《きしつ》や動《うご》きを探《さぐ》り、密計《みつけい》を看破《かんぱ》し、又返《またかへ》り忠《ちう》のものを求《もと》めて己《おのれ》のスパイとし、之《これ》を我《わ》が策謀《さくぼう》に加勢《かせい》させて、敵《てき》に内訌内紛《ないこうないふん》を起《おこ》させ、敵《てき》の意氣《いき》を沮喪《そさう》させる類《るゐ》。

陰忍《いんにん》とは、忍《しの》んで敵中《てきちう》に入《い》り、敵將《てきしやう》を暗殺《あんさつ》し、城《しろ》や陣《ぢん》に放火《はうくわ》したり、密書《みつしよ》を奪《うば》つたり、糧道《りやうだう》を絶《た》つ等《とう》の類《るゐ》、

此《こ》の陰忍《いんにん》を行《おこな》ふには、隱形《おんぎやう》の術《じゆつ》が必要《ひつえう》で、親兄弟《おやきやうだい》と顔《かほ》を見合《みあ》せても分《わか》らぬ位《くらゐ》の巧《たく》みな變裝《へんさう》もせねばならぬ、

忍術者《にんじゆつしや》の裝束《しやうぞく》は、表《おもて》が柿色《かきいろ》、裏《うら》が鼠色《ねずみいろ》になつて居《ゐ》るのが通例《つうれい》で、之《これ》はいつでも裏返《うらかへ》して著《き》られるからだ。晝《ちう》間《かん》は柿色《かきいろ》がまぎれ易《やす》く　夜《よ》は黒《くろ》よりも鼠色《ねずみいろ》の方《はう》がわかりにくい。

又鐵板《またてつばん》を綴《つゞ》つた頭巾《づきん》を用《もち》ふる、之《これ》は折疊《をりだた》みが出來《でき》、中《なか》には女《をんな》の面《めん》や種々《いろ〳〵》の面《めん》を、後《うしろ》や横《よこ》に幾《いく》つもつけたのがある、暗《くら》がりで見《み》ると一人《ひとり》が幾人《いくにん》にも見《み》える。着物《きもの》にもいろ〳〵仕掛《しかけ》があつて、一ノ糸《いと》、二ノ糸《いと》、三ノ糸《いと》と糸《いと》を引《ひ》くとばらりと柄《がら》が變《かは》り別人《べつじん》のやうになる。

一人が四五人に見える
忍びの裝束

物語を調べて見ると、暗がりの忍びの者、一人かと思ふと數人のやうでもあり、男かと思ふと女であり變幻出沒を極めた話がある。實は上圖の如く、一人の忍術者が、四方に女や男の面のついた頭巾を被り、尙、その着物にもいろいろ仕掛をして置いたのである。

又別《またべつ》に二領盾《りやうだて》といつて二枚《まい》の羽織《はおり》のやうなものを上《うへ》に被《かぶ》ることがある。之《これ》は敵《てき》に迫《せま》るるとき、立木《たちき》や石等《いしなど》にふつと被《かぶ》せて、その間《あひだ》に隠《かく》れたり、盾《たて》を検《ちら》たむるのを突然現《とつぜんあら》はれて刺《さ》したりする。

又忍《またしの》びの六具《ぐ》といつて、編笠《あみがさ》・三尺手拭《じやくてぬぐひ》、鈎繩《かぎなは》、石筆《せきひつ》、藥、兵糧丸《ひやうらうぐわん》を常《つね》に所持《しよぢ》する。石筆《せきひつ》は通路《つうろ》の符《ふ》をつけたり、暗號《あんがう》の通信等《つうしんとう》に必要《ひつえう》。鈎繩《かぎなは》は麻緒《あさいと》、琴絲等《こといととう》を用《もち》ひ、二十貫位《くわんぐらゐ》のものを吊《つる》して伸《の》びない位《くらゐ》に丈夫《ちやうぶ》なもの、長《なが》さは二丈《ぢやう》九尺《しやう》。

又忍術《またにんじゆつ》には、雨取《あめと》りの術《じゆつ》、陰影《いんえい》の術《じゆつ》、かくれ簑《みの》、かくれ笠《がさ》の術《じゆつ》、山彦《やまびこ》の術《じゆつ》、捕反《とりかへし》の術《じゆつ》、隠形術《をんぎやうじゆつ》、僞言《ぎげん》の術《じゆつ》、目潰《めつぶ》し、蟇《がま》、蛇《くび》、蛾《が》、百足《むかで》、鼠《ねずみ》、鷲《わし》を使《つか》ふ術《じゆつ》、眠《ねむ》らせる術《じゆつ》、五遁《とん》の術《じゆつ》、三遁《とん》の術等《じゆつとう》がある。

忍《しのび》に尤《もつと》もよき條件《でうけん》は、祝言《しうげん》の夜《よ》、病後《びやうご》の夜《よ》、遊興《いうきよう》の夜《よ》、近火椿事《きんくわちんじ》のあつた夜《よ》、普請勞役《ふしんらうえき》の夜《よ》、雨風《うふう》の夜等《よとう》である、雨取術《あめとりじゆつ》は風雨《ふうう》を利用《りよう》することである。

陰影《いんえい》は、音《おと》、光《ひかり》、匂等《にほひとう》を避《さ》けることを教《をし》へたもの、月《つき》の夜《よ》、灯《ひ》の下《した》、風上《かざかみ》、枯葉《かれは》の上《うへ》、竹籔《たけやぶ》、水溜《みづだま》り等《とう》に注意《ちうい》すること。

鼠等動物使用《ねずみとうどうぶつしよう》は之等《これら》の氣味惡《きみあし》きものにて敵《てき》をまごつかせ、其《そ》の隙《すき》に乘《じよう》じ、蛾《が》の如《ごと》きを燈火《とうくわ》を消《け》すに用《もち》ふ。かくれ簑《みの》かくれ笠《がさ》は女《をんな》を使《つか》うて、敵《てき》の狀勢《じやうせい》を探《さ》ぐること、山彦《やまびこ》の術《じゆつ》は、一人《ひとり》で喋舌《しやべつ》て二人《ふたり》の對話《たいわ》の如《ごと》く思《おも》はせたり、二階《かい》の話《はなし》を奥座敷《おくざしき》のやうに聞《き》かせたりする、人《ひと》の耳《みゝ》を惑《まど》はす方法《はうはふ》である。

捕反術《ほはんじゆつ》とは敵《てき》の間者《かんじや》を覺《さと》り、此《これ》を利用《りよう》し、又《また》は生捕《いけど》ること、僞言《ぎげん》の術《じゆつ》には犬《いぬ》の鳴聲《なきごゑ》、其《そ》の他《た》いろ〳〵の物《もの》眞似《まね》を爲《な》し、敵《てき》を欺《あざむ》くこと、目潰《めつぶ》しや眠《ねむ》らせる術《じゆつ》はたれしもよく知《し》つて居《ゐ》る所《ところ》で、催眠劑《さいみんざい》を用《もち》ふることもある、隠形《をんぎやう》の術《じゆつ》は、壁《かべ》、垣《かき》、植木《うゑき》等《とう》を利用《りよう》して隠《かく》れる術《じゆつ》、又《また》は煙幕《えんまく》の如《ごと》きを使用《しよう》する法《はふ》もある。

五遁《とん》の術《じゆつ》は、木火土《もくくわど》金水《きんすゐ》の五つつを利用《りよう》し、三遁《とん》の術《じゆつ》は天地《てんち》人《じん》の三つの客観的條件《きやくくわんてきでうけん》を利用《りよう》して、目的《もくてき》を達《たつ》するものである。火薬《くわやく》を用《もち》ひて煙幕《えんまく》の中《なか》に姿《すがた》を消《け》すが如《ごと》きは火遁《くわとん》の術《じゆつ》である。又敵《またてき》に追《お》はれて、盆踊等《ぼんをどりとう》の人込《ひとご》みの中《なか》に遁《に》げ込《こ》む等《とう》は、三遁中《とんちう》の人遁《じんとん》である。

此《こ》の他忍術《ほかにんじゆつ》に使用《しよう》する道具《だうぐ》は澤山《たくさん》あるが、刀《かたな》の如《ごと》きも鞘《さや》は飾《かざ》りなき鐵製《てつせい》のもの、鞘先《さやさき》を尖《とが》らし、鍔《つば》はギザギザの入《はひ》つたものを用《もち》ふる、下《さ》げ緒《を》は出來《でき》るだけ長《なが》くする、尖《とがつ》た鞘《さや》は地面《ぢめん》に突刺《つきさ》し、鍔《つば》に足《あし》をかけて、塀《へい》や石垣等《いしがきとう》によぢ登《のぼ》り、長《なが》い下《さ》げ緒《を》で刀《かたな》を吊《つ》り上《あ》げる、又刀《またかたな》は名刀《めいたう》を用《もち》ひぬ、必《かなら》ず新刄《しんたう》の肉厚《にくあつ》きものを用《もち》ふる。之《これ》は若《も》し相手《あひて》を刺《さ》した時《とき》、うめき音《おと》の高《たか》くなるのを防《ふせ》ぐ爲《た》め、刺《さ》したまま刀《かたな》を抜《ぬ》がず棄《す》て去《さ》る故《ゆゑ》、名刀《めいたう》を用《もち》ひぬのは刀《かたな》から足《あし》のつくのを防《ふせ》ぐためでもある。又小細《またこざい》工用《くよう》の切出《きりた》しの如《ごと》き刄《は》になつてゐる小刀《こがたな》を携《たづさ》へる、それは戸《と》や柱《はしら》を削《けづ》つたり、いざといふ時《とき》に敵《てき》の心臓《しんざう》を刺《さ》す。

五、忍術用の薬品

忍術《にんじゆつ》には、前述《まへの》べた如《ごと》く飢餓《きが》に堪《た》ふる鍛錬《たんれん》が必要《ひつえう》であると同時《どうじ》に、又忍術獨得《またにんじゆつどくとく》の食量《しよくりやう》がある。それは極《ごく》少量《せうりやう》で而《し》かも滋養《じやう》に富《と》み、携帯《けいたい》に便《べん》なるもので、兵糧丸《ひやうらうぐわん》、忍術《にんじゆつ》兵糧丸《ひやうらうぐわん》、水渇丸《すゐかつぐわん》の三種《しゆ》ある。

兵糧丸《ひやうらうぐわん》は、干鮑《ほしあはび》二十匁《もんめ》大麥《おほむぎ》十匁《もんめ》、干鯉《ほしこひ》三十匁《もんめ》、糯米《もちごめ》五十匁《もんめ》、荏芬《にんぶん》十匁《もんめ》、なまこ三十匁等《もんめとう》を粉末《ふんまつ》にして合《あは》せ、五分《ぶ》丸《まる》ほどに丸《まる》め、朝晩《あさばん》一粒《りふ》づつ服用《ふくよう》する。

忍術兵糧丸《にんじゆつひやうらうぐゎん》は、寒晒《かんざらし》三十匁《もんめ》、鰻《うなぎ》の白干《しらほし》三十匁《もんめ》、蕎麥粉《そばこ》五匁《もんめ》、鰹節《かつをぶし》三十匁《もんめ》、これ等《ら》を粉末《ふんまつ》となし、梅肉《うめにく》三匁《もんめ》、生《なま》の松《まつ》の甘《あま》はだ三十匁《もんめ》を酒《さけ》にて蒸《む》したものに合《あは》せ、五分《ぶ》丸程《まるほど》に丸《まる》め、一日《にち》に二三粒《りふ》づつ服用《ふくよう》すれば、他《た》に食物《しよくもつ》をとらなくても十日位《かぐらゐ》は疲勞《ひらう》をおぼえずにゐられる。

水渇丸《すゐかつぐゎん》は、梅干《うめほし》の肉《にく》をひしぎ、一兩目氷砂糖《りやうめこほりざたう》二匁《もんめ》、麥閤《ばくこふ》一匁《もんめ》を合《あは》せて丸《まる》め、渇《かつ》した時《とき》に舐《な》める。

右《みぎ》の外《ほか》に天菜種《てんさいしゆ》といふがある、義經不食丸《よしつねふしよくぐわん》ともいふ、人參《にんじん》をそのまま粉《こな》にして酒《さけ》にて煉《ね》り、三分丸位《ぶぐわんぐらゐ》にして、衣蕎麥粉《きぬそばこ》にして、毎日日《まいにちひ》の出《で》の時《とき》に、七粒《りふ》づつ服用《ふくよう》すべし、之《これ》を用《もち》ふれば水《みづ》を好《この》む、義經《よしつね》山川《さんせん》を淩《しの》ぎ奥《あう》州《しう》へ七十五日目《にちめ》に着《つ》く、之《これ》を用《もち》ひしよし義經不食丸《よしつねふしよくぐわん》といふと。

忍術用藥品《にんじゆつようやくひん》の效能《かうのう》は、皇漢醫學《くわうかんいがく》に尤《もつと》も造詣《ざうけい》の深《ふか》い森田幸門氏《もりたかうもんし》の證明《しようめい》する所《ところ》であるが、大槻醫學博士《おほつきいがくはかせ》も同樣《どうやう》に賞贊《しやうさん》して居《ゐ》る。而《しか》して曰《いは》く、一體日本人《たいにほんじん》は餘《あま》り食《く》ひ過《す》ぎる、空腹《くうふく》で死《し》ぬ人《ひと》は少《すく》ないけれども、食《く》ひ過《す》ぎて死《し》ぬ人《ひと》が非常《ひじやう》に多《おほ》い、兵糧丸《ひやうらうぐわん》といふのは、極少量《ごくせうりやう》で滋養《じやう》の多《おほ》いものだと、兵糧丸既《ひやうらうぐわんすで》に然《しか》り、仙丹《せんたん》は更《さら》に一層效果的《そうかうくわてき》であることは、今更云《いまさらい》ふまでもあるまい。

上德不レ德。　下德不レ失レ德、　是以無レ德

上德無レ爲、　而無不爲。　下德爲レ之、　有不爲。

（老子第三十八章）

第六　錬金術

一、西洋の錬金術

錬金術《れんきんじゆつ》なるものの發生《はつせい》したのは、隨分古代《ずゐぶんこだい》の事《こと》で、西暦紀元前《せいれききげんぜん》三千年頃既《ねんごろすで》に其《そ》の濫觴《らんちやう》を見《み》ることが出來《でき》る。卽《すなは》ち支那《しな》の神農時代《しんのうじだい》の本草學《ほんさうがく》、近東埃及或《きんとうエジプトあるひ》はカルデア等《とう》に於《お》ける化學《くわがく》がそれである。それから支那《しな》では夏《か》、殷《いん》、周《しう》となり、近東《きんとう》ではバビロン、フエネシヤ、ヘブリウとなり、アラビヤからペルシヤ等《とう》に及《およ》んで居《ゐ》る。又西洋《またせいやう》の方《はう》を見《み》ると、埃及《エジプト》から波斯《ペルシヤ》へ、波斯《ペルシヤ》からギリシヤへ、ギリシヤからローマへ傳《つた》へられ、ローマに於《おい》て錬金術《れんきんじゆつ》の花《はな》がパツト咲《さ》き出《だ》した、西暦《せいれき》一世紀《せいき》に出《で》た大博物學者《だいはくぶつがくしや》プリニウスの永遠《えいゑん》の大著《だいちよ》「博物志《はくぶつし》」に羅馬《ローマ》の暴帝《ばうてい》カリグラが、雄黃《いわう》から黃金《わうごん》を製《せい》したと記載《きさい》してある、之《これ》が今日《こんにち》に殘《のこ》る古典書《こてんしよ》中《ちう》で、錬金術《れんきんじゆつ》の事《こと》が書《か》き留《と》められた最初《さいしよ》のものと云《い》はれて居《ゐ》る、又《また》ネロ皇帝《くわうてい》が多《おほ》くの錬金術士《れんきんじゆつし》や、魔術士《まじゆつし》を常《つね》に澤山抱《たくさんかゝ》へて居《を》つた事《こと》も有名《いうめい》で、聖《せい》ペテロと魔術士《まじゆつし》シモンとネロ皇帝《くわうてい》の御前《ごぜん》で術競《じゆつくら》べをやつた等《など》、面白《おもしろ》い話《はなし》が多《おほ》く遺《のこ》されてゐる。

此《こ》の希臘《ギリシヤ》から羅馬《ローマ》へ渡《わた》つて、盛《さか》んに發展《はつてん》した錬金術《れんきんじゆつ》の目的《もくてき》は「學者《がくしや》の石《いし》」と「萬病藥《まんびやうやく》」と「再生藥《さいせいやく》」とを發見《はつけん》することであつた。其《そ》の內《うち》で萬病藥《まんびやうやく》と再生藥《さいせいやく》とは、支那《しな》に於《お》ける所謂不老長生《いはゆるふらうちやうせい》の仙丹《せんたん》に當《あた》り、學者《がくしや》の石《いし》は、これを以《もつ》て卑金屬《ひきんぞく》を貴金屬《ききんぞく》に替《か》へやうといふ、甚《はなは》だ都合《つがふ》のよい神藥《しんやく》なのである。

それで錬金術《れんきんじゆつ》と云《い》へば、物質《ぶつしつ》を純化《じゆんくわ》させ、合成法《がふせいはふ》によつて、或《あ》る物《もの》を造《つく》り上《あ》げる術《じゆつ》である。これは勿論《もちろん》カバールや、魔術《まじゆつ》や、占星術《せんせいじゆつ》なども大《おほい》に影響《えいきやう》してゐる、何分《なにぶん》にも錬金術《れんきんじゆつ》といへば、不老長生藥《ふらうちやうせいやく》とか、還金《くわんきん》の法《はふ》とか、非常《ひじやう》に人間《にんげん》の慾望《よくばう》と好奇心《かうきしん》とを唆《そゝ》る事業《じげふ》であるため、古來《こらい》多《おほ》くの主權者《しゆけんしや》や有力者達《いうりよくしやたち》が、之《これ》を重視《ぢうし》したので、間《あひだ》にはひどい詐欺師《さぎし》も現《あら》はれたのである。

さて又《また》錬金《れんきん》の内容《ないよう》を調《しら》べて見《み》ると、四元素《げんそ》と三元抱合物《げんはうがふぶつ》といふことが其《そ》の土臺《どだい》になつて居《ゐ》る。四元素《げんそ》とは地《ち》、水《すゐ》、火《くわ》、風《ふう》で、三元抱合物《げんはうがふぶつ》とは、硫黄《いわう》、水銀《すゐぎん》、鹽《しほ》である。此《こ》の四元素《げんそ》にも一つの元素即《げんそすなは》ちエーテル類似《るゐじ》の如《ごと》きものを加《くは》へ、これが萬物《ばんぶつ》の本源《ほんげん》であるといふ説《せつ》もある。而《しか》して萬物《ばんぶつ》は之等《これら》の四つ又《また》は五つの合成《がふせい》であるとされ、又《また》四元《げん》は錬金術上《れんきんじゆつじやう》では、大切《たいせつ》な三位《ゐ》一體《たい》として居《ゐ》る。硫黄《いわう》と水銀《すゐぎん》の色々《いろ／＼》な化合法《くわがふはふ》に由《よ》つて様々《さま／＼》の物《もの》が生《しやう》じ、鹽《しほ》は此《こ》の二つを連結《れんけつ》さする役目《やくめ》を司《つかさ》どり、硫黄《いわう》と水銀《すゐぎん》との煮沸及《しやふつおよ》び分解法《ぶんかいはふ》の相違《さうゐ》によつて、各《かく》金屬《きんぞく》を製出《せいしゆつ》し得《う》るといふのが大體《だいたい》の筋書《すぢがき》である。

又錬金術《またれんきんじゆつ》は、本來醗酵《ほんらいはつかう》といふ現象《げんしやう》に立脚《りつきやく》してゐる。これは明《あき》らかに實驗室《じつけんしつ》に於《おい》て、金屬《きんぞく》に生命《せいめい》を與《あた》へることである、隠《かく》れた生命《せいめい》を呼《よ》び醒《さま》すことである。復活蘇生《ふつくわつそせい》の方法《はうはふ》によつて、その活動《くわつどう》を刺戟《しげき》することである、變質物《へんしつぶつ》を結合構成《けつがふこうせい》する酵素《かうそ》に近《ちか》い物質《ぶつしつ》を還元《くわんげん》することが、錬金術《れんきんじゆつ》の主《おも》なる努力《どりよく》である。

西洋《せいやう》の古《ふる》い錬金術書《れんきんじゆつしよ》を見《み》ると、非常《ひじやう》に詳《くは》しい不老長生藥又《ふらうちやうせいやくまた》は萬病藥《まんびやうやく》の處方《しよはう》が出《で》て居《ゐ》る、それはヲーセレスト即《すなは》ち「天《てん》の水《みづ》」と云《い》ふ靈液《れいえき》である、其《そ》の製法《せいはふ》は、極《きは》めて純粹《じゆんすゐ》な腐敗《ふはい》したり凋《しぼ》んたりして居《を》らぬ、良質《りやうしつ》の肉《にく》桂《けい》、丁子《ちやうじ》の蕾《つぼみ》、肉豆蔻《にくづく》の實《み》、生姜《しやうが》、莪朮《がしう》、草豆蔻《くさづく》、白《しろ》い胡麻《ごま》各《かく》一オンス、良質《りやうしつ》シトロンの皮《かは》六個《こ》、ダマスの

實驗室裡に還金の秘法を修する錬金術士

葡萄《ぶだう》二摑《つかみ》、澤山《たくさん》の棗實《なつめ》、ニハトコの髓《ずゐ》一摑《つかみ》、充分《じうぶん》刻《きざ》んだ男松《をまつ》の實《み》を四摑《つかみ》、綠《みどり》の茴香《うゐきやう》の實《み》一摑《つかみ》、羅勒《めばうき》の花澤山《はなたくさん》、オトギリ草《さう》の花澤山《はなたくさん》、迷迭香《まんねんかう》の花澤山《はなたくさん》、マヨラナ「香氣《かうき》ある唇形植物《しんけいしよくぶつ》」の花澤山《はなたくさん》、プーイヨ、ステカード、フランス肉豆蔲《にくづく》、ローズミユスカード、芸香《へんるうだ》、山蘿蔔《まつむしさう》、矢車菊《やぐるまきう》、ヒユームテーイ(鮮苔屬《せんたいぞく》)龍芽草等《きんみづひきなど》の花澤山《はなたくさん》、甘松《あままつ》の花《はな》二オンス、伽羅木《きやらぼく》澤山《たくさん》、バラヂ(林檎《りんご》の變種《へんしゆ》)の種澤山《たねたくさん》、カラミ、アロマチシ、良質肉豆蔲《りやうしつにくづく》の殼《から》、乳香《にうかう》、レモン色《いろ》の白檀等澤山《びやくだんなどたくさん》、潰《つぶ》した蘆薈《ろわい》一ドラグム(希臘《ギリシヤ》の衡量《かうりやう》、三〇瓦餘《グラムよ》)純粹《じゆんすゐ》の琥珀《こはく》一ドラグム、大黃《だいわう》二ドラグム。

以上《いじやう》の全部《ぜんぶ》の材料《ざいれう》を、よく搗《つ》いて粉《こな》にし、すつかり混《ま》ぜ合《あは》せて、蒸溜器《じようりうき》で十五日間《にちかん》も蒸《む》す、其《そ》の間《あひだ》上等《じやうとう》の火酒《くわしゆ》を少《すこ》し注《そゝ》ぐ等《など》いろ〳〵の祕傳《ひでん》がある。そしていよ〳〵出來《でき》あがつた液《えき》が天《てん》の水《みづ》である。

此《こ》の液《えき》で、眼瞼《がんけん》後頭部《こうとうぶ》、首筋等《くびすぢなど》を擦《こす》れば、記憶力《きおくりよく》を強《つよ》くし、才氣《さいき》を鋭《するど》くし、視力《しりよく》を強《つよ》くす、綿毛《わんまう》につけて鼻孔《びこう》に塗《ぬ》れば、頭腦《づなう》を明快《めいくわい》にし、不機嫌《ふきげん》や加答兒《かたる》などが治平《ちへい》する。又《また》三日間匙《かかんさぢ》で一杯《ぱい》づつ服用《ふくよう》すれば、身《しん》體《たい》が大《おほい》に强壯《きやうさう》になり、肥《こ》へて美貌《びばう》になり、老人《らうじん》になつても其《そ》の美貌《びばう》が保《たも》たれる、又呼《またこ》吸促迫《きふそくはく》によく、肺《はい》の器《き》官《くわん》を鎭靜《ちんせい》させ、癩病《らいびやう》にも利《き》く、若《も》し六滴程蟇《てきほどがま》や毒蟲《どくむし》にかくれば、忽《たちま》ち死《し》ぬる、又尿《またねう》の閉塞《へいそく》を散《ち》らし、性器《せいき》を强大《きやうだい》にする、喘息《ぜんそく》、水腫病《すゐしゆびやう》にも有效《いうかう》、ペスト、熱病《ねつびやう》をも治《ち》す、更《さら》に靈液《れいえき》の煮《に》殼《から》から採《と》つた香油《かうゆ》を、三滴《てき》づつ時々耳《ときどきみゝ》に注《そゝ》げば、聾《つんぼ》も聞《きこ》えるやうになる、其《そ》の他《た》疥癬《かいぜん》、白癬《はくぜん》、膿瘍《のうやう》、傷《きず》、古傷《ふるきず》、潰瘍《くわいやう》、毒蟲等《どくむしなど》の咬傷《かうしやう》にも利《き》き、動悸《どうき》を防《ふせ》ぎ、虛弱《きよじやく》を治《ち》するといふのである。

又《また》二十世紀《せいき》の現代《げんだい》に於《お》ける、醫師《いし》にして錬金術士《れんきんじゆつし》たるジョベール氏《し》が、外科醫《げくわい》、化學者《くわがくしや》、詩人《しじん》、寶石細工《はうせきさいく》人《にん》、記者《きしや》、若《わか》い婦人等《ふじんなど》十五人立會《にんたちあ》ひの面前《めんぜん》にて實驗《じつけん》した結果《けつくわ》に依《よ》れば、氏《し》は先《ま》づ中世紀《ちうせいき》の錬金家達《れんきんかたち》が、卑金《ひきん》屬《ぞく》を金《きん》に還《かへ》す一つの物質《ぶつしつ》があるのを確信《かくしん》して居《ゐ》たと云《い》ふことを說明《せつめい》し、それから坩堝《るつぼ》の中《なか》に鉛《なまり》の小塊《せうくわい》を入《い》れ何《なに》か正體《しやうたい》の知《し》れぬ發光性《はつくわうせい》の粉末《ふんまつ》を少量加《せうりやうくは》へて、爐《ろ》にかけた、二十五分後《ふんご》に坩堝《るつぼ》の中《なか》の鉛《なまり》は立派《りつぱ》に銀《ぎん》に化《くわ》して居《ゐ》た。此《こ》の銀《ぎん》を金屬細工人《きんぞくざいくにん》が鑑定《ふんてい》したが、寸分違《すんぶんちが》はない銀《ぎん》であつた。此《こ》の鉛《ぎん》を又坩堝《またるつぼ》の中《なか》に入《い》れ、前《まへ》とは別《べつ》の發光性《はつくわうせい》の粉末《ふんまつ》を加《くは》へて熱《ねつ》した、鉛塊《えんくわい》が眞赤《まつか》になつて、金剛石《こんがうせき》のやうに輝《かゞや》いて來《き》た、併《しか》し到頭黄金《たうていわうごん》にはならなかつた。

二、支那の錬金術

支那《しな》では太古神農氏《たいこしんのうし》を藥神《やくじん》と稱《しよう》する程《ほど》あつて、錬金術《れんきんじゆつ》も疾《と》くに工夫《くふう》せられ、黄帝《くわうてい》より老子《らうし》に及《およ》び、錬金術《れんきんじゆつ》は仙家道士《せんけだうし》の一手《て》獨占業《どくせんげふ》とされた、羅馬《ローマ》で錬金術《れんきんじゆつ》の花《はな》の開《ひら》いた頃《ころ》は、秦《しん》の始皇《しくわう》が不死《ふし》の藥《くすり》を探《さが》した頃《ころ》であつた。併《しか》し支那《しな》のは西洋《せいやう》のと違《ちが》うて、大《おほい》に仙味《せんみ》とか風流味《ふうりうみ》を帶《お》びた錬金法《れんきんはふ》で、餘《あま》り工業的《こうげふてき》でなかつた、而《しか》して又《また》支那《しな》の仙人道士《せんにんだうし》等《など》の第《だい》一の目的《もくてき》は、決《け》つして黄金《わうごん》を製《せい》することではなく、實《じつ》は不老長生《ふらうちやうせい》の仙丹《せんたん》を作《つく》り、之《これ》を服用《ふくよう》して神通《じんつう》を得《え》、最後《さいご》に昇天《しようてん》するといふ事《こと》であつた、隨《したが》つて錬金《れんきん》の第《だい》一義《ぎ》は煉丹修養《れんたんしうやう》で、錬金術《れんきんじゆつ》はその副産物《ふくさんぶつ》に過《す》ぎなかつたのである。

裴航夫婦玉臼杵煉金

然《しか》るにその心丹《しんたん》を煉《ね》る修養法《しうやうはふ》が、後《のち》には外《げ》藥《やく》外《げ》丹《たん》を煉成《れんせい》する意味《いみ》に曲解《きよくかい》され、仙丹《せんたん》とは黄金《わうごん》より得《え》らるるものの如《ごと》く考《かんが》へられ、其《そ》の黄金《わうごん》を得《う》るための錬金術《れんきんじゆつ》と混同《こんどう》されて仕舞《しま》つた。西洋《せいやう》でも古《ふる》き時《じ》代《だい》の錬金術《れんきんじゆつ》は黄金《わうごん》を得《う》る事《こと》より、支《し》那《な》道家《だうか》の所謂仙丹即《いはゆるせんたんすなは》ちエリキシイル不老長《ふらうちやう》生藥《せいやく》を發見《はつけん》することであつて、之《これ》が眞正《しんせい》の錬金術《れんきんじゆつ》であつた。然《しか》るに時代《じだい》が降《ふ》ると共《とも》に眞正《しんせい》の錬金術《れんきんじゆつ》に、卑《ひ》金屬《きんぞく》より貴《き》金屬《きんぞく》を得《う》るといふ醫《い》藥化學《がくくわがく》が加味《かみ》されて來《き》たのである。併《しか》し錬金《れんきん》と煉丹《れんたん》とを判然區《はんぜんく》別《べつ》することは不《ふ》可能《かのう》であつて、古代《こだい》から既《すで》に混同《こんどう》され、後代《こうだい》に至《いた》るに随《したが》ひ、不老長生《ふらうちやうせい》の煉丹思想《れんたんしさう》が減少《げんせう》し、黄金《わうごん》を得《う》るといふ錬金術《れんきんじゆつ》が流行《りうかう》したといふのが事實《じじつ》である。今日《こんにち》でも萬有《ばんいう》悉《ことごと》く還銀《くわんぎん》とか、還金《くわんきん》とかいつて、ワラから銀《ぎん》を製《せい》する等《など》といふのがある如《ごと》く、昔《むかし》は錬金術《れんきんじゆつ》が各國《かくこく》で相當珍重《さうたうちんちよう》されたものと見《み》える。

支那《しな》に於《お》ける最《もつと》も科學的《くわがくてき》な錬金術《れんきんじゆつ》の文獻《ぶんけん》は何《なん》であるかと云《い》ふに、三世紀《せいき》に出《で》た晉《しん》の葛洪《かつこう》の有名《いうめい》なる道書《だうしよ》「抱朴子《はうぼくし》」である、此《こ》の書《しよ》では煉丹《れんたん》を目的《もくてき》として、やはり第《だい》一に不老長生《ふらうちやうせい》を說《と》き、次《つぎ》に錬金致《れんきんち》富《ふ》を敎《をし》へて居《ゐ》る。而《しか》して仙藥《せんやく》として最上《さいじやう》のものは丹砂《たんしや》で、次《つぎ》は黄金《わうごん》といふことになつて居《ゐ》る、以下《いか》效能多《かうのうおほ》きものを順序《じゆんじよ》に列記《れつき》す。

白銀《はくぎん》、諸芝《しよし》、五玉《ごぎよく》、雲母《うんも》、明珠《めいじゆ》、雄黄《いうわう》、大乙禹餘糧《だいをつうよりやう》、石中黄子《せきちうわうじ》、石桂《せきけい》、石英《せきえい》、石腦《せきなう》、五硫黄《ごいわう》、石粘《せきてん》、曾靑《そしやう》、松柏脂《しようはくし》、茯苓《ぶくりやう》、地黄《ぢわう》、麥門冬《ばくもんとう》、木巨勝《もくこしよう》、重樓《ぢうろう》、黄連《わうれん》、石韋《せきゐ》、楮實《ちよじつ》、象柴《ざうし》(一名純盧《めいじゆんろ》)

右《みぎ》の諸藥中《しよやくちう》で、現今《げんこん》から見《み》て效《かう》ありと思《おも》はるるものもあるが、其《そ》の正體《しやうたい》の不明《ふめい》なものもある。由來《ゆらい》「抱朴子《はうぼくし》」は難解《なんかい》の書《しよ》で、篇中解《へんちうかい》し難《がた》い所《ところ》も澤山《たくさん》あるが、支那《しな》に於《お》ける此《こ》の種《しゆ》の古書《こしよ》としては、最《もつと》も科學的根據《くわがくてきこんきよ》を持《もつ》て居《ゐ》る、現《げん》に丹《たん》を製《せい》する材料《ざいれう》や方法等《はうはふなど》も、今日《こんにち》の科學《くわがく》に依《よつ》てある點《てん》まで說明《せつめい》することが出來《でき》るのである。

因《ちなみ》に支那《しな》の錬金煉丹《れんきんれんたん》に就《つい》ては、既《すで》に上篇《じやうへん》に論述《ろんじゆつ》した所《ところ》もあるから、今《いま》は詳說《しやうせつ》を略《りやく》す。

三、日本の錬金術

日本民族《にほんみんぞく》が初《はじ》めて黄金《わうごん》を知《し》つたのは、神代《しんだい》に於《おい》て素盞嗚尊《すさのをのみこと》が、新羅《しらぎ》のソシモリに渡航《とかう》された時《とき》、同地附近《どうちふきん》が古來《こらい》より有名《いうめい》な砂金《しやきん》の產地《さんち》であつたから、當然黃金《たうぜんわうこん》なるものを扱《あつか》はれたことと思《おも》はるる。併《しか》しこれが爲《た》めに一般《ぱん》の日本人《にほんじん》に黃金思想《わうこんしさう》が彌漫《びまん》したとは考《かんが》へられぬ。

日本《にほん》の內地《ないち》で黃金《わうこん》の發見《はつけん》されたのは、文武天皇《もんむてんわう》の二年《ねん》十二月《ぐわつ》對馬《つしま》に金鑛《きんくわう》を治《い》せしむとある、これが最初《さいしよ》とすれば西曆《せいれき》六百九十七年《ねん》に當《あた》る、諸國《しよこく》に比《ひ》して非常《ひじやう》に後《おく》れて居《ゐ》る譯《わけ》である。

次《つぎ》に文武天皇《もんむてんわう》の五年《ねん》に、大寶《たいはう》三年《ねん》と改《あらた》め、その三月《ぐわつ》に追大肆《おおむし》凡海宿禰《のうみのすくね》を陸奧《むつ》に遣《つか》はして金《きん》を治《い》めしむとある、兎《と》に角此《かくこ》の頃《ころ》より黃金熱《わうこんねつ》が漸《やうや》く盛《さか》んになつたものと見《み》える。

日本《にほん》では鑛業文化《くわうげふぶんくわ》が、他《た》の文化《ぶんくわ》に比《ひ》して非常《ひじやう》に古《ふる》くから發達《はつたつ》、天岩戶隱《あまのいはとがく》れの時《とき》には、太玉命《ふとたまのみこと》の從屬《じうぞく》たる天目一命《あめのめひとつのみこと》が鏡《かゞみ》を鑄造《ちうざう》したが、それは古今無類《こゝんむるゐ》の珍品《ちんぴん》であつた。その他《た》神代《じんだい》に於《おい》て、幾多《いくた》の劍《つるぎ》や鏡等《かゞみなど》の立《りつ》派《ぱ》な名高《なだか》いものが製造《せいざう》されて居《ゐ》るから、鍊金術《れんきんじゆつ》も古《ふる》くから存在《そんざい》したのではないかといふ考《かんが》へも起《おこ》る。

傳說《でんせつ》に依《よ》れば武內宿禰《たけのうちのすくね》が三韓征伐前《かんせいばつぜん》から、今《いま》の攝津池田《せつついけだ》と有馬郡本庄《ありまぐんほんしやう》の境《さかひ》なる山《やま》で、採金《さいきん》をやつて軍資《ぐんし》に供《きよう》し、又麑坂押熊《またかごさかおしくま》二皇子《わうじ》を攻《せ》めた時《とき》も、その地《ち》に根據《こんきよ》を置《お》き、現《げん》に武內屋敷《たけのうちやしき》と稱《しよう》する地《ち》あり、その後多田《こただ》の滿仲《みつなか》より豐大閤《ほうたいかふ》に至《いた》るまで採金《さいきん》したといふ古蹟舊鑛《こせききうくわう》や、記錄《きろく》も存在《そんざい》して居《ゐ》る。

武內宿禰《たけのうちのすくね》の採金傳說《さいきんでんせつ》と不老長壽《ふらうちやうじゆ》は、何《なに》か關係《くわんけい》のあるやうにも思《おも》はるるが、神仙思想《しんせんしさう》の不老長生《ふらうちやうせい》といふのは、支那《しな》の傳來《でんらい》と見《み》る外《ほか》はあるまい、尤《もつと》も日本固有《にほんこいう》の不老長生說《ふらうちやうせいせつ》に八百比丘尼《びくに》の說話《せつわ》がある、浦島子《うらしまし》の事《こと》もあるが、之等《これら》は鍊金《れんきん》には緣《えん》が遠《とを》い、員外思故鄕歌《ゐんぐわいしこきやうか》に「我《わ》が盛《さか》り甚《いた》くくたちぬ雲《くも》に飛《と》ぶ藥《くすり》はむともまた返《をち》めやも」と萬葉集歌考《まんえふしふかかう》に出《で》て居《ゐ》るが、之《これ》は仙丹《せんたん》の服用《ふくよう》に關《くわん》したものである。

第七　仙佛十大尊の修法

一、孔雀明王の修法

一、名義《めいぎ》、梵語《ぼんご》にて摩喩利《まゆり》、譯《やく》して孔雀《くじやく》といふ、諸佛能生《しよぶつのうじやう》の德《とく》に住《ぢう》する故《ゆゑ》に、孔雀佛母《くじやくぶつぼ》といふ。

二、形像《けいざう》、肉色《にくしよく》にして右手《みぎて》に孔雀尾《くじやくび》を持《ぢ》し、左手《ひだりて》に開蓮華《かいれんげ》を持《ぢ》し、赤蓮華《せきれんげ》に坐《ざ》す、別異《べつい》の像《ざう》もあり。

三、種字《しゆじ》は、摩字《まじ》、四、三昧耶形《まいやけい》は、孔雀尾《くじやくび》

五、印相《いんさう》、二手外縛《しゆぐわいばく》して二大指《だいし》と二小指《せうし》を立《た》て合《がつ》す、是《こ》れ小指《せうし》は尾《び》、大指《だいし》は頭《かしら》にして、餘《よ》は羽《う》なり、呪《じゆ》を唱《とな》へながら其《その》六指《し》を扇《あほ》ぐ、是《こ》れ孔雀《くじやく》の舞《ま》ふ狀《さま》なり。

六、呪《じゆ》、普通《ふつう》には、摩諭吉羅帝《まゆきらてい》、莎訶《そわか》。別《べつ》に大呪《だいじゆ》あり。

孔　雀　明　王

七、修法《しうはふ》は、役《えん》の行者《ぎやうじや》が此《こ》の法《はふ》を修《しう》して、飛行《ひぎやう》の妙術《めうじゆつ》を得《え》たるは何人《なんぴと》も知《し》る所《ところ》なり、通常《つうじやう》は息災《そくさい》及《およ》び祈雨《きう》に修法《しうはふ》せられ、その法《はふ》は尤《もつと》も祕奥《ひあう》にして一流《りう》を爲《な》し居《を》れり、修驗道山伏派《しうけんだうやまぶしは》にては尤《もつと》も此《こ》の法《はふ》を尊重《そんちやう》し、その呪力《じゆりよく》に依《よ》りて「持明仙《ぢめいせん》」となり、延《えん》命長生《めいちやうせい》することを得《う》といふ、又深山幽谷《またしんざんいうこく》に住《ぢう》するときは、此《こ》の呪《じゆ》に依《よ》りて一切《さい》の障害《しやうがい》を免《まぬ》かれ、極《きは》めて安穩《あんをん》を得《う》、又如法《またによはふ》に修《しゆ》

行《ぎやう》怠《おこた》らざれば、水上歩行《すゐじやうほかう》、飛行自在《ひぎやうじざい》を得《う》るものとす。

二、愛染明王の修法

一、名義《めいぎ》、梵《ぼん》には羅誐《うが》、又《また》は羅誐羅闍《らがらじや》といふ、譯《やく》して愛染《あいぜん》とす、金剛薩埵《こんがうさつた》の所變《しよへん》、小野流《をのりう》の祕尊《ひそん》なり。

二、形像《けいざう》、一身兩頭《しんりやうとう》、左面瞋赤《さめんしんせき》にして右面《うめん》は慈白《じはく》なり、遍身白又《へんしんしろまた》は赤色《せきしよく》とす、左手《ひだりて》に鈴《すゞ》、右手《みぎて》に杵《きね》、頂《ちやう》上《じやう》に五色《しき》の光《ひかり》を放《はな》つ、月輪中《げつりんちう》に住《ぢう》し、紅蓮花《ぐれんげ》に坐《ざ》す、別形《べつぎやう》あり。

染愛明王

三、種字《しゆじ》、吽《うん》、又《また》は弱《じやく》、鑁《ばん》、斛《こく》、或《あるひ》は枳惹啞訖利《きじやくあくきりく》。

四、三昧耶形《まいやぎやう》は五股杵《こきね》、箭《や》、獅子冠《ししくわんむり》、五股鈎《こかぎ》、白蓮華《びやくれんげ》。

五、印相《いんさう》、二手金剛縛《しゆこんがうばく》にして、二中指《ちうし》を堅《かた》く合《あは》せ、二頭指《とうし》を鈎《かぎ》の形《かたち》にし、二小指《せうし》と二大指《だいし》を合《がつ》して五峰《ほう》の如《ごと》くす、之《これ》を羯磨印《こまいん》、又《また》は三昧耶印《まいやいん》といふ、即《すなは》ち五股印《こいん》なり。

六、呪《じゆ》に根本呪《こんぽんじゆ》、心呪《しんじゆ》、一字呪《じじゆ》、破曜宿《はえうじゆく》の呪《じゆ》あり、宿曜家《しゆくえうか》に尊重《そんちよう》せらる、普通《ふつう》の呪《じゆ》は、唵《をん》、摩訶羅誐《まからが》、縛《ば》曰路瑟尼沙《さろひつにしや》、縛曰羅薩坦縛《ばさらさたば》、弱吽鑁斛《じやくうんばんこく》。

七、修法《しゆはふ》、五種法《しゆはふ》に通《つう》じ、愛敬《あいけい》と調伏《てうふく》とに兩通《りやうつう》す、毒《どく》を解《と》き、食《しよく》を加持《かぢ》すれば、甘露《かんろ》の如《ごと》く、又宿曜《またしゆくえう》の淩《りやう》逼せらることある場合《ばあひ》は、之《これ》によりて其《そ》の災禍《さいくわ》を免《まぬ》かれ、長生壽命《ちやうせいじゆみやう》を全《まつた》ふすることを得《う》る、故《ゆゑ》に二十八宿《しゆく》九星家等《せいかとう》にて此《こ》の修法《しゆはふ》を爲《な》すもの多《おほ》し、又男女相愛《またなんぢよさうあい》、房中術養精《ばうちうじゆつやうせい》の主尊《しゆそん》として信《しん》ぜらる。

三、烏芻沙摩明王の祕法

一、名義《めいぎ》、梵名《まんめい》は烏芻沙摩《うすさま》、譯《やく》して穢跡金剛《わいせきこんがう》、不淨金剛《ふじやうこんがう》、火頭金金等《くわとうこんがうなど》といふ、此《こ》の明王《みやうわう》は北方羯摩部《ほくはうこまぶ》の敎《けう》令輪《れいりん》にして、金剛夜叉明王《こんがうやしやみやうわう》と同《おな》じ本誓《ほんせい》である、夜叉明王《やしやみやうわう》は心《こゝろ》の不淨《ふじやう》を食《く》ひつくし、此《こ》の明王《みやうわう》は身《み》や物《もの》の不淨《ふじやう》を食《く》ひつくすといふ、不動明王《ふどうみやうわう》の所變《しよへん》なりともいふ。

烏芻沙明王

二、形像《けいぎう》、身相青色《しんさうせいしよく》、四臂《び》あり、右手《うしゆ》は縛日羅《ばさら》を採《と》り、左手《さしゆ》赤索《せきさく》を採《と》る、二龍王《りうわう》、四龍王《りうわう》ありて五體《たい》に絡《から》む、叉頭上《またづじやう》に白龍《はくりう》王《わう》あり、腰下《えうか》に虎皮《こひ》を纒《まと》ひ、頭髪火焔《とうはつくわえん》となり、頂脊《ちやうせき》に火焔《くわえん》の光《ひかり》あり。

三、種字《しゆじ》は吽《うん》、惹《じや》。四、三昧耶形《まいやぎやう》は獨股杵《どつこきね》、棒《ぼう》、索《つな》、三股杵《こきね》。

五、獨股印叉《どつこいんまた》は三股印《こいん》、二小指《せうし》を竪《た》て合《あは》せ内縛《ないばく》したるもの、叉《また》は右《みぎ》の無名小指《むめいせうし》を左《ひだり》の無名小指《むめいせうし》の内《うち》に叉《こまぬ》き中指《ちうし》を竪《た》て合《あは》せ頭指《とうし》を鈎《かぎ》にして三股形《こけい》となし大指《たいし》を叉《こまぬ》きたるもの。

六、呪《じゆ》、毖哩《ひつり》、摩々哩《まゝり》、摩哩《まり》、毖哩《ひつり》、莎訶《そわか》、叉《また》は倶嚕駄乃吽惹《ぐろだのうんしや》、共《とも》に解穢《げわい》、解毒《げどく》の呪《じゆ》なり。

七、修法《しうはふ》、治病《ぢびやう》、魔障解除《ましやうげぢよ》に修《しう》す、その他降伏等《たかうふくなど》にも用《もち》ふ、經《きやう》に曰《いは》く、若《も》し仙《せん》を求《もと》めて大驗《たいけん》を取《とら》むと欲《ほつ》せば、必《かなら》ず山間高頂《さんかんかうちやう》の上《うへ》に入《いつ》て是《ぜ》を作《つく》せ、定《さだ》めて最勝《さいしよう》の大驗《たいけん》を得《え》むと、古來《こらいこ》此の法《はふ》を作《さく》して靈驗《れいけん》を得《う》、所謂仙《いはゆるせん》術《じゆつ》を成就《じやうじゆ》したるもの多《おほ》し、たとへ仙術《せんじゆつ》の器《うつは》にあらざるものも、此《こ》の明王《みやうわう》に歸依《きえ》すれば、仙道《せんだう》を達《たつ》すといふ。

四、地藏菩薩延命祕法

地藏菩薩《ぢざうぼさつ》は、普通塞《ふつうさい》の河原《かはら》で小供《こども》の友達《ともだち》として遊《あそ》んで居《ゐ》るばかりと思《おも》はれてゐるが、祕密修法《ひみつしゆはふ》の上《うへ》では、特別《とくべつ》の法力《はふりき》を有《いう》するものとせられ、その修法《しうはふ》にも極《きは》めて深祕《しんぴ》なものがある。又前佛釋迦《またぜんぶつしやか》は既《すで》に去《さ》り、後佛彌勒《こうぶつみろく》はまだ出《で》ない、その中間《ちうかん》の無佛世界《むぶつせかい》を濟度《さいど》するのが地藏菩薩《ぢざうぼさつ》である、又地藏《またぢざう》は人間天上修羅餓鬼畜生地獄《にんげんてんじやうしゆらがきちくしやうぢごく》の六道《だう》に亙《わた》り、普《あま》ねく一切衆生《さいしゆじやう》を濟度《さいど》するから、六道能化《だうのうげ》の地藏尊《ぢざうそん》といふのである。此《こ》の地藏尊《ぢざうそん》に延命地藏《えんめいぢざう》といふがあつて、小兒《せうに》の成長《せいちやう》を保護《ほご》すると倶《とも》に、延命長壽《えんめいちやうじゆ》の主尊《しゆそん》とせられて居《ゐ》る、その祈念修法《きねんしうはふ》は至《いた》つて珍重《ちんちよう》なものである。

地藏菩薩

一、名義《めいぎ》　梵名《まんめい》は乞叉底蘗婆《こついうちきやば》、譯《やく》して地藏《ぢざう》といふ。大地《だいち》の種々《しゆじゆ》の珍物《ちんぶつ》を出《だ》し、伏藏窮《ふくざうきは》まりなきが如《ごと》く、一切《さい》の種德《しゆとく》を藏《ざう》し、法驗《はふけん》無量《むりやう》なるが故《ゆゑ》に地藏《ぢざう》といふ。悲願金剛又《ひぐわんこんがうまた》は與願金剛《よぐわんこんがう》といふ、金剛《こんがう》不壞行《ふえぎやう》の境界《きやうかい》三昧《まい》に住《ぢう》すること金剛輪《こんがうりん》の如《ごと》く、極《きは》めて堅固《けんご》不可壞《ふかえ》なるを以《もつ》て、萬物《ばんぶつ》を持《ぢ》して更《さら》に傾動《けいどう》せず、一切《さい》の願望《ぐわんばう》を滿足《まんぞく》せしむる義《ぎ》である。

二、形像《けいざう》、種々間飾《しゆじゆかんしよく》せる雜寶莊嚴《ざつはうさうごん》の地上《ちじやう》に、金銀玻璃水精《きんぎんはりすゐしやう》の四寶《はう》を以《もつ》て蓮華座《れんげざ》と爲《な》し、其《そ》の上《うへ》に立《た》ちて光《くわう》明《みやう》その身《み》を周遍《しうへん》する普通《ふつう》の僧形《そうぎやう》にて、月輪《げつりん》あり、寶珠《はうじゆ》、錫杖《しやくぢやう》を持《ぢ》す。

三、種字《しゆじ》、賀字《かじ》。四、三昧耶形《まいやぎやう》は幢《しよう》と寶珠《はうじゆ》。

五、印相《いんさう》は種々《しゆ〴〵》あるも、鉢印《はちいん》を普通《ふつう》とす。

六、呪《じゆ》は、唵《をん》、訶々々《かゝゝ》、微三摩曳《みさんまえい》、莎訶《そわか》。

七、修法《しうはふ》、滅罪福徳《めつざいふくとく》に修《しう》するを第一《だい》とし、大福徳祈求《だいふくとくきう》には呪《じゆ》七萬遍《まんべん》、極樂往生《ごくらくわうじやう》には三萬遍《まんべん》、その他種々《たしゆ〴〵》あり、別種《べつしゆ》の祈願《きぐわん》としては、癩病《らいびやう》、狂病《きやうびやう》には、蓮寶草《れんはうさう》にて三萬遍《まんべん》の護摩《ごま》を行《おこな》ふべし、延命修法《えんめいしうはふ》には祕法《ひはふ》の護《ご》摩《ま》を行《おこな》ふ、猶《なほ》五穀豐穰祈禱《ごくほうじやうきたう》の法《はふ》あり、夫婦和合《ふうふわがふ》の法《はふ》あり。

五、毘沙門天隠形飛行法

一、名義《めいぎ》、梵名《ぼんめい》は吠室羅摩拏《ゑいしらまだ》、譯《やく》して多聞天《たもんてん》といふ、如來《によらい》の道場《だうぢやう》を守護《しゆご》し、常《つね》に說法《せつぱふ》を聞《き》く故《ゆゑ》多聞《たもん》なり。

毘沙門《びしやもん》は梵語《ぼんご》の訛《なまり》なり、四天王《てんわう》の北方《ほくはう》の守護神《しゆごじん》なり。

二、形像《けいざう》は二鬼《き》の上《うへ》に立《た》ち、又《また》は坐《ざ》するあり、甲冑《かつちう》を被《き》て、左掌《さしやう》に塔《たふ》、右手《みぎて》に寶棒《とうはう》を執《と》る。

毘沙門天

三、種字《しゆじ》は、吠《べい》。四、三昧耶形《まいやぎやう》は、寶棒《はうぼう》、又《また》は塔《たふ》。

五、印相《いんさう》は內縛《ないばく》して二無名指《むめいし》を立《た》て合《あは》せ、二頭指《とうし》を立《た》て開《ひら》く、之《こ》れ夜叉印《やしやいん》なり、次《つぎ》に迦駄棒印《かだほういん》、寶珠印等《ほうじゆいんとう》あり。

六、呪《じゆ》は唵《をん》、吠室羅摩拏《うゑんしらまど》、莎訶《そわか》、又別《またべつ》に大呪《たいじゆ》あり。

七、修法《しうはふ》、福神《ふくじん》と勇猛神《ゆうまうじん》とを兼《か》ぬ、左手中《ひだりてちう》より無量《むりやう》の七珍寶《ちんぽう》を出《だ》し、右手中《みぎてちう》より一切法藏《さいほふざう》を顯《あら》はすといふ隱形飛行《をんぎやうひぎやう》の本尊《ほんぞん》として修法《しうはふ》せらる、特別《とくべつ》の修法《しうはふ》として、浴油法《よくゆはふ》、酒浴法《しゆよくはふ》あり、黑月卽《こくげつすなは》ち十五日以後《にちいご》の十五夜《や》に起首《きしゆ》し、三十萬遍《まんべん》の呪《じゆ》を誦《じゆ》し、香泥《かうでい》を尊像《そんざう》に供養《くやう》すれば、隱形《をんぎやう》、飛行《ひかう》の自在《じざい》を得《う》べく、又別法《またべつぱふ》に由《よ》れば亡者《まうじや》の靈《れい》と相見《あひみ》、相語《あひかた》ることを得《う》といふ、その他《た》恐《おそ》るべき祕密《ひみつ》の修法《しつはふ》あり、又自身《またじしん》の血《ち》とある魚《うを》の血《ち》を取《と》りて呪《じゆ》すれば、强敵《きやうてき》をも挫《くぢ》くことを得《う》といふ。

六、摩利支天の强精隱形法

摩利支天

一、名義《めいぎ》、梵語《ぼんご》の摩利支《まりし》は、陽炎《かげろふ》、又《また》は威光《ゐくわう》と譯《やく》す、是《こ》れ陽炎《かげろふ》を神格化《じんかくくわ》したるもの、大神通自在《だいじんつうじざい》の法《はふ》を備《そな》ふ、如何《いか》なるものも之《これ》に勝《か》つこと能《あた》はず、人能《ひとよ》く此《こ》の天《てん》を信念《しんねん》すれば、卽《すなは》ち此《こ》の天《てん》と同一《どう》の功力《くりき》ありと。

二、形像《けいざう》、金《きん》、銀《ぎん》、赤銅《しやくどう》、白檀《びやくたん》、赤檀《せきたん》を以《もつ》て作像《さくざう》す、其《そ》の形《かたち》は天女《てんによ》に似《に》て、左《ひだり》の手臂《しゆび》を屈《こゞ》めて上《うへ》に向《む》け、手腕《しゆわん》を左《ひだり》の乳《ち》の前《まへ》に當《あ》て拳《こぶし》を作《さく》す、拳《こぶし》の中《なか》に天扇《てんせん》を把《と》る、右手臂《うしゆび》を伸《の》べ、竝《ならび》に五指《し》を伸《の》べ、指頭垂下《しとうすゐか》す、長《た》け一寸《すん》二寸乃至《すんないし》一肘《ちう》、又三面《またさんめん》八臂《び》、猪《ゐのしゝ》の脊《せ》に立《た》ち、中央《ちうあう》の面《めん》は柔和相《にうわさう》なるも三目《もく》あり、右面《うめん》も柔和相《にうわさう》、左《さ》面《めん》は忿怒相《ふんぬさう》、右第一手《みぎだいしゆ》に三戟《げき》、次《つぎ》に獨股杵《どつこきね》、次《つぎ》に棒《ぼう》、次《つぎ》に箭《や》、左第一手《ひだりだいしゆ》に龍索《たつづな》、次《つぎ》に杖《つゑ》、次《つぎ》に羂索《わなづな》、次《つぎ》に弓《ゆみ》、普通《ふつう》は走《はし》れる猪《ゐのしゝ》の上《うへ》に一足《そく》にて立《た》ち三面六臂《めんぴ》の忿怒相《ふんぬさう》にて、炎髪《えんぱつ》あり。

三、種字《しゆじ》、摩《ま》。四、三昧耶形《まいやぎやう》、弓箭《きうせん》、又《また》は團扇《だんせん》。

五、印相《いんさう》、內縛《ないばく》して二頭指《とうし》二大指《だいし》を立《た》て、中指《ちうし》を頭指《とつし》に纏《まと》ひたる大金剛輪印《だいこんがうりんいん》、他《た》に隠形印等《をんぎやういんなど》あり。

六、呪《じゆ》は、唵《をん》、摩利支曳《まりしえい》、莎訶《そわか》。

七、修法《しうはふ》　力士《りきし》の强力法《がうりきはふ》、武士《ぶし》の軍神《いくさがみ》として尊崇《そんすう》せられ、怨敵降伏《をんてきかうふく》を主《しゆ》とし、又隠形《またをんぎやう》の祕法《ひはふ》あり、鬼病《きびやう》竝《ならび》に難治《なんぢ》の重病《ぢうびやう》を癒《いや》し、健康體《けんかうたい》を囘復《くわいふく》せしめ、延命長壽不老《えんめいちやうじゆふらう》の祕法《ひはふ》あり、其《そ》の修法《しうはふ》は極祕《ごくひ》にして頗《すこぶ》る難澁《なんじふ》なりとす。

七、辨才天三十二藥の修法

普通辨財天《ふつうべんざいてん》は音樂《おんがく》の主尊《しゆそん》であり、又《また》七福神《ふくじん》の一つとして福德《ふくとく》の本尊《ほんぞん》でもあり、或《あるひ》は男女相愛和合愛敬《だんぢよさうあいわがふあいけい》の對象《たいしやう》として信仰《しんかう》せられて居《ゐ》るが、今《いま》はその香藥《かうやく》三十二味《み》の成就本尊《じやうじゆほんぞん》、即《すなは》ち無病又《むびやうまた》は除病不老長生《ぢよびやうふらうちやうせい》の祕法《ひはふ》を示《しめ》す。

一、名義《めいぎ》、薩羅薩伐底《きらさはち》、譯《やく》して美音天《びおんてん》、妙音天《めうおんてん》、辨才天又《べんさいてんまた》は辨財天《べんざいてん》とす。

二、形像《けいざう》は肉色二臂《にくしよくび》にして、琵琶《びは》を彈《だん》ず、又八臂《またび》のものあり、鉾《ほこ》、三股杵《こきね》、弓《ゆみ》、輪《わ》、鈎《かぎ》、矢《や》、索《なは》、或《あるひ》は寶珠《はうじゆ》、斧等《をのとう》を持《ぢ》す。

三、種字《しゆじ》は、薩《さつ》。四、三昧耶形《まいやぎやう》は種々《しゆぐ》あり、所持《しよぢ》の法具《はふぐ》に象《かた》どる。

五、印相《いんさう》、琵琶印《びはいん》とて、左手《さしゆ》の五指《し》を伸《の》べて仰向《あふむ》けて臍《へそ》の邊《あたり》に置《お》き、右手大指《うしゆたいし》を以《もつ》て頭指《とうし》を捻《ね》じ、餘指《よし》をば散《ち》らして運動《うんどう》し、空篌《くうこう》を彈《だん》ずる勢《いきほひ》を爲《な》す。

辨才天

六、呪《じゆ》、唵《をん》、薩羅薩伐底曳《さらさばちえい》、莎訶《そわか》。

七、修法《しうはふ》、智恵《ちゑ》、音樂《おんがく》、其他《そのた》技藝《ぎげい》には二臂像《びざう》を祀《まつ》り、軍陣《ぐんぢん》、福徳《ふくとく》には八臂像《びざう》を本尊《ほんぞん》とす。

大辨才天藥洗浴《だいべんざいてんやくせんよく》の法《はふ》あり、人若《ひとも》しあらゆる惡星《あくせい》、災變《さいへん》、疫疾《えきしつ》の苦《く》、鬪爭《とうさう》、陣戰《ぢんせん》、惡鬼神《あくきじん》、惡夢《あくむ》、蠱毒《こどく》、厭魅《えんみ》、呪術《じゆじゆつ》、起屍《きし》等《など》の如《ごと》き、諸惡《しよあく》の障難《しやうなん》を爲《な》すものを、悉《こと〴〵》く除滅《ぢよめつ》せんとするには、當《ま》さに洗浴《せんよく》の法《はう》を爲《な》すべし、その法《はふ》は、香藥《かうやく》三十二味《み》即《すなは》ち、

菖蒲《しやうぶ》、牛黄《ぎうわう》、苜蓿香《はくじゆくかう》、麝香《じやかう》、雄黄《いつわう》、合昏樹《がふこんじゆ》、白及《びやくきふ》、菩藭《ごきう》、枸杞根《くきこん》、松脂《まつやに》、桂皮《けいひ》、香附子《かうぶし》、沈香《ちんかう》、栴檀《せんだん》、零凌香《れいりようかう》、丁子《ちやうじ》、鬱金《うつこん》、婆律膏《ばりつかう》、葦香《ゐかう》、竹黄《ちくかう》、細豆蔻《さいづく》、甘松《あままつ》、藿香《くわくかう》、茅根香《ばうこんかう》、叱脂《くわし》、芥納《かいなふ》、安息香《あんそくかう》、芥子《かいし》、馬芹《ばきん》、龍華鬚《りうげしゆ》、白膠《びやうきよう》、青木《あをき》を等分《とうぶん》にし、布灑目《ぬのこしめ》を以《もつ》て一所《しよ》に擣《つ》きて篩《ふる》ひ、其《そ》の香末《かうまつ》を取《と》り、左《さ》の呪《にゆ》を以《もつ》て一百八遍《べん》加持《かぢ》すべし。

呪《じゆ》に曰《いは》く

怛姪哆《ちちた》、蘇訖栗帝《そにやりてい》、訖栗帝劫摩怛里《きりていこまちり》、繕怒羯喇滯《ぜんぬきやらたい》、郝羯喇滯《きやからたい》、因達羅闍利膩《いんだらじやりに》、鑠羯囉滯《しやくきやらたい》、鉢設姪囉《はせにやれい》、阿《あ》伐底羯細《ばちきやさい》、計娜矩覩矩覩《けなくとくと》、脚迦鼻囉《きやかびれい》、劫鼻囉劫鼻囉《こびれいこびれい》、劫毘羅末底《こびらまち》、尸羅末底郫底度羅末底哩《しらまちせんちどらまちり》、波伐雉畔《はらちは》稚囉室囉室囉《ちれいしつれいしつれい》、薩底悉體羝《さちしつたいてい》、莎訶《そわか》。

若《も》の如法《めうはふ》を樂《たの》しんで洗浴《せんよく》する時《とき》は、まさに壇場方《だんぢやうはう》八肘《インチ》に作《つく》るべし、安靜寂穆《あんせいじやくをん》の處《ところ》に於《おい》てし、求《もと》むる所《ところ》の事《こと》を念《ねん》じ心《こゝろ》に離《はな》れざらしむべし、壇上《だんじやう》の裝飾《さうしよく》、修法《しうはふ》は面授《めんじゆ》とす。

八、聖天の福聚延命祕法

聖天《しやうてん》は大聖《だいしやう》歡喜天《くわんきてん》といふ、諸願《しよぐわん》成就《じやうじゆ》、商賣《しやうばい》繁昌《はんじやう》、息災《そくさい》延命《えんめい》、夫婦《ふうふ》和合《わがふ》の本尊《ほんぞん》なるが、主《しゆ》として商人《しやうにん》花柳界《くわりうかい》等《など》福聚《ふくじゆ》の方面《はうめん》に信仰《しんかう》せらる。此《こ》の天《てん》を信《しん》ずれば、七代《だい》の福《ふく》を一時《じ》に集《あつ》むといふ。但《たゞ》し子孫《しそん》連綿《れんめん》として信《しん》ずれば、福《ふく》は連綿《れんめん》絕《た》ゆることなしと、後《ご》七日《か》の御《ご》修法《しうはふ》にも此《こ》の尊《みこと》の壇《だん》を設《まう》くるを以《もつ》て見《み》れば、靈驗《れいけん》新《あらた》なりと知《し》るべし。

此《こ》の天《てん》はもと惡王《あくわう》にして暴逆暴淫《ばうぎやうばういん》なりしを、觀世音《くわんぜおん》美女《びぢよ》と化《くわ》し、若《も》し惡《あく》を止《や》めば妃《きさき》たらんと約《やく》し、强伏《がうふく》して遂《つひ》に善道《ぜんだう》に立《た》ち返《かへ》らしめ、夫婦《ふうふ》の誓《ちか》ひを果《は》たせりといふ、雙身像《さうしんざう》即《すなは》ち男女《だんぢよ》抱合《はうがふ》の聖天像《しやうてんざう》は、此《こ》の因緣《いんねん》によつて起《おこ》りしものなり、男女《だんぢよ》和合《わがふ》、夫婦《ふうふ》相愛《さうあい》の本尊《ほんぞん》とするも亦《また》これに由《よ》るものなり、福聚《ふくじゆ》の主尊《しゆそん》といふは、始《はじ》め暴逆《ばうぎやく》を恣《ほしひまゝ》にせし償《つぐな》ひとして、一切《さい》の信者《しんじや》に大福《だいふく》を與《あた》ふべしと誓願《せいぐわん》せしに依《よ》るのである。

一、名義《めいぎ》、梵名《ぼんめい》は誐《が》那《な》鉢底《ばつち》、之《これ》を歡喜《くわんき》と譯《やく》す、又毘那夜迦《またびなやか》ともいふ、之《これ》は障礙神《しやうがいじん》、又《また》は象鼻《ざうび》と譯《やく》す、普通《ふつう》大聖《だいしやう》歡喜天《くわんきてん》、略《りやく》して聖天《しやうてん》といふ、多《おほ》くの因緣話《いんねんばなし》を有《いう》す。

歡喜天又聖天

二、形像《けいざう》、其《そ》の頭《かしら》は象《ざう》の如《ごと》く、身《み》は人《ひと》の如《ごと》く、夫婦《ふうふ》二身《しん》相向《あひむか》ひて抱合《はうがふ》して立《た》つ。左手《ひだりて》に蘿蔔《だいこん》を取《と》り、右手《みぎて》に歡喜團子《くわんきだんご》を取《と》る、此《こ》の他《ほか》に四臂像《びざう》、三面《めん》九目《もく》六臂《び》等《など》あり、獨身像《どくしんざう》も種々《しゆ〴〵》あり、莊嚴《さうごん》もそれ〴〵異《こと》なる。

三、種字《しゆし》は虐《ぎやく》、頡哩虛《けつりこ》の三となる。四、三昧耶形《まいやぎやう》は箕《みの》、歡喜團子《くわんきだんご》、蘿蔔《だいこん》とす、息災《そくさい》には箕《みの》二つを立《た》て合《あは》せ二尊抱合《そんはふがふ》の形《かたち》とす、又象《またざう》の耳《み》の形《かたち》と見《み》る、惡精《あくしやう》を除《のぞ》く意《い》あり、降伏《かうぶく》には蘿蔔《だいこん》、敬愛福德《けいあいふくとく》は歡喜團子《くわんきだんご》とす。

五、印相《いんさう》、內縛《ないばく》して二中指《ちうし》を立《た》て合《あは》せ、二頭指《とうし》を以《もつ》て中指《ちうし》の背《せ》に附《ふ》し、二大指《だいし》を各頭指《かくとうし》に附《ふ》す、是《こ》れ箕《みの》の形《かたち》なり、又牙印《またぐわいん》あり、その他《た》印種《いんしゆ》多《おほ》し。

六、呪《しゆ》、小呪《せうじゆ》は誐那鉢底《がなはちい》、尾那夜迦《びなやか》、大呪《たいじゆ》その他《た》多《おほ》し、修法祈願《しうはふきぐわん》に依《よつ》てそれ〴〵異《こと》なる、面授《めんじゆ》を要《えう》す。

七、修法《しうはふ》、福德《ふくとく》と延命《えんめい》を主《しゆ》とす・一旦信《たんしん》じて後《の》ち背信《はいしん》すれば、冥罰殊《めいばつこと》に激《はげ》しといふ、作壇《さくだん》の法《はふ》、祈念《きねん》の法《はふ》甚《はなは》だ入念《にふねん》なり、若《も》し效力靈驗《かうりきれいけん》なきときは、油浴法《ゆよくはふ》あり。卽《すなは》ち胡麻油《ごまあぶら》一升《しよう》を盥《たらひ》に入《い》れ、苦練木《くれんぼく》をたきて之《これ》を沸《ふつ》騰《とう》せしめ、本尊《ほんぞん》を其《そ》の盥《たらひ》の中《なか》に立《た》たしめ、杓《しやく》を以《もつ》て沸騰《ふつとう》せる油《あぶら》を頭上《づじやう》より汲《く》みかくるものなり、盥《たらひ》も杓《しやく》も銅《どう》製《せい》とす、後夜《ごや》に四遍《へん》、日中《につちう》に三遍行《べんおこな》ふとあり、盥《たらひ》は壇中《だんちう》に紙《かみ》を二つに折《を》りて敷く、浴油《よくゆ》の中《なか》には、沈香《ぢんかう》、白《びやく》檀《たん》、丁子等《ちやうじなど》の香料《かうれう》を入《い》れる、油《あぶら》が熱沸《ねつふつ》に過《す》ぐれば行者《ぎやうじや》に疾《しつ》あり、冷《れい》なる時《とき》は下痢《げり》す、二七日《な》乃至《ないし》三七日《か》修行《しゆぎやう》す、但《たゞ》し油《あぶら》は一升《しよう》に限《かぎ》り新《あらた》に取替《とりか》へてはならぬ。

供物《くぶつ》はすべて歡喜團《くわんきだん》、だいこん、人參《にんじん》、上酒《じやうしゆ》とす、浴油終《よくゆをは》れば油《あぶら》のついたまま本尊《ほんぞん》を取《と》り上《あ》げて、舊壇《きうだん》に奉安《ほうあん》す、決《け》つして洗《あら》つたり拭《ふ》いたりしてはならぬ、その細要《さいえう》は今述《いまの》べがたし、總《すべ》て直授《ちよくじゆ》を要《えう》す。

九、深沙大將の仙術成就祕法

一、名義《めいぎ》、玄奘三藏《げんさうざう》が五天竺《てんぢく》を跋涉《ばつせふ》の際《さい》、此《こ》の神《かみ》を感得《かんとく》す、北方多門天《ほくはうたもんてん》卽《すなは》ち毘沙門天《びしやもんてん》の化身《けしん》なりといふ、故《ゆゑ》に深沙《しんしや》と稱《しよう》すと、唐《から》にては頗《すこぶ》る之《これ》を尊重《そんちよう》し、災《わざはひ》を救《すく》ひ益《えき》を成《な》すものとして、寺裏《てらうら》及《およ》び各戸《かくこ》皆此《みなこ》の神《かみ》あり、或《あるひ》は此《こ》の神《かみ》は太山府君《おほやまふくん》にして、壽命《じゆみやう》を守護《しゆご》し、不老延命《ふらうえんめい》の仙神且《せんじんか》つ星神《せいじん》なりとして、大《おほい》に尊崇《そんすう》せらるといふ。

二、形像《けいざう》、忿怒形《ふんぬぎやう》にして鬼口《きこう》を開《ひら》き、兩手《りやうて》にて獨股戟《とつこほこ》を持《ぢ》し、岩上《がんじやう》に立《た》つものと、又開口《またかいこう》の鬼神形《きじんけい》にして右《みぎ》に三股戟《こほこ》を持《ぢ》し、左手《ひだりて》を開《ひら》いて外《そと》に向《む》け、飛《と》ぶ勢《いきほひ》を爲《な》して、二つの蓮上《れんじやう》に立《た》つものとあり。

三、種字《しゆし》、吽《うん》、天部《てんぶ》の通種字《つうしゆじ》。四、三昧耶形《まいやぎやう》は三戟《げき》、又《また》は蛇《じや》。五、印相《いんさう》は右手《みぎて》を胎藏拳《たいざうけん》にして、大指《たいし》を去《きよ》來《らい》せしむるを普通《ふつう》とす。

深沙大將

六、呪《じゆ》、唵《をん》、阿怖留《あがる》々々《〱》、沙羅《さら》々々《〱》、莎訶《そわか》。

七、修法《しうはふ》、此《こ》の尊《みこと》を至心《ししん》に祈念《きねん》して、呪《じゆ》を誦《じゆ》する毎朝夕永續《まいてうせきえいぞく》して息《や》まざれば、惡人自《あくにんみつ》から降伏《かうぶく》し、諸病悉《しよびやうこと〲》く退散《たいさん》して、心身安穩《しん〱あんをん》、凡夫《はんぶ》そのままにて持明仙《ぢめいせん》と異《こと》なることなく、延命長生《えんめいちやうせい》を得《う》べし、又《また》心痛《しんつう》は黄土《わうど》を加持《かぢ》して心《こゝろ》に塗《ぬ》るべし、眼病《がんびやう》は杏子《あんず》の油《あぶら》を加持《かぢ》して塗《ぬ》るべし、腫病《しゆびやう》には杏天《きやうてん》を加持《かぢ》すること一百八遍《べん》にして塗《ぬ》るべし、魔《ま》を去《さ》るには桃《もゝ》の若木《わかぎ》を加持《かぢ》すること八遍《へん》なれば、遠《とを》く去《さ》る。

又《また》、唵《をん》、闍《じや》、曳々《えい〱》、莎訶《そわか》の三句《く》は、能《よ》く水《みづ》、火《ひ》、兵《へい》の三災《さい》、飲食《いんしよく》、睡眠《すゐみん》、淫欲《いんよく》の三執《しつ》を滅《めつ》し、一切《さい》の業障《ごふしやう》を拂《はら》ひ、呪滿《じゆみ》つれば、空界《くうかい》に乘《じよう》じて仙人《せんにん》と爲《な》り、天龍夜叉《てんりうやしや》を召集《せうしふ》し、心《こゝろ》に任《ま》せて使役發遣《しえきはつけん》すと。

十、青面金剛の除病長生法

一、名義《めいぎ》、青面金剛《せいめんこんがう》とは、其《そ》の像《ざう》の色相《しきさう》によりて名《な》づけたものである、支那《しな》では所謂庚申《いはゆるかうしん》の本尊《ほんぞん》なり、或《あるひ》は忿怒明王《ふんぬみやうわう》なりとも云《い》ふ、臺密《だいみつ》にては八臂《び》の尊像《そんざう》を作《つく》り、三猿卽《さんえんすなは》ち見《み》ざる、聞《きか》ざる、謂《い》はざるの義《ぎ》と、三諦《てい》義《ぎ》とに依《よ》りて、此《こ》の尊《みこと》の深祕《しんぴ》を說《と》けり。

支那朝鮮《しなてうせん》にては、各村里《かくむらさと》の四方《はう》に此《こ》の尊《みこと》の像《ざう》を木《き》に刻《きざ》みて道路《だうろ》の村界《むらざかひ》に建《た》て、惡疫侵入《あくえきしんにふ》の防止《ばうし》、惡魔《あくま》の除《ぢよ》災《さい》、村內平和《そんないへいわ》安全《あんぜん》を祈《いの》る證《しよう》となす。

二、形像《けいざう》、一身《しん》四手《しゆ》、左《ひだり》の上手《うはて》に三股戟《こほこ》、下手《したて》に棒《ぼう》、右上手《みぎうはて》の掌《たなごころ》に一輪《りん》、同下手《どうしたて》に羂索《わなづな》を把《と》る、身相青《しんさうせい》色《しよく》、大《おほい》に口《くち》を張《は》り狗牙《くがう》上《へ》に出《い》で、眼《め》は赤《あか》きこと血《ち》の如《ごと》くにして三眼《がん》あり、頭《かしら》に髑髏《どくろ》を戴《いたゞ》き、頭髮聳《とうはつたび》え立《た》ちて火炎色《くわえんしよく》の如《ごと》く、頂《いたゞき》に大蛇《だいじや》を纏《まと》ひ、兩膊《りやうかた》に各逆《かくさか》さに垂《た》れたる龍《りう》あり、龍頭相向《りうとうあひむか》ひ、其《そ》の腰《こし》に二大赤蛇《だいせきじや》を纏《まと》ひ脚上《きやくじやう》にまた大赤蛇《だいせきじや》あり、腰《こし》にも赤蛇《せきじや》あり、棒《ぼう》にも赤蛇《せきだ》を纏《まと》ふ、虎皮《こひ》の縵袴《まんこ》、髑髏《どくろ》の瓔珞《えうらく》あり、兩脚下《りやうきやくか》に各《かく》一鬼《き》を按《あん》ず、右左《うさ》に童子《どうじ》あり、叉夜叉《またやしや》あり、併《しか》し現圖《げんづ》は之《これ》を略《りやく》せり。

三、種字《しゆじ》、吽《うん》。四、三昧耶形《まいやぎやう》は三股叉《こまた》、羂索《わなづな》、輪《わ》。

五、印相《いんさう》、夜叉《やしや》の立身印《りつしんいん》、右脚《うきやく》を以《もつ》て直《す》ぐ左脚《さきやく》を踏《ふ》み地《ち》に着《つ》け、相離《あひはな》るること一吋《いんち》、左手《ひだりて》の三指《し》を以《もつ》て直《す》ぐ竪《た》て、太指《たいし》を小指《せうし》の甲上《かふじやう》に捻《ね》じ、腰《こし》を叉《こま》ぬき、四指《し》を分《まへ》に向《む》け、右手《みぎて》の五指《し》を以《もつ》て面《めん》を招《まね》きこれを上《あ》げ、面《めん》を瞋色《しんしよく》となして結界《けつかい》す。

青面金剛略像

六、呪《じゆ》、心呪《しんじゆ》は、婆帝《ばてい》吒《た》・摩訶《まか》々々嚕《〳〵ろ》、烏呼々《うこう》々《こ》、羅《ら》阿《あ》書吒帝《ちうたてい》、莎訶《そわか》、大呪《たいじゆ》あり、藥叉心呪《やしやしんじゆ》あり。

七、修法《しうはふ》、除病《ぢよびやう》、四魔《ま》降伏《かうふく》を主《しゆ》とす、修法《しうはふ》の際《さい》は先《ま》づ像《ざう》を作《つく》り、又《また》は畫《ゑが》きて、日月蝕《じつげつしよく》の時《とき》、急《きふ》に壇《だん》を造《つく》り、食菓子《しよくくわし》を辨《べん》じ、供養呪誦《くやうじゆしよう》すべし、行者《ぎやうじや》は五辛酒肉《しんしゆにく》を食《く》ふべからず、それを食《しよく》すれば神驗《しんけん》なし、此《こ》の尊《みこと》の性《しやう》は急惡《きふあく》なり、誤《あやま》れば人《ひと》を損害《そんがい》することあり、世《よ》に此《こ》の尊《みこと》を祀《まつ》り庚申待《かうしんま》ち等稱《などしよう》し、酒淫《しゆいん》を恣《ほしひまゝ》にするは大過《たいくわ》なり。

療病《れうびやう》には、呪《じゆ》を誦《じゆ》し、五方藥叉《はうやくしや》を請《しやう》すべし、先《ま》づ東方青帝藥叉《とうはうせいていやくしや》、身《み》の丈《たけ》三丈《じやう》二尺《にやく》、口《くち》に青氣《せいき》を吐《は》き、諸眷《しよけん》屬《ぞく》と此《こ》の室内《しつない》に入《い》る、他《た》の三方之《ばうこれ》に準《じゆん》ず、壇《だん》の東北角《とうほくかく》に藥叉身形《やくしやしんけい》を立《た》つべし、藥叉立身印《やくしやりつしんいん》と其《そ》の呪《じゆ》は能《よ》く四魔《ま》を降伏《かうふく》す、治病《ちびやう》に大驗《たいけん》あり、不老長生《ふらうちやうせい》の深旨《しんし》測《はか》りがたく神驗至《しんけんし》大《だい》なり。

第八　眞仙會心錄

一、劉根の愚蒙啓發

劉根《りうこん》は字《あざ》は君安《くんあん》、京兆長安《けいてうちやうあん》の人《ひと》である、總身《そうしん》に長《なが》さ一二尺《しやく》の細毛《さいまう》が生《は》え、眼窪《めくぼ》みて光鋭《ひかりするど》く、鬚髪皆黄《しゆはつみなわう》色《しよく》を帶《お》びて長《なが》く垂《た》れて居《ゐ》た。漢《かん》の成帝《せいてい》の時《とき》に嵩山《かうせん》に上《のぼり》て道《みち》を修業《しゆげふ》してゐたが、一時神人《ときしんじん》に遇《あ》うて仙術《せんじゆつ》を授《さづ》けられ、それを以《もつ》て多《おほ》く世人《せじん》の災厄《さいやく》を救《すく》うた。

或時劉根《あるときりうこん》が華山《くわざん》に遊《あそ》ぶと、そこへ白鹿《しろしか》にのつた一人《ひとり》の仙人《せんにん》が、十數人《すうにん》の仙女《せんぢよ》を隨《したが》へて現《あら》はれ、互《たがひ》に問答《もんだふ》したといふ。劉根《りうこん》は一方《はう》には倫理《りんり》道徳《だうとく》を說《とい》て鄉民《きやうみん》を教化《けうくわ》し、一方《ぱう》には仙藥《せんやく》を以《もつ》て難病《なんびやう》を救《すく》ひ、一文《もん》の報酬《はうしう》をも求《もと》めぬので、人民《じんみん》は其德《そのとく》を慕《した》ふこと流《なが》れの低《ひく》きにつくが如《ごと》く、その聲望《せいばう》は太守以上《たいしゆいじやう》であつた。

其時潁川《そのときえいせん》の太守《たいしゆ》に史祈《しき》といふがあつた。劉根《りうこん》の聲譽《めいよ》を嫉《ねた》み、且《か》つ又訴者《またそしや》の言《げん》に迷《まよ》ひ、魔術《まじゆつ》を以《もつ》て人《ひと》を誑《たぶら》かすものとして、召捕《めしとら》へ詰問《きつもん》の末《すゑ》、汝平生鬼神《なんぢへいぜいきじん》を使《つか》ふ等《など》と大法螺《おほぼら》を吹《ふ》き、愚民《ぐみん》を惑《まど》はす由《よし》、果《はた》して眞實《しんじつ》なれば、吾《わ》が面前《めんぜん》にて之《これ》を行《おこな》ひ見《み》よと。劉根《りうこん》は微笑《びせう》して之《これ》を諾《だく》し、只今仙術《たゞいませんじゆつ》を御目《おめ》にかくるとて、筆《ふで》を借《か》りて何《なに》かさら〳〵と書《か》き、少《すこ》しの間呪文《あひだじゆもん》を唱《とな》へて居《ゐ》ると、門前《もんぜん》が俄《には》かに騷《さわ》がしくなつて、夥《おびたゞ》しい人《ひと》の足音《あしおと》がしたと思《おも》ふと、やがて一人《ひとり》の赤衣《せきい》を着《き》た鬼《おに》が、二人《ふたり》の囚人《しうじん》を捕繩《ほじよう》して來《き》た。

太守《たいしゆ》な能《よ》く〳〵見《み》ると、件《くだん》の囚人《しうじん》は先年死去《せんねんしきよ》した、史祈《しき》の兩親《りやうしん》であつた、之《これ》を見《み》ると流石《さすが》の史祈《しき》も大《おほい》に

劉根と神人

驚《おどろ》いて、姑《しば》らくは茫然《ばうぜん》として眺《なが》めてゐると、件《くだん》の赤鬼《あかおに》は忽《たちま》ち牙《きば》を嚙《か》み、眼《め》を瞋《いか》らして、史祈《しき》を睨《にら》み付《つ》け、兩《りやう》親《しん》をかやうな縲目《なはめ》に逢《あ》はしたのは、畢竟《ひつきやう》は其方《そのはう》が神仙《しんせん》の道《みち》を疑《うたが》うて眞人《まことびと》を罪《つみ》しようとするからだ、早速過《さつそくあやまち》を改《あらた》めて罪《つみ》を謝《しや》すればよし、さもなくば直《たゞ》ちに汝《なんぢ》をも捕《とら》へて辛《から》き目《め》にあはせやるぞと責《せ》めた。

史祈《しき》も今更《いまさら》の如《ごと》く、自分《じぶん》の疎忽《そこつ》、悪念《あくねん》を悔《く》いて、痛《いた》く其罪《そのつみ》を詫《わ》びた、さうすると件《くだん》の鬼《おに》も、兩親《りやうしん》も、劉根《りうこん》の姿《すがた》も一時《じ》に消《き》へ失《う》せて、あとは侍《じ》臣《しん》や、眞《しん》の役吏《やくり》等のみが茫然《ばうぜん》として呆《あき》れかへて居《ゐ》るばかりであつた。

その後《ご》百餘《よ》年間《ねんかん》、劉根《りうこん》は時折《ときをり》郷里《きやうり》に現《あら》はれて、窮民《きうみん》や病人《びやうにん》を救濟《きうさい》して居《を》つた。

二、費長房の壺中入出

費長房《ひちやうばう》は汝南《ぢよなん》の人《ひと》、或《あ》る市場《しぢやう》の副監督官《ふくかんとくくわん》であつた。

市場《しぢやう》に藥《くすり》を賣《う》つてゐる老翁《らうをう》があつた。店頭《てんとう》に一つの壺《つぼ》が懸《か》つてゐる。市場《しぢやう》がひけると老翁《らうをう》はその壺《つぼ》の中《なか》へ跳込《をどりこ》んでしまふ。誰《たれ》も見《み》たことがない。費長房《ひちやうばう》だけが監督廳《かんとくちやう》の二階《かい》から、いつでも見《み》てゐた。人間界《にんげんかい》の者《もの》ではないと、ひそかに一人《ひとり》で尊敬《そんけい》を起《おこ》してゐた。或《あ》る日出掛《ひでか》けてゐつて、再拜《さいはい》の敬禮《けいれい》を取《と》つて酒《さけ》や肉《にく》を呈上《ていじやう》した。

「では、明日《あす》もう一度來《どき》てもらはう。」

費長房《ひちやうばう》は何《なん》にも云《い》はなかつたが、老翁《らうをう》の方《はう》では費長房《ひちやうばう》の來意《らいい》をよく呑《の》みこんでゐた。あくる日夜《ひよ》の曉《あ》け方《がた》に費長房《ひちやうばう》は老翁《らうをう》を訪《たづ》ねた。老翁《らうをう》は費長房《ひちやうばう》の手《て》を執《と》つて、例《れい》の通《とほ》り壺《つぼ》の中《なか》へ跳《をど》りこんだ。壺《つぼ》の中《なか》とは思《おも》へぬ。立派《りつぱ》な廣《ひろ》い座敷《ざしき》で、山海《さんかい》の珍味《ちんみ》が竝《なら》べてある。二人《ふたり》は飮合《のみあ》つて充分《じうぶん》に歡《くわん》をつくした。夕方《ゆふがた》になつてから老翁《らうをう》に送《おく》られて費長房《ひちやうばう》は壺《つぼ》の中《なか》から出《で》てきた。別《わか》れるときに、他《た》の人《ひと》には決《けつ》して洩《も》らしてくれるなと老翁《らうをう》は注意《ちうい》を與《あた》へた。

それから大分經《だいぶんた》つてからのことだつた。老翁《らうをう》は費長房《ひちやうばう》を監督廳《かんとくちやう》の二階《かい》へ訪《たづ》ねてきた。人拂《ひとばら》ひをした後《あと》で、

「實《じつ》は、わしは仙人《せんにん》ぢや。といふことは、あんたは大方承知《おほかたしようち》してゐられることと思《おも》ふ。天上界《てんじやうかい》で、少許《すこしばかり》の過失《くわしつ》を引《ひ》きおこしたため、しばらく人間界《にんげんかい》に流《なが》しものになつてゐたのぢや。が、もう日限《にちげん》も來《き》たから、明日《あす》はこの市場《しぢやう》から姿《すがた》を消《け》します。別《わか》れの酒《さけ》を酌《く》まうと思《おも》つて一杯持參《ばいぢさん》しました。今《いま》二階《かい》の上《あが》り口《ぐち》においてきたから持《も》つて來《き》てもらいましようかい。」

費長房《ひちやうばう》は下役《したやく》に命《めい》じて持《も》つてこさせやうとした。其《そ》の德利《とくり》は重《おも》くてあがらない。十人《にん》ばかりでも力《ちから》を合《あは》せ

たが所詮《しよせん》あげられぬことにきまつた。老翁《らうをう》は笑《わら》ひながら二階《かい》を下《お》りて往《い》つた。そして一本《ぽん》の指《ゆび》に吊《つ》り下《さ》げて上《あが》つてきた。見《み》ると一升位《しようぐらゐ》しか入《はひ》つてゐない徳利《とくり》であつた。どうして重《おも》かつたのか、費長房《ひちやうばう》にも其理窟《そのりくつ》がわからなかつた。

壺中の仙人と費長房

二人《ふたり》して、まる一日《にち》、さん〴〵呑《の》みつゞけたが、其《そ》の徳利《とくり》の酒《さけ》はいつかな盡《つ》きもしなかつた。

費長房《ひちやうばう》は始《はじ》めから神仙《しんせん》の希望《きばう》に燃《も》えてゐた。けれども家《いへ》を捨《す》てた後《のち》の家族《かぞく》の者達《ものたち》の悲歎《ひたん》を想察《さうさつ》してぢつと我慢《がまん》してゐた。その氣持《きもち》を老翁《らうをう》はよく知《し》つてゐる。心配《しんぱい》は要《い》らぬ。善《よ》い方法《はうはふ》があるから自分《じぶん》に任《まか》かしてくれといつた。

竹《たけ》を斫《き》つてきて更《さら》に費長房《ひちやうばう》の丈《たけ》と同《おな》じ長《なが》さに切《き》つて、それを家《いへ》の後《うしろ》にかけさせた。家族《かぞく》の者《もの》は、費長房《ひちやうばう》が首《くび》を縊《くゝ》つて死《し》んだものと思《おも》つた。竹《たけ》が費長房《ひちやうばう》に見《み》えたのである。費長房《ひちやうばう》は家族《かぞく》の騒《さわ》ぐ様子《やうす》を見《み》ながらその傍《そば》に立《た》つてゐたが、誰《たれ》もほんとうの費長房《ひちやうばう》を見《み》ることができなかつた。

で愈々《いよ〳〵》老翁《らうをう》につれられて深山《しんざん》へはいつて往《い》つた。虎《とら》が群《むら》がつて居《ゐ》る谷底《たにそこ》に來《き》た。老翁《らうをう》はまづ費長房一人《ひちやうばうひとり》をそこへ殘《のこ》していつた。虎《とら》に取《と》りまかれた。皆牙《みなきば》をむきだしてゐた。今《いま》にも群虎《ぐんこ》の餌食《ゑじき》になりさうだつた。費《ひ》長房《ちやうばう》は恐《おそ》れずに、ぢつとそこに端坐《たんざ》してゐた。

こんどは空家《あきや》につれられていつて、そこで一人《ひとり》寢《ね》かせられた。氣《き》がつくと、數百貫《すうくわん》の石《いし》が腐《くさ》れかかつた繩《なは》に縛《し》ばられて天井《てんじやう》から吊《つる》されてある。その繩《なは》を無數《むすう》の蛇《へび》がよつてきて嚙《か》んでゐる。危機《きき》一髮《ぱつ》、大石《おほいし》が落《おつ》こちれば、一たまりもなくぺちやんこになつて死《し》んでしまふ。費長房《ひちやうばう》は、それでも平氣《へいき》で寢《ね》てゐた。

其《そ》の翌朝《よくてう》、老翁《らうをう》はやつて來《き》た。

「あんたは、殆《ほと》んど神仙《しんせん》の術《じゆつ》が敎《をし》へられる。したが、今《いま》一つ試《ため》した上《うへ》で。」

かう云《い》つて老翁《らうをう》が手《て》づから出《だ》したのは椀《わん》に盛《も》られた朝飯《あさめし》だつた。見《み》ると、これはしたり、人糞《じんぷん》だつた。しかも蛆《うじ》がうよ〳〵と匍《は》つてゐた。臭氣《しうき》が芬々《ふんぷん》として鼻《はな》をついてきた。

こいつばかりは手《て》におへぬ。――見《み》た時《とき》に費長房《ひちやうばう》がこう思《おも》つたのが、もう千仭《じん》の功《こう》を一簣《き》に虧《か》いたのだつた。

「殘念《ざんねん》だけれど、今《いま》一分《ぶ》といふところで、あんたの希望《きばう》は遂《と》げられなくなつた。あんたはどうするか。」

宿緣《しゆくえん》がさうさせるのだ。到底《たうてい》は仙骨《せんこつ》がなかつたのだ。あきらめるより仕方《しかた》がないと費長房《ひちやうばう》は覺悟《かくご》した。

「御面倒《ごめんだう》をかけましたが、あきらめて歸《かへ》ります。」

老翁《らうをう》は一本《ぽん》の竹杖《たけづゑ》を與《あた》へた。

「これに跨《またが》つて、これのゆくがまゝにすると、しばらくの中《うち》に故郷《こきやう》に歸《かへ》ることが出來《でき》る。しかし此《こ》の竹杖《たけづゑ》は家《いへ》に歸《かへ》つたら、忘《わす》れずに、あんたの家《いへ》のそばにある葛阪《かつぱん》（阪は貯水池葛は其の名）の中《なか》に投《な》げてもらひたい。」

費長房《ひちやうばう》は竹杖《たけづゑ》に跨《またが》つて、空《そら》を飛《と》んでいつた。しばらくの間《あひだ》で家《いへ》に歸《かへ》つて來《き》た。費長房《ひちやうばう》のつもりでは、家《いへ》を出《で》てから十日位《かぐらゐ》もたつたつもりでゐたのだが、實際《じつさい》は十年餘《ねんあま》りといふ長《なが》い間《あひだ》であつた、早速竹杖《さつそくたけづゑ》を葛阪中《かつぱんちゆう》に投《な》げ込《こ》んだ。振《ふ》り返《かへ》つて見《み》たら、竹杖《たけづゑ》ではなく、一匹《ぴき》の龍《りう》であつた。

首《くび》を縊《くゝ》つて死《し》んだ人《ひと》が歸《かへ》つてくるはずはないと云《い》つて、現在費長房《げんざいひちやうばう》を前《まへ》に見《み》ながら、幽靈《いうれい》か何《なに》かのやうに思《おも》つて家族《かぞく》の誰《たれ》もが信《しん》じなかつた。費長房《ひちやうばう》は前後《ぜんご》の事情《じじやう》を詳細《しやうさい》に話《はな》した。それでもまだ信《しん》じない。

「それならば、墓《はか》をあばいて棺《くわん》を開《ひら》いて見《み》てくれ。」

半信半疑《はんしんはんぎ》で家人《かじん》は棺《くわん》を開《ひら》いて見《み》た。いかさま費長房《ひちやうばう》と背丈《せたけ》の同《おな》じ竹《たけ》が一本横《ぽんよこた》はつてゐた。

桓景《くわんけい》といふ男《をとこ》が、費長房《ひちやうばう》について治病《ぢびやう》の方術《はうじゆつ》を學《まな》んだことがある。ある日《ひ》、費長房《ひちやうばう》は桓景《くわんけい》に、こんなことを云《い》つた。

「來《きた》る九月九日《じわつか》には、お前《まへ》の家《いへ》に火災《くわさい》がある筈《はず》だ。しかし、赤《あか》い袋《ふくろ》を作《つく》つて、それに茱萸《ぐみ》を入《い》れたのを臂《ひぢ》にかけて高山《かうざん》に登《のぼ》るのだ。そしてそこで菊花酒《きくくわしゆ》を飲《の》むことにする。さうすれば、火災《くわさい》が免《まぬ》がれられる。」

桓景《くわんけい》は當日其《たうじつそ》の通《とほ》りに運《はこ》んだ。さて夕方《ゆふがた》になつて一家族《かぞく》が山《やま》から下《お》りてきて家《いへ》に歸《かへ》つて見《み》ると、牛《うし》、羊《ひつじ》、鷄《にはとり》、犬《いぬ》などの家畜《かちく》が一匹《ぴき》も殘《のこ》らず變死《へんし》してゐた。

○

視レ之不レ見、曰名レ夷。 聽レ之不レ聞、名曰レ希。 搏レ之不レ得、名曰レ微。

此三者不レ可二致詰一。 故混爲レ一。

○

道之爲レ物。 惟恍惟惚。 惚兮恍兮。 其中有レ象。 恍兮惚兮。

其中有レ物。 窈兮冥兮。 其中有レ精。 其精甚眞。 其中有レ信。

三、黄仁覽の妻濡衣

黄仁覽《くわうじんらん》は字《あざ》を紫庭《してい》といひ、南城《なんじやう》の人《ひと》である。父《ちゝ》は萬石《ばんこく》といひ、晉《しん》の御史《ぎよし》となつて居《ゐ》た。紫庭《してい》は許遜《きよそん》に從《したが》ひて仙道《せんだう》を學《まな》び、悉《こと〴〵》く其祕訣《そのひけつ》を傳《つた》へられ、尙彼《なほかれ》の娘《むすめ》を娶《めと》つて妻《つま》にした。紫庭《してい》は曾《かつ》て靑州《せいしう》の從事《じうじ》となつた事《こと》がある。其《そ》の時彼《ときかれ》は單身任地《たんしんにんち》に赴《おもむ》き、妻《つま》を家《いへ》に留《とゞ》めて父母《ふぼ》の世話《せわ》を務《つと》めさせ、自分《じぶん》は每夜《まいよ》潛《ひそ》かに妻《つま》の許《もと》に歸《かへ》つて來《き》て、朝早《あさはや》く任地《にんち》に歸《かへ》つて居《ゐ》たのを、誰一人《たれひとり》知《し》つた者《もの》はなかつた。處《ところ》が或夜《あるよ》、妻《つま》の室《へや》から笑《わら》ひ囁《さゝや》く男《をとこ》の聲《こゑ》が洩《も》れて聞《きこ》えた。兩親《りやうしん》は怪《あや》しんで妻《つま》に尋《たづ》ねると、妻《つま》は夫《をつと》の黄君《くわうくん》であると答《こた》へた。然《しか》し數千里《すうせんり》の遠方《ゑんぱう》にゐる人《ひと》が、夜中《よなか》に歸《かへ》つてくる道理《だうり》がないので、父母《ふぼ》は容易《ようい》に彼女《かのぢよ》の言《げん》を信《しん》用《よう》しなかつた。其處《そこ》で妻《つま》は重《かさ》ねて夫《をつと》が已《すで》に仙術《せんじゆつ》を得《え》てゐるから、千里《り》の道《みち》も一瞬《しゆん》に往來出來《わうらいでき》ることを告《つ》げ、且《か》つ此事《このこと》は天機《てんき》を洩《もら》す恐《おそ》れがある故《ゆゑ》、誰《たれ》にも漏《もら》してはならぬと堅《かた》く戒《いま》しめられて居《ゐ》ることを話《はな》すと、兩親《りやうしん》は

黄仁覽

果《はた》して眞《しん》の紫庭《してい》であるか如何《どう》か、試《こころみ》に自分達《じぶんたち》にも面《めん》會《くわい》させて疑念《ぎねん》を晴《はら》して呉《く》れと頼《たの》んだので、其《そ》の日《ひ》の晩《ばん》方《がた》、紫庭《してい》の來《く》るのを待受《まちう》けて、妻《つま》は兩親《りやうしん》に頼《たの》まれた一伍四什《ぶしじふ》を物語《ものがた》つた。紫庭《してい》も今《いま》は止《や》むに得《え》ず其《そ》の翌朝《よくてう》父《ふ》母《ぼ》に面會《めんくわい》し、自分《じぶん》は官吏《くわんり》となつて遠《とを》く離《はな》れてゐるけれど、毎夜《まいよ》家《いへ》に歸《かへ》つてゐることを告《つ》げ、且《か》つ之《こ》れは仙道《せんだう》の秘密《ひみつ》であるから口外《こうぐわい》は無用《むよう》であると、堅《かた》く兩親《りやうしん》を戒《いまし》め、自分《じぶん》が今《いま》まで、兩親《りやうしん》に祕《ひ》して居《ゐ》たのも要《えう》するに全《まつた》く之《こ》れが爲《た》めであると詫《わ》びを陳《の》べ、頓《やが》て一本《ぽん》の竹杖《ちくぢやう》を青龍《せいりう》と化《くわ》し、それに乘《の》つて再《ふたゝ》び青州《せいしう》に歸《かへ》つてしまつた。之《こ》れを見《み》て、父《ちゝ》の萬石《ばんこく》も又《また》志《こゝろざし》を起《おこ》し、同《おな》じく許《きよ》君《くん》に從《したが》つて仙道《せんだう》を學《まな》ばれた。紫庭《してい》には二人《ふたり》の弟《おとうと》があつて、心荒々《こゝろあら〳〵》しく、平素《へいそ》獵《れふ》を好《この》んでゐたが、或日《あるひ》紫庭《してい》其《そ》の志《こゝろざし》を飜《ひるが》へさせようと思《おも》ひ、假《かり》の鹿《しか》の姿《すがた》に化《ば》け、叢《くさむら》の中《なか》に臥《ふ》して居《ゐ》て、彼等《かれら》二人《ふたり》を欺《あざむ》き寄《よ》せ、忽《たちま》ち本《ほん》身《しん》を現《げん》じて懇々《こん〳〵》と其不心得《そのふこゝろえ》を諭《さと》したけれども、二人《ふたり》は如何《どう》しても彼《かれ》の言《い》ふ事《こと》には從《したが》はなかつた。其後《そのご》紫庭《してい》の兩親《りやうしん》及《および》家族《かぞく》と併《あは》せて三十二人《にん》、或年《あるとし》の某日《ほうじつ》白晝《はくちう》に昇天《しようてん》してしまつた。而《しか》して唯彼《たゞかれ》の二人《ふたり》の弟《おとうと》のみは矢張《やは》り獵《れふ》を止《や》めず長《なが》く其家《そのいへ》に留《とゞま》つて居《ゐ》た。

四、焦先の薪配達

焦先《せうせん》は河東大陽《かとうたいやう》の人《ひと》。父母《ふぼ》もなければ兄弟《きやうだい》もない。其《そ》の時分《じぶん》百七十歳《さい》の高齢《かうれい》だつたが、いつも白石《はくせき》を煮《に》て食《た》べてゐた。

毎日山《まいにちやま》へはいつて薪《たきぎ》を伐《き》つて、それをわざ〳〵村《むら》の者《もの》に施《ほどこ》してやる。規則正《きそくたゞ》しく村《むら》のはづれの第一《だいいち》の家《いへ》から起《おこ》つて順《じゆん》を追《お》つてくばつて行《ゆ》く。村全體《むらぜんたい》にゆきわたると、更《さら》に又第一《まただいいち》の家《いへ》から起《おこ》つてくばる。御禮《おれい》に食時《しよくじ》を與《あた》へると、食《た》べては行《ゆ》くが、口《くち》をきつて話《はな》し合《あ》ふやうなことは絶對《ぜつたい》にしない。持《も》つて行《い》つた時《とき》にそこの家《いへ》が留守《るす》だと、ちやんと門前《もんぜん》において往《ゆ》く。

焦　　先

山居《さんきよ》の草庵《さうあん》が野火《のび》のために焼《や》かれたことがあつた。焦先《せうせん》は外《そと》へ出《で》づに端坐《たんざ》してゐたが、衣服《いふく》さへ焼《や》けずにすんだ。それからそのあとへ更《さら》に草庵《さうあん》を作《つく》つた。ちやうど冬《ふゆ》で大雪《おほゆき》が積《つ》つて草庵《さうあん》は一堪《ひとたま》りもなく押《おし》つぶされた。村《むら》の人《ひと》は見舞《みまひ》に往《い》つた。そこいらには焦先《せうせん》がゐない。これでは押《おし》つぶされて凍死《とうし》したのであらうと思《おも》つた。そこで押《おし》つぶされた庵《いほり》を解《かい》して探《さが》した。凍死《とうし》をしたと思《おも》つた焦先《せうせん》は、雪《ゆき》に埋《うづも》れながら熟睡《じゆくすゐ》してゐた。顔《かほ》は醉餘《すゐよ》の色《いろ》をたゝへて元氣《げんき》なものだつた。

それから二百年《ねん》ばかりたつて踪跡《そうせき》をくらませた。無論昇天《むろんしようてん》したものに違《ちが》ひない。

五、白石生の人間禮讃

白石生《はくせきせい》は中黄丈人《ちうくわうぢやうにん》の弟子《でし》といふことだ。長壽《ちやうじゆ》で名高《なだか》い彭祖《ばうそ》がまだ昇天《しようてん》しない時代《じだい》に、彼《かれ》はすでに二千歳《さい》の高齢《かうれい》だつたと云《い》ふ。そんな高齢《かうれい》でありながら、昇天《しようてん》についての仙術《せんじゆつ》を修《をさ》めなかつた。たゞ長生《ちやうせい》の術《じゆつ》ばかりを研究《けんきう》してゐた。人間界《にんげんかい》の娯樂《ごらく》的《てき》なのが忘《わす》れられなかつたのだ。長生《ちやうせい》には何《なに》より金液《きんえき》の藥《くすり》が一番《ばん》だと云《い》つてゐた。

白　石　生

最初《さいしよ》は貧乏《びんばふ》で調劑《てうざい》に要《えう》する藥品《やくひん》が買《か》へなかつた。そこで猪《いのしゝ》や羊《ひつじ》を牧養《はくやう》した。それを十年間《ねんかん》も繼續《けいぞく》した。萬金《まんきん》から蓄財《ちくざい》することが出《で》來《き》た。いよ〳〵思《おも》ふ存分藥品《ぞんぶんやくひん》が買《か》へるやうになつたから、彼《かれ》の素志《そし》は達《たつ》することが出來《でき》たのである。

嘗《かつ》て或《あ》る山《やま》へはいつて、白石《はくせき》を煮《に》て食餌《しよくじ》に代《か》へた。そこで隱棲《いんせい》の庵《いほり》をかまへた。それから白石生《はくせきせい》と號《がう》した。その山《やま》も白石山《はくせきざん》といふ名《な》を自分《じぶん》からつけた。

しかし白石《はくせき》ばかりを食《く》つてゐるわけでもなかつた。肉《にく》も食《た》べたし、酒《さけ》も飲《の》んだ、またどうかすると長《なが》い間《あひだ》、何《なに》も食《た》べずにゐた事《こと》もあつた。高齢《かうれい》だが顔《かほ》はいつでも三十歳《さい》ばかりの壯年《さうねん》に見《み》えてゐた。

ある人《ひと》が、なぜ昇天《しようてん》しないのかと尋《たづ》ねた。

「天上界《てんじやうかい》が人間界《にんげんかい》より、きつと樂《たの》しいとは保證《ほしよう》出來《でき》ぬ。それに天上界《てんじやうかい》には、至尊《しそん》の方々《かたがた》が多《おほ》い。それ等《ら》に頭《あたま》を下《さ》げて宮仕《みやづか》へするといふことは、人間界《にんげんかい》で樂《たの》しんでゐるより、苦《くる》しいことでないとも限《かぎ》らぬ。」こんなことを云《い》つた。彼《かれ》は貯《たくは》へた金《かね》と、自分《じぶん》の作《つく》つた靈藥《れいやく》を以《もつ》て、貧民《ひんみん》や難病者《なんびやうしや》を救《すく》ふたことは何千人《なんにん》かわからなかつた、併《しか》し一口《くち》の禮《れい》さへいはれるのを屑《いさぎ》よしとせなかつた。

○

道生レ一。一生レ二。二生レ三、三生二萬物一。萬物負レ陰而抱レ陽。冲氣以爲レ和。

○

其分也成也。其成也毀也。凡物无二成與一レ毀。又通爲レ一。

六、孫思邈の千金方

孫思邈《そんしばう》は華原《くわげん》の人《ひと》。少年時代《せうねんじだい》は聖童《せいどう》といはれた。壯年《さうねん》になつてから、太白山《たいはくざん》に隠《かく》れて道術《だうじゆつ》を學《まな》び氣《き》を錬《ね》り精神《せいしん》を養《やしな》つた。傍《かたは》ら社會救濟《しやくわいきうさい》の術《じゆつ》を研究《けんきう》した。殊《こと》に醫藥《いやく》の研究《けんきう》については精細《せいさい》を極《きは》めてゐた。

或《あ》る日《ひ》、太白山《たいはくざん》を下《くだ》りて、山《やま》の麓《ふもと》を散策《さんさく》した。牧童《ぼくどう》が集《あつま》つて小《ちひ》さい蛇《へび》を取捲《とりま》いて打《う》つたり蹴《け》つたり半死《はんし》半《はん》生《しやう》にしてゐた。孫思邈《そんしばう》は自分《じぶん》の衣《ころも》をぬいで、それで小蛇《こへび》を買取《かひと》つた。傷口《きずぐち》に藥《くすり》をつけて草叢《くさむら》の中《なか》へ放《はな》つてやつた。

それから十日《か》ばかり經《た》つて、又散策《またさんさく》に出《で》た。すると一人《ひとり》の白衣《びやくえ》の少年《せうねん》に出逢《であ》つた。少年《せうねん》は馬《うま》から下《お》りて頭《あたま》を大地《だいち》に叩《たゝ》きつけて、

「先生《せんせい》に御禮《おんれい》を申《まを》し上《あ》げます。いつぞやは弟《おとうと》が危《あぶな》く生命《いのち》を取《と》られるところを、先生《せんせい》の御助《おたすけ》を蒙《かうむ》りまして、有《あ》りがたうございます。厚《あつ》く御禮《おんれい》を申《まを》し上《あ》げます。」

孫思邈《そんしばう》は、このやうな禮《れい》をのべられる覺《おぼ》えはないと思《おも》つた。人違《ひとちがひ》だらうと思《おも》つた。

「ゆつくりと御禮《おれい》を申《まを》しのべたく思《おも》ひます。むさくるしけれど、是非《ぜひ》おいでを御願《おねが》ひ仕《つかま》ります。さあこれにお召《め》し下《くだ》され。」

白衣《びやくえ》の少年《せうねん》は、自分《じぶん》の馬《うま》に孫思邈《そんしばう》を乘《の》せた。孫思邈《そんしばう》は狐《きつね》につまゝれた樣《やう》な氣持《きもち》がしながら少年《せうねん》についていつた。鳥《とり》の飛《と》ぶやうに早《はや》かつた。見《み》なれぬ城廓《じやうくわく》に入《はひ》つていつた。花盛《はなざか》りで、金殿玉樓《きんでんぎよくろう》が其《そ》の間《あひだ》に輝《かゞや》いてゐた。

宮殿《きうでん》の中《なか》へ請《しやう》ぜられた。正面《しやうめん》には紅《あか》い綾羅《りようら》の衣《ころも》を着《き》た王者《わうじや》が控《ひか》へてゐたが、起《た》つてきて孫思邈《そんしばう》の手《て》を取《と》つて、自分《じぶん》の席《せき》に請《しやう》じた。

「御《ご》高恩《かうおん》を蒙《かうむ》つた御禮《おれい》を申上《まをしあ》げたさに自分《じぶん》の子供《こども》を遣《つか》はして、こゝまでお迎《むか》ひ申上《まをしあ》けました。」

かう云《い》つて傍《そば》に立《た》つてゐた青衣《せいい》の少年《せうねん》を指《さ》して、

「さきにこの子供《こども》が遊《あそ》びに出《で》て牧童《ぼくどう》の暴虐《ぼうぎやく》に逢《あ》ひ危機《きき》一髪《ぱつ》のところを先生《せんせい》の御同情《ごどうじやう》によりて衣《ころも》を脱《ぬ》いでまでもして命《いのち》をお贖《つぐな》ひくだされ、今日《けふ》かうして健全《けんぜん》な以前《いぜん》のからだになることを得《え》ましたのは全《まつた》く先生《せんせい》の賜《たまもの》でございます。――お前《まへ》からもよく御禮《おれい》を申上《まをしあ》げろ。」

青衣《せいい》の少年《せうねん》に注意《ちうい》をうながした。青衣《せいい》の少年《せうねん》は孫思邈《そんしばう》の前《まへ》に來《き》て幾度《いくど》か頭《かしら》を下《さ》げて感謝《かんしや》の意《い》を表《へう》した。

孫思邈《そんしばう》ははじめて蛇精《じやせい》が自分《じぶん》に謝意《しやい》を表《へう》するのであることを知《し》つた。左右《さいう》の者《もの》に、こゝはどこだと聞《き》いた。

涇陽《けいやう》の水府《すゐふ》だと左右《さいう》の者《もの》は答《こた》へた。

美酒佳肴《びしゆかこう》が所狭《ところせま》くまで出《で》てきて、伎樂《ぎがく》が盛《さか》んに妙《た》へなる旋律《せんりつ》をたゞよはせた。孫思邈《そんしばう》は辟穀斷肉《へきこくだんにく》の身分《みぶん》であるからと云《い》つて、酒《さけ》ばかりのんでゐた。こんな饗應《きやうおう》が三日《か》もつゞいた。歸《かへ》る際《さい》に、輕《かる》い絹《きぬ》や珠玉《しゆぎよく》を贈物《おくりもの》に出《だ》したが、孫思邈《そんしばう》は自分《じぶん》には必要《ひつえう》のないものだと云《い》つて辭退《じたい》した。そこで、王者《わうじや》は其《そ》の子《こ》に命《めい》じて、龍宮《りうぐう》の奇方《きはう》三十種《しゆ》を孫思邈《そんしばう》に獻《けん》せしめた。そして良馬《りやうば》を引《ひ》き出《だ》して送《おく》つた。

孫思邈《そんしばう》は其《そ》の方《はう》を一々試《ため》して見《み》たが、皆《みな》すばらしい靈驗《れいけん》があつたので、彼《かれ》の著書《ちよしよ》「千金方《きんはう》」中《ちう》に編入《へんにふ》した。

隋《ずゐ》の武帝《ぶてい》が孫思邈《そんしばう》の名聲《めいせい》を聞《き》いて國子博士《こくしはくし》に採用《さいよう》しようと思《おも》つたが、彼《かれ》は其《そ》の招聘《せうへい》に應《おう》じなかつた。密《ひそ》かにこんなことを他《た》の人《ひと》に云《い》つた。

「今《いま》の時代《じだい》に奉仕《ほうし》する氣持《きもち》にはなれぬ。今後《こんご》五十年《ねん》たてば、きつと聖帝《せいてい》が出《で》てくる。わしは其《そ》の時《とき》を以《もつ》て、大《おほい》に社會《しやくわい》の民衆《みんしう》を救《すく》ひたいと思《おも》つてゐる。」

孫君悠遊

唐《たう》の太宗《たいそう》の時代《じだい》になつた。招聘《せうへい》の勅使《ちよくし》が來《き》た。この聖帝《せいてい》を待《ま》つていたのだと云《い》つて進《すゝ》んで招聘《せうへい》に應《おう》じた。太宗《たいそう》は、若々《わか／＼》しい容貌《ようぼう》を見《み》て、

「これだから有道者《いうだうしや》は尊敬《そんけい》されねばならぬのぢや。」

かう云《い》つて眞《しん》から尊敬《そんけい》の意志《いし》を表《へう》示《し》した。

永徽《えいび》三年《ねん》（西紀六五二年我朝孝德天皇白雉三年）には年《ねん》壽《じゆ》百有餘《いうよ》歲《さい》であつたが、或《あ》る日《ひ》、齋《さい》戒沐浴《かいもくよく》して、衣冠《いくわん》を正《たゞ》して端坐《たんざ》して、子孫《しそん》を膝下《しつか》に呼《よ》びつけた。

「わしはいよ／＼今日《けふ》から無何有《むかう》の鄕《きやう》（仙鄕《せんきやう》）へ遊《あそ》びに行《ゆ》くから。」

かう云《い》ひおはると、すぐに息《いき》を引《ひき》とつた。それから一ヶ月餘《けつよ》も生命《せいめい》のある顏色《がんしよく》を保《たも》つてゐた。棺《くわん》に屍《かばね》を入《い》れたが、その時《とき》には、もう空衣《くうい》だけだつた。

其《そ》の後《のち》、安祿山《あんろくざん》の亂《らん》に逢《あ》つて玄宗皇帝《げんそうくわうてい》は蜀《しよく》に幸《みゆき》したが、或《あ》る夜《よ》、武都《ぶと》の雄黃《ゆうわう》が是非《ぜひ》に頂戴《ちやうだい》したいと孫思邈《そんしばう》がたのむ夢《ゆめ》を見《み》た。それで侍臣《じしん》に命《めい》じて雄黃《ゆうわう》十片《へん》を持《も》たせて蛾眉山《がびざん》の頂上《ちやうじやう》へ屆《とゞ》けさせることにした。侍臣《じしん》

が山《やま》の中腹《ちうふく》まで上《あが》つた時《とき》に、頭巾《づきん》を被《かぶ》つて褐衣《かつぎ》を着《き》た鬚《ひげ》や眉《まゆ》の眞白《まつしろ》な一老人《らうじん》が三人《にん》の青衣《ゆいい》の童子《どうじ》をつれてゐるのに逢《あ》つた。

青衣《せいい》の童子《どうじ》の一人《ひとり》が石上《せきじやう》を指《さ》して、

「雄黄《ゆうわう》を此《こ》の石上《せきじやう》においていたゞきたい。皇帝《くわうてい》への御禮言葉《おれいことば》は石《いし》の面《おもて》に書《か》いてあります。」

侍臣《じしん》は石上《せきじやう》を見《み》た。いかにも百餘字《よじ》ばかり大書《たいしよ》してある。侍臣《じしん》は藥《くすり》を石上《せきじやう》において、其字《そのじ》を寫《うつ》し取《と》つた。一字《じ》寫《うつ》すと一時《じ》消《き》える。寫《うつ》し終《をは》つた時《とき》には、石上《せきじやう》の字《じ》は一字殘《のこ》らず消《き》えてしまつた。それと同時《どうじ》に白氣《はくき》が濛《もう》濛《もう》とのぼつた。其《そ》の影《かげ》に老人《らうじん》の一行《かう》は見《み》えなくなつてしまつた。

成都《せいと》の町《まち》の片《かた》ほとりに、法華經《ほけきやう》ばかりを讀誦《どくじゆ》してゐる一人《ひとり》の僧《そう》があつた。兵亂《へいらん》があつても、彼《かれ》は法華經《ほけきやう》の功徳《くどく》によつて、いつも危害《きがい》をのがれた。或《あ》る日《ひ》、どこかの奴僕《どぼく》らしい一人《ひとり》の男《をとこ》が尋《たづ》ねて來《き》た。

「手前方《てまへがた》の先生《せんせい》が是非《ぜひ》和尚《わしやう》さんを御招《おまね》ぎして法華經《ほけきやう》を讀誦《どくじゆ》していたゞきたいと申《まを》しますので、お願《ねが》ひに上《あが》りました。」

僧《そう》は快諾《くわいだく》して、すぐに奴僕《どぼく》につれられて寺《てら》を出《で》た。蛾眉山《がびさん》へ入《はひ》つていつた。煙嵐《えんらん》の中《なか》を通《とほ》りぬけて或《あ》る庵《あん》居《きよ》に着《つ》いた。

「先生《せんせい》は老年《らうねん》で起居《ききよ》に困難《こんなん》を覺《おぼ》えます。寶塔品《はうたふほん》へまゐつた時《とき》に、出《で》て參《まゐ》つてお聞《き》かせを願《ねが》ふと申《まを》します。」

奴僕《どぼく》はかう云《い》つて、取《と》りあへず法華經《ほけきやう》の讀誦《どくじゆ》に取《と》りかかつてもらひたい希望《きばう》をほのめかせた。僧《そう》は法華經《ほけきやう》を讀誦《どくじゆ》しはじめた。いよ〳〵寶塔品《はうたふほん》に通《とほ》りかゝつた時《とき》、先生《せんせい》といはるゝ人《ひと》が出《で》てきた。粗野《そや》な着物《きもの》を着《き》て居《ゐ》た。兩耳《りやうみゝ》が肩《かた》のあたりまで垂下《たれさが》つてゐた。香《かう》を焚《た》いて一心不亂《しんふらん》に讀誦《どくじゆ》の聲《こゑ》に聽惚《きゝほ》れてゐた。讀誦《どくじゆ》が終《をは》つた。藤《ふぢ》でつくつた皿《さら》、竹《たけ》の箸《はし》、一椀《わん》に盛《も》つた糯米《もちごめ》の飯《めし》、土器《かはらけ》に盛《も》つた枸杞《くこ》の芽《め》と菊《きく》の葉《は》とを煮合《にあ》せた御惣菜《おそうざい》を出《だ》した。僧《そう》はこれを食《た》べたが、鹽氣《しほけ》の無《な》いのにその美味《びみ》はいまゝで口《くち》にしたこともなかつた。甘露《かんろ》の味《あぢ》とはこのことかと思《おも》つた。そしてお布施《ふせ》として一緡《こん》の錢《ぜに》を添《そ》へた。

奴僕《どぼく》に送《おく》られながら山《やま》を下《お》りてきた。

「先生《せんせい》の御苗字《ごめうじ》は何《な》んと申《まを》されますか。」

僧《そう》が尋《たづ》ねると、

「孫《そん》と申《まを》されます。」

「お前《まへ》は？」

奴僕《どぼく》は口《くち》で答《こた》へずに、掌《てのひら》の中《なか》に、指先《ゆびさき》で、思邈《しばう》の二字《じ》を書《か》いて見《み》せた。

僧《そう》はびつくりした。その時《とき》には、奴僕《どぼく》の影《かげ》は消《き》えてゐた。さてお布施《ふせ》の錢《ぜに》を見《み》たら、みな黄金錢《わうごんせん》であつた。

この僧《そう》はそれから身體《からだ》が輕《かる》くなつて風邪《かぜ》一つひかなかつた。眞宗帝《しんそうてい》の時代《じだい》になつて二百幾歳《いくさい》といふ高齡《かうれい》に及《およ》んだが、その後《ご》、どこへ往《い》つたか、行衞《ゆくゑ》不明《ふめい》になつた。

○

致虛極。守靜篤。萬物並作。吾以觀復。

夫物芸芸。各復歸其根。歸根曰靜。是謂復命。

○

欲レ剛必以レ柔守レ之。欲レ强必以レ弱保レ之。

七、王老の一家揃て昇天

王老《わうらう》は道術《だうじゆつ》を慕《した》つたが、山林《さんりん》へ身《み》を隠《かく》して研修《けんしう》するやうなことはしなかつた。村《むら》にゐて、村《むら》の人《ひと》と交《まじは》つて別《べつ》に人《ひと》から目《め》を立《た》てられるやうなこともしなかつた。

王　老

或《あ》る日《ひ》、年老《としお》いた道士《だうし》が突然《とつぜん》尋《たづ》ねて來《き》た。機嫌《きげん》よく家《いへ》に通《とほ》した。もの丶一月《つき》も逗留《とうりう》してゐる中《うち》に、老人《らうじん》は體《からだ》一面《めん》に瘡瘍《さうやう》をかいてしまつた、膿汁《のうじふ》がとても臭《くさ》い。鼻持《はなもち》がならぬ。

「五、六斗《と》ばかり酒《さけ》を買《か》つて貰《もら》はうか。その中《なか》へ漬《つか》つたら、全快《ぜんくわい》するから。」

平氣《へいき》でこんなことを老人《らうじん》は云《い》ひ出《だ》した。王《わう》老《らう》は酒《さけ》を買《か》つて大《おほ》きな甕《かめ》に波々《なみなみ》といれた。老《らう》人《じん》はその中《なか》へ漬《つか》つた。様子《やうす》が何《なん》の屈託《くつたく》もなさ さうだ。

三日目《かめ》に甕《かめ》の中《なか》からのつそり出《で》て來《き》た。白《しろ》かつた髪《かみ》や鬚《ひげ》が眞黒《まつくろ》になり、皺《しわ》だらけだつた顔《かほ》がてか〳〵と子《こ》供《ども》の顔《かほ》の様《やう》に脂肪《あぶら》ぎつた。無論《むろん》瘠瘍《きうやう》は跡方《あとかた》もなく消《き》えてゐた。

「この酒《さけ》を飲《の》む者《もの》は、理窟《りくつ》拔《ぬ》きにして、すぐに仙人《せんにん》になれる。」暇乞《いとまごひ》して王老《わうらう》の家《いへ》を出《で》て行《ゆ》く時《とき》に置土産《おきみやけ》のやうな風《ふう》に云《い》つた。其《そ》の時《とき》、王老《わうらう》の一家族《かぞく》は、ちやうど麥《むぎ》を打《う》つてゐた。その一家族《かぞく》が皆《みな》この酒《さけ》を飲《の》んだ。すべ醉拂《よつぱら》つた。すると俄《にはか》に突風《とつぷう》が起《おこ》つて家《いへ》を卷上《まきあ》げた。それと一緒《しよ》に一家族《かぞく》の者《もの》がそろつて昇天《しようてん》した。そこで、今《いま》でも空中《くうちう》で麥打《むぎう》つ聲《こゑ》が聞《きこ》えてゐるとかいふことだ。因《ちなみ》に王老《わうらう》は上古既《じやうこすで》に仙化《せんげ》せしが、一家昇天《かしようてん》の範《はん》を遺《のこ》さんため、數回下生《すうくわいげしやう》せしものなりと云《い》ふ。

八、林靈素の妙な遺言

林靈素《りんれいそ》、字《あざな》は通與《つうゆ》、永嘉《えいくわ》の人《ひと》、其母《そのはゝ》が或《あ》る晩《ばん》、紅《あか》い雲《くも》に包《つゝ》まるると思《おも》ふと姙娠《にんしん》した。二十四ケ月《げつ》も母胎《はたい》に居《ゐ》た。一夜《や》緑袍玉帶《りよくはうぎよくたい》の神人《しんじん》が現《あら》はれ、明日此部屋《あすこのへや》を借《か》るといつた。其翌日林靈素《そのよくじつりんれいそ》が生《うま》れた、五歳《さい》になつても口《くち》がきけぬ、然《しか》るに一日道士《にちだうし》が突然入《とつぜんはい》つて來《き》た、互《たがひ》に挨拶《あいさつ》をして笑《わら》ひ合《あ》つた。七歳《さい》の時詩《ときし》を作《つく》つた、青年時代《せいねんじだい》に有名《いうめい》な蘇東坡《そとうは》と倶《とも》に學《まな》んだが、靈素《れいそ》が一度《ど》暗誦《あんしよう》する所《ところ》を東坡《とうは》は十數回《すうくわい》二三日《にち》もかかつた、東坡《とうは》は歎息《たんそく》して、靈素《れいそ》は必《かなら》ず出世《しゆつせ》すると口《くち》くせのやうにいつて居《を》つた。靈素《れいそ》は一向之《かうこれ》を喜《よろこ》ばなかつた。

三十歳《さい》の時《とき》、西洛《せいらく》に遊《あそ》んで、ある道士《だうし》に逢《あ》ひ、神霄天壇玉書《しんせうてんだんぎよくしよ》を授《さづ》かつた。書中《しよちう》に神仙變化法《しんせんへんげはふ》、興雲致雨《こううんちう》の符呪《ふじゆ》、百鬼驅逐《きくちく》、萬靈使役法等《ばんりやうしえきはふなど》が詳《くは》しく示《しめ》してあつた。其《そ》の方法《はうはふ》を實驗《じつけん》して見《み》ると、一々靈妙《れいめう》な功驗《こうけん》が現《あら》はれた。

徽宗《びそう》が奇夢《きむ》に感《かん》じ、頻《しき》りに求《もと》めて靈素《れいそ》を召《め》した、靈素《れいそ》は皇帝《くわうてい》の問《とひ》に應《おう》じていろ〱の妙技《めうぎ》を示《しめ》し、暫《しばら》く宮中《きうちう》に止《とゞ》められて、政治《せいぢ》の顧問《こもん》もやれば、軍事《ぐんじ》の處理《しより》にも應對《おうたい》して、大《おほい》に治世救民《ちせいきうみん》の大道《だいだう》を示《しめ》した、而《しか》して時時《ときどき》仙術《せんじゆつ》を以《もつ》て、未見《みけん》の內奏文《ないそうぶん》を一字《じ》一句《く》違《ちが》へず、讀《よ》み上《あ》げて一同《どう》を驚《おどろ》かし、或《あるひ》は帝《みかど》の求《もと》めに應《おう》じ、亡《ほろ》びたる寵妃《ちようき》の姿《すがた》を出現《しゆつげん》せしめるやうな餘興《よきよう》もやつた。

林靈素

太子《たいし》は靈素《れいそ》を嫌《きら》うて、妖術《えうじゆつ》を以《もつ》て人《ひと》を惑《まどは》すものと訴《うつた》へた、そこで當時《たうじ》の名僧《めいそう》十二人《にん》と宮中《きうちう》で議論《ぎろん》し、且《か》つ法術競《ほふじゆつくら》べをすることになつた。靈素《れいそ》が先《ま》づ口《くち》に水《みづ》を含《ふく》んで空中《くうちう》に向《むか》つて吐《は》くと、黃金《わうごん》の龍《りう》や獅子《しし》や鶴《つる》が現《あら》はれて、鳴《な》いたり舞《まつ》たりする、法師《ほふし》は紙《かみ》で誤魔化《ごまくわ》したものだといつて、念呪《ねんじゆ》したが一向《かう》消《き》えぬ、靈素《れいそ》が完全《くわんぜん》に勝《か》つた。

今度《こんど》は法師等《ほふしら》が、冷水《れいすゐ》を念呪《ねんじゆ》して熱湯《ねつたう》とした。靈素《れいそ》は少《すこ》しの水《みづ》を吹《ふ》けかけた、所《ところ》が忽《たちま》ち元《もと》の水《みづ》になつた。そこで靈素《れいそ》は大火《たいくわ》を殿前《でんぜん》に起《おこ》し、自分《じぶん》も入《はひ》るから法師等《ほふしら》も入《はひ》れといつて、先《ま》づ飛《と》び込《こ》んだ、法師等《ほふしら》は入《はひ》り得《え》ずして誤《あやま》つた。

其後《そのご》靈素《れいそ》は各地《かくち》に遊《あそ》んで細民《さいみん》や病人《びやうにん》を救《すく》ひ、又多《またおほ》くの弟子《でし》を教育《けういく》した。一日天下《にちてんか》の大亂《たいらん》を豫言《よげん》し、さて自分《じぶん》は不日死《ふじつし》ぬるから、墓地《はち》を指定《してい》して置《お》く、而《しか》して穴《あな》は五尺《しやく》の深《ふか》さまで掘《ほ》ると、きつと龜《かめ》と蛇《へび》が出《で》る、そこで棺《くわん》を下《おろ》してくれ、その時《とき》五彩《さい》の氣《き》が穴《あな》の底《そこ》から昇《のぼ》つて、どうしても土《つち》が被《かぶ》せれないから、その場合《ばあひ》にぐづぐづしてゐると危險《きけん》だ、それで構《かま》はず打《うつ》ちやつておいて百歩《ぽ》ばかり後退《こうたい》してくれといつた。

いよ〳〵死《し》んだ。穴《あな》を掘《ほ》つた、果《はた》して龜《かめ》と蛇《へび》が出《で》た、五彩《さい》の氣《き》も出《で》た、そこで棺《くわん》を穴《あな》の中《なか》に放《はふ》り棄《す》てて退《たい》却《きやく》した。所《ところ》が俄《には》かに大音《だいおん》を發《はつ》し、山《やま》が崩《くづ》れ石《いし》が裂《さ》け、天地《てんち》も破壞《はくわい》するかと思《おも》へたが、やがておさまつたので、穴《あな》の邊《あたり》に往《いつ》て見《み》たらば、棺《くわん》もなく、穴《あな》も埋《うづま》つて居《ゐ》つた。

太子《たいし》が即位《そくゐ》して欽宗《きんそう》となり、靈素《れいそ》の墓《はか》を發《あば》かしめたが、人夫《にんぷ》や兵士《へいし》が墓《はか》の側《そば》にゆくと、大雷雨《だいらいう》、それが三日《か》も續《つゞ》いた、欽宗《きんそう》も恐《おそ》れ且《か》つ歎《たん》じて、遂《つひ》に通眞達靈眞人《つうしんたつれいしんじん》の尊號《そんがう》を諡《おく》り、天慶觀《てんけいくわん》に祠《ほこら》を立《た》てしめた。

始《はじ》め靈素《れいそ》の友人《いうじん》に趙鼎《せうてい》といふがあつた、靈素《れいそ》は趙《せう》に、君《きみ》は宰相《さいしやう》になるが、注意《ちうい》せぬと春頭木會《しゆんとうはくねん》（秦檜《しんくわい》）の難《なん》に遇《あ》ふ、後日潮陽《こじつてうやう》で遇《あ》ふといつて別《わか》れた、趙《せう》は果《はた》して相《しやう》となつたが、秦檜《しんくわい》の害《がい》に遇《あ》うて海島《かいたう》に流《なが》された。それは靈素《れいそ》が死《し》んだ五年《ねん》の後《のち》であつた、趙《せう》は謫所《たくしよ》に赴《おもむ》くべく潮陽《てうやう》の古驛《こえき》を通《とほ》つて居《ゐ》ると、繡衣朱鞋《しゆくいしゆあい》の一少年《せうねん》に出遇《であ》うた、能《よ》く視《み》ると、それは林靈素《りんれいそ》であつた。

九、淨藏の飛鉢と横奪小僧

托鉢《たくはつ》をして一軒《けん》々々を歩《ある》いて物《もの》を乞《こ》ひうけるのは煩《わづら》はしい。この努力《どりよく》を他《た》の方面《はうめん》に向《む》けた方《はう》がよい。かういふ觀念《くわんねん》の下《もと》に飛鉢《ひはつ》の法《はふ》を發見《はつけん》した僧侶《そうりよ》がある。鉢《はち》を空中《くうちう》に飛《と》ばしてやる。其鉢自體《そのはちじたい》が歸依者《きえしや》の一軒《けん》々々を立廻《たちまは》つて物《もの》をこひうけて歸《かへ》つてくる。無論之《むろんこれ》は仙法《せんぱふ》の一種《しゆ》でなければならぬ。

叡山《えいざん》の淨藏《じやうざう》といふ僧《そう》が、又《また》この飛鉢《ひはつ》の法《はふ》を編出《あみだ》した。鉢《はち》はうまく空中《くうちう》を飛《と》んでいつて又空中《またくうちう》を飛《と》んで歸《かへ》つて來《き》たが、其《そ》の鉢《はち》の中《なか》は空虚《から》であつた。さういふことが最初《さいしよ》から三日《か》も續《つゞ》いた。淨藏《じやうざう》は不思議《ふしぎ》でたまらなかつた。四日目《かめ》には、是非《ぜひ》其《そ》の理由《りいう》をたしかめねばならないと敦閙《いきま》いて、鉢《はち》の還《かへ》つてくるべき刻限《こくげん》に、山《やま》の高《たか》い岨《いは》に佇《たゝず》んで、ずつと向《むか》うの空《そら》を凝視《みつ》めてゐた。果《はた》して鉢《はち》が京《きやう》の空《そら》の方《はう》から飛《と》んでくるのが見《み》え出《だ》した。と北《きた》の方《はう》から又《また》一つの鉢《はち》が飛《と》んで來《く》る。何人《なんぴと》が愚僧以外《ぐそういぐわい》に又更《またさら》に飛鉢《ひはつ》の法《はふ》を編出《あつだ》して、かやうにも鉢《はち》を飛《と》ばすのかと憎惡《ぞうお》の氣持《きもち》さへ起《おこ》して其《そ》の行衞《ゆくゑ》を凝視《みつ》めた。

其《そ》の鉢《はち》は淨藏《じやうざう》の鉢《はち》に近寄《ちかよつ》たかと思《おも》ふと、淨藏《じやうざう》の鉢《はち》の中《なか》のものを殘《のこ》らず移《うつ》し奪《うば》つて、もとの方《はう》へ飛《と》んで往《い》つた。自分《じぶん》の鉢《はち》も還《かへ》つて來《き》たが、無論《むろん》一物《もつ》も入《はひ》つてゐなかつた。誰《たれ》があんな追剝《おひはぎ》の樣《やう》な眞似《まね》をするのか、その犯人《はんにん》をつきとめる必要《ひつえう》があると淨藏《じやうざう》は自分《じぶん》の鉢《はち》に加持《かぢ》して、其《そ》の鉢《はち》を放《はな》つて東道者《とうだうしや》となし、後《あと》について、どん／＼山奥《やまおく》へ入《はひ》つてゐつた。二三百町《ちやう》も來《き》たかと思《おも》ふ時《とき》、自分《じぶん》の鉢《はち》は空《そら》から靜《しづ》かに落《お》ちた。そこは谷《たに》はざまで松風《まつかぜ》と澗水《かんする》とが微妙《びめう》な施律《せんりつ》をたゝへて、いかにも仙寰《せんかん》らしく思《おも》へるところだつた。松《まつ》を柱《はしら》とした一間《けん》ばかりの草庵《さうあん》がある。

さてはこゝの主人《しゆじん》の仕業《しわざ》であつたかと浄藏《じやうぞう》は思《おも》つた、それと同時《どうじ》に憎惡《ぞうを》の念《ねん》は消《き》えてしまつた。見《み》ぬ中《うち》から草庵《さうあん》の主人《しゆじん》に向《むか》つて一種《しゆ》の敬虔《けいけん》をさへ持《も》たせられるやうになつた。環象《くわんしやう》がすべて離俗的《りぞくてき》で、こんな靜寂《せいじやく》な仙的生活《せんてきせいくわつ》をつゞけて居《ゐ》る人《ひと》の心境《しんきやう》は、自分等《じぶんら》が勤行《ごんぎやう》はしても俗人《ぞくじん》の濟度《さいど》に始終俗間《しじうぞくかん》と交渉《かうせふ》を持《も》たねばならぬ蕪雜《ぶざつ》な生活境《せいくわつきやう》にさ迷《まよ》つてゐるのに比《くら》べると、遙《はる》かに遠《とを》い距離《きより》の場所《ばしよ》にすばぬけて光《ひか》つてゐる様《やう》に思《おも》へた。かう思《おも》つたからである。

奥山の仙僧

枝折戸《しをりど》を押《お》して中《なか》へ入《はひ》ると、清《きよ》く痩《や》せて鶴《つる》の様《やう》な高僧《かうそう》が一人《ひとり》脇息《けふそく》によりかゝつてさびある聲《こゑ》をあげて法華經《ほけきやう》を讀誦《どくじゆ》してゐた。

訪《と》ふ人《ひと》の氣配《けはひ》に高僧《かうそう》は讀誦《どくじゆ》をやめて此方《こちら》をむいた。

「どなたでござるか。」

不思議《ふしぎ》さうに眺《なが》めた。この幽谷《いうこく》にはかつて訪《と》ふ人《ひと》がなかつた。高僧《かうそう》にとりては、まさに空谷《くうこく》の跫音《あしおと》を事實《じじつ》に聞《き》いたのを審《いぶか》しがつたのである。

「仙僧《せんそう》は叡山《えいざん》に住《すま》ひするものでござります。」

「何用《なによう》あつて、誰《たれ》もこぬこのやうな陋庵《ろうあん》にござつたか。」

浄蔵《じやうざう》は事實《じじつ》を述《の》べたが、しかし此《こ》の高僧《かうそう》にたとへさうした行動《かうどう》があつたにしろ、善《よ》いことでないから、面《めん》皮《ぴ》を搔《か》すやうなことになつて惡《わる》いことを云《い》つたと後悔《こうくわい》した。

「それはよくないことぢや。自分《じぶん》の知《し》らぬことぢや。しかしもしかしたらと云《い》ふ心配《しんぱい》を持《も》たぬ譯《わけ》でもない。ちよいと糺《たゞ》して見《み》るから、しばらく待《ま》たつしやれ。」

裏《うら》の庭《には》のこぼれ松葉《まつば》を掃《は》きよせてゐた童子《どうじ》を高僧《かうそう》は呼《よ》んだ。端麗《たんれい》な十四五歳《さい》の唐装束《からしやうぞく》をした童子《どうじ》が出《で》て來《き》た。

浄蔵《じやうざう》のいつた事實《じじつ》を云《い》つてから、

「お前《まへ》が、そんなことをやつたのではないか。どうもわしにはさう思《おも》はれる節々《ふしぶし》がある。仙法《せんぽふ》は惡用《あくよう》するものでない。善用《ぜんよう》してこそ仙法《せんぽふ》の本質《ほんしつ》に叶《かな》ふ。お前《まへ》であらう。」

念《ねん》をついた。童子《どうじ》は顔《かほ》を赤《あか》めてうつむいた。

「向後《かうご》は、よく／＼愼《つゝし》まねばなりませぬぞ。折角學《せつかくまな》んだ仙法《せんぽふ》が根元《ねもと》から崩《くづ》れてきたら何《なん》にもならなくなる。」

高僧《かうそう》は、それから浄蔵《じやうざう》に向《むか》つて、

「たしかに、この童子《どうじ》の惡戯《いたづら》でござつた。向後《かうご》は充分《じうぶん》に戒愼《かいしん》を與《あた》へるから、平《ひら》に御容赦《ごようしや》あれ。」

かういはれて浄蔵《じやうざう》は却《かへ》つて氣《き》恥《はつかし》さを感《かん》じた。こんな童子《どうじ》までが、あれだけの仙法《せんぽふ》を自由自在《じいうじざい》に使《つか》つてゐる。この高僧《かうそう》はどれだけの仙法《せんぱふ》を持《も》つてゐるか、憎惡《ぞうを》どころか、この高僧《かうそう》に向《むか》つて却《かへ》つて歸依《きえ》の心《こゝろ》さへ起《おこ》してきたのだつた。

歸《かへ》らうとした時《とき》に高僧《かうそう》は呼《よ》びとめて、

「こゝまで來《こ》られて嘸《さぞ》疲《つか》れるだらう、こんなところで何《なに》もなけれど、ほんの印《しるし》だけ饗應《きやうおう》しませう。」

又一人《またひとり》の童子《どうじ》を呼《よ》んで、何《な》かに云《い》ひつけると、奥《おく》へ入《はひ》つて往《い》つたが、すぐ瑠璃《るり》の皿《さら》に皮《かは》を剝《は》いた唐梨《からなし》を四個《こ》入《い》れ、それを檜扇《ひのきあふぎ》の上《うへ》に載《の》せて持《も》つて來《き》た。

何《な》んだ、仰山《ぎやうさん》らしい、こんなものをと浄藏《じやうざう》は思《おも》つたが、空腹《くうふく》ではあるし、勸《すゝ》められるまゝに遠慮《ゑんりよ》なく食《た》べた。と其《そ》の味《あぢ》の甘美《うま》さは在來《ざいらい》に經驗《けいけん》しないものだつた。倦怠《けんたい》の氣持《きもち》がなくなつて、體《からだ》が俄《には》かに爽々《すが〱》しくなつた。これがいはゆる仙果《せんくわ》といふものだらうと浄藏《じやうざう》は、こゝの生活《せいくわつ》を羨《うらやま》しげに感《かん》じた。

十、白箸翁の頓死

貞觀元年《ていくわんぐわんねん》（西紀八五九年清和天皇時代）の末《すゑ》に、どこの生《うま》れのものだかわからぬが、都《みやこ》を白箸《しらはし》を賣《もら》つて歩《ある》く老翁《らうをう》があつた。姓名《せいめい》を尋《たづ》ねても云《い》はぬ。都《みやこ》の人《ひと》は白箸《しらはし》の翁《おきな》と名《な》をつけた。不潔《ふけつ》に思《おも》つて、誰一人《たれひとり》として買《か》つてくれる者《もの》がなかつた。老翁自身《らうをうじしん》にしても、買《か》つてくれる者《もの》があらう筈《はず》がないと思《おも》つてゐた。其《そ》のくせ、毎日《まいにち》の樣《やう》に都《みやこ》を賣《う》り歩《ある》くのだつた。黒《くろ》い汚《きた》ない垢《あか》づいた衣服《いふく》を着《き》て、着換《きがへ》がないのか、夏《なつ》も冬《ふゆ》も同《おな》じそのまゝの衣服《いふく》であつた。年《とし》を訊《き》くと、

「わしは七十歳《さい》だ。」

何年經《なんねんた》つても、かう答《こた》へるのだつた。其《そ》の時分《じぶん》、とある町家《ちやうか》の簷下《のきした》に賣卜老人《ばいはくらうじん》がゐた。八十一歳《さい》だと云《い》つてゐた。いかさま白箸《しらはし》の翁《おきな》より、ずつと老《ふ》けては見《み》えた。其《そ》の老人《らうじん》がある時《とき》、其前《そのまへ》を白箸翁《しらはしのおきな》が通《とほ》り過《す》ぎた後姿《うしろすがた》を見送《みおく》りながら、そこに立《た》つてゐた人《ひと》に、そつとこんな話《はなし》をした。

「俺《おれ》が子供《こども》であつたずつと昔《むかし》の時分《じぶん》に、やはり此《こ》の都《みやこ》で、白箸翁《しらはしのおきな》を見《み》たが、衣服《いふく》から、年恰好《としかつかう》から、今日《こんにち》と少《すこ》しの違《ちが》ひもなかつた。ありやア仙人《せんにん》かもわからぬ。」

白箸翁

白箸翁《しらはしのおきな》は、粗放《そはう》で、世時《せじ》には頓《とん》と無關渉《むくわんせふ》だつた。喜怒哀樂《きどあいらく》の色《いろ》が顏《かほ》に出《で》てゐるのを見《み》た人《ひと》がなかつた。酒《さけ》を勸《すゝ》めると、決《けつ》して遠慮《ゑんりよ》をしない。醉倒《すゐたう》するまで飲《の》んだ。食物《しよくもつ》が無《な》くて幾日《いくにち》も食《た》べぬことがあつた。それかと云《い》つて空腹《ひもじ》い顏《かほ》をしたこともない。えたいの知《し》らぬ親爺《おやぢ》だと都中《みやこぢう》の人《ひと》は不思議《ふしぎ》がつた。

其《そ》の後《のち》、白箸翁《しらはしのおきな》は路傍《ろばう》に頓死《とんし》した。都《みやこ》の人《ひと》は不憫《ふびん》がつた加茂川《かもがは》の東《ひがし》に彼《かれ》の屍《しかばね》を埋《う》めてやつた。それから二十年經《ねんたつ》てからのことだつた。さる老僧《らうそう》が南山《なんざん》に頭陀行脚《づだあんぎや》をしたことがある。石室《いしむろ》の中《なか》に白箸《しらはし》の翁《おきな》が香《かう》を焚《た》いて法華經《ほけきやう》を讀誦《どくじゆ》してゐるのを見《み》た。

本草仙藥便覽

支那《しな》の醫術最古《いじゆつさいこ》の述作《じゆつさく》たる神農本草經《しんのうほんざうきやう》には、藥品《やくひん》三百六十五種《しゆ》の性効《せいかう》を記載《きさい》し、之《これ》を上中下《じやうちうげ》の三品《ぼん》に區別《くべつ》し

◎上品藥　百二十種《しゆ》は、命《いのち》を養《やしな》ふを主《つかさ》どり、無毒《むどく》にして多《おほ》く服《ふく》し久《ひさ》しく服《ふく》すれども人《ひと》を傷《やぶ》らず、身《み》を輕《かる》くし、氣《き》を益《えき》し、不老延年《ふらうえんねん》の効《かう》あるものとす。

◎中品藥　百二十種《しゆ》は、性《せい》を養《やしな》ふを主《つかさ》どり、有毒無毒混淆《いうどくむどくこんこう》し、病《やまひ》を遏《と》め、虛羸《きよるゐ》を補《おぎな》ふの効《かう》ありとす。

◎下品藥　百二十五種《しゆ》は、病《やまひ》を治《ぢ》するを主《しゆ》とし、毒多《どくおほ》くして久《ひさ》しく服《ふく》すべからず、寒熱邪氣《かんねつじやき》を除《のぞ》き、積聚《せきじゆ》を破《やぶ》り、疾《しつ》を癒《いや》すの効《かう》あるものとす。

其後《そのご》魏晋《きしん》時代《じだい》の名醫《めいい》の用《もち》ひたる藥品《やくひん》三百六十五種《しゆ》を加《くは》へて、七百三十種《しゆ》の多《おほ》きに至《いた》れり、又唐本草《またたうほんざう》には八百五十種《しゆ》を記《しる》せり、宋《そう》にては九百八十三種《しゆ》、最後《さいご》には一千八百九十二種《しゆ》に及《およ》べり。

先《ま》づ不老長生《ふらうちやうせい》の藥品《やくひん》を記《しる》すれば

◎雲母　きらら　仙藥《せんやく》の一、上品藥《じやうほんやく》、萬病《まんびやう》を治《ぢ》し、不老長生《ふらうちやうせい》に効《かう》あり、(劑法服法《ざいはふふくはふ》は略《りやく》す)。

◎丹砂又朱砂《またしゆしや》　金丹《きんたん》の原料《げんれう》、上品神仙不老藥《じやうほんしんせんふらうやく》。

◎石鍾乳　中品藥《ちうほんやく》、不老藥《ふらうやく》、老《おい》て子《こ》あらしむ。

◎黃精　なるこゆりの一種《しゆ》。延年救飢藥《えんねんきうきやく》。

◎葳蕤　あまところ。上品藥《じやうほんやく》の女萎《ぢよゐ》と同物《どうぶつ》、蔓草《つるくさ》の女萎《ぢよゐ》とは異《こと》なる、好顏《かうがん》、輕身《けいしん》、不老藥《ふらうやく》。

◎朮、をけら 上品藥《じやうほんやく》、輕身《けいしん》、延年《えんねん》。

◎仙茅、きんばいざさ 長精神明《ちやうせいしんめい》の効《かう》あり、筋骨《きんこつ》を壯《さかん》にし、髮鬚《はつしゆ》を黑《くろ》くす。

◎菊、きく 上品藥草《じやうほんやくさう》、血氣《けつき》を利《り》し、老《おい》に耐《た》ゆ。

◎兎糸子、まめたをし 上品藥《じやうほんやく》、絕傷《ぜつしやう》を續《つゞ》き、氣力《きりよく》を益《えき》し肥腱《ひけん》、明目《めいもく》、延年《えんねん》の効《かう》あり。

◎地黃、さをひめ 上品藥《じやうほんやく》、折跌絕筋傷中《せつふぜつきんしやうちう》を治《ぢ》し、不老《ふらう》の効《かう》あり。

◎鱧腸草、たかさぶらう 又《また》は金陵草《きんりようさう》といふ、白髮《はくはつ》を黑《くろ》くし、血痢《けつり》等《とう》を治《ぢ》す。

◎蒺蔾 はまびし。上品藥《じやうほんやく》、惡血《あくけつ》等《とう》を治《ぢ》す、肥肉《ひにく》、明目《めいもく》、輕身《けいしん》の効《かう》あり。

◎天門冬、くさすぎかづら 上品藥《じやうほんやく》、虛勞《きよらう》、絕傷《ぜつしやう》、老衰《らうすゐ》、不隨《ふずゐ》、風濕《ふうしつ》、冷痺《れいひ》、惡瘡《あくさう》、癩疾《らいしつ》、風痰《ふうたん》、顚狂《てんきやう》、肝《かん》蟲等《ちうとう》を治《ぢ》し、若返《わかがへ》り延年《えんねん》の効《かう》あり。

◎何首烏、わるどくだみ 精髓《せいずゐ》を益《えき》し、五痔《ぢ》、風瘡等《ふうさうとう》を治《ぢ》し、血氣《けつき》を進《すゝ》め、心痛《しんつう》を治《ぢ》す。

◎菖蒲、しやうぶ 上品藥《じやうほんやく》、除痰《ぢよたん》、充髓《じうずゐ》の効《かう》あり、落齒《らくし》更《さら》に生《しやう》じ、若返延年《わかがへりえんねん》の妙劑《めうざい》とす。

◎胡麻、ごま。上品藥《じやうほんやく》、精力《せいりよく》を益《えき》し、飢《うゑ》を癒《いや》し、長生《ちやうせい》の効《かう》あり。

◎胡桃、てうちくるみ 益血《えきけつ》、補髓《ほずゐ》、强筋《きやうきん》、壯骨《さうこつ》、明目《めいもく》、悅心《えつしん》、肌潤《きじゆん》、延年《えんねん》の効《かう》あり。

◎梅松子、てうせんまつのみ。神足《しんそく》に効《かう》あり、絕穀《ぜつこく》して久《ひさ》しく服《ふく》すれば仙《せん》となる。

◎柏、このてがしわ。上品藥《じやうほんやく》、百病《びやう》を除《のぞ》き、精神壯快《せいしんさうくわい》、延年益壽《えんねんえきじゆ》の効《かう》あり。

◎山茱萸、さんしゆゆ 中品藥《ちうほんやく》、心下《しんげ》の邪氣《じやき》、寒熱《かんねつ》や三蟲《ちう》を去《さ》り、久服《きうふく》すれば輕身《けいしん》となる。

◎枸杞、くこ　上品藥《じやうはんやく》、邪氣《じやき》、熱中《ねつちう》、周痺《しうひ》、風濕《ふうしつ》を治《ぢ》し、堅筋《けんきん》、輕身《けいしん》、不老《ふらう》、寒暑《かんしよ》に耐《た》ふるの効《かう》あり。

◎楮、からぞ　陰萎《いんゐ》、水腫《すゐしゆ》に効《かう》あり、氣《き》を益《えき》し、皮膚《ひふ》を滑《なめ》らかにす、久服《きうふく》すれば延年不老《えんねんふらう》を得《う》。

◎女貞、たうねずみもち　上品藥《じやうはんやく》、補中《ほちう》、養神《やうしん》、五臟《ざう》を安《やす》んじ、肥健《ひけん》、輕身《けいしん》、不老《ふらう》の効《かう》あり。

◎南燭、なんてん　止泄《しせつ》、除睡《ぢよすゐ》、强筋《きやうきん》、益氣《えきき》、輕身《けいしん》、延年《えんねん》、防飢《ばうき》の効《かう》あり。

◎陽起石　中品藥《ちうはんやく》、冷《ひえ》を治《ぢ》す。

◎雀、中品藥《ちうはんやく》、老衰《らうすゐ》、虛損《きよそん》、羸瘦《るゐゆ》、陽氣《やうき》乏弱《ばふじやく》を治《ぢ》す。

◎羊　中品藥《ちうはんやく》、虛寒《きよかん》を治《ぢ》す。

◎羊肉湯　寒勞《かんらう》、虛羸《きよるゐ》、產後《さんご》、心痛《しんつう》、疝痛《せんつう》を治《ぢ》す。

◎羊腎　勞傷《らうしやう》、虛陽《きよやう》を治《ぢ》す。

◎慈石　中品藥《ちうはんやく》、老人《らうじん》の虛損《きよそん》、風濕《ふうしつ》、腰肢《えうし》痺痛《ひつう》を治《ぢ》す。久《ひさ》しく服《ふく》すれば、童顏《どうがん》若返《わかがへ》りす。

◎鹿　中品藥《ちうはんやく》、虛羸《きよるゐ》、氣衰《きすゐ》、落髮《らくはつ》、枯齒《こし》を治《ぢ》す。

◎烏雌雞、くろにはとり　虛損積勞《きよそんせきらう》を治《ぢ》す。

◎牛乳　病後虛弱《びやうごきよじやく》を治《ぢ》す。

◎豫肚　虛勞《きよらう》に効《かう》あり。

◎杜仲　腎虛《じんきよ》、腰痛《えうつう》を治《ぢ》す。

◎蜀椒、さんせう。心腎《しんじん》を裨益《ひえき》し、目《め》を明《あか》くし、氣《き》を順《じゆん》にし、風《かぜ》を祛《さ》り、延年《えんねん》の効《かう》あり。

◎牛髓　牛《うし》の脊髓《せきずゐ》、陽《やう》を壯《さかん》にし、胃《ゐ》を助《たす》く。

◎小牛犢兒　一切《さい》の虚病《きよじやく》を治《ぢ》す。

◎黃犍犢肉　諸虛《しよきよ》百損《そん》を補《おぎな》ふ。

◎犬、戊戌酒《ほうじゆつしゆ》　大《おほい》に元氣《げんき》を補《おぎな》ふ。

◎人參　脾胃《ひゐ》、氣虛《ききよ》、痰喘《たんぜん》を治《ぢ》す。

◎人參膏　冷心《れいしん》、腹痛《ふくつう》、胸脇逆滿《きようけふぎやくまん》、霍亂吐瀉《くわくらんとしや》、消渇《せうかち》、堅積《けんせき》、五勞《らう》、七傷《しやう》、虛損《きよそん》、痰弱《たんじやく》、嘔臟《おうざう》、肺萎《はいゐ》、癇疾《かんしつ》、冷氣《れいき》、逆上《ぎやくじやう》、傷寒《しやうかん》を治《ぢ》す。

抱朴子《はうぼくし》に曰《いは》く、上藥《じやうやく》は人身《じんしん》をして安命延昇《あんめいえんしよう》せしめ、天神仙《てんしんせん》と爲《な》し、上下《じやうげ》に遨遊《がういう》し、萬靈《まんれい》を役《えき》し、體《からだ》に毛羽《まうう》を生《しやう》じ、行厨立所《かうちうたちどころ》に至《いた》らしむ、又曰《またいは》く、五芝《し》及《およ》び丹砂《たんしや》、玉札《ぎよくさつ》、曾青《そしやう》、雄黃《ゆうわう》、雌黃《しわう》、雲母《うんぼ》、大乙禹餘糧《だいいうよりやう》、各々《おのおの》之《これ》を單服《たんぷく》し、皆人《みなひと》をして飛行長生《ひかうちやうせい》せしむべし、又曰《またいは》く、中藥《ちうやく》は性《せい》を養《やしな》ひ、下藥《げやく》は病《やまひ》を除《のぞ》く、能《よ》く毒蟲《どくなし》をして加《くは》へしめず、猛獸《まうじう》をして犯《をか》さず、惡氣行《あくきおこな》はれず、衆妖併《しうえうなら》びに辟《さ》くと。

孝經援神契《かうきやうゑんじんけい》に曰《いは》く、椒薑《しゆくきやう》は濕《しつ》を禦《ふせ》ぎ、菖蒲《しやうぶ》は聰《そう》を益《えき》し、巨勝《こしよう》は年《とし》を延《の》べ、威喜《ゐき》は兵《へい》を辟《さ》く、皆上聖《みなじやうせい》の至《し》言《げん》、方術《はうじゆつ》の實錄《じつろく》なり、明文炳然《めいもんへいぜん》たりと。

仙藥《せんやく》の上《じやう》なるものは、丹砂《たんしや》、次《つぎ》は則《すなは》ち金《きん》、次《つぎ》は銀《ぎん》、次《つぎ》は諸芝《しよし》、次《つぎ》は五玉《ぎよく》、次《つぎ》は雲母《うんぼ》、次《つぎ》は明珠《めいじゆ》、次《つぎ》は雄黃《いうわう》、次《つぎ》は大乙禹餘糧《だいいうよりやう》、次《つぎ》は石中黃子《せきちうわうじ》、次《つぎ》は石桂《せきけい》、次《つぎ》は石英《せきえい》、次《つぎ》は曾青《そしやう》、次《つぎ》は松柏《しようはく》、脂茯苓《しぶくりやう》、地黃《ぢわう》、麥門冬《ばくもんどう》、木巨《こきよ》勝重樓《しようぢうろう》、黃連《わうれん》、石韋《せきゐ》、楮實《ちよじつ》、象柴《ざうし》。

五芝《し》とは、石芝《せきし》、木芝《ばくし》、草芝《さうし》、肉芝《にくし》、菌芝《きんし》なり。

◎石芝には、石象芝《せきざうし》、玉脂芝《ぎよくしし》、七明《めい》九光芝《くわうし》、石蜜芝《せきみつし》、石桂芝《せきけいし》、石中黄《せきちうわう》、石腦芝《せきなうし》、石硫黄芝《せきりうわうし》、石硫丹等《せきりうたんとう》百二十種《しゆ》あり、皆長生藥《みなちやうせいやく》なり。

◎木芝　松柏脂淪《しようはくしりん》して地《ち》に入《い》り千歳《さい》にして化《くわ》して茯苓《ぶくりやう》となり、茯苓《ぶくりやう》が萬歳《ばんさい》にして其上《そのうへ》に小木《せうぼく》を生《しやう》ず、狀《じやう》は蓮《れん》花《げ》の如《ごと》し、之《これ》を木威喜芝《もくゐきし》といふ、又松樹枝《またしようじゆし》三千歳《さい》なるものは其中《そのなか》に聚脂《じゆし》あり、狀龍《じやうりう》の如《ごと》し、飛節芝《ひせつし》と云《い》ふ、又柏桃芝《またはくたうし》あり、參成芝《さんせいし》、木渠芝《もくきよし》、建木芝《けんもくし》、黄盧芝《わうろし》、尋木華《ぢんもくげ》、元液華《げんえきげ》、黄蘗檀桓芝等《わうばくたんくわんしなど》百二十種《しゆ》あり、五百歳《さい》以上《じやう》の延命地仙《えんめいちせん》となる藥《くすり》とす。

◎草芝　獨搖芝《どくえうし》、牛角芝《ぎうかくし》、龍仙芝《りうせんし》、摩母芝《まもし》、白符芝《はくふし》、朱草芝《しゆさうし》。五德芝《とくし》、龍銜芝《りうかんし》等《とう》百二十種《しゆ》あり、陰乾《かげぼし》にして服《ふく》すれば、人《ひと》をして天地《てんち》と相畢《あひをは》り、千歳《さい》二千歳《さい》の壽《じゆ》を保《たも》つ。

◎肉芝　萬歳蟾蜍《まんざいたんぢよ》、千歳蝙蝠《さいへんぷく》、千歳靈龜《さいれいき》、山中小人《さんちうせうじん》、風生獸《ふうせいじう》、千歳燕等《さいえんとう》百二十種《しゆ》あり、皆仙化藥《みなせんげやく》なり。

◎菌芝　又《また》百二十種《しゆ》あり、昇仙藥《しようせんやく》とす。

仙經《せんきやう》に曰《いは》く、草木之葉《さうもくのは》を服《ふく》し、已《すで》に數《すう》百歳《さい》を得《う》ると雖《いへど》も、忽《たちま》ち神丹《しんたん》を怠《おこた》れば終《つひ》に仙《せん》となる能《あた》はず、之《これ》を以《もつ》て之《これ》を見《み》れば草木《さうもく》は延年《えんねん》のみ、長生仙化《ちやうせいせんげ》の藥《くすり》に非《あら》ずと。

小神丹方は、眞丹《しんたん》三斤《ぎん》、白蜜《しろみつ》一斤《きん》を合和《がふわ》して日《ひ》に曝《さら》し、之《これ》を煎《せん》じ、丸《ぐわん》す可《べ》からしめ、且《か》つ服《ふく》す、麻子《まし》の如《ごと》くし、十丸《ぐわん》、未《いま》だ一年《ねん》ならずして白髮《はくはつ》は更《さら》に黑《くろ》く、齒《は》の落《お》ちたるもの更《さら》に生《しやう》じ、身體潤澤《しんたいじゆんたく》なり、之《これ》を長服《ちやうふく》すれば、老翁《らうをう》も還《かへつ》て少年《せうねん》となり、常服《じやうふく》すれば長生不死《ちやうせいふし》なり。

小餌黄金方は、金《きん》を火銷《くわせう》し、清酒中《せいしゆちう》に納《い》れ、二百出《で》二百入《いれ》すれば即《すなは》ち沸《ふつ》す、之《これ》を揑《にぎ》るに指間《しかん》に出《い》でて泥《どろ》の如《こと》くならしむ、若《も》し沸《ふつ》せず、及《およ》び之《これ》を揑《にぎつ》て指間《しかん》に出《い》でされば、即《すなは》ち復《ま》た之《これ》を銷《せう》し酒中《しゆちう》に納《い》ること無數《むすう》なり、成《な》りて服《ふく》す、彈丸《だんぐわん》の如《こと》きもの一枚亦可《まいまたか》なり、汁《しる》一丸《ぐわん》を分《わか》つて小丸《せうぐわん》と爲《な》し、服《ふく》すること三十日《にち》、寒溫《かんをん》なく、神《しん》人玉女之《じんぎよくぢよこれ》に下《くだ》る、又銀《またぎん》も亦餌《またじよく》す可《べ》し、金《きん》と同法《どうはふ》なり、此《こ》の二物《もつ》を服《ふく》すれば、名山石室中《めいざんせきしつちう》に居《を》り、一年即《ねんすなは》ち輕《けい》擧《きよ》すべからず、人間之《にんげんこれ》を服《ふく》すれば地仙《ちせん》と名《なづ》く………一斤金《きんきん》を食《く》へば壽《じゆ》は天地《てんち》を弊《やぶ》る、半斤金《はんぎんきん》を食《く》へば壽《じゆ》二千歳云々《さいうんぬん》。

丹砂を服《ふく》する四十日《にち》、腹中《ふくちう》の百病癒《びやうい》ゆ、三尸《し》去《さ》る、百日《にち》なれば肌骨堅強《きこつけんきやう》なり、千日《にち》なれば司命死籍《しめいしせき》を削《けづ》る、天地《てんち》と相保《あひたも》ち、日月相望《につげつあひのぞ》み、形《かたち》を改《あらた》め、容《よう》を易《か》へ、變化《へんげ》常《つね》なし、日中影無《につちうかげな》く、乃《すなは》ち別《べつ》に光《ひかり》あり。

玉も亦仙藥《またせんやく》なり、人《ひと》をして不死《ふし》ならしむ、只《た》だ金《きん》に及《およ》ばざるは、服《ふく》するとき屢々《しばく》熱《ねつ》を發《はつ》することあり、盲《まう》人之《じんこれ》を服《ふく》して旬日《じゆつじつ》にして目《め》開《ひら》く。

眞珠を服《ふく》する七年《ねん》にして、能《よ》く水上《すゐじやう》を歩《ほ》行《かう》し、長生不老《ちやうせいふらう》なり。

枏木實の赤《あか》きものを服《ふく》すれば一年《ねん》にして、老者《らうしや》は少年《せうねん》に還《かへ》り、梁須《りやうしゆ》は七十歳《さい》の時之《ときこれ》を服《ふく》し、百四十歳《さい》なほ夜書《やしよ》すること得《え》たり、又行《またゆ》くこと奔馬《ほんば》より早《はや》し。

趙瞿《せうくわく》は松脂を服《ふく》して癩病《らいびやう》を治《ぢ》し、百七十歳齒《さいは》落《おち》ず、髪黒《かみくろ》く、三百歳色小童《さいいろせうだう》の如《こと》し、重《ぢう》を負《お》ひ、奔《はし》ること早《はや》し。

秦王子嬰《しんわうじえい》の宮人亂《きうじんらん》を遁《のが》れて山中《さんちう》に入《い》り、老翁《らうをう》の敎《をし》へに依《よ》り、松葉を常食《じやうしよく》として、二百歳《さい》に及《およ》ぶ、郷《きやう》に歸《かへ》りて穀食《こくしよく》を勵《すゝ》められ、臭《しう》に堪《た》へずとて、又松葉《またまつば》を食《く》へり。

趙他子《せうたし》は桂を服《ふく》すること二十年《ねん》、足下《そくか》に毛《け》を生《しやう》じ、日《ひ》に行《ゆ》くこと五百里《り》(支那《しな》里《り》六町《ちやう》一里《り》)、力《ちから》は千斤《きん》を擧《あ》ぐ、又移門子《またいもんし》は五味子を服《ふく》すること十六年《ねん》、色《いろ》は玉女《ぎよくぢよ》の如《ごと》く、水《みづ》に入《い》りて沾《ぬれ》ず、火《ひ》に入《い》りて灼《や》かれず、楚文子《そぶんし》は地黄を服《ふく》すること八年《ねん》、夜視光《やしくわう》あり、手《て》にて車弩《しやど》を上《あ》ぐ、林子《りんし》を明朮を服《ふく》すること十一年《ねん》、耳《み、》の長《なが》さ五寸《すん》、身輕《みがる》くして飛《と》ふが如《ごと》く、淵谷《ゑんこく》を踰《こ》ゆること二丈餘《ぢやうよ》、又杜子微《またとしび》は天門冬を服《ふく》し、八十人《にん》の妾《せふ》を御《ぎよ》し、百三十人《にん》の子《こ》を設《まう》け、日《ひ》に行《ゆ》くこと三百里《り》、陵陽子《りようやうし》は遠志を服《ふく》すること二十年《ねん》、子《こ》あること三十七人《にん》、書《しよ》を開《ひら》き視《み》る所忘《ところわす》れず、座《ざ》に在《あ》り立《たち》どころに亡《ほろ》ぶ。

雲母に五種《しゆ》あり、之《これ》を服《ふく》すること一年《ねん》なれば則《すなは》ち百病《びやう》を除《のぞ》き、二年《ねん》なれば老人《らうじん》も少年《せうねん》に還《かへ》り、五年《ねん》も缺《か》かざれば鬼神《きじん》を使役《しえき》し、水《みづ》に溺《おぼ》れず火《ひ》に燒《や》けず、棘《いばら》を踏《ふ》んで傷《きず》つかず、仙人《せんにん》と相見《あひみ》ゆ、十年《ねん》なれば雲其上《くもそのうへ》を覆《お》ふ、中山衞叔卿之《ちうざんゑいしゆくきやうこれ》を服《ふく》し、積久《せききう》にして能《よ》く雲《くも》に乘《じよう》じて行《ゆ》く、後《の》ち仙去《せんきよ》す、子孫亦之《しそんまたこれ》を倣《なら》うて仙人《せんにん》となるを得《え》たりと。

神仙術秘蔵記
神仙術霊要籙

定価　三八〇〇円＋税

昭和　八　年十一月二十五日　初版発行（神誠館）
平成十七年　二　月　八　日　復刻版発行

著者　柄澤照覚

発行　八幡書店
東京都品川区上大崎二―十三―三十五
ニューフジビル二階
電話　〇三（三四四二）八一二九
振替　〇〇一八〇―一―九五一七四

定価3,800円+税

ISBN4-89350-618-8 C0014 ¥3800E